UNIVERSITÉ DE GRENOBLE. — FACULTÉ DE DROIT

HISTOIRE

DE LA

LIBERTÉ D'ENSEIGNEMENT EN FRANCE

DEPUIS LA CHUTE DE L'ANCIEN RÉGIME JUSQU'A NOS JOURS

THÈSE POUR LE DOCTORAT

Soutenue le 30 juillet 1898
Devant la Faculté de Droit de Grenoble

PAR

Louis GRIMAUD

AVOCAT A LA COUR D'APPEL
LAURÉAT DE LA FACULTÉ DE DROIT ET DE LA FACULTÉ DES LETTRES
DE L'UNIVERSITÉ DE GRENOBLE

GRENOBLE

IMPRIMERIE ALLIER FRÈRES

26, Cours Saint-André, 26

1898

THÈSE

POUR LE DOCTORAT

FACULTÉ DE DROIT DE GRENOBLE

MM. TARTARI ✻, Doyen, Professeur de Droit civil.
GUEYMARD ✻, Doyen honoraire, Professeur de Droit commercial.
TESTOUD ✻, Professeur de Droit civil, *en congé*.
GUÉTAT, Professeur de Droit criminel.
FOURNIER, Professeur de Droit romain.
BEAUDOUIN, Professeur de Droit romain.
BALLEYDIER, Professeur de Droit civil.
MICHOUD, Professeur de Droit administratif.
PILLET, Professeur de Droit international, *délégué à la Faculté de Paris*.
BEUDANT, Professeur de Droit constitutionnel.
CAPITANT, Professeur de Procédure civile.
HITIER, Agrégé, Chargé de cours.
CUCHE, Agrégé, Chargé de cours.
GEOUFFRE DE LAPRADELLE, Agrégé, Chargé de cours.
REBOUD, Chargé de cours.
ROYON, Secrétaire.

Président : M. R. BEUDANT, *Professeur.*
Suffragants : MM. MICHOUD, *Professeur.*
HITIER, *Agrégé.*

UNIVERSITÉ DE GRENOBLE. — FACULTÉ DE DROIT

HISTOIRE

DE LA

LIBERTÉ D'ENSEIGNEMENT EN FRANCE

DEPUIS LA CHUTE DE L'ANCIEN RÉGIME JUSQU'A NOS JOURS

THÈSE POUR LE DOCTORAT

Soutenue le 30 juillet 1898
Devant la Faculté de Droit de Grenoble

PAR

Louis GRIMAUD

AVOCAT A LA COUR D'APPEL
LAURÉAT DE LA FACULTÉ DE DROIT ET DE LA FACULTÉ DES LETTRES
DE L'UNIVERSITÉ DE GRENOBLE

GRENOBLE
IMPRIMERIE ALLIER FRÈRES
26, Cours Saint-André, 26

1898

A MON PÈRE

A MA MÈRE

AVANT-PROPOS

I. — On a beaucoup écrit sur la liberté d'enseignement envisagée au point de vue philosophique.

Les uns y ont vu un droit individuel existant en dehors de toute législation, les autres font du droit d'enseigner un droit appartenant à l'État, et dont les particuliers n'usent qu'en vertu d'une délégation.

Je me propose, dans ce travail, d'étudier l'histoire de ce droit depuis 1789.

Deux raisons me déterminent à n'envisager la liberté d'enseignement qu'au point de vue historique.

D'abord, la longueur du sujet lui-même. L'étude de la théorie du droit d'enseigner comporte l'étude générale des droits de l'État, et ensuite celle des rapports de l'individu avec l'État ; ce travail est suffisamment important par lui-même pour nécessiter une étude isolée [1].

En second lieu, si, en matière de droit public, la théorie est importante, les nécessités de la politique empruntent à l'histoire des enseignements précieux, qu'il faut dégager dans une matière qui, comme celle-ci, est sans cesse à l'ordre du jour.

---

[1] Voy. sur ce point : Crozat, *Des droits et des devoirs de la famille et de l'État en matière d'enseignement et d'éducation*.

C'est donc à la lumière des faits que je veux étudier la liberté de l'enseignement.

La Révolution est le point de départ de mon travail.

Sans doute, il serait intéressant de parcourir l'ancien régime et de dégager les germes de liberté que l'on y pourrait rencontrer ; mais, de la Révolution date la reconnaissance des libertés publiques, et à partir de cette époque seulement, nous voyons les droits de l'individu heurter les droits de l'État, et des difficultés résulter de leur exercice simultané, des problèmes naître de leurs empiètements réciproques.

II. — Mon sujet étant limité, il faut définir maintenant ce que l'on doit entendre par ces mots : liberté d'enseignement.

La liberté d'enseignement comprend :

1° Le droit pour tout citoyen d'instruire ses semblables et de fonder une école primaire, secondaire ou supérieure ;

2° Le droit pour tout citoyen d'aller recevoir l'instruction dans une école privée, de préférence à celle de l'État.

On a fait du droit d'enseigner un corollaire de la liberté de penser ; on a réclamé le droit d'être enseigné au nom de la liberté de conscience.

Ces deux idées sont parfaitement exactes.

Dans un pays où l'on admet la liberté de penser, d'écrire et de parler, il est absolument nécessaire de consacrer la liberté d'enseignement.

S'il est permis à un citoyen quelconque d'exprimer sa doctrine du haut de la tribune, ou dans la presse, pourquoi lui serait-il interdit de l'exposer dans la chaire du professeur ? Doit-on conclure de là que toute doctrine peut être enseignée dans l'école ? Non. Pas plus qu'il n'est permis d'abuser du droit de la parole, il n'est permis d'abuser du droit d'enseigner. Dès que l'abus se manifeste, l'État intervient pour le réprimer ; avant même qu'il ne naisse, l'État doit le prévenir par le droit de surveillance, mais ce droit de surveillance ne peut s'exercer qu'en ce qui concerne le maintien des bonnes mœurs et de l'ordre public.

Dans un pays où l'on proclame la liberté de conscience, on doit nécessairement permettre à tout citoyen de fréquenter telle école plutôt que telle autre, à tout père de famille d'envoyer ses enfants à l'école privée plutôt qu'à l'école publique.

La doctrine que l'État professe peut déplaire au père de famille, et telle école peut enseigner celle qui lui est chère.

Il est juste, par conséquent, de consacrer le droit que le père de famille a sur son enfant, en lui permettant de choisir tel établissement qui lui plaira pour l'éducation de celui-ci.

Mais ici encore intervient l'État. Quand l'enfant devenu homme briguera une fonction, voudra poursuivre une carrière, l'État aura le droit de s'assurer par lui-même de sa capacité. Il aura le droit de conférer les grades.

Il faut donc envisager la liberté d'enseignement à un double point de vue : comme droit d'enseigner d'abord, d'être enseigné ensuite.

III. — Notre sujet délimité, la liberté d'enseignement définie, une remarque importante doit être faite.

Nous nous proposons de traiter l'histoire de la liberté d'enseignement, et non point l'histoire de l'instruction publique.

Au premier abord, les deux sujets semblent totalement différents ; en fait, il n'en est point qui se pénètrent davantage et, souvent dans le cours de ce travail, nous serons obligé de recourir à l'histoire de l'instruction publique pour écrire l'histoire de la liberté d'enseignement.

Les sujets sont différents.

En effet, faire l'histoire de l'instruction publique, c'est étudier les textes législatifs ou réglementaires touchant à l'enseignement, c'est étudier les mesures proposées ou effectuées touchant l'organisation de l'enseignement dans ses trois degrés, primaire, secondaire, supérieur ; c'est étudier aussi les méthodes employées, les programmes imposés, la hiérarchie scolaire, enfin les développements que prit l'enseignement dans tout le cours du xixe siècle.

Faire l'histoire de la liberté d'enseignement, c'est envisager dans quelle mesure les droits du citoyen et ceux du père de famille ont été reconnus par l'État, c'est tracer le récit des luttes qui se sont livrées pour conquérir l'exercice de ces droits, les reprises que le pouvoir a exercées sur eux et celles que la liberté a regagnées sur lui aux différentes époques de notre histoire, à mesure qu'il devenait plus libéral ou plus autoritaire.

Si les sujets diffèrent, ils se pénètrent néanmoins. D'une façon générale, on peut dire que la législation scolaire qui règle l'organisation des trois ordres d'enseignement, la composition des jurys d'examen et l'étendue des programmes, contribue, par l'esprit qui l'anime, à restreindre ou à accorder le plein exercice de la liberté d'enseignement.

Le principe de la gratuité, admis dans un ordre quelconque de l'enseignement public, a pour effet certain de restreindre dans une certaine mesure le droit pour tout citoyen de fonder une école. Ce n'est point une critique que je formule, je crois au contraire que toute démocratie doit répandre l'instruction le plus qu'il est possible et établir ce principe, mais je fais cette constatation que l'État qui dispose de ressources immenses met obstacle, en établissant la gratuité, au plein exercice du droit d'enseigner. La libre concurrence n'existera plus, et les pères de famille qui auraient envoyé volontiers leurs enfants à l'école libre, à cause des principes que l'on y professe, seront dans la nécessité, par suite de l'insuffisance de leurs moyens, de les envoyer à l'école gratuite.

La composition des jurys d'examen peut avoir sur l'exercice du droit d'enseigner une très grande influence. Admet-on ce que l'on a appelé « le jury mixte » composé de professeurs de l'État et de professeurs libres, devant lesquels les élèves des établissements privés pourront passer leurs examens, la liberté des méthodes et la liberté des programmes seront les conséquences de cette organisation, et les élèves des établissements libres trouveront dans ce jury non seulement des garanties mais des avantages certains qui n'existeraient pas s'ils devaient passer leurs examens devant le jury d'une faculté de l'État. Au contraire, si l'État estime, et en cela il aura raison, que les grades, condition préliminaire à l'entrée de toute carrière, ne peuvent être donnés que par ses professeurs, il est certain que l'enseignement libre ne jouira pas de la liberté des programmes et, partant, ne pourra prendre le développement qu'il désirerait acquérir.

Enfin, pourquoi parlerons-nous de l'esprit qui animait les écoles publiques du Directoire ? Parce que l'esprit irréligieux que la Révolution introduisit dans les écoles de l'État fut la cause du développement des écoles libres qui ne négligeaient point l'étude de la religion, et ce développement, la cause de la mise en vigueur des arrêtés du Directoire, qui en obligeant tout candidat aux fonctions publiques à envoyer ses enfants à l'école publique, portait un coup funeste et injuste au droit d'être enseigné.

Pourquoi nous ferons-nous l'écho des critiques dont on abreuva l'Université? Parce que, en employant ces armes, on parvint, après bien des luttes, à arracher à l'institution impériale le privilège qui lui tenait le plus au cœur, le monopole.

On le voit, les sujets sont souvent difficiles à distinguer. Nous tâcherons, dans le cours de notre travail, de ne point nous égarer.

Cette étude n'est point une étude de parti. C'est une page de l'histoire de notre droit public. Guidé par le désir d'être impartial, je n'ai point voulu faire œuvre de polémiste. C'est pourquoi je ne me suis point étendu, comme le sujet le comportait, sur la sixième période que j'ai intitulée : *les lois scolaires de la troisième République et la liberté d'enseignement*. Je me suis borné à une revue des débats parlementaires et ne suis point entré dans le détail des faits et dans le récit des luttes irritantes qui se sont livrées autour de l'article 7 et des décrets du 29 mars 1880.

Narrateur, j'ai essayé, à la fin de mon travail, de dégager les conclusions qui me semblaient s'imposer après avoir parcouru un peu plus d'un siècle de notre histoire nationale.

Peut-être estimera-t-on que j'ai comblé une lacune de l'histoire de notre droit public, en étudiant : la liberté de l'enseignement depuis la chute de l'ancien régime jusqu'à nos jours.

INTRODUCTION

La liberté d'enseignement existait-elle sous l'ancienne monarchie ? C'est un point qu'il serait intéressant d'étudier en détail, mais que nous ne pouvons aborder[1].

Nous voulons seulement jeter un coup d'œil rapide sur la place que tenait l'enseignement libre à la veille de 1789. Ce regard d'ensemble nous permettra de mieux comprendre l'œuvre de la Révolution en matière d'enseignement.

Section I.

La liberté d'enseignement à la veille de 1789.

L'enseignement primaire avait peu préoccupé la Monarchie. L'Église, au contraire, s'était constamment arrogé le droit d'enseigner. Cela ne se comprend-il pas aisément ? Elle seule avait un représentant dans les plus petites communautés d'habitants ; le curé était la seule autorité du village. Point de représentant du pouvoir central ; un clocher seulement, et, à l'ombre de la vieille église, le pasteur

---

[1] Voy. Troplong, *Du pouvoir de l'État dans l'enseignement*, 1844. — H. de Riancey, *Histoire de l'Instruction publique et de la liberté de l'enseignement*, 1844. — Desplagnes, *Études sur la réforme sociale et politique. La question de l'enseignement public en France. La Monarchie*, 1884, Grenoble, Baratier et Dardelet.

incarnant en sa personne le respect, la science et l'autorité. N'était-il pas naturel alors que cet homme enseignât, en même temps que les principes de la religion, les premiers éléments de la science humaine, la lecture dans les livres sacrés? Aussi voyons-nous, au XVIIIe siècle, beaucoup de communautés du centre, de l'ouest et du midi, dépourvues d'écoles[1], et le curé donner à quelques enfants des leçons rudimentaires.

Néanmoins, il est certain que les « petites écoles », comme on les appelait, étaient beaucoup plus nombreuses qu'on ne l'a prétendu; si l'instruction manquait dans quelques villages, elle était donnée dans la plupart des communautés.

Mais par qui? Par l'État? Non, quoique vers le XVIIe siècle l'État ait essayé de faire appliquer le principe de l'obligation, ce à quoi il ne réussit pas du reste[2]. Par l'Église? Oui, dans une certaine mesure, puisque les évêques avaient le droit d'instituer des maîtres d'école, droit qui leur avait été reconnu formellement par les Déclarations royales de 1606, 1695, 1698 et 1724[3]. Mais surtout par des maîtres librement choisis par les pères de famille.

Ce libre choix n'était pas une simple tolérance, c'était un droit reconnu par les Intendants. « Il faut, écrivait en 1780 l'Intendant de Bourgogne, que les recteurs d'école dépendent des habitants qui les paient[4]. »

Ce droit s'exerçait d'une façon curieuse. Un village voulait-il fonder une école, les pères de famille, les « bienstenants », se réunissaient et choisissaient le maître de leurs enfants; devant un officier public, passaient le contrat qui confiait l'école au maître pendant une ou plusieurs

[1] A. Babeau, *L'École de village pendant la Révolution*, p. 4.
[2] Babeau, *op. cit.*, p. 14.
[3] Allain, *La question d'enseignement en 1789 d'après les cahiers*, p. 49.
[4] Anat. de Charmasse, *État de l'instruction primaire dans le diocèse d'Autun pendant les XVIIe et XVIIIe siècles*, p. 91.

années. Mais le choix des pères de famille ne pouvait se porter que sur un candidat muni de l'approbation ecclésiastique[1].

C'était donc un contrat civil qui intervenait entre maître et pères de famille. Si ce système respectait d'une façon à peu près complète la liberté, il offrait le grave inconvénient de confier l'instruction des enfants à un homme souvent dépourvu de capacités suffisantes.

D'où venaient ces instituteurs? On ne le savait guère. Tantôt c'étaient des ambulants, qui faisaient métier de vendre leur science[2]. Tantôt, dans le midi et le sud-est, des Briançonnais qui, la plume au chapeau comme insigne de leur profession et vêtus d'habits grossiers, allaient sur les champs de foire « se louer » pour enseigner quelques éléments de calcul et de grammaire française[3]. Tantôt la commune qui avait besoin d'un instituteur recourait aux moyens de publicité d'alors pour s'en procurer[4]. Quelquefois, les pères de famille ne choisissaient pas les maîtres, nombre d'écoles ayant été fondées par des prêtres, des particuliers ou des seigneurs. « Quantité de seigneurs, dit Renauldon, ont fondé dans les campagnes des écoles publiques. Il est vrai que l'instruction rend quelquefois le paysan raison-

---

[1] Babeau, *op. cit.*, p. 17.

[2] *Lettres à Grégoire sur les patois de la France*, publiées par Gazier, p. 283.

[3] *Statistique des Préfets en l'an IX*, rapportée par Babeau, *op. cit.*, p. 248.

[4] C'est ainsi que nous trouvons dans les *Affiches du Dauphiné* du 2 juin 1791 l'annonce suivante :

« Demande. Le bourg d'Étoile désirerait trouver un bon précepteur,
« en état au moins de bien montrer à lire, écrire et chiffrer, et le latin
« s'il est possible. On donnerait le logement et des appointements
« outre le mois que payeront les écoliers. S'adresser au bureau des
« *Affiches*, à Grenoble, où l'on indiquera la personne à laquelle il faut
« s'adresser. »

(Chaper, *Dauphiné, Notes et découpures de Journaux*, t. XIII, p. 95, Bibl., ville de Grenoble.)

neur...; mais, d'un autre côté, les grands biens qui peuvent en résulter doivent encourager le seigneur à ne pas négliger l'établissement des écoles dans leurs terres[1]. »

D'autre part, l'enquête que le Ministre de l'Intérieur Chaptal fit en l'an IX nous révèle l'existence d'écoles particulières. L'école d'Aubenton (Aisne) avait ses maîtres payés et logés par la maison de Condé; celle de Musidon (Dordogne) avait été fondée au moyen d'une donation faite par un ecclésiastique; celle de Machecoul (Loire-Inférieure) recevait une subvention du seigneur, ainsi que celle d'Aumale (Seine-Inférieure); les ducs d'Orléans contribuaient à l'entretien de l'école de Mortain (Manche); enfin, dans l'Isère, il y avait six écoles particulières[2].

Les écoles, dont l'entretien n'était assuré ni par le clergé, ni par des fondations, avaient besoin de ressources pour vivre; c'étaient les habitants de la commune qui étaient obligés de prendre à leur charge les dépenses de leur école. Les dîmes étaient l'un de leurs principaux revenus; un grand nombre d'établissements jouissaient aussi de rentes sur le produit des octrois[3]; en un mot, les écoles butinaient un peu partout les quelques ressources qui leur permettaient de subsister, aucuns fonds de l'État ne leur étant destinés.

Somme toute, l'État, à la veille de la Révolution, n'avait pas eu l'idée de l'éducation nationale au premier degré. En ce qui concerne l'enseignement primaire, on peut dire qu'il était libre, sous la réserve à peu près générale de la nécessité pour les maîtres d'avoir l'approbation ecclésiastique.

Les petites écoles mises à part, l'enseignement se donnait dans les Universités. Il n'existait pas, *en droit*, de distinction entre l'enseignement secondaire et l'enseignement supérieur. Cependant cette distinction existait *en fait*, car

---

[1] Renauldon, *Dictionnaire des Fiefs*, 1788, I, p. 374.
[2] Tableau dressé par Allain, de l'enquête de l'an IX, dans son ouvrage *L'œuvre scolaire de la Révolution*, p. 358.
[3] Duruy, *L'Instruction publique et la Révolution*, pp. 56-57.

les sciences qui font aujourd'hui l'objet de l'enseignement secondaire s'apprenaient dans les Facultés des arts, et la théologie, le droit, la médecine, dans les Facultés dites supérieures[1]. Les Universités possédaient des collèges dirigés soit par des laïques, soit par des congrégations : Oratoriens, Bénédictins, Doctrinaires ; mais toujours ces corps étaient sous la tutelle du prince qui avait confié au Parlement le soin de veiller à l'exécution des lois et aux prérogatives royales. Ainsi le Parlement de Paris, par arrêt du 6 août 1779, afin d'éviter de la part de certains maîtres de pension un enseignement clandestin, ordonna que, dans toutes les villes où il y aurait des collèges, les maîtres de pension seraient tenus d'y envoyer leurs pensionnaires[2].

Enfin, l'État lui-même intervenait directement dans le règlement intérieur des collèges, en portant des édits[3].

En 1762, à côté des Universités proprement dites, qui, par leurs Collèges, donnaient l'enseignement secondaire, nous trouvons une congrégation célèbre qui eut plusieurs fois des démêlés sérieux soit avec le pouvoir central, soit surtout avec les Universités : l'ordre des Jésuites. Cet ordre, après des luttes nombreuses contre l'Université[4], réussit à obtenir des rois l'autorisation de créer des collèges, qui eurent longtemps une grande renommée. Dans cette lutte inégale, qui dura depuis Henri II jusqu'à Louis XIV, les Jésuites finirent par succomber ; en 1762, ils étaient expulsés de France et devaient abandonner leurs 124 collèges, dont s'emparèrent immédiatement les Universités. Ces établissements, dès lors, périclitèrent ; en fort peu de temps, nombre d'entre eux durent être fermés. Le vide causé par

---

[1] Liard, *L'Enseignement supérieur en France*, t. I, p. 49.
[2] Compayré, *Les Doctrines d'éducation en France*, t. II. p. 240.
[3] Édit de 1746 créant le concours général entre les collèges de Paris. Règlement du 4 décembre 1769 sur le collège Louis-le-Grand.
[4] Voy. Douarche (Aristide), *L'Université de Paris et les Jésuites aux XVIe et XVIIe siècles,* thèse pour le doctorat ès-lettres, 1888.

l'expulsion des Jésuites ne fut jamais comblé ; nous verrons le Peuple, dans les cahiers des États-Généraux, déplorer amèrement le départ de la célèbre congrégation.

Les Universités étaient des corps puissants, ayant des prérogatives et des privilèges, auxquels les collèges placés dans leur ressort devaient obéissance [1], et l'on a vu souvent, dans le cours de l'histoire, des réclamations respectueuses mais fermes de la part de ces Institutions contre le pouvoir central, obligé de renoncer à des projets qui auraient porté atteinte soit à l'inamovibilité des professeurs, soit à quelques-uns de leurs privilèges.

Mais vers la fin de l'ancien régime, les Universités avaient profondément baissé : plus rien de leur ancienne splendeur, des grades achetés, des études se réduisant à des formalités, l'enseignement du droit délaissé, la science enseignée absolument en retard sur les progrès admirables accomplis dans les sciences au XVIIIe siècle [2].

Voilà dans quel triste état se trouvait l'enseignement à la veille de la Révolution. D'autre part, pas de liberté du moins dans l'enseignement secondaire et supérieur.

Turgot avait compris qu'il fallait des réformes, mais il n'eut pas le temps de réaliser ses projets, le peuple lui-même porta ses doléances devant ses représentants.

Section II.

La liberté d'enseignement et les Cahiers des États généraux de 1789.

Quand on parcourt les cahiers présentés par les États-Généraux, on est frappé de voir combien sont nombreuses les communautés qui demandent la création d'un plan d'éducation nationale. Comme le dit très bien M. Malet [3], il

---

[1] Cousin, *Défense de l'Université et de la Philosophie*, p. 30, note 2.
[2] Liard, *op. cit.*, p. 61.
[3] Lavisse et Rambaud, *Histoire générale*, t. VIII, p. 532.

se dégage de tout cet ensemble ces quelques idées générales : « Organisation d'un système d'enseignement et d'éducation nationale s'étendant à toutes les classes et aux deux sexes, création d'un corps enseignant surveillé par l'État et d'une agence centrale chargée de surveiller l'application du plan général. » L'on sentait aussi très bien, dans la demande consignée dans plusieurs cahiers, d'introduire dans l'instruction l'étude du droit public[1], que la Nation comprenait qu'elle allait jouer un nouveau rôle et qu'il importait que les jeunes générations fussent à même de comprendre les nouveaux droits qui allaient être reconnus au Peuple par une Constitution ayant une forme régulière et définitive. Mais si nous trouvons dans les cahiers des vœux en faveur du maintien du pouvoir de l'Église dans les écoles[2], nous ne trouvons aucune trace de vœux concernant, pour les pères de famille, le droit de faire élever leurs enfants où bon leur semble, et le droit, conséquence inéluctable du droit précédent pour un particulier quelconque, de fonder une école. Cela tient à plusieurs causes.

Quand on analyse d'un peu près le sentiment qui fait réclamer, pour un citoyen, la liberté de l'enseignement, on se rend compte que s'il réclame ce droit, c'est uniquement parce qu'il veut que son fils soit élevé dans les idées qui lui sont chères, idées religieuses surtout, politiques quelquefois. Mais en 1789, la lecture des cahiers montre que la presque unanimité des communautés veut, comme base d'éducation, la religion catholique. Dès lors, le besoin de la liberté de l'enseignement ne se faisait guère sentir, il n'existait pas, il ne pouvait exister que chez les adeptes de la

---

[1] *Noblesse de Touraine, les trois ordres de Montfort-l'Amaury* (*Archives parlementaires,* 1re série, t. IV, p. 42). Nemours, Villers-le-Bel, Paris (*Archives parlementaires, op. cit.,* t. VI, p. 381).

[2] Voy., dans Allain, *La question de l'Enseignement de 1789 d'après les cahiers,* p. 29, note 1, l'énumération des cahiers relativement aux vœux concernant la qualité ecclésiastique ou laïque des professeurs.

religion réformée, et nous verrons que, dans les pays protestants, ce besoin a été formulé.

Le fond de l'instruction, tout au moins de l'instruction primaire et secondaire, à la veille de la Révolution, était la religion, nous l'avons dit. Les cahiers, sur ce point, ne demandent pas une réforme, ils sollicitent seulement que l'enseignement soit confié à des ecclésiastiques réguliers ou séculiers[1]. Une seule voix discordante se fait entendre, et il est curieux de voir, à cette époque, une communauté aussi avancée. Il s'agit de la communauté de Ventabres (sur Aix), dont le cahier de doléances, en ce qui concerne l'instruction, est ainsi rédigé :

« Art. 26. — Le clergé sera réformé et réduit à des chanoines, prêtres et curés desservants ; tous autres bénéfices supprimés; les corps réguliers sécularisés et distribués dans les paroisses.

« Art. 27. — On demande des écoles, collèges de morale, d'histoire naturelle, physique, mathématique, établis dans chaque capitale ; les Universités rétablies, le fond de ces établissements pris sur le clergé supprimé[2]. »

Enfin, le tiers de la sénéchaussée de La Rochelle, entièrement acquis aux idées protestantes, se fait le défenseur de la liberté de conscience et donne le mandat suivant à ses représentants :

« Nos députés représenteront la nécessité d'une réforme à l'égard des établissements d'éducation publique ; ils demanderont que l'éducation publique soit tellement modifiée qu'elle puisse convenir aux citoyens de tous les ordres et former des hommes vertueux et utiles pour toutes les classes de l'État ; ils proposeront de modifier, dans le régime de nos collèges, ce principe qui, en assujettissant indistinctement au culte catholique tous les jeunes gens qui les fréquentent, en éloigne nécessairement ceux qui professent un

---

[1] Voy. p. 7, note 2.
[2] *Archives parlementaires*, 1re série, t. VI, p. 439.

culte étranger ; ils représenteront que ce principe adopté dans la plus grande partie des établissements d'éducation publique en France, détermine les non-catholiques à faire élever les enfants chez les nations étrangères ; que ces funestes émigrations ont le double inconvénient de faire sortir du royaume des sommes considérables et de rendre étrangers, pour ainsi dire, aux mœurs et aux lois du royaume, des citoyens qui, élevés parmi nous, auraient appris à les respecter et à les chérir[1]. »

Malgré toutes ces réclamations, dont la plupart sont justes et bien fondées, quand on considère les XVIIe et XVIIIe siècles ; ses écrivains qui, sortis des écoles de l'ancien régime, ont enrichi tous les genres — philosophie — éloquence, histoire, cette noblesse de plume si parfaitement polie, depuis Retz et La Rochefoucault jusqu'à Saint-Simon, ces traditions de bon goût et d'élégance, cette pureté de la langue qui se retrouve dans toutes les œuvres, on peut bien dire, avec Albert Duruy[2], que l'éducation de l'ancien régime avait quelque chose de bon et que, « sans offenser la Révolution, on peut bien se permettre de penser que la France ne croupissait pas absolument dans les ténèbres avant elle[3] ».

[1] *Archives parlementaires*, t. III, p. 483.
[2] Duruy, *op. cit.*, p. 39.
[3] Id., p. 48.

PREMIÈRE PÉRIODE

La Révolution

CHAPITRE I.

L'Assemblée Constituante et l'Assemblée Législative.

Sous la Révolution, la liberté de l'enseignement eut à subir nombre de vicissitudes. Aucune loi directe ne fut portée contre elle, mais elle eut beaucoup à souffrir, comme nous le verrons, des grandes décisions de la Révolution. Abolition des privilèges, suppression des droits féodaux, etc. Plus tard, proclamée, elle fut persécutée; l'exercice en devint presque impossible, enfin, elle fut rayée de nos lois et ne reparut qu'après une campagne acharnée entreprise sous le Gouvernement de Juillet, par l'élite du parti catholique.

Section I. — Les lois de la Constituante.

Saisie des cahiers présentés par les Trois Ordres, l'Assemblée Constituante pouvait réformer. Elle le devait. Elle n'eut, hélas, pas le temps d'apporter un progrès dans l'instruction publique; à moins qu'on appelle progrès, la destruction presque totale que ces lois opérèrent plutôt par contre-coup que par intention.

Et cependant, le terrain était bien préparé. Tout le monde demandait des écoles primaires là où il n'en existait pas. Les collèges, depuis l'expulsion des Jésuites, avaient dégénéré, et leurs professeurs eux-mêmes saisirent l'Assemblée de projets d'éducation nationale[1]. Les Universités s'étaient résignées à leur perte : elles le montrèrent le 8 janvier 1791, quand elles affirmèrent par la bouche des membres de l'Université de Paris leur adhésion à tous les décrets de l'Assemblée[2].

Dès le principe, l'ancien régime scolaire fut frappé aux sources mêmes de son existence. La nuit mémorable du 4 août 1789 abolit les privilèges, et par suite, les vieilles Universités, corporations privilégiées, rentrent dans le droit commun. Elle abolit les dîmes de toute nature et les redevances[3], et les nombreuses écoles ou collèges qui tiraient de là le plus clair de leurs revenus eurent à chercher ailleurs des moyens d'existence.

Combien durent se fermer à la suite de ces décisions. Je sais bien que la Constituante, craignant de porter un coup trop funeste à l'enseignement, décida que l'on pourvoierait autrement à l'entretien des écoles; mais jamais ces moyens ne furent indiqués, et si, par une disposition transitoire, on ordonna que « lesdites dîmes devaient être continuées à être perçues jusqu'au jour où les anciens possesseurs seraient entrés en jouissance de leur remplacement », cette mesure tutélaire fut elle-même abrogée peu de temps après par le décret du 30 avril 1790.

Beaucoup de collèges, enfin, avaient une part importante dans le produit des octrois; le décret des 2-17 mars 1791,

---

[1] Daunou au nom des professeurs de l'Oratoire. Voy. Buisson, *Dictionnaire de pédagogie*. V° Daunou.
[2] Séance du 8 janvier 1791. *Archives parlementaires*, t. XXII, p. 92.
[3] Décret du 4 août 1789. Gréard, *Législation de l'enseignement primaire en France*, t. I, p. 1.

par la suppression qu'il opéra des taxes indirectes, porta encore un coup fatal à l'instruction. La liberté de l'enseignement n'était point encore frappée. Les écoles de village qui avaient, nous l'avons vu, échappé au contrôle du pouvoir central, pouvaient continuer de vivre si elles devaient leur existence à quelques fondations ou si elles trouvaient, dans des revenus ecclésiastiques, les sommes nécessaires à leur fonctionnement. Cette demi-liberté ne fut point à l'abri des atteintes de la nouvelle législation. Le décret des 22 décembre 1789, janvier 1790, donnait la surveillance de l'éducation publique et de l'enseignement politique et moral aux administrations de département[1], enlevant ainsi aux évêques et aux archidiacres le droit d'approbation et de contrôle qu'ils avaient toujours eu, au moins sur l'école de village. L'indépendance des Universités, des collèges et des écoles n'existait plus, « car donner un tel pouvoir à des magistrats élus, c'était livrer l'enseignement à tous les caprices et à toutes les fluctuations de l'opinion publique, aux tyrannies locales, en un mot à l'anarchie[2] ».

L'ancienne organisation des études était trop intimement liée à celle de l'Église pour ne pas souffrir cruellement des effets que produisirent les lois portées contre les prêtres. Ce qui restait de l'enseignement libre en ressentit aussi le fâcheux contre-coup.

Le décret du 2 novembre 1789 avait mis à la disposition de la nation les biens du clergé, des congrégations et des corporations. Les frères des écoles chrétiennes qui depuis leur fondation (1717, 1724) s'étaient répandus sur tout le territoire pour créer des écoles gratuites se virent atteints dans leur existence, ainsi que tous les ordres enseignants ; les écoles qui vivaient grâce à des biens ecclésiastiques virent les revenus qu'elles percevaient passer dans les caisses du Trésor.

---

[1] Gréard, *op. cit.*, p. 2.
[2] Duruy, *op. cit.*, p. 73.

— 14 —

Enfin et surtout, la fameuse constitution civile du clergé (12-26 juillet 1790), aggravée par le décret du 22 mars 1791, acheva de porter le trouble dans l'Église, et de l'Église la persécution s'étendit à l'école. « Nul agrégé et en général nul individu ne sera appelé à professer et nul professeur ne pourra continuer aucune fonction dans les établissements appartenant à l'instruction publique dans tout le royaume, qu'il n'ait auparavant prêté le serment civique, et, s'il est ecclésiastique, le serment des fonctionnaires ecclésiastiques[1]. »

Le décret des 15-17 avril 1791 venait déclarer que : « Toutes personnes chargées d'une fonction publique dans le département de l'instruction, qui n'ont pas prêté le serment prescrit par le décret du 22 mars dernier, sont déclarées déchus de leur fonction, il doit être provisoirement pourvu à leur remplacement par le directoire du département[2]. »

On se demanda si ce texte s'appliquait aux institutions libres, et le 15 avril 1792, le Ministre de l'Intérieur Roland demandait à l'Assemblée Législative l'interprétation de la loi. « Les religieuses vouées par leur institut à l'éducation des enfants, disait-il, celles qui reçoivent de jeunes pensionnaires dans leur couvent, doivent-elles être assujetties au serment? les maîtres de pension, tous ceux enfin qui tiennent des écoles publiques d'instruction, sont-ils dans l'application de cette loi[3]? » Après une discussion assez peu approfondie, l'assemblée vote l'ordre du jour suivant, proposé par Paganel : « L'Assemblée Nationale..... après avoir entendu la lettre du Ministre de l'Intérieur, relative aux difficultés élevées pour la prestation du serment civique, à l'égard des personnes qui se chargent *volontairement* de l'éducation de la jeunesse, considérant que la loi du 17 avril 1791 oblige, sans

[1] Gréard, *op. cit.*, p. 6.
[2] Id., p. 7.
[3] *Archives parlementaires*, t. XLII, p. 62.

distinction de sexe, au serment civique toutes les personnes qui se dévouent à l'instruction publique, passe à l'ordre du jour. »

Mais le 20 avril, le Ministre de l'Intérieur n'ayant pas été satisfait de cette décision, cependant bien nette, écrit une nouvelle lettre à l'Assemblée : « Il s'agit de savoir, dit-il, si ces mots : « Toutes personnes chargées de fonctions publiques dans le département de l'instruction », sont applicables seulement aux personnes salariées par la Nation ; ou si, toutes personnes tenant même, *volontairement* et sans être salariées par la nation, des écoles publiques et des pensions, sont également comprises dans le sens de la disposition de l'art. 1er de la loi du 17 avril 1791[1]. L'Assemblée renvoya cette lettre au Comité de l'instruction publique, celui-ci nomma rapporteur Gaudin, député de la Vendée[2]. On ne trouve pas trace dans les procès-verbaux du Comité de l'Instruction publique de la réponse faite par le rapporteur. Mais ce qui est certain, c'est que le gouvernement appliqua d'une façon rigoureuse le décret du 17 avril, conformément à l'interprétation donnée par l'Assemblée Législative et que, par suite, des divisions inconnues jusqu'alors s'introduisirent partout. Dans les villages, les maîtres d'école qui restaient fidèles à leur ancien pasteur et qui refusaient de prêter le serment civique étaient expulsés de leur école ; ceux qui s'attachaient aux curés constitutionnels et qui prêtaient serment n'avaient plus d'élèves, parce que les parents cessaient de les envoyer[3].

L'enseignement libre était fortement atteint, le décret du 18 août 1792, rendu par l'Assemblée Législative, devait, s'il en était besoin, lui donner le coup de grâce.

Tels sont les effets que les lois de la Constituante eurent sur l'instruction publique et sur l'enseignement libre. De

---

[1] *Archives parlementaires,* t. XLII, p. 300.
[2] Guillaume, *Procès-verbaux du Comité de l'inst. pub. sous l'Ass. Législat.,* p. 280.
[3] Alfred Lallié, *Le district de Machecoul,* pp. 144, 145.

lois spéciales à l'enseignement, la Constituante n'en formula qu'une : « Il sera créé et organisé une instruction publique commune à tous les citoyens, gratuite à l'égard des parties d'enseignement indispensables à tous les hommes et dont les établissements seront distribués graduellement dans un rapport combiné avec la division du royaume[1]. »

Il serait puéril de voir, comme on l'a prétendu, dans l'expression : « instruction publique commune à tous les citoyens », la proclamation du principe de la liberté de l'enseignement. Mais ce principe a-t-il préoccupé quelques membres de notre première assemblée parlementaire? Quelques-uns des nombreux projets qui lui furent soumis en font-ils mention?

Section II. — Des projets de la Constituante.

Je ne m'arrêterai pas à tous les plans d'instruction qui, à cette époque troublée de notre histoire, furent soumis à l'Assemblée Nationale ; il serait fastidieux de vouloir les citer tous[2], et la plus robuste patience n'en supporterait pas l'analyse. Mais deux travaux se recommandent à l'attention : le travail de Mirabeau sur l'instruction publique et le rapport de Talleyrand.

§ 1er. — *Travail de Mirabeau.*

Le travail de Mirabeau sur l'instruction publique aurait été trouvé dans les papiers du constituant par son ami Cabanis

---

[1] Constitution du 3 novembre 1791, § 17, titre 1er.
[2] Nous citerons seulement Villiers de l'Oratoire, *Nouveau plan d'éducation et d'instruction publique.* Voy. Buisson, *op. cit.*, v° Villiers. — *Plan d'éducation présenté à l'Assemblée Nationale au nom de l'Oratoire par Daunou.* Buisson, v° Daunou. — Paris de l'Oratoire, *Projet d'éducation nationale*, 1790. — Dom Ferlus, *Project d'éducation nationale.* Voy. Buisson, v° Ferlus. — Bourdon de la Crosnière, *Mémoires sur l'éducation.* Arch. parlem., t. XVI, p. 22. — Gassin, *Mémoires sur l'éducation nationale.* Arch. parlem., t. XVI, p. 574.

et publié par ce dernier. On conteste depuis quelques années l'authenticité de ce document, et tandis que les uns prétendent qu'il est l'œuvre d'un ami de Mirabeau, d'autres soutiennent qu'il est de Cabanis lui-même[1]. Quoi qu'il en soit, ce travail a une réelle valeur et c'est à ce titre que nous l'étudierons au point de vue de la liberté de l'enseignement.

Composé de quatre parties ou plus exactement de quatre projets de discours que le grand orateur n'eut pas le temps de prononcer, ce travail ne nous retiendra que dans sa première partie. Celle-ci a pour titre : « De l'instruction publique ou de l'organisation du corps enseignant ». Ce qui domine d'un bout à l'autre, dans ce travail, c'est l'idée de liberté. L'auteur commence par tracer en quelques lignes le tableau des réformes que la Constituante a dû opérer[2].

« Avant de mettre la main à l'œuvre, vous vous êtes, Messieurs, environnés de ruines et de décombres, vos matériaux n'ont été que des débris; vous avez soufflé sur ces restes qui paraissaient inanimés, tout à coup une constitution s'organise, la Monarchie française recommence; le cadavre qu'a touché la liberté se relève et ressent une vie nouvelle. » Mais il faut un bon système d'éducation publique, « ce système doit apprendre aux hommes la science de la liberté. L'art de l'éducation n'est que celui de faire prendre aux hommes les habitudes qui leur seront nécessaires; quelques législateurs anciens ont regardé la jeunesse comme le domaine de la patrie. Ces sectaires de tout genre se sont adressés aux âmes mobiles, susceptibles, comme les enfants, de nouvelles impressions ». « Quant à vous, dit-il, votre objet unique est de rendre à l'homme l'usage de toutes ses facultés et de le faire jouir de tous ses droits. » Aussi, dans une société bien ordonnée, le législateur ne doit s'occuper de l'éducation publique autrement que pour en protéger les

---

[1] Voy. Buisson, *op. cit.*, v° Mirabeau.
[2] Voy. le travail de Mirabeau, *Archives parlement.*, t. XXX, p. 512 et *sq*.

progrès, et cette éducation sera même « d'autant meilleure, qu'on aura plus laissé à faire à l'industrie des maîtres et à l'émulation des élèves ».

Ces principes semblent donc exiger que « l'Assemblée Nationale ne s'occupe de l'éducation que pour l'enlever à des pouvoirs ou à des corps qui peuvent en dépraver l'influence et qu'il serait assez de la livrer à elle-même »; mais, dans les circonstances actuelles, il faut que l'éducation soit dirigée d'après les vues nationales, que les collèges et les académies ne soient soumises qu'aux magistrats élus par le peuple et non directement au pouvoir exécutif, car si l'État était chargé de surveiller les écoles publiques, l'enseignement y serait subordonné à ses vues, lesquelles ne sont pas toujours conformes à l'intérêt du peuple. Le corps enseignant ne dépendra donc pas de l'État.

D'autre part, « tout homme a le droit d'enseigner ce qu'il sait et même ce qu'il ne sait pas. La société ne peut garantir les particuliers des fourberies de l'ignorance que par des moyens généraux, qui ne lèsent pas la liberté. Enseigner est un genre de commerce, le vendeur s'efforce de faire valoir sa marchandise, l'acheteur la juge et tâche de l'obtenir au plus bas prix. Le pouvoir public, spectateur et garant du marché, ne saurait y prendre part, soit pour l'empêcher, soit pour le faire conclure; il protège tout acte qui ne viole le droit de personne, il n'est là que pour les laisser tous agir librement et pour les maintenir en paix. » L'État ne doit donc pas intervenir, l'enseignement sera libre; « on peut s'en rapporter à l'intérêt des maîtres, à l'émulation des élèves, à la surveillance des parents, à la censure publique, sauf dans le développement des sciences spéciales, comme la médecine, la chirurgie, la pharmacie, où le législateur a des abus criminels à prévoir, la police des lois à maintenir en vigueur, des négligences à prévenir et des fautes à châtier ».

Si l'on s'est autant étendu sur le travail de Mirabeau, c'est qu'il a fallu montrer par quel raisonnement l'auteur arrivait à admettre la liberté de l'enseignement. C'est un individualiste à outrance, mais malheureusement il ne s'occupe pas de l'organisation de cette liberté. L'article 25 du titre 1er de son projet est aussi laconique que possible : « L'établissement de toute école particulière pour les enfants de l'un ou l'autre sexe sera parfaitement libre[1] ».

Ce travail a, malgré cette lacune, une réelle valeur en ce qui concerne notre sujet, puisque, émané d'un véritable ami de la liberté, il est le premier acte qui ait officiellement proclamé le droit d'un citoyen de tenir une école et celui du père de famille de choisir le maître de son fils. « Les hommes doivent être ce qu'ils veulent, vouloir ce qui leur convient et faire exécuter ce dont ils sont convenus[2]. »

§ 2. — *Rapport et projet de Talleyrand.*

L'Assemblée Constituante avait été saisie à maintes reprises de plans d'éducation nationale, tous plus bizarres les uns que les autres. Le comité de Constitution qui avait été chargé de l'instruction publique, craignant que l'Assemblée n'adoptât quelques décisions le privant de ses attributions, fit décréter le 13 octobre 1790 : 1° que l'Assemblée ne s'occupera d'aucune des parties de l'instruction jusqu'au moment où le comité de Constitution, à qui elle conserve l'attribution la plus générale sur cet objet, aura présenté son travail relatif à cette partie de la Constitution[3] ; 2°..... Ce fut près d'un an après, les 10 et 11 septembre 1791, que Talleyrand donna lecture à l'Assemblée du rapport sur l'instruction publique dont il avait été chargé par le comité de Constitution.

C'est un beau travail, remarquable par ses déductions et n'offrant « qu'une succession de théorèmes qui con-

---

[1] Gréard, *op. cit.*, p. 8.
[2] Voy. le travail de Mirabeau, *Archives parlement.*, t. XXX, pp. 512 et suiv.
[3] *Archiv. parlement.*, t. XIX, p. 588.

duisent, en ligne droite, à la démonstration finale [1] ».

La Révolution a fait naître deux idées fondamentales : l'Égalité et la Liberté. Il ne faut pas se borner à les inscrire dans nos lois, il faut que les actions soient d'accord avec les paroles. « La Constitution existerait-elle véritablement si elle n'existait que dans notre Code, si de là elle ne jetait ses racines dans l'âme de tous les citoyens, si elle n'y imprimait à jamais de nouveaux sentiments, de nouvelles mœurs, de nouvelles habitudes. Et n'est-ce pas à l'action journalière et toujours croissante de l'instruction que ces grands changements sont réservés[2] ? »

« Tout proclame donc l'instante nécessité d'organiser l'instruction. »

L'instruction peut être considérée sous trois aspects :

1º Comme un produit de la Société : « Sous ce premier point de vue l'instruction réclame les principes suivants : A. Elle doit exister pour tous. B. Elle doit être libre. « Si chacun a le droit de recevoir les bienfaits de l'instruction, chacun a réciproquement le droit de concourir à les répandre ; car c'est du concours et de la rivalité des efforts individuels que naîtra toujours le plus grand bien. La confiance doit seule déterminer les choix pour les fonctions instructives ; mais tous les talents sont appelés de droit à disputer ce prix de l'estime publique. Tout privilège est par sa nature odieux, un privilège en matière d'instruction serait plus odieux et plus absurde encore[3]. »

C. L'instruction doit être universelle.

D. Exister pour les deux sexes.

Il est inutile de pousser plus loin l'analyse du rapport de Talleyrand, puisqu'il admet la liberté de l'enseignement.

Le projet de décret contient un article proclamant notre liberté : « Il sera libre à tout particulier, en se soumettant

[1] Duru, *op. cit.*, p. 74.
[2] *Archives parlement.*, t. XXX, p. 448.
[3] *Id.*, p. 449.

aux lois générales sur l'enseignement public, de former des établissements d'instruction ; il sera tenu d'en instruire la municipalité et de publier le règlement[1]. »

Ce texte, quoique moins laconique que celui de Mirabeau, n'est pas suffisamment explicite ; nous connaissons deux formalités qu'il impose, et on remarque qu'il ne s'agit pas d'une autorisation de la municipalité, mais d'une simple déclaration ; mais quelle sanction est donnée à la violation de ces prescriptions ? Et, d'autre part, qu'entendre par ces mots : Lois générales sur l'enseignement public ? Est-ce la nécessité d'inculquer aux enfants les principes de la Constitution et de leur faire apprendre, « dans un nouveau catéchisme[2] », la déclaration des droits ? Est-ce la nécessité, pour les élèves des écoles libres, de subir devant les examinateurs de l'État des examens qui leur permettraient de passer de l'école primaire à l'école de district ?

Sur tous ces points on ne peut se prononcer. Le principe de liberté de l'enseignement est proclamé. C'est déjà quelque chose, mais il aurait fallu cependant en indiquer la législation.

Le 25 septembre, la Constituante entreprit de discuter le projet à elle soumis par son comité de Constitution. Mais il était trop tard : on renvoya à l'assemblée suivante l'examen du rapport de Talleyrand.

La liberté de l'enseignement n'était pas encore écrite dans nos lois, et, malgré cela, il existait des écoles libres. Nous en trouvons la trace dans la *Gazette nationale* ou *Moniteur universel* du lundi 1er août 1791. Le supplément de cette feuille contient un entrefilet fort intéressant, relatif à un établissement formé par M. Chirol, préparant aux examens. Dans cette réclame, car ce n'est pas autre chose, le directeur de la pension vante les avantages de sa maison. Il explique comment les professeurs s'y prennent pour graver

---

[1] Gréard, *op. cit.*, p. 14.
[2] *Archives parlement.*, t. XXX, p. 450.

— 22 —

dans la mémoire de leurs élèves les éléments des mathématiques ou des autres sciences, et comment, aux approches des examens, les élèves sont stimulés au travail[1].

Section III. — Les lois de l'Assemblée Législative.

L'instruction publique, j'ai essayé de le montrer, était, par l'effet de certaines lois, dépourvue de ressources. A force de réclamations, de prières, l'Assemblée Législative accorda, les 19 janvier 1792 et 6 juin de la même année, un crédit de 350,000 livres pour indemniser les lycées et les collèges. Ce crédit, si minime, si insuffisant, ne profitait, bien entendu, qu'à l'instruction publique, qu'aux collèges et aux lycées; les écoles libres, qui avaient vu leurs ressources supprimées, ne bénéficièrent pas de ces allocations.

La constitution civile du clergé avait été désastreuse pour les collèges et les lycées, en dispersant les maîtres ; pour les petites écoles, en créant dans les campagnes, jadis si unies, deux classes opposées et ennemies. Le décret du 18 août 1792 va porter un dernier coup à l'enseignement libre. « L'Assemblée Législative : considérant qu'un État vraiment libre ne doit souffrir dans son sein aucune corporation, pas même celles qui, vouées à l'enseignement public, ont bien mérité de la Patrie, déclare détruites et supprimées toutes les corporations séculières et ecclésiastiques, et généralement toutes les corporations religieuses et congrégations séculières d'hommes ou de femmes, ecclésiastiques ou laïques, même celles uniquement vouées au service des hôpitaux. »

Les membres employés dans l'enseignement public étaient invités à en continuer l'exercice « à titre individuel jusqu'à son organisation définitive ».

Pour la liberté de l'enseignement, ce décret fut des plus funestes, la plupart des écoles libres étaient en effet tenues

---

[1] Réimpression de l'ancien *Moniteur*, t. IX, p. 275.

par des membres des congrégations; nombre d'écoles primaires qui échappaient au contrôle de l'État, qui étaient fondées par des seigneurs ou des particuliers, avaient comme maîtres des réguliers. Du jour où l'on interdit les congrégations, leurs membres eurent à souffrir de cette disposition, et l'enseignement libre en reçut le fâcheux contre-coup. A ces deux décrets se borne l'œuvre de l'Assemblée Législative en matière d'instruction publique. Il faut rappeler ici l'interprétation qu'elle fut appelée à donner du décret des 15-17 avril 1791, sur le serment des instituteurs libres, et que j'ai indiquée plus haut (voy. page 14). Sa décision, on se le rappelle, n'était point favorable au développement de la liberté.

Malgré tout, il y avait des établissements libres. Le 20 novembre 1791, à la séance de l'Assemblée Législative, un sieur Hazard, admis à la barre de l'Assemblée, lui dénonça les maisons d'éducation « où l'on souffle à la jeunesse les principes de la plus dangereuse aristocratie[1] ». Cet incident nous révèle l'existence d'écoles autres que les écoles officielles.

Section IV. — Projet de Condorcet.

L'Assemblée, dès le début de sa législature, avait créé un comité de l'instruction publique. Ce comité se mit à l'œuvre. Il commença par demander aux départements des renseignements sur l'état de l'instruction publique avant 1789[2], puis, le 2 avril 1792, il se présentait avec un rapport suivi d'un projet de décret sur l'instruction publique. Ce rapport et ce projet de décret étaient l'œuvre de Condorcet, que le comité, après lecture et quelques modifications, s'était approprié[3].

Ce travail fut beaucoup vanté, et il est de fait qu'il se

---

[1] Réimpression de l'ancien *Moniteur*, t. X, p. 421.
[2] Voy., sur cette enquête, Allain, *Revue des questions historiques*, 1891, p. 143.
[3] Guillaume, *Ass. Lég.*, pp. 172-187.

recommande à l'attention par « l'ampleur et la beauté des proportions [1] ». Il se divise en deux parties : la partie philosophique, qui seule nous arrêtera quelques instants, et la partie organisatrice, qui proposait sous des noms différents à peu près ce qui existe de nos jours.

L'instruction, d'après Condorcet, comme d'après Talleyrand, doit être universelle. « La première condition de toute instruction étant de n'enseigner que des vérités, les établissements que la puissance publique y consacre doivent être aussi indépendants qu'il est possible de toute autorité politique [2]. »

« Aucun pouvoir public ne doit avoir l'autorité ni même le crédit d'empêcher le développement des vérités nouvelles, l'enseignement des théories contraires à sa politique particulière ou à ses intérêts momentanés [3]. »

L'État supportera la charge et fera tous les frais de l'enseignement et, malgré cela, ce n'est pas lui qui le dirigera, mais une Société nationale des sciences et des arts, dont l'objet sera de surveiller l'instruction générale et qui aura, vis-à-vis du pouvoir exécutif, une « indépendance absolue » [4].

L'indépendance de l'instruction fait, en quelque sorte, partie des droits de l'espèce humaine [5] et Condorcet est amené, par conséquent, à admettre la liberté d'enseignement et la création d'écoles où l'on peut enseigner des opinions quelconques. « Un pouvoir qui interdirait d'enseigner une opinion contraire à celle qui a servi de fondement aux lois établies, attaquerait directement la liberté de penser, contredirait le but de cette institution sociale, le perfectionnement des lois, suite nécessaire des opinions et du progrès des lumières [6]. » Au reste, la concurrence stimulera le zèle

---

[1] Duruy, *op. cit.*, p. 81.
[2] Guillaume, *Ass.*, *Lég.*, p. 189.
[3] Id., p. 190.
[4] Id., p. 221.
[5] Id., p. 223.
[6] Id., p. 223.

des institutions officielles et « il en résultera, pour les écoles nationales, l'invincible nécessité de se tenir au niveau de ces institutions privées [1] ».

Un autre raisonnement lui fait admettre la liberté de l'enseignement, c'est le droit du père de famille : « Les hommes ne sont rassemblés en société que pour obtenir la jouissance plus entière, plus paisible et plus assurée de leurs droits naturels, et, sans doute, on doit y comprendre celui de veiller sur les premières années de ses enfants..... C'est un devoir imposé par la nature, et il en résulte un droit que la tendresse paternelle ne peut abandonner. On commettrait donc une véritable injustice en obligeant les pères à renoncer au droit d'élever leur famille. Par une telle institution, qui briserait les liens de la nature, détruirait le bonheur domestique, affaiblirait ou même anéantirait ces sentiments de reconnaissance filiale, premier germe de toutes les vertus, on condamnerait la société qui l'aurait adoptée à n'avoir qu'un bonheur de convention et des vertus factices. » Voilà, en quelques mots, l'économie de la première partie du rapport de Condorcet. Chose curieuse, la liberté de l'enseignement n'était pas proclamée dans le projet de décret, elle l'était cependant surabondamment dans le rapport.

Les 20 et 21 avril 1792, l'Assemblée Législative entendit la lecture du travail de Condorcet, mais, à la suite de renvois successifs, dont il est inutile d'expliquer les motifs, l'Assemblée se sépara sans avoir discuté le projet adopté par le comité.

[1] Guillaume, *Ass. Lég.*, p. 231.

CHAPITRE II.

La Convention Nationale.

21 septembre 1792 au 4 brumaire an IV (26 octobre 1795).

L'histoire de la liberté d'enseignement sous la Convention Nationale peut se diviser en deux périodes.

La première, que l'on peut appeler la période des projets et qui va du 21 septembre 1792 au 11 frimaire an II; la seconde, celle des œuvres, qui commence avec le décret de frimaire et se termine avec la Convention elle-même et avec la loi de brumaire an IV.

Que d'idées furent remuées en matière d'instruction et d'éducation par la Convention! On est effrayé du travail qui fut fait par ces politiciens, qui, malgré leurs luttes intestines, devaient faire face à l'ennemi prêt à envahir la France et qui, malgré tout, discutaient sur l'instruction publique!

Je m'attacherai, dans cette partie de mon sujet, à mettre en relief les différentes idées qui furent jetées dans le débat en ce qui concerne la liberté d'enseignement. La première partie sera donc plus importante, car c'est dans cette période que nous trouverons le plus de projets.

Section I. — Les Projets.

La Législative avait ordonné l'impression du rapport de Condorcet, ne l'avait point discuté et avait décidé dans son vote que ce projet serait transmis à la Convention Nationale. Cette Assemblée, le 2 octobre 1792, avait créé dans son sein des comités et notamment un comité d'instruction publique qui devait se composer de 24 membres.

§ 1er. — *Rapport Lanthenas.*

Dès la seconde séance (17 octobre 1792), ce comité lit le projet de Condorcet, charge Lanthenas de faire un rapport, rapport qui est adopté, le 20 novembre, par le comité.

Ce premier rapport de Lanthenas faisait allusion à la liberté de l'enseignement. Il ne la proclamait pas d'une façon expresse, mais il reconnaissait l'existence d'écoles libres et il les faisait entrer en ligne de compte pour calculer le nombre d'écoles primaires nécessaires dans la campagne; le rapporteur estimait ensuite que ce n'était point sur la même base qu'il fallait répartir les écoles primaires dans les villes. « On sait, en effet, disait-il, que plus elles sont populeuses et plus il s'y trouve de personnes attirées par divers intérêts, qui n'y restent que temporairement, qui y vivent loin de leur famille, en tristes célibataires. C'est d'ailleurs dans ces villes que l'opulence fournit à un plus grand nombre de parents le moyen de donner à leurs enfants « *des instructions particulières*[1] ».

Le 12 décembre 1792, une première discussion eut lieu à la Convention et nous voyons Durand de Maillane s'élever contre le projet proposé, qui « ne m'a paru, dit-il, qu'un moyen séduisant pour vous asservir tous à des hommes qui, liés entre eux par les relations nécessaires de leurs places, formeraient une corporation formidable dans la République[2] ». Il veut que, pour ce qui est au-dessus des premiers enseignements élémentaires que la Nation doit aux citoyens, on s'en remette à l'industrie et à l'initiative des particuliers. « La Constitution pourrait proposer d'établir une sorte de censure publique par le moyen de laquelle on pût s'assurer des mœurs et du patriotisme de quiconque s'érigera en maître ou professeur de sciences et arts[3]. »

---

[1] Projet Lanthenas. Guillaume, *Procès-verbaux du Comité de l'Instruction publique. Convention Nationale*, t. I, p. 78.
[2] Projet Lanthenas. Guillaume, *op. cit.*, p. 126.
[3] Id., p. 129.

Après Durand de Maillane, c'est Masuyer qui prend la parole, mais si le premier voulait laisser l'enseignement secondaire et supérieur aux mains des particuliers, Masuyer ne veut qu'une instruction commune à tous [1].

La discussion avait changé d'objet, ce n'était pas sur les écoles primaires que l'on discutait, mais sur l'ensemble du plan d'instruction. Le comité fut invité à présenter sur ce sujet un nouveau rapport; ce fut Romme qui en fut chargé.

§ 2. — *Projet Romme.*

Le début de la séance de la Convention du 18 décembre fut occupé par une discussion entre Lanthenas et Rabaut, de Saint-Étienne.

Le premier se plaint de ce que des discussions incidentes écartent la Convention Nationale du grand objet de l'instruction publique. Il demande qu'on en fixe les bases avant de discuter le projet du comité [2]. Rabaut veut qu'on s'occupe seulement des écoles primaires. L'avis de Lanthenas l'emporta et une mémorable discussion s'ouvrit sur le plan général.

Il importe à l'histoire de la liberté d'enseignement de s'arrêter sur les discours des conventionnels qui sont peu connus et n'ont guère préoccupé les historiens du droit public. Edme Petit et Lequinio prennent d'abord la parole; d'après leurs discours, ils veulent l'éducation commune et gratuite, car « il ne faut pas qu'il existe dans la République un seul individu qui ne reçoive les premiers éléments des connaissances physiques et morales propres à lui donner la rectitude de jugement nécessaire au bonheur de tous les hommes [3] ».

Ducos, qui leur succède, est plus affirmatif encore que ses collègues. « Je pense que les enfants nés dans la Répu-

---

[1] Guillaume, *op. cit.*, p. 134.
[2] *Journal des débats et des décrets*, n° 91.
[3] Guillaume, *op. cit.*, p. 85.

blique, quel que soit l'état ou la fortune de leur père, doivent être astreints, pour pouvoir parvenir dans la suite aux emplois publics, à suivre pendant un certain temps les écoles primaires. Il faut opter ouvertement entre l'éducation domestique et la liberté; car, citoyens, tant que par une instruction commune vous n'aurez pas rapproché le pauvre du riche, le faible du puissant, tant que, pour me servir des expressions de Plutarque, vous n'aurez pas acheminé à une même trace et moulé sur une même forme de vertu tous les enfants de la patrie, c'est en vain que vos lois proclameront la sainte égalité, la République sera toujours divisée en deux classes, les Citoyens et les Messieurs. » Et plus loin : « Mon objet n'est pas d'examiner ici les avantages et les inconvénients moraux et littéraires de l'éducation domestique; je ne considère que ses vues politiques dans notre situation présente : elle peut devenir le dernier refuge de l'aristocratie[1]. »

Après Ducos, le citoyen Leclerc, député de Maine-et-Loire, s'élève contre le projet présenté par le Comité, qui n'avait pas soumis les parents à l'obligation d'envoyer leurs enfants dans les écoles de la République.

« Si vous admettez tel qu'il est le projet de décret, vous ne ferez qu'étendre sur la surface de la République la plaie mortelle des écoles dites de Charité[2]. Votre Comité permet aux riches de s'abstenir des écoles, ou plutôt il semble les y inviter, puisqu'il ne leur cache pas qu'il spécule sur la préférence qu'ils donneraient à l'éducation particulière de leurs enfants pour diminuer dans les villes le nombre des instituteurs : ainsi, en supposant qu'un beau zèle anime tout le reste de la société, voilà déjà une portion considérable pour laquelle l'établissement qu'on vous propose devient un objet à peu près indifférent, et c'est précisément celle qu'il était le plus important d'y intéresser, parce que, par son éduca-

---

[1] Guillaume, *op. cit.*, pp. 191-192.
[2] Id., p. 192.

tion, ses lumières et ses loisirs, elle est plus que l'autre en état de choisir de bons instituteurs et de les surveiller ensuite dans leur enseignement [1]. »

« Que faut-il pour régénérer nos mœurs ? Une éducation commune... Mais dira quelqu'un, n'est-ce pas gêner la liberté que de forcer les parents à envoyer leurs enfants aux écoles de citoyens ? Non. — C'est s'assurer, au contraire, que chaque individu aura les moyens de la conserver, et là-dessus la République ne doit s'en rapporter qu'à elle-même. Mais poursuit-on, n'est-ce pas blesser l'autorité paternelle ? Non. — C'est seulement exercer celle de la patrie !..... Le virus aristocratique et sacerdotal circule encore dans les veines de bien des hommes. Mais l'instruction commune vous les fera connaître. Quiconque refusera d'y obéir, peut légitimement être soupçonné d'être atteint de l'une ou l'autre de ces maladies, et, certes, il n'est personne de vous qui ne sente la nécessité de l'éloigner de toutes les assemblées politiques comme un contagieux qu'il faut séparer de la foule de peur que son mal ne devienne épidémique [2]. »

Et Leclerc propose de priver de ses droits de citoyen le père qui ne voudra pas soumettre son fils à l'éducation commune.

Après ces déclarations de principe, Romme qui, comme je l'ai dit, était chargé de faire un rapport sur le plan général d'instruction publique, lut son travail. Nous ne trouvons rien au sujet de la liberté de l'enseignement, si ce n'est la déclaration que l'enseignement est un droit national [3] et qu'il doit être indépendant du pouvoir exécutif.

La Convention se prononce-t-elle en faveur du système de Durand de Maillanne ou en faveur de celui de Leclerc ou de Ducos ? Non. — Elle vote l'impression des discours et la réimpression du rapport de Condorcet.

---

[1] Guillaume, *op. cit.*, p. 194.
[2] Id., pp. 196-197.
[3] Id., p. 219.

La discussion des idées générales sur le plan de l'enseignement avait fait ajourner le décret sur les Écoles primaires à une date bien lointaine ; mais les préoccupations de l'organisation d'un enseignement n'étaient pas éteintes. Elles hantaient le cerveau de nombreux conventionnels. Je dois noter ici les propositions intéressant la liberté de l'enseignement.

Le 21 décembre, Rabaut, de Saint-Étienne, donne lecture à la Convention d'un projet de décret intéressant l'instruction publique. Il veut l'éducation commune.

Le 24, c'est Bancal, dont l'art. 15 du projet de décret prescrit : « Tous les enfants de la République devant recevoir la même éducation élémentaire, les père et mère ou tuteurs dont les enfants ou pupilles n'iraient pas aux écoles pendant le temps prescrit par la loi, seront privés de leurs droits de citoyens et imposés à une triple contribution [1]. »

C'est enfin celui de Serre, des Hautes-Alpes, qui adoptant les idées de Durand de Maillanne, déclare dans son art. 16 : « Il sera libre à tout particulier, à toute association d'artistes ou de savants de former des établissements d'instruction pour les arts et les sciences. Ils seront tenus d'en instruire la Municipalité et de publier leurs règlements [2]. »

Et de cette série de projets il se dégage cette idée qu'en général les conventionnels veulent une éducation primaire commune. L'art. 7 du projet Serre ne faisait même pas d'exception à cette règle : « Chaque citoyen sera tenu d'envoyer ses enfants aux écoles primaires. »

Mais quelques-uns admettent la liberté des arts et des sciences. Pourquoi ? Mais parce que l'on sentait très bien tout le pouvoir de l'éducation. C'est qu'on voulait que tous les enfants fussent soustraits, au moins pendant quelque temps, à l'influence religieuse ou à l'influence aristocratique, pour être instruits dans les idées révolutionnaires, dans

[1] Guillaume, *op. cit.*, p. 249.
[2] Guillaume, *op. cit.*, p. 289.

celles de la déclaration des droits, dans la haine du trône et de l'autel. Ces principes inculqués, on les rendait à leurs parents qu'on laissait maîtres alors de les confier à qui bon leur semblait, pour leur donner des notions littéraires ou scientifiques.

Voilà, si je ne me trompe, l'état de l'opinion des représentants de décembre 1792 en ce qui concerne la liberté de l'instruction.

Je n'ai pas à entrer dans les détails des travaux qui se poursuivent au sein du Comité de l'instruction publique, à partir de cette date. Je ne fais pas encore une fois l'histoire de l'Instruction publique, mais seulement l'histoire de la liberté d'enseignement, et ce n'est qu'au mois de juin 1793 que je trouve des travaux importants à résumer et des idées nouvelles répandues au sujet de la question qui nous occupe.

§ 3. — *Plan de Sieyès.*

Le 23 mai 1793, Sieyès avait été élu président du Comité d'instruction publique. Autour de lui se trouvaient l'ancien oratorien Daunou, l'ancien congréganiste Lakanal, l'évêque Grégoire, le curé Barral, Bailly, etc., etc., tous membres de la Plaine.

Sieyès avait trouvé prêt à être discuté le plan proposé par Romme à la séance de la Convention du 20 décembre 1792. Mais tous ceux qui avaient travaillé à l'élaboration de ce projet avaient quitté le Comité. Condorcet en faisait encore partie, mais très affecté de voir le projet de Constitution qu'il avait proposé, écarté et remplacé par un projet nouveau élaboré par cinq commissaires désignés le 30 mai, Condorcet disparaît volontairement de la scène, et on ne le voit presque plus aux séances du Comité. Romme avait quitté Paris pour aller remplir une mission temporaire auprès de l'armée des côtes de Cherbourg, et avait été arrêté le 9 juin. Bancal avait été livré aux Autrichiens par Dumouriez, le 3 avril

1793, et était captif à Coblentz ; Rabaut de Saint-Étienne, membre de la Commission des 12, décrété d'arrestation le 2 juin, se tenait caché. Tous ces partisans de l'ancien projet éloignés, d'autres influences s'exercèrent, et Sieyès devenait maître ou à peu près du Comité. Il en profita pour substituer à l'ancien plan un plan nouveau, et il trouva dans Daunou et Lakanal de puissants auxiliaires.

Sieyès recherchait l'obscurité par système et se tenait de préférence dans la coulisse, Daunou, lié avec les Girondins, était suspect au côté gauche, ce fut Lakanal, alors obscur député de l'Ariège, qui fut chargé des fonctions de rapporteur. Le rapport de Lakanal n'ayant pas été imprimé, nous ne pouvons connaître les motifs des dispositions adoptées dans le projet que par Daunou, qui composa en juin 1793 un « Essai sur l'instruction publique » et par un travail de Lakanal paru en juillet 1793 et intitulé : « Lakanal à ses collègues ». Ce travail est seulement la réédition d'articles publiés par Sieyès dans le *Journal d'Instruction sociale.*

Voici comment s'exprime Daunou :

« ...... Vous ne devez porter aucune atteinte ni à la liberté des établissements particuliers d'instruction, ni aux droits plus sacrés encore de l'éducation domestique. C'est aux parents seuls qu'il appartient de seconder les premiers progrès de la nature et quelle que soit l'organisation de nos écoles nationales, il faudra toujours que les facultés d'un élève aient acquis un certain degré de développement pour qu'elles soient susceptibles d'un mode public de culture..... Je crois que moins vous laisserez d'étendue à l'éducation domestique, plus vous enlèveriez de motifs et d'activité aux affections saintes qui sont les nœuds et les insuppléables jouissances de vos familles. Je crois encore que, chez un peuple qui se perfectionne, l'éducation publique va se resserrant par degrés, et se reversant en quelque sorte dans l'éducation privée. Peut-être que le progrès suprême de l'état social est placé à l'époque où tous les parents seraient de bons instituteurs. »

Sans doute, nous ne sommes point à cette époque, et c'est par conséquent un besoin national aujourd'hui que l'établissement d'une éducation commune ; mais, il importait de reconnaître les limites d'un tel établissement, et si je les ai bien aperçues, elles consistent :

1° En ce que les élèves ne sont point enlevés à leurs parents, et qu'en profitant de l'éducation commune ils ne cessent pas de recueillir les bienfaits de l'éducation domestique ;

« 2° En ce qu'il est libre à chacun de former des établissements particuliers d'instruction ;

« 3° En ce que nul n'est contraint en aucune manière d'envoyer ses enfants aux écoles publiques[1]. »

En conformité de ces idées, le projet du Comité, lu par Lakanal à la séance de la Convention le 26 juin, contenait les articles suivants :

ART. 40. — La loi ne peut porter aucune atteinte au droit qu'ont les citoyens d'ouvrir des cours ou écoles particulières et libres sur toutes les parties de l'instruction et de les diriger comme bon leur semble.

ART. 41. — La nation accorde des encouragements et des récompenses aux instituteurs et professeurs tant nationaux que libres, aux savants et hommes à talent qui ont rendu de grands services au progrès des lumières, des arts et à l'instruction.

ART. 42. — Les bureaux d'inspection et la commission centrale ont exclusivement la surveillance de police et de protection sur les écoles particulières et libres et sur les pensionnats d'éducation.

ART. 7. — Le bureau d'inspection est composé de trois commissaires nommés par le Conseil général de l'administration du district et pris hors de son sein.

ART. 8. — Le bureau d'inspection est renouvelé par tiers

---

[1] Guillaume, *op. cit.*, p. 587.

à chaque nouvelle administration. Le commissaire sortant peut être réélu.

Art. 9. — La Commission centrale de l'Instruction publique est composée de 12 membres. Elle se renouvelle annuellement par tiers. Les membres sortants peuvent être réélus. La nomination annuelle se fait par le Conseil exécutif sur une liste double présentée par la Commission elle-même[1].

(On peut régler par un décret particulier que, la première fois, ils seront nommés par le Conseil exécutif. — Note du Comité.)

Ces idées favorables à la liberté de l'enseignement n'étaient point particulières au Comité d'instruction publique. Dans la Convention nous trouvons des députés partisans de cette liberté. Nous voyons à cette époque toute une littérature libérale ; et c'est ainsi que Faure, député de la Seine-Inférieure, dans de : « Courtes réflexions sur l'instruction publique », écrivait :

« ..... La liberté consiste en ce que les pères et mères soient maîtres d'élever leurs enfants comme bon leur semble. Fiez-vous en à leur tendresse. L'égalité d'éducation n'est qu'une chimère dans une République immense par sa surface et sa population, où l'inégalité de fortune et d'état est nécessaire pour le bonheur commun. Ne vous donnez pas le ridicule de vous calquer sur Sparte. Vous n'avez pas d'îlotes pour labourer vos terres et vous fournir des vêtements. Quel pays d'ailleurs ! Les anciens Spartiates ne sont bons à citer que pour amuser les enfants. Vous ne me ferez point accroire que les mêmes habitudes puissent s'appliquer à Marseille et à Valenciennes, dans la montagne comme dans la plaine, dans les pays fertiles comme sur les surfaces ingrates[2]. »

Je relève encore le projet de décret sur l'Instruction

---

[1] Guillaume, *op. cit.*, p. 512.
[2] Guillaume, *op. cit.*, p. 626.

publique de Hentz, député de la Moselle, qui consacre aussi la liberté d'enseignement :

« Art. 4. — L'instruction publique n'est pas exclusive. Il est permis à toute personne de tenir une école particulière, en faisant sa déclaration à la municipalité de son domicile.

« Art. 5. — Les écoles particulières sont sous la surveillance des municipalités et sont tenues de se conformer aux règlements de police déterminés par les comités d'instruction établis par la loi[1]. »

Enfin, il faut citer en dernier lieu un projet de Léonard Bourdon qui prend, pour sauvegarder les droits de l'État, toutes les précautions possibles :

« Art. 6. — Les pères de famille qui veulent se charger eux-mêmes de l'instruction de leurs enfants et qui ne les enverraient pas aux leçons des écoles communales, sont tenus de représenter ces enfants aux examens qui ont lieu dans les écoles communales à différentes époques. Ces examens sont faits en présence des pères de famille de l'arrondissement, et si l'enfant leur paraît instruit dans des principes contraires à ceux de la République, ils forment un jury qui prononce que le père a perdu le droit naturel qu'il avait d'élever lui-même son enfant. Ce jugement est porté à la municipalité qui est tenue d'ordonner la translation de l'enfant dans la maison d'égalité dont il va être question.

« Art. 65. — Tous les établissements particuliers d'éducation sont permis ; mais la Nation prendra les précautions nécessaires pour qu'on ne s'y écarte jamais des principes qu'elle a consacrés. »

Le plan de Lakanal, Sieyès, Daunou, fut lu le 26 juin 1793 à la tribune de la Convention. Il fut très mal accueilli par « la Montagne » et lorsque, le 2 juillet, la Convention en commença la discussion, il avait été déjà sévèrement commenté dans une assemblée qui avait alors sur la Convention

---

[1] Guillaume, t. II, pp. 104-114.

un ascendant considérable, je veux parler du « Club des Jacobins ».

Le dimanche 30 juin, dans cette association, Hassenfratz avait demandé la parole et, aux acclamations de l'assistance, il s'était écrié : « Il faut que vous sachiez que Lakanal n'en est pas l'auteur (du projet); le père de ce projet est le prêtre Sieyès dont vous connaissez la perfidie. Cet homme s'est conduit avec une constante duplicité : Sieyès a écarté tous les hommes instruits du Comité de l'instruction publique, non seulement il veut asservir la race actuelle, il veut encore empêcher le développement de la génération à venir..... Il a fallu toute la scélératesse de Sieyès pour concevoir un projet aussi liberticide et qui tend aussi visiblement à l'anéantissement des Français[1]. »

Aussi le 2 et le 3 juillet lorsque la Convention entama la discussion du projet, ce fut au milieu des applaudissements que Coupé de l'Oise, que Lequinio, que Charles Duval, eurent la parole contre le plan. Le dernier orateur proposa qu'il fût nommé six commissaires chargés de présenter, sous huit jours, un projet de décret sur l'instruction publique. Ce fut décrété, il fut décidé en même temps, sur la proposition de Robespierre[2], que l'on imprimerait aux frais de l'État l'ouvrage de Michel Lepelletier sur l'instruction publique.

Était-ce la liberté de l'enseignement admise dans le plan de Sieyès qui avait soulevé les colères de la Convention? Non.

Tous les adversaires s'étaient rencontrés sur le même terrain, sur la Commission centrale de l'instruction publique placée par le projet auprès du Conseil exécutif et qui avait la haute main sur l'enseignement.

Il est inutile d'entrer à ce sujet dans plus de détails, mais il est nécessaire cependant de prouver que la liberté de l'enseignement ne fut pas la cause de l'échec du projet.

---

[1] Guillaume, *op. cit.*, pp. 525-526.
[2] *Journal des hommes libres*, n· 246.

Charles Duval, en effet, qui s'était fait remarquer par sa violence contre le plan, en avait présenté un en son nom, dont l'article 53 était ainsi conçu :

« Art. 53. — Il sera libre à tous les hommes qui s'en croiront capables d'enseigner les sciences et les arts et d'établir des écoles particulières auprès des citoyens qui voudront s'y rendre ou faire conduire leurs enfants : ces écoles seront spécialement sous la surveillance des administrations de district et des commissaires mentionnés à l'art. 15.

« Art. 15. — Les administrations de district nommeront chaque année, sur la présentation des municipalités et après le concours de sujets présentés, quatre commissaires pour veiller plus particulièrement à la bonne tenue des écoles nationales. »

Le plan de Sieyès abandonné, d'autres projets lui succèdent qui, au point de vue de la liberté de l'enseignement, sont loin de le valoir.

Le 24 juin 1793, la Convention avait voté la nouvelle Constitution, nous n'y trouvons rien en ce qui concerne la liberté de l'enseignement. Elle se borne à faire, au sujet de l'instruction publique, une déclaration générale conçue en ces termes : « L'instruction est le besoin de tous. La Société doit favoriser de tout son pouvoir les progrès de la raison publique et mettre l'instruction à la portée de tous les citoyens. » (Déclarations des Droits de l'homme et du citoyen, art. 22.)

§ 4. — *Projet de Lepelletier.* — *Décret du 15 septembre 1793.* — *Suspension le 16 septembre.*

Nous connaissons le vote émis par la Convention le 3 juillet ; une commission de six membres était créée, on avait décidé également l'impression du projet Lepelletier Saint-Fargeau. Un mot sur le nouveau personnage que nous voyons entrer en scène. Le marquis de Saint-Fargeau, ancien Président à mortier du Parlement de Paris, avait été député de la Noblesse aux États-Généraux, puis après avoir défendu la Cour, par une transition brusque, qu'on attribua à la peur, il devint l'un des plus chauds défenseurs du Peuple, fut porté, en 1792, à la Convention, y vota la mort de Louis XVI, mais fut assassiné, le 20 janvier 1793, par un ancien garde du corps.

Une auréole de martyr rendit illustre cette figure bien inconnue, bien ignorée. Robespierre ressuscita cette mémoire déjà morte en lisant le plan de Lepelletier à la Convention.

« On est étonné quand on parcourt aujourd'hui cette pauvre élucubration qu'une assemblée d'hommes sérieux ait pu, non seulement en tolérer la lecture, mais encore lui prodiguer de si vifs témoignages d'admiration [1]. »

Le plan de Michel Lepelletier est totalement dépourvu de liberté. Il veut l'éducation commune, obligatoire, de tous les enfants, dans des maisons nationales, où ils demeurent enfermés pendant sept ans, aux frais de l'État.

La discussion, commencée le 30 juillet, amena à la tribune des orateurs, tous partisans de l'éducation commune et, par conséquent, hostiles à la liberté de l'enseignement. Elle continua le 1er août, et à cette date, Thibeaudeau s'éleva vivement contre le principe de l'obligation, demanda la possibilité d'une éducation domestique, surveillée au besoin par la Société ; et cependant, faisant peut-être volontairement une entorse à son système, de façon à le faire adopter, Thibeaudeau s'écriait à la tribune : « J'ai toujours pensé que les enfants étaient une propriété de l'État et que les parents n'en étaient que les dépositaires [2]. »

La discussion dura plusieurs séances, plus d'une voix s'élevait en faveur de la liberté des pères de famille et

---

[1] Duruy, *op. cit.*, p. 94.
[2] Guillaume, t. II, p. 199.

contre le principe de l'obligation ; le Conventionnel Charrier, dans la séance du 13 août, « demanda que l'éducation nationale fût facultative, mais que ceux qui donneraient à leurs enfants des instituteurs particuliers, payassent une contribution plus forte que les frais des établissements publics[1] ». C'était reconnaître la liberté de l'enseignement.

A cette séance, Danton, moins audacieux qu'il ne devait l'être plus tard, intervint, et, grâce à lui, la Convention vota le principe suivant qui consacrait encore une liberté relative, eu égard au plan proposé : « La Convention Nationale décrète qu'il y aura des établissements nationaux où les enfants seront élevés et instruits en commun et que les familles qui voudront conserver leurs enfants dans la maison paternelle auront la faculté de les envoyer recevoir l'instruction publique dans des classes particulières instituées à cet effet[2]. »

A partir de ce jour et pendant plusieurs semaines, la Commission des Six, divisée, ne pouvait arriver à élaborer aucun programme. Il fallut que les professeurs des anciens collèges de Paris s'entendissent avec certains membres de la commission pour que le 15 septembre, jour consacré à l'examen des pétitions, un nombreux cortège des délégués du département de Paris, des Sociétés populaires, de la Commune, vînt à la Convention et arrachât à cette Assemblée, sans discussion, sans travaux préparatoires, un vote, établissant en dessus des écoles primaires trois degrés d'instruction et abolissant, sur tout le territoire de la République, les facultés et les collèges. Il est juste d'ajouter que Lakanal vint déclarer que le plan développé par les pétitionnaires avait l'agrément de membres de la Com-

---

[1] *Moniteur*, 15 août 1793.

[2] Gréard, p. 65, et *Journal des débats et des décrets*, n° 329. Ce décret, dont j'ai rapporté le sens, n'a point les mêmes termes pour le *Journal des débats*. La Convention a voté l'idée et non point la formule.

mission des Six, et qu'il espérait le voir transformer en décret.

C'était une opinion différente de celle qu'il avait soutenue au mois de juin dans le plan par lui soumis à la Convention. On se souvient, en effet, que, d'après lui, les écoles primaires seules devaient être créées et qu'il fallait s'en rapporter, pour les autres renseignements, à l'industrie privée. Ces variations s'expliquent quand on connaît Lakanal « cœur honnête, mais esprit flottant, recevant l'impulsion, mais ne la donnant pas[1] ».

Le lendemain, 16 septembre, Coupé de l'Oise obtenait de la Convention la suspension de ce décret et l'adjonction de trois membres à la Commission des Six, laquelle déléguait Romme comme rapporteur d'un projet qu'elle venait d'élaborer.

§ 5. — *Projet de la Commission des Neuf.*

Le rapport de Romme fut lu à la Convention le 1er octobre. Après l'élaboration de ce plan, la Commission des Neuf cesse d'exister, le Comité d'instruction publique reprend son rôle.

Le plan de Romme n'était certainement pas favorable à la liberté de l'enseignement. On pourrait même soutenir que l'art. 1er du projet de décret abolissait toutes les écoles libres, quelles qu'elles fussent :

« Art. 1er. — Tous les collèges d'humanité, les écoles de droit et de théologie et les petites écoles, sous quelque dénomination qu'elles existent, sont supprimées. Cette suppression aura son effet aussitôt que les nouveaux établissements pourront entrer en exercice. »

Au nom de la minorité de la Commission des Neuf, Edme Petit présenta un contre-projet beaucoup plus libéral au point de vue qui nous occupe et dont l'art. 34 était ainsi

---

[1] Guillaume, *Dictionnaire de pédagogie*, V° *Convention*, p. 542.

conçu : « Il est permis à tout citoyen d'établir et d'organiser des maisons d'enseignement, d'ouvrir des cours, etc..., pourvu qu'il donne ses leçons en public[1]. » Son discours et son projet furent imprimés par ordre de la Convention Nationale. C'est là tout le succès qu'ils obtinrent.

Le Comité de l'instruction publique reprenant, après quelques modifications, le projet et le plan de Romme, fit adopter par la Convention une série de décrets sur l'instruction publique, fin octobre et notamment dans la séance du 9 brumaire (30 octobre 1793), ainsi que trois articles additionnels que nous n'avions pas vus figurer dans le plan proposé le 1er octobre.

Ces textes permettent de s'assurer que le projet du comité, à cette époque, laissait la place aux écoles libres, puisque l'art. 2 suppose l'existence d'une école autre que l'école nationale :

« Art. 2. — Les instituteurs nationaux ne peuvent, sous aucun prétexte, diriger d'autre éducation que celle des élèves attachés aux écoles nationales, ni donner à aucun autre des leçons particulières. »

Le 14 brumaire an II (4 novembre 1793), Romme coordonne tous les décrets adoptés, mais se heurte à la coalition furieuse de tous les opposants. Ceux-ci triomphent et nomment une commission chargée de reviser ces décrets. Cette commission de devait pas fonctionner, et les décrets furent remaniés par leurs auteurs eux-mêmes.

La discussion définitive du projet sur l'instruction publique était fixée au 11 frimaire (1er décembre 1793). A cette date, Romme présente ses vues sur l'enseignement. Nous les connaissons (ce sont celles qu'il a développées dans son plan); puis un membre, le juge Bouquier, présente à la Convention un projet nouveau qui devait se transformer bientôt en décret, le 29 frimaire an II (19 décembre 1793)[2].

---

[1] Guillaume, *op. cit.*, t. II, p. 559.
[2] Guillaume, *op. cit.*, t. II, p. 721.

Section II. — Les oeuvres.

§ 1ᵉʳ. — *Plan de Bouquier.* — *Décret du 29 frimaire an II (19 décembre 1793).*

Après avoir entendu la lecture du plan de Bouquier, la Convention s'ajourna au lendemain, mais ce n'est que le 18 frimaire (8 décembre 1793) que le débat s'ouvrit entre les deux projets en présence : celui de Romme et celui de Bouquier. Tous deux demandèrent la priorité pour leurs plans respectifs. La Convention renvoya la discussion au lendemain.

Le 19 frimaire (9 décembre 1793), Fourcroy monte à la tribune pour exposer ses vues, et c'est sur elles que nous devons nous arrêter un instant.

On s'aperçoit dès le début que le plan de Fourcroy est libéral, et qu'au point de vue de la liberté d'enseignement, il y a un réel progrès de réalisé sur les projets précédents. « Pourquoi refuser à ceux qui veulent apprendre, dit-il, le droit de choisir à leur gré, pour maîtres, les hommes qui entrent pour la première fois dans la carrière de l'enseignement, y montrent tout à coup un mérite supérieur à celui des professeurs inamovibles, dont le talent se ralentit, ou s'éteint ou reste stationnaire. Ici, comme dans toutes les autres parties des gouvernements républicains, la liberté est le premier et le plus sûr mobile des grandes choses. Chacun doit avoir le droit de choisir pour professeurs ceux dont les lumières, l'art de démontrer, tout, jusqu'au son de voix, aux gestes, sont les plus conformes à ses goûts. Laisser faire est ici le grand secret et la seule route des succès les plus certains [1]. »

Et plus loin, en vrai révolutionnaire, se souvenant que le

---

[1] Guillaume, *op. cit.*, t. III, p. 98.

grand mouvement de 1789 a été fait pour détruire les privilèges : « Évitons de former des corporations, de créer des privilèges, de jeter des entraves au génie impatient de toute chaîne, de faire naître un nouveau sacerdoce plus à craindre que l'ancien... Ne formez point d'institutions privilégiées, rendez au génie toute la latitude de pouvoir et de liberté qu'il réclame, proclamez ses droits imprescriptibles, ne retenez pas dans un cercle étroit les lumières qui ne demandent qu'à s'étendre, et qui ne s'acquièrent ni ne se répandent par privilège[1]. »

Après avoir prononcé son discours, Fourcroy donne lecture de son projet de décret, et quand on en prend connaissance, on fait une constatation importante. Ce n'est point un projet établissant la liberté de tous les enseignements que le futur grand-maître de l'Université présentait à la Convention, mais un projet de décret sur l'enseignement libre des sciences et des arts.

L'enseignement primaire par conséquent ne rentrait pas dans ses prévisions :

1º Les citoyens éclairés dans les lettres, sciences et arts sont invités à se livrer à l'enseignement ;

2º Ils doivent obtenir un certificat de civisme, ou l'appui des sociétés populaires, et se faire inscrire dans les municipalités où ils donnent leurs leçons ;

3º La République favorise ces institutions :

a En procurant aux professeurs des sciences physiques qui ne possèdent pas les machines nécessaires à la démonstration, les objets et matériaux nécessaires à leurs leçons ;

b En entretenant auprès de ces professeurs, qui sont payés par les élèves, des jeunes gens peu fortunés et dont le nombre sera fixé par le Corps législatif ;

c En donnant des pensions à ces professeurs libres ayant vingt-cinq ans d'exercice.

[1] Guillaume, *op. cit.*, t. III, p. 100.

On voit par ce résumé qu'un grand pas est fait en faveur de la liberté de l'enseignement.

Non seulement on admet les écoles libres, mais on les entoure de protection. On légifère à leur endroit. Comme nous sommes loin de la liberté d'instruction admise dans le plan de Talleyrand sous la Constituante !

Après Fourcroy, Thibeaudeau monte à la tribune. Lui aussi est favorable à l'enseignement libre. Il est inutile d'entrer dans de plus grands détails à ce sujet.

La journée du 21 frimaire (11 décembre) devait se terminer par un vote. Romme demanda pour son projet la priorité, Bouquier fit valoir les avantages de sa proposition. Ce fut lui qui l'emporta à une grande majorité. Avec la chute du projet du Comité tombait l'influence de Condorcet, car, chose importante, tous ou presque tous les projets (sauf celui de Sieyès-Lakanal) présentés à la Convention étaient inspirés des idées de Condorcet. Cette fois c'en est fait, Bouquier a triomphé, nous approchons du jour où la Convention aura accompli une œuvre, œuvre éphémère, il est vrai, mais une œuvre.

Cette œuvre fut accomplie par le décret du 29 frimaire an II (19 décembre 1793). Le projet de Bouquier était entré dans le domaine de la réalité.

Quelle était l'économie de ce décret dont je parle depuis longtemps sans l'avoir fait connaître ?

Le décret du 29 frimaire an II (19 décembre 1793) se compose de trois sections : 1° de l'enseignement en général ; 2° de la surveillance en général ; 3° du premier degré d'instruction. Le projet présenté le 11 frimaire (1er décembre) comprenait deux sections de plus : 4° du dernier degré d'instruction ; 5° moyens généraux d'instruction.

Mais la Convention, après avoir adopté, sauf quelques modifications, les trois premières sections, décida le 29 frimaire (19 décembre 1793), pour que l'exécution des articles relatifs aux premières écoles n'éprouvât aucun retard, que cette première partie du plan serait promulguée sur-le-champ.

Elle réservait à plus tard la promulgation de la deuxième partie du plan de Bouquier. J'ajoute que cette deuxième partie ne fut jamais convertie en décret.

La première section du décret du 29 frimaire comprend les articles dont les deux propositions suivantes donnent une idée assez exacte :

1° L'enseignement est libre ;

2° Les citoyens qui veulent exercer leur droit sont soumis à trois formalités :

a Enseigner publiquement ;

b Déclarer à la Municipalité leur intention d'ouvrir un enseignement sur tel sujet ;

c Produire un certificat de civisme et de bonnes mœurs émanant d'autorités sur lesquelles nous reviendrons bientôt.

La section II, sur la surveillance de l'enseignement, place les instituteurs sous la surveillance des Municipalités, des pères, mères et de tous les citoyens.

Enfin la section III peut être résumée en trois propositions :

1° Les instituteurs seront tenus de se conformer, dans leur enseignement, aux livres adoptés par la représentation nationale ;

2° Ils seront salariés par la République d'après le nombre d'enfants qu'ils instruiront, et, à ce sujet, le décret édicte certaines dispositions destinées à connaître le nombre de ces enfants :

a En obligeant les parents à déclarer à la Municipalité les noms des enfants qu'ils envoient à telle ou telle école ;

b En obligeant les maîtres à tenir un état des enfants qui fréquentent leurs écoles.

3° Les parents sont tenus d'envoyer leurs enfants à l'école pendant trois ans.

Telle est en quelques mots l'économie du décret du 29 frimaire an II.

Ce décret appelle plusieurs observations : le projet que

Bouquier avait présenté à la Convention le 11 frimaire ne contenait pas le principe de l'obligation.

Les parents étaient libres d'envoyer ou non leurs enfants aux écoles du premier degré. Mais à la séance du 22 frimaire (12 décembre) ce fut le montagnard Charlier qui demanda le remplacement du mot « pourront envoyer » par ceux-ci : « seront tenus d'envoyer[1] ».

Thibeaudeau s'opposa à l'amendement et invoqua le droit de la nature, et comme cette opinion menaçait de triompher, Danton s'élance à la tribune et prononce avec véhémence ces paroles bien connues :

« Il est temps de rétablir ce grand principe qu'on semble méconnaître : « que les enfants appartiennent à la Répu-« blique avant d'appartenir à leurs parents » et, développant ce thème, Danton enlève son auditoire, et la Convention, en adoptant l'amendement de Charlier, adoptait aussi la manière de voir de Danton qui voulait que ce fût dans les écoles nationales que l'enfant « suçât le lait républicain ».

Le projet modifié de la sorte était bien plus profondément dénaturé que les partisans de l'amendement ne l'avaient voulu.

L'enseignement est libre, porte l'art. 1er, c'est-à-dire qu'il est permis à tout citoyen de se livrer à l'enseignement. Qu'est-ce à dire? Si ce n'est qu'il est permis à tout citoyen d'ouvrir une école et d'enseigner à un comme à deux cents enfants.

Mais alors, si le citoyen qui ouvre une école est forcé d'envoyer chez un autre son propre enfant, il s'ensuit que tout homme n'a pas le droit d'enseigner à un enfant quelconque ! L'enseignement n'est donc pas libre.

Si au contraire on admet, en vertu du principe de la liberté de l'enseignement, que le père peut enseigner à son enfant, le principe de l'obligation admis en vertu du principe de l'égalité est-il satisfait? Non, car on crée un privilège pour les

---

[1] Voy. Guillaume, t. III, p. 151.

instituteurs et qu'arrivera-t-il ? C'est que tout père de famille va se faire instituteur. Il le pourra, puisqu'aux termes du décret on ne s'enquiert pas de la capacité, mais seulement des bonnes mœurs et des sentiments civiques. Il y a là deux dispositions contradictoires qu'il importait de relever. Ce n'est pas tout.

Le décret emportait la peine de la dégradation civique contre les parents qui n'enverraient pas leurs enfants à l'école. Cet article était inapplicable aux mères de famille qui ne jouissaient pas de leurs droits civiques.

Enfin, et c'est le point principal, puisque le grand principe de la liberté domine en droit ce décret, l'on peut dire que, en fait, ce décret n'était point libéral.

1° D'abord la liberté des méthodes n'existait pas, puisque les instituteurs devaient se conformer dans leur enseignement aux livres adoptés et publiés à cet effet par la représentation nationale. Or la liberté des méthodes est absolument nécessaire pour l'existence de la liberté de l'enseignement : car, que sert au père de famille que son fils soit élevé par tel ou tel instituteur, si tous les deux doivent leur enseigner des mêmes principes. Je sais bien que la manière d'enseigner peut être différente, mais malgré cela, ce qui importe c'est le droit d'apprendre les sciences humaines d'après les méthodes qui agréent aux idées que l'on professe ;

2° La liberté d'ouvrir une école existe en droit, le décret ne crée aucune incapacité excluant les ci-devant nobles, les ci-devant prêtres ou religieuses, n'ayant pas renoncé à leur caractère ; mais qu'on y prenne garde : c'est la majorité des municipalités qui doit délivrer un certificat de civisme ; ce sont les citoyens qui doivent exercer une surveillance sur les écoles, c'est-à-dire les sociétés populaires ; et nous savons quel esprit anime ces associations vis-à-vis des réfractaires et des anciens nobles[1]. Malgré les critiques que l'on peut

---

[1] Un éminent collaborateur du *Dictionnaire de pédagogie,* M. Guillaume, estime que le projet Bouquier est une transaction tacite conclue

adresser à ce projet un grand pas était fait en faveur de la liberté de l'enseignement au point de vue théorique au moins, car, au point de vue pratique, ces écoles ne purent s'organiser que très tard.

En effet, le décret du 14 frimaire avait, en réorganisant les autorités locales, porté le plus grand trouble dans les administrations. Les Conseils généraux, les Présidents et les Procureurs syndics de département étaient supprimés. Les districts étaient chargés de la surveillance et de l'exécution des lois. Les Procureurs des communes étaient remplacés par des agents nationaux. Ceux-ci, avant d'exercer leurs fonctions, devaient être approuvés par le district et les agents nationaux du district devaient être approuvés par la Convention.

Les représentants du peuple étaient chargés d'épurer

entre le parti Jacobin et le Clergé catholique (Buisson, *op. cit.*, V· *Convention*, p. 554). Le projet Romme était incontestablement beaucoup plus rigoureux que le projet qui devint le décret du 19 frimaire an II. D'après le projet Romme, aucun ecclésiastique, aucun ci-devant noble ne pouvait être élu instituteur ; mais, depuis le projet de brumaire, Robespierre avait fait sa profession de foi déiste, un manifeste du Comité du Salut public avait condamné dans les premiers jours de frimaire les extravagances du philosophisme et proclamé le respect de la liberté de tous les cultes. C'est sur ces arguments que M. Guillaume fonde son opinion.

Je ne partage pas cette manière de voir. Si l'enseignement a été proclamé libre, c'est, à mon avis, comme le dit Bouquier dans son rapport, parce qu'on ne voulait plus de corporations et que la création d'une organisation de l'instruction publique, comprenant une hiérarchie de « pédagogues », effrayait les conventionnels. « Les nations libres, disait-il, n'ont pas besoin d'une caste de savants spéculatifs. » (Guillaume, *Procès-verbaux du Comité de l'Instruction publique*, t. III, p. 56.) D'autre part, enfin, si le décret de frimaire avait été une transaction, on aurait été peut-être plus large qu'on ne l'a été : car les sociétés populaires, les municipalités, étaient encore imbues de sentiments de haine contre le clergé, et elles étaient les maîtresses de l'enseignement libre, puisqu'il fallait de leur part un certificat de civisme pour enseigner. Si on a voulu faire une transaction, le clergé a été dupe.

toutes les autorités constituées ; tout cela prit un certain temps et retarda l'établissement des écoles.

Nous avons vu que la Convention, en promulguant le décret du 29 frimaire an II, avait ajourné la partie du projet de Bouquier relative à l'enseignement des sciences et des arts. Ce fut dans la séance du 24 germinal qu'il en fut donné lecture à la Convention.

§ 2. — *Deuxième partie du projet de Bouquier, relative aux écoles nationales.*

De grands changements politiques avaient eu lieu depuis frimaire. Les Hébertistes avaient été guillotinés le 14 germinal ; le 16, c'était le tour des Dantonistes ; les ministres avaient été abolis et remplacés par douze commissions exécutives.

Le plan que Bouquier lut le 24 germinal était la suite logique de la première partie qu'il avait fait convertir en décret ; ce n'était point un plan d'instruction secondaire, c'était un projet de création d'écoles nationales donnant entrée dans les carrières du gouvernement : — École de Médecine, de Génie, de la Marine, etc....

L'instruction secondaire était laissée à l'initiative privée.

Ce nouveau projet de Bouquier souleva des polémiques ; Boissy-d'Anglas, dans une brochure parue le 24 germinal, protesta contre le défaut d'enseignement secondaire et, tout en admettant la liberté de l'enseignement, aurait voulu un système d'instruction par l'État. Quelque temps auparavant le conventionnel Porthez avait, lui aussi, violemment critiqué les idées de Bouquier à la tribune de la Convention le 2 nivôse (22 décembre 1793) et avait réclamé l'enseignement par l'État, de la littérature, des lettres et des sciences. Il alléguait que la liberté de l'enseignement existait suffisamment dans le droit pour le père de famille de choisir entre tel ou tel instituteur public. Les événements du 9 thermidor (27 juillet 1794) ne permirent pas à la Convention de discuter cette partie du plan de Bouquier. Plus tard le Comité de l'instruction publique reprit l'œuvre interrompue, et le projet de Bouquier fut abandonné pour des projets nouveaux.

§ 2. — *Nouveau projet de Lakanal. — Décret du 27 brumaire an III (17 novembre 1794).*

Le rapport préparé par Barrère au sujet de la création d'une école de Mars (13 prairial an II-1er juin 1794) nous fait connaître que le Comité du Salut public avait l'intention de créer à Paris une école où se formeraient des instituteurs pour les disséminer ensuite dans tous les districts. Ceci nous montre que moins de deux mois après la lecture à la Convention du deuxième projet de Bouquier, des conventionnels et non des moins influents avaient déjà l'idée de créer une organisation de l'instruction publique. La création de l'École normale ne tarda pas à être décrétée après le rapport de Lakanal, le 9 brumaire an III (30 octobre). Cette institution ne réussit pas. Ce n'est pas le lieu d'en faire l'histoire ; il fallait seulement en mentionner l'idée.

Malgré ces tentatives, qui, il faut bien le remarquer, n'étaient pas destructives de la liberté de l'enseignement, puisque celle-ci peut exister malgré une organisation de l'instruction publique et un enseignement d'État ; malgré cette tentative, l'idée de la liberté de l'enseignement n'était point abandonnée.

Nous trouvons, en effet, dans le rapport de Grégoire « sur les destructions opérées par le vandalisme et sur le moyen de les réprimer », présenté au Comité de l'instruction publique, le 14 fructidor an III (31 août 1795), ces paroles significatives :

« Robespierre voulait ravir aux pères qui ont reçu leur mission de la nature, le droit sacré d'élever leurs enfants. Ce qui, dans Le Pelletier, n'était qu'une erreur était un crime dans Robespierre. Sous prétexte de nous rendre Spartiates, il voulait faire de nous des ilotes[1]. »

---

[1] Réimpression du *Moniteur,* t. XXII, p. 28.

Cette observation aurait dû être placée quand nous avons étudié le plan de Le Pelletier; j'ai préféré la renvoyer ici pour montrer que la liberté d'enseignement, loin de perdre du terrain dans l'opinion, ne faisait qu'en gagner. Nous allons, du reste, la voir consacrée de nouveau par un texte qui restera en vigueur plus longtemps que le décret du 29 frimaire an II (19 décembre 1793). Après les événements du 9 thermidor an II (27 juillet 1794), Lakanal avait été élu président du Comité de l'instruction publique. Sieyès commençait à redevenir une puissance et le Comité, sous l'influence de ces personnages, songea à remplacer le décret du 29 frimaire par l'ancien projet Sieyès, Daunou, Lakanal, rejeté le 2 juillet 1793.

Le président fut chargé d'en présenter le rapport à la Convention. L'ancien projet fut en partie remanié, modifié, mais, malgré tout, c'était bien le même que celui qui avait été rejeté en 1793 : notamment au point de vue de la liberté de l'enseignement.

Les articles 14 et 15 étaient ainsi conçus :

« Art. 14. — Les jeunes gens qui n'auront pas fréquenté ces écoles (écoles primaires) seront examinés en présence du peuple à la fête de la Jeunesse; s'il est reconnu qu'ils n'ont pas les connaissances nécessaires à des citoyens français, ils seront écartés jusqu'à ce qu'ils les aient acquises, de toutes les fonctions publiques.

« Art. 15. — La loi ne peut porter aucune atteinte aux droits qu'ont les citoyens d'ouvrir des écoles particulières et libres, sous la surveillance des autorités constituées. »

La discussion sur ces articles vint le 27 brumaire (17 novembre 1794), à propos de l'article 14. Leflot demanda une éducation commune et Chasles, à propos de l'article 15, prononça ces paroles : « Si vous permettez d'ouvrir des écoles particulières, il peut en résulter que les écoles publiques seront désertes. Cependant, vous ne voulez pas forcer la volonté des parents : et comme il ne faut point souffrir de schisme dans la morale républicaine, ne pourrait-on pas concilier tous les avantages en assujettissant les instituteurs particuliers à une police très sévère et les élèves à des examens plus rigoureux ? »

La liberté fut défendue par le rapporteur, qui déclara qu'on ne pouvait ôter à un père la faculté d'élever et d'enseigner ses enfants et que le Comité avait trouvé la meilleure solution pour concilier « ce qu'on doit à la société et ce qu'on doit à la nature ».

En vain Romme demanda que l'instruction fût au moins commune pour la gymnastique, on accorda même la liberté de cet enseignement, et la Convention adopta l'article 15 [1].

Le lendemain 28 brumaire (18 novembre 1794), Lakanal donna lecture de l'ensemble du décret et, à cette occasion, le parti montagnard, qui n'était pas satisfait de certaines dispositions votées la veille, fit une tentative pour obtenir un nouvel examen de divers articles. Les Montagnards ne formaient qu'une minorité impuissante et leurs réclamations furent écartées par le vote d'un ordre du jour, bien que Lakanal eût déclaré qu'elles méritaient d'être prises en considération.

Duhem (montagnard) témoigne des craintes sur les conséquences de l'article 15. « Je crains que, par l'effet de cet article, les écoles publiques ne deviennent à l'égard des écoles particulières ce qu'étaient autrefois les écoles de pauvreté à l'égard de celles où l'on payait. Je crains qu'elles ne soient fréquentées que par les enfants des sans-culottes et que Messieurs les riches envoient les leurs dans les autres. Je ne crois pas que l'examen que tous les enfants devront subir à la fête de la Jeunesse puissent nous rassurer sur les inconvénients des écoles particulières, car rien n'empêchera les maîtres d'endoctriner ces petits messieurs à cette époque. » (Murmures.)

Le président Legendre (thermidorien, c'est-à-dire ancien montagnard). « Il n'y a plus de messieurs, il n'y a plus que

---

[1] Réimpression de l'ancien *Moniteur*, t. XXII, p. 528.

des enfants de la Patrie. Je rappelle à Duhem qu'il doit parler avec la décence qui convient à un législateur. »

Duhem. « C'est une expression échappée. Je regarde ces écoles particulières comme une institution à côté d'une institution. Les instituteurs ne sont pas astreints à se servir des mêmes livres élémentaires, rien n'est prévu pour s'opposer à l'aristocratie des richesses. Je demande que le Comité d'instruction publique s'occupe de cet objet, qui importe plus qu'on ne le pense à l'établissement de la démocratie[1]. »

Romme revint à la rescousse et voulait que la surveillance nationale entrât dans les écoles particulières, pour s'assurer qu'on enseigne aux enfants des leçons de « républicanisme ». Il demande que le Comité d'instruction publique fût chargé d'examiner : 1° si le choix des instituteurs particuliers ne doit pas être soumis à quelques formalités qui assurent que ces fonctions ne seront confiées qu'à des hommes dont les mœurs sont pures; 2° s'il ne conviendrait pas que ces hommes fussent astreints à se servir des mêmes livres élémentaires que ceux qui seront d'usage dans les écoles publiques; 3°.......; 4° s'il ne serait pas nécessaire que les examens fussent plus fréquents et que sur certaines parties ils fussent faits par les jeunes gens eux-mêmes, qui seraient plus justes que beaucoup d'instituteurs. Lakanal intervient alors et propose lui-même le renvoi de ces articles au Comité.

Clauzel (thermidorien) s'oppose au renvoi. Sans doute, les enfants appartiennent à la Patrie avant d'appartenir à leurs parents, mais « les autorités constituées » sont chargées de la surveillance des écoles particulières. Il semble d'ailleurs qu'on oublie qu'il s'agit ici de Français républicains; pourquoi mettre des entraves inutiles à l'éducation des enfants? Robespierre voulait proposer aussi ces entraves, parce qu'il détestait la liberté : « Je dis qu'il ne faut pas entraver la liberté des pères de famille. »

[1] Réimpression de l'ancien *Moniteur*, t. XXII, p. 537.

La Convention adopta le projet tel qu'il était présenté, le décret du 29 frimaire an II était remplacé par celui du 27 brumaire an III (17 novembre 1794).

Un mois après, le 26 frimaire an III (16 décembre 1794), Lakanal, pour compléter son œuvre, lisait son rapport sur la création des écoles centrales, second degré d'instruction.

Nous devons faire ici une remarque. En juin 1793, le projet Lakanal-Daunou disait que l'enseignement secondaire devait être abandonné à l'industrie particulière. En décembre 1794, il changeait d'avis et proposait la création d'écoles du second degré. Ce fut le 7 ventôse an III (25 février 1795) que le projet fut discuté et voté.

§ 4. — *Commission des Onze.* — *Constitution de l'an III.* — *Loi du 3 brumaire an IV (25 octobre 1795).*

Mais, pendant ces événements, une réaction contre la terreur s'affirmait de jour en jour. La politique des Jacobins, des ex-terroristes, présentait au peuple la Constitution de 1793 comme une véritable panacée à leurs souffrances; et le peuple criait « La Constitution de 1793 et du pain ». La Convention nomma une commission dite Commission des Onze, chargée de préparer les lois organiques de la Constitution. Au nombre de celles-ci devait se trouver une loi sur l'instruction publique, codifiant les décisions de la Convention sur cette matière.

Son premier acte fut de mettre de côté la Constitution de 1793 et de lui substituer un nouveau projet qui fut la Constitution de l'an III. Irrespectueuse de la Constitution, la Commission des Onze pouvait bien se permettre de l'être vis-à-vis des lois sur l'instruction publique. Elle fit à l'organisation existante des changements considérables.

Le 5 messidor an III (23 juin 1795), Boissy d'Anglas présentant son rapport disait : « Nous avons pensé qu'il était impossible de laisser la Constitution d'un grand peuple muette sur ce qui tient à l'enseignement. »

Aussi l'art. 300 de la Constitution du 5 fructidor an III (22 août 1795) consacre-t-il la liberté de l'enseignement dans les termes suivants :

« Art. 300. — Les citoyens ont le droit de former des établissements particuliers d'éducation et d'instruction, ainsi que des sociétés libres pour concourir aux progrès des sciences, des lettres et des arts. »

Daunou fut chargé du rapport sur la loi organique de l'instruction publique, le 27 vendémiaire an IV (19 octobre 1795), et reconnut à son tour, conformément à la Constitution, la liberté de l'enseignement en prononçant ces paroles :

« Nous nous sommes dit : liberté d'éducation domestique, liberté des établissements particuliers d'instruction ; nous avons ajouté liberté des méthodes[1]. »

La nouvelle loi, qui porte la date du 3 brumaire an IV (25 octobre 1795), crée des écoles établies et salariées par l'État. Elle est renfermée, comme dit le rapport, dans les limites naturelles tracées par les droits individuels que la Constitution ordonnait de respecter.

Elle ne proclame pas dans son texte la liberté de l'enseignement, et cela se conçoit puisque, plus haut qu'elle, est placée la Constitution, qui reconnaît cette liberté et la proclame.

La Convention se séparait le 26 octobre. Sa dernière œuvre en matière d'enseignement avait été la liberté.

---

[1] Réimpression de l'ancien *Moniteur*, t. XXVI, p. 260.

CHAPITRE III.

Le Directoire.

4 brumaire an IV (26 octobre 1795); 18 brumaire an VIII
(9 novembre 1799).

SECTION I. — ÉCOLES PUBLIQUES.

On a dit, au cours de ce travail, que ce n'était point l'histoire de l'instruction publique mais bien l'histoire de la liberté de l'enseignement que l'on se proposait de traiter. Mais il arrive souvent que la politique, les mœurs, l'organisation de l'instruction ont sur la liberté de l'enseignement de telles influences qu'il faut, à peine d'être incomplet, obscur, signaler les événements politiques, religieux, qui ont, au point de vue qui nous occupe, de si graves conséquences.

§ 1er. — *La pédagogie révolutionnaire.*

La loi du 3 brumaire an IV créait des écoles primaires et des écoles centrales. A la fin de la Convention la conception de l'État enseignant avait enfin été mise en pratique. Souvent proposée, toujours rejetée, ce n'est qu'à cette époque qu'elle passe dans nos lois.

Qu'allait enseigner l'État? Sous l'ancien régime, l'École avait toujours été confessionnelle. Les parents y envoyaient leurs fils moins pour apprendre à lire que pour s'instruire de la religion.

Le gouvernement de l'an IV va-t-il rompre avec ces vieilles méthodes? Sans doute.

Nous sommes encore en pleine révolution. En même temps que la Convention décrétait l'organisation de l'instruction publique, elle votait un dernier décret rétablissant toutes les lois de 1792 et 1793 relatives aux prêtres assermentés (3 brumaire an IV) (25 octobre 1795). Le Directoire en surveille l'application avec rigueur. Une circulaire du 15 janvier 1796 en recommande la sévère application ; beaucoup de prêtres sont incarcérés. Les églises, qu'une inattention tolérante avait laissées s'ouvrir, se ferment. Puis un moment d'accalmie permet aux prêtres insermentés de rentrer de nouveau. Mais voilà que le Coup d'État du 18 fructidor (4 septembre 1797), nécessité par la campagne royaliste qui faillit réussir, est le signal d'une nouvelle persécution qui dure près de deux ans et rappelle celle de la Terreur. Il fut interdit de célébrer le dimanche, on ordonna de fêter le décadi. L'usage des cloches et le port du costume restèrent prohibés. La moindre infraction entraînait la déportation, deux cent soixante prêtres furent transportés à la Guyane, douze cents furent internés à Ré-Oléron. On ne compte pas ceux qui restèrent dans les prisons départementales[1].

Si tel était l'esprit du Directoire vis-à-vis des ministres de la religion, l'on comprend qu'il ne devait pas être porté à favoriser l'étude du catéchisme dans ses écoles.

Depuis Rousseau qui, dans l'*Émile*, protestait contre la manière d'instruire de ce petit livre, les divers plans proposés sous la Révolution avaient nettement séparé l'instruction religieuse qui devait se faire dans le temple, de l'instruction proprement dite remise aux soins des instituteurs.

On ne veut plus de catéchisme religieux dans nos écoles ; le nouveau système d'éducation sera exclusif de toute idée religieuse. L'État veut faire de l'enfant un citoyen, un électeur ; le devoir sera l'amour de la République et l'observation

---

[1] Voir, sur ce sujet, *Histoire Lavisse et Rambaud*, t. VIII, pp. 252 et suiv.

des commandements républicains[1]. L'enfant devenu homme ne devra obéissance qu'à la Constitution et pour obtenir ces résultats il faut des livres. Mettant de côté les ouvrages religieux, les Contes de Perrault, la Civilité puérile et bonnête et l'Histoire des quatre fils Aymon dont on se servait dans l'ancien régime, le Directoire fait appel aux bonnes volontés et adopte pour ses écoles les livres suivants :

— L'Alphabet des sans-culottes, ou premiers éléments de l'éducation républicaine, dédié aux jeunes sans-culottes, par demandes et par réponses.

— Nouveau catéchisme républicain à l'usage des sans-culottes et de leurs enfants.

— Recueil des actions héroïques et civiques des républicains français.

— Catéchisme historique et révolutionnaire.

— Épîtres et évangiles du républicain, etc., etc.

Voilà pour les écoles primaires.

Le même esprit régnait dans les écoles centrales où la pédagogie révolutionnaire avait abandonné l'étude de l'histoire, des lettres, des langues, pour se cantonner dans celle du dessin et des mathématiques.

Tout cela, sous le Directoire, était neuf pour l'esprit français. « Proscrire l'enseignement religieux ce n'était pas seulement blesser dans leurs convictions la grande majorité des Français, c'était aller à l'encontre d'habitudes invétérées[2]. »

Anciennement, on cultivait les lettres et ils étaient assez instruits, les Laharpe, les Fontanes, les Cuvier, les Daunou, qui jouèrent un rôle dans la Révolution. « Si les écoles centrales avaient duré, elles auraient peut-être formé des générations sachant très bien le dessin linéaire, il est au moins douteux qu'elles eussent produit beaucoup de savants et de lettrés[3]. »

---

[1] Voy. ces commandements dans Babeau, *op. cit.*, p. 110.
[2] Duruy, p. 158.
[3] Id., p. 197.

§ 2. — *Résultats de la pédagogie révolutionnaire.*

Tout cela, les parents français le comprirent. Les écoles du Gouvernement furent presque vides ; les écoles particulières permises par la Constitution se développèrent d'une façon inouïe. C'est pour expliquer ce développement que j'ai dû entrer dans quelques détails sur la pédagogie révolutionnaire.

Cette prospérité des écoles libres avait comme conséquence la ruine des écoles publiques et, pour cause, l'enseignement religieux qui y était donné.

« Les maîtres de pension lancent des prospectus entièrement muets sur l'enseignement de la Constitution, mais ne parlant que d'inspirer aux enfants des sentiments d'honneur et de probité appuyés sur la religion, seul fondement inébranlable de la morale[1]. »

Les seules écoles suivies sont celles où « la superstition trouve encore un coin pour s'y établir[2] ».

C'est que le sentiment religieux n'était point éteint malgré la tourmente révolutionnaire.

Si les écoles libres furent si prospères ce ne pouvait être qu'au détriment des écoles publiques, ce qui faisait dire à Dumolard, le 12 prairial an V (31 mai 1797) : « Il est essentiel de dire enfin toute la vérité sur ce qui concerne l'organisation actuelle de l'instruction publique, il est trop vrai que les nouvelles institutions n'ont produit aucun résultat heureux » ; et à Luminais, à la tribune des Cinq-Cents, le 28 brumaire an VI (18 novembre 1797) : « On vous a dit que les écoles étaient en pleine activité, je le crois bien : mais c'est l'activité silencieuse qui règne dans les tom-

---

[1] De Goncourt, *Histoire de la Société française pendant le Directoire*, p. 238.

[2] Dupuis, *Commission des pouvoirs exécutifs près l'administration centrale du département de la Seine.* — Schmidt, *Tableau de la Révolution*, t. III, p. 375.

beaux. Si par activité on veut entendre la nomination de professeurs à leurs places et le paiement de leurs honoraires je conviens qu'on peut leur reconnaître quelque activité, mais si par ce mot on veut entendre la fréquentation des élèves, je soutiens avec tous les hommes de bonne foi que jamais mot n'a été plus mal appliqué[1]. »

« Les prêtres ôtent à l'instruction primaire, dans les campagnes, tous leurs élèves. Ils ne manquent pas de tourner les instituteurs en ridicule, disant qu'ils n'enseignent ni le catéchisme, ni à répondre à la messe[2]. »

En un mot et d'après le Ministre de l'Intérieur, à côté des écoles organisées par l'État, s'élèvent avec audace une foule d'écoles privées, de maisons d'éducation particulières où l'on professe impunément les maximes les plus opposées à la Constitution et au Gouvernement[3]. Dans ces conditions l'entente entre le pays et l'État n'était pas possible. « L'antagonisme n'existe plus seulement à l'état latent. La guerre est déclarée[4]. »

Jusqu'au 18 fructidor, la guerre n'entre point dans une période active ; mais à partir de cette date nous allons voir les luttes commencer entre l'instruction libre et l'instruction de l'État. Celui-ci ne pourra vaincre que lorsque Bonaparte aura incarné en sa personne l'idée du pouvoir absolu.

La Convention avait laissé au Directoire la loi de brumaire an IV, il fallait que le nouveau Gouvernement l'appliquât. C'est dans les débats que souleva, devant le Corps législatif, l'application de cette loi, que nous verrons ce qui fut proposé et ce qui fut fait contre la liberté de l'enseignement.

---

[1] 28 brumaire an VI. *Moniteur* des 3 et 4 frimaire.
[2] Lettre d'un cordonnier du Lot-et-Garonne. Babeau, *op. cit.*, p. 142.
[3] Circulaire de pluviôse an VI.
[4] Duruy, *op. cit.*, p. 345.

Section II. — Les débats des Conseils et les arrêtés du Directoire.

La loi du 3 brumaire an IV (25 octobre 1795) léguée par la Convention au Directoire n'était point parfaite, aussi, par suite de son fonctionnement, on se rendit bien vite compte des erreurs qu'elle consacrait et on se décida à l'améliorer. Plusieurs tentatives furent faites, aucune n'aboutit. Le seul avantage qui en ressortit fut de donner lieu à quelques discussions fort intéressantes et trop peu connues.

Je vais essayer d'extraire, des discours, des projets ou des opinions présentés à la tribune du Corps législatif, les idées intéressant la liberté de l'enseignement[1].

§ 1er. — *Les arrêtés du Directoire.* — *27 brumaire et 17 pluviôse an VI (17 novembre 1797 et 5 février 1798).*

Quelques mois après sa réunion, le Conseil des Cinq-Cents, le 28 pluviôse an IV (17 février 1796), adopta sans discussion un projet de Lakanal sur les livres à imposer aux élèves des écoles publiques. Le 11 germinal, le Conseil des Anciens en était saisi ; si je signale cette discussion, c'est que dans cette dernière Assemblée le rapporteur du projet, Barbé-Marbois, critique fort longuement les écoles créées par la Convention, et explique, par un raisonnement fort bien déduit, les raisons pour lesquelles les écoles particulières ont si bien réussi, grâce « aux petits frères et aux religieuses qui, sages dans leur conduite, graves dans leur maintien, patientes et résignées au milieu des privations, se sont montrées peut-être supérieures aux hommes dans l'art de gouverner l'enfance[2] ».

---

[1] On sait que sous la Constitution de l'an III l'initiative des lois appartenait aux Cinq Cents, les Anciens n'ayant d'autre rôle que l'acceptation ou le rejet des résolutions transmises par l'autre assemblée.

[2] Réimpression du *Moniteur*, t. XXVIII, p. 121.

Nous n'avons rien à signaler au point de vue du sujet qui nous occupe dans les autres discussions de l'an IV et l'an V, et il nous faut aller jusqu'en vendémiaire an VI (septembre-octobre 1798) pour trouver dans les travaux du Conseil quelque chose intéressant notre sujet.

En effet, le 12 vendémiaire (3 octobre) Chazal fait une motion frénétique au sujet de la surveillance des écoles particulières :

« Je suis instruit, et je dénonce au Conseil qu'il existe dans Paris et dans plusieurs départements des maisons d'éducation où l'on élève les enfants des citoyens dans la haine de la République.

« Le mal vient de ce qu'aucune autorité ne surveille les institutions particulières et de ce qu'aucune peine n'est portée contre l'instituteur ennemi.

« Sans doute, l'industrie est libre et doit être protégée ; mais la cité ne peut protéger celle qui l'attaque dans son essence, qui corrompt ses éléments réparateurs.....

« Si elle a le droit de se conserver, elle a par conséquent celui d'empêcher et de punir tout ce qui tend à la détruire. Rien n'y tend plus directement que l'éducation que je vous dénonce. C'est la lime sourde attachée à la base de la République pour l'user, qui parviendra lentement, mais sûrement à sa fin. Vous avez vu de faibles insectes piquer les bourgeons les plus faibles des arbres à fruit, et y déposer des vers qui doivent croître avec eux et les dévorer. Voilà le travail d'un grand nombre d'instituteurs du jour : ils déposent le ver royal dans les bourgeons de l'arbre de la liberté... Tout sera républicain dans notre République ; nous punirons les traîtres qui y professeraient sa haine, et nous exigerons encore qu'on y professe son amour. Le dernier soupir de l'homme libre doit être pour son pays ; on ne l'obtient qu'en obtenant son premier sentiment. Instituteurs, vous le ferez naître ou l'on vous arrachera le dépôt sacré des enfants de la patrie. Nous l'arracherions au père lui-même s'il organisait pour eux la dégradation, l'opprobre et le supplice de la servitude. Un père n'a de droits sur ses enfants que pour faire leur bonheur[1]. »

L'orateur obtient la nomination d'une Commission chargée d'examiner son projet. Mais le Directoire cherchait, lui aussi, à entraver le développement des écoles particulières, et le 27 brumaire an VI (17 novembre 1797), il prit l'arrêté ayant pour titre :

« Arrêté pour faire prospérer l'instruction publique. »

Ce texte peut être résumé en trois propositions :

1º Tout citoyen célibataire, et ne faisant point partie de l'armée, qui désirerait occuper une place quelconque dépendante du Gouvernement ou obtenir un avancement, devrait joindre à sa demande un certificat de fréquentation de l'une des écoles centrales de la République ;

2º Les citoyens mariés devront satisfaire à cette prescription et, en outre, s'ils ont des enfants, joindre à leur demande un certificat des Écoles Nationales qu'auront fréquentées ces enfants ;

3º Les administrations de département enverront chaque trimestre, au Ministre de l'Intérieur, l'état nominatif des élèves des Écoles Nationales.

C'était une première et grave atteinte portée à l'esprit de la législation républicaine. D'une part il est écrit (art. 300, Constitution de l'an III) : l'instruction est libre; d'autre part, l'égalité des citoyens est proclamée depuis 1789. Visiblement, il n'y a ni d'égalité, ni de liberté d'enseignement sous un semblable régime ; visiblement aussi, l'État sort de son rôle et de sa fonction en se faisant juge de l'orthodoxie des doctrines et des sentiments, au lieu de se borner à se défendre contre l'inexpérience ou l'incapacité [2].

La commission chargée d'examiner le projet de Chazal chargea Luminais de rédiger le rapport. Il ne l'était point

---

[1] *Moniteur*, an VI, t. I, pp. 67-68.
[2] Duruy, p. 346.

encore, que le Directoire, par son arrêté du 17 pluviôse an VI[1] (5 février 1798), mettait les écoles privées sous la surveillance du Gouvernement.

« Désormais toutes les écoles particulières, maisons d'éducation et pensionnats, sont et demeurent sous la surveillance spéciale des administrations municipales de chaque canton, lesquelles sont tenues de faire, au moins une fois par mois et à des époques imprévues, la visite desdites maisons, à l'effet de constater :

« 1° Si les maîtres particuliers ont soin de mettre, entre les mains de leurs élèves, les Droits de l'homme, la Constitution et les livres élémentaires adoptés par la Convention;

« 2° Si l'on observe les décadis, si l'on y célèbre les fêtes républicaines et si l'on s'y honore du nom de citoyen. »

Après avoir placé les écoles libres dans un état manifeste d'infériorité en fermant à leurs élèves l'accès des fonctions publiques, le Directoire les faisait surveiller par les administrations municipales, toutes dévouées aux écoles de l'État, et cela alors que Daunou, dans son rapport sur la loi de brumaire an IV, avait dit : « Nous voulons la liberté des méthodes instructives. »

Mais ce n'est pas tout. Après les arrêtés, les circulaires.

Le Ministre de l'Intérieur Letourneux faisait paraître, dans le *Moniteur* du 4 germinal an VI (24 mars 1798), une circulaire[2] sur l'application de l'arrêté du 17 pluviôse.

On y lisait : « Ce n'est que par le zèle, en effet, et par une constante surveillance, que vous pourrez arracher l'instruction républicaine à cette espèce de nullité dans laquelle les ennemis des lois et du Gouvernement se sont efforcés de la plonger jusqu'ici, et porter enfin le dernier coup à ces institutions monstrueuses où le royalisme et la superstition

---

[1] Gréard, *op. cit.*, p. 131.
[2] Duruy, p. 463.

s'agitent encore contre le génie de la liberté et de la philosophie. »

« C'est dans ces repaires du favoritisme royal et superstitieux où des spéculateurs avides étouffent, pour un vil et sordide intérêt, les germes précieux des vertus républicaines et dérobent à la patrie dans la génération naissante nos plus chères espérances, que le Directoire exécutif appelle toute votre vigilance et toute votre activité. »

Ainsi poussés par ces excitations à surveiller les écoles particulières, les agents du Directoire font preuve d'un grand empressement, et les Archives sont pleines de la correspondance des administrateurs des départements, indiquant les mesures qu'on a dû prendre vis-à-vis des écoles particulières [1].

§ 2. — *Projet de Roger-Martin.* — *Le Message du Directoire.*

En l'an V, Roger-Martin avait présenté un projet d'ensemble sur l'instruction publique. Après de longs débats dans lesquels nous ne devons pas entrer, il fut arrêté que chaque département conserverait son école centrale et que l'on ajournait la décision à prendre au sujet des écoles primaires.

Le 8 ventôse an VI (26 février 1798), Roger-Martin présente un nouveau rapport. Après avoir gémi sur le peu de succès de la législation française en matière d'instruction publique, le rapporteur signale les vices de la loi de l'an IV. Ces vices sont : 1°.... ; 2° « de n'avoir pris aucune précaution contre l'esprit de parti auquel rien n'a coûté jusqu'ici pour enlever la jeunesse française à l'instruction des écoles républicaines ».

Cette fois c'est bien clair : il y a trop d'élèves dans les écoles libres, il faut trouver un moyen de peupler les écoles

---

[1] Voy. Duruy, *op. cit.*, pp. 349-351. — Babeau, *op. cit.*, p. 150. — Allain, *L'Œuvre scolaire de la Révolution*, p. 106. — V. Pierre, *L'École sous la Révolution*, pp. 189-207.

primaires. Que va proposer Roger-Martin ? « Il faut contraindre toutes les familles à payer la rétribution scolaire, qu'elles profitent ou non de l'enseignement officiel. Cette mesure qu'on pourrait accuser de sévérité, parce qu'elle presse les parents d'envoyer les enfants à l'École publique, nous a paru dans le fond ne présenter qu'une disposition de la plus exacte justice. D'ailleurs elle offre un autre avantage, c'est... de déconcerter les combinaisons de l'esprit de parti qui pourrait être tenté d'éloigner les enfants de l'école publique pour nuire d'autant aux progrès de l'instituteur. Enfin, il faut détruire une autre cause de nullité (*sic*) dans les résultats, en prenant des précautions contre l'esprit de parti auquel on a laissé le moyen de tout oser et tout entreprendre, pour arracher la jeunesse française à l'instruction des écoles républicaines. De là sont nées, sous l'influence de la faction royale, cette foule d'institutions particulières qui, sur tous les points de la République, disputent encore, sous vos yeux, de bassesse et d'empressement à qui servira le mieux la cause de la superstition et du despotisme, à qui obscurcira le plus parfaitement l'intelligence des élèves, à qui nuira le plus au régime républicain en corrompant davantage les générations futures[1]. »

Le nouveau projet de Roger-Martin alla, sans discussions, rejoindre tant d'autres essais dans les archives du Comité d'instruction publique.

Roger-Martin était tenace. Il revint à la charge, fut appuyé par quelques-uns de ses collègues, mais ne put arriver à faire mettre à l'ordre du jour les discussions sur les écoles primaires. Le 9 prairial an VI (28 mai 1798) cependant, le Conseil des Cinq-Cents invitait le Directoire à faire connaître « l'état au vrai » de l'instruction publique, et par le Message du 3 brumaire an VII (24 octobre 1798), le Gouvernement s'acquittait de ce devoir[2].

---

[1] Allain, p. 268.
[2] Gréard, p. 133.

— 68 —

Après avoir déclaré que les Écoles primaires « ou n'existent pas ou n'ont qu'une existence précaire [1] », le Message indique, au nombre des causes de cet insuccès, « la faveur accordée aux écoles anti-républicaines [2] », puis, il développe vers la fin du chapitre sur les écoles primaires, « les obstacles extérieurs qui leur ont porté le plus de préjudice et qu'il importe de détruire ». Je dois citer ce passage [3] :

« On ne s'élèvera point ici sur les efforts que le fanatisme royal et superstitieux n'a cessé et ne cesse de faire pour décrier, par tous les moyens possibles, les institutions républicaines. Ces efforts eussent été en partie inutiles sans la liberté indéfinie qu'ont eue les partisans de la royauté d'ouvrir des écoles publiques où l'on professait avec autant d'audace que d'impunité les maximes les plus opposées aux lois et au Gouvernement..... La République française ne peut-elle pas faire, pour le maintien de la liberté, ce que les despotes faisaient pour le maintien de la liberté arbitraire? Ce n'était qu'après avoir subi des examens et prêté les serments prescrits alors, que les particuliers étaient admis à pouvoir élever et instruire la jeunesse, et la moindre infraction aux règlements reçus eût été ensuite sévèrement punie. Sous le Gouvernement républicain, il ne peut, il ne doit exister que des maisons d'éducation et des écoles républicaines. La loi doit donc déterminer un mode de réception pour être admis aux fonctions d'instituteur, même particulier. Elle doit établir des examens sur le civisme, les mœurs et les talents des candidats, et des règlements auxquels ils sont assujettis. Il paraîtrait donc nécessaire de développer dans le règlement général toutes les conditions requises pour être reçu instituteur ou maître de pension et pour en exercer les fonctions. Ce n'est, en effet, que par ce moyen qu'on peut parvenir à établir

---

[1] Gréard, *op. cit.*, p. 134.
[2] Id , p. 134.
[3] Id., p. 139.

dans la République un plan d'éducation uniforme et vraiment national. »

§ 3. — *Le projet de Dulaure sur la surveillance des écoles libres. — Discussions.*

Ce Message fut reçu par les Cinq-Cents, le 3 brumaire, et le 19, le défilé des projets commençait. Roger-Martin venait en tête. Un seul point est à signaler : « Les instituteurs primaires recevaient de la République un traitement, et, de plus, une indemnité de logement et la rétribution casuelle sur les élèves, établie par la loi de l'an IV ». Sur ce point, dit le Rapporteur, « le projet établit deux conditions : la première, que la rétribution sera payée par les parents de tous les enfants mâles non indigents de l'arrondissement scolaire, depuis l'âge de 7 ans jusqu'à 10, soit que lesdits enfants fréquentent ou ne fréquentent pas l'école ». Il en résultait, par conséquent, que les parents qui enverraient leurs enfants dans les écoles particulières devraient payer double : 1º une quote-part du traitement de l'instituteur public ; 2º une quote-part du traitement de l'instituteur de leur enfant.

Dulaure avait été chargé par la commission de faire un rapport sur la surveillance et la police des écoles publiques et particulières [1], 9 frimaire an VII (29 novembre 1798).

La liberté d'enseignement était cette fois encore attaquée. Se fondant sur ce principe, tant de fois proclamé sous la Convention, que les enfants appartiennent plus à la patrie qu'à leurs parents, la Commission et son rapporteur proposèrent d'établir des surveillants dans chaque département, qui correspondraient avec les autorités constituées. Dulaure proposait, en outre, d'astreindre les professeurs des écoles publiques et ceux des écoles particulières du même degré à

---

[1] Voy. le projet dans Gréard, *op. cit.*, p. 147.

employer les mêmes livres. Les professeurs des écoles particulières qui voudraient continuer leur profession devraient signer la déclaration suivante entre les mains des administrateurs de canton :

« Je déclare que je m'engage à faire lire, apprendre, à expliquer ou faire expliquer à mes élèves, les livres élémentaires fournis ou indiqués par le Directoire exécutif, à n'enseigner rien de contraire aux principes qu'ils contiennent; que je m'engage de plus à leur inférer, par tous les moyens qui sont en moi, l'amour de la patrie, de la liberté, du Gouvernement républicain ainsi que toutes les vertus publiques et privées[1]. »

Enfin, dans le système de la Commission, les élèves qui se seraient distingués devraient être inscrits sur un registre dit registre des candidats, puis, lorsqu'ils auraient atteint l'âge de citoyen, ils pourraient briguer l'entrée dans les écoles nationales gratuites, telles que l'École polytechnique, le Prytanée.

« Les élèves des écoles particulières, ajoute l'orateur, ainsi que les enfants élevés chez leurs parents pourront prétendre à l'inscription sur le registre des candidats mais avec plus de difficultés que ceux qui suivent les écoles primaires. Les enfants élevés chez leurs parents seront soumis à un examen public et annuel[2]. »

La discussion de tous ces rapports occupa huit séances. On ne vota pas un seul article.

Le 21 nivôse (10 janvier 1799), on discuta le point de savoir par quel rapport on commencerait; il fut entendu qu'on commencerait par celui des écoles primaires présenté par Heurtaut-Lamerville, et le 24 on entendit Duplantier et Boileau qui s'élevèrent contre la liberté d'enseignement.

« La République est en danger. Or pour la sauver, il faut imposer l'éducation uniforme et commune. Si l'on autorise

[1] Voy. Gréard, *op. cit.*, p. 148.
[2] Id., art. 1 à 5, titre VII, p. 151.

les particuliers à enseigner, les professeurs républicains tomberont dans la solitude, l'abandon et l'avilissement, leurs chaires seront désertes et leur doctrine inconnue [1] », et Duplantier soumettait au Conseil les propositions suivantes :

1° Nulle personne autre que les instituteurs nationaux ne pourra enseigner les éléments de la morale ;

2° Aucun établissement particulier d'instruction ne pourra recevoir de jeunes citoyens avant l'âge de 12 ans ;

3° Tous les jeunes citoyens sont tenus de fréquenter jusqu'à cet âge les écoles primaires de leur arrondissement.

Le 28 pluviôse (16 février) Sherlack, plus radical, demande purement et simplement l'éducation commune. Bonnaire le remplace à la tribune et soumet une proposition fort ingénieuse qu'il importe de signaler.

Il existe une « nuée d'écoles fanatiques où le royalisme aiguise ses poignards ». Mais on ne peut fermer ces établissements. La Constitution les tolère. Que faire ? Puisqu'on ne peut fermer « les repaires où le fanatisme agite ses torches sans toucher aux écoles particulières, vous pouvez ordonner que tous les enfants sans distinction seront tenus d'assister aux leçons des instituteurs primaires. Par là, sans détruire les écoles particulières que la Constitution tolère, vous les rendriez inutiles, ou du moins elles ne viendraient qu'en seconde ligne [2] ».

Après ces discussions interminables, le rapporteur vint enfin défendre son projet contre les critiques auxquelles il avait été en butte depuis longtemps.

Sur la question de la suppression des écoles particulières, il apporte la note juste et vraie [3].

« Outre que l'enseignement particulier a dû paraître aux rédacteurs de la Constitution un art libre comme tant d'autres

---

[1] *Moniteur,* an VII, p. 486.
[2] *Moniteur,* an VII, p. 497.
[3] Séance du 13 germinal, *Moniteur,* p. 800.

arts, le Corps législatif peut-il s'assurer en ce moment de remplacer tout de suite par un assez grand nombre d'instituteurs primaires instruits, ces instituteurs particuliers dont il rejetterait indistinctement le secours ? Si, selon les vues que renferment certains projets on parvient, à l'aide d'une surveillance infatigable, à affaiblir la contradiction de principes ou de formes qui existe entre les écoles primaires et les écoles privées, l'éducation de la famille et les institutions républicaines déjà créées, à contenir jusqu'à un certain point les instituteurs privés dans la ligne du civisme et de la saine morale, ne vaudra-t-il pas mieux avoir fait de ces hommes de bons auxiliaires de l'instruction nationale, malgré leur tiédeur pour la République, que de les avoir réduits à porter dans l'intérieur des familles le venin d'un cœur ulcéré et le désespoir de l'indigence ? »

Quelques jours après, le 18 germinal[1] (7 avril), Boullay (de la Meurthe) dans son discours sur le projet, déclare que, lui aussi, il veut la liberté de l'enseignement, d'abord parce que dans l'antiquité le développement de l'instruction fut dû à la liberté et ensuite parce qu'il faut respecter les droits de l'autorité paternelle.

« Vous devez laisser une grande latitude à l'instituteur, conserver aux parents le droit si naturel de le choisir. Ce droit, en effet, ils le tiennent de la Constitution, des lois, mais plus encore du titre sacré de père. Vous ne pouvez les en dépouiller : vous ne pouvez les gêner, en restreindre l'exercice. Tous les moyens de contrainte seraient odieux, tous les efforts seraient stériles. »

Le dernier mot sur la question fut dit par Bonnaire, le 1er floréal an VII (20 avril 1799), qui déclara que l'on ne devait pas accorder aux pères, ennemis de l'ordre des choses actuelles, une liberté dont ils ne pourraient qu'abuser. Puis, le Conseil ajourna la discussion. Les événements du 18 brumaire

[1] *Moniteur*, p. 827.

(9 novembre 1799) empêchèrent le Directoire d'étudier de nouveau le projet sur l'instruction publique.

Aucune des réformes proposées n'avait été l'objet d'un vote ! !

La liberté d'enseignement était sortie, en théorie tout au moins, saine et sauve de l'épreuve à laquelle elle avait été soumise. Bonaparte approche. Les jours de la liberté sont comptés.

Le Consulat est la nouvelle forme du gouvernement de la France.

CHAPITRE IV.

Le Consulat.

18 brumaire an VIII (9 novembre 1799), 28 floréal an XII (18 mai 1804).

Les Conseils du Directoire n'avaient pu arriver à aucun résultat relativement aux modications à apporter à la loi du 3 brumaire an IV. Ce texte était toujours en vigueur et l'instruction publique dans une situation peu brillante.

La Constitution de l'an VIII n'avait édicté aucune disposition relative à l'Instruction publique, mais il paraissait certain que le premier Consul ne négligerait pas d'apporter dans cette matière des améliorations nécessaires.

Section I. — Le Projet Chaptal.

Une année ne s'était pas écoulée que le Ministre de l'Intérieur Chaptal faisait paraître au *Moniteur* un projet de loi sur l'instruction publique[1], accompagné d'une note qui indiquait bien le désir que l'on avait d'un changement de législation scolaire : « l'impatience avec laquelle ce rapport était attendu et le désir de prévenir les fausses idées que pourraient en donner des extraits infidèles, nous engagent à publier ce rapport en entier. »

Le rapport Chaptal était favorable à la liberté. « L'instruction étant le besoin de tous, le Gouvernement ne doit pas laisser au hasard le soin d'y pourvoir, mais, par suite

---

[1] *Moniteur* des 9 brumaire et jours suivants an IX.

de ce principe, chacun a le droit de concourir à la répandre. Tout privilège est odieux par sa nature ; il serait absurbe en matière d'instruction. L'autorité n'a que le droit d'exiger de celui qui exerce la profession d'instituteur, les obligations qu'elle impose à tous les citoyens dévoués à une profession quelconque ; elle a sur lui une surveillance qui doit être d'autant plus active que l'exercice de cette profession intéresse plus essentiellement la morale publique ; là se bornent tous les pouvoirs du Gouvernement, et d'après ces principes incontestables, l'enseignement doit être libre. »

S'il appartient à l'État de créer des écoles publiques, « il appartient aux droits d'un chacun d'ouvrir aussi des écoles et d'y admettre les enfants de tous ceux qui n'auront pas, pour l'instituteur public, le degré de confiance nécessaire. De la liberté de l'enseignement doit naître cette rivalité précieuse entre les instituteurs qui tourne toujours au profit de la morale et de l'instruction. »

Envisageant ensuite la liberté des méthodes, Chaptal déclare : « La liberté dans les méthodes d'enseignement n'est ni moins naturelle, ni moins utile que la liberté de l'enseignement lui-même. Astreindre l'enseignement à des méthodes générales, le circonscrire dans des lignes tracées par le pouvoir, serait en effacer le plus beau caractère, l'indépendance. Croire tout faire est la plus absurbe vanité, vouloir tout régler est la plus funeste manie. »

Chaptal n'avait probablement pas consulté Bonaparte à ce sujet.

Si le Ministre est favorable à la liberté de l'enseignement, il veut cependant une surveillance. « Le Gouvernement peut exiger que nul ne puisse exercer la profession d'instituteur s'il n'est citoyen français, s'il n'a prêté serment de fidélité à la Constitution, s'il n'a déclaré à l'autorité locale qu'il ouvre une école d'instruction ; mais cela fait, il n'a plus qu'une surveillance de police à exercer : la nature de l'instruction est pleinement au choix de l'instituteur. S'il en était autrement, quelles affreuses conséquences ne verrions-nous pas en découler ! Le Gouvernement, maître absolu de l'instruction, pourrait tôt ou tard la diriger au gré de son ambition ; ce levier, le plus puissant de tous, deviendrait peut-être dans ses mains le premier mobile de la servitude : toute émulation serait éteinte, toute pensée libre serait un crime et peu à peu, l'instruction, qui, par sa nature, doit éclairer, bientôt dégénérée dans la main de quelques instituteurs timides, façonnerait toute une génération à l'esclavage. Conservons donc l'indépendance de l'instruction, elle est la sauvegarde de la liberté, et avec les dispositions et les intentions dont le Gouvernement actuel est animé, elle en fera toute la force [1]. »

Je tenais à citer ces belles paroles en faveur de la liberté, ce seront les dernières de longtemps.

Conformément aux motifs énoncés dans ce rapport, l'art. 6 du titre Ier du projet, était ainsi conçu : « L'instruction publique est libre en France, il est permis à tous les citoyens français de former des établissements [2]. »

Le plan fut soumis au premier Consul. Déplut-il à Bonaparte? c'est probable. Il ne fut jamais discuté au Parlement.

Il était juste de signaler ce projet émané d'un savant et d'un homme qui fit tant pour l'instruction sous le Consulat [3].

Section II. — La loi du 11 floréal an X (30 août 1802).

Une année s'écoule. Le premier Consul est tout entier absorbé, et par les négociations avec la Cour de Rome, négo-

---

[1] *Moniteur* de l'an IX, p. 201.
[2] Gréard, *op. cit.*, p. 169.
[3] On doit rappeler ici que le 25 ventôse an IX, Chaptal adressait aux préfets un questionnaire précis qui devait être soumis au Conseil d'arrondissement. Il avait provoqué des délibérations des Conseils généraux sur l'état de l'instruction publique et enfin demandé l'avis motivé des préfets.

ciations qui devaient aboutir à l'élaboration du Concordat, et peut-être davantage encore par les travaux du Congrès d'Amiens qui durèrent cinq mois et qui devaient amener la signature du traité de paix entre la France et l'Angleterre (25 mars 1802). La situation du premier Consul assurée par des traités particuliers avec la Russie et le Portugal, Bonaparte se hâta de faire quelque chose pour l'instruction publique. Fourcroy fut chargé de préparer un projet, projet qui devint la loi du 11 floréal an X.

L'article premier est ainsi conçu :

« Art 1er. — L'instruction est donnée :

1° Dans les écoles primaires établies par les communes ;

2° Dans des écoles secondaires établies par des communes ou tenues par des maîtres particuliers ;

3° Dans des lycées et écoles spéciales entretenus aux frais du Trésor public.

Ce texte donne-t-il la liberté de l'enseignement? Il faut distinguer :

Les écoles primaires sont laissées à la charge des communes, et l'État représenté par le Sous-Préfet ne fait que stimuler le zèle des municipalités [1] (article 5).

D'autre part, si on lit attentivement le rapport de Fourcroy, on s'aperçoit que pour les auteurs de la loi de 1802, l'Enseignement primaire n'est point organisé. L'enquête de l'an IX a démontré, en effet, surabondamment l'état lamentable de l'instruction publique dans les campagnes.

Que veut donc la loi de 1802 ? Répandre le plus possible l'instruction. Les communes créeront des écoles primaires. D'autre part la loi est muette sur les écoles libres. Ce silence les autorise.

Elle les autorise si bien que, le 13 brumaire an XI, le Conseiller d'État, chargé de la direction et de la surveillance de l'instruction publique, s'exprime ainsi dans une circulaire

---

[1] De Beauchamp, *Lois et règlements sur l'enseignement supérieur*, t. I, p. 65.

adressée aux inspecteurs généraux des Études et au Commissaire de l'Institut chargés de l'organisation des lycées : « Quoiqu'il ne soit pas possible de s'occuper des écoles primaires en même temps que des lycées, l'existence de ces écoles est trop utile pour qu'il vous soit permis de les oublier. Vous compterez donc parmi vos devoirs les visites de quelques-unes d'entre elles. Vous reconnaîtrez ce qui subsiste des anciennes petites écoles fondées avant la Révolution ; vous rechercherez les fondations qui subsistent encore pour cette instruction ; vous observerez les modes divers qui sont suivis pour instruire l'enfance dans les différentes contrées, tels que les maîtres ambulants, les citoyens zélés qui s'en font une si honorable occupation..... Vous recueillerez ainsi des renseignements qui serviront à compléter l'organisation de ces écoles [1]. »

Ceci nous montre bien que l'enseignement primaire était libre.

Au-dessus des écoles primaires, la loi de l'an IX établissait des écoles secondaires et des lycées.

Les écoles secondaires sont : toutes écoles où l'on enseigne les langues latine et française, les premiers principes de la géographie, de l'histoire et des mathématiques.

Les lycées donnent l'instruction des langues anciennes, de la rhétorique, de la logique, de la morale et les éléments des sciences mathématiques et physiques.

Si aucun doute ne subsiste relativement à la liberté de l'enseignement primaire, aucun doute ne subsiste non plus relativement au monopole que l'État s'attribue, et sur les lycées, et sur les écoles spéciales. Il suffit de lire la loi de l'an X pour être convaincu de cette vérité.

En ce qui concerne les écoles secondaires, la loi de 1802 établit un régime mixte. Elle permet la création d'écoles particulières et, d'autre part, elle proclame les droits de l'État sur l'instruction en lui permettant d'annihiler de la façon la plus complète le droit d'enseigner.

[1] Gréard, *op. cit.*, t. I, p. 182.

L'art. 8, § 1er, stipule : « Il ne pourra être établi d'écoles secondaires sans l'autorisation du Gouvernement. » Bonaparte jetait déjà les bases de son Université. Nous voilà donc en face de l'autorisation préalable; mais ce n'est point la seule mesure que la loi de 1802 prescrit pour s'assurer des écoles secondaires. L'art. 8 place encore ces écoles sous la surveillance et l'inspection particulière des préfets.

« Les écoles secondaires, dit-il, ainsi que toutes les écoles particulières dont l'enseignement sera supérieur à celui des écoles primaires, seront placées sous la surveillance des préfets. »

C'est reconnaître : 1º qu'indépendamment des écoles secondaires, il peut exister des écoles particulières donnant un enseignement plus élevé que l'instruction primaire ; 2º que ces écoles sont placées, comme les écoles secondaires, sous la surveillance des préfets; 3º par *à contrario,* que les écoles primaires relevant de la commune ne sont pas placées sous la surveillance des préfets.

Les écoles secondaires particulières étaient, en vertu de l'art. 7, encouragées, et le Gouvernement récompensait les maîtres qui y donnaient l'instruction, soit par la concession d'un local, soit par des gratifications, soit enfin par la distribution aux bons élèves de places gratuites dans les lycées.

Mais pourquoi tolérait-on les écoles particulières ? J'ai dit qu'il me semblait que les écoles primaires étaient permises, parce que le premier Consul sentait bien dans quel état lamentable se trouvait l'instruction, et qu'il lui paraissait nécessaire de faire appel à la concurrence pour multiplier les écoles primaires.

Ce n'est pas par un autre sentiment qu'il a permis la création des écoles secondaires particulières.

Fourcroy, dans son exposé des motifs, nous confirme bien dans cette opinion [1].

---

[1] Présentation du projet de loi, le 30 germinal an X, au Corps légis-

Parlant des écoles secondaires, le Conseiller d'État s'exprime ainsi : « Le Gouvernement regrette que l'état de ses finances ne lui ait pas permis d'entreprendre leur établissement..... Ce n'est qu'après avoir reconnu que les moyens nécessaires pour cette opération importante ne sont pas à ce moment à sa disposition, qu'il a cru devoir adopter un autre mode..... Les écoles anciennes ont pris une nouvelle extension, et il s'est formé un grand nombre d'établissements particuliers pour l'instruction littéraire de la jeunesse »......

Cette mesure satisfera certainement tout le monde.

« Ceux des publicistes qui pensent que l'instruction doit être abandonnée aux entreprises particulières trouveront dans cette partie du projet la réalisation de leurs idées. Ceux qui croient, au contraire, que le Gouvernement doit offrir à tous les moyens d'instruction, reconnaîtront qu'il a fait à cet égard tout ce qu'il peut faire. Il aurait fallu plus de deux millions de dépenses annuelles pour établir, aux frais du Trésor public, deux cent cinquante écoles secondaires. »

Il serait difficile d'exprimer plus habilement la pensée des rédacteurs du projet. On s'est servi des écoles particulières parce qu'on ne pouvait faire autrement et non pas pour respecter le principe de liberté que la Révolution avait épargné.

Si nous n'avons pas étudié le projet avant son adoption par le Parlement, c'est qu'il passa tel qu'il avait été présenté. Le Parlement commençait déjà à cette époque à enregistrer purement et simplement les désirs du maître et c'est à peine si un de ses membres, Duchesne, osa élever la voix contre le projet[1] (7 floréal an X). Il trouva le projet défectueux, soutint que la plus grande liberté pourrait seule favoriser l'accroissement des écoles secondaires et continuer à faire

---

latif, rapport de Fourcroy. *Archives parlementaires,* 2ᵉ série, t. III, pp. 480 et suiv.

[1] *Archives parlementaires,* 2ᵉ série, t. III, pp. 529 et suiv.

fleurir celles qui existaient. « Par là même que le Gouvernement ne peut salarier les écoles secondaires, disait-il, il faut que ses agents se bornent à une simple inspection de police sur ces établissements, et il ne doit ni soumettre leur existence à son autorisation, ni s'immiscer en aucune manière dans l'enseignement plus ou moins varié qu'on y observera. Pourquoi restreindre le programme des écoles secondaires et leur interdire de le dilater à l'égal de celui des lycées ? Déjà l'on a reconnu les services que les établissements particuliers rendent à la société... Il n'y a donc aucun motif d'imposer à ceux qui les dirigent, ni aux communes qui voudront en former de semblables, des entraves toujours décourageantes et qui ne pourront que nuire à leur succès. » Cet appel resta sans écho ; la loi de 1802 fut promulguée.

Malgré les entraves apportées à l'exercice de la liberté d'enseignement, les écoles libres se relevèrent. On les voit de toutes parts s'établir sous la pression du besoin et c'est ce qui faisait dire plus tard à Bonaparte devenu Napoléon : « Il est impossible de rester plus longtemps comme on est, puisque chacun peut lever une boutique d'instruction comme on lève une boutique de drap[1]. »

La liberté de l'enseignement sortait du Consulat grièvement atteinte.

L'autorisation préalable avait été établie sans soulever aucun murmure.

Le génie de Napoléon complétera prochainement l'œuvre de Bonaparte.

L'Empire est créé.

---

[1] Taine, *Origines de la France contemporaine, Régime moderne*, t. II, p. 159.

RÉSUMÉ.

Nous avons suivi la liberté de l'enseignement pendant toute la durée de la Révolution et, de ce long exposé, nous recevons une salutaire impression. On répète souvent[1], et j'ajoute que cela paraît exact, si on ne se livre qu'à un examen superficiel, que la Révolution après avoir détruit ce qui restait de l'Instruction publique de l'ancien régime, n'avait laissé après elle que quelques écoles spéciales qui font sa gloire. On oublie trop que la Révolution depuis la Constituante jusqu'à la fin du Consulat s'est inclinée, sauf pendant quelques semaines, devant la liberté de l'enseignement. Mirabeau, Talleyrand, Lakanal, Bouquier, Chaptal ont tous reconnu la nécessité de l'enseignement libre, et la Convention s'est montrée plus respectueuse des droits du père de famille que les gouvernements de l'Empire et de la Restauration.

On n'avait pas encore senti, il est vrai, la puissance de l'éducation. Cette force ne s'est manifestée que sous le Directoire et, à peine a-t-elle été démontrée, qu'on a essayé de l'enrayer.

Nous allons voir avec l'Empire comment on a pu y parvenir.

[1] Allain, *op. cit.*, pp. 338 et suiv.

DEUXIÈME PÉRIODE

Le Premier Empire

L'Université de France.

Depuis quatre ans la loi de 1802 est en vigueur et depuis sa promulgation Bonaparte a fait de grandes choses. Le monde entier tremble devant lui. Les Français suivent aveuglément sa marche triomphale à travers les pays conquis. Napoléon veut les attacher davantage à sa personne en se faisant aimer dès le berceau.

Tant qu'on n'apprendra point, dès l'enfance, s'il faut être républicain ou monarchique, catholique ou irréligieux, l'État ne formera pas une nation[1]. »

Après avoir saisi les adultes, il veut saisir les enfants. L'instruction a une force énorme, les idées inculquées à l'enfant deviennent les idées du jeune homme, les croyances jetées dans son âme sur les bancs de l'asile deviendront les siennes quand il aura grandi. Si donc l'État s'empare de l'éducation, si tous les jeunes citoyens sont jetés dans son moule, tous seront à vingt ans ce qu'il aura voulu ; « il trouvera dans ces mineurs devenus majeurs l'étendue, les limites

---

[1] Paroles de Napoléon. Voy. Eug. Rendu, *Amb. Rendu et l'Université*, p. 29.

et la forme d'esprit qu'il approuve, le préjugé moral et social qui lui convient[1]. »

Napoléon avait compris la puissance de l'éducation : « Dans l'établissement d'un corps enseignant, mon but principal est d'avoir un moyen de diriger les opinions politiques et morales[2] ».

Mais le vainqueur d'Austerlitz, le grand génie militaire qu'est Napoléon saura-t-il créer une institution capable de réaliser ses désirs? — Oui, car il n'en est pas en matière d'instruction à ses premiers essais.

[1] Taine, *Le Régime moderne*, t. II, p. 156.
[2] Petit de la Lozère, *Paroles de Napoléon au Conseil d'État*, p. 161.

CHAPITRE I.

Établissement du Monopole.

L'idée de la création d'un corps chargé de l'Instruction publique avait été suggérée à Napoléon bien avant la réalisation de son œuvre. « Bonaparte passait à Turin. Un jour qu'il parcourait le palais de l'Université fondée en 1720 par Victor-Amédée II, il se fit représenter les statuts qui régissaient cette institution. Il y vit quelque chose de grand et de fort qui le frappa. Ce corps qui, uni par les mêmes doctrines, se consacrait à l'instruction de la jeunesse comme à un service de l'État, ce plan d'éducation établi sur la base de la foi, tout lui plut. Et il n'oublia point l'impression qu'il en avait ressentie [1]. »

Il songea longtemps à la formation de cette institution et ce ne fut qu'après de nombreux essais, des tâtonnements, qu'il put enfin créer l'Université de France.

Ici encore l'histoire de la liberté de l'enseignement se confondra avec celle de l'instruction publique, mais on ne peut pas passer sous silence la formation de cette institution qui détruisit d'une façon absolument complète la liberté.

Section I. — Projet de création d'un Corps enseignant.

Ce que voulait l'Empereur, c'était frapper de son empreinte la jeunesse. « Il reconnut, dès qu'il y pensa, que l'Instruction publique ne pouvait être ni livrée à la seule industrie privée, ni gouvernée par une administration ordinaire comme les

[1] *Code universitaire* de Rendu, préface, édition de 1827.

domaines ou les routes de l'État. Il comprit que, pour donner aux hommes chargés de l'enseignement, la considération, la dignité, la confiance en eux-mêmes et l'esprit de dévouement, pour que ces existences si modestes et si faibles se sentissent satisfaites et fières, il fallait qu'elles fussent groupées et comme liées entre elles, de manière à former un corps qui leur prêtat sa force et sa grandeur[1]. »

Quel serait ce corps? Napoléon ne pensa pas tout d'abord au corps laïque de l'Université. Il songea à réorganiser les anciennes congrégations enseignantes.

Pour les écoles primaires on aurait les frères des Écoles chrétiennes; on confierait l'enseignement secondaire aux Oratoriens que l'on pourrait réunir au nombre de cinquante environ. La congrégation aurait trois ou quatre lycées et elle pourrait établir un nombre d'écoles secondaires double ou triple du nombre des lycées gouvernés par elle.

La nomination des supérieurs faite par la congrégation serait ratifiée par le Gouvernement et ce dernier abandonnerait aux supérieurs les nominations, renvois et mutations des directeurs de lycées et des professeurs.

Après avoir bâti ce projet, Napoléon pensa qu'il serait plus sage d'étendre l'organisation proposée de l'Oratoire à d'autres congrégations, et il conçut l'idée de grouper dans l'organisation nouvelle l'Oratoire, la Doctrine et les Bénédictins de Saint-Maur.

Un projet fut rédigé, et l'article le plus important pour nous était ainsi conçu :

« L'Association est absolument soumise au Gouvernement; elle reçoit de lui les plans d'éducation, les méthodes d'enseignement et tous les règlements intérieurs et extérieurs qu'il juge convenables ; elle travaille sous la surveillance du Ministre et des Inspecteurs généraux des Études[2]. »

[1] Guizot, *Mémoires*, t. III, p. 29.
[2] Eugène Rendu, *Ambroise Rendu et l'Université*, pp. 22 et 59.

Bonaparte, alors premier Consul, demanda à Lebrun son opinion. Celui-ci déclara que l'idée était bonne, mais que les Congrégations, quelles qu'elles soient, n'avaient point « cet esprit national, cette indépendance d'opinions qui caractérisent les instituteurs d'une grande société ».

Le projet fut donc abandonné.

Il était nécessaire de relever cet épisode trop peu connu de l'histoire de l'Université, parce qu'il montre que Bonaparte projetait depuis longtemps d'établir des corps, enseignant partout la même doctrine, façonnant les esprits suivant la même méthode, pour obtenir que tous les Français pensent la même pensée.

Par conséquent, si Bonaparte voulait jeter les Français dans le même moule intellectuel, il fallait qu'il détruisît d'une façon complète la liberté d'enseignement.

Section II. — Création et organisation primitive de l'Université Impériale.

§ 1er. — *Vues de l'Empereur.* — *Objections de Portalis et de Champagny.*

Un an environ après l'abandon du projet réorganisant les anciennes Congrégations (en juillet ou août 1805), Bonaparte devenu Empereur fait appeler, à Saint-Cloud, Fourcroy et Fontanes, président du Corps législatif. Il leur expose ses vues et dicte à Fourcroy des instructions pour la rédaction d'un projet de décret.

Peu de temps après, Fourcroy rédigeait un rapport à l'Empereur d'après les vues que celui-ci lui avait dictées. Ce rapport est intéressant à parcourir, parce qu'on y trouve la pensée intime de l'Empereur sur l'Université et les principes qui devaient lui servir de fondement[1].

---

[1] Eug. Rendu, *Ambr. Rendu et l'Université.*

Le projet de décret (de 1805) qui suivit ce travail, posait en principe que tous les établissements d'Instruction publique étaient, dans toute l'étendue de l'Empire, confiés aux soins et soumis à la surveillance de l'Université.

Pourquoi ce projet ne fut-il pas converti en décret ? à cause du principe qui faisait de ce décret une innovation considérable, je veux parler du droit exclusif de l'État

Un tel principe ne pouvait être consacré que par une loi.

Dès le lendemain de la signature de la paix de Presbourg, l'Empereur charge le Directeur de l'Instruction publique de soutenir la discussion du projet porté au Conseil d'État. Trois mois se passent en discussion ; neuf rédactions du projet sont successivement élaborées ; puis, Napoléon, craignant qu'une loi complète ne rencontrât trop de difficultés, décida que le principe seul serait soumis au Corps législatif. Ce principe, nous le savons déjà, c'était la création d'un corps enseignant sous le nom d'Université Impériale.

Deux hommes furent invités par Napoléon à donner leur avis sur le projet : Portalis et le Ministre de l'Intérieur, M. de Champagny. Tous deux émirent un avis défavorable, mais l'un invoqua le droit des pères de famille, l'autre l'utilité.

« Les mêmes principes, disait Portalis dans une note à l'Empereur, qui autorisent les pères à faire élever leurs enfants dans leurs propres maisons, garantissent à tous les pères le droit naturel de confier leurs enfants à tels instituteurs que bon leur semble. » Et il attaqua sans ménagement « un système qui ne tendrait à rien moins qu'à détruire, sur un objet aussi délicat, le droit sacré de la paternité ».

M. de Champagny invoquait l'utilité contre le projet de Fourcroy. « Convient-il d'avoir un corps enseignant unique, une corporation exclusive, surtout lorsqu'elle doit tenir dans sa dépendance tous les degrés inférieurs de l'enseignement et jusqu'aux établissements privés ? Un tel corps n'acquerrait-il pas un jour une puissance morale et politique dans l'État qui le rendrait presque maître de l'opinion, dominateur de toutes les familles ? L'unité du corps enseignant ne le conduirait-elle pas à une sorte de despotisme dans l'enseignement ? Jaloux de ses maximes, de ses usages, esclave de ses préjugés, comme tous les corps, n'éloignerait-il pas toutes les améliorations qui ne seraient point sorties de son sein ?...

« Trois ou quatre grandes Universités rivales, ou plutôt émules, ne s'exciteraient-elles pas mutuellement ? n'auraient-elles pas une carrière plus vaste et plus libre ? En tendant au même but, n'offriraient-elles pas moins d'inconvénients et plus d'avantages ? »

Cette note fut communiquée par Napoléon à M. de Fontanes : « Fontanes, que pensez-vous de cela ? — Sire, si nous avions à agir sur une Société homogène et vivant de ses traditions anciennes, je vous dirais : Ces objections sont invincibles. — Mais, au lendemain d'une révolution, au sortir de l'anarchie et en présence de partis hostiles, il faut, dans l'enseignement comme en toutes choses, l'unité de vues et de Gouvernement La France a besoin, pour un temps du moins, d'une seule Université et l'Université d'un seul chef. » — « C'est cela, répliqua l'Empereur, vous m'avez compris [1]. »

Le 6 mai 1806, Fourcroy se présentait donc devant le Corps législatif et lisait son rapport.

§ 2. — *Loi de 1806.*

Le rapport de Fourcroy se divise en deux parties : une partie théorique et une partie explicative du projet déposé [2].

La partie théorique seule nous retiendra. L'auteur examine plusieurs questions. Il défend d'abord l'enseignement des lycées de n'être fait que pour les hommes de guerre, puis expose les motifs de l'intervention de l'État dans l'ins-

[1] Eugène Rendu, *Ambroise Rendu et l'Université*, pp. 32-33.
[2] Voy. *Archives parlement.*, 2ᵉ série, t. IX, pp. 401 et suiv.

truction; enfin, il développe les avantages de l'éducation publique.

« Si on n'envisageait l'éducation que par rapport à l'individu qui la reçoit, le Gouvernement pourrait l'abandonner à la sollicitude paternelle et n'en faire que l'objet d'une surveillance générale. Mais... c'est à elle qu'il appartient de former les fonctionnaires publics, c'est-à-dire les hommes dont la capacité et les lumières constituent la force des États. L'éducation de tels hommes pourrait-elle être totalement abandonnée à l'insouciance et aux caprices des particuliers?... Ainsi, le Gouvernement n'exerce pas seulement un droit, il remplit encore un devoir sacré, quand il intervient dans l'éducation de la jeunesse. De quelle importance n'est-il pas, en effet, pour le Gouvernement de voir naître et élever sous ses yeux ces jeunes plantes, l'espoir de la patrie ; de les réunir dans des enceintes où le mode d'éducation, reconnu pour le meilleur, joigne à cet avantage celui d'être uniforme pour tout l'Empire, et de donner les mêmes connaissances, d'inculquer les mêmes principes à des individus qui devaient vivre dans la même société, ne faire en quelque sorte qu'un seul corps, n'avoir qu'un même esprit et concourir au bien public par l'unanimité des sentiments et des efforts. »

Cette éducation de l'État a sur l'éducation privée de nombreux avantages : ne coûter aucun frais, créer une émulation qui excite au travail, multiplier les enseignements et donner, d'autre part, des études bonnes et complètes.

Cela étant, « faut-il abandonner exclusivement la jeunesse à ceux qui l'élèvent par spéculation, ou, si l'on veut, par goût et par zèle, mais indépendamment de la surveillance immédiate du Gouvernement ? Doit-on s'en reposer uniquement sur des hommes qui peuvent, par mille motifs, s'écarter de la marche que l'État juge la plus utile et qu'il a intérêt de voir généralement suivie ? — Non, il est de la plus haute importance qu'il y ait des maisons publiques où l'on s'attache scrupuleusement à la méthode consacrée par l'expérience, et qui *servent de modèle et de type aux établissements particuliers* ».

Ces paroles que j'ai tenu à citer semblent bien vouloir dire que, dans la pensée de Fourcroy, il faut des écoles de l'État, mais que, on peut en même temps désirer des écoles particulières, et cependant le projet qui devint la loi du 10 mai 1806 n'en tolérait aucune.

Le 6 mai, le projet de loi était porté au Corps Législatif; le 10, après un discours de Fréville, qui n'était qu'une adulation de Napoléon, il était voté par 210 voix contre 42. Ce même jour la loi était promulguée.

« Art. 1er. — Il sera formé, sous le nom d'Université impériale, un corps chargé exclusivement de l'enseignement et de l'éducation publique dans tout l'Empire.

« Art. 2. — Les membres du corps enseignant contracteront des obligations civiles. spéciales et temporaires.

« Art. 3. — L'organisation du corps enseignant sera présentée en forme de loi au Corps Législatif à la session de 1810. »

Le monopole était créé. Pas une voix ne s'était élevée en faveur de la liberté !

La liberté de l'enseignement est donc effacée de nos lois. La période révolutionnaire l'avait épargnée, l'Empire la supprime.

L'article 3 de la loi du 10 mai 1806 était bien formel. En 1810, une loi organisatrice du corps enseignant devait être présentée au Corps Législatif. Fourcroy avait insisté sur ce point dans son rapport. « Le projet que S. M. I. et R. me charge de vous présenter n'est que la substance et comme le prélude d'une loi plus complète qui doit vous être soumise dans une de vos sessions prochaines. »

§ 3. — *Décrets de 1808.*

Mais l'Empereur était pressé. Le 17 mars 1808, un décret ayant pour titre : Décret portant organisation de l'Université, était promulgué.

Au point de vue qui nous occupe, ce texte porte six dispositions essentielles :

1º Aucune école, aucun établissement quelconque d'instruction ne peut être formé hors de l'Université impériale et sans l'autorisation de son chef (art. 2);

2º Pour ouvrir une école il faut, outre l'autorisation du Grand-Maître, être membre de l'Université et gradué par l'une de ses Facultés (art. 3);

3º Par exception, les séminaires dépendent des Évêques et Archevêques, et ceux-ci sont tenus de se conformer aux règlements approuvés par l'Empereur (art. 3);

4º Les instituteurs particuliers étant membres de l'Université sont assujettis aux obligations portées dans les articles 39 à 50 du décret, font partie de la hiérarchie universitaire et ont droit aux distinctions et aux titres prévus par l'article 36;

5º L'autorisation du Grand-Maître doit être renouvelée tous les dix ans. Chaque école versera à l'Université le vingtième de la rétribution de ses élèves. Aucun imprimé concernant les écoles particulières ne sera rendu public sans avoir reçu l'approbation des Recteurs et Conseils académiques (art. 103, 104);

6º .... Si des abus graves se produisent dans ces écoles, ou si l'on y professe des principes contraires à ceux que professe l'Université, le Grand-Maître fera fermer ces institutions après information faite par les Conseils académiques.

Tel est le décret du 17 mars 1808, qui complétait la loi de 1806 et qui partage avec elle l'honneur d'avoir anéanti la liberté de l'enseignement.

Une question d'une importance capitale se pose maintenant. Le décret de 1808 est-il légal? Ce n'est pas le moment d'étudier ce point. Nous nous en occuperons en même temps que des décrets qui ont suivi et qui appellent la même étude (v. p. 104).

D'après le décret de 1808, il y a deux sortes de « manufactures de la denrée scolaire. Les unes au plus bel endroit, reliées entre elles et savamment groupées, sont les fabriques nationales fondées par le Gouvernement; les autres, isolées et disséminées, sont des fabriques privées, fondées par des particuliers..... Si les premières, œuvres de l'État, régies, administrées, défrayées et exploitées par lui, ne sont que son prolongement, elles ont toutes sa bienveillance, les autres, sa faveur. Toute entreprise privée, par cela seul qu'elle existe et prospère, est un groupe indépendant et dissident [1] ». Napoléon apprenant qu'à Sainte-Barbe il y a 500 élèves, s'écrie : « Comment se fait-il qu'un simple particulier ait tant de monde dans sa maison ? »

La création de l'Université, il faut le dire hautement, quand on veut avant tout être impartial, ne fut pas mal accueillie, au contraire.

Quand on parcourt la correspondance des évêques, on s'aperçoit que dans nombre de diocèses des écoles libres s'étaient fondées qui ne donnaient point satisfaction aux prélats. « Il n'y a que trop d'écoles dont les instituteurs ne donnent ni leçons ni exemples de catholicité ou même de christianisme », dit l'archevêque de Bordeaux [2].

« L'éducation est aujourd'hui le partage du premier venu, dit un autre évêque, et on a la douleur de la voir exercée par des gens qui n'ont ni savoir, ni principes ; on instruit très mal, il n'y a pas de subordination ; j'aime à croire que toutes choses rentreront dans l'ordre [3]. Il serait fort à désirer que qui que ce fût ne pût s'ingérer à former des établissements, des pensionnats particuliers, sans être autorisé [4]

« Des instituteurs et des institutrices s'ingèrent dans cet état sans autre autorisation que celle de leur cupidité. En-

---

[1] Taine, *Régime moderne*, t. II, pp. 158-159.
[2] Eug. Rendu, *Ambroise Rendu et l'Université*, p. 41.
[3] Amb. Rendu, *Essai sur l'Instruction publique*, t. I, p. 236.
[4] Id., p. 236.

— 94 —

seigne qui veut, et comme il veut, le plus souvent sans surveillance et sans souci pour la religion[1]. »

Enfin un archevêque écrivait ceci : « Voilà la règle sagement établie ; nul désormais ne pourra enseigner publiquement sans la permission du Grand-Maître de l'Université ou celle des chefs de l'Académie. Le Grand-Maître et son Conseil remédieront à d'aussi grands abus[2] ».

Il fallait citer ces quelques opinions des prélats, qui voyaient la création de l'Université comme la fin de quelques abus qui s'étaient glissés dans l'exercice de la liberté de l'enseignement.

Organisée par le décret du 17 mars 1808, l'Université fut encore réglementée par un décret du 17 septembre suivant.

Ce texte intéresse l'histoire de la liberté de l'enseignement par quatre dispositions :

1º Tout établissement quelconque d'instruction qui, au 1er janvier 1809, ne serait pas muni d'un diplôme exprès du Grand-Maître, cessera d'exister ;

2º Il sera perçu au profit de l'Université le vingtième de la pension de chaque élève, que ces élèves paient la pension entière, la demi-pension ou soient reçus à titre gratuit dans les établissements d'instruction ;

3º Les diplômes portant permission d'ouverture d'une école sont sujets à paiement ;

4º Les maîtres de pension et instituteurs devront payer chaque année à l'Université une somme égale au quart de celle qu'ils auront payée pour obtenir l'autorisation d'ouverture.

Ces charges fiscales, il est inutile de le faire remarquer, ne sont point établies en faveur des écoles particulières. On sait du reste que Napoléon ne les voyait point d'un bon œil.

« L'Université, écrivait-il à Fontanes le 24 mars 1808, a l'entreprise de toutes les institutions publiques *et doit tendre à ce qu'il y ait le moins d'entreprises particulières possible*[3]. »

[1] Amb. Rendu, *Essai sur l'Instruction publique*, t. I, p. 238.
[2] Id., p. 238.
[3] Id., p. 221.

CHAPITRE II.

Résistance au monopole et organisation nouvelle de l'Université.

Malgré toutes ces dispositions, il existait encore des écoles particulières. Les chefs d'institution avaient pris des grades et des brevets ; les parents résistaient à envoyer leurs enfants dans les lycées ou dans les collèges et préféraient les voir fréquenter les écoles particulières ou les petits séminaires.

SECTION I. — PROSPÉRITÉ DES PETITS SÉMINAIRES.

Les petits séminaires sont des institutions qui reçoivent les enfants destinés à entrer dans les grands séminaires pour se préparer au sacerdoce. Dans l'ancien régime ces institutions existaient, et, dans son rapport sur l'organisation des Cultes, le 15 germinal an X, Portalis s'en préoccupait.

« Il est constant, disait-il, que l'éducation ordinaire donnait peu de candidats au sacerdoce ; à l'exception de ceux que leur naissance ou leurs relations destinaient à posséder de grands bénéfices ou de grandes dignités dans l'Église, il n'y avait que les enfants élevés dans les séminaires qui devinssent clercs..... Il serait impossible aujourd'hui que des enfants qui auraient reçu une éducation brillante dans les collèges ou les lycées eussent le désir d'embrasser une carrière qui n'offre aucune ressource à l'ambition[1]. » Et, par des considérations de ce genre, Portalis démontrait la nécessité des petits séminaires. Il ajoutait, — et en cela il se

---

[1] Voy. Dalloz, *Répertoire*, t. XIV. V° *Culte*, n° 389.

trompait, — que l'on ne devait pas craindre ces institutions rivales des autres écoles.

« A cet égard, nous devons être rassurés par l'expérience. Jamais nos anciens collèges n'ont eu à souffrir du concours des petits séminaires. » Conformément à ce rapport, le Concordat porte « que les évêques pourront avoir un séminaire pour leur diocèse sans que le Gouvernement s'oblige à le doter » ; puis les articles organiques du 18 germinal an X stipulent que « les archevêques et évêques pourront, avec l'autorisation du Gouvernement, établir dans leur diocèse... des séminaires. Tous autres établissements ecclésiastiques sont supprimés ».

On voit dans ces deux textes que le mot séminaire seul est employé. Aussi a-t-on prétendu que le Concordat et les articles organiques n'avaient voulu parler que des grands séminaires. Après le rapport de Portalis cette interprétation n'est plus possible. J'ajoute que, après l'explication du Concordat par le cardinal-légat Caprara, il ne saurait y avoir de doute. « Tous les archevêques et évêques, dit-il, devront, conformément à ladite convention, travailler à établir en conformité des Saints Canons et des Saints Conciles, un séminaire où la jeunesse qui veut s'engager dans la milice cléricale puisse être formée à la piété, aux belles-lettres, à la discipline ecclésiastique. »

Les petits séminaires s'ouvrirent donc, et le décret du 17 mars 1808, dans son article 3 qui englobait toutes les écoles dans l'Université, laissait les séminaires sous la dépendance des archevêques et évêques et donnait aux prélats le droit de nomination et de révocation des directeurs et professeurs. La seule limitation était l'obligation pour les évêques de se conformer aux règlements approuvés par l'Empereur.

Il y avait une autre prescription fort importante, c'est que les professeurs faisaient partie de l'Université et par conséquent étaient soumis à toutes les charges qu'entraînerait cet honneur forcé.

Il y eut des protestations, Mgr de Villaret, évêque de Casal, chancelier, fit un mémoire à M. de Fontanes. M. le conseiller général de Mussy lui répondit[1]. Le décret du 9 avril 1809 trancha la question. Deux articles s'occupent des grands séminaires et disposent que les candidats ecclésiastiques devront être bacheliers ès-lettres avant d'entrer dans les écoles spéciales de théologie ; puis les cinq autres articles s'occupent des petits séminaires.

« Aucune autre école (que les grands séminaires), sous quelque dénomination que ce puisse être, ne peut exister en France si elle n'est régie par des membres de l'Université impériale et soumise à ses règles. »

Cette disposition est bien claire. Les petits séminaires ne dépendent même plus des évêques. Ils rentrent dans le droit commun. Si maintenant on ne tolère plus d'écoles secondaires ecclésiastiques en dehors de l'Université, le Grand-Maître et le Conseil accorderont un intérêt spécial aux écoles secondaires que les départements, les villes, les évêques, les particuliers voudront établir pour être consacrées plus spécialement aux élèves qui se destinent à l'état ecclésiastique (art. 4). Les prospectus et les règlements de ces écoles seront approuvés par le Grand-Maître et le Conseil de l'Université et on accordera à leurs élèves le droit de porter l'habit ecclésiastique (art. 5). Enfin, pour favoriser les vocations sacerdotales, le Grand-Maître pourra autoriser dans les lycées des fondations de bourses, demi-bourses, ou toutes autres donations pour les élèves destinés à l'état ecclésiastique.

Malgré toutes les entraves apportées à l'enseignement des petits séminaires, ceux qui restaient se remplissaient.

« On était porté à croire que là, l'éducation religieuse serait plus exacte et plus soignée ; enfin, et ce point était

---

[1] Rancey, *Histoire de l'Instruction publique et de la Liberté de l'Enseignement*, t. II, p. 166.

fort important, le prix de la pension y était moins élevé que dans les lycées¹. »

Pour tous ces motifs, les lycées ressentaient les effets d'une concurrence réelle, et Napoléon n'était point du tout disposé à la laisser durer longtemps encore.

Section II. — Décret du 15 novembre 1811.

Parut alors le décret de 1811. Nous devons l'étudier dans celles de ses dispositions qui intéressent l'histoire de la liberté de l'enseignement.

Au point de vue qui nous occupe, le décret de 1811 peut se diviser en deux parties : les règles, les sanctions :

§ 1ᵉʳ. — *Règles du Décret de 1811.*

Il porte des dispositions, et contre les écoles particulières laïques, et contre les écoles secondaires ecclésiastiques.

A. Contre les écoles particulières laïques :

1° Au cours de l'année 1812, 80 lycées devront être érigés dans l'étendue de l'Empire ; 20 autres dans le cours de l'année 1813. Les locaux des lycées existants devront contenir 300 *élèves ;* ceux des lycées à ériger seront disposés pour recevoir 200 *pensionnaires ;*

2° Les écoles particulières laïques peuvent se diviser en deux classes : les institutions et les pensions placées dans les villes où il n'y a ni lycée ni collège, et celles placées dans les villes qui possèdent ces établissements publics.

a — Les institutions placées dans les villes qui n'ont ni lycée ni collège pourront donner l'enseignement jusqu'aux classes d'humanités inclusivement (art. 15).

Les pensions existant dans ces mêmes villes ne pourront

---

¹ Guizot, *Essai sur l'Histoire et l'État actuel de l'Instruction publique*, p. 65.

élever l'enseignement au-dessus des classes de grammaire et des éléments d'arithmétique et de géométrie (art. 16).

b — Les institutions placées dans les villes qui possèdent un lycée ou un collège ne pourront *enseigner* que les premiers éléments (lecture et écriture) et *répéter* l'enseignement donné dans les lycées ou collèges (art. 15).

Les pensions étant dans les mêmes conditions de lieu, ne pourront avoir de pensionnaires au-dessus de l'âge de neuf ans, qu'autant que le nombre de pensionnaires que peut recevoir le lycée ou le collège se trouverait au complet (art. 17).

L'élève devra être porteur d'une déclaration du proviseur pour pouvoir entrer dans la pension (art. 19).

Si les pensions peuvent avoir des pensionnaires, elles ne peuvent en fait d'enseignement que *répéter* les leçons du lycée ou du collège jusqu'aux classes de grammaire et aux éléments de l'arithmétique et de la géométrie inclusivement (art. 16).

Tous les élèves au-dessus de l'âge de dix ans des institutions et des pensions établies dans les villes où il y a lycée ou collège, seront conduits aux classes des établissements de l'État (art. 22).

Enfin tous les élèves des institutions et des pensions porteront l'uniforme des lycées, à peine de clôture des établissements.

Les articles 33 et suivants rappellent aux préfets les devoirs qui leur incombent relativement à la surveillance qu'ils doivent exercer sur les institutions et les pensions et les autorisent à visiter ces établissements et à instruire le Grand-Maître des observations recueillies.

Ces dispositions absolument draconiennes devaient supprimer d'une façon complète la concurrence. Tout établissement était mort-né si le lycée ou le collège n'était pas au complet.

Cette rigoureuse disposition émanait de l'Empereur lui-même [1].

---

[1] Taine, *Régime moderne*, t. II, pp. 165 et suiv.

D'autre part, puisque les élèves des institutions particulières étaient tenus de suivre les classes des lycées et collèges, pourquoi les parents auraient-ils envoyé leurs enfants dans ces écoles? Payer double, pour avoir le même résultat? C'était la ruine absolue des établissements particuliers laïques.

Il restait encore les petits séminaires, le décret ne les oublie pas non plus.

B. Contre les petits séminaires :

Le décret porte à leur égard cinq dispositions :

1° Toutes les écoles plus spécialement consacrées à l'instruction des élèves qui se destinent à l'état ecclésiastique seront gouvernées par l'Université; elles ne pourront être organisées que par elles, régies que sous son autorité, et l'enseignement ne pourra être donné que par des membres de l'Université étant à la disposition du Grand-Maître, (art. 15).

2° Il y aura une seule école secondaire ecclésiastique par département (art. 27). Celle-ci sera dans une ville où il y a un collège ou un lycée (art. 28). Aucune ne pourra être placée à la campagne (art. 29);

3° Toutes les écoles ecclésiastiques qui, au 1er janvier 1812, ne rempliraient pas ces conditions seront fermées et les biens meubles et immeubles seront saisis par l'Université;

4° Dans tous les lieux où il y a des écoles ecclésiastiques, les élèves de ces écoles seront conduits au lycée ou collège pour y suivre leurs classes;

5° Les règlements et prospectus des écoles secondaires ecclésiastiques seront rédigés par le Conseil de l'Université sur la proposition du Grand-Maître.

Désormais l'Université formera toutes les intelligences ; Napoléon a triomphé des pères de famille : sa puissance s'est fait sentir jusque dans le domaine de la conscience.

§ 2. — *Sanctions du Décret de 1811.*

Après avoir édicté des règles, le Décret de 1811 porte des sanctions dans les articles 54 et suivants :

a — Si quelqu'un enseigne publiquement et tient école sans l'autorisation du Grand-Maître, il sera poursuivi par le Procureur impérial. En cas de négligence de la part de ce dernier, le Recteur ou le Grand-Maître dénonceront l'infraction au Procureur général. Le Ministère public : 1° fera fermer l'école ; 2° pourra décerner un mandat d'arrêt contre le délinquant ; 3° le traduira en police correctionnelle, et 4° requerra sa condamnation qui oscillera entre 100 et 3,000 francs d'amende.

b — Si le Grand-Maître, après information et jugement du Conseil de l'Université, a constaté des abus graves dans les institutions et pensions particulières, ou aura appris que l'enseignement est dirigé d'après des principes contraires à ceux professés par l'Université, il fera fermer ces établissements (art. 57).

Le procureur impérial sera tenu d'exécuter l'ordonnance dans les 24 heures, et il se concertera avec le Recteur pour prendre les mesures nécessaires dans l'intérêt des élèves (art. 58-59).

c — Les maîtres de pensions et les chefs d'institutions autorisées qui feront de fausses déclarations sur le nombre de leurs élèves, sur le prix de la pension et sur le degré d'instruction qui a lieu dans leurs maisons, seront tenus à la restitution des rétributions dont ils auraient frustré l'Université et condamnés, par forme d'amende envers l'Université, à payer une somme égale à celle qu'ils paient pour leur diplôme ; ils seront, de plus, censurés (art. 63).

d — Tout maître de pension ou chef d'institution, tout membre de l'Université qui s'écartera des bases d'enseignement prescrites par les lois et règlements, sera censuré ou sera puni par la suspension de ses fonctions, par la réforme ou par la radiation du tableau, selon la nature ou la gravité de l'infraction (art. 65).

Ces dernières sanctions sont prononcées : par le Grand-Maître lorsqu'il s'agit d'appliquer les arrêts, la réprimande, la censure, la mutation et la suspension des fonctions (art. 57, décret 17 mars 1808) ; par le Conseil académique dans les autres cas.

Je crois inutile d'étudier de plus près le décret de 1811. J'ai essayé de synthétiser ici les dispositions qu'il édicte intéressant l'histoire de l'enseignement.

Ce texte est un véritable Code universitaire, et l'étudier, d'une façon plus complète, serait sortir du cadre de cette étude. Il suffit d'avoir montré le coup funeste qu'il a porté à la liberté de l'enseignement.

En exécution de toutes ces dispositions, le Conseil de l'Université alla plus loin encore, et le 24 août 1813, il rendait un arrêt aux termes duquel :

« Les curés, les desservants, les pasteurs ou tous autres ecclésiastiques qui admettent chez eux des élèves comme pensionnaires ou externes, pour y recevoir des leçons de grammaire, d'histoire, de géographie, de langues anciennes, de mathématique, sont tenus de demander l'autorisation du Grand-Maître. Eux et leurs élèves sont soumis à la juridiction de l'Université [1]. »

Les parents seuls avaient le droit, sans autorisation, d'apprendre à lire à leurs enfants.

Le décret du 15 novembre 1811 complétait absolument l'œuvre de Napoléon. Le monopole universitaire était absolu. Tous les enfants recevaient la forte empreinte du régime impérial. Leurs exercices se faisaient au son du tambour ; les maîtres d'études étaient de vieux sous-officiers invalides ; les inspecteurs de l'Université étaient accompagnés, dans leurs missions, par des officiers qui

[1] Gréard, p. 225.

donnaient des instructions pour l'exercice et la discipline[1]. La jeunesse s'y pliait partout.

L'École était une caserne. « Nos maîtres ressemblent à des Capitaines instructeurs, nos récréations à des manœuvres et nos examens à des revues[2]. »

L'École incline vers l'armée. C'est avec ces enfants-là que Napoléon a conquis le monde !

---

[1] Eug. Rendu, *A. Rendu et l'Université*, pp. 25-26.
[2] Témoignages d'Alfred de Vigny et de Musset. Taine, *Régime moderne*, t. II, p. 185.

CHAPITRE III.

Légalité des décrets universitaires.

C'est ici le lieu d'examiner si les textes qui ont organisé l'Université sont légaux. Si j'excepte la loi du 6 mai 1806, qui a posé le principe du monopole, ils consistent tous en des décrets émanés du Pouvoir exécutif seul, le Conseil d'État entendu.

Quand on étudie les dispositions de ces décrets, on se convainc bien vite que ce ne sont pas des décrets portés en exécution de la loi, mais bien des actes législatifs. Ils créent des délits, une juridiction spéciale, des impôts nouveaux, etc...

On vivait, en 1808 et en 1811, sous l'empire de la Constitution de l'an VIII, modifiée en l'an X et en l'an XII, et ce texte exigeait les formalités suivantes pour transformer un projet émané du Pouvoir exécutif en loi. Le projet élaboré sous la direction du Gouvernement par le Conseil d'État était soutenu par trois orateurs de ce corps devant le Tribunat. Celui-ci discutait les textes qui lui étaient présentés, et en votait l'adoption ou le rejet; puis, le Corps législatif entendait les orateurs du Tribunat et du Conseil d'État et votait sur le projet. En cas d'adoption, le Gouvernement promulguait la loi dans des délais fort courts.

Or, aucune de toutes ces formalités n'a été suivie pour les décrets universitaires. Ce sont des décrets et rien que cela.

Sur quoi s'appuie-t-on pour en réclamer la nullité ?

Sur les grands principes de notre droit public.

Jamais un délit ne peut être créé, une juridiction établie, une peine prononcée que par la société elle-même, par l'organe de ses représentants, dans un acte solennel et public entouré de toutes les garanties que donne la confection des lois.

« Nul ne peut être puni qu'en vertu D'UNE LOI établie et promulguée antérieurement au délit et légalement appliquée », dit la Constitution de 1791, article 8.

Il en est de même d'un impôt, et toute l'histoire de l'ancien régime offre le spectacle des luttes du Pouvoir royal voulant lever sur ses sujets des subsides que ceux-ci ne veulent lui consentir qu'après la convocation des États-Généraux.

Ces données sont très certaines et sur ce point il ne peut s'élever le moindre doute.

Mais, on comprend quel bouleversement aurait amené la proclamation de l'illégalité des décrets rendus par l'Empereur en toute matière. Aussi, lorsqu'après la chute du régime impérial, les tribunaux furent saisis de demandes d'illégalité, ils trouvèrent des arguments spécieux, et admirent toujours la validité des décrets impériaux que l'on a appelés depuis « des décrets-lois ».

La constitution de l'an VIII prévoyait le cas où un acte illégal serait commis. L'article 21 donnait au Sénat concervateur le droit d'annuler tous les actes à lui déférés comme inconstitutionnels par le Tribunat ou par le Gouvernement.

Cela posé, la Jurisprudence déclare que puisque le Tribunat n'a jamais déféré au Sénat les décrets en question, ces décrets sont légaux, leur illégalité qui ne pouvait être prononcée que par un corps déterminé, n'ayant point été proclamée.

Les partisans de la nullité de ces décrets font un autre raisonnement. Par le Sénatus-Consulte du 19 août 1807, le Tribunat était supprimé; l'on conçoit sans peine, ajoute-t-on, que les décrets impériaux postérieurs à cette date n'aient pu être déférés au Sénat.

Mais, reprend la jurisprudence, l'article 83 de la Constitution de l'an VIII stipule que « toute personne a le droit d'adresser des pétitions individuelles à toute autorité constituée ». En vertu de ce droit, les citoyens auraient pu déférer au Sénat les décrets de l'empereur et leur silence équivaut à une ratification [1].

Cette jurisprudence ne s'est pas établie sans de sérieuses contestations. M. le conseiller Faure, rapporteur d'un procès pendant devant la Cour de cassation, a démontré longuement l'illégalité de ces décrets [2] et le procureur général Dupin, dans sa remarquable indépendance de magistrat, requit contre la légalité de ces décrets que le tribunal d'Argentan avait déclarés inconstitutionnels, malgré l'ordre qu'il avait reçu du Garde des sceaux de déférer ce jugement à la Cour suprême [3].

Quoi qu'il en soit, une jurisprudence absolument formelle a reconnu à ces décrets force de loi. Il est inutile d'insister plus longuement sur cette question aujourd'hui définitivement tranchée.

Revenant à l'histoire de la liberté de l'enseignement, nous dirons que l'Empire, créateur du Monopole universitaire, a par là même supprimé toute liberté d'enseignement. Au jour de sa chute, personne n'a encore protesté ; on est fasciné par le géant qui crée les institutions comme les royaumes et on ne se rendra compte des œuvres qu'il a conçues que lorsqu'il ne sera plus là pour les inspirer et leur donner la vie.

Les Bourbons remontent sur le trône, nous sommes en mai 1814.

---

[1] Cassation, 18 janvier 1821 ; S., 1822, 1-57. — Cass., 3 octobre 1822 ; S., 1822, 1-394. — Cass., 12 décembre 1823 ; S., 1824, 1-184. — Cass., 4 août 1827 ; S., 1828, 1-26. —Cass., 26 avril 1828 ; S., 1828, 1-333. — Cass., 8 avril et 22 avril 1831 ; S., 1831, 1-175. — Cass., 1er septembre 1831 ; S., 1-353. — Cass., 7 juin 1833 ; S., 1833, 1-512. — Cass., 3 mai 1834 ; S., 1834, 1-576. — Cour de Paris, 10 janvier 1863 ; S., 1863, 2-17.

Voy., en outre, Aubry et Rau, *Cours de droit français*, 4e édition, I, p. 8, notes 5 et 6. — Beudant, *Cours de droit civil*, introduction, p. 51.

[2] Sirey, 1822, 1-394.

[3] Dupin, *Réquisitoires et plaidoiries*, t. II, p. 148.

TROISIÈME PÉRIODE

La Restauration (1814-1830)

Louis XVIII est sur le trône. La France révolutionnaire avait acclamé un empereur. La France impériale venait d'appeler au trône le frère du malheureux Louis XVI, et, avec cette restauration des anciens rois, on était revenu aux idées du siècle passé. L'esprit public, excité par le langage des journaux du parti royaliste, jetait l'anathème sur tout ce qui avait appartenu à la Révolution et à l'Empire, et parmi le programme hautement avoué du parti royaliste figurait, à côté de l'abolition du Concordat de 1801, l'abolition de l'Université [1].

« Selon les principes de la Constitution universitaire, il n'y avait, en matière d'instruction publique, point de liberté pour les citoyens, point de responsabilité du pouvoir envers le le pays. Aussi quand la Charte eut institué en France le gouvernement libre, quand la liberté des citoyens et la responsabilité du pouvoir furent devenus le droit commun et pratique du pays, l'embarras de l'Université et du Gouvernement à son sujet fut extrême ; ses maximes, ses règles, ses traditions n'étaient plus en rapport avec les institutions générales...... C'était une pièce qui ne trouvait dans la machine du gouvernement ni sa place, ni son jeu [2]. »

---

[1] Voy. Debidour, *Histoire des rapports de l'Église et de l'État en France*, pp. 325 et suiv.

[2] Guizot, *Mémoires*, t. III, pp. 30 et suiv.

D'autre part, l'Université était odieuse à ceux des royalistes qui avaient vu dans le retour des Bourbons la restauration de l'ancien régime tout entier : d'abord, parce qu'elle avait donné à l'éducation nationale une forme que les cahiers de 1789 avaient réclamée comme une nécessité publique, et en second lieu, parce qu'elle était une institution impériale dont Napoléon avait voulu faire, en ses mains, un instrument de règne.

Les libéraux, les royalistes modérés ne réclamaient point sa suppression, mais des modifications et des modifications importantes.

Pendant l'Empire, l'Église et l'Université avaient vécu sans rivalité apparente. Mais avec Louis XVIII, l'Église redevenait une puissance, une grande puissance, et, sans aucun doute, elle allait solliciter du pouvoir la direction de l'éducation publique. Aussi, les partisans de l'Université, sous peine de voir disparaître cette grande institution, consentirent-ils à partager avec l'Église l'éducation publique ; on maintenait la corporation universitaire, mais on l'ouvrait à l'Église, et par des dispositions que nous étudierons, on laissait subsister l'Université, mais l'Université pénétrée par l'Église, corporation civile renfermant dans son sein une multitude d'ecclésiastiques dirigée même par un évêque.

Tel est en quelques mots le résumé de l'histoire de l'Université pendant la Restauration. Ici encore, l'histoire de la liberté de l'enseignement va se confondre bien souvent avec l'histoire de l'instruction publique. Nous tâcherons cependant de les séparer toutes les fois que cela sera possible.

CHAPITRE I.

Première Restauration. — Attaques dirigées contre l'Université. — Premières réformes.

Louis XVIII sur le trône, il fallait reconstruire d'une façon complète l'édifice social. Le 6 avril 1814, le Sénat votait une Constitution. « Le Peuple français appelle librement au trône de France Louis-Stanislas-Xavier, frère du dernier roi. »

Dès le 9, parut dans le *Moniteur* un arrêté daté du 8[1], qui faisait prévoir l'abolition prochaine de l'Université et la proclamation de la liberté de l'enseignement.

« Le Gouvernement provisoire, contenait le préambule : Considérant que le système de diriger exclusivement vers l'État et l'esprit militaire, les hommes, leur inclination et leur talent, a porté le dernier Gouvernement à soustraire un grand nombre d'enfants à l'autorité paternelle ou à celle de leurs familles pour les faire rentrer et élever, suivant ses vœux particuliers, dans les établissements publics; que rien n'est plus attentatoire aux droits de la puissance paternelle..., arrête : les formes et la direction de l'éducation des enfants seront rendues à l'autorité des pères et mères, tuteurs et familles, et les enfants qui ont été placés dans les écoles, lycées, institutions, sans le vœu de leurs parents, ou qui seront réclamés par eux, leur seront rendus sur-le-champ et mis en liberté[2]. »

Le 22 juin 1814, une ordonnance royale maintenait *provisoirement* l'Université.

---

[1] *Moniteur* de 1814, t. I, p. 389.
[2] *Moniteur* du 8 avril 1814.

« Jusqu'à ce qu'il ait pu être apporté à l'ordre actuel de l'éducation publique les modifications qui seront jugées utiles, l'Université observera les règlements actuellement en vigueur [1]. »

Mais déjà l'Université était attaquée avec la dernière violence. Un nombre incalculable de pamphlets voyaient le jour et s'efforçaient de démontrer combien cette institution avait de vices, combien elle était incompatible avec le nouveau Gouvernement de la France.

Il faut nous arrêter quelques instants sur cette première lutte. Un caractère spécial la distingue de celles qui la suivirent. C'est l'Université qui est attaquée, qui est prise à partie. Cette lutte est une lutte de destruction.

On demande la liberté de l'enseignement, non pas d'une façon directe, mais bien d'une façon absolument détournée, parce qu'on espère la chute de l'Université. On attaque le monopole de l'enseignement comme on attaque la rétribution universitaire; mais ce que l'on veut avant tout c'est l'abolition de l'Université, et, si l'on obtient l'effondrement de ce grand corps, l'on obtiendra par là même la liberté.

En un mot, on attaque la source même des maux dont on se plaint, l'Université. Quand elle ne sera plus, toutes les conséquences de son existence disparaîtront avec elle. Alors on possédera la liberté; on n'aura plus à payer un impôt inique contre lequel on proteste avec la dernière vigueur; alors la moralité dans les établissements d'éducation fera place au désordre insensé qui règne, dit-on, dans les lycées et les collèges de l'Université.

Voilà le caractère spécial de cette première campagne faite contre l'Université et qui a contribué, sans aucun doute, à répandre dans les esprits le désir de voir restaurer la liberté de l'enseignement.

[1] Gréard, t. I, p. 226.

Section I. — Les pamphlets.

On ne peut analyser ici tous les pamphlets de cette époque. Ce serait fort intéressant, sans doute, mais trop long, et il serait difficile de ne point se répéter. Mais il est essentiel de donner une idée du caractère des arguments et de la violence de ces écrits [1].

---

[1] Je donne ici la bibliographie, je crois, à peu près complète de la littérature pamphlétaire de cette époque :
Contre l'Université :
Lamennais, *De l'Université Impériale.*
Du Tac ou Dutac, *L'Université ci-devant impériale jugée d'après les principes généralement adoptés sur l'éducation et l'instruction*, par M. Dutac (Paris, Méguignon fils aîné, 1814, in-8°). « L'auteur y passe en revue tous les défauts du corps enseignant actuel, peut-être même les expose-t-il avec quelque sévérité. Mais on ne peut qu'être de son avis dans tout ce qu'il dit sur l'affaiblissement des principes religieux et sur la nécessité de rendre à ce ressort puissant sa force et sa vivacité. » (*L'Ami de la Religion et du Roi*, octobre 1814, t. III, p. 5.) L'auteur du pamphlet intitulé *De la Fille légitime de Buonaparte*, 1814, dit de Dutac : « Auteur judicieux et sage, dont le style original porte l'empreinte d'un homme versé dans la littérature. »

De Suzanne........ Le titre de cette brochure m'est inconnu (1814). « Cet écrit mérite d'être lu, il discute, il raisonne comme un estimable citoyen que l'expérience de l'enseignement a convaincu du besoin de réorganiser l'instruction et de la fonder sur des bases plus durables. » (Appréciation de l'auteur de *La Fille de Buonaparte*.)

Anonyme, 1814, *De Fontanes et de son Université.* « Renferme des personnalités que nous sommes loin d'approuver, mais il énumère bien des abus et des vices, que n'aurait-il pas ajouté s'il savait l'histoire de ce qui se passe dans les départements. » (Appréciation de l'auteur de *La Fille de Buonaparte*.) Je dois signaler cette phrase de ce libelle : « Joignez-vous tous à moi, vertueux pères de famille, tendons les bras vers notre souverain bien-aimé, conjurons-le de nous donner des lois d'après lesquelles les parents pourront faire élever leurs enfants par qui et comment ils voudront (p. 23). »

Anonyme, *De la Fille légitime de Buonaparte. L'Université ci-devant impériale et royale, protectrice de la confédération d'instruction,*

§ 1er. — *Pamphlets contre l'Université.*

Le premier qui s'offre à nous est « l'Université impériale » de l'abbé de Lamennais [1].

Quelle fougue, quelle impétuosité ! L'auteur ne ménage rien, ni les idées, ni les personnes. « Les amateurs peuvent relire ses pamphlets sur l'Université et la guerre d'Espagne; c'est tout ce qu'il y a de plus puissant comme pensée et comme style dans la presse française [2]. »

Cet écrit se divise en deux parties. Dans la première et la plus importante, l'auteur attaque l'Université, et dans la deuxième, il propose des réformes.

« De toutes les conceptions de Bonaparte, la plus effroya-

---

médiatrice des trente-six commissions académiques, par M. C.-J. G. P. D. S.-C., 1814 (abbé Charles-Jean Girod, prêtre de Saint-Claude).

Anonyme, 1814, *Mémoire sur l'Université*, par l'abbé Liautard.

En faveur de l'Université :

Anonyme, *Réponse à un Cuistre*. « Le pitoyable auteur de cette misérable brochure n'a trempé sa plume que dans la boue. Pour se venger du regret qu'il éprouve d'avoir une mauvaise cause à défendre, il se traîne dans la fange et ne connaît que le langage des halles. » (Appréciation de J. Girod.)

Anonyme, *Coup d'œil sur l'Université*. « Ici, on reconnaît un homme qui craint de perdre sa place et ses revenus. Il ne se fait que quelques objections, il tâche d'y répondre, mais il est le mauvais avocat d'une mauvaise cause. Il n'ose pas tout à fait nier que le vingtième ne soit un impôt barbare, mais il souhaite de le voir continuer ; il se garde bien d'aborder la question du monopole. » (Appréciation de J. Girod.)

Anonyme, *De l'Instruction publique et de l'Université de France*.

Anonyme, *Aux Détracteurs de l'Université*, 1814. Réponse à l'ouvrage : *Le Grand Maître de Fontanes et son Université*.

Exposé de l'état actuel de l'Instruction publique en France, contenant un examen comparatif de ce qu'elle fut jusqu'à 1790, de ce qu'elle a été depuis et de ce qu'il convient qu'elle soit, par Joseph Izarn Dentu, 25 février 1815.

[1] *Œuvres complètes*, t. VI pp. 308 et suiv. (édition de Paul Dambrée et Cailleux, 1836-1837).

[2] Spuller, *Lamennais, Étude d'histoire politique et religieuse*, p. 121.

ble pour l'homme qui réfléchit, la plus profondément antisociale, en un mot la plus digne de lui, je n'hésite point à le dire, c'est l'Université..... Qu'on se représente, s'il est possible, ce que devait devenir une nation que son gouvernement plaçait entre une ignorance absolue et la plus hideuse dépravation ; où l'on épiait la naissance de l'enfant pour se hâter de le corrompre ; pour étouffer dans son cœur le germe de la conscience ; pour lui apprendre dès le berceau à bégayer le blasphème et à abjurer le Dieu que son intelligence ne concevait pas encore. »

Après ce violent début, Lamennais examine le but que Bonaparte se proposait en créant l'Université.

« Son but unique était d'inspirer aux enfants les goûts et l'esprit militaires. Voulant transformer la France en un vaste camp et faire de tous les Français comme un seul corps passionnément soumis à ses caprices et pour ainsi dire animé de son funeste génie, il résolut de livrer la masse de la nation à l'abrutissement sauvage. »

Enfin Bonaparte remplaça « la religion qui avertit l'homme de ses devoirs » par « un culte politique qui les lui fit oublier ; l'honneur, par le favoritisme de la fortune ».

Le but étant connu, l'auteur attaque avec vigueur la rétribution universitaire, c'est-à-dire cet impôt que les écoles particulières devaient verser dans la caisse de l'Université.

« La charité n'eut pas la liberté d'ouvrir des écoles gratuites à moins de payer un impôt sur ses propres aumônes. » Dans le siècle qui vante sa philosophie on vit... « l'ignorance ordonnée sous peine d'amende ou de prison à quiconque ne voudrait pas recevoir ou ne pourrait pas payer l'enseignement prescrit par le prince. »

Puis passant au monopole, Lamennais s'écrie : « Au reste, que l'Université ferme ses écoles aux enfants du pauvre, ce n'est pas ce que je lui reproche ; elle les sauve de sa corruption ; mais empêcher qu'on ne forme pour eux d'autres établissements, voilà l'injustice qui révolte. Il importe qu'ils sachent leur catéchisme, qu'ils connaissent leurs devoirs ; qu'ils soient pliés dès le berceau par une discipline sévère, à l'habitude de l'obéissance. Ah! que la religion était sage, qu'elle se montrait prévoyante dans cette foule d'établissements qu'elle avait fondés en faveur de l'enfance. »

L'Université a encore d'autres vices résultant de sa religion, de ses mœurs et de son instruction. De sa religion? mais les aumôniers « qui se dévouent à cette pénible fonction gémissent de l'inutilité de leurs soins....., qui trop souvent ne leur procurent que des dégoûts et des outrages ». Les exercices religieux ne sont qu'un scandale de plus.

Les mœurs sont absolument déplorables : « Jamais dépravation précoce n'offrit de spectacle plus hideux ».

« L'instruction suit, elle aussi, les besoins de Bonaparte; on suit avec plus d'application l'étude des mathématiques, parce qu'il fallait à Bonaparte des ingénieurs et des officiers d'artillerie en grand nombre.

« Enfin l'instruction est donnée par des maîtres salariés dont l'argent est l'unique mobile et qui ne sauraient porter dans l'exercice de leurs fonctions cette constance de soins, cette opiniâtreté de zèle qui seule triomphe de l'indolence et de la légèreté des enfants......... La loi aura beau commander un célibat provisoire, elle n'apprendra pas à le garder : son unique effet sera de provoquer des désordres secrets qu'il n'est pas en son pouvoir de réprimer. »

A côté de ces défauts, règne dans l'Université une indiscipline insensée, « fruit de l'irréligion et de l'immoralité ».

Les abus que Lamennais signale ne sont point, dit-il, exagérés : c'est un désordre universel, un vice radical, une plaie horrible, dégoûtante, qui couvre et dévore le corps entier de l'Université.

Il faut une réforme.

Les revenus de l'Université sont formés du plus inique et plus vexatoire des impôts. Ils sont cependant nécessaires à son existence; qu'on la supprime donc.

D'autre part : « Elle attente à tous les droits des citoyens, au droit naturel même, en garantissant à un corps privilégié le monopole de l'enseignement ».

« Par cela seul qu'elle est oppressive pour les familles et pour les peuples une charge inutile, l'arrêt de l'Université, sous un roi bon, sous un roi juste, est prononcé.

« Il n'y a aucun motif pour conserver l'Université, il y en a mille qui exigent impérieusement sa suppression. »

Mais par quoi la remplacer ?

« Le temps viendra où on aura une éducation publique propre à inspirer la confiance..... un véritable corps enseignant, corps religieux, parce qu'il n'y a point d'unité, ni de stabilité, sans religion.

« En attendant il n'y a qu'un parti à prendre : Qu'on supprime toute entrave, qu'on laisse une liberté entière, et l'on verra se former des établissements nombreux dont l'émulation garantira la bonté. Qu'on les place sous la surveillance des évêques..... juges naturels des mœurs et de la doctrine. Quant à cet égard il y aura des abus graves, fréquents, avérés, ils en avertiront le Gouvernement qui apportera au mal les remèdes convenables. »

Tel est le premier pamphlet que Lamennais écrivit contre l'Université. J'ai tenu à en faire de longues citations pour en montrer la violence, qui est dans la lutte contre l'Université le caractère dominant.

La guerre est déclarée.

Lamennais a ouvert le feu. Nous le verrons souvent pendant la lutte. Il ne restera pas inactif. Sur la brèche tant que son esprit restera acquis à l'Église, du jour où il rompra avec Rome, il s'adonnera entièrement aux idées avancées et ne fera plus rien pour la liberté qu'il a revendiquée un des premiers et en faveur de laquelle il a écrit des pages immortelles.

Au milieu des innombrables opuscules contre l'Université qui parurent en 1814, nous distinguerons encore celui qui a pour titre : « De la fille légitime de Buonaparte ».

Les chapitres de ce petit opuscule (48 pages) traitent chacun d'un vice spécial de l'Université.

1° L'Université, dit donc l'auteur, et il développe d'abord cette idée, l'Université est vicieuse dans son origine, et « de tous les maux qu'a faits Néron second c'est celui dont la France sera le plus longtemps à guérir » (p. 8).

2° Le choix des fonctionnaires est détestable. « N'a-t-on pas inauguré, à la tête de nombre de collèges, des êtres, le rebut du mépris public, d'anciens clubistes, des ex-prêtres, des ex-moines, la honte du sacerdoce ; étaient-ils propres à régénérer les mœurs de la jeunesse, ces écrivassiers éphémères, ces poétereaux faméliques qui, après avoir panthéonisé les Marat, les Robespierre, sont venus souiller l'instruction de leur souffle léthifère? » (p. 12.)

3° L'Université a créé le monopole (3e vice).

« On a plongé dans l'indigence des milliers de pères de famille qui avaient blanchi sous le harnais. Des vampires universitaires connus sous le nom d'inspecteurs ont fait des visites domiciliaires comme pour saturer leurs regards du spectacle de la misère de ceux qu'ils avaient immolés à leur voracité. » (p. 12.)

Après la critique, le projet de réforme. « Il y a une grande analogie entre la liberté de la presse et la liberté de l'enseignement. Ce sont deux sortes de libertés qui peuvent aisément dégénérer en licence. Cependant, puisque notre généreux et bien-aimé monarque a bien voulu, dans la Charte constitutionnelle, accorder la liberté de la presse, sauf les modifications que demande la répression des abus, la monarchie universitaire ne pouvait-elle pas accorder la liberté d'enseignement, sauf les formules préliminaires que réclame la prudence? » (p. 41, note 6.)

L'auteur continue ainsi la critique des vices de l'Université, il attaque avec violence l'impôt du vingtième (4e vice); le despotisme de l'administration vis-à-vis des passe-droits, des violences, des déplacements des pauvres professeurs (5e vice); le nombre et la qualité des agents supérieurs, de l'État-major (6e vice); enfin son immoralité.

Puis, dans une conclusion, l'auteur du pamphlet demande

des réformes, et la sixième qu'il propose est : « que les anciens instituteurs, les maîtres de pension des grandes villes soient autorisés et conservés dans leurs fonctions, après avoir rempli les formalités préliminaires sur la moralité et la capacité requises. Rendez à de vertueux pères de famille, dit-il, le droit de former de bons citoyens. La hache universitaire a coupé bien des branches qui toujours ont donné de bons fruits. » (p. 30.)

Curieuse brochure, violente, haineuse, mais intéressante et qu'il fallait signaler.

Je ne dirai rien des autres pamphlets contre l'Université ; dans tous ce sont les mêmes arguments reproduits dans des termes plus ou moins violents. Il suffit de connaître le ton de la polémique.

§ 2. — *Pamphlets en faveur de l'Université.*

A ces adversaires de l'Université, ses partisans répondirent. Mais il faut constater que, par suite du progrès qu'avait fait dans les esprits l'idée de la suppression de l'Université, on les trouve timides, peu osés.

L'opuscule, intitulé : « De l'Instruction publique et de l'Université de France », est une réponse peu brillante aux pamphlets violents contre l'Université. Il est notamment postérieur à un libelle qui attaquait les personnalités les plus en vue de l'Université, libelle qui doit être celui que j'ai mentionné sous le titre de : « Le Grand-Maître de Fontanes et son Université. »

Le petit écrit de « l'Instruction publique » rend hommage aux ordres religieux de la France, qui ont défriché l'esprit humain (p. 2), à l'ordre des Jésuites « qui, par ses efforts, ses travaux, ses vertus, ambitionna toujours la suprême monarchie de l'opinion. » (p. 3.)

En deux pages, il passe en revue l'histoire de l'instruction publique sous l'ancien régime, explique la création des écoles centrales à la suite de la ruine des Universités à l'époque de la Révolution, par cette idée que les hommes appartiennent trop à l'État, pour que leur éducation et, par conséquent, la mesure des services qu'ils peuvent rendre, dépendent du mérite d'un instituteur particulier (p. 6).

« Pourquoi, poursuit l'auteur de cet écrit, les congrégations ne pourraient-elles pas diriger l'éducation ? »

Parce que, « il est permis de douter que ces prodigieux travaux, cette émulation savante, cette doctrine presque infinie, qui répandaient tant d'éclat sur les anciennes congrégations, puissent aisément renaître. La succession a été interrompue, les modèles n'existent plus ou sont dispersés, les élèves manquent (p. 8-9) »; et, d'autre part, « il faudrait un long intervalle de temps avant qu'il se formât une jeunesse ecclésiastique qui pût honorer par le talent et l'expérience les fonctions de l'enseignement; et s'il est difficile de doter des maisons religieuses dans l'époque actuelle, il serait impossible de former des congrégations enseignantes.» (p. 9.)

Cela étant, il est un principe incontestable, « l'esprit de l'instruction doit être unique. Pour que l'enseignement soit distribué partout d'une manière égale, pour qu'une forte répartition de lumière se répande sur toute la France, il faut établir un foyer commun ». (p.11.) C'était l'avantage des anciennes congrégations. Cet avantage peut se trouver dans une corporation civile. Aujourd'hui l'unité existe partout; plus de provinces, plus de privilèges. « Il importe surtout qu'elle se fasse sentir dans l'éducation. » (p. 14.) L'école normale est une excellente institution, parce qu'elle assure l'unité d'instruction; d'autre part, « le système d'unité suppose nécessairement un conseil principal » (p. 24.)

L'Université, en un mot, a réalisé tout ce programme : « les heureux effets du système d'unité ont perfectionné l'enseignement des provinces » (p. 37.) Pour obtenir de tous l'amour des lois et de l'ordre, qu'une seule influence se répande partout. « Cette influence sera celle des lumières, des talents et de l'expérience. » (p. 43.)

Si le principe de l'unité est respecté, « si l'école normale forme de jeunes maîtres savants et zélés, qu'ils se répandent dans toutes les provinces du royaume ; mais, par un juste retour, qu'un homme distingué par ses talents et ses services soit appelé du collège éloigné que ses talents honorent et prenne place au Conseil de l'Université. Alors toutes les parties de la France éclairée peuvent se répondre et s'entendre, et cet heureux accord dans l'éducation produira dans le génie national cette égalité de lumières et cette unité des principes qui rendent les peuples à la fois paisibles et puissants. » (p. 44.)

Cette apologie de l'Université est assez terne. Ni le style, ni les arguments ne font impression sur le lecteur. Le but de cet opuscule est de prétendre que l'Université est indispensable ; ce principe lui-même est à peine déduit ; il est affirmé et voilà tout. Dans cette campagne violente, ce libelle ne se fait remarquer que par l'indigence d'arguments sérieux.

La première période de la lutte est terminée ; le but qu'on poursuivait était de déterminer le Roi à abolir l'Université. Que va faire l'autorité ?

Section II. — Les premières réformes.

Dans le rapport que le Roi fit aux Chambres sur l'état dans lequel il avait trouvé la France, nous voyons que, d'après lui, « l'éducation nationale a besoin de reprendre une tendance plus libérale pour se maintenir au niveau des lumières de l'Europe, en revenant à des principes trop longtemps oubliés parmi nous[1] ».

Les premiers actes du Souverain s'inspirèrent de ce libéralisme dans l'éducation, et l'ordonnance du 5 octobre 1814 vint modifier, en faveur des petits séminaires, le décret de 1811.

[1] *Moniteur* de 1814, t. II, p. 774.

§ 1ᵉʳ. — *Ordonnance du 5 octobre 1814.*

Dans le préambule de l'ordonnance, le Roi reconnaissait la nécessité dans laquelle se trouvaient les archevêques et évêques de faire instruire, dès l'enfance, les jeunes gens qui se destinaient au sacerdoce, et il portait, en ce sens, six dispositions :

1° Les archevêques et évêques pourront avoir une école secondaire ecclésiastique par département, dont ils nommeront les chefs et les instituteurs ;

2° Ces écoles pourront être placées à la campagne et dans les lieux où il n'y aura ni lycée, ni collège communal. Lorsqu'elles seront dans des villes où il y a d'autres établissements universitaires, elles seront dispensées d'envoyer leurs élèves fréquenter les leçons desdits établissements ;

3° Les petits séminaires ne paieront pas de rétribution universitaire ;

4° Pour exiger dans un département une deuxième école ecclésiastique, il faudra une autorisation spéciale du Ministre ;

5° L'Université est maintenue provisoirement :

6° Les écoles ecclésiastiques sont susceptibles de recevoir des legs et donations, en se conformant aux lois existantes sur cette matière.

On pouvait espérer qu'après ce premier pas fait dans la voie des réformes, Louis XVIII s'attaquerait bientôt à l'édifice de l'Université, et que sur ses ruines s'élèverait bientôt la liberté.

§ 2. — *Ordonnance du 15 février 1815.*

On pouvait si bien l'espérer que, quelque temps après, une ordonnance était rendue qui abolissait, en fait, l'Université, mais que le retour de Bonaparte empêcha de mettre en pratique. Je veux parler de l'ordonnance du 15 février 1815.

Au point de vue de l'histoire de la liberté de l'enseignement, cette ordonnance est intéressante à signaler. Elle créait 17 Universités ayant chacune son organisation séparée et complète : son Conseil, son recteur, ses établissements. L'École normale était le lieu qui réunissait toutes ces Universités locales ; chacune d'elles y envoyait des élèves qui allaient apprendre à enseigner et qui retournaient ensuite dans leurs provinces après avoir été formés.

Le Grand-Maître était supprimé et remplacé par un Conseil royal, dont le cardinal Bausset, évêque d'Alais, était nommé président.

Ces changements tendaient dans leur ensemble à relâcher tant soit peu l'absolutisme de la centralisation. On pouvait espérer qu'un jour, puisque le Roi entrait dans la voie des réformes, le monopole viendrait à disparaître comme venait de disparaître la taxe du vingtième des frais d'études, en vertu de l'article 68 de l'ordonnance de 1815. On pouvait seulement l'espérer, car, par l'article 12 de cette ordonnance, le monopole était conservé. « Nul ne peut établir une institution et un pensionnat ou devenir chef d'une institution ou d'un pensionnat déjà établi, s'il n'a été examiné et dûment autorisé par le Conseil de l'Université, et si cette autorisation n'a été approuvée par le Conseil Royal de l'Instruction publique. »

CHAPITRE II.

Les Cent Jours.

Malgré cette prorogation du monopole, les espérances des esprits libéraux se donnaient libre carrière.

Auraient-elles été réalisées ? On ne sait, car quinze jours à peine après l'ordonnance de février 1815, Napoléon débarquait à Cannes, entreprenait sa marche triomphale sur Paris, y arrivait le 20 mars et, le 30, portait un décret en vertu de l'article 3, duquel « l'Université impériale était rétablie telle qu'elle était organisée par le décret du 17 mars 1808 ».

L'homme qui avait le plus malmené le régime impérial, soit dans son livre de *La Tradition de l'Institution des évêques*, soit dans sa brochure de *L'Université impériale*, l'abbé de Lamennais, avait fui devant Napoléon et, le 6 mars 1815, il écrivait à son frère Jean, à la suite de l'ordonnance du 17 février, ces lignes empreintes de la haine la plus vive contre cette Université.

« Maudites soient la fille et la mère, l'ancienne et la nouvelle Université ! Maudits soient les fabricateurs de cette infernale engeance ! Maudits soient ceux qui l'ont fait naître et qui contribueront à l'élever ! Maudits les chefs ! Maudits les subalternes ! Maudite toute cette infâme canaille [1] ! »

Comme on sent bien, en lisant ces lignes, le caractère de l'écrivain ! La haine a engendré l'éloquence.

---

[1] Spuller, *Lamennais*, p. 68.

CHAPITRE III.

Deuxième Restauration.
Prorogation de l'Université.

Le 22 juin 1815, Napoléon abdique une deuxième fois. Louis XVIII vient reprendre possession de son trône et, le 15 août, il porte une nouvelle ordonnance sur l'instruction publique[1].

L'ordonnance du 17 février n'a pas pu être mise à exécution, constatait le préambule, et les difficultés des temps ne permettent pas qu'il soit pourvu aux dépenses de l'instruction publique, ainsi qu'il avait été statué par ladite ordonnance.

Une loi prochaine établissant les bases d'un système définitif sera prochainement mise à l'étude, mais en attendant, le Roi rétablit l'Université sur les bases du décret de 1808, supprime néanmoins le grand-maître et le remplace par une commission de l'instruction publique.

SECTION I. — ATTAQUES DANS LES CHAMBRES ;
RIPOSTES DES UNIVERSITAIRES.

Ce maintien provisoire était, il ne faut pas le dissimuler, une défaite pour le parti qui réclamait la destruction. Ce parti cependant ne restait pas inactif et, dès la première réunion de la nouvelle Chambre, les adversaires de l'Université exprimèrent leur mécontentement par la voix de Murard de Saint-Romain.

[1] Gréard, p. 238.

§ 1ᵉʳ. — *Proposition de Murard de Saint-Romain.*

Le moment était bien choisi. La Chambre qui avait été élue était la *Chambre introuvable,* « composée en majorité d'hommes nouveaux dans les assemblées, dont un dévouement aveugle aux Bourbons était le meilleur titre » ; qui fut « plus une assemblée de parti qu'une assemblée de gouvernement », et dont un membre disait « que sa plus grande gloire sera d'avoir relevé tout ce que la Constituante avait abattu ».

Le discours de Murard de Saint-Romain fut prononcé le 31 janvier 1816 [1]. C'est une attaque très vive contre l'Université formulée en termes plus parlementaires sans doute, que ceux que nous avons trouvés dans les pamphlets de 1814, mais n'ayant pas une grande originalité. « Il faut détruire tout ce que la Révolution a fondé de contraire à la religion et à la morale [2] et que Bonaparte a soutenu et propagé [3]. »

L'orateur demandait l'adoption du vœu suivant :

Que Sa Majesté change le mode d'instruction publique d'après les bases suivantes :

1° La religion sera la base essentielle de l'éducation;

2° Les collèges et les pensions seront, concurremment avec les autorités locales, sous la surveillance immédiate des archevêques et évêques, chargés de réformer les abus qui seront par eux reconnus;

3° Les évêques pourront augmenter le nombre des séminaires selon les besoins de la religion, les ressources et la population des diocèses;

4° Les évêques nommeront aux places de principal des collèges et pensions; le principal nommera les professeurs. Néanmoins les évêques pourront renvoyer les sujets inca-

---

[1] *Archives parlementaires*, 2ᵉ série, t. XVI, pp. 58 et suiv.
[2] Id., p. 59.
[3] Id., p. 62.

pables ou dont les principes seraient reconnus dangereux;

5° Les Universités seront maintenues.....;

6° La commission centrale sera supprimée.

Une discussion sans grand intérêt s'engagea et la proposition, mise aux voix, fut prise en considération.

Quand on examine cette proposition, il est facile de se rendre compte qu'au point de vue de la liberté de l'enseignement, le § 4 a une réelle importance. Il ne rend pas l'enseignement libre, mais il enlève le monopole à l'État et il le donne à l'Église. A ce point de vue, cette proposition avait une importance capitale dans l'histoire de la liberté de l'enseignement.

§ 2. — *Ouvrages de MM. Rendu et Taillefer.*

« Grand était le péril. M. Rendu le sentit dans sa conscience de citoyen et de chrétien. Tout ce qu'une ardente conviction pouvait inspirer au talent, il le fit pour conjurer la menace. Le discours de Murard de Saint-Romain avait été publié le 3 février; dès le surlendemain, les « Observations sur les développements présentés à la Chambre » étaient distribués à tous les membres de la législature; trois semaines après paraissait le « Premier supplément aux observations », puis, au mois de mai, le « Deuxième supplément » ou « Système de l'Université de France[1] ».

Le sentiment qui domine le célèbre universitaire est une foi absolue et aveugle dans l'excellence de l'institution qu'il défend. La brochure de M. Rendu intéresse peu l'histoire de la liberté de l'enseignement. C'est uniquement la défense de l'Université qui avait été vigoureusement attaquée par M. Murard de Saint-Romain[2].

---

[1] *Ambroise Rendu et l'Université de France*, par Eug. Rendu, p. 8.

[2] A cette époque parut: *Grande Guerre contre l'Université et petit moyen de faire la paix avec elle* (1816), et *Coup d'œil général sur l'Éducation et l'Instruction publique en France avant, pendant, depuis la Révolution*, par M. Basset, censeur au lycée Chardonnet.

Après M. Rendu, M. Taillefer, proviseur du collège royal de Louis-le-Grand, offrit à la Chambre des « Renseignements sur les développements qui lui ont été présentés dans la séance du 31 janvier 1816 ».

Le but de ce petit écrit (21 pages) est de discuter les accusations qu'on avait lancées contre l'Université. Mais puisque l'on ne défend pas le monopole contre la liberté, seule question qui nous intéresse dans ces pamphlets, nous ne nous y arrêterons pas longtemps.

L'auteur proteste contre l'accusation de l'absence de tout esprit religieux dans les établissements de l'Université. Il montre que l'éducation repose uniquement sur l'instruction religieuse et que la pratique de la religion ne laisse absolument rien à désirer. Il est donc absolument contraire à la vérité de peindre les établissements de l'Université comme des « repaires d'athéisme et d'immoralité ».

On les représente encore comme des foyers de rébellion. Rien n'est moins exact, les cris de « Vive le Roi » ont retenti même lorsque Bonaparte commandait en maître la capitale.

En somme, ce petit opuscule est un panégyrique des établissements de l'Université[1].

Nous ne nous arrêterons pas aux « Quelques idées sur l'éducation publique » publiées par le recteur de Bordeaux[2] et nous passerons de suite à l' « Essai sur l'histoire et l'état actuel de l'instruction publique en France » par M. Guizot.

§ 3. — *Essai sur l'histoire de l'Instruction publique de Guizot.*

Le nom de l'auteur de cet ouvrage, le corps même de

---

[1] Voy. de Riancey, t. II, p. 252.

[2] Cet écrit se borne à prétendre que l'instruction religieuse est dans l'Université tout ce qu'elle doit être et que les devoirs religieux y sont bien observés. Il montre que depuis la création de l'Université, l'éducation est plus religieuse et plus monarchique qu'avant la Révolution et qu'on aurait grand tort de rendre l'enseignement aux congrégations religieuses. Cette brochure a été étudiée et combattue dans *L'Ami de la Religion et du Roi* du 7 août 1816, t. VIII, p. 385.

l'œuvre doivent retenir l'historien de la liberté de l'enseignement. Nous en ferons donc une analyse aussi exacte que possible et relative seulement à ce qui intéressera la liberté que nous étudions.

L'étude que le futur ministre de l'instruction publique fit paraître en 1816 était moins un pamphlet qu'un travail sérieux empreint de calme et remarquable par la sûreté de sa science historique. Néanmoins quand on la lit attentivement, on remarque combien sont nombreux les passages où l'auteur a pris soin d'affirmer les droits de l'État en matière d'éducation.

L'essai de Guizot est divisé en six chapitres

Les 2e, 3e, 4e, 5e traitent de l'histoire de l'instruction publique avant, pendant, après la Révolution. Le 1er s'occupe « de l'objet des établissements d'éducation et d'instruction publiques ». Le 6me résout la question de savoir « quel est entre les divers systèmes d'instruction publique celui qui convient le mieux à l'état de la France et quels en sont les fondements ». C'est dans cette dernière partie que se trouve le côté politique de l'ouvrage. C'est elle seule qui nous occupera ici. Les cinq premiers chapitres ne traitent que de l'histoire de l'Instruction publique et nous ne pourrions que nous répéter en l'analysant. Néanmoins il faut noter de nombreuses affirmations des droits de l'État.

« La loi de 1802, dit Guizot, posait les fondements d'une véritable éducation nationale et faisait enfin cesser l'empire de ces principes absurdes en vertu desquels on avait longtemps prétendu que l'État ne devait exercer aucune influence sur l'éducation des hommes destinés à vivre un jour sous ses lois [1]. L'Université consacrait un principe méconnu avant la Révolution, mal compris en 1789 et rejeté en 1793 : savoir que l'instruction publique appartient à l'État [2]. L'Université est, de toutes les œuvres de Bonaparte, celle qui

---

[1] Guizot, *Essai*....., p. 57.
[2] Id., p. 77.

convient le mieux à l'état actuel de la France et de son gouvernement[1]. » En dépit de toutes les réclamations, « les hommes éclairés applaudirent à cette première base du système de l'Université qui replaçait l'instruction publique dans la main de l'État et assurait ainsi à la France une éducation vraiment nationale[2] ».

Après avoir étudié l'instruction publique telle qu'elle a été, telle qu'elle est, M. Guizot, en face du nouveau régime qui gouvernait la France, se demande quel est le système d'instruction publique que l'on doit adopter.

Nous nous trouvons alors en présence d'une œuvre de parti. La lutte contre l'Université est dans toute son acuité. Lamennais, Dutac, l'abbé Girod ont attaqué cette conception de Bonaparte de la façon la plus violente. Taillefer l'a défendue, Guizot la défend aussi. Mais il la défend avec talent, en faisant précéder la partie politique d'un long exposé historique dans lequel, nous l'avons vu, il a pris parti. D'autre part, l'auteur a frappé son travail au coin de la plus grande sagesse ; il concède en ce que sa conscience reconnaît comme vrai. C'est une étude loyale, sincère, dont on peut ne pas partager les conclusions, mais qui s'impose au respect de tous. Malheureusement on ne peut pas faire les mêmes éloges à tous les partisans de la liberté.

Cela dit, analysons le chapitre 6 de l'essai de Guizot :

« Il n'y a que deux systèmes d'éducation publique ; dans l'un, l'éducation et l'instruction sont abandonnés soit à des corporations indépendantes, soit à des autorités municipales, soit à des particuliers ; dans l'autre, l'éducation et l'instruction appartiennent à l'État qui les distribue, les dirige, les surveille et pourvoit à leurs besoins[3]. »

Que faut-il choisir? Chez les peuples anciens l'éducation était libre, chez les peuples modernes « c'est par le concours

---

[1] Guizot, *Essai....*, p. 79.
[2] Id., p. 85.
[3] Id., p. 125.

de l'autorité souveraine, de l'autorité ecclésiastique, des autorités nationales et de l'industrie particulière qu'ont subsisté et que subsistent encore dans plusieurs États de l'Europe les Universités, les collèges et les établissements publics d'éducation. Là où il existe un pareil état de choses, il est absurde de le détruire au lieu de le régler, mais là où il a été détruit il est impossible de le rétablir[1]. »

Guizot arrive donc très vite à prendre parti. Où la liberté n'existe plus, il ne faut pas la rétablir. Pourquoi ? Il y a deux raisons, dit-il.

« 1º Les doctrines publiques ne sont encore ni assez saines, ni assez affermies, les lumières ne sont ni assez générales ni assez également réparties, pour que l'État puisse sans danger abandonner le soin d'élever et d'instruire la jeunesse ;

« 2º Au sortir d'une révolution comme la nôtre, il y a tant d'intérêts opposés, d'opinions divergentes et de passions ennemies, que le Gouvernement, qui les contient pour les concilier ou les étouffer, doit nécessairement se charger de l'éducation en commun des générations naissantes, afin d'empêcher que ces causes de désunion et de trouble ne se perpétuent en elles et par elles[2]. »

Cela posé, l'auteur développe ces deux arguments ; il montre, après un contre-coup tel que la Révolution, les doctrines chancelantes, mal comprises, et la nécessité dans laquelle le Gouvernement se trouve « dans l'intérêt de sa force et de sa stabilité[3] », de choisir et d'adopter dans ces idées ce qui doit devenir le fondement de véritables doctrines publiques. Il montre qu'il faut que ces doctrines soient alors réduites en préceptes à toutes les écoles et qu'une liberté illimitée dans le système de l'éducation publique ne ferait qu'accroître le désordre.

---

[1] Guizot, *Essai....*, p. 127.
[2] Ibid., pp. 128-129.
[3] Ibid., p. 131.

Guizot s'occupe ensuite de l'état des lumières. Il montre combien après la Révolution elles sont inégalement réparties, et quelle importance il y a « à donner à tous les établissements d'instruction et aux hommes qui s'y vouent des rapports fréquents et réguliers avec une administration supérieure et éclairée[1] ». L'on verra, grâce à l'administration de l'instruction par l'État, « toutes les connaissances utiles se répandre par degrés avec convenance, se distribuer avec une égalité harmonieuse; leur propagation marchera de concert avec celle des bonnes doctrines, et l'influence légitime du Gouvernement s'étendra dans une proportion correspondante ».

Sur ce premier point il ne saurait y avoir de doute :

« Tout concourt à prouver que l'éducation et l'instruction publiques ne sauraient être livrées à des autorités indépendantes ni à l'industrie particulière, et qu'elles doivent être placées sous l'autorité et sous la surveillance du Gouvernement[2]. »

Cette question résolue, il s'en présente une autre. Quel est le mode, soit d'administration, soit d'organisation qu'il convient de donner à l'instruction? Autrement dit, la confiera-t-on à un grand corps soumis à certaines règles ou sera-t-elle donnée d'après les principes de l'administration générale? Guizot se prononce pour le premier parti, il voudrait d'autre part un Conseil à la place du Grand-Maître. Il arrive ainsi à chanter un hymne d'admiration à l'Université.

Telle est l'analyse très rapide, mais complète je le crois, des idées émises par Guizot dans son essai et qui peuvent intéresser l'histoire de la liberté de l'enseignement.

§ 4. — *Nouv. attaques.* — *Discours de Royer-Collard.*

Aux publications favorables à l'Université, des publications ennemies répondirent. Je citerai une brochure dont

[1] Guizot, *Essai*....., p. 133.
[2] Ibid., p. 135.

l'existence nous est révélée par l'*Ami de la Religion* [1] et qui est intitulée : « Qu'était l'instruction publique sous Bonaparte et que doit-elle être sous Louis XVIII », par M. Hyacinthe Morel. « L'auteur y considère particulièrement le régime de l'Université et les abus qu'il convient de faire disparaître. Il en parle en homme qui a vu les choses de près. On ne peut que louer infiniment le zèle que l'auteur montre pour la cause royale et qu'il s'efforce sans doute d'inspirer à ses élèves. Il reconnaît aussi la nécessité de la religion, mais il ne croit pas possible de compter en ce moment sur le secours des corporations ecclésiastiques. »

Ces quelques mots montrent la modération que l'auteur a su garder et qui fait un singulier contraste avec les « Notes sur l'Université de Bonaparte » et « Les précurseurs de l'Antéchrist », dont le titre seul, en ce qui concerne ce dernier ouvrage, indique assez la violence.

La lutte contre l'Université continuait toujours. Le 25 février 1817 [2], on réclame à la Chambre la suppression de la rétribution universitaire et cette demande amène un très beau discours de Royer-Collard en faveur de l'Université. Il défend le monopole au même titre que la rétribution universitaire et c'est à ce titre que nous en citerons le passage suivant :

« L'Université, dit-il, n'est autre chose que le Gouvernement appliqué à la direction universelle de l'instruction publique, ... l'Université a été élevée sur cette base fondamentale, que l'instruction et l'éducation publique appartiennent à l'État..... Il est plus facile d'attaquer l'Université que d'ébranler la maxime dont elle est l'application et en quelque sorte l'instrument... l'Université a le monopole de l'éducation à peu près comme les tribunaux ont le monopole de la justice et l'armée le monopole de la force publique ».

Une pareille théorie souleva le tolle des adversaires de l'Université et une nouvelle tactique est adoptée.

[1] Numéro du 7 février 1816, t. VI, p. 392.
[2] *Archives parlementaires,* 2ᵉ série, t. XIX, pp. 58 et suiv.

Section II. — Nouvelle tactique dans la lutte contre l'Université. — On demande la liberté de l'Enseignement.

Jusqu'en 1817 on attaquait l'Université pour en précipiter la chute, on s'attachait moins à demander les droits des pères de famille qu'à peindre les défauts de ce corps gigantesque qu'était l'Université de France.

Mais à partir de 1817, un nouveau courant se dessine, on réclame nettement la liberté de l'enseignement, on fait valoir les droits du père de famille, les avantages de la liberté.

Le mérite de ce nouveau mouvement de la lutte revient encore à Lamennais. En 1814, il avait commencé la lutte ; en 1817, il dirige l'attaque.

Un autre caractère de cette nouvelle phase de la lutte est à signaler ici. Jusqu'en 1817 les adversaires de l'Université ne s'étaient trouvés que dans les partisans de l'Église, parmi les royalistes catholiques ultramontains. En 1817, l'école classique française, suivant les théories d'Adam Smith, demande elle aussi la liberté de l'enseignement. L'Université est le point de mire des catholiques et des libéraux. Les attaques partent de droite, de gauche. L'Université est bien atteinte.

§ 1er. — *Du droit du Gouvernement dans l'éducation de Lamennais.*

L'écrit de Lamennais est intitulé « Du Droit du Gouvernement sur l'éducation ». C'est un chef-d'œuvre de polémique; il faut l'analyser avec quelques détails.

« Il ne s'agit pas de savoir, dit Lamennais, au début de sa petite brochure, il ne s'agit pas de savoir s'il est à propos qu'il y ait une éducation publique, mais s'il est désirable, s'il est juste qu'elle soit exclusive [1] »....... C'est d'abord une prétention nouvelle. Envisageons les faits. Jamais chez aucun peuple, le Gouvernement ne s'arrogea le privilège exclusif de l'éducation....... « L'enseignement, qui n'est au fond que la communication des pensées, restera toujours aussi libre que la pensée même [2]....... Après l'établissement du christianisme, l'éducation passa naturellement entre les mains de la religion, parce que la religion dut venir au secours de la faiblesse de l'esprit, qui est l'ignorance, et de la faiblesse du cœur, qui est les passions [3].

Quel caractère avait alors l'instruction ? Si la religion enseigna aux enfants les éléments des lettres, ce fut pour « que l'esprit connût mieux la loi sublime qui devait régler tout ensemble et l'esprit, et le cœur, et les sens [4] ».

Il faut venir jusqu'à la Révolution, et encore jusqu'à la tourmente de 1793, pour entendre poser le principe du système exclusif. « Les enfants appartiennent à la République avant d'appartenir à leurs parents », s'était écrié Danton.

Personne, néanmoins, n'osa réaliser ce désir.

« Bonaparte le tenta plus tard et avec succès; mais c'était Bonaparte, c'est-à-dire l'homme qui a le plus méprisé les hommes, et qui s'est joué avec le plus d'audace de la société et des maximes qui en assurent l'existence. On donna ses enfants au tyran comme les Carthaginois donnaient les leurs à Saturne..... Il a appris aux peuples à regarder le mal sans frayeur et sans étonnement [5]. »

Le droit exclusif du Gouvernement en matière d'éducation est donc une prétention nouvelle. C'est aussi une prétention absurde.

« L'éducation de l'enfant, de droit naturel, appartient au père, parce que l'enfant durant le premier âge n'appartient

---

[1] *Œuvres complètes de Lamennais*, t. VI, p. 357.
[2] Id , p. 358.
[3] Id., p. 359.
[4] Id., p. 359.
[5] Id., p. 361.

qu'à la famille. Le père doit pourvoir à l'éducation de son fils comme il doit pourvoir à ses autres besoins..... les législations ne sauraient affranchir le père d'un devoir que la nature lui impose[1]. »

Cela étant, le père a droit à tous les moyens d'éducation qu'offre la société et nul n'est autorisé à lui en interdire aucun ou à le contraindre sur le choix[2]. « S'obstiner à mettre l'éducation en régie et en fixer le prix par un tarif, dire aux familles : Vos enfants viendront dans nos écoles ou toute école leur sera fermée; c'est frapper au cœur la liberté naturelle et violer, si on peut dire, les âmes mêmes..... Le droit du Gouvernement se borne à conseiller, à diriger, à offrir à tous, sans contrainte, les moyens d'instruction, à surveiller les établissements libres, à les supprimer même s'ils sont dangereux pour l'État, pour les bonnes mœurs, ou s'ils servent à propager des doctrines funestes à la société. Tous les droits qu'il s'arroge de plus sont une usurpation de la puissance paternelle[3]. »

Quelles sont enfin les conséquences du régime politique appliqué à l'éducation? « Il met entre les mains du Gouvernement ou de quelques agents secondaires, les doctrines, les mœurs, tous les appuis de l'ordre social. Quelques hommes, dis-je? un seul homme selon les circonstances pourra faire partager à une génération entière ses préjugés, ses erreurs, ses opinions, ses passions[4]. Rien n'est plus opposé aux vrais intérêts du Gouvernement, car l'intérêt du Gouvernement n'est pas d'opprimer. »

Tel est en quelques mots cet écrit si remarquable[5] qui est intéressant à un double point de vue.

---

[1] *Œuvres complètes de Lamennais*, t. VI, p. 362.
[2] Id., p. 364.
[3] Id., p. 366.
[4] Id., p. 367.
[5] *L'Ami de la Religion* du 13 décembre 1817, t. XIV, p. 160, rend compte du nouvel écrit de Lamennais. Il paraît l'approuver et en fait grand éloge. Je relève notamment cette phrase : « Un privilège exclu-

— D'abord parce qu'il inaugure dans la guerre contre l'Université une tactique nouvelle, la demande de la liberté ; ensuite parce qu'il résume en quelques pages des arguments solides, présentés avec tact et une richesse d'idées et d'expressions comme Lamennais savait seul le faire.

§ 2. — « *De la juridiction universitaire* » *de Benjamin Constant.*

Un autre écrivain placé dans un camp tout opposé, Benjamin Constant, s'élevait quelques semaines plus tard contre le monopole de l'enseignement et publiait dans le *Mercure de France* d'octobre 1817 un article intitulé : « De la juridiction du Gouvernement sur l'éducation ».

Le *Mercure de France* était un journal qui s'était érigé en champion du libéralisme renaissant. D'abord timide, son attitude était devenue bientôt très courageuse, et ce fut lui qui, à cette époque et avec le *Censeur européen,* avaient été les appuis très solides de l'opposition libérale.

Son principal rédacteur, Benjamin Constant, était « l'incomparable publiciste qui, depuis si longtemps, instruisait et charmait à la fois les générations nouvelles[1] ». Ce fut « l'inventeur du libéralisme[2] », qui fut l'auteur d'une nouvelle et importante attaque contre l'Université, en réclamant la liberté de l'enseignement.

« Le système qui met l'éducation dans la main du Gouvernement repose sur deux ou trois pétitions de principes[3]. On suppose que le Gouvernement sera tel qu'on le désire ; on voit toujours en lui l'allié[4]. » Et, développant

---

sif paraît en effet contradictoire avec la Charte où le Roi s'est proposé de donner toutes les libertés raisonnables. »

[1] Duvergier de Hauranne, *Histoire du Gouvernement parlementaire,* t. IV, p. 370

[2] Émile Faguet, Benjamin Constant, *Revue des Deux-Mondes,* 1ᵉʳ mars 1888, p. 615.

[3] *Mercure de France,* octobre 1817, p. 56.

[4] Id., p. 56.

cette thèse, Benjamin Constant montre l'éducation asservie par les factions, répandant dans l'âme de la jeunesse « des opinions exagérées, le mépris des idées religieuses »; le despotisme courbant l'éducation, brisant dans les cœurs tous sentiments nobles et courageux, bouleversant toute notion de justice.

« Ce que l'on désire que le Gouvernement fasse en bien, le Gouvernement peut le faire en mal[1]. » Et posant ensuite un principe absolu, Benjamin Constant déclare : « L'autorité peut multiplier les canaux, les moyens de l'instruction, mais elle ne doit pas la diriger[2]. » Car, « en dirigeant l'éducation le Gouvernement s'arroge le droit et s'impose la tâche de maintenir un corps de doctrine... il ne permettra d'enseigner dans ses écoles que les opinions qu'il préfère[3]. » Il y a là atteinte grave aux droits de chacun.

L'éducation publique a de sérieux avantages, mais « ce qui est bon, n'a jamais besoin de privilèges et les privilèges dénaturent toujours ce qui est bon. Il importe d'ailleurs que si le système d'éducation que le Gouvernement favorise est ou paraît être vicieux à quelques individus, ils puissent recourir à l'éducation particulière ou à des instituts sans rapports avec le Gouvernement[4]. »

Ce n'est point une affirmation sans preuves que l'auteur formule. Il la motive : « La société doit respecter les droits individuels, et, dans ces droits, sont compris les droits des pères sur leurs enfants ». Que s'il s'élève des établissements contraires à la morale, le Gouvernement aura le droit de les supprimer, car la direction est autre chose que la répression, et c'est la direction qui est interdite à l'autorité.

La liberté féconde toutes choses, et c'est sur cette idée

---

[1] *Mercure de France*, octobre 1817, p. 57.
[2] Id., p. 58.
[3] Id., p. 59.
[4] Id., p. 60.

que Benjamin Constant termine sa trop courte étude.

« En éducation comme en tout, que le Gouvernement veille et préserve, mais qu'il reste neutre ; qu'il écarte les obstacles, qu'il aplanisse les chemins, l'on peut s'en remettre aux individus pour y marcher avec succès[1]. »

Si Benjamin Constant défend la liberté de l'enseignement, ce n'est point par les mêmes motifs que Lamennais, ceci est absolument certain, mais c'est au nom d'une école qui commençait en 1817 à avoir un certain nombre de représentants en France, je veux parler de l'école libérale anglaise.

Benjamin Constant est dans cette circonstance le porte-parole de cette école. Il réédite absolument les arguments qu'A. Smith fait valoir dans son livre sur la Nature et les causes de la richesse des nations, en faveur de la concurrence dans l'enseignement[2]. Il est intéressant de noter cette coïncidence. Les idées politiques et libérales de Benjamin Constant s'étaient rencontrées avec les idées économiques de l'École anglaise[3].

§ 3. — *Mémoires pour servir à l'histoire de l'Instruction publique de Fabry.*

Enfin, le discours de Royer-Collard mit la plume à la main d'un autre adversaire, M. Fabry, qui achevait des « Mémoires pour servir à l'histoire de l'instruction publique ».

Cet ouvrage fit assez de bruit dans son temps. *L'Ami de la Religion* du 31 décembre 1817 [4] nous en donne une analyse assez courte, mais qui nous permet cependant de nous rendre compte de son esprit et de ses tendances.

---

[1] *Mercure de France,* octobre 1817, p. 63.

[2] T. III, pp. 206 et suiv.

[3] Benjamin Constant plaida encore la cause de la liberté de l'enseignement dans son *Commentaire sur Filangieri,* IVe partie, ch. I. Il développe dans son livre les mêmes arguments qu'il avait présentés dans le *Mercure.* Nous croyons inutile d'y revenir.

[4] *Ami de la Religion et du Roi,* t. XIV, pp. 33 et 128.

Le premier volume renferme la suite des faits, le deuxième est rempli en entier par les pièces justificatives. « Quant à l'esprit qui anime l'auteur, nous n'avons pas besoin de dire qu'il est attaché aux principes de la religion et de la morale, qu'il regrette les anciennes écoles et les corporations qui les dirigeaient et qu'il est partisan déclaré de la liberté d'enseignement. »

Le troisième et dernier volume sur l'Université impériale paraissait quelques mois plus tard.

Il était divisé en trois sections : la première renfermait des notions générales sur l'Université, la deuxième exposait le régime de ses écoles, la troisième était consacrée à l'examen de ses apologistes et, à cette occasion, l'auteur s'en prend à Royer-Collard : « l'Université, dites-vous, a le monopole de l'éducation à peu près comme les tribunaux ont le monopole de la Justice ; mais les tribunaux ne vendent pas la justice et vous vendez l'éducation. Les tribunaux n'obligent personne à recourir à leur autorité, et personne ne peut se soustraire à votre éducation puisque l'Université s'empare de toutes les écoles ! La grande majorité des citoyens est à l'abri des procès et des jugements des tribunaux ; mais qui peut se mettre à l'abri de votre éducation et se dispenser de la payer bonne ou mauvaise..... Les tribunaux, loin d'être jaloux d'exercer le monopole de la justice, permettent et encouragent les arbitrages libres et volontaires, et vous ne souffrez point d'écoles libres hors de votre enceinte, affranchies de vos lois et de votre influence [1]. L'Université, dites-vous encore, a le monopole de l'éducation comme l'armée a le monopole de la force publique ? Quelle étrange parallèle ! l'Université exploite l'éducation : l'armée trafique-t-elle de la force publique ? L'Université dispose de l'éducation en faveur des particuliers qui en forment des établissements sous son influence et sous ses lois : l'armée peut-elle disposer ainsi de la force publique ? Y a-t-il des particuliers qui

---

[1] Fabry, *Mémoires*, t. III, p. 316.

puissent former des établissements de force publique, comme il y en a qui forment des établissements d'éducation [1] ? »
Et plus loin..... « L'éducation et l'instruction, cet aliment journalier du pauvre comme du riche, du citoyen des villes comme du laboureur des campagnes, vous voulez qu'on vienne l'acheter dans vos magasins ! qu'on puise là, et non ailleurs ! qu'on fasse sa provision dans le marché qu'il vous plaira d'ouvrir, au prix qu'il vous plaira de fixer, et sans qu'on puisse s'adresser ailleurs, ni qu'il puisse s'établir aucune concurrence dans le commerce de ces subsistances, également nécessaires et indispensables à la vie de tous les membres du corps social ! C'est là une prétention qui a pu être conçue par Lepelletier, proposée par Robespierre, appuyée par Danton, renouvelée sous le Directoire, perfectionnée et réalisée par Bonaparte, mais qui a toujours fait frémir le bon sens par son atroce absurdité. Vous voulez exercer le monopole de l'éducation ; mais l'éducation ne peut se faire sans livres, il faut donc vous emparer du monopole des livres ; l'éducation ne peut se faire sans religion et sans morale : il faut donc vous emparer de ce monopole [2]. »

L'Ami de la Religion du 4 mars 1818 [3] qui rend compte de cet ouvrage ajoute : « L'auteur a des droits à l'estime des amis de la religion par son zèle pour elle, ainsi que pour la saine morale et par son ardeur à combattre des systèmes et des méthodes qu'il croit nuisibles. »

§ 4. — *L'éducation doit-elle être confiée au Clergé ?*

La lutte n'était point terminée, à ce pamphlet répondit un pamphlet connu sous le titre suivant : « L'éducation publique doit-elle être confiée au clergé ? »

---

[1] Fabry, *Mémoires*, t. III, p. 315.
[2] Id., p. 326.
[3] T. XV, p. 81.

Cette brochure est la première en faveur de l'Université qui soit réellement violente et haineuse.

Elle dépasse même un peu la mesure. L'auteur refuse aux membres du clergé l'instruction publique à cause de leur petit nombre, de leur soumission à un chef étranger et à cause de leur défaut de patriotisme. « Doutez-vous, dit-il, qu'il n'y ait des points de contact plus nombreux, une plus constante et réelle intimité entre un prêtre français et un prêtre espagnol qu'entre un prêtre et un laïque français ? » C'est ce dernier grief surtout qui est injuste et immérité et c'est dans ces occasions que l'on peut regretter la vivacité des polémiques qui engendrent des idées fausses et des jugements empreints d'une injuste sévérité.

L'auteur de ce pamphlet tire encore argument de ce que la pureté de la vie du prêtre et sa réserve seront un empêchement « à l'explication de ces auteurs anciens qui ne voilaient guère plus leurs discours que leurs statues ». Enfin disait l'apologiste de l'Université, « il faut un corps enseignant, il n'en faut qu'un. Il en faut un pour réunir ces faisceaux de lumières, pour contenir les traditions ; il n'en faut qu'un, car deux puissances parallèles diviseraient l'instruction, et deux puissances ennemies la détruiraient ; et c'est pour cela justement que le corps enseignant doit être une émanation du Gouvernement ; car s'il n'en était pas l'émanation, il serait un Gouvernement lui-même [1] ».

Section III. — La Presse en 1818.

Ce n'était point seulement par des pamphlets que se traduisait la guerre que l'opinion faisait à l'Université, mais aussi par le grand moyen populaire, par la presse. Nous avons vu le *Mercure de France*, dirigé par Benjamin

---

[1] Riancey, *op. cit.*, t. II, p. 278.

Constant, organe libéral, prendre parti dans la lutte et demander la liberté en matière d'éducation.

Ce journal n'était pas le seul en faveur de la liberté de l'enseignement.

§ 1er. — Le « Censeur Européen ».

En 1817, le *Censeur européen* avait été créé par Comte et Dunoyer et il était vite, très vite devenu l'organe de l'opposition libérale. Recueil d'abord hebdomadaire, il parut bientôt à des époques éloignées pour échapper aux rigueurs des lois sur la presse. C'était un « journal qui témoignait pour la liberté, l'égalité, la justice, un amour sincère, exempt de toute arrière-pensée [1] ».

En 1818, cette feuille publia un long article absolument remarquable de Dunoyer, et je dois en quelques lignes en résumer les parties essentielles [2].

L'auteur a pris prétexte d'écrire cet article à la suite de la publication de la brochure de Guizot que j'ai analysée plus haut.

Il reproche d'abord à Bonaparte de s'être emparé de l'éducation comme de toutes les libertés publiques et d'avoir envahi la famille après la commune et la province.

« La liberté d'enseignement, dit-il [3], était une de celles dont l'usurpateur devait le plus tenter le génie despotique et fiscal du chef de l'État... En se constituant le régent universel des écoles, Bonaparte mettait d'un coup sous sa main tout le corps enseignant de France et une bonne partie des enfants qui la recevraient.... Il avait, dans le sens de son despotisme, un intérêt fort grand à s'emparer de la direction de l'éducation et de l'instruction publiques. »

Dunoyer examine très rapidement, du reste, la question

---

[1] Viel-Castel, *Histoire de la Restauration*, t. II, p. 104.
[2] *Le Censeur Européen*, t. VI, pp. 50-120.
[3] P. 54.

de la liberté avant et pendant la Révolution. Le roi a hérité de l'Université impériale. L'auteur cite Royer-Collard et nous voyons ce grand ministre attaqué par Dunoyer comme il l'avait été par Fabry.

Ce préambule terminé. le rédacteur du *Censeur* examine trois questions :

1° « Si la faculté de choisir des instituteurs aux enfants doit être donnée au Gouvernement ou laissée à leur famille ; si la faculté d'enseigner forme un apanage du pouvoir ou une branche de l'industrie privée...

2° En admettant que la faculté d'ouvrir des écoles doit être le droit commun de la nation, s'il n'est pas convenable, à quelques égards, que cette faculté soit exercée aussi par le Gouvernement....

3° En reconnaissant l'utilité qu'il peut y avoir à ce que le Gouvernement fonde, soutienne, salarie certaines écoles, nous rechercherons s'il peut être également utile qu'il donne des privilèges aux écoles qu'il institue et qu'il décide, par exemple, qu'on ne sera censé savoir les lettres, le droit, la médecine, que lorsqu'on aura suivi les cours de ses facultés et qu'on aura été gradué par des docteurs à sa solde[1]. »

Je ne suivrai pas Dunoyer dans tous ses développements; j'ai voulu lui laisser poser les questions, parce que l'on voit déjà comment il les résout. Il discute les arguments de Guizot [2], ceux de Royer-Collard [3], et établit « que la faculté d'enseigner ne peut passer sous l'empire de l'autorité que pour être surveillée et non pour être envahie. Comme toutes nos facultés naturelles, elle est un droit public dont le Gouvernement doit réprimer l'abus, mais dont il ne peut accaparer l'usage [4] ».

---

[1] *Le Censeur Européen*, loc. cit., pp. 60-61.
[2] Id., p. 63.
[3] Id., p. 67.
[4] Id., p. 70.

C'est, qu'en effet, l'auteur reconnaît au Gouvernement un droit de surveillance, droit qu'il étudie longuement [1]. Dunoyer insiste aussi sur le droit des pères de famille, et montre que : « le Gouvernement, en usurpant la direction de l'enseignement, attente à la liberté naturelle des citoyens [2] ».

Jusqu'ici Dunoyer développe des arguments déjà connus. Il le fait avec un réel talent, mais il nous montre la question sous un jour nouveau. « Nous remarquerons ensuite, dit-il, l'inconséquence qu'il y a de prétendre que l'enseignement doit être enchaîné quand on reconnaît en principe que la presse doit être libre. Reconnaître que la presse doit être libre, c'est reconnaître que les doctrines publiques doivent se former par le concours de toutes les opinions, de toutes les lumières. Prétendre au contraire que l'enseignement doit être soumis à la direction de l'autorité c'est prétendre que les doctrines publiques doivent se former sous l'influence exclusive des hommes qui gouvernent. Il y a là contradiction manifeste [3].

Dunoyer répond ensuite à toute une série d'arguments que l'on objecte à la liberté de l'enseignement et développe les inconvénients du monopole.

Enfin, il conclut. « Cette discussion aura servi à établir trois choses : premièrement, que l'État ne peut pas mettre plus d'entraves à la faculté d'enseigner qu'à telle ou telle autre de nos facultés naturelles ; qu'à l'égard de cette faculté, comme à l'égard de toutes, son devoir consiste uniquement à réprimer l'abus en respectant l'usage ; secondement, qu'il ne doit se mêler de l'enseignement que pour en soutenir les branches qui pourraient souffrir d'être abandonnées à elles-mêmes ; troisièmement enfin, qu'en intervenant dans l'instruction, il doit soigneusement éviter d'en

---

[1] *Le Censeur Européen,* loc. cit., p. 71.
[2] Id., p. 73.
[3] Id., p. 81.

gêner la liberté, d'enchaîner ses écoles ou de leur donner des privilèges[1]. »

L'opposition libérale représentée par le *Mercure* et le *Censeur,* était donc favorable à la liberté de l'enseignement. Le parti ultra-catholique, lui aussi par ses organes, demandait la destruction du monopole universitaire.

§ 2. — *Les journaux du parti ultra-catholique.*

De septembre 1815 à novembre 1816, il avait existé un *Mémorial religieux* dont la violence était le caractère principal.

« Cette feuille faisait une guerre systématique aux idées nouvelles, signalant les libéraux de cette nuance comme des révolutionnaires secrets, comme des hérétiques déguisés. Elle attaquait surtout, avec une grande amertume, l'Université, l'École polytechnique et toutes les institutions laïques qui donnaient l'enseignement[2]. »

De 1814, date la fondation d'un autre journal plus important dont j'ai souvent parlé, *L'Ami de la Religion et du Roi.* Il est sans doute hostile au monopole de l'Université, mais il est fort modéré dans cette matière. Nous relèverons, du reste, ses opinions au fur et à mesure des événements.

§ 3. — *Le « Conservateur », organe du parti ultra-royaliste. — Lamennais.*

La *Minerve* avait succédé, en 1818, au *Mercure,* et, le parti royaliste qui s'était contenté jusque-là d'une feuille peu répandue, la *Correspondance administrative* (dirigée par Fievée), ne voulut pas rester plus longtemps désarmé, surtout en présence du prodigieux succès du journal libéral. Après s'être concerté, avoir délibéré[3], le parti ultra-

[1] *Le Censeur Européen,* loc. cit., pp. 118-119.
[2] Hatin, *Histoire politique et littéraire de la Presse,* t. VIII, p. 213.
[3] Voy. Duvergier de Hauranne, *Histoire du Régime parlementaire,* t. IV, p. 469.

royaliste créa le *Conservateur*, sous l'épitaphe : « Le Roi, la Charte et les honnêtes gens ». C'est le 1er octobre 1818 que parut le premier numéro. Le vicomte de Châteaubriand y exposait, avec son talent ordinaire, le plan du nouveau journal et la ligne qu'il comptait suivre. « L'éducation, disait-il, est la seconde base des mœurs. N'est-il pas singulier que sous ce rapport nous en soyons encore au provisoire ! Nos enfants sont élevés en attendant [1]. »

L'abbé de Lamennais était chargé de traiter les questions se rattachant à la religion, et le monopole de l'enseignement concentré dans les mains de l'Université fut, dans cette feuille, vivement attaqué. De sorte que l'on arrivait à la situation suivante : ce journal, créé pour fortifier le pouvoir royal, se rencontrait sur le terrain de l'opposition avec la presse libérale et ultra-religieuse.

Dès le mois de novembre 1818, Lamennais faisait prendre position au *Conservateur* dans la lutte contre l'Université.

Celle-ci avait émis la prétention d'exiger des Frères des Écoles chrétiennes un brevet par chaque individu. Le Grand-Maître avait, en 1818, donné un brevet général au Supérieur de la congrégation, et pendant six ans les Frères avaient répandu l'instruction dans leurs écoles, surveillées par le Gouvernement sans avoir rempli d'autres formalités.

Lamennais lance un article à cette occasion : « On ne parle que de liberté, dit-il, et l'on ne vous laisse pas même celle d'enseigner gratuitement à lire aux enfants du pauvre [2] : au fond, l'Université ne demande qu'une chose, c'est de dissoudre leur congrégation pour devenir de simples instituteurs primaires dont elle disposera souverainement [3]. »

Lamennais examine alors en droit la question du monopole de l'enseignement : « puisqu'il a fallu une loi pour établir le monopole du tabac, dit-il, à plus forte raison en

---

[1] *Conservateur*, t. I, p. 35.
[2] Id., p. 297.
[3] Id., p. 299.

faut-il une pour établir le monopole de l'enseignement ».
Ceci posé, cette loi n'existant pas, l'auteur incite à la création d'écoles particulières. Quelques douze ans plus tard, on devait suivre son conseil. « Il faut qu'on le sache, tout Français peut, dans l'état actuel de notre législation et en acquittant l'impôt légal, ouvrir autant d'écoles qu'il voudra, y enseigner ce qu'il voudra, par la méthode qu'il voudra, sans que personne n'ait le droit d'y apporter obstacle. La loi le protège, elle lui accorde la propriété de son industrie, comme la propriété de sa maison ; elle l'autorise à traduire devant les tribunaux quiconque le troublerait dans l'exercice de cette industrie, comme quiconque l'empêcherait de labourer son champ [1]. »

Il est possible qu'un ordre différent soit établi plus tard par une loi, mais cette loi n'existe pas en ce moment.

L'article que Lamennais écrivit dans le *Conservateur,* sous ce titre : « De l'Éducation considérée dans ses rapports avec la liberté », se différencie des précédents écrits du même auteur sur la matière.

« L'Université impériale », le pamphlet [2] « du droit du Gouvernement sur l'éducation », étaient remarquables par leur violence, la vigueur du style. C'étaient des chefs-d'œuvre de polémique. L'article du *Conservateur* est aussi un chef-d'œuvre, mais c'est un chef-d'œuvre de logique. Lamennais a dépouillé la violence, il est plus calme, il veut persuader, et néanmoins le caractère fougueux du célèbre publiciste perce constamment malgré les efforts qu'il fait pour le contenir.

Il faut connaître ce remarquable écrit, ne serait-ce que par une très courte analyse. Après avoir montré la France esclave de l'anarchie, du despotisme, parce qu'elle avait abandonné ses anciennes croyances, Lamennais s'écrie : « On veut que la raison individuelle soit indépendante de

[1] *Conservateur,* p. 303.
[2] Id., p. 586.

toute loi, indépendante de Dieu même, et on attribue au Gouvernement le droit d'asservir la raison de la société entière en s'emparant de l'instruction! L'éducation, entre les mains du Gouvernement détruit, avec les libertés naturelles de l'homme, la puissance paternelle, la famille, et fait de la société elle-même une espèce d'automate. » L'autorité a des devoirs vis-à-vis de l'enseignement, c'est de surveiller les établissements libres, de les supprimer s'ils sont dangereux pour l'État, enfin celui d'offrir à tous, sans contrainte, les moyens d'instruction. « Tous les droits qu'il s'arroge de plus sont une usurpation de la puissance paternelle, j'ajoute : et un envahissement des libertés morales, fondement de toutes les autres libertés[1]. »

Si le Gouvernement a le monopole de l'éducation, il exerce l'esclavage de l'intelligence. « Connaître c'est penser, et quoi de plus libre que la pensée? quoi de plus indépendant de tout pouvoir humain? En vertu de quel titre un homme dirait-il à un autre homme : tu ne sauras rien, ou tu ne sauras que ce qu'il me plaira que tu saches? Et conçoit-on une oppression plus révoltante que cette inique oppression de l'esprit[2]....... Si j'ai besoin pour user de mes facultés intellectuelles de la permission d'autrui, si l'autorité dispose seule des moyens de les développer, s'il dépend d'elle de me faire vieillir dans une éternelle enfance, que devient la liberté morale? L'enseignement ne peut être esclave que l'esprit ne le soit aussi. » Le monopole de l'enseignement a pour conséquence, non seulement l'esclavage de l'esprit, mais encore l'esclavage des croyances et des mœurs. Qui est maître de l'éducation est maître de tout l'homme, parce que l'homme reçoit tout de l'éducation, religion, morale, sentiments, habitudes. Or, d'où le Gouvernement tirerait-il le droit de s'approprier toutes les vérités nécessaires et tous les principes de l'ordre, en sorte que la

[1] *Conservateur*, p. 587.
[2] Id., p. 588.

société fût complètement à sa discrétion. « Savez-vous ce qu'on vous demande quand on revendique le privilège exclusif de l'éducation? On vous demande que vos enfants ne connaissent, ne croient et n'aiment que ce que voudra le Gouvernement [1]. »

« Enfin, non seulement le monopole blesse la liberté, mais il renverse encore les principes constitutifs de la famille. Le père, roi dans sa famille, est lié par des devoirs imprescriptibles, fondement de son pouvoir et de ses droits..... « Ne doit-il pas veiller à la conservation morale de ses enfants, ne doit-il pas préserver leur cœur, leur intelligence, de la corruption? Vous le punissez s'il prostitue le corps et vous le forcez de prostituer l'âme, que dis-je? vous le contraignez peut-être de la sacrifier pour jamais [2]. »

Ces principes posés, Lamennais répond à une objection qui n'est autre que celle formulée à la tribune de la Chambre des députés par Royer-Collard le 25 février 1817 :

« L'État a le monopole de l'éducation, disait ce grand ministre, à peu près comme il a le monopole de la justice. » Mais, s'écrie Lamennais : « Rendre la justice devient une fonction du pouvoir, fonction nécessaire et sans laquelle on ne le concevrait même pas, car le pouvoir n'est que la justice vivante ; mais enseigner à lire et à écrire n'est pas une fonction du pouvoir et je ne comprends même pas comment ceux qui attribuent au Gouvernement le droit de s'emparer de l'éducation n'ont pas été avertis de leur erreur par l'extrême ridicule de transformer le souverain en un maître d'école [3]. »

Puis l'auteur termine sur cette pensée. « Si l'on veut de la société, il faut la vouloir avec ses conditions nécessaires, donc avec les lois constitutives de la pensée et les privilèges qui en dérivent [4].

[1] *Conservateur*, p. 590.
[2] Id., p. 593.
[3] Id., pp. 594-595.
[4] Id., p. 596.

Les amis du monopole, on le voit, étaient attaqués par les hommes de l'extrême droite, appelés alors les ultras par les catholiques[1] qui formaient déjà un parti à cette époque, et par les libéraux.

Ce n'était point la première fois que l'opposition de gauche s'alliait à l'opposition de droite contre les royalistes modérés. Aux élections partielles de 1817, on avait entendu quelques ultras faire des vœux pour des candidats libéraux, en 1819, des députés d'extrême droite s'unirent à la gauche pour marchander la dotation proposée en faveur du duc de Richelieu quittant pauvre le pouvoir, après avoir obtenu la délivrance anticipée du territoire ; enfin aux élections de 1819 certains meneurs affichèrent hautement leur dessein de coalition. La *Quotidienne* soutenait qu'il valait mieux des élections jacobines que des élections ministérielles[2].

Section IV. — Commencement de pénétration de l'Université par l'Église.

§ 1er. — *L'épiscopat. — Châteaubriand. — Réponse de Rendu.*

Aux protestations des libéraux, des royalistes, l'épiscopat mêlait sa voix. L'Université était attaquée encore de ce côté

---

[1] Sur plus d'un point, Lamennais pouvait faire campagne avec l'extrême droite, mais il avait son système à lui. Tout est subordonné, chez lui et chez ses partisans, à la pensée théocratique et son parti s'intitule nettement : catholique. M. O. Mahony, un disciple ardent de Lamennais, écrivait : « Il y a longtemps que les impies m'appellent un fanatique, les ministériels, un frondeur, les constitutionnels, un ultra, et les courtisans, un factieux. Embarrassé du choix entre tant de titres, j'en ai adopté un autre que peu de gens m'envieront et que personne ne m'arrachera, c'est celui de catholique romain. » Voy. Thureau-Dangin, *L'Extrême Droite et les Royalistes sous la Restauration* (*Correspondant*, 25 mars 1874, p. 1229).

[2] Voy. Thureau-Dangin, *L'Extrême Droite et les Royalistes sous la Restauration* (*Correspondant*, 10 mars 1874, p. 891).

par un prélat qui s'était fait remarquer par sa haine de la Révolution, Monseigneur de Boulogne, évêque de Troyes[1]. Son mandement de février 1819 est un long cri d'alarme contre l'instruction de moins en moins chrétienne et un encouragement à la création « d'écoles que réclament de toute part les gens de bien, au nom de la morale, de la liberté publique et des droits imprescriptibles de la paternité[2]. »

A la Chambre enfin, des pétitions émanées de protestants soulevaient de vifs débats.

« L'instruction, disaient-ils, est dirigée en grande partie par des ecclésiastiques, dont l'influence donne de justes alarmes aux parents protestants ». Et cependant ils se trouvent dans cette cruelle alternative de confier à des étrangers le développement de leurs facultés morales ou de priver leurs enfants de la plus noble prérogative de l'homme civilisé, la participation aux lumières acquises par la société et la perspective de contribuer à en augmenter le trésor[3].

M. Dupont de l'Eure et plusieurs de ses collègues durent intervenir : « Écarter une semblable réclamation, disait ce député, ce serait tolérer un privilège bien funeste, établir la supériorité d'une croyance sur une autre, déshériter une partie de l'éducation nationale et renouveler peut-être quelques-unes des émigrations qui autrefois peuplèrent de Français les collèges et les villes de l'étranger[4]. »

Si on avait accordé la liberté de l'enseignement, toutes les difficultés eussent été aplanies, mais on ne la proposa pas ; on attendait une loi réglementant l'instruction publique.

Tout le monde la désirait. Les amis du ministère comme

---

[1] Monseigneur de Troyes, chargé de prononcer l'oraison funèbre de Louis XVI, avait attaqué la France de la Révolution en termes si violents que le roi dut interdire la publication de son discours dans le *Moniteur*. Debidour, *op. cit.*, p. 334.

[2] *Mandement de 1819 à propos du Carême*, p. 7.

[3] *Archives parlementaires*, 2e série, t. XXIII, p. 8.

[4] Id., p. 6.

le comte de Marcellus, attaquaient l'Université et déploraient que « les écoles où la jeunesse devrait être formée à toutes les vérités et à toutes les vertus, fussent devenues trop souvent des écoles fatales[1] ». Le *Conservateur* continuait du reste toujours la lutte et, à propos de troubles qui avaient éclaté à l'école de droit de Paris, le vicomte de Châteaubriand prit la plume et dans un article court, mais très violent, attaqua avec énergie l'Université.

« Les troubles sont dus, dit-il, au système ministériel. C'est à l'éducation publique qu'il faut s'en prendre, nous recueillons ce que nous avons semé[2]. »

Nous ne nous arrêterons pas davantage sur cet écrit. C'est une diatribe contre l'Université qui « réunit aujourd'hui le double vice du despotisme et de la démocratie[3] », et contre la Commission de l'instruction publique qui cherche à déchristianiser l'instruction ; si le mot est nouveau bien ancienne est l'idée.

Aux feux croisés des mémoires de Fabry, du *Conservateur* et de la *Minerve*, M. Rendu répondit par l'ouvrage intitulé : *Essai sur l'instruction publique et particulièrement sur l'instruction primaire.*

L'auteur étudie la législation de l'Université et les effets de l'instruction depuis 1789. Nous ne dirons rien de plus sur ce long traité qui est une apologie du système de l'instruction publique, si ce n'est que dans son livre cinquième et dernier, l'auteur a essayé de répondre aux articles du *Conservateur*, et que nous relevons une erreur qui doit être citée parce qu'elle est regrettable de la part de l'universitaire si compétent et si respectable qu'est M. Rendu.

Lamennais s'était élevé contre le monopole, et avait déploré que la liberté d'enseigner gratuitement ne fût pas reconnue. Rendu[4] prétend que cette liberté existe. Il s'est

[1] *Archives parlementaires*, t. XXIV, p. 647.
[2] Id., t. IV, p. 81.
[3] Id., t. IV, p. 80.
[4] T. III, p. 318, note 1.

trompé. Les lois sur l'Université ne toléraient pas cette liberté, et même après avoir obtenu l'autorisation nécessaire de fonder l'école publique, on devait payer l'impôt du vingtième sur la pension que l'élève aurait payée si l'enseignement n'avait pas été gratuit. C'était exorbitant, mais il en était ainsi.

L'Université continuait à être violemment critiquée par les évêques dans leurs mandements et elle le fut notamment par Mgr de Boulogne à propos du Carême de 1820[1].

Quelques mois après, était portée l'ordonnance du 5 juillet 1820 concernant les facultés de droit et de médecine, et dont les articles 2 et 3 exigeaient de tout candidat au baccalauréat ès lettres l'assiduité pendant un an à un cours de rhétorique ou de philosophie dans un collège royal ou communal ou dans une institution où cet enseignement était autorisé[2].

Cette disposition très courte abrogeait implicitement l'article 5 de l'ordonnance du 5 octobre 1814 qui permettait aux élèves des écoles secondaires ecclésiastiques de se présenter au baccalauréat après avoir terminé leurs études.

L'Université ressaisissait son monopole.

§2. — *M. de Corbière à la tête de l'Université. — Ordonnance du 27 février 1821.*

A cette époque, Royer-Collard, président de la Commission d'instruction publique, prononça son célèbre discours contre la loi de la réforme électorale, qui amena l'élimination de ce grand philosophe du Conseil d'État. Frappé au cœur par cette mesure qui punissait son indépendance, Royer-Collard se démit de la présidence de la Commission d'instruction publique, et M. de Corbière le remplaça avec le titre de ministre, secrétaire d'État.

[1] Riancey, t. II, p. 294.
[2] De Beauchamp, t. I, p. 440.

L'idée de la liberté de l'enseignement fait du chemin dans les esprits. Nous voyons en effet, en 1820, la société des sciences, arts et belles-lettres de Mâcon proposer pour sujet d'un concours, la question suivante : « L'instruction offre-t-elle assez de garanties lorsqu'elle n'est pas confiée à un ou plusieurs corps qui tiennent de la loi une indépendance suffisante, qui aient un pouvoir spécial sur leurs membres et qui soient dépositaires des doctrines religieuses, morales et politiques[1] » ?

Le nouveau chef de l'Université fut l'inspirateur de l'ordonnance du 27 février 1821[2].

C'est à la faveur de ce texte qu'on vit bientôt l'Université pénétrée par l'Église, un très grand nombre d'ecclésiastiques prendre rang dans ce corps laïque. Les attaques contre l'Université et contre le monopole avaient amené non pas la destruction de la grande institution, mais sa réformation dans un sens absolument religieux.

Trois dispositions intéressent seules notre sujet :

1º L'évêque, pour ce qui concerne la religion, avait le droit de surveillance sur tous les collèges de son diocèse. Il pouvait les visiter et provoquer auprès du Conseil royal les mesures nécessaires (art. 114) ;

2º Les maisons particulières qui avaient mérité la confiance des familles pouvaient être élevées au rang de collège « de plein exercice » (art. 21, 22, 23) ;

3º Les curés ou desservants pouvaient se charger de former deux ou trois jeunes gens pour les petits séminaires ; ils ne payaient point le droit annuel et leurs élèves étaient exempts de la rétribution universitaire.

Cette dernière disposition abrogeait celles qui avaient été prises par l'arrêt du Conseil de l'Université en date du 24 août 1813 et portait une légère, mais une première

---

[1] *Ami de la Religion*, t. XLVII, p. 127. Parut encore à cette époque *Réflexions sur l'Université de France*, veuve Agasse, août 1820.

[2] De Beauchamp, t. I, p. 467.

atteinte au monopole universitaire. Par ces mesures, « on resserrait les liens qui doivent unir au clergé dépositaire des doctrines divines le corps chargé de l'enseignement des sciences humaines [1] ».

Je n'ai pas à rappeler ici avec insistance la lutte entre l'enseignement mutuel et l'enseignement des frères des Écoles chrétiennes. Ceci fait partie de l'histoire de l'Instruction publique et non de la liberté de l'enseignement. Je dois seulement noter en passant la discussion qui eut lieu à son sujet à la Chambre les 12 [2] et 18 juin 1821 [3].

Dans cette dernière séance le débat dégénéra bientôt et M. de Sébastiani, blâmant le pouvoir accordé aux évêques par l'ordonnance de 1821, était amené à faire la déclaration suivante : « L'instruction et l'éducation publiques appartiennent à l'Université, je suis loin d'adopter ce principe et je crois que la liberté de l'enseignement public conviendrait davantage à nos institutions », et M. de la Riveillière demandait « s'il ne serait pas possible de rendre l'instruction un peu plus libre et d'affranchir les pères de famille qui veulent faire élever leurs enfants par des maîtres particuliers ».

§ 3. — *Monseigneur Frayssinous, Grand-Maître de l'Université. — Ordonnance du 8 avril 1824. — Procès du « Drapeau blanc ».*

L'ordonnance de février 1821 avait accordé aux évêques le droit de surveillance dans les collèges royaux. Un grand nombre d'ecclésiastiques avaient été introduits dans les principales fonctions de l'Université. Le 19 mai 1821 la Chambre reçut une nouvelle pétition [4] qui demandait la création de

---

[1] De Beauchamp, *Rapport de M. de Corbière*, t. I, p. 467.
[2] *Archives parlementaires*, t. XXXII, p. 131.
[3] Id., p. 222.
[4] Une première pétition avait été déjà adressée à la Chambre. Voy. *supra*, p. 15.

trois collèges spéciaux pour les enfants des familles protestantes. Le débat auquel cette question avait donné lieu en 1819 se renouvela en 1821. En vain Benjamin Constant invoquant la liberté des cultes proposa le renvoi de la pétition au Ministre de l'Intérieur, la Chambre ultra, vota l'ordre du jour pur et simple [1].

Le 1ᵉʳ juin 1822, Monseigneur Frayssinous, évêque d'Hermopolis, était nommé Grand-Maître de l'Université, président du Conseil royal de l'instruction publique.

L'Université était tellement discréditée dans l'opinion publique », qu'il fallait « sauver l'institution en l'abritant à l'ombre d'un grand nom [2] ». L'épiscopat, toujours par l'organe de Monseigneur de Boulogne [3], se plaignait vivement de l'organisation des écoles. Il regrettait les anciennes congrégations, promettait à ses ouailles qu'il serait exact à surveiller les collèges, et les suppliait de veiller à l'éducation

---

[1] Paraît à cette époque : *Coup d'œil sur l'Université moderne,* Dallier (Fleurizelle-Dentu), janvier 1821 ; *Notions rapides sur l'Université de France, sur l'enseignement public, l'instruction primaire, la haute instruction et les corporations religieuses enseignantes, particulièrement de celle des Jésuites,* par l'abbé Aude, vicaire général de Mende. Paris, Leclère, septembre 1821.

[2] *Vie de Mgr Frayssinous,* par le baron Henrion, t. II, p. 357. — Voir sur l'Université sous la Restauration, Thureau-Dangin, *Les Libéraux et la Liberté (Correspondant,* 25 mars 1876, p. 958). Le très remarquable auteur de l'*Histoire de la Monarchie de Juillet* émet, dans l'article précité, un avis que je me permets de ne point partager. Après avoir peint, comme il sait le faire, la situation de l'Université sous la Restauration, il ajoutait : « Le mal était celui de la Société elle-même, qui n'avait pas impunément traversé le xviiiᵉ siècle et la Révolution. Un seul remède eût été partiellement efficace : la liberté d'enseignement. Mais presque personne n'y songeait alors. » Je crois avoir montré le contraire. Un courant d'opinion très réel et très certain existait en faveur de la liberté de l'enseignement. Je me suis permis de relever cette inexactitude de détail.

[3] *Instruction pastorale,* de Monseigneur de Boulogne et de Troyes, archevêque élu de Vienne, sur l'éducation du chrétien, à l'occasion du Carême de 1822.

religieuse de leurs enfants. Cette lettre pastorale témoignait clairement du sentiment hostile du prélat contre l'Université.

L'ordonnance du 8 avril 1824 sur les écoles primaires vint consacrer une fois de plus le monopole universitaire. L'article 6 portait « qu'aucun des chefs d'institution et maîtres de pension ne pourraient continuer leurs fonctions s'ils n'avaient avant le 1er septembre 1825 obtenu un nouveau diplôme. » Mais si la liberté d'enseignement n'était pas proclamée, la guerre que l'on avait faite à l'Université avait du moins amené sa pénétration par l'Église[1] et cette ordonnance, outre qu'elle confirmait les privilèges accordés aux frères des Écoles chrétiennes étendait encore le droit de surveillance du clergé sur les écoles, en mettant les aspirants aux emplois d'instituteur dans l'obligation de solliciter l'autorisation de leur évêque diocésain (art. 11).

Je n'ai point à analyser ici les circulaires que le nouveau Grand-Maître envoya soit le 17 juin, aux principaux fonctionnaires du Corps enseignant, soit le 30 juillet aux archevêques et évêques. On se rend très bien compte à leur lecture de la pénétration lente mais certaine des idées religieuses dans l'Université.

Il y eut, à ce moment, une sorte de suspension d'armes entre les deux partis, non que l'un ou l'autre fût disposé à faire des concessions, mais parce que l'attention de tous était alors absorbée par les affaires d'Espagne; mais bientôt la lutte redevint plus vive encore lorsque, en avril 1823, Lamennais annonça dans le *Drapeau Blanc* qu'il traiterait de l'importante question de l'éducation publique[2].

A partir de ce jour, comme en 1814, la presse fut divisée en deux camps : l'un pour, l'autre contre l'Université. On

---

[1] Voir sur la pénétration de l'Université par l'Église, séance de la Chambre des Députés du 11 juin 1829, discours de M. Vatimenil, ministre de l'Instruction publique, *Archives parlementaires*, t. LX, p. 219

[2] *Drapeau Blanc*, numéro du 22 avril 1823.

discutait sans doute sur la liberté d'enseignement, mais ce que le parti hostile à l'Université avait surtout en vue, c'était la suppression de cette institution.

Nous ne suivrons pas de près les diverses phases de la lutte. Lamennais, dans le *Drapeau Blanc*, accusait l'Université d'irréligion, d'impiété, d'immoralité. Le *Constitutionnel*, la *Quotidienne*, le *Journal des Débats*, soutenaient que ces accusations étaient entièrement fausses. Il n'y a, au point de vue de la liberté, que très peu d'intérêt à étudier les articles publiés par les différents partis. Nous nous contentons d'en signaler l'existence [1].

Le 22 août, un grand coup est frappé. Lamennais venait d'écrire au Grand-Maître une lettre ouverte révélant de nombreux scandales dans les établissements de l'Université. Le retentissement de cet écrit fut immense, l'émotion fut à son comble. L'éditeur du journal fut poursuivi et condamné. Je n'insisterai pas davantage sur cette lettre, qui attaque l'Université en révélant des faits graves touchant à l'impiété des maîtres et des élèves des établissements publics, choses graves sans doute, mais qui n'intéressent qu'indirectement l'histoire de la liberté de l'enseignement [2].

Comme il arrive toujours après une forte émotion, l'opinion publique un moment soulevée à l'occasion de l'Université reprit le cours naturel de ses préoccupations extérieures.

Ce fut donc presque sans grande attention que l'on souligna en août 1824 un acte de M. de Villèle qui eut, sur l'histoire de l'Université, une influence considérable. Le parti ultra-catholique dont le chef, M. de Villèle, était au pouvoir, avait mis au nombre de ses desiderata l'abolition de l'Université, comme l'abolition du mariage civil et le retour de la tenue des registres de l'état civil à l'Église. Le programme de 1823

---

[1] Voy. *Drapeau Blanc*, 17, 19, 22 juin 1823.

[2] Voir cette lettre. *Œuvres complètes de Lamennais*, t. VIII, p. 355, et Riancey, t. II, p. 315. Le procès du *Drapeau Blanc* se trouve à la *Gazette des Tribunaux*, 1823. Voir aussi le *Journal des Débats* du 3 septembre 1823.

était le même que celui de 1814. Il est certain que le ministère était hostile à l'Université et que si depuis décembre 1821 on n'avait point fait sombrer la grande institution impériale on en avait préparé la chute en essayant de faire passer son monopole sur la tête de l'Église.

Il se passa en août 1823 un événement bien heureux pour l'Université. M. de Villèle fit le Grand-Maître de l'Université Mgr Frayssinous, ministre des affaires ecclésiastiques et ministre de l'Instruction publique.

« L'instruction publique fut ainsi officiellement classée parmi les grandes affaires publiques.

« Elle entra à la suite de l'Église dans les cadres et dans les conditions du régime constitutionnel[1]. »

En pénétrant de plus en plus l'Université, l'Église la sauvait.

[1] Guizot, *Mémoires*, t. III, p. 21.

CHAPITRE IV.

Charles X. — Les Jésuites.

Louis XVIII meurt, Charles X lui succède. Le parti ultra est tout puissant : l'indemnité d'un milliard aux émigrés, la loi du sacrilège, suffisent à rappeler quel était le caractère du nouveau règne.

Mais des rumeurs sourdes commencent à devenir de jour en jour plus distinctes. Le *Constitutionnel* et le *Courrier* attaquent le « parti prêtre » et plus spécialement la célèbre congrégation des Jésuites que nous n'avons plus vue en France depuis 1762. Ces deux journaux sont poursuivis, mais la Cour de Paris les acquitte et constate dans les jugements l'existence de cette congrégation « menaçant tout à la fois l'indépendance de la monarchie, la souveraineté du roi et les libertés publiques[1] ».

A partir de ce jour ce qu'on avait dit tout bas on le cria. Les journaux luttent pour ou contre les Jésuites. Paraît le mémoire de Montlosier ! Lamennais riposte dans la deuxième partie de son ouvrage *De la Religion considérée dans ses rapports avec l'ordre politique et civil*, qui vaut à son auteur une poursuite devant le tribunal correctionnel et une condamnation à trente francs d'amende « assaisonnés d'excuses et de force compliments[2] ».

---

[1] Arrêt du 3 décembre 1825. Voir, sur le procès, le compte rendu qui fut publié en 1825, chez Baudouin.
[2] De Broglie, *Souvenirs*, t. III, p. 35.

Section I. — Invasion de l'instruction par les Jésuites et le Clergé.

Les Jésuites avaient donc reparu en France, ils avaient fondé, sous le nom d'écoles secondaires ecclésiastiques, plusieurs collèges. Les pères de famille, séduits par le talent d'enseigner de ces Pères, avaient en foule envoyé leurs enfants suivre leurs leçons. Si on ajoute que par eux les libertés de l'Église gallicane seraient sans doute combattues, on comprendra sans peine la part que l'opinion publique prit à la protestation formulée par Montlosier, protestation à laquelle adhéra tacitement la Cour d'appel de Paris en acquittant le *Courrier* et le *Constitutionnel*. La presse était divisée en deux camps bien tranchés.

§ 1er. — *Déclaration de Mgr Frayssinous à la Chambre des Députés.*

Et cependant on n'attendait pas du ministère une réponse quelconque. Les Jésuites étaient revenus sans aucun doute, tout le monde le savait. Ils avaient créé des collèges, c'était certain. On pensait que le ministre des affaires ecclésiastiques opposerait à toutes les attaques une force d'inertie. On se trompait.

Le 26 mai 1826, sans aucune provocation de la part de ses collègues, Monseigneur d'Hermopolis montait à la tribune pour discuter l'accusation portée sur le clergé « d'avoir un esprit d'ultramontanisme [1] », et après avoir établi qu'au contraire la très grande partie du clergé était dévouée aux libertés gallicanes, le prélat poursuivait : « Je crois entendre une voix s'élever du milieu de cette enceinte pour me dire : Vous êtes partisan des maximes et des libertés de

[1] *Archives parlementaires*, t. XLVIII, p. 269.

l'Église gallicane.... . vous nous donnez l'espoir de voir ces maximes triompher..... Mais n'est-il pas un obstacle insurmontable à la propagation de ces saines doctrines ? N'avons-nous pas au milieu de nous une sorte de société qui veut s'emparer de l'instruction publique et présider à tous les établissements d'éducation en France, afin de diriger exclusivement et à elle seule toute la jeunesse, et de lui inculquer des maximes contraires à nos libertés? N'avons-nous pas enfin, au milieu de nous, ce que nous appelons les Jésuites? Je me bornerai à quelques réflexions sur la part qu'ils peuvent avoir aujourd'hui dans l'éducation de la jeunesse. Il n'est pas un seul collège royal, pas un seul collège communal, pas une seule pension particulière qui ne soient dans les mains de ces hommes si redoutables connus sous le nom de Jésuites. Tous ces établissements sont exclusivement sous la main de l'Université. Mais combien y a-t-il de grands séminaires qui soient sous la main des Jésuites..... combien sur quatre-vingt ?..... Pas un seul ; mais sur cent petits séminaires, Messieurs, il y en a sept. Et comment y sont-ils arrivés !..... Ils ont été appelés par les Évêques, voilà donc à quoi se réduit cette grande influence qu'on attribue aux Jésuites sur l'éducation[1]. »

Ce fut avec stupeur qu'on entendit cet aveu. Aussi, pendant quelques instants, l'opposition resta muette d'étonnement. Mais le premier moment d'émotion passé, Casimir Perier prit la parole et s'écria :

« La voilà donc reconnue officiellement cette congrégation mystérieuse, dont l'existence a été si formellement niée à cette tribune et par les feuilles ministérielles. Prenons acte, Messieurs, de cette déclaration faite par l'autorité compétente. Le fait matériel existe donc[2]. »

J'ai dit combien l'étonnement avait été considérable ; le duc de Broglie nous offre le moyen de nous en rendre

---

[1] *Archives parlementaires*, t. XLVIII, p. 271.
[2] Id., p. 277.

compte : « Ne voilà-t-il pas qu'au beau milieu de la discussion du budget, Monseigneur d'Hermopolis s'avise de déclarer que, effectivement, il y avait à sa connaissance maint exemple de ce crime épouvantable (l'existence des Jésuites en France), et qu'en particulier sept petits séminaires étaient ouvertement placés sous la direction de ces suppôts de Satan. Qui fut penaud ? Ce furent Messieurs ses collègues qu'il n'avait pas prévenus. Qui fit tapage ? Ce furent les brailleurs de l'opposition ; il ne leur en fallait pas tant. Qui rit sous cape et se frotta les mains ? Ce furent ceux qui, comme moi, n'ayant aucun plaisir à manger des Jésuites, ni aucune peur d'en être mangé, voyaient notre ministère s'enferrer et s'embarbouiller de plus en plus [1]. »

§ 2. — *Débats à la Chambre des Pairs sur la pétition de Montlosier contre les Jésuites.*

Montlosier, après avoir envoyé une dénonciation contre les Jésuites à la Cour royale, qui se déclara incompétente, mais établit par des considérants très énergiques combien l'existence des Jésuites était illégale (16 août 1826), Montlosier adressa une pétition à la Chambre des Pairs contre la célèbre congrégation.

Le 18 janvier 1827, Portalis présentait son rapport et concluait au renvoi de la pétition à M. le président du Conseil, afin qu'il pourvût à l'exécution des lois en ce qui concernait l'existence de l'ordre monastique non autorisé. Le cardinal de la Fare défendit la congrégation dont le succès dans l'éducation donne dit-il « cette confiance méritée, qui fait que beaucoup de pères de famille et plusieurs même de ceux qui figurent parmi leurs détracteurs, leur amènent et leur confient leurs enfants [2] ».

M. le duc de Fitz-James se demanda pourquoi on s'effraye

---

[1] Duc de Broglie, *Souvenirs*, t. III, p. 37.
[2] *Archives parlementaires*, pp. 182-249.

de voir leurs collèges se multiplier. « Qu'est-ce que cela prouve, si ce n'est la confiance des pères de famille? Si l'opinion générale les repoussait, leurs collèges seraient vides. De quel droit, dans un temps de liberté, irait-on faire violence à un père contre la manière dont il place sa confiance..... Il me semble qu'à l'époque où l'on se montre si ombrageux sur la liberté, ce serait lui faire une étrange violence[1]. » Et continuant sur ce thème, M. de Fitz-James réclame la liberté pour les pères de famille. Il oublie qu'il y a des lois ou plutôt des textes qui donnent le monopole de l'éducation à l'Université.

Le vicomte Lainé prit enfin la parole pour soutenir les conclusions de la Commission, et il montra les empiètements de la congrégation. « A la place de cette École normale, où se formaient les hommes qui se sont placés au premier rang des savants, des littérateurs, de vrais philosophes, de cette École si bien faite pour mettre au jour les hommes supérieurs sans lesquels l'Université ne peut longtemps conserver son ascendant moral et par conséquent son autorité, à la place de cette École regrettée, les Jésuites en ont établi une au sein de la Capitale (Montrouge), presque sur le même plan. Ils essaient d'y former de jeunes hommes à l'enseignement de la haute littérature et des hautes sciences. On dirait qu'ils cherchent les moyens de supplanter l'Université même. L'Université pourra-t-elle tenir longtemps contre une corporation habile, dont les sujets vivent de peu? Peut-elle espérer lutter lorsqu'elle les laisse grandir sans opposition, lorsqu'elle lui confie des établissements publics[2]? »

Mgr de Bonald s'appuya aussi sur les droits des pères de famille. Le baron de Barante, alors, rappela à la Chambre ce que plusieurs de ses membres semblaient avoir oublié, à savoir « le monopole de l'Université », et qu'il n'y avait rien

---

[1] *Archives parlementaires*, p. 185.
[2] Id., pp. 193-194.

de plus faux que de faire l'établissement de la Société de Jésus la conséquence d'une liberté qui n'existait pas encore.

En vain Mgr Frayssinous réclama-t-il le vote de l'ordre du jour. La Chambre adopta les conclusions du rapporteur.

C'était pour le ministère un échec retentissant. La presse libérale ne cacha pas sa joie. Aux Tuileries on était consterné.

§ 3. — *Chute du ministère Villèle. — Nomination d'une commission d'enquête.*

Le ministère, bien entendu, ne tint aucun compte des avertissements qui lui avaient été donnés et par la Cour de Paris et par la Chambre des pairs. Son impopularité augmenta d'autant, et, après les élections, il fut obligé de démissionner. Le successeur de M. de Villèle fut M. de Martignac.

M. de Vatisménil fut chargé du portefeuille de l'instruction publique séparé de celui des cultes attribué à Mgr Frayssinous, bientôt remplacé par Mgr Feutrier, évêque de Beauvais (3 mars 1828).

Un des premiers actes du nouveau Gouvernement fut de faire nommer une commission [1], chargée « de constater l'état des écoles ecclésiastiques secondaires, de le comparer aux différentes dispositions de la législation en vigueur, de rechercher les moyens d'assurer, relativement à ces écoles, l'exécution des lois du royaume [2] » : « d'indiquer des mesures complètes, efficaces et se coordonnant avec notre législation politique et les maximes du droit public français » ; guidée en cela par « les droits sacrés de la religion, ceux du

---

[1] Cette commission était composée de : Mgr de Quélen, MM. Lainé, Séguier, Mounier, pairs de France ; Alexis de Noailles, Mgr Feutrier, MM. La Bourdonnaye et Dupin, députés ; M. de Courville, membre du Conseil de l'Université. Mgr Quélen fut nommé président, le baron Mounier, secrétaire.

[2] Lettre du Garde des sceaux à la Commission, 22 janvier.

trône, l'autorité paternelle et domestique, la liberté religieuse garantie par la Charte [1] ».

L'opinion fut très satisfaite de la tâche assignée à la commission. Elle réclamait avec vivacité en effet contre le régime des petits séminaires, grâce auquel les Jésuites étaient parvenus à conquérir dans l'enseignement secondaire le monopole d'une liberté, refusée alors à tous les Français.

Aussi le *Constitutionnel* parla-t-il de cette mesure comme d'un premier pas fait vers une amélioration ardemment désirée. *Le Courrier français* ne trouvait point la mesure suffisante et voulait de suite une décision, chassant des séminaires les élèves n'ayant point une vocation certaine.

L'école de Lamennais voyait dans cet acte « une déclaration de guerre à l'Église et le commencement de la persécution [2] ».

L'*Ami de la Religion*, au début tout au moins, restait neutre. Ses articles [3], à ce sujet, sont en faveur des écoles ecclésiastiques; ils sont muets sur ce qu'il espère de la Commission.

La *Gazette de France* trouvait que la mesure blessait les droits de l'épiscopat, et la *Quotidienne* s'écriait : « Mettre en doute les droits d'enseignement de l'épiscopat, c'est une imprévoyance fatale [4] ».

Section II. — Le rapport de la commission d'enquête.

Le 28 mai, la Commission des petits séminaires avait présenté son rapport au Roi et y faisait des constatations fort intéressantes.

---

[1] Rapport au Roi pour la formation de la Commission.
[2] Lettre à la comtesse de Senft, 28 janvier 1828.
[3] 26 janvier et 6 février 1828, t. LIV, pp. 352-385.
[4] Numéro du 30 janvier 1828.

1° A côté de cent vingt petits séminaires existant en vertu de titres légaux, la Commission remarque ceci : « cinquante-trois établissements se qualifient du titre d'écoles ecclésiastiques, d'écoles cléricales, de petits séminaires. Ils ne possèdent aucun titre valable, ils sont cependant soustraits à la juridiction de l'Université. Leur existence est contraire à la législation actuellement en vigueur. Cette législation détermine qu'aucun établissement, école ou pensionnat ne doit exister qu'avec l'autorisation de l'Université, et en se conformant à ses règlements. Elle n'en excepte que les écoles ecclésiastiques secondaires en vertu de l'ordonnance du 5 octobre 1814.

« En conséquence, la Commission a pensé qu'il devenait urgent de faire rentrer ces établissements dans l'ordre légal [1].

2° « D'après l'ordonnance du 27 février 1821, article 28, les curés étaient autorisés à former deux ou trois jeunes gens pour les petits séminaires et le recteur était tenu de veiller à ce que le nombre fixé ne fût point dépassé. La rigueur de cette disposition a donné lieu à de nombreuses infractions. »

3° « Dans les grandes villes, et notamment à Paris, se sont formées auprès de plusieurs églises quelques écoles cléricales qui sont surveillées immédiatement par les curés, et qui ont pour but d'élever gratuitement des enfants qu'on destine aux petits séminaires et qui, en attendant, servent aux cérémonies et à la pompe du culte divin. »

La Commission formule sur ces deux constatations l'avis qu'il faut autoriser ces écoles ecclésiastiques primaires en prenant certaines précautions et en les soumettant à l'autorisation et à la surveillance.

4° Pour divers motifs, de nombreuses écoles secondaires ecclésiastiques autorisées s'étaient dédoublées sans demander l'autorisation, de sorte qu'un même département pou-

---

[1] Duvergier, *Rapport au Roi*, 1828, p. 133.

vait avoir en réalité plusieurs petits séminaires avec une seule autorisation, alors que l'ordonnance du 5 octobre 1814 soumettait chaque établissement à une autorisation.

5° Les études des petits séminaires doivent être uniquement faites en vue de préparer leurs élèves aux grands séminaires. « Des plaintes se sont élevées sur ce que dans plusieurs écoles ecclésiastiques ce but essentiel et cette spécialité d'éducation avaient été perdus de vue au détriment des collèges et des institutions de l'Université » ; d'autre part, certaines conditions imposées aux écoles ecclésiastiques de nature à leur conserver leur caractère n'ont pas été observées. La Commission estime qu'il faut imposer « à ces écoles qui ne devraient être qu'émules des autres établissements sans jamais en être rivales », les mesures prévues par les textes existants, et propose, en outre, afin d'éviter la fréquentation des petits séminaires par des élèves qui n'ont aucune vocation, de créer pour les futurs prêtres un baccalauréat spécial qui ne pourra servir que pour parvenir au grade de théologie. Les élèves qui auront abandonné l'état ecclésiastique après leurs cours d'études seront tenus, pour obtenir le diplôme de bachelier ès-lettres, de se soumettre de nouveau aux études et aux examens selon les règlements de l'Université.

6° La Commission constate que, dans huit départements, les écoles secondaires ecclésiastiques étaient dirigées par des Jésuites appelés par les évêques.

La majorité de la Commission (5 contre 4) pensa que la direction des écoles secondaires donnée aux Jésuites n'était pas contraire aux lois du royaume.

On voit par cette rapide analyse du rapport de la Commission quelle était la nouvelle tactique des partisans de la liberté de l'enseignement.

Au début de la Restauration une campagne de presse, de pamphlets avait demandé la liberté, et comme on ne l'avait pas donnée, elle avait été prise. Le clergé s'en était emparé et, sans l'affaire des Jésuites, personne n'aurait songé à dénoncer l'existence de ces cinquante-trois établissements, existant au mépris du monopole universitaire, de ces écoles cléricales fondées autour des églises, de l'invasion des petits séminaires par des élèves qui n'avaient point la vocation ecclésiastique.

On ne demande plus seulement en théorie par les journaux la liberté de l'enseignement[1], on la demande encore dans les faits.

C'est là un caractère essentiel de cette fin de la Restauration sur lequel on ne saurait trop insister.

SECTION III. — LA PRESSE DE 1824 A 1828.

Abandonnons pour un instant la suite des événements, jetons un regard en arrière, et mentionnons deux feuilles qui s'imposent à l'attention de l'historien de l'enseignement. Je veux parler du *Catholique* et du *Globe*.

§ 1er. — *Le Catholique.*

En 1826 un journal s'était fondé, sous la direction de M. d'Eckstein, sous le nom de *Le Catholique*. On voit d'après le titre de cette feuille quels étaient les intérêts qu'elle défendait. Mais si le *Mémorial religieux* de 1816, si l'*Ami de la Religion* depuis sa création attaquaient l'Université et demandaient la liberté de l'enseignement, tout autre était la ligne de conduite du *Catholique*.

Il est intéressant de la connaître, car elle est absolument nouvelle dans la presse et peut-être même dans les esprits de l'époque.

« Je suis également ennemi, dit son rédacteur, de deux systèmes qui sont également faux et qui, bien qu'en opposition apparente, se rencontrent et se confondent souvent. Je veux parler du système qui considère l'éducation et l'instruction combinées comme marchandise privée et l'abandonne aux mains des mercenaires, et de cet autre système qui n'envisage dans l'éducation et l'instruction qu'un monopole pour le pouvoir, afin de leur façonner des instruments d'obéissance passive, véritables machines à ressorts administratifs[1]. » Pour *le Catholique*, il est inadmissible que l'instruction « se réduise à des pensionnats, boutiques d'éducation, assez semblables à celles que de mauvais rhéteurs ouvraient, moyennant de grasses rétributions, vers les derniers temps de l'Empire romain[2] ».

Il s'élève donc contre la liberté de l'enseignement. Mais il ne veut pas, d'autre part, de ce que l'on nomme l'Université en France. « Ce n'est qu'une forme d'administration destinée à centraliser l'instruction, des collèges et des hautes écoles, entre les mains du Gouvernement[3]. Nous avons une Université, dit-il ailleurs, qui n'enseigne rien, qui ne dirige rien, son unique affaire est la surveillance censoriale des écoles[4]. »

Que voudrait alors cet organe en fait d'instruction publique? Nous le savons mal, parce qu'il le sait mal lui-même et, qu'en tous cas, il l'a fort mal exprimé. Mais de l'ensemble de ses articles, il se dégage un grand désir de voir refleurir les Congrégations enseignantes, et le monopole en faveur de l'Église. « Nous pensons, dit-il, que l'éducation première pourrait, avec avantage et jusqu'à un certain âge, être confiée au clergé. Quant à l'instruction populaire, elle tombe de plein droit dans le domaine ecclésiastique. Mieux valent les Ignorantins que ces gens payant patente et faisant, de leur alphabet, métier et marchandise[5]. »

Si la liberté n'était point soutenue par cet organe, l'Université, au contraire, était vivement attaquée : « Ce n'était

---

[1] *Catholique*, avril 1826, t. II, 182.
[2] Id., août 1826.
[3] Id., décembre 1827, t. VIII, p. 550.
[4] Id., août 1826.
[5] Id., de 1827, t. VIII, p. 560.

que routine d'ancien régime, que réminiscences mal digérées d'un passé mauvais par lui-même[1] ».

Lamennais et ses disciples continuaient la guerre contre l'Université. L'auteur de l'*Essai sur l'indifférence* ne se contentait pas de collaborer aux feuilles dont dont nous avons parlé, le *Mémorial religieux*, le *Conservateur*, le *Drapeau blanc*, organe du parti royaliste; il avait fondé, en 1814, un journal à lui, le *Mémorial catholique*, qui publiait les écrits de jeunes gens dévoués à ses idées, Gerbet, Rhorbacher, De Salinis.

Cette feuille attaquait l'Université avec la violence que nous connaissons à son rédacteur et se faisait remarquer dans cette lutte de tous les jours contre l'Université.

§ 2. — Le Globe.

En 1824, un membre de l'Université, Dubois et Pierre Roux, avaient fondé une nouvelle feuille : le *Globe*, qui, après avoir été assez timide en politique, n'avait pas tardé, avec la chute de M. de Villèle, à montrer « une hardiesse, une fermeté de ton, qu'aucun organe de l'opposition d'alors n'a surpassées[2] ». « Adversaire déclaré de tout ce qui pouvait ramener la France en arrière, ne voulant rien conserver des régimes abolis par les Droits de l'homme et par la Charte constitutionnelle, le *Globe* avait été souvent impopulaire; souvent, il avait effrayé même ses amis en proclamant les droits d'ennemis qui ne respectaient pas le droit des autres, mais il voyait clairement que la cause de l'avenir ne pouvait être désormais que la cause de la liberté. Elle était tôt ou tard le seul remède efficace au mal, et c'était elle qu'il fallait fonder à jamais[3]. »

Aussi, à l'occasion de l'ordonnance du 21 avril 1828, qui

---

[1] *Catholique* de 1828, t. XII, p. 137.
[2] Hatin, t. XIII, p. 505.
[3] *Revue des Deux-Mondes*, mars 1881, p. 161.

venait de régler certaines dispositions relatives à l'enseignement primaire et qui consacrait une fois de plus le monopole de l'Université, *le Globe* prend immédiatement parti pour la liberté de l'enseignement et, le 17 mai et le 7 juin, sous la signature de Duchâtel, il faisait paraître deux articles qui avaient le plus grand retentissement.

« Nous voudrions qu'avant tout l'enseignement fût libre, qu'on le délivrât de sa longue tutelle, qu'au lieu de changer de maîtres, il sortit enfin de l'esclavage ; que faculté, en un mot, fût laissée à chacun, laïque ou prêtre, catholique, calviniste ou philosophe, d'établir à son gré des écoles, sans certificat ni brevet, sans permission que de soi-même, à la seule condition de répondre de ses leçons devant les tribunaux, comme un auteur répond de son livre et un journaliste de ses articles..... »

« La suppression du monopole, du privilège et de toute précaution préventive, l'application à l'enseignement du système de simple répression déjà adopté pour la religion, la presse et presque tous les développements de la pensée, la création enfin d'une liberté nouvelle, voilà le vœu modeste que nous soumettons aux Chambres et au public. Pourquoi donc, tandis que partout ailleurs la liberté règne, l'enseignement seul est-il esclave ? Que l'on examine le fond des choses, bientôt on apercevra que l'enseignement n'est qu'un moyen de publier sa pensée.... En enseignant, l'instituteur publie comme d'autres enseignent en publiant. Supprimez la liberté d'enseignement, et placez l'instruction tout entière entre les mains du Gouvernement ; puis, voyez quels vont être les résultats de cette belle organisation. Du côté des maîtres, plus de concurrence, plus d'émulation, ni de désir de perfectionnement ; leur sort ne dépend que de l'approbation de leurs supérieurs.... Donnez au Gouvernement le monopole de l'enseignement, vous attribuerez à une partie de la Société le droit de faire triompher ses opinions par la force et d'opprimer les opinions contraires ; vous livrerez l'instruction à toutes les chances des vicissitudes politiques ; sa fortune qui ne devrait dépendre que des progrès de la Société, changera avec les majorités et les ministères. Toute bonne loi sur l'enseignement primaire devrait, à notre avis, commencer par ce premier article : « L'enseignement est libre ». Affranchir l'enseignement est le seul moyen de lui rendre la vie, de le relever de l'abaissement où l'a jeté la servitude [1]. »

Le 7 juin, dans un nouvel article, M. Duchâtel examine la question de savoir qui est le mieux placé pour surveiller les maîtres, des parents ou de l'État.

Il conclut sans aucune hésitation, en faveur des pères de familles : « L'action la plus puissante, le rouage principal sur lequel porte tout le mécanisme de l'instruction libre, c'est pour la moralité comme pour les autres qualités de l'enseignement, la surveillance des familles.... Les garanties illusoires (données par le Gouvernement) empêchent de recourir aux garanties véritables. »

Enfin, la liberté seule concilie les intérêts de la religion avec ceux de l'enseignement. En effet, « comment déterminer la part du clergé ? lui accorder un droit de suprématie sur les écoles, et alors l'instruction primaire sera en souffrance...... enlèverez-vous au clergé toute juridiction ? mais, à son tour, ne pourra-t-il pas vous accuser de partialité.... Telle est, avec le monopole, l'alternative à laquelle le Gouvernement ne peut échapper ; il faut, ou qu'il sacrifie l'instruction à la religion, ou que la religion soit sacrifiée ; il faut que l'autorité publique prenne parti contre le culte ou en sa faveur. Or, il est contraire à tous les principes de notre ordre social qu'en matière religieuse le Gouvernement soit d'un parti ; liberté égale pour tous, faveur pour personne, voilà quelle doit être sa devise [2]. »

---

[1] 28 mai 1828, p. 410.
[2] 7 juin 1828, p. 460.

Section IV. — Les Ordonnances du 16 juin 1828.

Ce court exposé m'a paru nécessaire avant de faire connaître le sort du rapport de la Commission de 1827 (de Quelen-Mounier).

Le Roi prit connaissance du rapport dont les conclusions en ce qui concernait les Jésuites avaient soulevé une émotion considérable.

Le ministère, « nouveau venu, timoré, méticuleux et peu solide sur ses jambes, n'était pas de force à braver un pareil orage, supposé encore qu'il en eût envie, ce qui est douteux, et le roi, qui ne se sentait pas encore en mesure de le remplacer, préféra faire mine de courber la tête en vaincu [1] ». Le 17 juin, le *Moniteur* publia deux ordonnances : ce sont les ordonnances du 16 juin 1828 [2].

§ 1er. — *Analyse des Ordonnances.*

La première renfermait deux dispositions :

a Les huit écoles secondaires ecclésiastiques dirigées par les Jésuites étaient soumises au régime de l'Université ;

b Toutes les personnes chargées soit de la direction, soit de l'enseignement dans les établissements de l'Université, ou dans les écoles secondaires ecclésiastiques, devaient affirmer par écrit qu'elles n'appartiennent à aucune congrégations religieuses non légalement établies en France.

La deuxième ordonnance avait pour but de réprimer les abus des petits séminaires signalés dans le rapport de la commission. Elle porte six dispositions principales :

a Le nombre des élèves placés dans les écoles secondaires ecclésiastiques ne pourra excéder vingt mille ;

---

[1] Duc de Broglie, *Souvenirs*, t. III, p. 158.
[2] Duvergier, 1828, p. 164.

b Le nombre des écoles, et le lieu de leur établissement seront déterminés par le Roi ;

c Aucun externe ne pourra être admis dans les petits séminaires ;

d Après l'âge de 14 ans, tous les élèves porteront l'habit ecclésiastique ;

e Le diplôme spécial proposé par la commission était créé ;

f Il était créé un certain nombre de bourses pour favoriser les vocations.

§ 2. — *Progrès dans les esprits du principe de la liberté de l'enseignement.*

Le ministère venait de faire un pas décisif. La tentative que la liberté de l'enseignement venait d'essayer n'avait pas réussi. La raison de cet insuccès fut d'avoir été soutenue par le parti ultra-religieux et ultra-royaliste que le ministère Martignac avait abandonné pour se tourner du côté des libéraux. Mais, pour être exact, il faut dire que ce n'est pas de la répression de la tentative de liberté dont les libéraux se réjouissent, mais bien de la répression de l'empiétement du clergé. Au fond c'était la même chose; en théorie, il n'en était rien. L'exactitude de cette opinion, je la trouve dans les souvenirs de feu le duc de Broglie qui faisait partie des libéraux [1], et qui écrivait à la date du 18 juin :

« Les fameuses ordonnances ont paru. La mesure est à peu près aussi efficace qu'on peut l'obtenir dans l'état actuel des choses, elle ne blesse en rien la liberté de conscience ; il vaudrait mieux, sans doute, abolir l'Université, rendre la liberté à l'instruction et laisser les évêques élever comme ils l'entendent dans les petits séminaires..... En tous cas il me semble qu'on est content et qu'on aurait tort de ne l'être pas [2]. »

---

[1] Duc de Broglie, *Souvenirs*, t. III, p. 158.
[2] Id., t. III, pp. 159-160.

Le *Journal des Débats* lui-même, organe officiel du parti libéral, disait, quelques jours après, le 27 juin, à la suite de la demande de la liberté de l'enseignement par un membre de la Chambre des Députés, M. Leclère de Beaulieu :

« Le principe est mis en circulation. MM. les Ministres, prenez acte des dires respectifs des partis ; le principe est mûr, le temps viendra bientôt de le mettre en loi. Cette loi vous sera demandée dans les feuilles constitutionnelles par les amis éprouvés du pays ; à la tribune, par d'éloquents mandataires de l'opinion ; dans les journaux du parti, par les Jésuites. Votre loi sera la première accueillie par le suffrage universel. La loi qui tuera le monopole de l'instruction aura le privilège de plaire aux amis de nos franchises et de sourire aux Jésuites. Cette loi est implicitement écrite dans ce beau texte de la harangue royale. « Législation en harmonie avec la Charte », honneur aux Ministres qui prendront à cœur de l'en faire sortir[1]. »

Ce n'était donc pas la liberté de l'enseignement qui était vaincue par les ordonnances de juin. C'était le « parti prêtre », comme le disait Montlosier.

§ 3. — *Colère des journaux ultramontains. — Triomphe des feuilles libérales.*

Il faut lire les journaux de l'époque pour se faire une idée de la polémique qui suivit la publication des ordonnances. Il serait hors de mon sujet de la résumer ici ; je veux néanmoins relever très brièvement les quelques arguments des deux partis en présence.

D'un côté, la *Quotidienne*, l'*Ami de la Religion,* la *Gazette de France* ;

De l'autre, le *Journal des Débats,* le *Courrier Français,* le *Constitutionnel.*

« La Révolution triomphe, s'écrie la *Gazette de France,* il

---

[1] *Journal des Débats,* numéro du 27 juin 1823.

ne reste plus aux Ministres qu'à prendre des mesures, comme en 1793, contre les prêtres réfractaires. » L'*Ami de la Religion* dénonçait « l'ordonnance fatale[1] », s'élevait contre elle au nom des droits du père de famille[2], contestait à l'Université « la légalité du monopole » que le despotisme lui avait donné[3]. » C'étaient les mêmes arguments qu'invoquait la *Quotidienne*.

« Dieu a fait du père le roi de la famille et lui a donné des droits. L'État qui va porter le trouble dans ce sanctuaire se nuit à lui-même par cette profanation, il donne l'exemple de la révolte contre les lois de Dieu. Par les ordonnances, les pères perdent leur autorité sacrée sur leurs enfants, et c'est un État qui envahit la famille, et cette autorité est atteinte dans ce qu'elle a de plus vénérable dans ce qui regarde le soin de l'éducation. » M. Portalis et Mgr Feutrier viennent dire au père qu'il n'aura plus le droit d'élever ses enfants ; ils viennent lui ravir celui de les confier à des maîtres qu'il a choisis avec un pieux tremblement. Mais n'est-ce pas là une affreuse iniquité? Non seulement ils leur ravissent le droit de choisir les maîtres de leurs enfants, mais ils leur imposent des maîtres qu'eux-mêmes ont choisis. Ici le despotisme passe toute idée de domination. Il serait monstrueux, quand bien même les maîtres qu'on impose de cette manière seraient dignes de confiance par de hautes vertus. Mais qui dira que l'Université ait conquis ce sentiment universel des hommes, qui serait nécessaire pour bien justifier ce qu'on a pu appeler son monopole, comme si le monopole était un droit naturel et inviolable[4]? »

Les journaux du Ministère se réjouissent, au contraire, des ordonnances, et cela à un seul point de vue : les petits séminaires étaient rentrés dans la légalité.

---

[1] *Ami de la Religion*, du 18 juin 1828, p. 163.
[2] Id., du 21 juin 1828, p. 184.
[3] Id., du 28 juin 1828, p. 210.
[4] *Quotidienne*, du 25 juin 1828.

« Il y avait là d'éclatantes infractions aux lois, infraction par l'empiètement sur ce droit régulier de surveiller tout enseignement, infraction par ce privilège de l'affranchissement d'un tribut onéreux qui assurait la ruine de tous les établissements rivaux, de toutes les écoles légales, et concentrant par degrés, dans les mains du sacerdoce, le monopole de l'instruction publique, dépouillait la couronne d'un de ses fleurons [1]. »

Comme je l'ai dit plus haut, ils ne s'opposaient pas à la proclamation de la liberté de l'enseignement, « mais jusque-là le monopole subsiste, et comme le bien ne se fait pas aussi vite qu'il se désire, il faut attendre [2] ».

§ 4. — Le « Globe ».

Le *Globe* que nous avons vu réclamer la liberté de l'enseignement, invitait, le 21 juin 1828, « les amis des Jésuites » à se lever pour l'abolition du monopole. « Les amis de la liberté, disait-il, ne manqueront pas à l'appel », mais il ajoutait : « n'espérons pas d'eux cette preuve de loyauté, cette confiance dans la bonté de leur cause, ils se garderont bien de la donner. » Plus tard, en juillet, il publiait un article sur les droits du Gouvernement une fois la liberté établie.

« Le Gouvernement ne doit intervenir qu'autant que la société a besoin de son secours, l'exercice du Pouvoir entraîne toujours des atteintes à la liberté, des créations de fonctions, des impôts, toutes choses mauvaises quand elles ne sont pas rachetées par un bien positif. Récompenser les innovateurs de méthodes nouvelles, répandre ces méthodes, former au besoin des maîtres dans des Écoles normales destinées à l'enseignement primaire, mais sans s'emparer des méthodes, voilà des encouragements qu'il convient au Gouvernement de donner à l'instruction populaire, établir des

---

[1] *Journal des Débats,* 20 juin 1828.
[2] Id., 27 juin 1828.

bourses pour les enfants pauvres. Procurez l'instruction gratuitement aux enfants dont les parents ne pourraient ou ne voudraient pas la payer, et laissez les autres familles choisir à leur gré les maîtres auxquels leurs enfants seront confiés. Avec le génie vif et entreprenant des Français, avec les mœurs publiques qui se forment chaque jour, et avec le secours des associations et de la libéralité des citoyens, si les écoles pouvaient librement s'établir, bientôt nous verrions la France sortir du rang honteux, où, sous le rapport de l'instruction populaire, l'a mise une administration de funeste mémoire ».

Le 6 septembre, M. Dubois prend encore une fois la plume et, dans un article documenté et fort bien écrit, demande la liberté de l'enseignement. Il ne veut pas la destruction de l'Université, mais la concurrence.

« La concurrence, voilà le seul moyen de perfectionner l'Université, mais, on en conviendra, il n'y a de concurrence que là où il y a liberté de droit et non point par permission, par autorisation [1]. »

C'est dans cette situation que la presse se trouvait vers la fin de juin 1828. La liberté de l'enseignement gagnait du terrain de jour en jour dans les esprits, et si l'essai que le parti ultra avait tenté n'avait point réussi, ce n'était point contre elle qu'avait été dirigée l'attaque, mais bien plutôt, comme je l'ai dit déjà, contre les empiétements de l'Église.

La lutte contre les ordonnances de juin n'était point circonscrite dans la presse.

§ 5. — *Association pour la défense de la religion catholique.*

Les catholiques militants avaient créé une association pour la défense de la Religion catholique, et Berryer qui commençait à se révéler le grand avocat que l'on sait, fut

---

[1] Voy. l'art. du *Globe*, 1828, pp. 671-673. — Riancey, t. II, pp. 361 et suivantes.

chargé de faire un mémoire dans lequel il examinait les questions légales relatives aux ordonnances. L'auteur discute deux points : la prohibition des congrégations ecclésiastiques et le monopole universitaire.

« Nous chercherions donc vainement, dit-il, en terminant, quelles lois ont été violées par les évêques dans l'établissement de leurs petits séminaires, quelles lois s'opposaient à ce que les pères de famille donnassent la préférence à ces pieuses maisons pour l'éducation de leurs enfants. L'ordre légal ne réclamait point ces réformes désastreuses : l'autorité des lois n'est évidemment qu'un prétexte imaginaire. Quels sont donc les motifs impérieux qui violent nos consciences ? Pourquoi les auteurs des ordonnances sont-ils restés sourds aux plaintes et aux reproches que les hommes religieux et les fidèles élèvent depuis quatorze ans contre le régime intérieur des maisons soumises à l'Université [1]. »

L'*Ami de la Religion* fait suivre ces quelques lignes des réflexions suivantes : « Il n'est que trop vrai de dire que les familles chrétiennes sont extrêmement gênées et restreintes dans leur choix, et celles surtout qui avaient confié leurs enfants aux Jésuites se trouvent en ce moment dans un cruel embarras. »

§ 6. — *Protestations dans les Chambres.*

Les Chambres elles-mêmes furent le théâtre de débats importants et je dois maintenant en aborder le très rapide examen.

Au mois de mai 1828, plusieurs citoyens, parmi lesquels le nommé Martial Marcel, avaient adressé à la Chambre des députés une pétition tendant à expulser la congrégation des Jésuites. Le 21 juin, la commission soumettait son rapport à l'assemblée. L'extrême droite profita de l'occasion pour protester contre les ordonnances.

---

[1] *Ami de la Religion*, 27 septembre 1828, t. LVII, p. 211.

C'est d'abord le vicomte de Conny qui proteste au nom des pères de famille. « Et de quel droit, Messieurs, dans un temps de liberté, voudrait-on faire violence à un père et lui défendre de confier son enfant à tel ou tel homme, parce qu'il porte tel ou tel habit? Ne serait-ce pas là la plus plus étrange insulte à cette liberté que l'on se montre partout si jaloux de défendre [1] » ?

Puis, M. de Sainte-Marie dénie la légalité aux ordonnances de 1828, et s'écrie : « de tous les monopoles, celui de l'éducation est le plus odieux, parce qu'il blesse les affections les plus vives et les sentiments les plus intimes du cœur humain. Je n'espère et je ne conçois pas de plus épouvantable tyrannie que celle qui, m'imposant des professeurs obligés, me priverait du droit de choisir entre les diverses méthodes d'éducation celle qui me paraît la meilleure..... C'est un droit que je tiens du Créateur, c'est un droit naturel et absolu [2]. »

C'est encore, c'est toujours le droit des parents que l'on invoque, M. de Montbel ne présente pas d'arguments nouveaux [3]. Dupin aîné, qui lui succède à la tribune, trouve qu'il y a quelque chose de séduisant dans cette idée, qu'il faut s'en rapporter à la sollicitude des pères de famille, qu'il faut laisser l'éducation libre comme le commerce [4], « mais il y a des lois, et il faut les exécuter même si elles sont vicieuses, parce qu'il n'y a qu'anarchie quand on s'abstient d'exécuter les lois en vigueur [5] ».

De ce premier débat il résultait ceci c'est que la Chambre n'était point en principe hostile à la liberté de l'enseignement, mais que les lois existantes ne permettaient point de la reconnaître avant qu'on les eût abrogées.

Le 30 juin la question fut reprise à l'occasion du budget

---

[1] *Archives Parlementaires*, t. LV, p. 224.
[2] Id., p. 229.
[3] Id., p. 231.
[4] Id., p. 232.
[5] Id., p. 233.

des dépenses ; M. de Sainte-Marie, qui le 21 avait pris la parole en faveur de la liberté de l'enseignement, la reprit dans le même sens.

« Le Gouvernement, dit-il, peut ouvrir des écoles et leur donner les règles qu'il juge convenables, voilà le droit ; mais, interdire à la jeunesse avide d'instruction de la puiser à d'autres sources plus rapprochées d'elle, et dont les abords lui seraient plus faciles, voilà l'abus de la force. »

Le 7 juillet 1828, à l'occasion du vote du budget de l'instruction publique, M. Leclère de Beaulieu monta à la tribune et proposa la suppression du monopole de l'instruction publique[1]. Ce sont toujours les mêmes arguments qu'on fait valoir : la liberté des pères de famille reconnue par le droit naturel, par l'ancien droit public des Français.

Le monopole de l'Université est en contradiction avec les principes proclamés par la charte. Le discours de l'auteur de l'amendement était assez terne : pas de plan, pas d'ordre. Tout autre est la réponse du Ministre de l'Instruction publique, M. de Vatisménil.

Son discours est divisé en trois parties : 1º il défend les ordonnances du 16 juin ; 2º il traite de la question de la liberté de l'enseignement ; 3º il défend l'Université contre les attaques dont on l'a abreuvée depuis si longtemps.

On est surpris, quand on prend connaissance des idées du Ministre sur la liberté de l'enseignement, car loin de combattre le principe il l'admet. Si lui-même ne le propose pas, c'est qu'il n'a pas « suffisamment médité sur la question, qu'il n'est pas fixé sur les modifications qu'il conviendra d'introduire ».

La doctrine du Ministre est la suivante :

« En cette matière, comme en toute autre, il faut accorder non pas une liberté illimitée qui est une chimère dans l'ordre civil, mais la mesure de liberté qui est compatible avec l'ordre public et le bien de l'enseignement. Si la législation

---

[1] *Archives Parlementaires*, t. LV, p. 623.

ne comporte pas encore cette mesure de liberté, il faut s'en rapprocher prudemment, progressivement, sans léser aucun intérêt et sans hasarder des expériences qui sont toujours dangereuses, surtout quand il s'agit de l'intérêt de l'enfance, voilà ma doctrine sur ce point [1]. »

Continuant ces explications, le Ministre rappelle l'obligation dans laquelle sont tous les pensionnats d'envoyer leurs élèves, écouter les leçons des collèges royaux, « eh bien, je dirai toujours avec la même sincérité qu'il faut examiner si sur ce point il ne faut pas accorder davantage à la liberté de l'enseignement [2] ».

On est donc surpris de voir dans la bouche d'un Ministre de l'Instruction publique une telle doctrine, mais quand on lit le discours en entier, la surprise disparaît. Car si le Ministre veut des réformes en faveur de ce qu'il appelle la liberté de l'enseignement, il ne veut pas sacrifier l'autorisation nécessaire pour créer les établissements particuliers [3].

« Il est impossible, sans compromettre l'ordre public, la liberté de l'enseignement, les intérêts sacrés des pères de famille, que le Gouvernement renonce à un droit qui lui est accordé par la loi, dans l'intérêt de tous, de donner des autorisations et de surveiller les établissements d'instruction publique. »

Comment concilier ces opinions ? Ne sont-elles pas opposées ? — Non. La liberté de l'enseignement doit être envisagée à un double point de vue :

1º Liberté de fonder des établissements particuliers d'instruction. Cette liberté le Ministre ne la reconnaît pas.

2º Liberté de fréquenter telle école et non telle autre, liberté qui entraîne ce que Daunou appelait la liberté des méthodes. Ce droit, le Ministre le reconnaît, et il pense que la loi fera bien de le proclamer bientôt en laissant aux éta-

---

[1] *Archives Parlementaires*, t. LV, p. 627.
[2] *Archives Parlementaires*, t. LV, p. 627.
[3] Id., p. 628.

blissements particuliers la possibilité de donner à leurs élèves un enseignement complet sans avoir recours aux collèges de l'Université.

Après lui, la discussion ne prit pas fin, le baron de l'Épine, d'un côté, M. Viennet, de l'autre, parlèrent en faveur et contre la liberté. Je ne dirai rien de leurs arguments : droit des pères de famille, droit de l'État ; ces deux adversaires restent chacun sur leur terrain. On ne pouvait, en l'état, espérer le triomphe d'aucun des deux systèmes. Le débat n'avait point encore dégénéré ; mais le comte de la Bourdonnaye prit la parole et, dans un discours très énergique, très beau même, il parla des ordonnances, protesta contre l'expulsion des Jésuites des établissements d'instruction publique.

« Tous les Français sont admissibles aux emplois civils et militaires, dit l'article 3 de la charte. Or comme l'instruction publique est un emploi civil et du moment où la loi n'a créé aucune incapacité légale, je me demande comment M. le Garde des Sceaux de France a pu en créer une de son autorité sans sortir de l'ordre légal, car il me semble que pour que l'affirmation qu'il exige des ecclésiastiques ne fût pas un acte inquisitorial et arbitraire il faudrait de toute nécessité qu'à l'article 3 de la charte il fût ajouté : « excepté aux membres de telle ou telle congrégation[1]. »

Il est inutile de s'arrêter davantage sur cette discussion qui n'aboutit à aucune conclusion pratique. Il fallait la signaler, parce que c'est la première fois que les Chambres étaient saisies d'une proposition en faveur de la liberté de l'enseignement, et qu'il était fait au nom du Gouvernement la déclaration concernant les deux faces sous lesquelles on devait l'envisager.

[1] *Archives Parlementaires*, t. LV, p. 635.

§ 7. — *Protestations de l'Épiscopat.* — *Déclaration du Saint-Siège.*

Des protestations contre les ordonnances de juin ne tardèrent pas à se faire entendre du côté de l'Épiscopat.

Mgr de Metz avait protesté contre la formation de la Commission du 20 janvier chargée d'examiner la situation des petits séminaires[1], Mgr du Puy l'avait imité[2]. L'évêque de Chartres protesta aussi et réclama la liberté de l'enseignement dans une lettre écrite à M. de Vatisménil le 15 juillet 1828[3].

Mais l'acte le plus considérable de l'Épiscopat fut sans aucun doute le mémoire présenté au roi par les évêques de France au sujet des ordonnances du 16 juin 1828, relatives aux écoles secondaires ecclésiastiques[4].

Cet écrit ne nous arrêtera pas autrement.

Au sujet de l'histoire de la liberté de l'enseignement il ne contient rien de bien intéressant, sauf cependant l'expression de regret que l'Épiscopat manifeste sur la fermeture des petits séminaires aux élèves qui n'ont point la vocation ecclésiastique. C'est au nom de la religion que les évêques réclament pour eux le droit d'enseigner. L'évangile ne dit-il pas : « Allez et enseignez ».

Puis ils terminaient par ces mots : « Les évêques ont examiné dans le secret du sanctuaire, en présence du Souverain Juge ce qu'ils devaient à César et ce qu'ils devaient à Dieu ; leur conscience leur a répondu qu'il valait mieux obéir à Dieu qu'aux hommes lorsque cette obéissance qu'ils doivent premièrement à Dieu ne saurait s'allier avec celle que les hommes leur demandent; ils ne résistent point..... ils n'ex-

---

[1] *Ami de la Religion,* 11 juin 1828, t. LVI, p. 129.
[2] Id., 9 juillet 1828, t. LVI, p. 257.
[3] Id., 19 juillet 1828, t. LVI, p. 305.
[4] Id., 20 août 1828, t. LVII, et *Univers* des 21 et 24 janvier 1884.
— *Gazette de France,* du 14 août 1828.

priment pas d'impérieuses volontés ; ils se contentent de dire avec respect, comme les apôtres : *Non possumus*, nous ne pouvons pas. »

Le roi, pris de scrupules et de crainte, fit pressentir le souverain pontife, et Léon XII déclara que le texte des ordonnances ne violait pas les droits épiscopaux.

Cette déclaration mit fin à la lutte soutenue par l'Épiscopat contre les ordonnances. Elle ne calma pas la colère de Lamennais que l'intervention du pape avait exaspéré :

« Je ne crois pas que depuis des siècles, un aussi grand scandale ait été donné, et combien les suites peuvent en être funestes. Rome, Rome, où es-tu donc? Qu'est devenue cette voix qui soutenait les faibles, réveillait les endormis, cette parole qui parcourait le monde pour donner à tous, dans les grands dangers, la force de combattre ou celle de mourir ? A présent on ne sait que dire : cédez, Aussi déjà plusieurs évêques qui n'avaient pas osé se séparer des autres, s'empressent-ils de faire agréer leur obéissance[1]. »

§ 8. — *Lamennais.* — *Du progrès de la Révolution et de la guerre contre l'Église.*

La presse, les Chambres, l'Épiscopat avaient protesté contre les ordonnances du 26 juin. Lamennais n'a pas encore élevé la voix ; il travaille à une œuvre nouvelle, premier symptôme de son évolution politique, dans laquelle il démontrera que l'Église, au lieu de s'inféoder à un gouvernement rétrograde, doit aspirer à l'indépendance et réclamer hautement le bénéfice des libertés modernes.

J'ai nommé l'ouvrage intitulé : *Du progrès de la Révolution et de la guerre contre l'Église*. Ici aucun ménagement n'est gardé contre le Gouvernement.

Dans son livre, Lamennais défend les Jésuites. Cela était d'autant « plus méritoire que les Jésuites s'étaient montrés

---

[1] *Correspondance de Lamennais*, t. I, p. 474.

des adversaires décidés de la philosophie de Lamennais, revendiquant contre le solitaire de la Chesnaie l'autorité de la raison, comme autrefois ils avaient maintenu contre Port-Royal les lois du libre arbitre[1] ».

C'est l'amour de la liberté qui dicte ce livre à Lamennais. « Une immense liberté est indispensable pour que les vérités qui sauveront le monde, s'il doit être sauvé, se développent comme elles le doivent »; et plus loin : « Nous demandons la liberté de conscience, la liberté de l'éducation et c'est là ce que demandent comme nous les catholiques belges opprimés par un Gouvernement persécuteur ».

C'est dans son chapitre VI consacré aux ordonnances des 21 avril et 16 juin 1828 qu'il traite de notre liberté[2].

« Trois situations, dit-il, peuvent se présenter :

1º L'État et la Religion ne forment qu'une seule et même société, les lois religieuses sont aussi des lois politiques. L'éducation dépend alors de la religion;

2º La société politique est distincte de la société religieuse, mais néanmoins, suivant un mode de subordination naturelle, elle est intimement liée à celle-ci; l'éducation appartient encore à la Religion. Le pouvoir civil se borne à protéger son droit, sans quoi il romprait immédiatement le lien qui unit l'Église à l'État;

3º Enfin, la société politique s'est séparée de la société religieuse, brisant l'unité de croyance; il faut alors que l'éducation ait une liberté universelle et absolue[4].

En effet, si l'État a l'éducation, il exerce sur la société une domination intellectuelle et morale, mais alors il opprime les consciences que la loi déclare libres; le bien, le mal, le juste, l'injuste, dépendraient uniquement de sa pensée et de sa volonté, ce serait le despotisme.

---

[1] Anatole Leroy-Beaulieu. *Les Catholiques libéraux, l'Église et le Libéralisme, de 1830 à nos jours*, p. 81. Plon, 1885.

[2] Préface.

[3] *Œuvres complètes de Lamennais*, édit. Pagnerre, 1844, t. V, pp. 102 à 128.

[4] *Ibid.*, t. VI, p. 105.

D'autre part, « les connaissances appartiennent à tous, comme la lumière du soleil. Elles sont le domaine commun de la famille, des sociétés, des individus. Il n'est personne qui n'y ait un droit naturel et inaliénable [1] ».

Le monopole de l'instruction date de Bonaparte qui ne fit qu'appliquer les maximes de Robespierre. « Après lui l'Université devint ce qu'elle a continué d'être : 1° une odieuse institution fiscale, coûteuse à l'État ; 2° un moyen d'oppression religieuse ; 3° une violation directe et permanente des droits les plus sacrés qui puissent exister sur la terre, car le Gouvernement contraint d'acheter au prix qu'il y met une instruction qui, par sa nature, doit être libre et accessible à tous ; et de l'autre, il oblige les pères de famille ou à souffrir que leurs enfants demeurent privés de toute instruction ou à les exposer, dans des écoles dangereuses, à perdre leurs mœurs et leur foi [2]. »

En ce qui concerne l'instruction, il est clair qu'il n'est point de surveillance imaginable : car dans l'ordre des connaissances purement humaines tout est bon ou indifférent en soi. « Et quant à l'éducation réelle, ou aux doctrines religieuses et morales, elle ne sauraient la regarder en rien..... Il ne doit y avoir qu'un sentiment pour repousser cette indigne oppression morale et intellectuelle. »

Je ne puis citer tout ce chapitre, je le regrette, car il est magnifique. Quelle puissance ! quelle énergie, quelle vigueur dans l'expression et dans la pensée !

« Les expressions violentes dont se servait Lamennais n'étaient point une de ces déclamations oratoires qu'expliquent, sans les excuser, les entraînements de la polémique ; sa pensée contre la Restauration allait aussi loin que ses paroles, si amères qu'elles fussent. Il la regardait comme ennemie de l'Église, maudite de Dieu, et destinée à périr [3]. »

---

[1] Lamennais, *op. cit.*, *Œuvres complètes,* t. VI, p. 112.
[2] Id., p. 114.
[3] Nettement, *Histoire de la Littérature sous la Restauration,* t. II, p. 260.

§ 9. — *Les pamphlets.*

Les pères de famille enfin joignirent leur voix à cette grande protestation en faveur de la liberté. Sans insister autrement, mentionnons « les Opinions d'un père de famille sur le monopole universitaire », étude historique assez terne sur la liberté de l'enseignement, émaillée de ci, de là, de réflexions assez justes. « Les ordonnances de juin, en même temps qu'elles chassaient les Jésuites, violaient les consciences... Le monopole universitaire ne peut plus exister, pense l'auteur de cette brochure, parce que l'industrie et les arts sont libres et que instruire est une marchandise comme une autre.

L'esprit qui a dicté les ordonnances est un esprit de peur, « une jalousie de métier » (p. 19).

« Les écoles ecclésiastiques comptaient quarante-cinq mille élèves, peut-être avant quelques années elles en auraient compté cent mille, au grand dommage de l'Université » (p. 29). Bref, et en résumé « le monopole universitaire outrage les droits les plus sacrés des pères de famille, sans utilité pour le souverain. Ils réclament avec constance le plein exercice de ces droits. » (p. 47.)

D'autres ouvrages en faveur de la liberté avaient également vu le jour. Je citerai seulement : « L'Université nouvelle, fille aînée de la Révolution », que l'*Ami de la Religion* nous fait connaître et sur laquelle nous ne nous arrêterons pas autrement[1]. La brochure du comte Félix de Mérode : « Les Jésuites, la Charte, les Ignorantins, l'enseignement mutuel, tout pouvait vivre, quoi qu'on en dit », est intéressante à lire. « A côté de la liberté de la presse et de celle des élections, une troisième, non moins précieuse, est la liberté d'éducation, complément et correctif des deux autres. Quelle anomalie dans un pays où règne la liberté

---

[1] *Ami de la Religion*, 30 août 1828, t. LVII. p. 81.

des cultes, qu'une Université dépendante du pouvoir ministériel, distribuant des diplômes pour permettre d'enseigner et d'apprendre, faisant parcourir les provinces par ses inspecteurs, percevant des droits fiscaux, le tout pour que les Français voient l'éducation de leurs enfants dirigée non comme ils l'entendent, mais comme le veulent MM. Fontanes, Royer-Collard, Frayssinous ou Vatisménil. Ces hommes sont sans doute fort honorables, mais personne ne doit être forcé de partager successivement leurs idées (p. 5).
..... puisqu'il existe une Université, dira-t-on, avec ses diplômes, ses inspecteurs, ses tailles, il faut courber sous son joug toutes les écoles. Défenseurs des vrais principes, c'est ici qu'il faut crier : tolle. Les inspecteurs des études, ce sont les parents ; la garantie de sa bonté c'est la concurrence. La sollicitude et le libre choix des pères exciteront le zèle et l'émulation des maîtres. Les bons établissements ne manqueront pas de prospérer, les mauvais tomberont d'eux-mêmes[1]. »

§ 10. — *Dernier débat devant les Chambres.* — *Le Globe.*

Chaque jour le monopole perdait du terrain. Un dernier débat avait lieu le 11 juin 1829 à la Chambre des députés et le comte de Sade prononçait à cette occasion un fort beau discours :

« Je suis heureux de voir que la liberté de l'enseignement est assurée de trouver des défenseurs dans toutes les partie de cette salle .... quand je dis qu'il faut que l'Université change de régime, je veux seulement dire, sans entrer pour le présent dans son règlement intérieur,

---

[1] Citons encore : Coup d'œil rapide sur l'instruction publique de l'abbé Martin, du Theil, et de nombreux pamphlets de M. Bellemare, ainsi que les Persécutions de l'Église, de Laurentie, parues déjà dans la *Quotidienne* et auxquelles répondit un pamphlet intitulé : Opinion d'un prêtre catholique et français sur les attaques dirigées contre M. l'Évêque de Beauvais.

qu'il faut qu'elle soit débarrassée du triste et exorbitant privilège qui lui nuit à elle au moins autant qu'à nous. Il nous faut cette émulation, cette activité du libre enseignement qui seul peut porter l'éducation jusqu'au point où elle doit s'élever parmi nous .... Et cette liberté je ne la réclamerai pas dans le seul intérêt général ; elle est tout aussi nécessaire au corps enseignant lui-même. Sans elle, il sera toujours, avec quelque raison, en butte à des accusations de tyrannie ; sans elle, il est impossible qu'il obtienne jamais la confiance complète des parents. Ce n'est d'ailleurs qu'à l'aide d'une heureuse rivalité qu'il pourra espérer de perfectionner sa méthode et sa discipline, qu'il pourra se garantir des effets inévitables de l'esprit de corporation. Et, dans le fait, quel danger pourrait donc avoir cette liberté rendue à l'éducation ? Me parlera-t-on du risque des doctrines pernicieuses ? des mauvaises mœurs... Les parents n'exerceront-ils pas leur surveillance, de toutes, la plus active ? du reste, en réclamant la liberté de l'instruction, personne, au moins dans son bon sens, ne désire que ceux qui l'exercent soient à l'abri de toute recherche. Comme tout autre délit, l'abus doit en être poursuivi et sévèrement puni. Tout ce que l'on doit demander c'est qu'ils soient libres de suivre leur vocation sous l'empire général des lois, responsables, en vertu de ces mêmes lois et en justice réglée »..... En terminant, l'orateur demandait autre chose que des bonnes paroles, mais des dispositions réelles.

Quelque temps après, le ministère Martignac se retirait et, sous le ministère Polignac, M. Dubois écrivait dans le *Globe* les lignes suivantes :

« Le principe du monopole frappe tour à tour tous les partis. Rien de stable, rien de grand ne peut se tenter ; disons plus, rien de moral. Car aucune conviction libre ne peut vivre dans un corps comme celui de l'Université, sans cesse exposé à démentir le lendemain ce qu'il professait la veille. Il y a longtemps que, pour la première fois, et les premiers, avec suite, méthode et fidélité, nous avons réclamé contre le monopole, destructeur de toute croyance et de toute instruction. Combien le sort de la science et des croyances est différent avec la liberté! L'État a ses écoles soumises à sa volonté; il y règne comme il l'entend. Ceux qui acceptent d'y enseigner, acceptent sa domination et la précarité des divers ministères; mais à côté sont les écoles indépendantes, corrigeant le mal ou les erreurs des écoles de l'État. Si quelqu'un ne convient plus au Gouvernement, ou si le Gouvernement ne lui convient plus, il se retire et professe ailleurs..... Voilà le droit et l'état naturel de l'instruction dans les Gouvernements libres; voilà ce que la Charte a consacré le jour où elle a proclamé la liberté des religions, la liberté de la presse et la liberté de l'industrie; voilà ce que l'Université contrarie et détruit, sans même être consacrée par une loi[1]. »

A la même époque, M. Thiers, dans le nouveau journal : le *National*, traitait le corps enseignant de monopoleur et d'inique[2].

§ 11. — *La liberté de l'enseignement demandée par le « Moniteur ».*

L'histoire de la liberté de l'enseignement sous la Restauration serait terminée si, à la veille de la révolution de 1830, un fait assez grave ne s'était produit, qui s'impose à notre attention.

Grâce à la guerre entreprise contre le monopole, la liberté de l'enseignement avait fait dans les esprits un progrès considérable; si considérable, que des ministres comme M. de Vatisménil, en avaient reconnu le bien fondé. De nombreux écrivains s'étaient appliqués à la demander, avec violence sans doute, mais grâce à leur ardeur, avaient

---

[1] *Globe,* du 22 septembre 1829. Voyez dans le même sens : *Revue des Deux-Mondes;* 1835, t. I, 4° partie, pp. 298-299.
[2] Numéro du 6 mai 1830.

attiré, sur eux et sur leurs idées, l'attention des rédacteurs du *Moniteur*.

On en eut la preuve le 18 octobre 1829, lorsque cette feuille publia une verte mercuriale contre les écrivains « si âpres et si ardents qui demandaient la liberté illimitée de l'enseignement ». Il s'attachait à montrer l'impossibilité absolue de la liberté illimitée. C'est un rêve, disent-ils, et les pères de famille..... attendent, ou des magistrats ou des corps constitués, une surveillance assidue sur la moralité de l'enseignement et même un examen préalable de la capacité et de la moralité particulière des instituteurs.

« Avec la liberté illimitée il y aurait bientôt autant d'écoles que de boutiques, l'instruction deviendrait une marchandise. ». La liberté, poursuivait le journal, est-elle incompatible avec le régime public de l'instruction? La liberté, non, mais la licence, qui n'exigerait aucune garantie de l'homme dont la prétention serait de figurer dans l'enseignement de la jeunesse ou de l'enfance. Que l'Église ait ses écoles comme l'État a les siennes, c'est un vœu raisonnable....; qu'on prétende qu'il faudrait fonder des Universités pour couronner le faîte du grand édifice de l'instruction publique, instituer des collèges pour en étayer les bases, qu'on demande que les villes, à leur tour, puissent créer des établissements semblables, sous l'inspection des magistrats ou sous la surveillance des citoyens : tout cela est faisable, tout cela est parfaitement dans l'ordre.

Pourquoi alors ne pas accorder cette liberté? Le journal répondait : « Parce que l'on n'a pas un bon esprit public, parce que l'instruction ne saurait grandir au milieu des factions déchaînées ».

Si on sait enfin que la Société de la Morale chrétienne, dont étaient membres le duc de Broglie, Guizot, Benjamin Constant, mettait au concours, pour 1830, un mémoire en faveur de la liberté d'enseignement, on reconnaîtra que l'idée du monopole était bien atteinte et qu'il approchait le jour où la liberté serait enfin proclamée.

RÉSUMÉ.

La Restauration n'a pas donné la liberté qu'avait abolie l'Empire; mais, au nom de la liberté de la presse et de la liberté de pensée qu'avaient reconnues la Charte, l'on vit une campagne entreprise d'abord contre l'Université se spécialiser en faveur de la liberté de l'enseignement.

D'abord rebelles, les esprits admettent bientôt la liberté de l'enseignement et, à la fin du règne de Charles X, le nombre des partisans du monopole universitaire a sensiblement diminué.

Le ministre de l'Instruction publique, lui-même, reconnaît qu'une liberté sagement réglementée ne doit point être redoutée, et le *Moniteur* la verrait proclamer sans crainte si l'esprit public était meilleur. Ce résultat, si appréciable, était dû à l'alliance des ultra-catholiques et des libéraux.

Les premiers, ayant à leur tête Lamennais, voyaient dans la liberté de l'enseignement le complément indispensable de la liberté religieuse et de la liberté de conscience.

Les seconds avec la presse libérale étaient arrivés à la liberté de l'enseignement par la logique, et par sincérité de doctrine, par réaction contre le despotisme impérial et aussi un peu par crainte que l'Université ne prît un caractère ecclésiastique sous la direction de ses Grands-Maîtres, évêques, comme Mgr d'Hermopolis et Mgr de Beauvais.

Un grand pas était fait en faveur de la liberté. Le moment approchait où elle serait reconnue.

QUATRIÈME PÉRIODE

La Monarchie de Juillet et la Seconde République

Conquête de la liberté de l'enseignement primaire et secondaire.

La Charte de 1814 avait été « violée[1] ». Les journées de Juillet, sanction des dernières ordonnances de Charles X, touchaient à leur fin. La Fayette avait pris le commandement de la garde nationale que, plus de quarante ans auparavant, une révolution lui avait déjà confiée, et, de l'hôtel de ville où il avait établi son quartier général, étaient lancés les proclamations et les mots d'ordre. Le 31 juillet, quelques heures après l'accolade que le prince d'Orléans avait donnée à La Fayette sur le balcon de l'hôtel de ville aux acclamations enthousiastes de la foule, le commandant de la garde nationale adressait au peuple de Paris une proclamation.

..... « Déjà sous le gouvernement d'origine et d'influences étrangères qui vient de cesser, disait-il, grâce à l'héroïque, rapide et populaire effort d'une juste résistance à l'agression contre-révolutionnaire, il était reconnu que dans la session

---

[1] Expression de Louis-Philippe d'Orléans, Lieutenant-Général du Royaume. — Ouverture de la session de 1830.

actuelle les demandes du rétablissement d'administrations électives communales et départementales, la formation des gardes nationales de France sur les bases de la loi de 1791, l'extension de l'application du jury, les questions relatives à la loi électorale, *la liberté de l'enseignement*....., devaient être des objets de discussions législatives antérieures à tout vote de subsides ; à combien plus forte raison ces garanties et toutes celles que la liberté et l'égalité peuvent réclamer, doivent-elles précéder la concession des pouvoirs définitifs que la France jugerait à propos de conférer[1]. »

La liberté de l'enseignement était donc mise comme condition à l'établissement du pouvoir.

Aussi, lorsque sur la proposition du député Bérard, la charte fut modifiée, certaines lois libérales étaient-elles promises et l'article 69 du nouveau statut portait : « Il sera pourvu par des lois séparées et dans le plus court délai possible aux objets qui suivent........

..... 8° L'instruction publique et la liberté de l'enseignement ».

Le nouveau roi avait juré fidélité à la nouvelle charte[2]. Il avait accepté comme condition de sa couronne les garanties que la nation lui avait imposées. Parmi elles se trouvait la liberté de l'enseignement, réclamée qu'elle avait été, non par le « parti prêtre » qui s'était éclipsé au moment de la Révolution, mais par le parti libéral, par La Fayette ! ! Enfin elle était promise, notre liberté. Depuis la Convention, les Gouvernements l'avaient enchaînée ou supprimée par crainte d'elle-même ! La Monarchie de Juillet, libérale, « républicaine »[3], s'est engagée à la proclamer « dans le plus court délai possible ».

---

[1] *Mémoires et Correspondances de La Fayette*, 1838, t. VI, p. 408.
[2] *Archives parlementaires*, t. LXIII, p. 92.
[3] N'a-t-on pas vu le soir même où la nouvelle Charte a été apportée au Lieutenant-Général, celui-ci se montrer sur le balcon donnant le bras d'un côté à M. Laffite et de l'autre à La Fayette et n'a-t-on pas entendu le Commandant de la Garde nationale s'écrier aux acclama-

L'étude de cette quatrième période peut se diviser au point de vue de l'histoire de la liberté de l'enseignement, en trois parties :

La première, qui va du mois d'août 1830 au 28 juin 1833 et qui se termine par la réalisation de la promesse de la charte relativement à l'enseignement primaire.

La deuxième, de juin 1833 à la proclamation de la deuxième république, n'est qu'une longue période de lutte.

La troisième enfin, qui va de 1848 à la loi de 1850, aboutit avec ce dernier texte, à réaliser (en partie du moins) les espérances que l'on avait conçues à l'avènement de Louis-Philippe.

---

tions de la foule en lui montrant le futur roi : « C'est la meilleure des républiques ». Thureau-Dangin, *Histoire de la Monarchie de Juillet*, t. I, p. 42.

PREMIERE PARTIE.

Conquête de la liberté de l'enseignement primaire.

CHAPITRE I.

Premières Pétitions et premiers Projets.

Le premier ministère du nouveau Gouvernement (ministère du 11 août) comprenait un ministre de l'Instruction publique et des Cultes. Sous la Restauration, ce portefeuille avait eu pour titre : Ministère des Affaires ecclésiastiques et de l'Instruction publique. « Par une mauvaise concession à la vanité de l'esprit laïque et comme pour marquer sa victoire, elle changea les mots et déplaça les rangs. L'Université prit le pas sur l'Église[1]. »

Le premier ministre de l'Instruction publique et des cultes fut le duc de Broglie. Il ne resta pas longtemps au pouvoir et ne put offrir aux Chambres la réalisation des promesses du Gouvernement en ce qui concernait la liberté de l'enseignement. Il s'en occupa cependant, si nous en croyons ses « Souvenirs ».

« Je ne négligeais point l'obligation qui nous était imposée par la Charte d'établir sur des données solides et sensées la liberté de l'enseignement privé. J'avais posé verbalement la

---

[1] Guizot, *Mémoires*, t. III, p. 33.

base d'un grand travail à ce sujet, et j'en avais chargé le plus ancien et le plus expérimenté de nos conseillers, le respectable M. Rendu, avec l'assistance et sous l'œil vigilant de M. Villemain et de M. Cousin. On trouvera dans mes papiers les premiers brouillons de ce travail, déjà remis au net et lithographiés, préparés plus ou moins pour la discussion[1]. »

Ce fut sous le ministère du Duc de Broglie que, au lendemain même de la Révolution, parut l'*Avenir*, fondé par l'École Menaisienne, sur le rôle de laquelle nous aurons à insister dans la suite.

La chute du ministère du 11 août amena, le 2 novembre, la constitution du ministère Lafitte, dans lequel le portefeuille de l'Instruction publique était confié à Mérilhou, secrétaire général du ministère de la Justice.

Le pays était à ce moment sous le coup d'une émotion et d'une préoccupation très vives, relativement au procès des ministres de Charles X. Malgré tout, on trouvait que le pouvoir faisait bien attendre la réalisation de la promesse de l'enseignement libre. Le 20 novembre 1830, la Chambre des députés était saisie d'une pétition d'un sieur Julliais qui demandait la gratuité de l'enseignement primaire [2].

A cette occasion, le député Pétou réclamait et la gratuité de l'enseignement, et surtout sa liberté. « Cette utile amélioration, disait-il, établissant la concurrence, offrirait aux pères et mères le choix de l'instituteur et par conséquent un prix plus modique pour l'éducation de leurs enfants[2]. »

Le ministre de l'Instruction publique monta à la tribune et soutint une étrange théorie :

« En France, dit-il, il est permis, à tout individu qui se croit la capacité nécessaire, de demander une autorisation qu'on ne refuse jamais, après s'être assuré toutefois de la moralité de ceux qui demandent à exercer cette profession... Il est nécessaire que l'autorité publique intervienne, non

[1] Duc de Broglie, *Souvenirs*, t. IV, p. 111.
[2] *Archives parlementaires* t. LXIV, pp. 513 et suivantes.

pour gêner l'instituteur primaire, mais pour s'assurer de sa moralité. Tous ceux qui se présentent avec des certificats de moralité sont reçus[1]. »

Le chef de l'Université n'avait pas l'air de se douter que l'autorisation de la liberté est exclusive. Aussi Benjamin Constant, l'ancien rédacteur du *Mercure* et partisan de la liberté de l'enseignement, ne put-il laisser développer, sans protester, un tel système. « Je dis en fait et en droit qu'il n'est pas exact de prétendre que l'instruction primaire soit libre. Les autorisations, nous a dit le Ministre, ne sont jamais refusées, sauf les certificats de moralité. Mais, Messieurs, ne sentez-vous pas que c'est toujours le Pouvoir ou les délégués du Pouvoir qui jugent ces certificats ? On dirait que la moralité des enfants est indifférente aux pères et que si un homme professait des principes immoraux, les parents lui enverraient des élèves !... C'est le raisonnement qu'on a toujours invoqué en faveur des monopoles et des privilèges ; on ne les introduit en apparence que dans l'intérêt public et sur le motif de l'aveuglement supposé de l'intérêt personnel toujours plus éclairé, mille fois plus éclairé que les Gouvernements[2]. »

Le 4 décembre, une nouvelle pétition d'un sieur Herliès parvenait à la Chambre, dans laquelle le citoyen réclamait « le libre exercice de l'enseignement et qu'on délivre la France du monopole universitaire[3] ». Le Ministre promit le dépôt prochain d'une loi sur l'instruction primaire et sur la liberté.

Le 27 décembre 1830, M. Mérilhou quittait le département de l'Instruction publique et transmettait son portefeuille à M. Barthe, dont l'acte principal, comme Ministre, fut la rédaction et la présentation d'un projet de loi sur l'instruction primaire. Pourquoi faut-il que les Gouverne-

---

[1] *Archives parlementaires*, t. LXIV, p. 514.
[2] Id., p. 515.
[3] Id., t. LXV, pp. 323 et suivantes.

ments fassent des fautes incompréhensibles amenant des retards regrettables dans des réformes impatiemment attendues ?

Le projet s'occupant de la création des écoles publiques, en même temps qu'il consacrait, d'une façon définitive, la liberté de l'enseignement, entraînait le vote de dépenses et de mesures financières.

Le Ministre le déposa sur le bureau de la Chambre des Pairs, puis, après la nomination de la Commission, on s'aperçut que (art. 15 de la Charte) « toute loi d'impôt doit être d'abord votée par la Chambre des Députés ». On fut obligé de retirer le projet. Il n'en fut présenté un autre que le 2 octobre. Encore neuf mois de perdus !

Quoi qu'il en soit, le 20 janvier 1831[1], M. Barthe, ministre de l'Instruction publique, présentait à la Chambre des Pairs un projet qui consacrait en même temps et la liberté d'enseignement appliquée à l'instruction primaire et l'obligation pour l'État d'offrir gratuitement à la classe indigente les bienfaits de cette instruction [2].

Voici quelles étaient les dispositions du projet intéressant la liberté de l'enseignement :

ART. 5. — Les écoles primaires sont ou communales ou privées. Tout individu majeur et jouissant des droits civils pourra donner l'enseignement primaire, à charge par lui de déposer entre les mains du maire de la commune où il voudra exercer :

1° Un brevet de capacité émané d'un recteur d'Académie ;

2° Des certificats de bonne vie et mœurs délivrés par le Maire et par trois membres du Conseil municipal de la commune ou des communes où il aura résidé depuis trois ans. Le Maire de la commune, où l'instituteur primaire voudra exercer, visera les brevets et les certificats, et il donnera

[1] *Archives parlementaires*, t. LXVI, p. 323.
[2] Id., p. 234.

aussitôt avis de l'établissement de la nouvelle école au président du Comité, au Préfet du département, au recteur de l'Académie.

Art. 6. — Les personnes ou associations qui auraient fondé ou entretiendraient des écoles en auront l'administration et la surveillance immédiate, sans préjudice de l'administration et de la surveillance exercée par le Comité.

Les fondateurs pourront aussi réserver cette administration et cette surveillance à leurs successeurs.

Le Comité est prévu par l'article 2 et se compose, comme membres de droit, du Maire et du Juge de paix. Le Préfet ou le Sous-Préfet peuvent y siéger ; les membres choisis sont au nombre de quatre à douze ; une moitié est désignée par le Recteur, l'autre par le Préfet. Ces membres sont renouvelables par moitié tous les deux ans.

Art. 18. — Tout individu qui, sans avoir rempli les formalités prescrites par les articles 5 et 8 (écoles communales) de la présente loi, aura ouvert et tenu publiquement une école primaire, sera poursuivi correctionnellement devant le tribunal du lieu du délit et condamné à une amende de 50 à 100 francs. En cas de récidive, il pourra être condamné à une détention de quinze jours à un mois et à une amende double de la première.

La Commission chargée d'examiner le projet fut nommée[1]. Cette première formalité de l'élaboration des lois fut seule remplie. On sait pourquoi le projet fut retiré.

Quelques jours plus tard, le 3 février, une ordonnance royale annonçait « qu'une Commission serait chargée de la révision des lois, décrets et ordonnances concernant l'instruction publique, et devait préparer un projet de loi pour l'organisation générale de l'enseignement, en conformité des dispositions de la Charte constitutionnelle[2] ».

---

[1] Le 22 janvier 1831 ; elle se composait des Pairs : comte de Germiny, marquis de Jaucourt, vicomte Lainé, comte Molé, baron Mounier, comte de Pontécoulant, comte de Saint-Priest.

[2] Gréard, *op. cit.*, t. I, p. 391.

CHAPITRE II.

L'École Menaisienne.

Interrompons ici l'étude des travaux parlementaires, car notre attention est attirée par un des plus beaux mouvements des idées chrétiennes au XIXe siècle. Je veux parler de l'École Menaisienne. Il faut nous arrêter sur elle, l'étudier dans ses projets et dans ses espérances ; la juger, j'allais dire l'admirer dans ses œuvres.

Section Ire. — L'avenir.

§ 1er. — *Les hommes.*

La vie de Lamennais se partage en deux parties bien tranchées : dans la première, il est l'apologiste passionné de la Religion et le défenseur déclaré de l'autorité pontificale au spirituel et au temporel. Il collabore avec Châteaubriand et de Bonald au *Conservateur*. Nous l'avons étudié dans ses vues sur la liberté de l'enseignement sous la Restauration, et nous avons montré qu'il avait contribué, d'une façon certaine, au développement dans les esprits de l'idée de la liberté de l'enseignement.

Dans la deuxième partie de sa vie, Lamennais passe au service de la démocratie, il arbore le drapeau révolutionnaire, il se met à la tête du Gouvernement républicain, lui, l'ultramontain, le défenseur du Saint-Siège, il déserte l'Église..... Mais, entre ces deux périodes, il y a une transition. L'abbé de Lamennais est libéral et cherche à réconcilier l'Église avec les principes de la liberté moderne. C'est, à mon avis, le plus beau moment de la vie de cet homme célèbre[1].

A côté de lui se trouvaient deux jeunes hommes qui ont laissé dans l'histoire deux noms justement célèbres et respectés, Lacordaire et Montalembert. Le premier, prêtre, ancien aumônier du lycée Henri IV, est animé du plus vif amour de la liberté, sentiment qu'il tenait de son père, ancien soldat de l'indépendance aux États-Unis. Avant la Révolution de Juillet, il s'est déjà fait remarquer par sa haine de l'Université. Il a signé un Mémoire dénonçant l'irréligion et la corruption de l'Université, et pour ce fait a été révoqué par le duc de Broglie[2].

« Qu'est-ce que je fais donc, écrivait-il en 1828. Je rêve, je pense, je lis, je prie,... je m'échauffe de temps en temps contre l'Université, qui est bien la fille des rois la plus insupportable que je connaisse[3]. »

Il ne veut qu'une chose : donner un but à son activité. « A 25 ans, une âme généreuse ne cherche qu'à donner sa vie. Elle ne demande au Ciel et à la terre qu'une grande cause à servir par un grand dévouement[4]. »

Sous la Restauration, on s'est accoutumé à confondre l'idée religieuse catholique avec l'idée de pouvoir politique et de légitimité. On était catholique et royaliste en vertu des mêmes idées et des mêmes intérêts. Cette confusion, Lacordaire voulait la démêler, elle lui paraissait une diminution et une dégradation du Christianisme, et il crut qu'il était bon de montrer à la France qu'on pouvait être fidèle à Jésus-Christ sans être inféodé au trône déchu, ce trône fût-il celui des descendants de Saint-Louis[5].

---

[1] Voir sur Lamennais, la remarquable étude de P. Janet. *Revue des Deux-Mondes*, 1ᵉʳ février, 1, 15 mars 1889.

[2] Duc de Broglie, *Souvenirs*, t. IV, p. 117.

[3] Voy. Lorain, *Correspondance*, t. XVII, p. 840, et P. Chocarne, *Vie du P. Lacordaire*, t. I, p. 99.

[4] Paroles de Lacordaire citées par Sainte-Beuve. *Causeries du Lundi*, t. I, p. 224.

[5] Sainte-Beuve, *Causeries du Lundi*, t. 1, p. 226.

Montalembert a 20 ans. C'est un cœur aussi chaud que celui de Lacordaire. Ils ne se connaissent cependant point encore. Il a un amour illimité de la liberté. Tout jeune, il s'enthousiasme pour l'Irlande [1], il y va pour la connaître et il l'aime à la passion ; plus tard, bien plus tard, il défend la Pologne. « Il a deux ou trois grands thèmes, ou plutôt un seul : la liberté absolue [2] ». Aussi quand paraît l'*Avenir*, sollicite-t-il l'honneur d'y collaborer. Lui aussi gémit de cette sorte d'intimité qui a existé, qui existe encore entre le sacerdoce et les princes ; il a vu les périls de ces vieilles et compromettantes alliances, aussi veut-il « dégager la cause catholique de cette solidarité temporelle de toute alliance politique [3] ».

§ 2. — *Les idées.*

Ce n'est pas l'épisode le moins intéressant de cette période agitée que la publication de cette feuille éphémère : l'*Avenir*. Elle répondait à un besoin du temps, qu'on ne s'y trompe point. La révolution de Juillet avait amené une réaction anti-religieuse. L'Église, par suite du préjugé qui liait et qui lie trop souvent, même à notre époque, le trône et l'autel, l'Église sembla donc vaincue au même titre que la vieille royauté. Les dévastateurs de l'archevêché de Paris avaient eu en province des imitateurs qui abattaient les croix, obligeaient les prélats à fuir et à demander à l'étranger aide et protection [4]. Les processions, les robes noires.... étaient poursuivies à coup de pierre [5].

---

[1] Voy. Lecanuet, Montalembert, pp. 100 et suivantes.
[2] Sainte-Beuve, *Causeries du Lundi*, t, I, p. 80.
[3] Montalembert, *Avant-propos de ses œuvres*, p. 17.
[4] Le Cardinal de Latil, archevêque de Reims, et Monseigneur de Forbin-Janson, archevêque de Nancy, se réfugièrent l'un en Angleterre et l'autre en Amérique.
[5] Voy. pour plus de détails, Thureau-Dangin, *op. cit.*, t. I, pp. 206 et suivantes.

Il y avait un mouvement très hostile à tout ce qui touchait à l'Église. C'est alors que Lamennais surgit du milieu des catholiques, et s'adressant aux libéraux leur dit : « Christus, surrexit non est hic » ! ; et aux prêtres : « Vous tremblez devant le libéralisme, catholicisez-le et la société renaîtra [1]. »

Sur ces deux pensées est basée la politique de l'*Avenir*, sa devise les rend bien : Dieu et la liberté !

La liberté de l'enseignement est, après la liberté de conscience, celle qui tient le plus au cœur des rédacteurs de l'*Avenir*. Aussi le 17 octobre 1830 (le 1er numéro de l'*Avenir* ayant paru le 16), Lacordaire entreprend une série d'articles en sa faveur.

L'auteur, dans une première étude, montre le lien qui unit la liberté de l'enseignement à la liberté de l'Église et voit dans l'asservissement de la seconde la cause de l'asservissement de la première ; « l'Église n'est plus reine, et elle n'a pas voulu être libre ; l'État l'a prise à ses gages pour chanter ses psaumes, pour enterrer les morts et lui répondre *amen* [2]. »

Aussi au nom de la liberté des cultes « qu'une loi a déclarés libres », faut-il accorder la liberté de l'enseignement « sans laquelle toute liberté religieuse est une dérision. Le prêtre est un homme qui enseigne, l'église est un lieu où l'on enseigne ; la foi est quelque chose qui s'enseigne, donc l'enseignement doit être libre, ou la liberté des cultes n'est qu'un vain mot [3]. »

Et Lacordaire répond ensuite à une objection qu'il était facile de prévoir : N'y a-t-il pas des sciences et un enseignement profanes ? « Ce qui est sacré appartient à tous, ce qui est profane appartient à l'Université ». Après avoir montré

---

[1] Paroles de Lamennais citées par Lecanuet, *op. cit.*, p. 130.

[2] *Avenir*, numéro du 17 octobre 1830 (Extraits de *l'Avenir*, t. I, pp. 233 et suivantes).

[3] *Avenir*, numéro du 17 octobre 1830 (Extraits de *l'Avenir*, t. I, pp. 230 et suivantes).

qu'avec la liberté des cultes, ce qui est profane peut devenir sacré et ce qui est sacré peut devenir profane, au gré de chacun, Lacordaire termine sur ce point par ces paroles : « Qu'il y ait des sciences sacrées ou des sciences profanes, il n'y a toujours dans les enfants qu'une tête pour les apprendre. Comment faire alors pour accorder les droits de la Religion avec ceux de l'Université, la liberté avec la servitude? Apparemment, comme Salomon, couper l'enfant en deux ou choisir. Eh bien, Salomon donna l'enfant entier à sa vraie mère et l'État ne nous laisse rien des nôtres. »

Après avoir demandé la liberté de l'enseignement au nom de la liberté religieuse, Lacordaire, le 18 octobre, la demandera au nom de la Charte et au nom de la civilisation qu'il appelle le progrès de l'humanité.

Au nom de la Charte : « La liberté d'enseignement, dit-il, n'est plus une opinion, c'est une partie du pacte qui attache les Français à la nouvelle couronne ; c'est la conviction de nos serments, c'est le prix du sang... C'est une loi, elle est plus qu'une loi; elle est contemporaine et sœur de tout pouvoir vivant en France ; elle est assise sous les quatre pieds du trône. Et non seulement la charte l'a promise la liberté de l'enseignement, mais c'est une conséquence fatale « des progrès de l'humanité », puisque toute liberté est une liberté d'enseignement, liberté de la presse, liberté des cultes, liberté de la tribune et du barreau, liberté de l'industrie, etc. » Et la raison de tout cela est dans la définition même de la liberté. Qu'est-ce donc que la liberté ? « C'est le règne de la pensée sur la force, c'est dans l'ordre politique le combat victorieux de l'esprit contre la chair; et le genre humain ne concevra jamais que des régiments de cavalerie aient un droit naturel à gouverner les hommes, ni que la pensée d'un seul ait droit à l'empire sur la pensée de tous. Cela étant, il est facile de voir pourquoi l'histoire de l'enseignement, c'est-à-dire la propagation de la pensée, c'est l'histoire de la liberté, pourquoi presque toutes les libertés sont des libertés d'enseigner et d'être enseigné, pourquoi enfin c'est une énorme contradiction dans les termes et dans les choses que d'appeler libre un pays où la tribune et la chaire sont ouvertes, mais où l'école est fermée [1]. »

Enfin le 25 octobre [2], l'*Avenir* publiait un troisième article de Lacordaire, dans lequel celui-ci réclame la liberté de l'enseignement exclusivement au nom du droit public français, au nom de la Charte.

« Les Français ont le droit de publier et de faire imprimer leurs opinions, dit la Charte [3], par conséquent, les Français ont tous le droit d'avoir leurs opinions à eux. Autrement le droit de publier ses idées emporterait la défense d'en avoir en propre, ce serait une moquerie... Au sortir du ventre de sa mère le Français a le droit de penser, de parler, d'écrire, de publier ce qui lui plaît sur toutes choses ; mais l'illogisme apparaît bientôt ; ces Français qui ont le droit d'être publicistes dans leurs langes, ne peuvent apprendre les choses humaines et divines qu'avec le consentement d'une coterie présidée par un ministre... On le force à bégayer pendant dix années des opinions étrangères comme les vainqueurs font épeler leurs langues à une race conquise. Il faudra qu'il soit fou des batailles sous Bonaparte, fou des Jésuites sous M. de Villèles; fou de la liberté doctrinaire sous M. de Broglie.

« C'est pitié aujourd'hui de voir des ministres, qui ne peuvent pas maintenir leurs idées au pouvoir deux jours de suite, prétendre diriger l'éducation du peuple ! »

Mais pourquoi tant de raisonnement, se demande Lacordaire ? Tout Français est libre d'avoir ses opinions.... Il ne s'agit plus de savoir si les enfants sont capables d'opinions personnelles, mais s'ils aiment mieux les idées de leur père que celles d'indifférents et d'étrangers, le foyer

---

[1] *Avenir*, numéro du 18 octobre (Extraits de l'*Avenir*, t. I, pp. 237 et suivantes).
[2] *Avenir*, du 25 octobre. (Extraits de l'*Avenir*, t. I, pp. 242 et suiv.).
[3] Art. 7.

paternel que l'Université, « et, sans aucun doute, continue l'ancien aumônier du lycée Henri IV, depuis trente ans, les familles ont perdu la paix domestique par la tyrannie de l'Université.... Oui, sachez-le, princes de l'enseignement, despotes ridicules, sachez que l'enfance vous abhorre, qu'elle connaît son malheur et que la liberté vous balaiera un jour de son progrès, comme la terre emportait dans son cours les détracteurs de Galilée ! »

Si les rédacteurs se servaient de la presse pour faire triompher leur cause, ils employaient aussi d'autres moyens. Leur vie était un apostolat de tous les instants. Montalembert qui avait avec Cousin des relations anciennes et intimes[1], essayait de le convertir à ces idées, mais il se heurta à l'aversion que le philosophe avait pour les idées démocratiques de l'*Avenir*. « Ses rédacteurs, disait-il, sont des gens de sacristie, des bonzes, de mauvais citoyens. » Puis comme son jeune ami insistait pour lui faire partager ses vues sur la liberté de l'enseignement : « Non seulement je m'opposerai à ce qu'on vous donne la liberté de l'enseignement, s'écrie-t-il, mais si j'avais le pouvoir je vous ferais tous fusiller [2]. »

Cousin, ce jour-là, parlait contre sa pensée. Nous verrons plus tard ce qu'il pense de la liberté de l'enseignement.

On voit, par ces quelques citations, la position qu'avait prise l'*Avenir* vis-à-vis du Gouvernement. Ce qu'il demandait en matière d'enseignement, il le demandait en toutes choses, fidèle à sa devise : Dieu et liberté.

§ 3. — *Le procès.*

Le 26 novembre 1830, l'*Avenir* publiait, sous la signature de Lamennais, un article intitulé : « Oppression des catholiques », dans lequel le chef de l'école se surpassait.

[1] Voy. Lecanuet, *op. cit.*, p. 82.
[2] *Journal de Montalembert*, 28 novembre 1830.

Après avoir rappelé les libertés promises par la charte, et notamment la liberté religieuse et la liberté d'enseignement, il adressait aux catholiques cette audacieuse apostrophe : « Catholiques, c'était hier que, sur les débris d'une monarchie brisée par le peuple, on vous faisait, à la face du ciel, ces promesses de liberté. Comment les a-t-on tenues? » Et l'auteur rappelait les principaux incidents de la réaction anti-religieuse qui avaient marqué les mois de septembre et d'octobre 1830. Et après, Lamennais ne craignait pas de poser cette question : « Qui possède le pouvoir en France? » Il y répondait : « Un souverain qui règne en vertu du choix national, sous la garantie des serments qu'il a prêtés de respecter nos droits à tous, de maintenir la liberté religieuse et de donner la liberté de l'enseignement. Est-ce que quatre mois suffiraient pour périmer de pareils serments? Ou le Pouvoir ne peut pas, ou il ne veut pas, en ce qui nous concerne, être fidèle à ce qu'il nous a promis. S'il ne le peut pas, qu'est-ce que cette moquerie de souveraineté, ce fantôme misérable de gouvernement?.... S'il ne le veut pas, il rompt le contrat qui nous liait à lui, il déchire son titre, car nous nous tenons obligés à lui être soumis, à le soutenir, à la condition expresse qu'il tiendra lui-même ses engagements envers nous; si non, non ! »

C'est sur ce ton que Lamennais en prenait avec le roi lui-même, et il terminait en lui disant : « Nous vous obéirons tant que vous obéirez vous-même à cette loi qui vous a fait ce que vous êtes et hors de laquelle vous n'êtes rien[1] ».

C'en était trop. Lamennais fut traduit devant les assises le 31 janvier 1831, concurremment avec Lacordaire qui, le 25 novembre, avait publié un article : « Aux évêques de France », jugé injurieux par le Pouvoir.

C'était une belle tribune pour les doctrines de l'avenir. Le journal en profita.

---

[1] *Avenir*, du 26 novembre 1830. (Extraits de l'*Avenir*, t. I, pp. 195 et suivantes).

Le défenseur de Lamennais, M⁰ Janvier, dans une plaidoirie superbe, refit toute l'histoire de l'*Avenir*, développa ses tendances, exposa son programme et, suivant son expression, « déposa sur le tribunal le bilan religieux de la révolution de 1830 [1] ». Il refit l'histoire de la liberté de l'enseignement, depuis les ordonnances de juin 1828, attaqua l'Université, « cette marâtre qui veut dispenser seule la vie et la lumière aux jeunes intelligences ». Il demanda, faisant de la barre une tribune sur laquelle toutes les intelligences avaient les yeux fixés, la liberté de l'enseignement, conséquence de la liberté des opinions, de la liberté religieuse, et s'écriait en terminant la première partie de sa plaidoirie : « Laissez ceux auxquels leur divin Maître a dit : « Allez et enseignez », laissez-les dans leur indépendance, se conformer au principe, ou bien ne vous étonnez plus pourquoi ils gémissent et s'irritent ».

Et parcourant ainsi toutes les croyances de l'*Avenir*, le défenseur en rendit juge le jury, l'opinion, qui, en acquittant les deux accusés, donna à l'école menaisienne un nouveau courage pour reprendre son œuvre.

Section II. — L'agence pour la défense de la liberté religieuse.

Mais rédiger le journal n'était point une tâche suffisante pour ces âmes avides d'atteindre le but qu'elles s'étaient proposé. Parler c'était bon, agir c'était mieux, et, dès le 18 décembre 1830, les rédacteurs de l'*Avenir* avaient constitué l'Agence générale pour la défense de la liberté religieuse, qui avait pour tâche :

1º Le redressement de tout acte contre la liberté du ministère ecclésiastique par des poursuites devant les Chambres et devant tous les tribunaux ;

---

[1] *Procès de l'Avenir*. Brochure publiée par l'Agence générale pour la défense de la liberté religieuse, p. 49.

2° Le soutien de tout établissement d'instruction primaire, secondaire et supérieur, contre tous les actes arbitraires, attentatoires à la liberté de l'enseignement, sans laquelle il n'y avait plus ni Charte ni religion ;

3° Le maintien du droit qui appartenait à tous les Français de s'unir pour prier, étudier, ou pour obtenir toute autre légitime fin également avantageuse à la religion, aux pauvres et à la civilisation.

En outre, l'agence se proposait de servir de lien commun à toutes les associations locales déjà établies en France ou qui s'y établiraient dans le but de fonder une alliance mutuelle contre toutes les tyrannies hostiles à la liberté religieuse[1].

Conformément à ce programme, l'agence ouvrait des souscriptions en faveur de l'Irlande, soutenait devant les tribunaux des procès intéressant les communautés. La barre souriait à Lacordaire qui, tout jeune, y avait fait des débuts plein d'espérance et qui, prêtre, sollicita plusieurs fois l'honneur d'être inscrit au tableau de l'ordre des avocats[2].

§ 1er. — *Premières pétitions.*

L'Association ne restait pas inactive au sujet de la liberté de l'enseignement. Elle adressa d'abord à la Chambre des Pairs une première pétition dont la Commission rendit compte en ces termes, le 4 mars 1831, par l'organe du duc de Valentinois :

« MM. de Lamennais, Lacordaire, de Coux et le vicomte de Montalembert, membres du Conseil de l'Agence générale pour la défense de la liberté religieuse, sollicitent l'accomplissement des promesses faites par la Charte de 1830 au sujet de la liberté de l'enseignement. En attendant la loi

---

[1] Statuts de l'Agence générale.
[2] Voy. *Gazette des Tribunaux*, 18 juin 1831.

qui doit être proposée à cet effet, ils demandent que le Gouvernement n'entrave en aucune manière et sous aucun prétexte le droit qu'a tout citoyen français de se consacrer à l'enseignement et d'établir des maisons d'éducation, sauf la répression des délits et des crimes prévus par le Code pénal.

« Une Commission a été récemment nommée pour préparer un projet de loi d'organisation générale de l'instruction publique. L'ordonnance qui institue cette Commission a été publiée dans le *Moniteur* du 5 février 1831.

« La question que l'on traite ici d'une manière large, animée et peut-être un peu tranchante est sans nul doute une de celle qui importe le plus à la société tout entière. De la solution qui lui sera donnée dépend le sort des familles, celui des générations, la destinée des peuples.

« L'Université jouira-t-elle encore de la domination qui lui sera confiée? Son pouvoir sera-t-il seulement restreint? La liberté d'enseignement ne sera-t-elle soumise à aucune responsabilité? N'y aura-t-il aucun examen préalable de capacités?

« Le Gouvernement restera-t-il sans droits comme sans devoirs, devant la génération qui s'élève? Restera-t-il indifférent aux maximes, aux principes, aux opinions dont il est si facile de frapper la première enfance et qui décident en général du sort de l'âge mûr?

« Telles sont les graves questions que présentent à vos méditations les pétitionnaires, questions qu'il n'appartient pas à la Chambre de résoudre en ce moment. Le Gouvernement a rempli ses devoirs en chargeant une Commission de préparer une loi sur l'organisation de l'instruction publique. Ce n'est pas tout de marcher vite, il faut marcher bien. C'est sans doute le désir des pétitionnaires, comme c'est le devoir du Gouvernement.

« La Commission a l'honneur de vous proposer le renvoi de la pétition au dépôt des renseignements et à la future Commission qui sera nommée lors de l'examen de la loi sur l'instruction publique[1]. »

Le 8 mars une discussion assez courte s'engagea; le Ministre de l'Instruction publique, M. Barthe, reconnut la nécessité de la liberté de l'enseignement et promit de déposer, dans un délai très bref, un projet à ce sujet.

Le comte de Montalembert, père de Charles, membre de l'Agence, intervint, démontra encore une fois la nécessité de la liberté d'enseignement, corollaire indispensable de la liberté religieuse, et de la reconnaissance de laquelle dépendaient le bonheur des familles et le maintien de l'autorité paternelle[2].

Une deuxième pétition à laquelle paraît étrangère l'action de l'Agence, fut envoyée à la Chambre des députés et vint en discussion le 16 avril 1831. Le rapporteur, M. de Tracy, ne déguisa point son adhésion[3].

« Messieurs vous sympathiserez avec les vœux exprimés dans la pétition que vous venez d'entendre, vous ne voudrez pas que lorsqu'on sent la nécessité de relever et de propager l'instruction, une véritable amende soit imposée au désir, au besoin de s'instruire, enfin vous ne souffrirez pas que le fisc, comme une plante parasite, continue à s'attacher aux palmes de la science pour les flétrir et les dessécher. » Le député Bizien du Lézard fut assez dur pour l'Université.

« Exiger que les collèges particuliers, les institutions et pensions soudoient les pédants du ministère, c'est faire injure à la dignité de l'homme....... La liberté de l'enseignement est désormais un droit acquis à tous les Français, c'est une des solennelles promesses de la Charte nouvelle, par conséquent une des conditions essentielles de l'existence

---

[1] 4 mars 1831, Chambre des Pairs. *Archives parlementaires*, t. LXVII, pp. 413-414.

[2] 8 mars, id., pp. 479-486.

[3] 16 avril 1831, Chambre des Députés. *Archives parlementaires*, t. LXVIII, p. 658.

du Gouvernement qui nous régit..... Si le pouvoir exécutif se permettait une action aussi inconstitutionnelle, il trahirait ses serments et se rendrait coupable d'une de ces agressions auxquelles la nation sait opposer les efforts d'une énergique résistance. »

§ 2. — *L'École libre.*

Malgré toutes les promesses du Gouvernement, les sympathies des rapporteurs de pétitions, le monopole de l'Université subsistait et rien ne faisait prévoir le jour de son abolition.

Bien mieux, il existait à Lyon un vieil usage en vertu duquel les enfants pauvres destinés au service de l'Église recevaient les premiers éléments des lettres dans ses écoles appelées « manécanteries », spécialement surveillées par le curé de chaque paroisse. Le 29 mars 1831, M. de Montalivet, ministre de l'Instruction publique, prescrivait la fermeture de ces établissements.

Aussi les membres de l'Agence qui avaient écrit : « La liberté ne se donne pas, elle se prend [1] », Lamennais qui, quelque douze ans auparavant, avait conseillé la fondation d'écoles libres au nom de la charte de 1814, décidèrent-ils de mettre le Gouvernement aux prises avec l'opinion qui les avait soutenus déjà une fois contre le roi en les acquittant le 31 janvier 1831.

Le 29 avril, l'*Avenir* publiait un prospectus signé de Lamennais, Bailly de Surcy, C. de Coux, Gerbet, Lacordaire et Montalembert.

Cette publication interprétait la promesse de la Charte visant la liberté de l'enseignement. Ce n'était point, disait-il, une concession future venue du Roi, c'était la France qui avait non pas créé cette liberté — elle existait déjà — mais qui l'avait proclamée, « qui l'avait prise », suivant son

[1] *Avenir*, des 15, 18, 31 octobre 1830.

expression. « Nous n'avons rien de mieux à faire, continuaient les signataires de ce prospectus, que de faire comme elle, et d'en user largement selon nos besoins. Que chacun fasse comme nous et décharge sa conscience. L'Université poursuit la liberté d'enseignement jusque dans les enfants de chœur, eh bien, nous voulons la mettre aux prises avec des hommes[1]. » Et, en terminant, l'Agence annonçait qu'elle fondait une école gratuite d'externes sans l'autorisation de l'Université, rue des Beaux-Arts, n° 3 ; elle indiquait son programme, le nom des instituteurs, MM. de Coux, Lacordaire, Montalembert, et les heures des classes.

L'Agence ne prétendait point se cacher. Elle fit apposer sur les murs de la capitale une affiche annonçant le jour d'ouverture de l'école. Le 7 mai, elle écrivait au préfet de police pour lui donner avis de sa résolution et, le 9 mai, la première école libre fut ouverte.

Lacordaire fit un discours d'ouverture dans lequel il déclarait prendre possession de la liberté de l'enseignement en vertu du droit naturel d'abord, en vertu du droit de l'Église ensuite, en vertu de la Charte, enfin.

Le lendemain, les classes commencèrent. La leçon du matin ne fut point troublée, mais le soir, un commissaire de police se présenta et exhiba une commission rogatoire du juge d'instruction ordonnant la fermeture de l'école.

Les trois instituteurs improvisés rédigèrent alors une protestation dans laquelle ils invoquaient les articles 5, 69 et 70 de la Charte, d'autre part, l'illégalité des décrets universitaires, et déclaraient qu'ils continueraient à user de leur droit jusqu'à ce qu'ils en eussent été empêchés par la force.

Procès-verbal fut dressé par le représentant de la force publique qui se retira après l'accomplissement de cette formalité.

---

[1] *Procès de l'École libre.* Brochure publiée par l'Agence générale pour la défense de la liberté religieuse, p. 4.

Le 11 mai, le commissaire de police se présenta de nouveau au siège de l'école et mit à exécution une nouvelle ordonnance du juge d'instruction prescrivant la fermeture de l'établissement.

Dix-huit élèves étaient présents. Ils furent contraints de se retirer. Lacordaire, dont c'était le domicile, protesta de nouveau contre l'expulsion dont il était l'objet lui-même. Les scellés furent apposés.

La généreuse initiative de l'Agence religieuse allait être jugée par l'opinion d'abord, par la justice ensuite.

§ 3. — *La presse et l'école libre.*

La presse française de 1831 pouvait se diviser en deux grandes classes : la presse dynastique, la presse légitimiste ; à côté d'elles paraissaient d'autres feuilles appartenant à des opinions multiples.

La première, représentée par le *Journal des Débats*, le *Constitutionnel* et le *Courrier Français*, était presque tout entière favorable à la liberté de l'enseignement.

Le *Constitutionnel*, rendant compte de l'ouverture de l'école libre ajoutait ce simple commentaire : « Ce différend fâcheux fait sentir toute l'urgence de la loi promise sur l'instruction publique et qui, sans doute, sera présentée à la prochaine session[1]. »

Le *Courrier Français* qui passait pour recevoir des ordres de M. Thiers remarquait « qu'il est fâcheux pour le Gouvernement d'avoir à disputer encore aux citoyens une des libertés promises en Juillet. Il semble que durant la longue session qui vient de finir on aurait eu le temps de s'occuper d'un objet aussi pressant que l'instruction ». Bien plus, il prenait le parti de Lacordaire. « Ce qui passe toute permission, disait-il, ce qu'on ne sait de quel nom qualifier, c'est qu'un citoyen paisible ait été, par la force, expulsé de son

---

[1] *Procès de l'École libre*, p. 20.

domicile parce qu'il enseignait. C'est une violation arbitraire d'un droit sacré contre laquelle tous les amis de la liberté ne sauraient protester avec trop de force. »

Enfin le *Courrier Français* trouvait que MM. Lacordaire, de Coux et de Montalembert avaient fait une action louable, généreuse, en dévouant leurs talents et leurs veilles à l'enseignement gratuit des enfants pauvres. S'ils encourent les condamnations de la police correctionnelle, ils auront l'estime des gens de bien. La publicité des débats fera voir ce que c'est que les privilèges de cette Université vermoulue qui signale par des persécutions les derniers restes de son existence.

Le *Temps* était, au point de vue qui nous intéresse, l'allié du *Courrier Français* : N'eût-il pas été convenable, disait-il, de fermer les yeux sur l'établissement des écoles où l'on ne s'écarterait pas des principes de la saine morale?... Puisque le principe du droit libre d'enseignement n'est pas douteux, il y aurait bon esprit et bon goût à faire d'avance des concessions auxquelles il faudra bien se résigner plus tard[1]. »

Tout autre était le langage du *Journal des Débats*[2]. Cela s'explique de la part de la feuille ministérielle :

« Il est bien vrai, dit-il, que nous nous sommes toujours et de toutes nos forces prononcé en faveur de la liberté de l'enseignement..... il est bien vrai que nous avons toujours repoussé le monopole universitaire, parce que le monopole de l'Université est contraire au principe de la liberté, mais... nous voulons de la liberté par une loi et une liberté établie par les trois pouvoirs de l'État et non par un premier venu auquel il prendrait fantaisie d'avoir une école. Tant que la loi existe, chacun lui doit obéissance. Obéissez donc d'abord, ensuite raisonnez sur la contradiction de cette loi : accusez-là d'être contraire à la liberté, dites qu'elle est en arrière sur

---

[1] *Procès de l'École libre*, p. 16.
[2] Id., p. 17.

l'esprit du siècle, mais jusque-là, il n'y a pas lieu à résistance, il y a seulement lieu à critique. Nous n'aimons pas qu'on commence par résister à une loi pour savoir si on en a le droit ; nous n'aimons pas cette manière d'anticiper sur les décisions souveraines des pouvoirs législatifs et de défier l'autorité de faire respecter une loi, tant mauvaise que soit cette loi[1]. »

La presse dynastique était, on le voit par ces citations, divisée sur l'appréciation de la tentative de l'école libre. Mais toutes les feuilles reconnaissaient la nécessité de la proclamation de la liberté.

La *Quotidienne,* organe légitimiste, félicitait lui aussi les « maîtres d'école ». « La démarche tentée, disait-elle, tous les vrais amis de la liberté doivent la soutenir, parce qu'elle est faite dans la vue du bien public et de la liberté d'enseignement si nécessaire à conquérir au profit de l'avenir... Ce sont des citoyens généreux dont il faut conserver les noms, parce qu'ils n'ont pas craint de s'exposer aux suites que peut avoir cette noble tentative. Ce dévouement de MM. Lacordaire, de Coux et Montalembert n'aura pas été inutile à la noble cause que nous soutenons tous..... nous avons la conviction d'un dénouement prochain et salutaire sur cette question[2]. »

Les autres journaux publiés en 1830 avaient des opinions variées qui ne rentrent pas dans les deux grandes classes que nous avons indiquées.

Le *Globe,* organe du Saint-Simonisme, devait encourager l'essai que l'Agence avait tenté en faveur de l'instruction des pauvres : « Les membres de l'Agence, en consacrant leurs efforts à l'instruction de la classe pauvre et en s'exposant aux avanies du pouvoir, se sont acquis des droits incontestables à l'estime et aux encouragements de tous les hommes généreux qui désirent que le peuple aussi prenne sa part de

---

[1] *Journal des Débats,* numéro du 14 mai 1831.
[2] *Procès de l'École libre,* p. 26.

ce lot de science et d'instruction, aveuglément réparti par le hasard de la naissance entre quelques privilégiés qui n'en savent pas même tirer parti[1]. »

La feuille bonapartiste elle-même, *La Révolution de 1830*, « déclarait qu'elle manquerait à ses principes si elle refusait de prêter son concours aux tentatives de ceux qui prennent de bonne foi ainsi qu'elle-même pour devise : Vérité et liberté[2] ».

« L'incursion de la police dans le domicile d'un citoyen, ces enfants enlevés des bancs de l'école, cet homme arraché de force à sa chaire d'instituteur, tout cela était pour le *Journal des Communes*, étroit et mesquin, d'un égoïsme à flétrir l'âme, d'une petitesse à serrer le cœur. Nos intérêts ou nos sympathies, ajoutait-il, ne sont pas les seules règles de nos devoirs; et lorsque nous défendons la liberté, ce n'est pas parce qu'elle peut être utile à nous ou à nos amis, c'est parce qu'elle est un bien pour tous, une propriété appartenant à tous[3]. »

Enfin, le *Courrier de l'Europe* félicitait les auteurs de cette « noble entreprise » et engageait les vrais amis de la liberté à agir en faveur de la liberté de l'enseignement.

La presse et l'opinion applaudissaient presque tout entières à l'ouverture de l'école libre.

Quelle que dût être l'issue du procès intenté aux rédacteurs de l'*Avenir*, leur cause était gagnée devant l'opinion.

§ 4. — *Le procès de l'École libre.*

La justice, comme bien l'on pense, s'occupa de ce qu'on appelait déjà à cette époque « l'affaire de l'École libre ».

L'école avait été fermée le 11 mai; le 15, les prévenus MM. de Coux, Henri Lacordaire et Ch. de Montalembert

---

[1] *Procès de l'École libre*, p. 20.
[2] Id., p. 21.
[3] Id., p. 14.

comparurent devant le juge d'instruction et furent cités par devant le tribunal correctionnel le 3 juin suivant. Les défenseurs choisis étaient Mes Frémery et Lafargue, du barreau de Paris.

A. *Devant les tribunaux de droit commun.*

Des conclusions d'incompétence furent déposées et Lacordaire, dans un mémoire signé des trois prévenus, expliquait les causes de ce déclinatoire.

« L'acte que nous avons commis n'a point été une contravention à de simples règlements de police, mais une attaque ouverte à un corps constitué de l'État, quoique illégalement constitué selon nous, une protestation politique contre son existence, un appel à la France pour qu'elle ait à prendre garde que sa volonté suprême ne soit méconnue en un point qui est la condition de ses serments.....

« Ensuite nous réclamons le jury, parce que le jury est la magistrature naturelle de la Société. Enfin la cause que nous avons à défendre est la cause de tous les pères de famille, la cause des pauvres, la cause des hommes qui gémissent de n'avoir reçu qu'une incomplète éducation, la cause du peuple. D'où vient que nous ne souhaiterions pas que les pères de famille, les pauvres, le peuple en un mot, la jugeât? Et certainement nous le souhaitons, nous avons envie de voir devant des citoyens pris au hasard cette Université qui a eu vingt ans pour conquérir l'amour des familles. Qu'a-t-elle à craindre ? Si elle a bien mérité de la France elle doit désirer plus que nous que nos concitoyens interviennent dans le débat. »

Cette déclaration était franche, loyale. Était-elle bien juridique?

Les prévenus s'appuyaient :

1º Sur l'article 69 de la Charte promettant de déférer au jury les délits politiques ;

2º Sur la loi du 8 octobre 1830 dont l'article 6 attribuait la connaissance des délits politiques à la cour d'assises. Ils prétendaient que l'acte qu'ils avaient commis était un délit politique. Qu'est-ce donc, ou plutôt qu'était-ce donc en 1831 qu'un délit politique :

L'article 7 de la loi de 1830 réputait délits politiques, les crimes et délits prévus et punis :

1º Par les articles 75 à 108 du Code pénal (crimes et délits contre la sûreté de l'Etat) ;

2º Par les articles 109 à 131 (crimes et délits contre la Charte constitutionnelle) ;

3º Par les articles 201, 202, 203, 207, 208 (troubles apportés à l'ordre public par les ministres du culte) ;

4º Par les articles 291 et suivants (associations et réunions illicites) ;

5º Par l'article 9 de la loi du 25 mars 1822 (enlèvement des insignes de l'autorité, port public de signes extérieurs de ralliement, exposition de symboles séditieux).

On voit d'après cette énumération que le caractère de délit politique est attribué à des faits qui n'ont nullement ce caractère. La question se posait donc de savoir si l'article 7 était limitatif ou énonciatif. Ce second parti n'était pas soutenable en face des débats parlementaires. En effet, si on lit attentivement les rapports des commissions et spécialement le rapport de M. de Martignac à la Chambre, on verra qu'on a voulu faire un texte limitatif, « de façon que rien sur cette grave matière ne soit livré à l'arbitraire [1] ».

Quoi qu'il en soit, les prétentions des prévenus étaient de faire dire par le tribunal que l'article 7 était énonciatif et que, il y avait dans les circonstances qui avaient entouré l'ouverture de l'école libre, les caractères du délit politique.

Le Ministère public combattit ce système, mais le tribunal rendit un jugement admettant le système de la défense ainsi conçu :

« Attendu que.... (sans intérêt) ;

---

[1] Voy. *Moniteur* des 19 septembre et 8 octobre 1830.

Attendu que l'article 7 de la loi précitée est démonstratif et non limitatif ;

Attendu que les circonstances qui ont précédé, accompagné et suivi les faits imputés aux prévenus, leur donnent tout le caractère d'un délit politique, dans le cas où il serait reconnu que le délit existe ;

Le tribunal se déclare incompétent et renvoie l'affaire devant les juges qui doivent en connaître [1]. »

C'était un premier succès.

Mais le Ministère public ayant fait appel de cette décision, ce fut le 17 juin que les prévenus eurent à comparaître devant la Cour de Paris.

Me Lafargue plaida la confirmation du jugement dont l'avocat général avait demandé l'infirmation, et il fit remarquer combien dans cette affaire l'Université avait vu le terrain se dérober sous elle. Il s'agissait entre les prévenus et elle de prendre pour juge le pays : l'Université récuse le pays et l'opinion.

« ..... L'appel interjeté au nom de l'Université est déjà un triomphe immense, car que lui demandions-nous ? De soumettre nos débats à douze pères de famille, pris au hasard. Elle s'y refuse. Eh bien ! il lui restera la honte de de s'être défié du jugement des pères de famille, et nous l'honneur de l'avoir provoqué. »

La Cour, il fallait s'y attendre, cassa le jugement, « considérant que la loi du 8 octobre 1830, intervenue en exécution de la Charte, a fixé d'une manière explicite et formelle, et non pas seulement démonstrative, les délits qui doivent être réputés politiques....., que le fait imputé aux prévenus ne se trouve pas classé parmi ceux que l'article 7 de la loi du 8 octobre 1830 répute délits politiques, que d'ailleurs l'intention présumée et même déclarée dans laquelle un délit aurait été commis ne peut donner à ce délit un caractère autre que celui qui lui est attribué par la loi ».

---

[1] *Gazette des Tribunaux* du 4 juin 1831.

C'était le 28 juin que l'affaire devait venir sur le fond. Mais le 27 le Procureur général recevait de Charles de Montalembert l'avis que le comte de Montalembert étant mort, le jeune prévenu était investi de la dignité de pair de France et que la Chambre des Pairs seule était compétente pour connaître du délit reproché aux trois instituteurs du 9 mai.

A l'audience du 28, le Ministère public demanda à la Cour de passer outre aux débats, « la mort du comte de Montalembert n'étant pas parvenue régulièrement à la connaissance des magistrats » et, par défaut, la Cour condamna Lacordaire, de Coux et Montalembert à 100 francs d'amende.

On comprend mal cette hâte de la répression en face d'une tombe encore ouverte. Quoi qu'il en soit, opposition fut formée contre l'arrêt du 28 juin, et malgré les conclusions du Ministère public, la Cour se déclara incompétente et renvoya les prévenus devant la Chambre des Pairs.

B. *Devant la Cour des Pairs.*

La cause de la liberté de l'enseignement se trouvait transportée devant l'une des Chambres législatives. C'était une belle tribune.

Le roi rendit, le 19 août, une ordonnance convoquant la Cour des Pairs et le 15 septembre celle-ci tint une première audience à huis-clos, afin de délibérer sur sa compétence.

Plusieurs questions devaient en effet être résolues par elle avant tout jugement:

1º Le comte de Montalembert est-il pair de France et peut-il réclamer avant son admission les immunités de la pairie ?

2º Un pair poursuivi pour un délit correctionnel peut-il être justiciable des tribunaux ordinaires ou doit-il être jugé par la Cour des Pairs ?

3º Un citoyen lésé par le fait d'un pair, pourra-t-il porter plainte devant la Cour des Pairs et s'y porter partie civile ?

4° Un pair contre lequel un premier jugement aura été rendu pourra-t-il saisir la Chambre des Pairs et obtenir que la Chambre se constitue en Cour de justice pour statuer sur une affaire intentée devant un tribunal incompétent à l'origine de l'affaire ou qui le serait devenu depuis l'instance commencée ?

Tous les pairs n'étaient point favorables à la compétence de la Cour. Nous en avons le témoignage par la publication récente des *Souvenirs* du Baron Mounier (1896).

« 15 septembre. Aujourd'hui la Chambre des Pairs s'est réunie en Cour de Justice pour l'affaire de M. de Montalembert.

« M. de Cazes a élevé des doutes sur la compétence, sous prétexte qu'il ne s'agissait pas même d'une affaire correctionnelle, d'un délit, mais d'une simple contravention, et Bastard a défendu la plénitude de la juridiction de la Chambre sur ses membres en cas d'accusation de crimes ou délits.

« M. Pontécoulant a attaqué alors autrement. Il a dit que le droit de juger ses membres était donné à la Chambre comme garantie de l'indépendance ; qu'ainsi avec les fonctions commençait et cessait le forum particulier. M. de Montalembert est pair ; mais il n'est justiciable de la Chambre que quand il siégera.

« Son argumentation est assez brillante et son exposition facile. Je lui ai répondu....

« J'ai insisté sur la solidarité du corps, sur la nécessité de conserver sa dignité, sa considération et, dans l'intérêt de l'action attribuée à la Chambre pour l'avantage public, sur ce qu'un pair, arrêté quelques jours avant ses 30 ans, se trouverait enlevé à la Chambre [1]. »

La Cour se déclara compétente [2] et le 19 septembre eut lieu le grand débat attendu si impatiemment par tous, amis et adversaires de l'Université.

---

[1] *Souvenirs intimes*, Notes du baron Mounier, 1896, p. 36.
[2] Voy. l'Arrêt, *Gazette des Tribunaux*, numéro du 22 septembre 1831.

Le Procureur général, M. Persil, soutint l'accusation, il ne cacha point « que, en invoquant le monopole universitaire, il s'appuyait d'une législation expirante, dont-il hâtait de tous ses vœux la prompte abrogation ».

Toute son argumentation fut de soutenir que le décret du 17 mars 1808 était constitutionnel, légal, et que le décret du 15 novembre 1811 n'était point frappé d'illégalité comme le prétendait la défense.

Le représentant du roi fut « comme d'ordinaire, dur, aigre, maladroit, sans talent », nous dit un assistant[1] peu favorable aux prévenus, comme nous le verrons dans un instant.

M. Frémery prit le premier la parole. Il soutint que les décrets impériaux avaient été abrogés par des ordonnances, par leur non exécution et par les principes de liberté introduits par la Charte de 1814.

Puis M. Lafargue, abandonnant tout à fait le côté juridique des décrets, plaça la question sur un terrain plus élevé.

« Ce ne sont pas les accusés, c'est la liberté d'enseignement que vous êtes appelés à condamner ou à absoudre... j'ai pour mission de démontrer que la liberté d'enseignement n'est pas une expectative, mais un droit acquis, et qu'elle est une conséquence de notre droit public ; que sans cette liberté, la Charte ne serait point une vérité, qu'enfin du jour où le principe de la liberté d'enseignement a été proclamé, l'Université a perdu le droit exclusif de donner l'éducation. »

Nous ne suivrons pas le défenseur dans tous ses développements. Il insista sur l'article 7 de la Charte qui autorisait les Français à publier et à faire imprimer leurs opinions, et sur l'article 69 qui promettait la liberté d'enseignement. Il développa cette idée que les droits politiques promis dans l'article 69 avaient leur fondement dans le droit naturel, qu'ils existaient et avaient une vie réelle au moment même où ils étaient reconnus.

---

[1] *Souvenirs* du baron Mounier, p. 37.

Enfin il s'appuya sur l'article 70 de la Charte qui abrogeait les dispositions contraires des lois et ordonnances antérieures.

Après les plaidoiries de leurs défenseurs, qui avaient montré « assez de chaleur [1] », les trois accusés prirent successivement la parole. Montalembert s'éleva contre l'Université comme jeune homme, comme Français, comme catholique. Son discours [2], très digne, fit sur les Pairs une grande impression ; plusieurs d'entre eux vinrent lui serrer la main ; de ce nombre était MM. de Brezé, de Béranger, de Sesmaisons. « Les uns souriaient à cette éloquence pleine de verdeur comme un aïeul à la vivacité généreuse et mutine du dernier enfant de sa race [3] » ; les autres le regardant « comme un jeune homme fanatisé [4] », le trouvaient « amer, sarcastique ayant beaucoup d'incohérence, de radicalisme et de catholicisme [5] ».

M. de Coux [6] fit sensation quand il qualifia Louis-Philippe de « roi provisoire ». Quant à Lacordaire, dans sa réplique à M. Persil, qui avait jugé bon de répondre aux deux premiers accusés, il fut superbe ; c'est à cette occasion qu'il prononça le fameux discours si connu et si beau : « Nobles pairs, je regarde et je m'étonne [7]..... ! »

« Il surprit et captiva un auditoire difficile, et, de plus, fatigué et prévenu, en accablant son violent et agressif adversaire (M. Persil, avocat général) de la supériorité d'une passion vraie et toute intellectuelle sur une passion banale et toute physique [8]. »

---

[1] Baron Mounier, *op. cit.*, p. 37.
[2] Voy. *Arch. parl.*, t. LXIX, p. 698.
[3] Duc de Broglie, *Discours de réception à l'Académie Française.*
[4] *Journal de Montalembert,* 19 septembre 1831.
[5] Baron Mounier, *op. cit.*, p. 37.
[6] *Arch. parl.,* t. LXIX, p. 705.
[7] Id., p. 713. Voy. P. Chocarne, *Vie du P. Lacordaire,* t. I, p. 125.
[8] Nettement, *Histoire de la Littérature Française sous le Gouvernement de Juillet,* t. I, p. 321.

Les trois maîtres d'école furent condamnés au minimum, 100 francs d'amende, mais l'opinion les avait absous, et Lacordaire put dire déjà de cette défaite cette parole de Montaigne qu'il eut plus d'une occasion de citer dans la suite : « Il y a des défaites triomphantes à l'envi des victoires ».

« Cent francs d'amende! c'était acheter à bien bon compte l'honneur et l'avantage d'avoir contraint l'opinion publique à s'occuper d'une question vitale pour notre cause, et les catholiques à reconnaître le seul terrain où il pouvait leur être donné de vaincre un jour[1]. »

Ce procès de l'école libre eut sur l'opinion un effet très retentissant. Il popularisa l'idée de la liberté de l'enseignement, excita le zèle des catholiques militants, et, grâce aux efforts de l'Agence, l'on vit un grand nombre de pétitions être déposées sur le bureau de la Chambre des Députés.

§ 5. — *Action de l'Agence.*

Lors de la discussion des pétitions[2], à la veille du grand débat devant la Chambre des Pairs, le Ministre de l'Instruction publique déclarait qu'il aimait cette liberté autant que qui que ce fût, et que le projet qui devait être présenté aux Chambres dans le courant de la session la proclamerait d'une façon certaine.

Plusieurs milliers de pétitions furent encore envoyées au Parlement, et M. de Cormenin, le rapporteur de la Commission, fit, le 13 septembre 1831, le procès en règle du monopole[3].

Il constatait la décadence des collèges, déplorait l'asservissement dans lequel les particuliers étaient tenus par suite du monopole, et assurait que lorsque l'enseignement serait libre, l'émulation des écoles particulières réveillerait les établissements universitaires de leur engourdissement.

---

[1] Montalembert. *Le P. Lacordaire*, p. 37.
[2] *Arch. parl.*, t. LXIX, p. 512.
[3] *Arch. parl.*, t. LXIX, p. 568.

Nous avons dit que l'Agence générale, pour la défense de la liberté religieuse, avait pris en main la cause de la liberté de l'enseignement ; il faut entrer à ce sujet dans quelques détails pour montrer tout ce qui fut fait à cette époque et pour dépeindre aussi exactement que possible les différentes phases de la lutte entreprise contre le monopole universitaire.

La tâche sur ce point nous est facile, car l'Agence publia deux rapports sur « ses opérations » ; rapports où elle faisait connaître longuement tout ce qu'elle avait fait. La lecture de ces deux courtes brochures est intéressante à plus d'un titre, et on ne peut qu'admirer les hommes dont les convictions ardentes ont fait entreprendre une campagne héroïque en faveur de la liberté [1].

« Les circonstances et l'urgence des besoins des fidèles (lit-on dans le premier compte rendu, daté d'octobre 1831) ont déterminé l'Agence générale à diriger principalement ses efforts vers la conquête de la liberté de l'enseignement, cette précieuse liberté, base et garantie de toutes les autres [2]. » Puis, mentionnant les divers actes qu'elle a inspirés, l'Agence rend compte : 1º de la pétition adressée à la Chambre des Pairs, dont nous avons longuement parlé plus haut ; 2º des 270 pétitions revêtues de quinze mille signatures, transmises à la Chambre des Députés, et dont le sens fut si complètement approuvé par le rapporteur, M. de Cormenin ; 3º de la superbe tentative de l'École libre ; 4º enfin, elle indique qu'elle soutient de tout son pouvoir « deux généreux citoyens de l'Ile d'Albi (Tarn), MM. Turle et Boudin, qui, pleins de zèle pour Dieu et la liberté, ont ouvert une école libre dans cette ville, et qui invoquent le jugement du jury [3] ».

« Enfin, l'Agence générale croit pouvoir se rendre le témoi-

---

[1] Rapport sur les opérations du 1ᵉʳ semestre 1831, avril-octobre, p. 2.
[2] Id., p. 2.
[3] Id., p. 5.

gnage d'avoir, grâce au zèle de ses frères en la foi, plus fait pour accélérer la conquête de la liberté de l'enseignement, pendant les six mois qui viennent de s'écouler, que n'en avaient fait les catholiques et les libéraux depuis sa confiscation au profit du Pouvoir. »

L'Agence soutenait donc les citoyens qui, au nom de la Charte et en violation des règlements universitaires, ouvraient des écoles libres.

C'est que, une des conséquences de l'ouverture de l'école libre avait été, je l'ai déjà dit, de stimuler le zèle des catholiques.

Chaque jour, dans la plupart des ressorts, s'élevaient des écoles non autorisées. Cela était si vrai que, le 19 octobre 1831 [1], le Ministre de l'Instruction publique, M. de Montalivet, adressait aux recteurs une circulaire pour inviter ces fonctionnaires à agir avec vigueur. « De semblables établissements, ainsi placés hors du droit commun, sont de véritables abus, disait-il,... ces écoles portent un préjudice notable aux instituteurs régulièrement autorisés. La loi subsiste et l'autorité a le droit de la maintenir, et, il n'y a pas lieu de s'arrêter aux prétextes dont on a essayé de couvrir ces entreprises illégales. » Enfin, le Ministre priait le recteur de lui faire connaître immédiatement les délinquants.

L'autorité ne voulait donc pas, on le voit, partager son monopole.

Le second rapport, paru en 1832 [2], nous renseigne sur les intentions dans lesquelles se trouvaient les membres de l'Agence, après le procès de l'École libre.

« Le Conseil de l'Agence a cru devoir attendre que la présente session des Chambres fût terminée avant d'ouvrir de nouvelles écoles sur le modèle de l'école libre. Il a suffisamment prouvé qu'il ne reculerait devant aucun obstacle tant

---

[1] Circulaires et instructions officielles du Ministre de l'Instruction publique, t. II, p. 40.

[2] Aux bureaux de l'Agence.

que la liberté de la famille resterait à conquérir. Mais il veut se prévaloir devant nos magistrats d'un nouveau moyen, et une seconde session passée sans que la liberté d'enseignement ait été législativement proclamée, lui permettra ensuite de soutenir que le plus bref délai voulu par la Charte est enfin expiré[1]. »

Les agents généraux se proposaient d'établir dans chacune des parties de la France avec laquelle ils étaient en correspondance[2], une école libre « et le secours des plus éloquents avocats de France sera invoqué afin de donner le plus grand éclat aux trois procès qui naîtront de cette triple prise de possession de la liberté de l'enseignement[3] ».

Le rapport insistait longuement sur l'illégalité du monopole et donnait le plan des attaques qu'elle préparait contre lui.

D'abord, il fallait adresser des pétitions au Parlement. « Les 379 pétitions présentées par l'Agence restent méprisées sur le bureau de la Chambre élective ; pour être aperçues sur ce bureau, il faut qu'elles l'écrasent de leur poids, et certes ce serait folie d'espérer pour elles l'honneur même d'un rapport tant que la masse ne montrera point aux mandataires de la France la condition mise à leur réélection[4]. »

Il faut ensuite soutenir des procès contre le monopole et créer des écoles libres. Si les catholiques secondent ainsi les actions judiciaires que provoquera l'Agence, le monopole

---

[1] 2ᵉ Rapport, p. 6.

[2] On sait que la France était divisée en trois grands diocèses. Le Nord et une partie de l'Ouest étaient confiés à Lacordaire. Le Midi à Montalembert. L'Est et le Centre à M. de Coux. Les trois agents, par une correspondance incessante, étaient mis au courant des moindres faits intéressants la liberté religieuse et essayaient, d'autre part, « de renouer les liens de religieuse et fraternelle union qui enserraient autrefois le monde et que les malheurs des derniers siècles ont si cruellement relâchés » (Montalembert).

[3] 2ᵉ Rapport, p. 6.

[4] 2ᵉ Rapport, p. 9.

de l'enseignement à la fois attaqué devant les tribunaux et assiégé à la Chambre élective disparaîtra comme un de ces donjons du moyen âge qu'abattait l'indignation de nos pères, lorsque des crimes inouïs en avaient souillé les voûtes ténébreuses.

Pourquoi n'avons-nous pas assisté à de nouveaux débats devant les tribunaux au sujet de la création d'écoles libres. Les trois maîtres d'école auraient-ils reculé? Non. Mais l'*Avenir* venait de suspendre sa publication, puis quelques mois après, l'encyclique « Mirari vos » condamnait l'*Avenir*. Lamennais se séparait de l'Église, drapé dans son orgueil insensé, Lacordaire et Montalembert, brisés, s'inclinaient sous la condamnation du chef de l'Église et paraissaient après cet acte d'humilité admirable, plus nobles et plus grands.

La cause de l'*Avenir* semblait perdue. « Et cependant moins par leur proche penchant que sous la pression des circonstances, Lacordaire et Montalembert allaient bientôt entrer en campagne avec le mot d'ordre de l'*Avenir* : Dieu et liberté, et cette fois ils allaient rallier autour d'eux la plupart de leurs adversaires de la veille [1]. »

Nous les verrons à l'œuvre dans la deuxième partie de cette période.

[1] Anatole Leroy-Beaulieu. *Les Catholiques libéraux depuis 1830.* p. 130.

CHAPITRE III.

Les projets de 1831.

Le 24 octobre 1831, le Ministre se présentait enfin devant la Chambre des Députés avec un projet sur l'enseignement primaire. « Nous avons dû, disait le rapport, proclamer le principe de la libre concurrence. La Charte d'ailleurs a proclamé la liberté d'enseignement et cette promesse de notre pacte fondamental nous a parue aussi inviolable que toutes les autres ; mais frappé de cette vérité que l'instruction du peuple est une œuvre nationale, nous avons dû, tout en admettant la libre concurrence, organiser l'instruction primaire communale d'une manière durable, permanente et ne pas l'abandonner aux chances de l'industrie particulière, à des efforts partiels et isolés qui manquent presque toujours de résultats parce qu'ils manquent d'avenir [1]. »

Les articles du projet de loi intéressant la liberté de l'enseignement doivent être signalés.

Titre III. — Des écoles primaires privées.

Art. 8. — Toute association qui se propose de former des instituteurs et des institutions primaires devra être autorisée par une ordonnance royale rendue en Conseil d'État et insérée au *Bulletin des lois*. Cette formalité remplie, elle aura l'administration immédiate des établissements qu'elle aura fondés, sans préjudice de la surveillance légale.

Art. 9. — Le Comité gratuit d'instruction primaire a droit d'inspection sur les écoles tenues par des particuliers. Il doit les surveiller sous tous les rapports de la salubrité,

---

[1] *Arch. parl.*, t. LXXI, pp. 62 et suivantes.

de l'ordre public et des mœurs. Il transmettra ses renseignements au ministère public dans les cas prévus par les articles 12 et 13 de la présente loi. Toutes ses délibérations sont transmises au Préfet et au Recteur.

Art. 10. — Tout individu âgé de 18 ans au moins et jouissant des droits civils pourra exercer la profession d'instituteur primaire, sous la condition de présenter au maire de la commune où il voudra exercer et de faire viser au nom de la loi :

1° Un brevet de capacité obtenu après examen public devant une commission de trois membres, formée annuellement dans chaque chef-lieu de département par le Recteur de l'Académie ;

2° Des certificats de bonne vie et mœurs délivrés sur l'attestation de trois conseillers municipaux, par le maire de la commune ou des communes où il aura résidé depuis trois ans.

Art. 11. — Sont incapables de tenir école :

1° Les condamnés à des peines afflictives ou infamantes ou emportant la dégradation civique ;

2° Les condamnés en police correctionnelle pour vol, escroquerie, banqueroute simple, abus de confiance ; pour soustractions commises par des dépositaires publics et pour attentats aux mœurs.

Art. 12. — Tout individu qui, sans avoir rempli les formalités prescrites par l'article 10 de la présente loi, aura ouvert une école primaire, sera poursuivi devant le tribunal correctionnel du lieu du délit et condamné à une amende de 50 à 100 fr. ; son école sera fermée.

En cas de récidive, il sera condamné à une détention de 15 jours à un mois et à une amende double de la première.

Tout instituteur primaire qui, par des actes d'inconduite ou d'immoralité aura compromis son caractère, pourra, sur la demande du Comité d'instruction publique, être traduit devant le tribunal civil de l'arrondissement et être interdit de sa profession à temps et à toujours. Le tribunal entendra les parties et statuera en Chambre du Conseil. L'appel, s'il y a lieu, sera porté à la Cour Royale ; il sera également statué par la Cour, en Chambre du Conseil. Dans aucun cas l'appel ne sera suspensif.

Le tout aura lieu sans préjudice des poursuites et des peines qui pourront être encourues dans l'exercice de la profession d'instituteurs, pour crimes, délits ou contraventions prévus par le Code pénal.

Notons encore que le Comité de surveillance des écoles publiques et privées se composait de 12 ou 15 membres. Le maire, le juge de paix, le curé cantonal, le ministre le plus ancien de chacun des cultes reconnus par la loi, y résidant, en faisaient partie de droit. Le Recteur choisissait les autres et faisait agréer son choix par le Préfet.

Si les conditions imposées à l'instituteur libre n'étaient point très lourdes, la liberté était sans aucun doute absolument entravée par l'article 8. Mettant à part les congrégations religieuses incontestablement visées par ce texte, on pouvait, on devait supposer la création de sociétés civiles dont le but aurait été de donner l'enseignement. La demande d'autorisation qu'elles devaient former constituait une gêne pour le développement de la liberté.

A la même séance, la Société pour l'instruction élémentaire, fondée en 1815[1], faisait présenter par Emmanuel Las Cazes fils un projet préparé par elle et sensiblement plus libéral que le projet du Gouvernement[2].

---

[1] Buisson, *Dictionnaire de pédagogie*. V° Sociétés pour l'instruction élémentaire.

[2] ART. 1er. — L'instruction est placée sous la protection et la surveillance de l'Administration municipale. Elle rentrera en conséquence dans les attributions du Ministre de l'Intérieur.

ART. 2. — L'instruction primaire est libre à la charge par les instituteurs de remplir les formalités et de réunir les conditions voulues par la loi.

ART. 3. — L'autorité municipale a droit de visite en tout temps dans l'intérieur des écoles et dans les bâtiments qui en dépendent.

ART. 4. — Sont communales les écoles soutenues en tout ou partie

Deux mois plus tard, le 22 décembre, la Commission déposait son rapport qui avait été rédigé par l'ancien conventionnel Daunou, auteur de projets libéraux que nous avons analysés plus haut.

La Commission avait profondément modifié le projet du Gouvernement. Nous étudierons dans lesquelles de ses dispositions, mais nous devons d'abord, avec le rapport, faire

<blockquote>
aux frais de la commune. Le Conseil municipal a le droit d'en régler l'entière administration. Les autres écoles soit qu'elles aient été élevées par des instituteurs et à leurs frais, soit qu'elles aient été établies par des particuliers ou des associations, sont déclarées libres, elles ne sont soumises qu'à la surveillance qu'exigent l'ordre public et le respect dû aux mœurs. A ce titre les fondateurs sont entièrement libres, pour le choix du maître, la discipline, les méthodes d'enseignement et l'administration économique. Toutefois, lors de l'ouverture d'une école libre, la déclaration devra en être faite un mois à l'avance tant à la mairie du lieu qu'au chef-lieu de la sous-préfecture de l'arrondissement.

ART. 5. — Tout instituteur d'école primaire communale devra être agréé par le Conseil de la commune. Il devra présenter une attestation de capacité et un certificat de moralité : la première délivrée après examen par une Commission de trois membres siégeant au chef-lieu de la préfecture et formée d'un ingénieur en chef, d'un juge de paix et d'un membre nommé par le préfet ; le second sera délivré par le maire du lieu de la résidence. Cette dernière pièce ne sera admise que dans le cas où elle n'aurait pas plus de six mois de date. Tout instituteur primaire autre que les instituteurs communaux sera soumis aux mêmes règles que ces derniers quant à l'obtention des attestations de capacité et des certificats de moralité.

ART. 11. — Tout instituteur primaire qui prend l'engagement d'enseigner pendant quinze ans est dispensé de la loi sur le recrutement.

ART. 16. — Tout individu qui aura été condamné à une peine afflictive ou infamante ou qui aura subi une condamnation judiciaire, soit pour la composition d'un ouvrage immoral, soit pour attentats contre les mœurs par les art. 330 à 334 du Code pénal sera privé du droit d'établir une école primaire particulière communale. Quiconque aura été condamné pour délit correctionnel sera privé de la faculté de tenir l'école pendant un temps proportionnel à la gravité du délit, et qui ne pourra pas être moindre de six mois ou excéder dix années.

(Voy. *Arch. parl.*, t. LXXI, pp. 66 et suivantes.)
</blockquote>

quelques remarques importantes. La liberté est garantie. « Qui ne sait que la concurrence provoque le progrès, qu'elle affaiblit l'empire des routines, qu'elle vérifie l'utilité des procédés, l'exactitude des méthodes ? N'en doutez pas, Messieurs, vous avez droit d'espérer que cette émulation des écoles libres, soit entre elles, soit avec les écoles communales, finira par les entraîner presque toutes à de véritables perfectionnements [1]. »

Mais ce n'est que la liberté de l'enseignement primaire.

« C'est en quelque sorte la 1re section d'un code qui en contiendra deux ou trois autres. C'est la première loi de celles qu'annoncent et exigent dans le plus bref délai possible ces mots de la Charte : « L'instruction publique et la liberté d'enseignement [2] ».

Les partisans du monopole n'étaient cependant point restés inactifs et avaient soulevé nombre d'objections. Daunou les examine et les détruit [3].

« La première objection se fonde sur le parti que le charlatanisme ne manquera pas de tirer de la faculté d'ouvrir des écoles privées..... Mais l'expérience et l'opinion publique lorsqu'elle est complètement libre, finissent par faire bonne justice du charlatanisme; si leurs arrêts se font attendre, ils sont du moins irrévocables.

« La seconde objection contre la libre concurrence des écoles particulières consiste à dire qu'elle découragera les instituteurs communaux, qu'elle leur enlèvera des élèves et par conséquent une forte part des fruits de leurs fonctions laborieuses. Vous verrez, Messieurs, que le projet de loi leur réserve plusieurs avantages auxquels ne prétendent point les instituteurs libres ; un logement, un traitement fixe, des rétributions mensuelles.

« Une dernière objection se tire des périls imminents,

---

[1] *Arch. parl.*, t. LXXII, p. 717.
[2] Id., p. 719.
[3] Id., p. 718.

dit-on, auxquels la liberté de l'enseignement exposerait la liberté publique, en fournissant à ses ennemis des armes nouvelles...... Ce sont depuis quarante ans des alarmes de cette espèce qui nous ont valu tant de lois funestes, et de tous les maux que nous ont faits les partisans de l'ancien despotisme, le plus profond peut-être consiste dans l'injustice ou l'imprudence des révolutions législatives dictées à diverses époques par les peurs qu'ils inspiraient.

« Vous remplirez donc, Messieurs, le vœu exprimé dans l'article 69 de la Charte, vous garantirez la liberté des écoles privées et vous avouerez qu'elle serait chimérique si le gouvernement intervenait dans leur régime intérieur par des nominations, des injonctions, des prohibitions, par d'autres actes enfin que ceux qui tendraient à l'exécution des dispositions précises de la loi.

« Vous affranchirez surtout ces écoles particulières de l'empire d'un corps enseignant qui, jusqu'en 1830, ne leur a laissé, ni promis, aucune indépendance. Il s'est trop déclaré l'adversaire de la libre concurrence que vous allez établir pour qu'il puisse espérer ou même désirer qu'on lui confie le soin de la protéger ! »

a — J'ai critiqué la disposition du projet du Gouvernement qui obligeait les associations destinées à former des institutions, à obtenir une autorisation par ordonnance royale. La Commission, elle aussi, avait été frappée de l'entrave qui était apportée par ce texte à la liberté. Daunou examine cette question si délicate [1], il termine en déclarant que les droits de l'État n'exigent qu'une surveillance.

« Que les instituteurs appartiennent ou non à quelque société, nous n'avons vu en eux que des individus jouissant de la même liberté et soumis aux mêmes règles dans l'exercice de leurs professions. Ces règles ont trois objets : la reconnaissance des titres de l'instituteur, la surveillance de son école, la répression des désordres qu'il y introduirait ; et l'on

[1] *Arch. parl.*, t. LXXII, p. 721.

conçoit d'abord que si dans ces trois articles les prescriptions de la loi n'étaient pas circonscrites, la liberté de l'enseignement deviendrait bientôt illusoire. Le principal et presque le seul gage que doit offrir celui qui entreprend l'éducation de l'enfance, est une attestation authentique de ses bonnes mœurs ; nulle difficulté ne s'élève sur un tel fruit. »

b — Le projet du Gouvernement exigeait de la part des instituteurs libres un brevet de capacité obtenu après examen devant une Commission de trois membres nommés par le Recteur de l'Académie. La Commission veut que les examinateurs ne soient point suspects de partialité et que l'Université n'ait pas à intervenir dans la désignation qu'il y a lieu de faire ; c'est le conseil général qui les choisira. Ce sont là les deux grandes différences qu'il y a entre les deux projets ; il en est d'autres sans doute, mais ce sont des différences de détail que je crois inutile de mentionner ici.

Ce projet ne fut jamais discuté par suite de la clôture de la législature. Le cabinet, dont faisait partie M. de Montalivet, tomba bientôt. Ce fut M. Girod (de l'Ain) qui fut nommé titulaire du portefeuille de l'Instruction publique, le 30 avril 1832, et dans son court ministère (30 avril - 11 octobre), rien est important à signaler, si ce n'est ces paroles que prononça le ministre à une distribution de prix :

« Le Gouvernement, dit-il, doit à la fois rendre l'éducation gratuite pour une partie du peuple et libre pour tout le monde ; cette double tâche, il saura la remplir [1] ». Il n'en eut pas le temps.

---

[1] *Almanach de l'Université*, 1832, p. 376.

CHAPITRE IV.

La Loi de 1833.

A la session suivante, MM. Echasseriaux, Salverte et Taillander reprirent le projet de la Commission et quelques jours plus tard, le 3 janvier 1833, le nouveau ministre de l'Instruction publique, M. Guizot, présentait à la Chambre le projet [1] qui, après quelques modifications sans importance. devait devenir la loi de 1833 et réaliser la liberté de l'enseignement primaire.

Quelles étaient les dispositions du ministre en ce qui concerne la liberté de l'enseignement ?

« Notre premier soin a été, disait-il dans son rapport, de restituer pleine et entière, selon l'esprit et le texte précis de la Charte, la liberté d'enseignement [2]. Mais l'État demandant des garanties, personne ne songeait à vouloir que l'instruction primaire fût complètement livrée à l'industrie particulière évidemment incapable d'y suffire et pour tenter de l'entreprendre [3]. »

« Donc, à côté de l'enseignement libre, l'enseignement par l'État. Puis, des certificats de capacité ! Une preuve de capacité de quiconque entreprend l'éducation de la jeunesse n'est pas plus entraver la liberté de l'enseignement qu'on ne gène la liberté des professions de l'avocat, du médecin ou du pharmacien en leur imposant des preuves analogues de capacité. La profession d'instituteur de la jeunesse est, sous un certain rapport, une industrie, et, à ce titre, doit

---

[1] *Arch. parl.*, t. LXXII, p. 730.
[2] Id., t. LXXVIII, p. 466.
[3] Guizot, *Mémoires*, t. III, p. 630.

être pleinement libre; mais comme la profession du médecin ou de l'avocat, ce n'est pas seulement une industrie, c'est une fonction délicate à laquelle il faut demander des garanties ; on porterait atteinte à la liberté si, comme jusqu'ici, outre la condition du brevet, on imposait encore celle d'une autorisation préalable. Là commencerait l'arbitraire. Nous le rejetons et avec plaisir, car nous ne redoutons pas la liberté de l'enseignement, nous la provoquons au contraire [1]. »

C'est sur ces bases qu'était établi le projet. La discussion n'amena aucune modification importante dans les articles concernant la liberté de l'enseignement. C'est donc la loi du 28 juin 1833 que nous allons étudier dans les dispositions qui nous intéressent.

Un principe essentiel doit être mis en vedette de cette rapide et partielle analyse de la loi de 1833.

Le législateur admet deux sortes d'écoles :

Les écoles publiques et les écoles privées.

Les premières « sont celles qu'entretiennent, en tout ou en partie, les communes, les départements ou l'Etat » (art. 8).

Les écoles privées sont donc laissées à l'initiative des particuliers ; c'est celles-là seules dont nous parlerons ici.

Cela posé, deux points doivent être examinés :

1º Quelle capacité est exigée de l'instituteur libre ;

2º Quel droit l'État se réserve-t-il sur l'instruction libre ?

SECTION I. — CAPACITÉ EXIGÉE DE L'INSTITUTEUR LIBRE.

Le principe de la liberté est sauvegardé.

Tout individu âgé de 18 ans accomplis, dit la loi, pourra exercer la profession d'instituteur primaire et diriger tout établissement primaire..... (art. 4, 4ᵉ alinéa).

---

[1] Guizot, *Mémoires*, t. III, p. 466.

On a considéré, et à juste titre, que la majorité de 18 ans était nécessaire pour que l'instituteur apportât, dans l'exercice de la profession par lui choisie, un peu de cette maturité d'esprit si nécessaire à celui qui enseigne.

a — Situation des associations. — Une question s'impose dès à présent à notre attention. Une association pouvait-elle fonder une école sous le régime de la loi de 1833 ? On se souvient que le projet de loi présenté le 24 octobre 1831 par M. Montalivet, Ministre de l'Instruction publique, prévoyait l'hypothèse et obligeait cette association à obtenir une autorisation par ordonnance royale rendue en Conseil d'État. Nous avons dit notre sentiment à ce sujet, sentiment qui était du reste celui de la commission chargée de son examen et du rapporteur Daunou.

Un député, Vatout, lors de la discussion de la loi de 1833, reprit sous forme d'amendement cet article de l'ancien projet, et proposa d'insérer dans la loi le dispositif suivant : « Toute association qui se propose de former des instituteurs et des institutions primaires devra être autorisée par une ordonnance royale rendue sur l'avis des conseils municipaux ou des conseils généraux et insérée au *Bulletin des lois*[1]. »

Ce texte, je l'ai dit plus haut, je dois le répéter, constituait une entrave à la liberté de l'enseignement. Le ministre Guizot le comprit ainsi : « Il arrive continuellement, dit-il, que dans une ville il se forme une association locale pour fonder une école ; je crois qu'il serait trop restrictif de la liberté de l'enseignement d'exiger une ordonnance royale pour fonder cette école. Quant aux associations en général, soit ecclésiastiques, soit laïques, elles sont par le droit commun obligées de communiquer leurs statuts et d'obtenir une autorisation, sans quoi elles n'ont pas d'existence légale, et peuvent à l'instant être poursuivies et réprimées[2]. »

L'amendement Vatout fut rejeté et, de cette décision de

---

[1] Séance du 30 avril 1833. *Arch. parl.*, t. LXXXIII, p. 255.
[2] Séance du 30 avril 1833. *Arch. parl.*, t. LXXXIII, p. 256.

la Chambre, on peut conclure que toute association pouvait présenter un instituteur âgé de 18 ans et que celui-ci avait le droit de fonder une école en se soumettant aux formalités imposées par la loi.

Tout individu de 18 ans peut enseigner après avoir rempli certaines formalités que nous étudierons plus loin, mais comme l'on ne peut confier des enfants qu'à des hommes honorables, la loi déclare incapables de tenir école (art. 5) :

1° Les condamnés à des peines afflictives ou infamantes ;

2° Les individus privés par jugement de tout ou partie de leurs droits de famille, ainsi que ceux condamnés pour vol, escroquerie, banqueroute, abus de confiance ou attentats aux mœurs ;

3° Enfin, les instituteurs libres ou communaux interdits de l'exercice de leur profession par le tribunal civil de leur arrondissement, à la suite de poursuites contre eux exercées pour cause d'inconduite ou d'immoralité.

Maintenant que nous savons qui n'est pas admis à remplir les formalités nécessaires pour tenir école, nous pouvons examiner quelles sont les garanties que la loi exige des majeurs de 18 ans qui veulent enseigner. Elles sont de deux sortes ; il est exigé : 1° un certificat de moralité ; 2° un certificat de capacité.

b — Garanties de moralité. — Un certificat, constatant que l'impétrant est digne par sa moralité de se livrer à l'enseignement, est exigé. Cette pièce sera délivrée, sur l'attestation de trois conseillers municipaux, par le maire de la commune ou de chacune des communes où il aura résidé depuis trois ans (art. 4, 3me alinéa).

Le certificat exigé par le projet de loi était un simple certificat de moralité, mais comme en 1833 il en était comme de nos jours et que la délivrance d'un certificat de moralité (ce que nous appelons un certificat de bonne vie et mœurs) était devenue une pure formalité, la Commission voulut qu'il fût expressément attesté que l'impétrant fût digne de donner l'enseignement.

On ne peut que louer la Commission de cette exigence, car on ne prend jamais assez de garanties de ce côté-là.

c — *Garanties de capacité.* — Il faut un brevet de capacité obtenu après examen selon le degré de l'école que l'impétrant veut établir (art. 4, 2me alinéa).

La garantie que la loi exige ici demande quelques explications. La loi de 1833 avait créé deux sortes d'instruction primaire (art. 1er), l'instruction primaire élémentaire et l'instruction primaire supérieure. Pour créer une école élémentaire, un brevet élémentaire était suffisant ; mais pour instruire les éléments compris dans l'instruction primaire supérieure, un brevet supérieur était exigé. Voilà l'explication de ces mots de la loi : « Selon le degré de l'école que l'impétrant veut établir ».

Les examens des aspirants au brevet seront passés devant des Commissions départementales dont les membres seront nommés par le ministre de l'Instruction publique.

C'est cette dernière disposition qui est la moins libérale du projet ; c'est elle qui a été le plus attaquée, et j'ajoute, à mon humble avis, avec le plus de raison.

Il ne faut pas oublier, en effet, que le ministre, Grand-Maître de l'Université, est, vis-à-vis des écoles privées, un concurrent, concurrent impartial évidemment, mais enfin un concurrent. N'eût-il pas été préférable d'éloigner de lui jusqu'au soupçon et n'aurait-on pas pu admettre ici la solution admise dans le projet de 1831 modifié par la Commission ?

Ce texte faisait nommer les membres des commissions d'examen par le Conseil général, « afin que les examinateurs ne soient point suspects de partialité et que l'Université n'ait point à intervenir dans le choix à exercer[1] ».

J'ai dit que cette disposition avait été critiquée. Elle le fut à la Chambre des Députés lors de la discussion de ce texte, et la Commission elle-même fut frappée de sa gravité, tellement frappée que pour obvier aux inconvénients qui décou-

---

[1] Voy. ci-dessus p. 239.

laient de son adoption elle demanda la publicité des examens[1].

Malgré l'intervention de MM. Taillandier et du général Demarçay, cette disposition fut adoptée.

Telles sont les garanties exigées par la loi du majeur de 18 ans qui veut se livrer à l'enseignement primaire.

Quand les certificats lui ont été délivrés, l'instituteur libre n'a point d'autorisation à demander au maire de la commune dans laquelle il désire se fixer. Il doit seulement « présenter ces pièces au magistrat municipal et celui-ci fait mention de cette formalité sur un registre spécial en même temps qu'il en donne récépissé au déclarant » (art. 16 ordonnance du 23 juillet 1833).

En accomplissant ces dernières formalités, qui, on le voit, laissaient intact le principe de la liberté de l'enseignement sagement entendu, l'instituteur libre pourra fonder son école et dès lors enseigner les enfants que la confiance des pères de famille voudra bien lui envoyer.

Mais, l'État ne doit pas se désintéresser complètement de cette école privée, et il a des droits qu'il a su se réserver.

Section II. — Droits de l'État.

Ces droits consistent dans la surveillance qu'il doit exercer sur l'enseignement libre. Comment la loi de 1833 organise-t-elle l'exercice de ce droit de l'État?

Auprès de chaque école communale la loi établit un comité local de surveillance qui a inspection sur les écoles publiques ou privées de la commune (art. 21). Ce comité est composé du maire ou adjoint président, du curé ou pasteur et d'un ou plusieurs habitants notables désignés par un autre corps : le comité d'arrondissement.

---

[1] Discours de M. Dubois, député. Séance du 3 mai 1833. *Arch. parl.*, t. LXXXIII, p. 324.

Le comité d'arrondissement inspecte ou fait inspecter par des délégués les écoles de son ressort. Ce comité se compose du maire du chef-lieu de la circonscription, du juge de paix, du curé, d'un ministre de chacun des autres cultes reconnus par la loi, d'un proviseur, principal, professeur ou maître de pension, d'un certain nombre de notabilités, indiquées dans l'article 19 (maire, juge de paix, curé, pasteur, proviseur ou principal ou maître de pension désignés par le Ministre de l'Instruction publique, un instituteur primaire ; les membres du Conseil général, trois membres du Conseil d'arrondissement, du sous-préfet, du procureur du Roi).

Par ces deux comités, l'État exerce sa surveillance sur les écoles privées.

Si le comité communal s'aperçoit de fautes graves commises par un instituteur privé, il en avertit le Comité d'arrondissement; celui-ci peut saisir le tribunal civil et, en chambre du Conseil, on instruit la plainte. La peine prononcée par le tribunal (article 7), est l'interdiction de la profession « à temps ou à toujours ».

La même procédure est suivie en appel. C'est en chambre du Conseil que la cour statue.

Il est bien entendu que ces poursuites sont indépendantes de celles qui pourraient être entamées contre l'instituteur, dans le cas de crimes ou de délits de droit commun.

D'après l'analyse qui précède, on se rend compte de l'esprit libéral de la loi de 1833. C'est un premier pas en faveur de la liberté.

Il y avait, en fait d'instruction secondaire, la même question à résoudre au point de vue de la liberté.

Le gouvernement de juillet réalisera-t-il la promesse de l'article 69 de la Charte d'une façon aussi heureuse qu'il l'a fait au sujet de l'enseignement primaire ?

C'est ce que nous allons étudier dans cette deuxième partie.

DEUXIÈME PARTIE.

Les Projets.

Après cette victoire on sentit le besoin du repos. Après la loi de 1833, les adversaires du monopole cessèrent pendant quelques mois leurs sollicitations, mais bientôt la trêve fut rompue.

Guizot, l'auteur de la loi de 1833, venait de reprendre le portefeuille de l'Instruction publique, et l'on savait quelles idées libérales animaient son esprit, combien il croyait nécessaire le concours de l'Église dans l'enseignement[1]; enfin, combien ce protestant s'attachait à augmenter, dans l'éducation, la part de la religion. Et l'on se disait qu'un esprit aussi droit, aussi loyal que celui du chef de l'Université, ne saurait refuser enfin l'exécution de la promesse de la Charte.

---

[1] Thureau-Dangin, *Histoire de la Monarchie de Juillet*, t. II, pp. 336 et suivantes.

CHAPITRE I.

Le projet Guizot (1836).

Section I. — Les partis.

L'Université avait deux ennemis irréconciliables : les libéraux et les catholiques.

« Les libéraux la taxaient de despotisme, ils n'aimaient pas ce corps enseignant qui leur rappelait ces anciennes corporations qu'ils avaient tant combattues, ni ces formes et cette discipline militaires qui préparaient les jeunes générations au régime belliqueux qu'ils détestaient dans l'État[1] »; d'autre part, « le principe de l'Université n'est autre que la dictature placée, en fait d'éducation, sur le seuil de la maison paternelle, et, sous un gouvernement constitutionnel, dans un régime de liberté, la dictature en matière d'éducation, sous quelques formes qu'elles se présentât, ne pouvait pas ne pas susciter les vives réclamations des libéraux, qui possédaient d'ailleurs contre elle, dans les promesses de la Charte, un titre écrit et incontestable[2] ».

A côté des libéraux proprement dits, qui la taxaient de « bigoterie en même temps que de despotisme, l'Université, à raison même de son caractère essentiel et de la pensée qui avait présidé à sa fondation, rencontrait dans certaine région de la société française peu de confiance et de sympathie.... Beaucoup de familles de l'ancienne noblesse française ne voyaient pas sans humeur ce pays d'activité et de forces sociales où la bourgeoisie venait de s'élever au

---

[1] Guizot, *Mémoires*, t. III, p. 89.
[2] Id., p. 91.

niveau de ses laborieuses destinées, et elles ne s'étaient pas encore décidées à envoyer aussi leurs enfants dans cette arène commune, pour y acquérir les mêmes moyens de succès et s'y préparer à reprendre, par l'intelligence et le travail, leur place dans l'État[1] ».

A côté des libéraux, les catholiques. Les anciens rédacteurs de l'*Avenir* venaient de relever la bannière tombée des mains de Lamennais, et « assagis par l'expérience, aguerris par le malheur[2] », Lacordaire et Montalembert, « reportèrent sur la lutte spéciale engagée entre l'Église et l'Université toute leur ardeur[3] ». Ce qu'on appelle le parti catholique[4] se constituait sous l'impulsion et la direction de Montalembert, parti laïque, soutenu, encouragé par les évêques et trouvant là sa force. C'est justement parce que l'*Avenir* n'avait pas su ménager l'épiscopat, qu'il était tombé, emporté par le discrédit qu'avait jeté sur lui l'opposition des évêques.

Mais l'épiscopat voyait dans la concession des libertés publiques le seul moyen pour l'Église de reprendre la place qui lui était due, et il n'hésita point à les revendiquer, non pas dans le domaine de la thèse, parce que l'encyclique *Mirari vos* les avait condamnées, mais dans le domaine de l'hypothèse, dans le domaine des faits, puisqu'elles lui semblaient indispensables.

En effet, si la liberté de l'enseignement primaire était fort appréciable, elle n'était point suffisante. L'Église devait attirer dans son sein, non seulement les prolétaires, mais surtout les riches, les bourgeois, les électeurs. Cette classe, il fallait, dès l'âge le plus tendre, lui inculquer les principes de la religion, la lui faire aimer. Il n'y avait qu'une solution : la liberté de l'enseignement.

---

[1] Guizot, *Mémoires*, t. III, pp. 101-102.
[2] Leroy-Beaulieu, *op. cit.*, p. 110.
[3] Guizot, *op. cit.*, t. III, p. 100.
[4] Voy., sur le parti catholique, A. Leroy-Beaulieu, *op. cit.*, pp. 109 et suivantes.

D'autre part, par leurs petits séminaires, par les congrégations religieuses, protégées plus ou moins ouvertement et qui fondaient des maisons d'éducation, les évêques étaient les rivaux naturels de l'Université.

Section II. — Dépot du projet Guizot.

C'est en présence de cette situation bien délicate, il faut en convenir, que Guizot avait à présenter un projet sur la liberté de l'enseignement secondaire.

Il fallait « introduire la liberté dans une institution où elle n'existait pas naturellement, et en même temps défendre cette institution elle-même contre de redoutables assaillants. Il fallait à la fois garder la place et ouvrir les portes[1] ».

Le 1ᵉʳ février 1836, M. Guizot, ministre de l'instruction publique, déposait sur le bureau de la Chambre des députés le projet d'instruction secondaire.

§ 1ᵉʳ. — *Le projet du Ministère.*

L'exposé des motifs[2] indiquait bien l'esprit du projet. « Le principe de la liberté appliqué à l'enseignement est une des conséquences promises par la charte. Nous voulons, dans leur plénitude et leur sincérité les conséquences raisonnables de notre résolution. Aux maximes du monopole, nous substituons celles de la concurrence. Les établissements privés, les institutions et pensions subsistent au sein de l'Université, ils en sont les auxiliaires, les succursales. Désormais ils seront les libres émules des établissements publics, collèges royaux et communaux. »

La liberté de l'enseignement était donc garantie. On renonçait complètement au principe de la souveraineté de

---

[1] Guizot, *op. cit.*, p. 88.
[2] Séance du 1ᵉʳ février. *Moniteur* de 1836, 1ᵉʳ février, pp. 182 et suiv.

l'État. On adoptait le principe de la concurrence largement entendue, sans distinction, ni exception, et on maintenait à côté de la liberté, l'Université elle-même. « Que l'État ne croie pas, en donnant la liberté aux établissements privés, se décharger d'un fardeau, il accepte au contraire un fardeau immense, car il accepte la nécessité, le devoir de soutenir avec succès, avec éclat, une concurrence infatigable [1] ».

Enfin, le projet était muet sur la question des petits séminaires, « renvoyant à d'autres lois les questions qui ne tendraient pas essentiellement au principe qu'il fallait fonder [2]. »

Si la liberté était reconnue, ce n'était point une liberté sans limites qui aurait pu dégénérer en licence. « La société ne doit pas perdre ou négliger ses propres garanties, elle doit même les exiger fortes, et d'autant plus fortes qu'elle renonce complètement au pouvoir discrétionnaire. Ici, d'ailleurs, la société est doublement intéressée, pour les familles et pour elle-même, pour la sécurité domestique comme pour l'ordre public. »

Le projet [3] déterminait les incapacités qui faisaient perdre

---

[1] Exposé des motifs.
[2] Guizot, *Mémoires*, t. III, p. 106.
[3] TITRE Ier. — *Des Institutions et des pensions*.

ART. 1er. — Tout Français âgé de 25 ans au moins, et n'ayant encouru aucune des incapacités comprises dans l'art. 5 de la loi du 28 janvier 1833 sur l'instruction primaire, pourra former et diriger un établissement d'instruction secondaire sous la condition de déposer dans les mains du recteur de l'Académie qui lui en remettra récépissé, les pièces suivantes :

1° Un livret de capacité délivré dans la forme déterminée ci-après ;

2° Un certificat constatant qu'il est digne, par ses mœurs et sa conduite, de diriger une maison d'éducation, ledit certificat délivré sous l'attestation de trois conseillers municipaux, par le maire de la commune ou de chacune des communes où il aura résidé depuis trois ans ;

3° Le règlement intérieur et le programme de l'établissement projeté ;

4° Le plan du local choisi pour l'institution et la pension, lequel plan devra être visé par le maire de la commune où l'établissement sera formé.

ART. 2. — En cas de refus de visa de la part du maire, pour défaut

le droit d'enseigner (c'étaient les mêmes que celles prévues dans l'article 15 de la loi du 28 juin 1833) et exigeait des garanties de ceux qui en réclamaient l'exercice.

de convenance ou de salubrité du local, ledit refus devra être notifié à la partie intéressée, quinze jours au plus après la présentation du plan et sauf tout recours de droit par la voie administrative et contentieuse.

Art. 3. — Un mois au plus après le dépôt des pièces requises en l'art. 1er, la remise devra en être faite au déclarant avec un certificat signé du recteur portant qu'elles ont été visées et enregistrées à l'Académie et l'établissement pourra immédiatement être ouvert, à moins qu'il ne soit intervenu durant ce délai, une opposition formée par le Ministère public devant le Tribunal civil de l'arrondissement, pour une des incapacités prévues par l'art. 1er de la présente loi et par l'art. 5 de la loi du 28 juin 1833 sur l'instruction primaire.

Art. 4. — Nul établissement ne pourra prendre le titre d'institution, si les élèves n'y reçoivent l'instruction secondaire complète et analogue à celle qui est donnée dans les collèges de plein exercice royaux et communaux, quel que soit d'ailleurs le mode d'enseignement et l'objet des cours accessoires.

Art. 5. — Il sera formé au chef-lieu de chaque académie une commission chargée d'examiner les aspirants aux brevets de capacité pour le titre soit de chef d'institution, soit de maître de pension.

Cette commission sera composée : du Recteur de l'Académie, président ; 2° du Procureur général près la Cour royale s'il existe une Cour royale dans le chef-lieu de l'Académie, où à son défaut du Procureur du Roi près le tribunal de l'arrondissement ; 3° du Maire de la commune ; 4° de quatre membres choisis par le Ministre de l'Instruction publique parmi les fonctionnaires supérieurs de l'Enseignement, les professeurs ou agrégés, les magistrats et les citoyens notables.

Art. 6. — Pour être admis à l'examen devant ladite Commission, il faudra indépendamment des justifications d'âge et de qualités prescrites par l'art. 1er, produire les diplômes de licencié ès-lettres et de bachelier ès-sciences, ou le diplôme de licencié ès-sciences, si l'aspirant veut obtenir le brevet de capacité pour le titre de chef d'institution : ou seulement le diplôme de bachelier ès-lettres, si l'aspirant ne prétend qu'au brevet de capacité pour le titre de maître de pension. La Commission délivrera lesdits brevets sous l'autorité du Ministre en la forme de déclaration générale de capacité sans désignation de lieu ni d'établissement spécial.

Art. 7. — Quiconque sans avoir satisfait aux conditions prescrites

Elles étaient de deux sortes : personnelles, on exigeait un certificat de moralité et un brevet de capacité obtenu à la suite d'un examen prévu par les articles 5 et 6 ; réelles, l'instituteur libre devait déposer entre les mains du recteur le plan du local et le règlement intérieur, ainsi que le programme des études.

Enfin, l'administration gardait un droit d'inspection et une certaine autorité disciplinaire qui n'allait, du reste, que jusqu'à la réprimande, les tribunaux civils ayant seuls compétence pour fermer l'établissement, à raison de faits d'inconduite ou d'immoralité.

par les art. 1 et 3 de la présente loi aurait ouvert une institution ou une pension sera poursuivi devant le tribunal correctionnel du lieu du délit et condamné à une amende de 100 à 1,000 francs. L'établissement sera fermé. En cas de récidive le délinquant sera condamné à un emprisonnement de 15 à 30 jours et à une amende de 1,000 à 3,000 fr.

ART. 8. — Tout chef d'institution ou tout chef de pension sur la poursuite d'office du Ministère Public, ou sur la plainte du Recteur de l'Académie, pourra être traduit pour cause d'inconduite ou d'immoralité devant le Tribunal civil de l'arrondissement et il sera interdit à temps où à toujours. La procédure, le jugement et la peine auront lieu dans les formes déterminées par l'art. 7 de la loi du 28 juin 1833, sur l'instruction primaire, sans préjudice des poursuites qui pourraient être intentées pour crimes, délits ou contraventions punis par les lois.

ART. 9. — Les chefs d'institution et maîtres de pension établis conformément à la présente loi seront libres d'envoyer ou de ne pas envoyer leurs élèves aux classes des collèges royaux et communaux.

ART. 10. — Le Ministre de l'Instruction publique pourra toutes les fois qu'il le jugera convenable faire visiter et inspecter les institutions et les pensions.

ART. 11. — Tout chef d'institution ou maître de pension qui refuserait de se soumettre à cette surveillance, pourra être traduit devant le tribunal correctionnel de l'arrondissement et condamné à une amende de 100 à 1,000 francs. En cas de récidive l'établissement sera fermé.

ART. 12. — En cas de négligence grave dans les études et de désordres constatés dans le régime de l'établissement, le chef dudit établissement pourra, sur le rapport des inspecteurs d'Académie, être appelé à comparaître devant le Conseil académique, et réprimandé s'il y a lieu, sauf recours devant le Conseil Royal de l'Instruction publique.

Les catholiques témoignaient pour le projet un sentiment d'approbation très marqué. « Parmi les réclamations que suscita le projet, dit Monseigneur Dupanloup, aucune ne sortit des rangs du clergé ; pas une voix ne s'éleva parmi nous. Le clergé se tut profondément ; je me trompe : il ressentit, il exprima une juste reconnaissance, et c'est à dater de cette époque qu'il se fit entre l'Église de France et le Gouvernement, un rapprochement depuis longtemps désiré et qui fut solennellement proclamé[1]. »

« Vous avez présenté en 1836, disait au Gouvernement Montalembert, à la tribune de la Chambre des Pairs, en 1845, une loi pleine de générosité contre laquelle pas une voix ne s'est élevée au sein du clergé. Il fallait continuer dans cette voie et tout aurait été sauvé[2]. »

§ 2. — *Le projet de la Commission.*

Guizot avait à peine déposé son projet que le Ministère tombait (22 février 1836) ; mais quand six mois plus tard Guizot reprenait le portefeuille de l'Instruction publique, il trouvait le rapport de la Commission déposé[3]. C'était l'œuvre de Saint-Marc Girardin.

« En apportant au projet de loi d'assez nombreuses modifications, ce rapport en confirmait cependant les principes et en laissait intacts les résultats essentiels[4]. » Quoique universitaire, Saint-Marc Girardin admit sans limites le principe de la concurrence tel qu'il était organisé par le projet. Il combattait même par avance les esprits qui craignaient le développement des Jésuites et l'accaparement par les prêtres de l'enseignement.

« La loi n'est faite ni pour les prêtres ni contre les prê-

---

[1] Dupanloup, *De la pacification religieuse.*
[2] Chambre des Pairs. Discours du 12 janvier 1845, *Moniteur* du 13.
[3] Séance du 14 juin 1836. *Moniteur,* 1836, t. I, p. 1434.
[4] Guizot, t. III, p. 107.

tres, elle est faite en vertu de la Charte pour tous ceux qui voudront remplir les conditions qu'elle établit. »

Sur un point seulement, mais sur un point important, la Commission se sépara du Ministre.

M. Guizot avait laissé de côté, nous l'avons dit, la question des petits séminaires. Or, en 1836, quelle était la situation de ces établissements? Ces écoles étaient des établissements publics affranchis par l'ordonnance du 5 octobre 1814, de la rétribution universitaire, placés sous l'autorité des évêques et obligés de remplir les prescriptions des ordonnances de 1828, que nous avons étudiées longuement.

La commission proposa de mettre les petits séminaires au rang d'écoles libres. Elle supprimait la dispense de rétribution universitaire dont jouissaient les écoles secondaires ecclésiastiques. Elle autorisait seulement le Ministre à faire aux jeunes gens ayant la vocation ecclésiastique, des remises sur cet impôt.

Le système du statu quo de Guizot ou celui du droit commun de la Commission ne pouvait point satisfaire les évêques.

Avec le projet de la Commission, les petits séminaires n'avaient plus à subir le régime des ordonnances de 1828, mais ce n'étaient plus des établissements ecclésiastiques ayant capacité pour recevoir.

Dès lors, relevant de leurs évêques, ils devaient ouvrir leurs portes devant les inspecteurs de l'Université ; leurs professeurs étaient soumis à prendre des grades, etc.

Les évêques avaient été consultés, et de l'ensemble de leurs rapports on peut tirer le vœu d'une solution mixte.

Tout en laissant aux écoles secondaires ecclésiastiques le caractère d'établissements publics, on reconnaîtrait leur liberté d'action, affranchies de l'inspection universitaire, ils ne relèveraient que des évêques et l'obéissance aux prescriptions des ordonnances de 1828 ne serait plus exigée.

A l'époque où se présentait ce vœu, « le spectre jésuitique » était encore trop puissant, pour être accepté.

§ 3. — *La discusssion.* — *Echec du projet.*

La discussion du projet sur l'instruction secondaire commença le 14 mars 1837. On n'attend pas à trouver ici une analyse complète des douze ou quinze séances qui se succédèrent. Il suffit de mentionner les attaques vives et passionnées dont l'Université fut l'objet. On lui reprocha son despotisme, sa mauvaise éducation, on se plaignit que le projet eût accordé trop peu à la liberté ; fait remarquable, ces critiques ne venaient pas des catholiques, elles venaient d'hommes de gauche qui n'avaient pas encore oublié que la liberté d'enseignement figurait pendant la Restauration sur le programme du parti libéral [1].

A côté de ces libéraux, les universitaires endurcis demandaient la conservation du monopole [2]. D'autres moins exigeants demandaient que des garanties de capacité fussent exigées, non seulement des directeurs, mais encore des professeurs [3] ; les vieux gallicans, enfin, agitaient vigoureusement le spectre jésuitique [4]. La Chambre s'y laissa prendre, quand le député Vatout [5] proposa un amendement obligeant tout chef d'établissement libre à jurer qu'il n'appartenait à aucune association ou corporation non autorisée.

Malgré l'intervention de la Commission, cette disposition fut votée. La peur des Jésuites avait suffi. « C'était imposer, dit Guizot, à la liberté de l'Eglise catholique et de sa milice, en matière d'enseignement, des restrictions particulières et enlever à la loi proposée ce grand caractère de sincérité

---

[1] Thureau-Dangin, *op. cit.*, t. III, p. 422, et discours de M. de Sade, séance du 14 mars 1837. *Moniteur*, t. I, p. 581.

[2] Voy. Séance du 14 mars 1887. Discours de Merlin de l'Aveyron. *Moniteur*, t. I, p. 578.

[3] Voy. Discours et amendement de Dubois, qui fut adopté.

[4] Voy. Discours de MM. Salverte et Isambert.

[5] Qui, par peur des Jésuites, avait déjà proposé l'article de proscription lors de la discussion de la loi de 1833. Voy. p. 242.

et de droit commun libéral que j'avais eu à cœur de lui imprimer[1]. »

Mais la question la plus importante était sans contredit la question des écoles secondaires ecclésiastiques.

Un superbe tournoi oratoire se livra entre M. Guizot, défendant le statu quo et M. Saint-Marc Girardin, partisan de l'affranchissement des petits séminaires. Le premier, dans un discours dont l'ampleur dépassait de beaucoup la question particulière, montra combien la religion était nécessaire aux âmes de son temps, il en concluait que l'Etat devait à l'Eglise, non seulement la liberté, mais la protection et la bienveillance et qu'il fallait prouver aux catholiques « que l'autorité publique voulait sincèrement et loyalement la durée, la dignité, l'extension du pouvoir moral et social de la religion et de ses dépositaires[2] ». Malgré un très beau discours du rapporteur, la Chambre vota le statu quo et le 29 mars, la loi elle-même par trente voix de majorité. « Mais, peu de jours après, dit Guizot, le cabinet fut dissous, je sortis des affaires et mon projet tomba avec moi sans aller jusqu'à la Chambre des pairs. S'il fût resté tel que je l'avais présenté d'abord, peut-être, malgré quelques incohérences et quelques lacunes, eût-il suffi à résoudre la question de la liberté de l'enseignement et à prévenir la lutte déplorable dont elle devint plus tard l'objet. Mais, par les amendements qu'il avait subis, ce projet, en restreignant surtout pour l'Église et sa milice, la liberté que la charte avait promise, envenimait la querelle au lieu de la vider. Il ne méritait plus aucun regret[3]. »

---

[1] Guizot, *Mémoires*, t. III, p. 108.
[2] A. Rendu, *De l'Instruction secondaire*, p. 181.
[3] Guizot, *Mémoires*, t. III, p. 109.

CHAPITRE II.

Ministères de MM. Salvandy, Villemain, Cousin.

Les espérances que les libéraux et les catholiques avaient conçues au sujet du projet Guizot, dont l'échec était « imputable uniquement aux adversaires du clergé »[1], furent donc cruellement déçues. Malgré tout, et il faut le signaler, car cela excusera bien des acrimonies, bien des haines et bien des violences qui devaient se produire plus tard, ceux qui étaient les plus intéressés à la proclamation de la liberté, les catholiques, ne firent pas preuve de colère. Leur attitude pacifique, conciliante même, amena les futurs Grands Maîtres à entrer en négociations avec leurs chefs, et l'on vit de 1837 à 1840, Montalembert entamer avec MM. Cousin et Villemain des pourparlers pacifiques, mais malheureusement stériles, à cause de la durée trop éphémère des cabinets[2].

Mais malgré ces préliminaires d'entente, l'Université conservait son monopole et même le consolidait.

Section I. — Consolidation du Monopole.
Les Pétitions.

Après M. Guizot, à M. de Salvandy fut confié le portefeuille de l'Instruction publique, et ce nouveau ministre eut à cœur de conserver à l'Université tous ses privilèges.

Par sa circulaire du 12 octobre 1838[3], le Ministre rappe-

---

[1] Thureau-Dangin, *op. cit.*, t. V, p. 465.
[2] Nettement, *Histoire de la Littérature sous le Gouvernement de Juillet*, t. I, p. 396. Thureau-Dangin, *op. cit.*, t. V, p. 465.
[3] *Circulaires et Instructions officielles de l'Instruction publique*, t. II, p. 675.

lait les institutions privées à l'exacte observation des règlements.

« M. le Recteur, écrivait M. de Salvandy, les articles 15, 16 et 22 du décret du 15 novembre 1811 portent que dans les villes où il existe un collège royal ou communal, les élèves des institutions et pensions, âgés de plus de dix ans, doivent être conduits aux classes du collège. Il arrive assez fréquemment que les chefs des établissements privés d'instruction secondaire n'exécutent pas ces dispositions des règlements universitaires, ou ne les exécutent qu'imparfaitement. Comme il n'existe aucune dérogation légale aux prescriptions du décret précité, je vous prie de veiller à leur exécution.

D'autre part, par suite de l'ordonnance du 28 août 1831 [1], qui interdisait d'une manière absolue à toute personne graduée ou non graduée d'annoncer et d'ouvrir sous quelque forme que ce soit des cours préparatoires au baccalauréat ès-lettres, le Ministère fit poursuivre un très honorable instituteur M. Delavigne. Le Ministère public déclara publiquement « qu'il n'avait pas mission de soutenir que les poursuites de l'Université fussent opportunes, qu'elles fussent intelligentes, et qu'il ne fallait rien moins que toute la rigueur de son devoir pour le décider à demander avec regret, avec tristesse, l'application d'un décret que la Charte de 1830 avait promis de bannir de nos codes [2] ».

On peut dire par conséquent que M. de Salvandy non seulement a consolidé l'Université, mais encore qu'il n'a point songé à donner cette liberté si ardemment désirée et formellement promise par la Charte de 1830.

Le 21 mars 1839, M. Villemain lui succédait et deux mois plus tard, le 23 mai, la Chambre des Pairs était saisie d'une

---

[1] De Beauchamp, *op. cit.*, t. I, p. 803.
[2] Riancey, t. II, p. 413. — Il m'a été absolument impossible, malgré de nombreuses recherches, de trouver l'arrêt qui avait condamné M. Delavigne.

pétition demandant l'abolition de l'article 15 des ordonnances de 1828. On s'occupa, dans la séance consacrée à la discussion de cette pétition, de la suppression du baccalauréat spécial que les élèves ecclésiastiques pouvaient prendre, mais on ne laissa pas passer l'occasion de réclamer la liberté de l'enseignement. Ce fut le marquis de Barthélemy d'abord, Montalembert ensuite qui réclamèrent la liberté telle que la Charte l'avait promise [1]. Tout le monde réclamait la loi sur l'enseignement secondaire.

Le Ministre de l'Instruction publique à l'occasion d'une pétition qui fut discutée le 2 août 1839 à la Chambre des Pairs, promit d'une façon formelle le dépôt d'une loi à ce sujet. « La promesse que je fais, dit-il, est moins une promesse qu'un droit acquis dont je reconnais l'existence [2]. »

Mais il n'eut pas le temps de la tenir, le 1er mars 1840, un nouveau cabinet se présentait devant la Chambre, M. Cousin avait remplacé M. Villemain.

Section II. — Le Projet de Cousin.

On pouvait espérer du nouveau Grand Maître, la réalisation de la promesse de la Charte. Sans doute, il ne la donnerait pas de bon cœur cette liberté d'enseignement, lui l'universitaire par excellence. En 1830, nous l'avons entendu dans ses entretiens avec Montalembert, s'écrier : « Non seulement je m'opposerai à ce qu'on vous la donne, mais si j'étais au pouvoir, je vous ferais tous fusiller. »

A cette même époque il disait à J. Simon : « Je connais la liberté de penser, et je la réclame, mais je ne connais pas la liberté d'enseigner : C'est l'État qui enseigne. La liberté de penser n'est pas en cause [3]. »

---

[1] *Moniteur*, 1839, t. I, p. 765.
[2] Id., p. 579.
[3] J. Simon, *Cousin*, p. 123 (*Les grands écrivains Français*, Hachette, 1887).

Mais le grand philosophe avait réfléchi ; ses idées sur ce point s'étaient modifiées et dans son livre sur l'Instruction publique en Allemagne, il écrivait : « la Charte promet la liberté de l'enseignement. Il faut abolir l'obligation de passer par les écoles secondaires publiques pour être admis à l'examen du baccalauréat. Ce monopole doit être détruit. Il n'existe pas en Prusse. Ainsi que la jeunesse française soit entièrement libre de suivre ses collèges, et que, non seulement de la maison paternelle, mais aussi des établissements privés, on puisse se présenter à l'examen du baccalauréat sans autre certificat d'études que les connaissances dont on fait preuve [1]. »

C'est ainsi que le Ministre envisageait la question de l'enseignement et l'on peut se demander si l'on n'aurait pas eu dix ans plus tôt la loi sur la liberté de l'enseignement, si M. Cousin était resté au pouvoir quelques mois de plus.

En effet, dit-il, « dans l'instruction secondaire, un but a été sans cesse devant mes yeux, la loi promise par la Charte et si ardemment réclamée sur la liberté de l'enseignement [2] ».

Il est certain qu'à ce point de vue Cousin a été d'une très grande loyauté. Le 24 mai 1840, la Chambre des Pairs était saisie de 999 pétitions demandant la liberté de l'enseignement : « Les familles se plaignaient de ne point avoir dans les collèges des garanties suffisantes pour l'éducation religieuse et les bonnes mœurs de leurs enfants et d'être ainsi placées entre la crainte de compromettre ces avantages et celle de fermer à ces enfants l'entrée des carrières civiles, en les confiant aux institutions privées qui leur inspireraient plus de confiance [3]. »

Un certain nombre d'autres pétitions n'osaient point demander la liberté d'enseignement complète. Depuis si longtemps on l'avait promise !

---

[1] Cousin, *De l'Allemagne*, p. 344.

[2] Cousin, *Œuvres complètes*, 5ᵉ série. *Instruction publique* (Pagnerre, 1850), t. I, p. 176.

[3] *Moniteur* de 1839, t. I, p. 1163.

Mais elles sollicitaient :

1° L'abolition des articles 15 et 16 du décret du 11 novembre 1811 qui obligeaient tous les chefs d'institution et maîtres de pensions à envoyer leurs élèves aux collèges depuis la sixième ;

2° La suppression de la nécessité des certificats d'études pour le baccalauréat.

« L'État, disaient les pétitionnaires, n'a pas le droit d'exiger que la science ait été acquise dans telle école plutôt que dans telle autre, quand il a le droit de les surveiller toutes. »

Le Ministre prit la parole en ces termes :

« La Charte a fait une promesse solennelle. Cette promesse doit être acquittée, elle le sera. Le Gouvernement a résolu de présenter l'année prochaine aux Chambres, un projet de loi sur la liberté d'enseignement, dans l'instruction secondaire. »

M. de Montalembert prit acte des paroles du Ministre, comme étant « les plus positives et les plus généreuses » que le pouvoir ait prononcées sur cette question.

Le 2 juin, à la Chambre des Députés, lors de la discussion d'une proposition identique à celle qui avait amené à la Chambre des Pairs les promesses formelles du Ministre, celui-ci les renouvelait :

« Comme je l'ai dit à la Chambre des Pairs, je suis autorisé par le Gouvernement à répéter ici qu'à la prochaine session, je présenterai un projet de loi sur la liberté de l'enseignement. Cette loi sera sincère, elle sera complète[1]. »

Ces paroles furent rappelées au Ministre par M. le comte Tascher lorsque, le 3 juillet suivant, celui-ci présenta à la Chambre des Pairs un rapport sur de nombreuses pétitions réclamant la liberté de l'enseignement [2].

---

[1] *Moniteur* du 3 juin 1839.
[2] Id., p. 1613.

Malheureusement, il n'y eut pas de nouvelle session pour le Ministère du 1ᵉʳ mars, qui dut se retirer le 29 octobre, à l'occasion de la question d'Orient.

Mais le projet était prêt. « J'étais parvenu, nous dit M. Cousin, à gagner à ce projet les membres les plus influents de l'une et de l'autre Chambre. J'avais consulté plusieurs ecclésiastiques éminents qui ont adhéré à ce projet. Mgʳ l'archevêque de Paris (Mgʳ Affre) en avait approuvé l'esprit et même les principales dispositions, dans une conversation que j'eus l'honneur d'avoir avec lui sur ce grave sujet[1]. »

Je ne puis pas analyser d'une façon complète le projet de M. Cousin, qui n'a même pas été présenté aux Chambres[2], mais je dois en noter les très grandes lignes.

Le projet se rapprochait beaucoup de la loi de 1833. L'enseignement était libre sous certaines conditions de moralité et de capacité, sous la garantie du droit permanent d'inspection et de celui de déférer aux tribunaux tout chef d'établissement suspect. D'autre part, il était permis à toute personne de se présenter au baccalauréat sans avoir passé par l'Université. Sur ces points, le projet empruntait beaucoup, et à la loi de 1833 et au projet Guizot, de 1836.

Mais ce qui distinguait le nouveau projet, c'étaient ses dispositions relatives aux petits séminaires. On connaît la situation dans laquelle se trouvaient ces établissements. Cousin les assimilait à des écoles secondaires privées.

Les certificats de moralité délivrés par les maires aux instituteurs laïques devaient, pour les ecclésiastiques, être délivrés par les évêques. Le certificat de capacité devait être obtenu devant la Commission ordinaire ; enfin, la rétribution universitaire devait être payée par les écoles secon-

---

[1] Cousin, *Œuvres complètes,* 5ᵉ série, t. I, p. 180. Pagnerre, 1850.

[2] Voir le texte de ce projet dans Cousin, *Œuvres complètes,* 5ᵉ série, t. I, pp. 251 et suivantes, et dans le *Recueil des principaux actes du Ministère de l'Instruction publique,* du 1ᵉʳ mars au 29 octobre 1840.

daires ecclésiastiques, comme par les écoles secondaires laïques. Seulement, pour favoriser les vocations sacerdotales, il était ouvert chaque année, au budget de l'Instruction publique, un crédit spécial pour la remise de cet impôt. Ces remises devaient être accordées et réparties par le Ministre de l'Instruction publique, sur la proposition des évêques, d'après le nombre moyen des jeunes gens entrant chaque année dans les séminaires.

C'est ce projet que les Chambres auraient eu à discuter si le Ministère n'était pas tombé le 29 octobre.

CHAPITRE III.

Le projet Villemain (1841).

Section I. — Premières réclamations.

Malgré l'attitude pacifique du parti catholique, quelques âmes trop zélées n'avaient point attendu la chute du Ministère pour déplorer le retard mis à l'accomplissement de la promesse de la Charte.

Nous voyons, dès 1840, quelques pamphlets battre en brèche l'Université. C'est une campagne semblable à celle qui fut menée sous la Restauration qui recommence, ou plutôt un combat d'avant-garde[1].

§ 1. — *Premiers pamphlets.*

L'ouvrage qui eut le plus de retentissement, et il en eut fort peu, tellement le parti catholique en général était soumis à ses chefs, partisans convaincus de la paix, fut « le Monopole universitaire », de l'abbé G***t (Garot), aumônier de collège. C'est toujours la vieille thèse de la Restauration qui est soutenue : l'Université va décatholiciser la France. Mais si les idées étaient les mêmes, les moyens étaient nou-

---

[1] Les principaux pamphlets de cette époque sont : « *Le Monopole universitaire dévoilé à la France libérale et à la France catholique par une société ecclésiastique sous la présidence de l'abbé Rohrbacher*, par l'abbé G.... t. — Jacquemet, *De la liberté de l'Enseignement et du Monopole universitaire.* — Gasc (fils), *Dix ans perdus. Réflexions adressées à M. Cousin, Ministre de l'Instruction publique.* — Perron, *De la loi sur la liberté de l'Enseignement. Observations.* — Javary, *Mémoires sur la liberté de l'enseignement.*

veaux; l'auteur dénonçait, comme le plus grand mal du siècle, la philosophie sous la forme de l'éclectisme de Cousin ou du déisme. C'était la première manifestation d'un fait que nous verrons dénoncer plus tard par des esprits plus pondérés et plus sages que celui de l'abbé Garot. L'auteur faisait aux parents une obligation de conscience de secouer enfin le joug universitaire et de repousser un système d'éducation qui n'était conciliable ni avec les principes du catholicisme, ni avec la liberté des cultes.

Ce fut M. Villemain qui succéda à Cousin, le 29 octobre, au portefeuille de l'Instruction publique, après la chute du cabinet du 1er mars sur la question d'Orient. M. Guizot, ce grand libéral, était président du Conseil, et il nous dit, dans ses Mémoires, ce qu'il pensait faire en arrivant au pouvoir.

« Le cabinet du 29 octobre voulait sérieusement acquitter quant à la liberté de l'enseignement la promesse de la Charte. Personne n'y était plus engagé et plus décidé que moi[1]. »

Du côté du clergé, à moins de maladresse ou d'inadvertance, on ne pouvait prévoir d'opposition, tant étaient bonnes les relations de l'Église française et du Gouvernement[2].

§ 2. — *L'Épiscopat.*

Nous avons dit plus haut que le parti catholique se composait de deux éléments : les laïques et le clergé. Ces deux fractions marchaient la main dans la main, et l'une ne faisait rien sans consulter l'autre.

A la fin de 1840, à l'annonce de la préparation d'un projet de loi sur l'instruction secondaire, il s'était constitué une

---

[1] *Mémoires*, t. VII, p. 377.
[2] Voir, sur la bonne entente qui régnait, en 1840 et 1841, entre le Clergé et le Gouvernement, Thureau-Dangin, *op. cit.*, t. V, pp. 459 et suivantes.

réunion de Pairs et de Députés de toute opinion, pour étudier la discussion du projet de loi. Le comte de Montalembert, fidèle à la résolution que le Comité avait formée, voulut, avant tout, connaître le sentiment des évêques sur cette si délicate question, et il écrivit à plusieurs prélats pour connaître leur opinion.

Nous avons la réponse du vénérable archevêque de Paris, Monseigneur Affre, le même dont le sang devait, quelques années plus tard, arroser les barricades ; nous avons aussi celle de Monseigneur de Bordeaux, et, par ces deux lettres, on peut se convaincre de la modération de ce clergé auquel, de nos jours, un savant historien a reproché, à cette occasion, l'injustice et l'intransigeance [1].

« Je n'hésite pas à me prononcer pour la liberté d'instruction, écrivait Monseigneur Affre, pourvu qu'elle ne soit soumise qu'aux restrictions réclamées par l'intérêt de la religion, des mœurs et de l'instruction..... Il faut que les pères de famille soient libres dans leur choix, alors surtout qu'ils n'usent de leur liberté que pour donner leur confiance à ceux qu'ils jugent plus chrétiens, plus désintéressés..... Je suis pour la liberté, parce que le monopole, loin de produire l'unité de doctrine en religion et en morale, a laissé prévaloir les enseignements les plus divers sur ces deux points importants, ce qui devait nous conduire et nous conduit réellement à l'anarchie des esprits. Je suis pour la liberté, parce que l'épreuve ne peut en être funeste aux hommes distingués que l'Université possède en si grand nombre. C'est avec sincérité que, dans une autre occasion, j'ai loué « leurs talents, la bonté de leurs méthodes, l'exactitude de leur discipline et tout ce qui donne une si juste célébrité à leurs écoles » (Mandement à l'occasion de la prise de possession). Je suis pour la liberté, parce que le monopole ne se borne pas à exclure les instituteurs immoraux, mais qu'il exclut aussi plusieurs instituteurs très capa-

---

[1] Debidour, *op. cit.*, p. 447.

bles de former la jeunesse à la vertu, parce que la liberté rendra à ces derniers toute leur puissance d'action, tandis que le Ministre, d'ailleurs le plus pénétrant, le plus religieux, est exposé à être plus facilement surpris à l'égard des instituteurs immoraux que ne peuvent l'être des pères de famille éclairés par un si grand intérêt et une expérience aussi décisive..... Donner une liberté qui aide à former la jeunesse au respect du Pouvoir, au lieu d'un monopole qui, confié à des hommes d'ailleurs si dévoués et si habiles, n'a pu réussir à inspirer ces sentiments ; donner une liberté qui commande l'affection du clergé, des catholiques, des pères de famille, au lieu d'un monopole qui suscite tant de réclamations, que d'avantages à la fois !..... Il n'y a pas de liberté, sauf la liberté native, qui ne soit soumise à des restrictions. Ces restrictions, je les crois utiles, mais seulement aux conditions que j'ai indiquées.

« Il faut s'assurer de la moralité des instituteurs, mais par qui sera-t-elle certifiée? Par l'appréciateur le plus éclairé, le plus naturel de la conduite des candidats. Le prêtre doit obtenir son témoignage de l'évêque ; le maire est le juge de la moralité de tous les citoyens qui n'ont pas de juge plus spécial...,. Il faut s'assurer de la capacité, mais les juges de cette capacité doivent être désintéressés..... Pour cela, il faudrait que le jury d'examen fût composé de magistrats et de membres du Conseil général, de membres de l'Université et de délégués de l'Évêque [1]. »

Monseigneur l'archevêque de Bordeaux, de son côté, écrivait à M. de Montalembert une longue lettre, et il répondait par avance au reproche dont l'on devait, quelque temps plus tard, abreuver les partisans de la liberté :

« En demandant la liberté d'enseignement, le clergé ne demande pas le monopole de l'enseignement. Comment pourrait-il avoir cette prétention lorsqu'il suffit à peine à

---

[1] Lettre de Monseigneur l'Archevêque de Paris, rapportée par l'*Ami de la Religion*, du 2 mars 1841, t. I, p. 401.

remplir les fonctions les plus indispensables de son ministère? Ce serait d'ailleurs remplacer un monopole par un autre. Mais entre ces deux monopoles, il existe un milieu : ce milieu c'est la liberté, et c'est la liberté que l'épiscopat demande, qu'il demande pour tous. Il ne veut que rentrer dans le droit commun dont il est exclu. Il ne revendique pour lui que le bénéfice des institutions qui régissent tous les Français. Il ne demande que ce que les autres ont déjà, la faculté d'enseigner, sous la surveillance même de l'État, et au profit de l'ordre et des institutions mêmes sur lesquelles il repose [1]. »

Section II. — Dépot du projet.

Sur ces entrefaites, M. Villemain déposait, le 10 mars 1841, sur le bureau de la Chambre des Députés le projet de loi si impatiemment attendu, et qui va nous retenir quelques instants. Ce projet ne fut pas accueilli avec plaisir par les partisans du monopole.

« L'Université, disait la *Revue de Paris*, partage des droits qu'elle avait exercés seule. Elle descend un peu, il faut en convenir, de cette haute position que lui avait si heureusement créée le génie de l'Empereur. Le clergé gagnera tout ce que perd l'Université..... qu'il soit bien entendu que ce n'est pas comme prêtres, mais comme Français, comme membres de l'Université, comme bacheliers ès lettres que les ecclésiastiques seront admis à ouvrir un établissement d'instruction secondaire [2]. »

Nous avons dit en étudiant le projet Guizot de 1836, combien il était libéral, large, et avec quelle joie il avait été accueilli par le clergé. On pouvait s'attendre de la part de

---

[1] Voir cette lettre dans l'*Ami de la Religion*, à la suite de celle de Mgr Affre.
[2] *Revue de Paris*, mars 1841, p. 150.

M. Villemain, ministre dans le cabinet Guizot, à un projet empreint du même libéralisme. On fut cruellement déçu.

§ 1er. — *Projet du Ministre.*

Depuis la chute de l'Empire, depuis 1814, c'était bien au nom de la liberté politique que l'on avait demandé la liberté de l'enseignement. L'exposé des motifs de 1841 n'hésitait pas à dire que « la liberté de l'enseignement n'était point un ressort nécessaire au mouvement de l'État », et que « le caractère de la liberté politique s'était souvent marqué par l'influence exclusive et absolue de l'État sur l'éducation de la jeunesse ». Bien plus, M. Villemain déclarait que « le monopole était une excellente mesure à la suite d'un grand changement politique, et que depuis 1830, il avait rendu de grands services et posé d'utiles barrières ».

On exécutait donc la promesse de la Charte mais il semblait que ce n'était que par force, et nulle part on n'en proclamait et la nécessité et la légitimité. De là à restreindre le plus possible l'exercice de la liberté, il n'y avait qu'un pas et le projet le faisait.

Des preuves de moralité et de capacité étaient exigées et ce n'est point contre ce principe incontesté que l'on pouvait réclamer, mais contre les formalités rigoureuses auxquelles il fallait se soumettre pour les fournir à l'autorité. A ce point de vue donc, la lecture du projet seule édifiera celui qui voudra se rendre compte des entraves mises dans l'exercice d'une liberté concédée bien à contre cœur [1].

---

[1] Titre II. — *Des établissements particuliers d'enseignement secondaire.*

Art. 4. — Tout Français âgé de vingt-cinq ans au moins, et n'ayant encouru aucune des incapacités comprises dans l'art. 5 de la loi du 28 juin 1833, sur l'instruction primaire, pourra former un établissement particulier d'instruction secondaire, et réunir des élèves pour tout ou partie de cet enseignement sous la condition préalable de déposer dans les mains du recteur de l'Académie où il se propose de s'établir, les pièces suivantes, dont le recteur lui remettra récépissé:

Mais tout cela n'était que peu de chose à côté des dispositions qui suivaient.

1° Un certificat du maire de la commune ou de chacune des communes où il aura résidé depuis trois ans, délivré sous la responsabilité du maire et sur l'attestation de trois conseillers municipaux, ledit certificat constatant que l'impétrant est digne, par ses mœurs et sa conduite, de diriger une maison d'éducation; en cas de refus dudit certificat, le réclamant pourra former un recours devant le tribunal civil de l'arrondissement, statuant en Chambre de Conseil, le Ministère public entendu; et, s'il intervient décision favorable, elle tiendra lieu de certificat;

2° Les diplômes de grade et le brevet de capacité qui seront ci-après déterminés;

3° Le règlement intérieur et le programme d'études de l'établissement projeté, lequel dépôt devra être renouvelé tous les ans;

4° Le plan du local choisi pour ledit établissement, lequel plan sera soumis à l'approbation du maire de la commune où l'établissement sera situé, aura dû être approuvé par lui, s'il y a lieu, dans le délai de quinze jours, à partir de la présentation qui lui en est faite, sans que ladite approbation puisse être refusée pour autre cause que pour défaut de convenance et de salubrité du local et sauf, en cas de refus, tout recours de droit par la voie administrative et contentieuse.

Art. 5. — Deux mois au plus après le dépôt des pièces requises, la remise devra en être faite au déclarant, avec mention sur les pièces mêmes, qu'elles ont été enregistrées à l'Académie, ladite mention signée du recteur.

Après cette remise, le déclarant pourra immédiatement ouvrir l'établissement projeté, à moins qu'il ne soit intervenu dans ce délai une opposition du ministère public, devant le tribunal civil de l'arrondissement, pour une des incapacités relatées dans l'art. 4 de la présente loi. Si le déclarant n'ouvre pas ledit établissement dans l'année de la remise des pièces, il ne pourra plus effectuer cette ouverture sans que les formalités ci-dessus prescrites n'aient été par lui renouvelées.

Art. 6. — Il sera formé, au chef-lieu de chaque académie, un jury chargé d'examiner les aspirants aux diplômes de capacité pour l'enseignement secondaire. Ce jury sera composé ainsi qu'il suit : le Recteur de l'Académie, président; le Procureur général près la Cour royale, s'il existe une Cour royale dans le chef-lieu de l'Académie ou, à son défaut, le Procureur du roi près le Tribunal civil de l'arrondissement; le maire de la ville; un ecclésiastique catholique choisi par le Ministre de l'Instruction publique sur la désignation de l'Évêque du

On sait, je l'ai dit plusieurs fois, quelle était la situation des pétitionnaires. Avec un clergé presque dévoué au gou-

diocèse où est placé le chef-lieu de l'Académie ; un ministre de chacun des deux autres cultes reconnus par l'État, choisi par le Ministre de l'Instruction publique sur la désignation de l'autorité consistoriale, avec cette réserve que ledit ecclésiastique catholique et chacun desdits ministres n'assisteront qu'à l'examen des candidats qui appartiennent à leur communion ; le chef d'un établissement particulier d'instruction secondaire choisi par le Ministre de l'Instruction publique dans la circonscription de l'Académie ; quatre membres choisis par le même ministre parmi les professeurs titulaires de l'Académie, les magistrats du ressort et les citoyens notables.

Art. 7. — Pour être admis à se présenter devant le jury, tout candidat au brevet de capacité pour l'enseignement secondaire devra : 1° être Français et âgé de 21 ans au moins ; 2° produire soit le diplôme de bachelier ès-lettres, s'il prétend au titre de maître de pension, soit les deux diplômes de bachelier ès-lettres et de bachelier ès-sciences, ou seulement le diplôme de licencié ès-lettres, s'il prétend au titre de chef d'institution.

Art. 8. — Les examens auront lieu publiquement. La matière et les formes desdits examens seront déterminées par un règlement arrêté en Conseil royal de l'Instruction publique. Les brevets seront délivrés par le jury sous l'autorité du ministre, en la forme d'une déclaration d'aptitude à diriger l'un ou l'autre ordre d'établissements d'instruction secondaire, sans désignation spéciale du lieu.

Art. 9. — Tout candidat non reçu ne pourra se représenter, soit devant le même jury, soit devant un autre jury, pour l'instruction secondaire, avant le délai d'un an moins, à partir de l'examen où il aura été refusé. Tout candidat qui aura été trois fois refusé ne sera plus admissible à se représenter.

Art. 10. — Dans tout établissement particulier d'instruction secondaire, nul ne pourra être préposé à la surveillance des élèves, ou à quelque partie que ce soit de l'enseignement, litttéraire ou scientifique : 1° s'il n'est à l'abri des incapacités relatées par l'art. 4 de la présente loi ; 2° s'il ne justifie pas d'un certificat délivré par les autorités mentionnées audit article, et attestant qu'il est digne, par ses mœurs et sa conduite, de se livrer à l'enseignement ; 3° s'il ne justifie du diplôme de bachelier ès-sciences dans tous les cas, et du diplôme de bachelier ès-sciences mathématiques ou ès-sciences physiques, selon la section d'enseignement scientifique à laquelle il serait proposé. Lesdits grades ne seront obligatoires qu'après le délai de six mois, à partir de la promulgation de la présente loi.

Art. 11. — Le Ministre de l'Instruction publique peut, toutes les

vernement après avoir été hostile, la prudence commandait de ne point toucher, sinon à ses prérogatives, du moins à ce

fois qu'il le jugera convenable, faire visiter et inspecter tout établissement particulier d'instruction secondaire.

Art. 12. — Toute obligation imposée aux chefs d'insitution et maîtres de pension d'envoyer leurs élèves aux classes des collèges royaux ou communaux, est supprimée. Est également supprimée, pour l'admissibilité aux épreuves du baccalauréat ès-lettres, toute obligation de représenter des certificats d'études universitaires ou domestiques.

Art. 13. — Quiconque, sans avoir satisfait aux conditions prescrites par les articles 4 et 5 de la présente loi, aura ouvert un établissement particulier d'instruction secondaire, sera poursuivi devant le tribunal correctionnel du lieu du délit et condamné à une amende de 100 à 1,000 francs. L'établissement sera fermé. En cas de récidive, le délinquant sera condamné à un emprisonnement de 15 à 30 jours, et à une amende de 1,000 à 3,000 francs.

Art. 14. — Tout chef d'un établissement particulier d'instruction secondaire qui refuserait de se soumettre à l'inspection autorisée par l'art. 11 de la présente loi, pourra, sur procès-verbal dressé par l'inspecteur, être traduit devant le tribunal correctionnel de l'arrondissement, et condamné à une amende de 100 à 1,000 francs. En cas de récidive, l'amende sera de 500 fr. à 2,000 fr. et l'établissement pourra être fermé. Une amende de 100 à 200 francs pourra être appliquée par le même tribunal à tout chef d'un établissement particulier d'instruction secondaire qui aurait employé dans ledit établissement des maîtres non pourvus du certificat de moralité et du diplôme de grade prescrit par l'art. 10 de la présente loi. En cas de récidive le maximum de l'amende pourra être doublé.

Art. 15. — En cas de négligence permanente dans les études et de graves désordres dans le régime et la discipline d'un établissement particulier d'instruction secondaire, le chef dudit établissement pourra, sur le rapport des inspecteurs, être appelé à comparaître devant le Conseil académique de la circonscription, et condamné, s'il y a lieu, à la réprimande, sauf recours devant le Conseil royal de l'Instruction publique, lequel recours devra être exercé dans le délai d'un mois, à partir de la notification de la décision du Conseil académique. En cas de récidive, constatée par une nouvelle information devant le Conseil académique, le Conseil royal de l'Instruction publique devra connaître des faits dans le délai d'un mois, et pourra, par jugement disciplinaire, ordonner que le chef dudit établissement demeurera interdit de l'exercice de sa profession pour un intervalle

qu'il considérait comme tel, car le privilège que la législation lui accordait consistait uniquement dans le droit pour les évêques de choisir leurs professeurs des petits séminaires où bon leur semblait.

M. Guizot l'avait bien compris en 1836. M. Villemain, en 1841, commit la faute de ne point imiter son prédécesseur.

Le projet de loi de 1841 faisait rentrer les écoles secondaires ecclésiastiques dans le droit commun et nous venons de dire combien ce droit commun était peu libéral. Pendant

d'un an à cinq ans. Ledit jugement sera exécuté à la diligence du Procureur général où est situé l'établissement.

ART. 16. — Tout chef d'institution ou maître de pension, tout maître employé, soit à l'enseignement, soit à la surveillance dans un établissement particulier d'instruction secondaire, pourra, sur la poursuite d'office du Ministère public ou sur la plainte du Recteur de l'Académie, être traduit, pour cause d'inconduite ou d'immoralité, devant le Tribunal civil de l'arrondissement, et être interdit de sa profession, à temps ou toujours. La procédure et le jugement auront lieu dans les formes et sous les réserves spécifiées par l'art. 7 de la loi du 28 juin 1833 sur l'instruction primaire.

ART. 17..
ART. 18..
ART. 19. — Les supérieurs, professeurs et maîtres qui, à l'époque de la promulgation de la présente loi, se trouveront en exercice dans les écoles secondaires ecclésiastiques actuellement existantes, sont dispensés de satisfaire aux conditions ci-dessus prescrites par les art. 4, 5 et 10 ; cette dispense est étendue aux ecclésiastiques qui seront appelés à remplir les mêmes fonctions, dans ces écoles, pendant cinq ans, à partir de ladite promulgation. Aucune école secondaire ecclésiastique ne pourra, toutefois, recevoir d'élèves externes que lorsque les supérieurs, professeurs et maîtres de ladite institution rempliront effectivement les conditions de capacité et de grades ci-dessus exigés.

ART. 20. — Il sera ouvert au budget du Ministre de l'Instruction publique un crédit spécial pour dispenses de rétribution universitaire à accorder, chaque année, sur la proposition des archevêques et évêques, aux élèves internes des écoles secondaires ecclésiastiques. Le nombre des élèves ainsi dispensés de la rétribution universitaire pourra être porté à 20,000 par an...................................
....

cinq ans, les petits séminaires pouvaient rester organisés comme ils l'étaient, mais après ce délai de grâce, ces établissements rentraient dans le droit commun. Tout professeur des petits séminaires devait fournir, comme les professeurs des institutions particulières, des certificats de moralité délivrés par l'autorité civile et constatant que, par ses mœurs et sa conduite, il était digne de diriger une maison d'éducation. Il devait conquérir les diplômes et brevets de capacité devant un jury civil tout comme les laïques. Les dépôts de règlement intérieur, de programme d'études, de plan de local, devaient être effectués. Enfin le petit séminaire était soumis à l'inspection incessante du Ministre et ces établissements destinés à former des jeunes gens dont la grande majorité entraient dans les ordres, cessaient d'être des établissements publics. Ces écoles où l'Église et l'État sont en contact, puisque dans une certaine mesure ce sont des établissements concourant à la formation d'hommes que l'on aimait à appeler des fonctionnaires, ces écoles étaient livrées au hasard de l'industrie particulière. « Il est, je crois, très désirable, disait Guizot à la tribune de la Chambre, en 1837, que la société civile et la société religieuse, restant chacune à sa place et gardant chacune sa liberté, se rapprochent cependant, s'unissent et contractent ensemble ces relations, ces conventions qui ont présidé dans l'Europe moderne aux rapports de l'État et de l'Église. Et lorsque nous rencontrons un cas analogue à celui qui occupe la Chambre, lorsqu'il s'agit d'établissements qui sont d'un intérêt à la fois public et religieux, il faut reconnaître qu'ils doivent être soumis aux deux puissances, que c'est aux deux puissances à règler, et d'un commun accord, la part que chacune d'elles doit exercer dans ce petit gouvernement ».

§ 2. — *Protestations de l'Épiscopat.*

Les évêques estimèrent donc que le régime proposé par le projet de loi était, sinon la ruine, du moins la déchéance des petits séminaires et ils protestèrent. Il est impossible de trouver dans les respectueuses représentations qui furent envoyées au ministre, plus d'unanimité. Je crois qu'on ne pourrait pas signaler plus de deux ou trois évêques qui restèrent dans une expectative muette. L'*Univers* et l'*Ami de la Religion* publièrent chacun les lettres de prélats[1].

Les évêques, et c'est un point à noter, ne s'occupent presque dans leurs protestations que des petits séminaires. La liberté de l'enseignement passe au second plan. « Je n'examinerai point, disait l'archevêque de Reims, si le projet de loi qui nous occupe ne tend point à faire mentir la Charte et si la loi dont on est menacé ne serait point plutôt contre que pour la liberté[2]. » Mgr de Tours va même plus loin et déclare que « la question de la liberté de l'enseignement n'est point de son ressort[3] ». D'autres, comme Mgr le Cardinal de Bonald, archevêque de Lyon, et Mgr de Chartres, énoncent le désir qu'ils auraient de voir en matière d'enseignement, « la liberté comme en Belgique[4] ». Bref, du côté de l'épiscopat, tolle général, protestations respectueuses, mais énergiques.

D'un autre côté, la Commission nommée pour l'examen du projet de loi ne paraissait guère favorable aux idées du ministre. M. de Salvandy était nettement opposé au projet et les journaux, même officieux, comme la *Gazette spéciale de l'Instruction publique*, publiaient ses critiques : « Tout ecclésiastique, disait-il, doit pouvoir librement ouvrir un établissement privé sans être astreint à ces certificats de

---

[1] Voy. *Ami de la Religion*, 1841, t. I, pp. 517, 537, 551, 552, 577, et t. II, pp. 1 à 5, 8, 33, etc., etc.
Ces lettres ont été publiées à part sous le titre : *Protestations de l'épiscopat français*.

[2] *Ami de la Religion*, 1841, t. I, p. 537.

[3] Id., p. 577.

[4] La Constitution belge, art. 17, portait : L'enseignement est libre ; toute mesure préventive est interdite ; la répression des délits n'est réglée que par la loi.

moralité donnés par le maire, que remplace pour lui le suffrage de son évêque. Les petits séminaires doivent conserver leur caractère d'écoles spéciales de pépinières du sacerdoce, rester à ce titre sous l'autorité de l'évêque sans ingérence de l'Université dans leur régime [1] ».

§ 3. — *La Presse et le projet Villemain.*

La presse à l'occasion de ce projet prit position. D'un côté l'*Univers*, sur le compte duquel nous aurons plus tard à revenir longuement, et l'*Ami de la Religion ;* de l'autre, les *Débats,* le *Constitutionnel,* le *National.*

Le *Constitutionnel,* très exalté contre le clergé [2], ne voit dans les prêtres que des demi-citoyens, eux qui n'ont pas d'enfants. Il se plaint de ce qu'on séquestre les jeunes élèves dans des établissements, où, bien à tort, la surveillance du pouvoir public ne pénètre pas ; il applaudit aux ordonnances de 1828, parce qu'elles ont réprimé l'invasion du clergé dans l'enseignement. Il s'irrite enfin de ce que les prêtres aient l'incroyable prétention de se faire entrepreneurs de littérature et de grammaire.

Plus modéré est le *Journal des Débats,* quoiqu'hostile aux réclamations des évêques. « On voudrait que les petits séminaires fussent des collèges, disait-il, mais des collèges plus privilégiés que ceux même qu'entretient l'État »..... et plus loin, pensant que les évêques voudraient la création d'une Université ecclésiastique et privilégiée : « Non, ni le Gouvernement, ni les Chambres ne le peuvent. Ce serait renverser tous les principes de notre organisation sociale et politique [3]. »

Le *Temps,* lui, est épouvanté de l'influence que la liberté de l'enseignement donnera au clergé. « Pour empêcher ce résultat, et je crois très fermement, dit-il, que c'est pour le

---

[1] Rapporté par l'*Ami de la Religion,* 1841, t. I, p. 586.
[2] *Constitutionel,* avril 1841.
[3] *Journal des Débats,* 22 avril 1841.

Gouvernement un droit et un devoir de s'y opposer, pour empêcher ce résultat, le moyen le voici : Déclarer par une loi l'incompatibilité des fonctions de prêtre avec celles de professeur ou de directeur d'un établissement d'instruction..... Ne heurtera-t-on pas toutes les idées de justice, de liberté, d'indépendance ? N'est-ce pas une sorte de loi des suspects prononcée contre le clergé ? Eh, mon Dieu non ! nous rentrons dans le droit commun. On trouverait, avec raison, mauvais qu'un juge, qu'un employé des finances, qu'un officier, fussent en même temps professeurs ou répétiteurs dans des collèges ou même dans des maisons particulières ; par quelle faveur spéciale l'ecclésiastique est-il seul excepté de cette règle générale [1] ? »

Entre temps, la Commission faisait annoncer dans les journaux qu'elle modifiait le projet de loi. La *Presse*, vers le 20 avril 1841, déclarait savoir que la Commission avait décidé : la suppression du certificat de moralité pour le chef d'établissements privés auquel elle substituait l'information facultative du recteur, suivie, s'il y avait lieu, d'une opposition devant le Conseil académique dans l'intérêt des mœurs publiques, avec appel devant la cour royale qui statuait ; la suppression du certificat de capacité et du jury d'examen, en se contentant pour les chefs d'établissements du grade de bachelier ès lettres ou de bachelier ès sciences ; la suppression du grade de bachelier pour les maîtres d'études ; l'exigence de ce grade pour les professeurs, le maintien du certificat d'études pour les candidats au baccalauréat ; le maintien des petits séminaires dans le régime spécial qui leur avait été attribué jusqu'à ce jour ; l'obligation pour les élèves de ces établissements, qui voudraient se présenter au baccalauréat en renonçant à la carrière ecclésiastique, de produire le certificat d'un cours de philosophie, suivi soit dans un établissement public ou privé, soit dans la maison paternelle.

---

[1] *Le Temps*, 22 mai 1841.

§ 4. — *Pétitions. Retrait du projet.*

D'autre part, les partisans de la liberté de l'enseignement faisaient des pétitions aux Chambres et faisaient paraître des pamphlets réclamant avec énergie l'exécution franche des promesses de la Charte et non pas une exécution déguisée comme celle que semblait réaliser le projet de loi.

Nous n'insisterons pas sur les pamphlets de l'époque [1], pas plus du reste que sur les pétitions qui n'amenèrent devant les Chambres aucun débat [2].

Quoi qu'il en soit, devant la protestation de l'épicospat, devant ces pétitions et peut-être surtout en présence des mauvaises dispositions de la Commission, M. Villemain fit publier, par le *Moniteur*, la décision suivante que répétèrent quelques feuilles et notamment la *Revue des Deux-Mondes* [3].

« M. le Ministre de l'Instruction publique présentera de nouveau aux Chambres un projet de loi sur l'instruction secondaire avec toutes les améliorations que lui auront sug-

---

[1] P.-E. Gasc, *Réfutation du projet de loi de M. Villemain sur l'Instruction publique.* — T. P., *Quelques réflexions sur l'Instruction publique*, 30 mars 1841. — Abbé Popys, de Castres, *Réflexions sur le projet de loi relatif à l'Enseignement secondaire.* — Tenongy, *Discours sur l'Enseignement universitaire*, 1841. — C. A. F. S., *Les Cancans de province, Satyre, Aux amis de la liberté de l'Enseignement.* — Boulmier, *A l'auteur des cancans de province.* — *Réponse à M. G.-D. Boulmier, surveillant au collège royal de Poitiers.* — Félix Clément, *De la liberté de l'Enseignement.*

[2] Signalons celles-ci :
Le 12 mars, dépôt sur le bureau de la Chambre des Députés de nombreuses pétitions des habitants du département de la Gironde. Le 25, des habitants d'Arles ; le 7 mai, de l'arrondissement de Lille ; le 10, de 100 habitants de Saint-Flour ; le 11, de 140 électeurs de Metz.

Malgré toutes nos recherches il nous a été impossible de trouver les rapports du comité des pétitions. M. Mérilhou, rapporteur des pétitions en 1843, nous apprend qu'en effet les pétitions n'ont point été rapportées (Chambre des Pairs, 15 mai 1843, *Moniteur*, t. I, p. 1123).

[3] *Revue des Deux-Mondes*, 15 octobre 1841, p. 351.

gérées une étude encore plus approfondie de cette matière si délicate et les vives discussions dont le premier projet a été l'occasion. »

En même temps M. Villemain travaillait à une ordonnance qui devait résoudre le grand problème « d'un rapprochement entre les écoles ecclésiastiques et les établissements universitaires », travail fort délicat « qui consistait à concilier tout à la fois les intérêts des établissements soumis au droit commun avec les exceptions demandées pour ceux qui sont en dehors de ce droit [1] ».

C'était si difficile, en effet, que quelques jours plus tard, la *Gazette* annonçait l'abandon de la préparation de cette ordonnance.

Le projet de 1841 était retiré. La liberté n'était pas encore sur le point d'être accordée.

[1] *Gazette spéciale de l'Instruction publique*, novembre 1841.

CHAPITRE IV.

La Grande Campagne (1842-1844).

Section I. — Les luttes au sein du Parlement.

Toutes les espérances que l'on avait formées lors de la formation du Ministère du 29 octobre s'étaient évanouies. Le projet de loi Villemain retiré, le projet d'ordonnance abandonné, il semblait que tout fût perdu. On ne se découragea pas néanmoins et une double campagne fut menée contre le Monopole. Ce fut d'abord au parlement où pendant toute l'année 1842 on entendit des plaintes, des réclamations éloquentes ; ce fut ensuite dans la presse où le clergé dénonça l'enseignement de l'Université.

Au parlement d'abord on ne perdit aucune occasion de réclamer l'exécution de la promesse de la Charte.

A la Chambre des Pairs, et à l'occasion de la discussion de l'Adresse, M. de Montalembert combattit certains passages de ce document. Après avoir critiqué la politique étrangère, l'ancien maître d'école de 1831 critiquait aussi certains actes des Ministres : « Ne peut-on pas s'étonner, disait-il, de voir un ministre de l'instruction publique défendre avec acharnement le Monopole de l'Université contre l'intervention féconde et bienfaisante de la religion dans l'éducation, alors peut-être qu'il n'y a pas de question plus vitale et plus importante à examiner que celle de savoir si l'Université investie, depuis près de 40 ans, exclusivement du soin de former l'intelligence des jeunes Français, si cette Université n'a point été, je ne dis pas la cause unique, mais l'une des causes qui ont contribué à former dans le pays des

— 282 —

dispositions au désordre et à l'absence de ce respect que nous déplorons[1]. »

A l'occasion aussi de la discussion de l'adresse, MM. de Tracy et de Carné, députés, que nous avons vus souvent s'associer aux pétitions que l'on adressait aux Chambres, revendiquèrent cette loi sur l'enseignement que l'on attendait depuis plus de dix ans. « Il ne sera pas dit, s'écria M. de Tracy, que dans cette enceinte aucune voix ne s'est élevée pour réclamer l'exercice d'un droit aussi primitif, aussi naturel que le droit de parler, d'écrire et de croire, exercice indispensable, selon moi, pour le complet développement de l'intelligence humaine, c'est-à-dire de la civilisation[2]. »

Le Ministre de l'Instruction publique tint un langage absolument nouveau : « Vous penserez comme moi, dit-il, qu'une pareille question doit surtout être présentée dans une session où on a l'espérance qu'elle pourra être complètement étudiée et résolue[1] ». — Ce qui signifiait, comme le fit remarquer M. de Carné, que le Ministre n'entendait pas

---

[1] Chambre des Pairs, séance du 11 janvier 1842, *Moniteur* du 12. Le *Journal des Débats* appréciait comme suit le discours de Montalembert : « Les arguments de M. de Montalembert contre la génération actuelle, en d'autres termes, contre cette même société qu'il veut défendre contre l'esprit d'irréligion et d'indifférence propagé par l'Université ont été très rigoureusement réfutés par M. Villemain. En vérité, comme l'a dit avec beaucoup de bon sens le Ministre de l'Instruction publique, attaquer toute une génération, c'est faire le procès de la France, et c'est un bien injuste procès. Les révolutions que la France a subies depuis 30 ans, est-ce donc l'esprit anti-religieux et anti-monarchique de l'Université qui les a fait éclater. Peut-on oublier que cette génération qui a vu passer tant de gouvernements est après tout la même qui, en 1830, a fondé un gouvernement régulier et qui a traversé une dernière révolution pour se réfugier dans la monarchie constitutionnelle ; grande et sérieuse manifestation qui atteste au plus haut degré l'esprit d'ordre et de modération, l'intelligence, la sagesse, le bon sens de cette génération tant calomniée. (*Journal des Débats*, 12 janvier 1842.)

[2] Chambre des Députés, 25 janvier 1842. *Moniteur*, t. I, p. 173.

donner satisfaction à ce que l'orateur regardait pour son compte comme « un des premiers besoins de la France ».

Deux mois plus tard[1], Montalembert à la Chambre des Pairs prenait pour prétexte la pétition d'un abbé Genson, qui se plaignait du refus d'autorisation d'ouverture d'une école secondaire pour développer cette pensée que la liberté d'enseignement était indispensable pour avoir un enseignement vraiment religieux. Il protestait aussi contre le Monopole de l'Université au nom de la Charte, demandait quand on se déciderait à accorder enfin cette promesse dont on faisait tant désirer l'exécution ; et le Ministre, adoptant un système nouveau, refusait de répondre et de s'engager.

A la Chambre des Députés, on ne perdait aussi aucune occasion de parler de cette fameuse liberté, et le 18 mai, à l'occasion du budget des cultes, M. de Carné revenait à la charge et démontrait que la liberté politique et la liberté de conscience admises par la Chambre donnaient en même temps aux citoyens le droit de réclamer la liberté de l'enseignement. « En 1830, dit-il, on a déclaré que la France n'avait plus de religion d'État ; la conséquence de cette déclaration, la voici : c'est qu'il ne peut plus y avoir d'enseignement religieux officiel, que l'État peut et doit surveiller l'enseignement, mais que chaque communion a le droit de le donner dans la pleine et entière liberté de ses doctrines sous la surveillance générale de la puissance publique. C'est pour cela que l'institution universitaire s'est trouvée compromise dans la confiance d'un grand nombre de familles de ce pays. Si elle est restée profondément respectable quant à ses membres, elle a cessé d'être logique comme institution de monopole. Expliquant ma pensée, je dis que du jour où il n'y a plus d'enseignement d'État et où il ne peut plus y avoir d'instruction religieuse, dogmatique, officielle, je dis

---

[1] Chambre des Pairs, séance du 1er mars. *Moniteur* du 12.

que la conséquence de cet état est la liberté de l'enseignement[1] ».

Ces courageuses réclamations restaient sans écho.

Quelques jours plus tard, M. de Tracy ne laissait point passer la discussion du budget de l'instruction publique sans solliciter de nouveau la liberté de l'enseignement. Il réfuta les objections que l'on faisait à sa reconnaissance et n'hésitait pas à conclure que : « la régénération des mœurs, l'amélioration des idées publiques ne peuvent sortir que des écoles libres et, suivant moi, disait-il, le Gouvernement le plus habile serait celui qui oserait donner la plus grande liberté possible à l'enseignement[2] ».

Le Ministre continua à soutenir le système qu'il avait adopté le 25 janvier et prononça les paroles suivantes, faisant une étrange confusion que Mgr Affre avait pris soin de prévenir en réclamant pour le clergé non pas le monopole mais la liberté : « Ce serait une grande question trop légèrement soulevée par l'honorable préopinant que le projet de transférer l'instruction publique des mains des laïques dans d'autres mains que je respecte, mais qui n'ont pas reçu, quelle que soit leur sainte mission, un attribut spécial d'élever la jeunesse dans les sciences humaines et pour toutes les professions civiles de la société ». M. Béchard, député, intervint à son tour pour protester contre les paroles du Ministre et invoqua les droits des pères de familles.

Enfin, à la Chambre des Pairs, à la séance du 8 juin, M. Villemain interpellé par M. de Saint-Priest et le marquis de Barthélemy sur le point de savoir si le Gouvernement présenterait bientôt le projet, répondit qu'il ne pouvait prendre aucun engagement à cet égard, et, défendant l'enseignement universitaire, il affirma qu'il n'y avait point d'enseignement philosophique contraire aux grands principes de la religion. Devant les dispositions peu libérales du

---

[1] Chambre des Députés, 18 mai 1842. *Moniteur*, t. I, p. 1164.
[2] Chambre des Députés, 21 mai 1842. *Moniteur*, t. I, p. 1211.

Ministre, Montalembert monta à la tribune. Il lui reprocha la confusion impardonnable qu'il avait commise quelques jours auparavant à la Chambre des Députés : « Jamais, dit-il, on n'a entendu exclure le Gouvernement du droit de surveiller, du droit d'intervenir jusqu'à un certain point dans un objet aussi important pour la prospérité publique et la sécurité de l'ordre social ; jamais non plus, et c'est un autre fantôme qu'on a invoqué, jamais le clergé n'a demandé l'abolition de l'Université et n'a prétendu se substituer à elle. » Puis, le brillant orateur réclamait la liberté au nom de la Charte, au nom de la liberté religieuse ; il montrait l'Université, non pas hostile, mais indifférente au sentiment religieux, et, pour appuyer sa thèse, il invoquait le témoignage d'un protestant loyal, sincère, qui, dans un « Appel aux protestants », écrivait :

« L'éducation religieuse n'existe réellement pas dans les collèges. C'est la tache ineffaçable, c'est la condamnation permanente des établissements mixtes que l'obligation où ils se trouvent de reléguer la religion à son heure comme l'une et le plus souvent comme la dernière des leçons. » Au nom des familles chrétiennes, pauvres surtout, M. de Montalembert réclamait la liberté, car les riches pouvaient avoir des précepteurs, et, défendant les partisans de la liberté du reproche de spéculation qu'on leur avait adressé, l'orateur s'écriait : « la spéculation, elle se trouve, sachez-le bien, dans l'Université elle-même, dans cet esprit fiscal qui lutte avec tant d'acharnement contre la liberté ». Enfin, en terminant, Montalembert constatait que les transactions commencées avec Cousin, étaient devenues impossibles avec le Ministre actuel, qui, « par l'âpreté de ses procédés, a rivé, disait-il, plus que jamais les chaînes de l'enseignement. J'ai eu à cœur de dire ce peu de paroles pour l'instruction des pères de famille précisément au moment des élections futures, afin que ces pères de famille, électeurs, sérieusement préoccupés de l'avenir de leurs enfants, sachent ce qu'ils font en votant pour des candidats, prétendus conservateurs, qui, dans un intérêt d'étroit égoïsme et d'aveugle orgueil, conservent et maintiennent debout la barrière qui sépare les maux de la société de leur principal remède, l'éducation religieuse de l'avenir ».

Section II. — Veuillot. — Les Écrits des Évêques.

Nous avons vu que souvent dans le cours de l'année 1842, on avait demandé au Parlement l'exécution de la promesse de la Charte. Mais là ne s'étaient pas bornés les efforts du parti catholique. Dès les premiers mois de l'année, une campagne avait été menée en faveur de la liberté de l'enseignement dans un journal que nous avons déjà nommé, dans l'*Univers*; et par des publications, non par des pamphlétaires ordinaires, mais par des publications émanées de l'épiscopat.

§ 1. — *L' « Univers »*.

L'*Univers* avait été créé au lendemain de la Révolution de 1830 ; obscur, il végéta ainsi assez longtemps jusqu'au jour où il lui arriva un collaborateur, nouveau converti au catholicisme et par conséquent plein de zèle, j'ai nommé Louis Veuillot.

Il a laissé un nom dans la presse, ce polémiste violent, sarcastique, qui pouvait se donner comme le disciple de Lamennais pamphlétaire, et qui dirigea pendant de longues années l'organe du parti catholique, je me trompe, d'une fraction du parti catholique ; on verra plus loin pourquoi je fais cette restriction. Mais si l'on doit reprocher à l'*Univers* cette violence qui l'a fait souvent manquer à la charité chrétienne, on serait injuste de lui refuser les qualités admirables que possédait son rédacteur, qui était l'âme de son journal.

Quel talent avait cette homme ! quelle verve ! Il était,

on l'a remarqué avec raison, « un satirique habile, implacable à saisir et au besoin à créer les rididules [1], se servant, au nom de la religion, de cette ironie dont elle avait eu si souvent à souffrir ; un batailleur courageux, hardi à prendre l'offensive, se faisant détester, mais écouter et craindre ; donnant à son parti jusqu'alors humilié, le plaisir de tenir à son tour le verbe haut, d'avoir le dernier mot et quelquefois le meilleur dans les altercations de la presse [2] ».

Ce n'est qu'en 1842 que Veuillot prit la direction de l'*Univers*, ce n'est qu'à cette date par conséquent que ce journal s'imposa à l'attention de tous.

§ 2. — *La philosophie de Cousin et l'épiscopat.*

Un autre fait, peut-être plus important encore, signala cette époque. C'est la campagne qu'entreprirent les évêques contre l'enseignement de l'Université.

Déjà en 1840, l'abbé Garot dénonçait dans son pamphlet les doctrines enseignées par nombre d'universitaires; mais lorsque, à la suite du projet de 1841, l'épiscopat vit combien l'Université était jalouse de son monopole, il se hasarda, subissant ainsi l'entraînement de la polémique, à examiner la valeur morale et religieuse de l'éducation qu'on y donnait.

Or, en 1842, l'enseignement philosophique s'était émancipé de la religion et était passé sous l'autorité, non pas d'une école, mais d'un homme, de Cousin. « A défaut de la religion d'État supprimée par la Charte de 1830, on avait une philosophie d'État [3]. « J'ai commencé dans mon pays,

---

[1] « Il criait pour ameuter et attirer les badauds. Il mettait sur scène les Universitaires, avec une force comique, irrésistible Je ne sais pas si les autres en riaient, mais j'en riais souvent comme à une bonne scène de comédie un peu burlesque, mais très salée. » J. Simon, *Cousin*, p. 143.

[2] Thureau-Dangin, *op. cit.*, t. 7, p. 475.

[3] Id., p. 469.

écrivait Cousin, un mouvement philosophique qui n'est pas sans importance, j'y veux, avec le temps, attacher mon nom ; voilà toute mon ambition[1]. »

« La philosophie de Cousin ne peut supporter le joug de la foi. La philosophie sera libre, ou elle ne sera pas. C'est se moquer, de nous parler au XIXe siècle d'une servante de la théologie. Nous sommes ici dans le pays de Descartes, et nous tenons pour vrai tout ce qui nous est démontré par les lumières de la raison[2]. »

La religion, Cousin la prenait au service de la morale publique, et ici, le philosophe se doublait du politique qui dit : Elle est utile, je la respecterai. Cousin n'était peut-être pas panthéiste. Sans doute il avait écrit que si Dieu n'était pas tout, il n'était rien, mais il répondait à ceux qui lui reprochaient une telle doctrine : « Je suis panthéiste au même titre que Saint-Augustin ».

Toutes ces idées, Cousin les répandait partout. Où n'était-il pas en effet? Il est membre du Conseil Royal, directeur de l'École normale, président perpétuel du jury d'agrégation et de philosophie, membre très agissant de l'Académie française et de l'Académie des sciences morales, pair de France enfin. Il reste toujours à ses postes; les ministres se succèdent, Cousin est toujours là. Aussi son influence se manifeste de toute manière. Et les élèves de l'École normale, qui sont obligés pour se soumettre aux règlements de porter un livre à la messe et qui, au vu et au su de leurs surveillants y portent un Lucrèce[3], les élèves de l'École normale reçoivent l'empreinte de cette dictature spirituelle, et eux, qui forment le « Régiment[4] », pensent comme leur colonel et enseignent de même.

Or, la religion, convaincue de la divinité de son institution,

---

[1] Thureau-Dangin, *op. cit.*, t. 7, p. 470.
[2] J. Simon, *Cousin*, p. 125.
[3] J. Simon, *Cousin*, p. 135.
[4] Cousin appelait les professeurs : son régiment

ne pouvait pas accepter le partage. Les livres, les doctrines de Cousin, à côté d'un spiritualisme certain manifesté par l'admission de l'immortalité de l'âme et de la liberté humaine, révélaient des velléités de panthéisme et surtout un rationalisme qui n'acceptait ni le surnaturel, ni la révélation divine[1]. » Tout cela avait donc conduit à un enseignement qui n'était rien moins que religieux. « En masse, les professeurs de l'Université ne sont pas religieux. Les élèves le sentent, et de toute cette atmosphère ils sortent, non pas nourris d'irréligion, mais indifférents. Quoi qu'on puisse dire pour ou contre, en louant ou en blâmant, on ne sort guère chrétien des écoles de l'Université [2]. »

Quand les évêques eurent envisagé la situation, ils agirent comme leur conscience le leur commandait. Ils poussèrent un long cri d'alarme qui fut en même temps une longue réclamation de la liberté qui seule permettrait au père de famille de faire élever son enfant suivant ses croyances.

Je n'ai point l'intention d'entrer dans plus de détails relativement à cette longue campagne. Que je dise seulement que Mgr de Toulouse fut le premier à dénoncer l'enseignement universitaire en condamnant la doctrine philosophique d'un professeur de cette ville, Gratien Arnoult; que, par suite de réclamations énergiques, le clergé obtint la suppression du cours de Ferrari en février 1841 et que l'évêque de Chartres condamnait dans plusieurs lettres l'éclectisme de Cousin. Il serait fastidieux d'énumérer tous les prélats qui combattirent alors la philosophie de l'Université. L'*Ami de la Religion* et l'*Univers* de l'époque sont chaque jour remplis d'attaques de ce genre.

Ce n'étaient point des dangers imaginaires que les évêques avaient signalés dans leurs nombreuses lettres contre l'esprit de l'éducation dans l'Université.

Les journaux hostiles à l'Épiscopat le constataient aussi et

---

[1] Thureau-Dangin, *op. cit.*, t. 7, p. 472.
[2] Sainte-Beuve, *Chroniques parisiennes*, p. 100.

le *Journal des Débats* écrivait par exemple : « L'école éclectique est aujourd'hui maîtresse et maîtresse absolue des générations nouvelles. Elle occupe toutes les chaires de l'enseignement, elle a fermé la carrière à toutes les écoles rivales ; elle s'est fait la part du lion, elle a tout pris pour elle. Le public a donc le droit de demander à cette école ce qu'elle a fait pour la Société ; où sont ses œuvres, ses monuments, les vertus qu'elle a semées ; les grands caractères qu'elle a formés. Il est malheureusement plus facile de s'adresser ces questions que d'y répondre.

« Qu'est-ce que Dieu ? Qu'est-ce que l'âme ? Qu'est-ce que l'Univers ? Pourquoi y a-t-il quelque chose ? Le monde est-il éternel et infini, sans bornes dans le temps ni dans l'espace ? L'âme est-elle matérielle ou immatérielle ? Est-elle libre ou soumise à la nécessité ? Survit-elle à la dissolution du corps ou périt-elle avec lui ? Voilà les problèmes sur lesquels on se déclare incompétent et sur lesquels on propose à l'humanité de se résigner à l'ignorance, l'indifférence éternelle [1]. »

Le *National* n'était pas moins sévère pour l'éducation universitaire. « L'éducation que donne l'Université, disait-il, est impie, immorale, incohérente. Quant à la morale, l'exemple et les paroles des hauts dignitaires ne tendent qu'à inculquer une seule maxime : Chacun chez soi, chacun pour soi... On inculque aux enfants la pensée qu'il faut, avant tout, faire de bonnes affaires et le plus promptement possible. Les enfants de nos campagnes apprennent à mépriser le travail lent et honorable de leurs pères. Si dans l'armée, dans l'administration, dans le barreau, dans les professions appelées libérales, dans l'industrie, on voit tant d'hommes n'avoir souci que de leur intérêt personnel et fouler aux pieds tout ce qui fait obstacle à leurs passions, c'est que l'éducation première dont l'Université est responsable a fait place chez nous à une école d'égoïsme et de corruption prématurée [2]. »

[1] Numéro du 6 novembre 1842.
[2] Septembre 1842.

Aussi, il n'est pas étonnant de voir les familles retirer leurs enfants des écoles de l'Université.

« Nous concevons très bien, dit le *Globe* [1], la pensée qui dirige les familles graves et sensées, aussi bien les familles protestantes que les familles catholiques, lorsqu'elles retirent leurs enfants des collèges de l'Université. On n'y apprend que le doute et le doute arrive toujours assez tôt. Que voulez-vous qu'enseignent une pléiade de professeurs dont l'un est athée, l'autre matérialiste, l'autre panthéiste, l'autre Saint-Simonien, etc.?. On dira peut-être qu'un professeur de grec ou de géographie peut être matérialiste ou athée sans danger pour ses élèves. C'est une erreur ; un professeur, quoi qu'il enseigne, laisse toujours poindre l'idée morale qui le domine et qui le conduit.

..... En résumé. les familles sont fondées à désirer pour eurs enfants une éducation plus religieuse. Celles qui ont cette pensée font donc sagement en retirant les leurs des collèges de l'Université ; c'est là, de leur part, une préoccupation trop légitime pour que le Gouvernement ne songe pas sérieusement à y faire droit. En un pays de liberté, c'est bien le moins qu'on ait la faculté de choisir les professeurs de ses enfants. »

Section III. — La Bataille.

L'Université, on le voit, n'était guère défendue que par ses propres membres. Elle était, à n'en pas douter, dans une situation particulièrement critique. Il fallait une habile diversion pour sauver le monopole. On ne fut pas longtemps sans la trouver. Benjamin Constant disait un jour à M. de Corcelles : « On a vraiment bien tort de s'embarrasser pour l'opposition ; quand on n'a rien... eh bien, il reste les Jésuites ; je les sonne comme un valet de chambre, ils arri-

---

[1] Mars 1842.

vent toujours ». M. Villemain connaissait peut-être cette boutade ; quoi qu'il en soit, il la mit en pratique.

§ 1er. — *Aux Jésuites !!*

Depuis quelques semaines, on se remettait à crier : Au Jésuite, comme en 1828 ; mais il y avait cette différence entre les deux époques que sous M. de Villèle les Jésuites possédaient la direction de huit collèges et qu'en 1842 il n'en n'avaient aucun. Quoi qu'il en soit, la presse libérale agitait le fantôme et le fantôme effrayait même ceux qui le faisaient mouvoir.

Le 30 juin 1842, Villemain à l'Académie française lançait un trait d'amertume et d'indignation contre « cette société remuante et impérieuse que repoussent avec une égale défiance l'esprit de Gouvernement et l'esprit de liberté [1] », et, quelques mois plus tard, le 8 décembre 1842, Mignet dénonçait à son tour, « cette société fameuse qui ne reconnaît d'autre gouvernement que celui de Rome, n'a d'autre patrie que la chrétienté et qui ne sort de la mystérieuse obscurité que pour reparaître en dominateur [2] ».

Dans plusieurs collèges de Paris, on donnait aux élèves pour sujets de dissertations françaises des thèmes comme celui-ci : « Arnault demande devant le Parlement l'expulsion des Jésuites, les accable des accusations les plus graves, et fait le plus grand éloge de l'Université ».

Voit-on déjà le rapprochement entre la Congrégation et l'Université ? rapprochement qui devait peu à peu se faire dans le public et aboutir à ancrer dans les esprits cette idée que les Jésuites étaient les représentants de la liberté d'enseignement.

La diversion tentée avait réussi. Ce n'était plus seulement la guerre entre l'Université et la liberté, mais aussi

[1] Villemain, *Discours et Mélanges littéraires.* Rapport sur les concours de 1842, p. 337, édition Didier, 1873.
[2] Riancey, *op. cit.*, t. II, p. 438.

entre l'État et l'Église, et pendant toutes les années 1843 et 1844, nous assistons à une lutte de pamphlets et de journaux comme il n'en fut jamais et dont nous allons tâcher de donner une idée exacte.

§ 2. — *Les Pamphlets.*

Suivant les principes qui nous ont guidé toutes les fois que nous avons dû rendre compte d'une guerre de libelles, nous ne nous arrêterons que sur ceux qui s'imposent à nous à un titre particulier [1].

[1] Nous citons ici les pamphlets parus en 1843 :

A. — *Pamphlets en faveur de la liberté de l'enseignement.*

Anonyme. Aux pères de famille. Liberté d'enseignement, 4 mars 1843.

Marquis de Régnon, père de famille. Liberté de culte et d'enseignement. Lettre à M. le Rédacteur de l'*Ami de la religion* sur la question des petits séminaires, 9 mars 1843.

— Liberté de culte et d'enseignement. De la position actuelle de l'église catholique, 21 mars 1843.

— Liberté d'enseignement. Que la liberté d'enseignement peut se produire sous un seul mode qui est celui de la Belgique et que les propositions du journal *l'Univers* ne sont au fond que les modifications du monopole, 8 avril 1843.

— Liberté d'enseignement. Discussion grave sur la liberté d'enseignement, 18 avril 1843.

Anonyme. Les découvertes d'un bibliophile réduites à leur juste valeur, avec quelques cas de conscience curieux.

D. Desgarets. Le monopole universitaire destructeur de la religion et des lois, ou la Charte et la liberté de l'enseignement. Lyon.

Mgr Affre Observations sur la controverse élevée à l'occasion de la liberté de l'enseignement. Paris, Leclerc, 1843.

P.-J. Carle. La liberté d'enseignement est-elle une nécessité religieuse et sociale ? 1843.

Anonyme. Catéchisme de l'Université, ou un écolier des Frères ignorantins et les professeurs universitaires, ouvrage dédié à tous les Français qui aiment leur religion et leur patrie, par un montagnard vivarais. Paris, 1843.

Rogniat aîné, ancien préfet. Série d'articles présentés au Corps législatif pour la défense de la liberté de l'enseignement contre le monopole de l'Université avant et pendant la discussion de la loi à inter-

Un des premiers qui parut se recommande à notre attention par sa violence d'abord, par la scission qu'il créa dans

venir sur cette matière. Premier (neuvième), article-mars (août) 1843. Paris, 1843.

Louis Veuillot. Lettre à M. Villemain, ministre de l'Instruction publique sur la liberté de l'enseignement. Paris, 1843.

Abbé Védrine. Simple coup d'œil sur les douleurs et les espérances de l'Église aux prises avec les tyrans des consciences et les vues du XIXᵉ siècle. Paris, 1843.

Marquis de Régnon. Appel à l'épiscopat français pour la tenue d'un Concile national. Paris, 1843.

— Observations sur la lettre adressée par S. E. le cardinal de Bonald, archevêque de Lyon, à M. le Recteur de l'Académie de Lyon, en date du 11 octobre 1843, au nom des pères de famille catholiques. Pour faire suite à l'ouvrage précédent. Paris, 16 octobre 1843.

M. F. L'Épiscopat et l'Université. 31 octobre 1843.

Veuillot. De l'action des laïques dans la question religieuse. Réponse à la *Presse*. Novembre 1843.

Comte de Montalembert, pair de France. Du devoir des catholiques dans la question de la liberté de l'enseignement. Paris, 1843.

Lamartine. L'État, l'Église et l'Enseignement. Mâcon, novembre 1843.

Anonyme. Quelques idées à propos du conflit entre l'État et le clergé. Paris, 18 décembre 1843.

Vicomte d'Osseville. Lettre à M. de Carné sur la liberté de l'enseignement. Paris, 27 décembre 1843.

Clausel de Montals. Lettres et instructions pastorales de Monseigneur l'Évêque de Chartres concernant l'Université. 4 mars 1841, 28 décembre 1843.

Abbé Combalot. Mémoire adressé aux évêques de France et aux pères de famille sur la guerre faite à l'Église et à la société par le monopole universitaire. Paris, 28 décembre 1843.

Anonyme. L'Université jugée par elle-même ou réponse à ses défenseurs. Lyon, 1843.

— L'Université jugée par le Conseil d'État dans l'affaire de Monseigneur de Châlons. Lyon, 1843.

Laurentie. Liberté d'enseignement. Paris.

Mgr Parisis. Liberté d'enseignement. Examen de la question au point de vue constitutionnel et social. Paris, 1843.

B. — *Pamphlets en faveur de l'Université.*

Anonyme. M. de Montals et le corps enseignant, par un ancien élève de l'Université. Bordeaux, avril 1843.

Busch. Découvertes d'un bibliophile ou lettres sur différents points

le parti catholique, ensuite par le retentissement énorme qu'il produisit. J'ai nommé le monopole universitaire de

de morale enseignés dans quelques séminaires de France. 8 mars, 20 avril 1843.

Bouchitte. Citations falsifiées par l'auteur du monopole universitaire. Paris, mai 1843.

Louis Dufau, professeur d'histoire au collège royal de Bordeaux. L'Université et ses adversaires. De l'instruction secondaire en France et du rapport au roi de M. Villemain, grand-maître de l'Université; des doctrines et des tendances de l'Université; de la liberté d'enseignement et du prétendu monopole de l'Université; des études classiques de l'Université; quelques observations sur le libelle intitulé : Le monopole universitaire destructeur des lois et de la religion. Paris.

Anonyme. Des attaques contre l'Université. Lyon, 1843.

Quinet. Réponse à quelques observations de M. l'Archevêque de Paris. 28 août 1843.

Ch. de Lacretelle. Discours prononcé à la Faculté des Lettres le 29 novembre 1843, suivi d'une lettre à M. de Lamartine sur les rapports de l'Église et de l'État. Paris, 1843.

Chapuys-Montlaville. Réponse à M. de Lamartine à l'occasion de son écrit : l'État, l'Église et l'Enseignement, Paris, 12 décembre 1843.

Copalle. Essai de dispositions sur l'exercice de l'enseignement public et sur l'organisation de l'instruction nationale.

Anonyme. Une pensée nationale sur l'enseignement, par un élève de l'École du Progrès. Lyon, 1843.

F. Ducroix. Les Frères, les Jésuites, l'Université. Thiers, décembre 1843.

C. — *Pamphlets écrits à propos des Jésuites.*

1° Contre les Jésuites :

Anonyme. A MM. les Jésuites de 1843. Paris.

Michelet et Quinet. Des Jésuites, 1843.

— Destruction des Jésuites de France, anecdote politique et intéressante trouvée dans les papiers d'un homme bien instruit des critiques du temps, publiée à Londres en 1766. Paris, 1843.

2° En faveur des Jésuites :

E.-J. Mouzens. La croisade de MM. Michelet et Quinet contre les Jésuites, expliquée à ceux qui veulent voir clair.

Abbé Hippolite Barbier. Les Jésuites, par un solitaire. Réponse à MM. Michelet et Quinet.

Anonyme. L'Église, son autorité, ses institutions et l'Ordre des Jél'abbé Desgarets, chanoine de Lyon. Je n'en veux point faire de citations, mais la table des matières, fort bien faite du

suites, défendus contre les attaques et les calomnies de leurs ennemis, par un homme d'État.

— Appendice : Révélation du complot formé pour substituer en France à l'Église catholique une Église nationale universitaire.

Ch. de Riancey. Le Jésuitisme, bureaux de *l'Univers*.

P.-S. Vert. Les Jésuites et leurs ennemis; l'Église et les libres-penseurs ou réponse d'un catholique à MM. Michelet et Quinet.

J.-A., membre de l'Université. Quelques mots sur les Jésuites adressés à MM. Michelet et Quinet.

P. Cahour. Des Jésuites, par un jésuite (le P. Cahour).

Anonyme. La vérité sur les Jésuites. Réfutation des écrits de Michelet et Quinet. Libri Dupin, Lacretelle, Alloury et des articles du *Journal des Débats*, du *National* et de la *Revue des Deux-Mondes* et du *Courrier Français*.

Je joins à cette bibliographie des pamphlets de 1843 celle des pamphlets de 1844 :

Les libelles en faveur de l'Université sont précédés d'une étoile :

Mgr Parisis. Réponse à quelques questions au second examen sur la liberté d'enseignement au point de vue constitutionnel et social. Langres, janvier.

La Charte-vérité ou le monopole universitaire devant les Chambres, résumé de la question de l'Enseignement au point de vue constitutionnel, par un Français ami de la Charte.

Devoirs des citoyens français au sujet de la liberté d'enseignement. Nancy.

M. V. N. La vérité pratique sur la liberté d'enseignement.

Ferdinand Flocon. Lettre de M. Ledru-Rollin à M. de Lamartine sur l'État, l'Église, l'Enseignement.

Réflexions du journal *La Réforme* (signées Ferdinand Flocon) et réponse de M. Ledru-Rollin.

* Troplong. Du pouvoir de l'État sur l'Enseignement, d'après l'ancien droit public français.

De Saint-Chéron (d'après M. Bourquelot). L'Église, son autorité, ses institutions, et l'ordre des Jésuites, défendus contre les attaques et les calomnies de leurs ennemis ; instruction pastorale par Mgr l'Arch. de Paris Christophe de Beaumont, suivie des témoignages et jugements rendus en faveur des Jésuites, par les papes, les évêques, le clergé, les rois, les peuples, les plus célèbres écrivains catholiques, philosophes et protestants des trois derniers siècles. Documents

reste, permettra de se faire une idée exacte des doctrines du livre. L'auteur examine d'abord l'enseignement de l'Université :

recueillis, annotés, augmentés d'une introduction et d'une conclusion par un homme d'État.

Ch. de Riancey. Du Jésuitisme, ou du mouvement religieux, à notre époque.

B. d'Exauvillez. Quelques mots sur la liberté d'enseignement.

J. Pommez. Quelques considérations sur la liberté de l'enseignement, Bordeaux.

A Messieurs les Membres de la Chambre des Pairs (*Signé* : Les Membres de la Société d'éducation). 1er février.

Mgr Parisis. Du projet de loi présenté à la Chambre des Pairs, le 2 février 1844, ou : Troisième examen sur la liberté d'enseignement au point de vue constitutionnel ou social. Langres.

Ces trois examens ont été réunis en un seul volume.

H^t D'. Liberté de l'enseignement. Lettre du père d'un famille à ses concitoyens. Avignon.

La grande moquerie, ou le projet de loi de M. Villemain sur la liberté d'enseignement, par l'auteur de la Charte-vérité, ou le monopole universitaire devant les Chambres. Lyon.

Martin Delarivière. Aux Députés. Exposé général des nécessités actuelles de l'éducation et de l'enseignement, suivi d'un projet de loi. Louviers.

Lettre de l'archevêque et des évêques de la province de Reims à M. le Ministre des Cultes, au sujet du nouveau projet de loi sur l'instruction secondaire. 20 février 1844, Reims.

Observations sur le projet de loi sur l'instruction secondaire adressées à la Chambre des Pairs par M. le cardinal de Bonald, archevêque de Lyon. Lyon.

Réclamation adressée au roi, à son Conseil et aux Chambres législatives par M. l'évêque de Marseille (Charles-Joseph-Eugène de Mazenod) au sujet du projet de loi sur l'instruction secondaire. Marseille.

Bon A. Guiraud. Lettre à MM. les Pairs sur le projet de loi relatif à l'organisation de l'instruction secondaire. 11 mars.

* De la liberté de l'enseignement, véritable état de la question au point de vue constitutionnel.

* Les Jésuites et l'Université.

M. de Vatismenil. De l'Institut et de l'existence des Jésuites. Poussielgue.

Mémoire adressé au roi par les évêques de la province de Paris.

Lettres de M. le Ministre des Cultes, Martin du Nord, à Mgr l'arche-

1° Le monopole universitaire est destructeur de toute religion et par conséquent de la liberté des cultes. Cousin, Jouffroy, Libri, dans leurs cours, dans leurs livres, insul-

vêque de Paris (8 mars). Réponse de Mgr l'archevêque de Paris, Denis-Aug. Affre, au Ministre des Cultes. 13 mars.

Liberté d'enseignement. Du projet de loi de M. Villemain : mémoire adressé aux Chambres par plusieurs pères de famille. Paris.

Bole. Très humbles observations avec pétition au roi et aux Chambres sur le projet de loi d'instruction secondaire. Paris.

G. Faure, chef d'institution. De l'organisation de la liberté d'enseignement : observations pratiques adressées à MM. les Pairs et Députés de France. Clermont, 15 mars.

Ch. Mazeron. Des droits de la famille et du monopole universitaire. Moulins.

J. Souchet, chanoine à Saint-Brieuc. Avertissement aux catholiques sur les dangers qui les menacent dans leurs enfants. Saint-Brieuc.

Manifeste des catholiques, ou pétition adressée à la Chambre des Députés, pour la suppression du Ministère des Cultes et l'abolition des concordats religieux, pour la suppression du Ministère de l'Instruction publique et l'abolition du monopole universitaire... Nantes.

Marquis de Régnon. Observations des catholiques adressées à MM. les Pairs de France sur le rapport sophistique de M. le duc de Broglie au sujet du projet de loi relatif à l'instruction secondaire.

* Aux évêques de France réclamant la liberté de l'enseignement.

* X. de L. P. Pétition contre les demandes du clergé dans la question de l'enseignement.

Liberté d'enseignement. Lettre de Mgr l'évêque de Chartres sur la position faite au clergé dans cette question. 12 avril 1844.

Liberté d'enseignement. Lettre de Mgr l'évêque de Chartres sur le rapport de M. le duc de Broglie et le discours de M. Cousin au sujet de la liberté d'enseignement.

De la liberté d'enseignement, véritable état de la question au point de vue constitutionnel.

Gasc fils. Réfutation du rapport de la Commission de la Chambre des Pairs sur le projet de loi de M. Villemain. Lettre à M. le duc de Broglie. 15 avril.

Moreau. Liberté d'enseignement. Observations sur le rapport de M. le duc de Broglie à la Chambre des Pairs sur le projet de loi relatif à l'instruction secondaire. Lettre au rédacteur en chef du *Mémorial catholique.*

* Dupin. Réfutations des assertions de M. le Cte de Montalembert

tent à Dieu, à Notre Seigneur Jésus-Christ, à sa Sainte Mère, aux Saints Pères, aux Pontifes, au Clergé, à tous les grands hommes du christianisme ; 2° l'enseignement univer-

dans son manifeste catholique et défense des articles organiques du Concordat.

* Discours prononcé à la Faculté des Lettres, le 17 avril 1844, par Lacretelle, de l'Académie française, en réponse aux attaques dirigées contre l'Université.

* Libri. Lettres sur le clergé et la liberté d'enseignement. 1er mai 1843-20 avril 1844.

Liberté d'enseignement. Lettre (3°) de Mgr l'évêque de Langres à M. le duc de Broglie. 19-22 avril.

Abbé Dupanloup. Lettre (2°) à M. le duc de Broglie, rapporteur du projet de loi relatif à l'instruction secondaire.

Gasc fils. Études historiques et critiques sur l'instruction secondaire considérée dans ses rapports avec l'État, l'Université, le clergé et les familles, suivies d'un projet de loi avec exposé de motifs adressé à MM. les membres des Chambres législatives, et de la réfutation du rapport de M. le duc de Broglie.

Deuxième lettre adressée à M. le Cte de Montalembert, pair de France, par M. le Mis de Régnon, directeur du journal *Liberté comme en Belgique*, au nom des pères de familles constitutionnels. Nantes, 20 avril.

Abbé Drioux. De l'enseignement philosophique universitaire, et des doctrines qu'il lui faudrait substituer.

Mgr Affre. Mémoire sur l'enseignement philosophique adressé à la Chambre des Pairs.

* A. Garnier, Réponse au Mémoire de M. l'Archevêque de Paris sur l'enseignement philosophique.

Vernhes. Vérité, tolérance. Observations à M. A. Garnier, professeur à la Faculté des Lettres, sur sa réponse au Mémoire de l'Archevêque de Paris.

Benjamin Gastineau. Lutte du catholicisme et de la philosophie.

Baron Augustin Cauchy. Quelques réflexions sur la liberté de l'enseignement.

— Quelques réflexions sur l'enseignement.

Abbé G.-F. André. Lettre à M. Lerminier sur l'antagonisme du Clergé et de l'Université.

Dunoyer, Conseiller d'État. De la liberté de l'enseignement.

Rédarès. De la liberté de l'Enseignement. Lettre à un prince du Saint-Empire.

E. V., bachelier ès-lettres. Liberté d'enseignement. Lettre à tous

sitaire loue et exalte tous les ennemis de la religion et toutes les erreurs qui lui sont contraires. Le paganisme, le druidisme, l'idolâtrie égyptienne, l'arianisme, le gnoticisme

les catholiques qui désirent conserver à leurs enfants l'intégrité de la foi.

Abbé J. Moutonnet. Liberté d'Enseignement. De l'abolition du Monopole Universitaire.

C. J. De la liberté selon les doctrinaires. Lyon.

Abbé Chantome. De la liberté. 1er traité. Première partie. Traité complet de la liberté d'éducation considérée dans ses rapports avec le droit naturel et social. Paris.

D. A. Jacquemart. A Messieurs les Députés sur l'opportunité de mettre, dans un intérêt social, l'enseignement secondaire en harmonie avec l'enseignement primaire. 5 juin 1844.

— Le Ministre de l'Instruction publique aux prises avec la liberté d'enseignement, ou Réflexions sur l'exposé des motifs du projet de loi de M. Villemain, à la Chambre des Députés, séance du 10 juin 1844.

— Lettre à M. le Ministre de l'Instruction publique sur le projet de loi d'enseignement secondaire par un provincial actuellement résidant à Paris, 1844.

Langlois d'Estaintot. Liberté d'enseignement. A l'occasion du projet de loi sur l'instruction secondaire. Paris.

Bouverat. Syllogisme sur la liberté de l'enseignement.

Quinet. L'Ultramontanisme, ou l'Église romaine et la Société moderne, 10 juillet.

A. M. Thiers (Trélon, département du Nord), 17 juillet 1844, signé Comte Félix de Mérode.

Laurentie. Liberté d'enseignement. Lettre à M. Thiers, 19 juillet.

Abbé Poullet. Lettre à M. Thiers à l'occasion de son rapport sur le projet de loi relatif à l'instruction secondaire, suivie d'un discours intitulé : Du cœur et de sa part dans l'éducation.

— Quelques mots de bon sens à M. Thiers sur son rapport à la Chambre des Députés relatif à la liberté d'enseignement, 1844.

Dominique des Brandons. Les Masques ou ce que c'est qu'un révolutionnaire. Réponse au discours et au rapport de M. Thiers contre la liberté d'enseignement. Lyon.

H. Corne. De l'éducation publique dans ses rapports avec la famille et avec l'État.

C.-G.-B. Clère. Importance de l'éducation au XIXe siècle.

Parisis. Du rapport présenté à la Chambre des Députés le 2 juillet 1844 au quatrième examen sur la liberté de l'enseignement.

Battur. Les Annales de la civilisation chrétienne. De l'indépendance

et les athées ; 3° l'Université renie les dogmes qui appartiennent exclusivement à la religion catholique ; 4° l'Université nie et ébranle les vérités fondamentales de toutes les religions et de toutes les sociétés.

Toutes ces idées sont longuement développées, appuyées sur des citations (très contestables du reste). C'est une compilation immense et qu'il est intéressant de parcourir à cause de l'originalité qu'elle présente et de la violence inouïe et de la haine implacable qu'elle décèle chez son auteur.

La deuxième partie du livre peut s'appeler la partie juridique. Il y est démontré (?) que le monopole détruit l'égalité devant la loi, par l'impôt qu'il prélève, par l'impossibilité dans laquelle il jette les pauvres d'acquérir la science, et par les privilèges de sa juridiction. Enfin, l'auteur ter-

---

des rapports nécessaires de l'Église, de l'État et de l'Enseignement public.

André Jacoby. Liberté d'enseignement. Les nouveaux Montanistes au Collège de France.

Ad. Fandot. Sur l'éducation dans les Collèges de l'Université ; vérité et conseils à tous les pères de famille.

— Lettre de Mgr l'Évêque de Lorgues à M. le comte de Montalembert, sur la part que doivent prendre aujourd'hui les laïques dans les questions relatives aux libertés de l'Église; publiée par le Comité électoral pour la défense de la liberté religieuse.

— Liberté d'enseignement. Du pétitionnement par un pétitionnaire, 20 novembre.

— Quelques mots sur l'organisation du travail à propos de la pétition sur le libre enseignement.

— Dialogues sur la liberté de l'enseignement recueillis par un provincial. Lyon, 1844.

— Pétitionnons. Nancy

Abbé Verdun. L'Université s'en va, mais le fondement de la vérité de Dieu en Jésus-Christ, vivant par la Sainte Église catholique, reste ferme, 6 août, 21 décembre, Nancy.

Gasc fils. La réforme et la ligue Universitaire. Réponse aux cinq questions de M. Thiers avec des études critiques sur la discussion à la Chambre des Pairs. Ouvrage dédié ιMM. les Membres de la Chambre des Députés, 25 décembre, Paris.

mine en montrant l'inexécution dans laquelle les Ministres tiennent la Charte.

Il réclame la liberté. On ne peut se figurer la violence de ce livre qui en fait un chef-d'œuvre du genre et qui inspire à tous les partisans convaincus et sérieux de la liberté une véritable tristesse. Je ne puis concevoir, en effet, un pareil langage dans la bouche d'un homme qui a le droit pour lui, à plus forte raison dans la bouche d'un prêtre.

Extrêmement curieux le « Catéchisme de l'Université ». L'auteur, un montagnard vivarais, a, comme unique but, de révéler l'enseignement universitaire sous son véritable jour. Son livre traite (son nom l'indique), de Religion : Dieu, l'Incarnation, la Trinité ; de morale aussi, devoirs envers nos semblables, envers nous-mêmes. Ce livre est composé de demandes et de réponses, lesquelles sont des citations empruntées aux livres, ou aux cours des professeurs de l'Université. Voici quelques citations qui permettront de se rendre compte de l'originalité de ce pamphlet.

L'Écolier[1]. — Monsieur l'ex-grand maître, qu'est-ce que Dieu ?

M. Cousin. — « Dieu n'est pas l'abstraction de l'unité absolue ; il est tout à la fois, Dieu, nature, humanité. » (Fragments de philosophie, préface, 20, 76.)

L'Écolier. — La réponse est moins claire que celle de mon catéchisme ; M. Quinet, répondez à la même question ?

M. Quinet. — « Dieu, c'est la puissance de transformation de la matière. » (Génie des religions, 2.)

L'Écolier. — Peut-être comprendrais-je mieux les détails : parlez-moi de ses attributs. A-t-il eu un commencement ?

M. Quinet. — Oui « le dieu hébreu est né des cultes antiques, et chaque point de la terre produit le sien. » (Génie des religions, 9.)

L'Écolier. — Est-ce vrai, M. Michelet ?

[1] *Catéchisme de l'Université*, pp. 1-2.

M. Michelet. — « Sans doute, le verbe du Sinaï est le résultat du parfait mélange des races orientales, le verbe du christianisme c'est l'épanouissement de l'unité juive, fécondée du génie de la Perse et de l'Égypte grecque. » (Introduction de l'histoire universelle.)

L'Écolier. — Accordez-vous du moins à ce Dieu qui a commencé, le privilège d'être désormais éternel?

M. Quinet. — « Non, souvent il arrive qu'un Dieu est mort et enterré dans le ciel et que nous l'adorons encore sur la terre. » (Ahasvérus, 267.)

L'Écolier. — Que dites-vous de sa providence, de sa science infinie?

M. Charma. — « J'ai limité la providence et la prescience absolue de Dieu, dans l'intérêt de la moralité humaine et de la liberté divine. » (Essai sur les bases, et avertissement 10.)

..... L'Écolier[1]. — M. Cousin, qu'est-ce que le mystère de la Sainte-Trinité?

M. Cousin. — « C'est l'infini, le fini, et le rapport du fini à l'infini. » (Introduction à l'histoire, 15 et suivantes.)

L'Écolier. — Que dites-vous de cette définition, M. Arnoult?

M. Arnoult. — Elle est absurde. « Dieu, à la fois infini et fini et rapport du fini à l'infini est un assemblage de mots dont les idées répugnent à se concilier. » (Doctrine philosophique, 172 et suivantes.)

..... L'Écolier[2]. — M. Comte, la religion est-elle utile?

M. Comte. — La religion bientôt ne sera plus bonne que pour les chiens. (Cours d'astronomie, 92.)

L'Écolier. — Quelle est la meilleure religion?

M. Quinet. — « Nous les accueillons toutes ». (Dernière leçon au collège de France.)

M. Bouiller. — « Toutes ont le même prix ou plutôt n'en ont aucun. » (Théorie de Kant, 156.)

---

[1] *Catéchisme de l'Université,* p. 19.
[2] Id., p. 39.

M. Villemain. — « L'arianisme est la plus méthodique. » (Nouv. mil., t. II, p. 160.)

M. Michelet. — « Je crois au verbe social ; à lui appartient l'avenir ; le christianisme a fait son temps. » (Introduction à l'histoire.)

M. Matter. « Rien ne semble plus juste, ni mieux fondé que la doctrine de Nestorius. » (Histoire de l'Église, p. 345.)

..... Il faudrait tout citer, le Pamphlet fort curieux fit, lorsqu'il parut, assez de bruit.

Le Pamphlet de l'abbé Védrine se rapprochait par sa violence de celui de Desgarets. Non seulement il attaquait l'enseignement de l'Université, mais même ses professeurs « hommes sans croyances, disait-il, impure vermine, mirmidons de l'athéisme ».

§ 3. — *Les modérés du parti catholique.*

Les hommes sages et modérés n'approuvaient point ces pamphlétaires haineux.

On le vit, lorsque, le 27 mars 1843, à l'occasion de nombreuses pétitions, plusieurs députés favorables à la liberté renièrent ces attaques et demandèrent avec modération, courtoisie et fermeté, la fameuse loi si longtemps attendue.

MM. de la Rochejaquelain, de Carné, Dubois obtinrent du Ministre une nouvelle promesse, et tous, englobant dans le même mépris toutes les attaques injustes dirigées depuis quelque temps contre l'Université, votèrent l'ordre du jour sur une pétition dont les termes ressemblaient à ceux dont s'étaient servis Desgarets ou Védrine, et au contraire renvoyèrent au Ministre de l'Instruction publique celles qui réclamaient le principe dans des termes parlementaires[1].

A ce vote s'associa une des personnalités les plus hautes de la capitale, Mgr Affre, dans les « Observations sur la controverse élevée à l'occasion de la liberté d'enseignement ».

[1] *Moniteur*, 1843, t. I, pp. 1288 et suivantes.

Le vénérable prélat « veut faire disparaître des malentendus fort graves et fort préjudiciables aux intérêts de la Religion et de l'Église ». Pour cela ses « Observations » traiteront d'abord de l'objet principal des réclamations qui, nous le savons, visent les petits séminaires, ensuite de la liberté qu'il désire dans l'enseignement public.

C'est la modération qui est un des plus grands mérites de ce livre : On sait, du reste, que la devise de son auteur était « le bien ne fait pas de bruit, le bruit ne fait pas de bien ». Aussi désapprouva-t-il d'une façon absolue la violence de certains membres du Clergé. « Le Clergé l'a compris, en préférant à tout autre moyen celui de la modération, unie à une sage fermeté. Nous disons le clergé, ajoute le prélat, parce qu'il n'est point responsable d'une polémique soutenue par des écrivains qui ne sont pas dans ses rangs. » Le clergé, poursuit Mgr Affre, repousse aussi la responsabilité de deux livres récemment publiés : « Le premier, adopté ou écrit par un chanoine de Lyon, signale des erreurs qui ne sont que trop réelles, trop pernicieuses ; mais, étant éloigné des écrivains qu'il voulait juger, il a confondu des hommes dont il aurait dû séparer la cause. Il a fait en outre des citations dont l'exactitude matérielle ne garantit pas toujours l'exactitude quant au sens. Il a pris un ton très injurieux, ce qui est une manière fort peu chrétienne de défendre le christianisme. L'autre adversaire qui nous est inconnu n'a été ni plus heureux, ni plus habile [1]. »

Nous avons étudié les idées de Mgr de Paris dans la lettre qu'il avait écrite à Montalembert en 1841, la veille du dépôt du projet de loi, nous n'y insisterons donc pas autrement.

La publication de cette brochure si sage et si modérée, ne calma point l'abbé Desgarets. Dans une lettre à l'*Univers* du 17 août [2], il protesta contre « l'attaque inexplicable dont il

[1] *Observations*, p. 26.
[2] *Univers* du 22 août.

était victime et qu'il ne pouvait accepter ». Puis, quelques mois plus tard (décembre 1843), il publiait une nouvelle brochure « l'Université jugée par elle-même », qui ne le cédait en rien en violence à la première. Voltaire était signalé comme le premier Grand-maître de l'Université ; la cause des Jésuites était proclamée non seulement belle et grande, mais constitutionnelle. Les amis du monopole étaient représentés comme des fauteurs de l'absolutisme et de l'étranger.

Les pamphlétaires ne chômaient point pendant ce temps ; l'abbé Carle, docteur en théologie, publiait à la fin d'août une brochure « vraiment remarquable et sortant tout à fait des lieux communs de la polémique courante », dit l'*Univers*[1].

Nous nous bornerons à la signaler.

§ 4. — *Louis Veuillot et Montalembert.*

Le parti catholique ne combattait pas seulement par la publication des pamphlets. Il demandait encore au Ciel d'intervenir dans la bataille et il formait une « association de prières » pour que Dieu délivrât la France du monopole universitaire[2]. « Qu'y aurait-il d'étonnant, disait la feuille qui annonçait la constitution de cette confrérie, si malgré les dispositions contraires des hommes, Celui qui dirige à son gré les événements et qui tient dans ses mains le cœur des peuples, se rendant à nos prières, délivrait les familles chrétiennes du joug insupportable qui pèse sur elles ?. »

D'autre part, on avait organisé des souscriptions pour soutenir la lutte et l'*Univers* avait envoyé, à ce sujet, une circulaire à toutes les personnes sur lesquelles il espérait pouvoir compter[3]. Enfin d'énergiques efforts étaient tentés auprès

---

[1] Voy. *Univers* du 31 août et des 1ᵉʳ et 2 septembre, où ce pamphlet est longuement analysé.

[2] Voy. *Univers* du 8 septembre 1843.

[3] Circulaire publiée par *l'Univers*, le 22 juillet 1843 : Souscription en faveur de la liberté de l'Enseignement.

« La polémique qui vient de se ranimer sur la question de la liberté

des pouvoirs publics, et Louis Veuillot, rédacteur en chef de l'*Univers*, adressait en septembre 1843 une lettre au Ministre de l'Instruction publique, M. Villemain, sur la liberté de l'enseignement. Nous avons dit plus haut ce qu'était Louis Veuillot. On sait quelle énergie il savait déployer à l'occasion. Sa lettre renferme de superbes passages et de hautes envolées. Dès le début, l'auteur explique la volonté des catholiques : « Les catholiques, dit-il, ne veu-

de l'enseignement nous fait sentir plus vivement que jamais le besoin de voir enfin se réunir et se concerter tous les efforts des catholiques, afin d'obtenir cette précieuse liberté, la base de toutes les autres et la seule capable d'assurer la régénération religieuse et morale de notre patrie.

« Il est important, Monsieur, que la promesse inscrite dans la Charte et formellement renouvelée par le Ministre de l'Instruction publique, ne puisse être éludée et qu'elle trouve à la session prochaine les catholiques en mesure d'exiger son exécution si longtemps différée. Nous avons cru, Monsieur, qu'un des moyens les plus propres à nous assurer ce résultat serait de disposer l'opinion publique par la circulation de brochures qui feraient suite à l'ouvrage sur le monopole universitaire, et présenteraient la question sous toutes ces faces. Organiser en même temps sur tous les points de la France l'exercice du droit de pétition pour la liberté de l'enseignement serait aussi une chose utile. Une démonstration imposante peut seule répondre à l'insolent défi qui nous a été jeté du haut de la tribune lorsqu'on nous a déclaré que la liberté de l'enseignement n'était réclamée que par quelques centaines d'individus.

« Consacrés entièrement à la défense de cette cause sacrée nous venons, Monsieur, réclamer votre concours énergique et vous inviter à vouloir bien nous seconder. Un noble exemple, celui de l'Irlande, nous montre assez les avantages de cette sorte d'agitation toute légale et catholique. Pour organiser ce vaste mouvement, développer cette agitation, publier les brochures, recueillir des pétitions, etc., des souscriptions nous sont indispensables et le dévouement des catholiques peut seul nous les fournir. Les encouragements que vous avez daignés jusqu'ici nous accorder, nous ont fait espérer, Monsieur, que vous voudrez bien concourir à notre œuvre, en sollicitant autour de vous des souscriptions qui ne pourront manquer de s'étendre sous votre honorable influence.

« Leur succès plus ou moins considérable précipitera d'autant celui que Dieu réserve à notre courage et à notre persévérance. »

lent plus interrompre la guerre qu'ils livrent à l'enseignement de l'État ; vous leur permettrez d'ouvrir des écoles ou vous leur ouvrirez la prison [1]...... Je veux aujourd'hui vous faire connaître au vrai, nos droits, nos vœux et quelques-unes de nos fautes [2]. »

Les droits : c'est la Charte, les libertés publiques.

Les vœux, ce sont :

1º La liberté pour tout citoyen d'ouvrir une école ;

2º La liberté pour tout citoyen de fréquenter telle école que bon lui semblera et d'y envoyer ses enfants ;

3º La formation d'un jury d'examen pour le baccalauréat, réunissant aux garanties nécessaires de science et de sévérité, les garanties non moins indispensables de moralité et d'impartialité, afin que devant ce jury, tout citoyen, sous le seul patronage de sa capacité et de son honneur, puisse demander le diplôme quelle que soit l'école qu'il ait fréquentée et quand même il n'en aurait fréquenté aucune. « Et pourquoi, poursuit Veuillot, ne voulez-vous pas nous donner cette liberté que nous réclamons ? parce qu'il y a peu de réclamants ! que l'Université est une institution admirable et parce que vous prétendez que nous avons la liberté. Vous nous montrez quelques collèges ecclésiastiques de plein exercice disséminés de loin en loin, ne prospérant que par le prodige du dévouement sacerdotal Vous nous montrez les petits séminaires où quelques enfants, nos futurs ecclésiastiques, sont exempts de la rétribution universitaire comme si l'on était sûr de leur vocation. Enfin, vous nous montrez la maison paternelle où le monopole ne s'est pas encore intrônisé et vous nous demandez si ce n'est pas la liberté, et non ! ce n'est même pas de la comédie ! L'on ose du haut de la tribune, la simarre universitaire aux épaules, nous jeter ces inqualifiables raisons ! Est-ce de la discussion, de la dignité ; est-ce de la convenance ? Que ne faites-vous

---

[1] Lettre, p. 1.
[2] Id., p. 4.

valoir encore, Monsieur le Ministre, pour nous prouver que l'enseignement est libre la générosité de votre police à nous octroyer des passeports sur Brigette et Fribourg quand nous voulons y conduire nos enfants !

« On nous refuse la liberté d'enseignement parce qu'on ne veut pas nous la donner. Voilà tout [1]. »

Et Veuillot peint l'état lamentable de l'instruction en France qu'il attribue à l'enseignement de l'Université et à la ruine de la religion. Les pages qu'il y consacre sont superbes et vraiment dignes du sujet qu'il traite. Enfin il conclut en montrant la nécessité de la religion. Ce que nous poursuivons dans les affaire humaines nous est nécessaire ; nous voulons planter un arbre dont l'ombre et les fruits sont indispensables au pouvoir et à la société ; nous défendons des principes de vie ; nous tenons des vérités sans lesquelles il n'y a point d'hommes gouvernables sur la terre ; au nombre des pierres choisies en 1830 pour garantir la « sécurité de l'avenir », il en est une qui ne peut être posée que par nos mains, cette pierre c'est la clef de voûte. « Si vous passez l'heure de votre défaite ou de votre avilissement, mettez en sûreté vos trésors. Tout croule quand nous ne sommes plus là. Vingt empires donnent dans les tombeaux qu'ils nous ont creusés [2] ».

On dit souvent que si, vers 1843, les catholiques voulaient la liberté de l'enseignement, c'était uniquement pour s'emparer du monopole. Nous avons déjà répété à diverses reprises avec Mgr Affre et les grands orateurs catholiques de cette époque, qu'une pareille prétention n'a jamais été celle du parti catholique.

On en trouve une nouvelle preuve dans la lettre que le Cardinal de Bonald, archevêque de Lyon, écrivit au recteur de l'académie de cette ville [3]. Cette lettre, dont le but était

---

[1] Lettre, pp. 17-18.
[2] Lettre, p. 67.
[3] Voy. le texte de cette lettre, *Univers*, 20 octobre 1843.

de poser un ultimatum à l'administration en ce qui concernait l'enseignement philosophique de l'Université, contient d'une façon très nette les désiderata du parti catholique.

1° « Nous ne voulons point la destruction de l'Université.... Nous ne voulons point que le clergé ait seul le privilège d'enseigner, parce que nous ne voulons du monopole pour personne;

2° « Nous voulons la liberté d'enseignement telle qu'elle existe en Belgique, parce que l'article 69 de la Charte nous la promet, et parce qu'elle est une des conséquences de la liberté des cultes;

3° « Nous voulons que l'éducation de la jeunesse soit sous la surveillance de l'autorité civile. »

Ces trois propositions résument tous les vœux du parti à cette époque.

Mais dans cette lutte si vive et si brillante, nous n'avons point entendu la grande voix de Montalembert. Il est à Madère, où le devoir conjugal le retient auprès de son épouse gravement malade. Lui qui a ouvert la campagne de 1831, ne mêlera-t-il pas ses accents à ceux de ses corréligionnaires qui réclament la liberté? C'était un devoir, il ne pouvait point y faillir. En novembre 1843, il publiait son opuscule intitulé : « Du devoir des catholiques dans la question de la liberté d'enseignement ». C'était un courageux manifeste, peut-être un peu âpre et un peu trop violent, mais néanmoins frappé au coin de la plus grande dignité. Ses adversaires politiques en convenaient eux-mêmes et le remerciaient de ce que « son opposition était une opposition qui avait le sentiment de l'honneur, et pour ses adversaires et pour elle-même[1] ».

Le « Devoir des catholiques » est donc un manifeste destiné à décider les catholiques à réclamer énergiquement la liberté de l'enseignement. L'auteur y dépeint la situation

[1] Guizot, *Discours à la Chambre des Pairs.*

irréligieuse de la France; il montre combien la religion a perdu des hommages qui lui étaient autrefois rendus, et il ajoute : « Le raisonnement et l'expérience démontrent à l'envi que la raison principale et permanente de l'irréligion publique en France se trouve dans l'éducation actuelle de la jeunesse, telle que l'État en a constitué le monopole[1] ». S'il en est ainsi, le devoir impérieux des catholiques est « de conserver ce qui reste de catholicisme en France, de défendre les foyers qui n'ont pas été encore atteints contre l'envahissement de la contagion, et ils ne peuvent l'accomplir qu'en obtenant la destruction du monopole de l'Université[2]. »

Faut-il s'arrêter aux exceptions et laisser subsister l'Université parce qu'il y a des catholiques dans son sein? Faut-il croire ceux qui prétendent qu'attaquer l'Université c'est se constituer les ennemis de l'État? Faut-il déposer les armes devant les docteurs qui affirment que « l'enseignement est une chose séculière? » Non, c'est un devoir impérieux, les catholiques le doivent accomplir. Ce qu'il y a de plus à craindre, c'est « l'adoption d'une loi qui, sous prétexte de pourvoir aux promesses de la Charte, les interprétera de façon à resserrer tous les liens de la servitude actuelle et à rendre permanent et irréparable un mal qui, en droit, n'est aujourd'hui que provisoire[3] ».

Et, chose très curieuse, Montalembert indiquait les principales dispositions qu'il redoutait dans cette loi et qui, nous le verrons, se trouvèrent dans le projet qui fut déposé le 2 février 1844, sur le bureau de la Chambre des Pairs. « Ce n'est pas des Chambres que les catholiques doivent espérer quoi que ce soit. Ce n'est pas non plus de la Couronne. En revanche, ils ont tout à espérer d'eux-mêmes. » Et Montalembert indique aux catholiques le but à atteindre : « Il faut que dans la vie publique, au lieu d'être catholiques *après*

---

[1] Montalembert, *Du Devoir des catholiques*, p. 14.
[2] Id., p. 17.
[3] Id., p. 54.

tout, ils soient catholiques *avant tout;* qu'ils forment un parti eux-mêmes, au lieu de se mettre à la queue d'un parti. Il faut qu'ils agissent visiblement, jusqu'à ce qu'ils aient la conviction de leur force et qu'ils aient donné cette conviction à leurs adversaires, jusqu'à ce qu'ils soient devenus ce qu'on appelle, en style parlementaire, un embarras sérieux[1] ». Pour en arriver là, il ne faut négliger aucune occasion. « Il s'agit seulement d'entrer dans la voie publique avec la conscience du but où l'on tend et en le prenant pour signe de ralliement. » Et soit dans les assemblées, soit à propos d'élection municipale, soit dans la presse, soit par des pétitions, il faut se réunir, se grouper, être une force et manifester ses prétentions.

« La liberté ne se reçoit pas, elle se conquiert, s'écriait en terminant le comte de Montalembert. » La France a une constitution qui offre aux catholiques tous les moyens nécessaires pour revendiquer leurs droits. « Avec ces armes là, les catholiques français peuvent briser le joug d'une législation abusive, qui est un attentat aux droits de la conscience, de la famille et de la société[2]. »

Cet appel aux catholiques eut un immense retentissement. Il le méritait du reste. C'étaient de belles pages.

Le *Journal des Débats,* du 17 décembre 1843, signalait cet écrit comme une déclaration de guerre adressée à la révolution de Juillet, au nom du parti ecclésiastique, et faisait ressortir la coïncidence de cette publication avec la visite qu'un certain nombre de légitimistes venaient de faire à Londres au duc de Bordeaux. Montalembert, dans une lettre très digne, répondit à la feuille dynastique que rien n'était plus inexact que son affirmation : que non seulement son ouvrage, portant la date du mois d'octobre, était antérieur à la visite qu'avait reçue le duc de Bordeaux, mais encore qu'il avait toujours rendu hommage à la dynastie sortie de la révolution de Juillet.

[1] Montalembert, *Du Devoir des catholiques,* p. 67.
[2] Id., p. 76.

L'appel que Montalembert avait adressé aux catholiques fut entendu et nous allons voir, dès le début de 1844, une recrudescence de pamphlets dont nous allons citer ici les plus importants [1].

§ 5. — *Le mémoire de l'abbé Combalot et les écrits de Monseigneur Parisis.*

Dès 1843, l'abbé Combalot adresse aux évêques de France et aux pères de famille son fameux : « Mémoire sur la guerre faite à l'Église et à la société par le Monopole Universitaire », dans lequel il attaque avec une violence inouïe l'enseignement de l'Université. « Les livres les plus infâmes, dit-il, les feuilletons les plus obscènes, sont devenus les catéchismes de morale des enfants de ses collèges.... L'Université pousse les jeunes générations au brutisme de l'intelligence... On ne le dira jamais assez, les prêtres seuls savent former la jeunesse, et c'est parce que le prêtre est un homme de renoncement et de sacrifice ; c'est parce que le sacerdoce est une sainte maternité. »

L'abbé Combalot indiquait un moyen différent de celui de Montalembert pour arriver à détruire le monopole de l'Université. Il est douteux qu'il eût donné de bons résultats si jamais il eût été essayé. « Défendez, disait-il aux pasteurs des paroisses, d'admettre à la première communion et à la Pâque des chrétiens, les enfants catholiques que le monopole s'efforcerait de retenir dans son sein. »

Un pamphlet aussi outrageant ne pouvait rester impuni, et, à la requête du Ministre de l'Intruction publique, l'abbé Combalot était poursuivi et condamné par la Cour d'assises de la Seine à quinze jours d'emprisonnement et 4,000 francs d'amende [2].

---

[1] Voy. la bibliographie des publications de l'année 1844, pp. 296 et sq., notes.

[2] Voir sur le mémoire et le procès de l'abbé Combalot le livre que Monseigneur Ricard a consacré à ce brillant missionnaire. On y verra

Tout autre était le ton que prenait Monseigneur Parisis, évêque de Langres, dans son « Examen de la question de la liberté d'enseignement au point de vue constitutionnel et social ».

Son plus grand soin est d'enlever au débat ce caractère de querelle entre le clergé et l'Université que beaucoup d'écrits lui avaient donné. « On s'obstine, dit-il, à répéter que nous ne défendons que la cause du clergé ; il faut bien faire voir que nous défendons la cause de tous, même de ceux contre qui nous réclamons[1]. »

Il parle non pas comme évêque, héritier des apôtres auquel le maître avait dit « Ite et docete », mais comme citoyen, qui réclame l'exécution des promesses de la Charte. Toute son argumentation se résume en ces propositions :

La liberté d'enseignement est une nécessité parce qu'elle est un droit. Elle est un droit parce qu'elle est formellement promise par la Charte, parce que sans elle, les articles 5 et 7 de la Charte seraient des inconséquences, parce que nul ne peut avoir exclusivement le privilège d'enseigner, parce que le monopole ne peut pas surtout appartenir à l'État[2].

Nous en aurions fini avec les pamphlets qui parurent en 1843 et en janvier 1844, si nous ne voulions signaler « La législation du monopole » dont l'auteur Paul Lamache a su bannir toute violence et toute irritation[3], et l'histoire de l'Instruction publique et de la liberté de l'enseignement par Henri de Riancey, qui nous a été fort utile dans notre travail. Conçu à peu de distance des événements les plus

---

(pp. 264 et suiv.) la correspondance très intéressante qu'entretint Monseigneur Affre, la modération même, avec le bouillant abbé Combalot qui pressait son ami d'agir vigoureusement en faveur de la liberté de l'Église (Ricard, *L'abbé Combalot, l'Action catholique de 1820 à 1870*, Gaume, 1891).

[1] *Premier examen*, p. 7.

[2] Id., p. 30.

[3] Voy. sur cet ouvrage le très intéressant livre de Paul Allard. (*Lamache*, Lecoffre), 1893.

considérables de la Restauration et de la monarchie de Juillet, cet ouvrage est frappé au coin d'une très grande modération et à cette qualité d'impartialité est jointe chez l'auteur une connaissance très approfondie de l'histoire.

Avec l'analyse de ces divers ouvrages, on a, je crois, une idée assez complète de l'état des esprits dans le parti catholique. On comprend la tactique adoptée dans cette guerre acharnée où tous les combattants montrèrent une conviction égale, mais où quelques-uns se livrèrent à des critiques exagérées que d'autres, mieux avisés, rachetèrent par une louable modération.

§ 6. — *Lamartine et Ledru-Rollin.*

Mais le parti catholique n'était pas seul à demander la liberté de l'enseignement. Deux voix, parties des rangs les plus avancés de l'opposition, deux voix de la démocratie, lancèrent aussi leur anathème contre l'Université. J'ai nommé Lamartine et Ledru-Rollin. Il est intéressant de noter ici les raisons qui font demander à ces deux écrivains la liberté de l'enseignement. Analysons donc rapidement la brochure « l'État, l'Église et l'Enseignement » de Lamartine[1], et la Lettre que Ledru-Rollin[2] écrivit à son collègue au sujet de cette publication.

A. *L'État, l'Église et l'Enseignement.*

La question d'enseignement, dit Lamartine, est liée à la question religieuse et on n'oserait y toucher, si l'on n'était poussé par la conscience. « Mais quand on est convaincu que le sentiment religieux est tout l'homme, que Dieu est le fond de cette chose et que les Sociétés humaines n'ont d'autre but sérieux que d'arriver à Dieu par la lumière et la

---

[1] *L'État, l'Église, l'Enseignement*, par A. de Lamartine. Paris, Pagnerre, 1843.
[2] *Lettre à Lamartine sur l'État, l'Église et l'Enseignement*. Ledru-Rollin, *Discours et écrits divers*, t. Ier, p. 225.

vertu, alors on n'hésite plus et... on dit ce qu'on croit la vérité. En matière d'enseignement et de religion nous sommes dans le faux. Et pourquoi sommes-nous dans le faux ? C'est que nous sommes pas dans la liberté[1]. »

La liberté voilà donc le remède, mais quelle liberté ? nous le verrons bientôt.

L'État a d'abord été le serviteur de l'Église « les dogmes étaient les lois. Une croyance unanime, ou réputée telle, était l'âme de l'État. Son droit et son devoir étaient alors de transmettre cette croyance à tous les enfants de la nation. Mais tout a été changé. On a passé à un système mixte qu'on a appelé tolérance. » Le culte aux citoyens, l'enseignement à la famille, l'examen de la capacité aux fonctions civiles, à l'État ! Ce jour-là, la liberté était créée. Mais Napoléon a renversé cette liberté : il a fondé de nouveau l'Église dans l'État et l'État dans l'Église.

« De quoi se plaint-elle l'Église ? Elle dit qu'elle n'est pas libre d'enseigner, qu'on lui dérobe sa jeunesse et qu'un corps rival, espèce d'école laïque de l'enseignement, l'Université empiète sur ses droits, corrompt ses doctrines. Oui, il est certain que l'Université gêne l'Église : 1º en existant, 2º en exerçant sur les élèves de l'Église un droit d'examen avant de les admettre aux fonctions civiles pour lesquelles l'État l'a chargée de constater l'aptitude des citoyens[2]. »

L'État lui-même souffre et s'humilie et la jeunesse qui reçoit un enseignement de philosophie et un enseignement de foi, finit par tomber dans le scepticisme.

Pourquoi tous ces maux ? parce que l'État actuel n'est vrai ni pour l'État, ni pour l'Église. Et Lamartine dépeint de main de maître la situation de l'Église dans l'État. L'Église, avec sa puissance spirituelle, l'État son Université et ses trésors. « La puissance sur les âmes, sur les intelligences

---

[1] Lamartine, *op. cit.*, p. 7.
[2] Id., p. 10.

n'est point possible, et si l'Église et l'État ont transigé, c'est que l'Église sortait d'une persécution et se trouvait heureuse de s'abriter, modeste et docile, sous le pouvoir civil qui lui offrait protection. L'État sortait de l'anarchie et devait remonter avec ardeur vers la source de tout ordre et de toute morale, la Religion[1]. »

Cette union politique qui enchaîne l'État à l'Église est hypocrite, elle doit cesser. « Qu'en résulte-t-il pour l'enseignement ? Si l'État avait une foi réelle et sincère, il n'y aurait aucun inconvénient à ce que l'enseignement fût dans sa main ; mais dans l'ordre des choses comme le nôtre, où l'État n'a pas de foi, où l'État ne se subordonne pas à l'Église que se passe-t-il ? Ou l'État asservit son enseignement à l'Église, et il disparaît, il trahit sa mission qui est de propager le mouvement novateur et ascendant de l'esprit humain ; ou il résiste à l'Église et il violente l'enseignement religieux, il nuit alors à la puissance de l'Église sur les consciences et l'enfant est jeté tour à tour ou tout à la fois dans l'esprit du siècle et dans l'esprit du sanctuaire, dans l'incrédulité et dans la foi. Le dernier mot de cet enseignement mixte : c'est perdition des âmes !... perdition à la fois pour la religion et pour la raison, pour la religion et pour la civilisation, pour Dieu et pour le siècle[2]. »

« Il n'y a que deux situations acceptables pour l'Église, la domination souveraine ou la simple liberté. Quand elle ne règne plus par la souveraineté temporelle, elle règne encore par la conscience. » Mais du jour « où elle met Dieu sous la protection des hommes elle accepte le joug du temps en échange de la liberté des enfants de Dieu, elle abdique une partie de sa puissance, de sa dignité, de son inviolabilité. » Il faut donc la liberté de l'Église basée sur l'association religieuse légalisée et sous l'indépendance de l'établissement de l'Église. Cela fait, l'État ayant rendu l'in-

---

[1] Lamartine, *op. cit.*, p. 17.
[2] Id., p. 32.

dépendance à l'Église, la liberté de culte à tous les citoyens, la liberté d'enseignement aux familles, il revendiquera à son tour la liberté, et se reconnaîtra le droit de créer un enseignement civil. Oui, la liberté de penser, c'est la liberté de croire, et la liberté de croire c'est la liberté d'enseignement. Laissez donc au sentiment religieux sa place et sa liberté. « Restituons-nous donc les uns aux autres, la place, la liberté, le respect qui nous appartiennent. La terre est assez vaste pour que tous ceux qui veulent adorer Dieu dans tous les rites puissent s'agenouiller devant lui sans se coudoyer et sans se haïr [1]. »

Il fallait dire l'opinion de Lamartine qui, nous le ferons remarquer, se rapproche singulièrement de celle de l'*Avenir*. La liberté de l'Église, c'est sur cette doctrine que Lamennais avait basé tout son système.

B. *Lettre à Lamartine*.

C'est avec de vifs sentiments de foi, avec un respect sincère que Lamartine parle de l'Église, et un démagogue que notre jargon parlementaire qualifierait d'anti-clérical, lui répond, c'est Ledru-Rollin.

Comme lui, il veut la liberté de l'enseignement, mais il s'oppose à la séparation de l'Église et de l'État, il refuse d'admettre dans une Société deux têtes pour un corps, deux volontés pour une âme, et, au surplus, pourquoi séparer l'Église de l'État ? Il n'y a plus d'Église. « Je cherche en vain, au milieu de nous, les signes éclatants qui font reconnaître l'Église, et la foi qui la consacre et la science qui la fortifie. Je ne vois que les symboles effacés d'un culte qui s'éteint, que la lettre morte d'une loi sans puissance, que les lambeaux d'une gloire éclipsée [2]. »

Bien mieux, la religion catholique existe-t-elle encore ? « La Charte a naïvement proclamé que cette religion était

---

[1] Lamartine, *op. cit.*, p. 57.
[2] Ledru-Rollin, *Discours et écrits divers*, t. I, p. 125.

celle de la majorité des Français. Eh bien ? qu'on interroge cette majorité sur le dogme fondamental de la religion, sur la transsubstantiation, sur l'incarnation, à peine saura-t-elle ce qu'on lui veut, tant elle est indifférente [1]. »

Écartons donc de la question de la liberté de l'enseignement le clergé, qui n'y a évidemment qu'une part relative.

Par quels principes la liberté de l'enseignement s'impose-t-elle ? Dans une société, deux existences distinctes : le citoyen et les citoyens.

La loi du citoyen est d'agir pour lui. Son principe d'action est la liberté.

La loi des citoyens, de l'État (autrement dit), est d'agir pour tous et avec tous. Son principe d'action est l'autorité.

Cela posé, l'État, en vertu de son autorité, doit organiser l'enseignement public.

L'individu, en vertu de sa liberté, peut organiser un enseignement privé.

Mais chaque principe a ses limites.

L'autorité pourrait devenir tyrannique, obliger tous les enfants à fréquenter ses écoles ; mais le père de famille peut vouloir que son fils soit élevé dans d'autres principes que ceux enseignés par l'État. Le choix du père de famille sera la limite des droits de l'État. La liberté absolue pourrait dégénérer en désordre, des gens immoraux ou ignorants pourraient vouloir enseigner. Intervient alors le Pouvoir chargé de veiller à la sécurité de la société, de l'ensemble des citoyens, l'État, et la liberté a pour limite l'État, qui demande aux individus des garanties de capacité et de moralité pour pouvoir ouvrir l'école.

Et puisque le clergé demande quelle part on lui fera dans l'enseignement, qu'il sache que « sa part sera celle de tout le monde [2] ».

Très intéressantes ces deux opinions. Lamartine veut la

[1] Ledru-Rollin, *op. cit.*, p. 131.
[2] Id., p. 143.

liberté de l'enseignement, conséquence fatale de la séparation des Églises et de l'État. Ledru-Rollin veut la liberté de l'enseignement en vertu des grands principes sociaux Constatons simplement que la démocratie, l'opposition modérée, et l'Église, se donnaient la main en 1844 pour réclamer la liberté d'enseignement.

§ 7. — *La Presse.*

Dans la presse, la cause de la liberté de l'enseignement avait été prise en mains par l'*Univers,* qui, avec Veuillot, « une des plus insolentes plumes du parti[1] », attaquait le monopole de l'Université. A côté de lui, l'*Union Catholique,* journal rédigé par les Jésuites[2], et l'*Ami de la Religion,* feuille ecclésiastique, soutenaient d'un faible éclat le combat contre l'Université.

Les arguments sont les mêmes que ceux que nous trouvons développés dans les pamphlets de l'époque : l'éducation que donne l'Université n'est pas religieuse, elle est même impie, et les pères de famille ont le droit d'exiger, pour leurs enfants, des écoles où l'on enseignera les principes de la religion. A ce thème, la presse religieuse joignait la défense des Jésuites, attaquée et par les universitaires et par la presse irréligieuse ou indifférente.

Enfin, la liberté de l'enseignement était défendue dans un autre organe plus modéré que les autres feuilles du parti catholique que nous avons citées. Je veux parler du *Correspondant.* Dirigée par Lenormand, de l'Institut, cette revue qui eut son moment de célébrité, publiait, sur la question, des articles étudiés et remarquables à tous les points de vue.

A la presse religieuse qui demandait la liberté de l'enseignement se joignait l'organe de l'école des économistes

[1] Sainte-Beuve, *Chroniques parisiennes,* p. 120.
[2] Id., p. 7.

comme français, et, le *Mercure,* avec Benjamin Constant, le *Journal des Économistes* avec Dunoyer, défend la cause de la liberté [1].

L'Université était défendue et les Jésuites attaqués dans les journaux dynastiques, comme le *Journal des Débats,* ou dans les feuilles avancées comme le *National,* le *Siècle* et la *Presse.* Saint-Marc Girardin, « leste de ton, persifleur, bel esprit et belle plume [2] », apportait à sa cause l'appui de son talent d'écrivain, de sa conviction et de son amour-propre d'Universitaire.

A côté de ces feuilles qui s'imposaient à l'attention de tous, on voyait entrer en ligne des organes nés pour la lutte et sans grande valeur, comme le *Journal de la Liberté religieuse,* dirigé par un Comité protestant, qui reprochait aux évêques de réclamer la liberté de l'enseignement, eux qui étaient des fonctionnaires de l'État et qui jouissaient de privilèges considérables. La *Revue des Deux-Mondes* enfin avait nettement pris parti contre les Jésuites, et c'était l'organe dont les Universitaires se servaient pour répondre aux attaques dont ils étaient l'objet. Libri [3], Lerminier [4], Quinet et Michelet faisaient paraître des études sur « la philosophie et l'Église », sur l'existence des Jésuites, etc.

Pendant toutes les années 1843 et 1844, la presse fut divisée en deux camps, et la lutte emprunta le caractère de violence que nous avons remarqué dans les pamphlets de cette époque.

§ 8. — *La campagne contre les Jésuites.* — *Quinet, Genin, Dupin, Troplong.*

Nous avons dit que les partisans du monopole, imitant la tactique de 1828, avaient, dès 1842, dénoncé le péril jésui-

---

[1] Mai 1844, p. 101.
[2] Sainte-Beuve, *Chroniques parisiennes,* p. 54.
[3] Le 15 mai 1843.
[4] Le 15 octobre 1843.

tique et commencé une campagne contre la célèbre Congrégation. Il n'entre pas dans notre sujet de l'exposer d'une manière complète, mais comme, pour beaucoup de gens, la cause de la liberté de l'enseignement était celle des Jésuites, nous devons très rapidement en esquisser les grandes lignes, en rappelant les hommes qui prirent part à la lutte et les ouvrages qui furent publiés contre les fils de Saint Ignace.

Après Villemain et Mignet qui dénoncèrent, nous l'avons vu, la Congrégation, deux professeurs éminents du collège de France, Quinet et Michelet, firent une série de leçons contre les Jésuites[1]. Les cours furent la cause de graves désordres, et la publication de cet enseignement bien fait pour populariser la haine des Jésuites, en même temps que la haine des adversaires de l'Université.

Un réfugié italien, Libri, enseignait dans une de nos facultés et, fouillant tous les ouvrages de théologie, dénonçait dans la presse et dans les livres « les honteux écarts de l'enseignement ecclésiastique » et la « boue de la casuistique », tout cela, parce qu'il avait trouvé dans des ouvrages de morale, les notions que l'on doit inculquer aux jeunes prêtres quand il s'agit d'approfondir les plaies les plus honteuses de l'âme, ainsi qu'il est fait dans les livres de médecine pour celle du corps.

Il attaqua aussi les Jésuites dans la presse, et le 1er mai 1843, la *Revue des Deux-Mondes* publiait un article de lui, intitulé « La liberté de conscience ». « Il plaît peu ici, dit Sainte-Beuve, c'est trop voltairien et xviiie siècle, et puis on aime autant n'être pas défendu et ignorer qu'on est attaqué[2]. »

Lacretelle, professeur à la Faculté des lettres, ouvrait son cours d'histoire par une philippique contre les Jésuites. Au Palais même, Dupin choisissait pour discours de rentrée,

---

[1] « Quinet a trouvé moyen de passer brusquement des *littératures du Midi* qu'il professe à Ignace de Loyola. Michelet amène les Jésuites un peu plus naturellement peut-être. Ils ne haïssent pas la popularité. » Sainte-Beuve, *Chroniques parisiennes*, p. 42.

[2] Sainte-Beuve, *Chroniques parisiennes*, p. 38.

l'éloge d'Etienne Pasquier (1529-1615), qui avait prit une part active dans la lutte des Jésuites contre l'Université, et, rajeunissant la lutte, l'habillant à la 1843, Dupin la faisait repasser sous les yeux du public, donnant le beau rôle à l'Université et louant ses défenseurs qui avaient su la soustraire à l'influence des Jésuites.

Les *Débats*, la *Revue des Deux Mondes*, la *Revue indépendante*, le *National* prenaient hautement parti contre les Jésuites et prétendaient en même temps ne point trahir la religion du pays.

Se défendre, la Congrégation le devait, et c'est ainsi que certains écrits répondirent à toutes ces publications. Le plus célèbre fut celui du P. de Ravignan qui fut en cela vivement sollicité par un homme éminent, Mgr Dupanloup, dont nous parlerons longuement par la suite.

C'est surtout avec le livre de Genin, « les Jésuites et l'Université », que l'on voit combien se pénètrent la question universitaire et la question religieuse.

Cet ouvrage se compose de trois parties. Dans la première, il est traité du tort que les Jésuites font à la religion. La troisième s'occupe de l'enseignement des Jésuites. L'examen des attaques contre l'Université est rempli par la seconde partie de l'ouvrage.

Nous avons blâmé sans réserve la violence des pamphlets de Desgarets et de Védrine ; celui de Genin encourt les mêmes reproches. Il est même plus à redouter que les élucubrations des partisans de la liberté, parce que l'on trouve chez lui un sarcasme, un manque de bonne foi qui irritent après avoir indigné. Attaque-t-on le monopole ? c'est pour le transporter au Clergé. Reconnaît-on le droit de surveillance de l'État, c'est une rouerie de Jésuites. Genin semblait ne pas se douter que la plus grande qualité de l'écrivain est l'impartialité et la franchise.

L'auteur de ce livre répond aux attaques des pamphlets de Desgarets, de Védrine, de Carle. Il les analyse et, grâce à des citations habilement présentées, les fait paraître sous un jour encore plus défavorable que celui sous lequel nous les connaissons. Enfin, reprenant la thèse de Libri qu'inquiétaient, à cette époque, des poursuites pour vol commis dans les bibliothèques publiques, Genin dénonçait l'enseignement jésuitique et les livres destinés aux jeunes prêtres.

C'est à cette même époque également que la lutte au sujet des Jésuites mit la plume à la main du Procureur général Dupin, qui composa un manuel de droit ecclésiastique français. Le but de cet ouvrage est facile à comprendre. Il est fait pour délimiter le pouvoir civil du pouvoir religieux. On y étudie les libertés de l'Église gallicane, le Concordat, les lois sur les congrégations et le pouvoir de l'État sur l'Enseignement. Toutes ces questions se tiennent, se lient, sont actuelles, et bien entendu sont traitées en faveur du pouvoir civil. On y trouve notamment, au point de vue de l'interprétation de l'article 69 de la Charte, des vues tout à fait spéciales. En 1830, dit-il, on était sous l'impression de l'antipathie que certains coryphées du Gouvernement déchu avaient montrée contre l'instruction des classes populaires. On n'avait pas oublié les luttes que la société pour l'instruction élémentaire avait eu à soutenir pour protéger les écoles mutuelles contre les écoles rivales; les plaintes des collèges communaux contre les extensions données aux écoles secondaires ecclésiastiques. On demandait la suppression de la rétribution universitaire.

« C'est en présence de tous ces griefs que nous inscrivîmes dans l'article 69 de la Charte qu'il serait pourvu par des lois séparées et dans le plus court délai possible à divers objets et, notamment, l'instruction publique et la liberté d'enseignement. Ainsi cette promesse fut faite en vue de répandre davantage l'instruction parmi le peuple et de rendre vraiment l'instruction publique. Mais les mots « instruction publique et liberté d'enseignement » ne furent pas inscrits dans la Charte en vue de perpétuer et d'accroître les inconvénients qu'on avait déjà ressentis. Ils ne recevaient pas l'idée que ces mots serviraient de texte pour attaquer le droit de l'État, en attaquant le corps chargé de distribuer le bienfait de l'enseignement public.[1] »

De sorte que d'après M. Dupin, si bien la Charte promet une loi sur l'instruction publique et la liberté de l'enseignement, il faut s'entendre, en ce sens qu'elle promettait simplement de faire voter une loi sur l'instruction publique en l'émancipant d'une façon complète des influences qui en avaient paralysé le développement. On conçoit difficilement qu'une interprétation à ce point arbitraire ait pu être donnée par un si éminent esprit et l'on ne s'étonne pas qu'elle ait été victorieusement réfutée par le duc de Broglie et Thiers, dans les rapports qu'ils eurent à présenter au Parlement sur les projets de loi qui lui furent soumis.

C'est à la même époque que parut une étude longue et consciencieuse sur les droits de l'État en matière d'éducation dans l'ancien droit public français, par Troplong, l'éminent jurisconsulte que l'on sait.

Quelques lignes résument le livre. L'enseignement d'après les principes essentiels de l'ancien droit public est un droit de la Couronne[2]. Si, dans un temps reculé, ce droit est demeuré suspendu, et si l'Église a été en possession de répandre l'enseignement, il n'est résulté de là qu'un déplacement provisoire et passager du droit d'enseigner. Bientôt l'État reparaît, revendique l'enseignement comme sa propriété et son droit. L'Église se soumet. Les Universités relèvent du Gouvernement central. Elles sont privilégiées pour l'enseignement académique et conservent le monopole légal dont elles ont été investies par la puissance ecclésiastique. Car il est à remarquer que malgré toutes les vicissitudes que le droit d'enseigner a subies, il est resté une fonction publique, une délégation du pouvoir dominant et, par conséquent, un privilège attaché à certains corps et, en dernier lieu, aux Universités.

[1] Dupin, *Manuel de Droit ecclésiastique*, p. 337.
[2] Troplong, *Des pouvoirs de l'État sur l'Enseignement*, d'après l'ancien *Droit public français*.

CHAPITRE V.

Le deuxième projet Villemain. (1844.)

Nous avons essayé, par l'analyse des pamphlets les plus importants, de montrer combien était puissant le mouvement qui s'était dessiné en faveur de la liberté de l'enseignement. Le roi, qui avait dit de la guerre entre l'Université et l'Église, que « c'était une querelle de cuistres et de bedeaux[1] », comprit qu'il fallait enfin réaliser la promesse de la Charte et dans son discours d'ouverture de la session de 1844[2], annonça le dépôt d'un projet de loi : « Un projet de loi sur l'instruction secondaire satisfera aux vœux de la Charte pour la liberté de l'enseignement en maintenant l'autorité et l'action de l'État sur l'instruction publique. »

Section I. — Le projet a la Chambre des Pairs.

Les Chambres prirent acte de cette promesse. « La loi sur l'instruction secondaire, dirent les Pairs, sera l'objet de nos méditations. La liberté de l'enseignement est le vœu de la Charte. L'intervention tutélaire de l'État dans l'éducation publique est le besoin de la société[3]. »

Et la Chambre des Députés déclara qu'on accueillait avec empressement l'assurance que le projet de loi qui serait présenté, en satisfaisant au vœu de la Charte pour la liberté de l'enseignement, maintiendrait l'autorité et l'action de l'État sur l'éducation publique.

---

[1] Sainte-Beuve, *Chroniques parisiennes,* p. 62.
[2] 27 décembre 1843. *Moniteur,* 1843, t. II, p. 2589.
[3] *Moniteur,* 1844, t. I, p. 52.

Lors de la discussion de ce paragraphe, M. de Carné[1] tint à préciser la signification de l'art. 69 de la Charte et s'attira de M. de Villemain cette réponse qui détruisait d'une façon complète l'opinion que Dupin avait développée dans son Manuel du droit ecclésiastique : « Cette loi sera présentée, elle sera fidèle au double but de l'art. 69 qui permet de pourvoir à l'instruction publique et à la liberté de l'enseignement. Elle fortifiera les écoles de l'État en même temps qu'elle donnera des facilités, des droits, des garanties aux autres écoles [2]. »

Au discours de la Couronne, s'associèrent avec les Chambres, plusieurs membres de l'épiscopat. Mgr de Toulouse prit acte de la promesse du Roi et demanda « une loi franche et loyale [3] », et l'archevêque de Paris dit au Roi, dans une lettre [4] qu'il lui adressa, avec quelle joie il avait accueilli sa parole. « Le clergé, dit-il, demande la libre concurrence et ne veut point la chute de l'Université ».

Enfin, le 2 février 1844, M. Villemain déposait sur le bureau de la Chambre des Pairs, le projet de loi si impatiemment attendu [5].

Le rapport est une page d'histoire de l'ancienne monarchie, mais il est muet sur un point que les précédents projets avaient toujours développé : le droit à la liberté.

Ce projet donnait-il satisfaction aux catholiques ? Nous

---

[1] *Moniteur*, 1844, t. I, p. 152.

[2] Id., Séance du 21 janvier 1844, t. I, p. 152.

[3] *Univers* du 16 février. Quoique publié à cette date, le Mémoire avait été remis au Roi au commencement de janvier.

[4] *Univers* du 6 mars, id.

[5] *Projet de loi, présenté le 2 février 1844, à la Chambre des Pairs par M. Villemain.*

TITRE Ier. — De l'enseignement secondaire.

ART. 1er. — L'enseignement secondaire comprend l'instruction morale et religieuse, l'étude des langues anciennes et modernes, de philosophie, d'histoire et de géographie, des sciences mathématiques et physiques qui servent de préparation soit aux examens du bacca-

pouvons, dès à présent, répondre négativement. L'économie de ces dispositions peut être résumée dans les propositions suivantes :

lauréat ès lettres et du baccalauréat ès sciences, soit aux examens d'admission dans les écoles spéciales.

Art. 2. — Les établissements d'instruction secondaire sont particuliers ou publics.

Titre II. — Des établissements particuliers d'instruction secondaire.

Art. 3. — Tout Français, âgé de vingt-cinq ans au moins et n'ayant encouru aucune des incapacités comprises dans l'art. 5 de la loi du 28 juin 1833 sur l'instruction primaire, pourra former un établissement particulier d'instruction secondaire, soit une institution, soit une pension, ou ouvrir des cours particuliers sur une ou plusieurs parties d'instruction secondaire sous la condition préalable de déposer dans les mains du Recteur de l'Académie, où il se propose de s'établir, les pièces suivantes dont le Recteur lui remettra récépissé :

1° Un certificat du maire de la commune ou de chacune des communes où il aura résidé depuis trois ans, constatant que l'impétrant est digne, par ses mœurs et sa conduite, de diriger un établissement d'instruction secondaire.

En cas de refus du maire, pourra tenir lieu de certificat une déclaration favorable rendue sur le recours de l'impétrant par le Tribunal civil de l'arrondissement statuant en Chambre de Conseil, le Ministère public entendu, ou une déclaration rendue sur un nouveau recours et dans les mêmes formes par la Cour royale du ressort ;

2° Les diplômes de grade et de brevet de capacité qui seront ci-après déterminés, ainsi que l'affirmation par écrit et signée du déclarant de n'appartenir à aucune association ni congrégation religieuse non légalement établie en France ;

3° Le règlement intérieur et le programme d'études de l'établissement projeté, lequel dépôt devra être renouvelé tous les ans ;

4° Le plan du local choisi pour ledit établissement, lequel plan, soumis à l'approbation du maire de la commune où l'établissement serait situé, aura dû être approuvé par lui s'il y a lieu dans le délai de quinze jours, à partir de la présentation qui lui en sera faite, sans que ladite approbation puisse être refusée pour autre cause que pour défaut de convenance et de salubrité du local, et sauf tout recours de droit par voie administrative et contentieuse.

Art. 4. — Deux mois au plus après le dépôt des pièces requises en l'art. 3, la remise devra en être faite au déclarant avec un extrait en

1° Le droit d'ouvrir des établissements d'instruction est reconnu, en principe, à tous les citoyens ;

2° Les membres des congrégations non autorisées sont déclarés incapables ;

forme de procès-verbal, signé par le Recteur, de l'enregistrement desdites pièces au secrétariat de l'Académie.

Après cette remise, et sauf le cas où il serait intervenu dans le délai précité une opposition du Ministère public devant le Tribunal civil de l'arrondissement, pour une des causes d'incapacité relatées dans l'art. 3 de la présente loi, le déclarant pourra ouvrir immédiatement l'établissement projeté.

Art. 5. — Il sera formé, au chef-lieu de chaque Académie, un jury chargé d'examiner les aspirants au brevet de capacité pour la direction d'établissement d'instruction secondaire. Ce jury sera composé ainsi qu'il suit :

Le Recteur de l'Académie, président ;

Le Procureur général près la Cour royale, s'il existe une Cour royale dans le chef-lieu de l'Académie, ou, à son défaut, le Procureur du Roi près le Tribunal civil de l'arrondissement ;

Le Maire de la Ville ;

Un ecclésiastique catholique choisi par le Ministre de l'Instruction publique, sur la désignation de l'Évêque du diocèse où est placé le chef-lieu de l'Académie ;

Un ministre de chacun des autres cultes reconnus par l'État, choisi par le Ministre de l'Instruction publique, sur la désignation de l'Autorité consistoriale, avec cette réserve que ledit ecclésiastique et chacun desdits ministres n'assisteront qu'à l'examen des candidats qui appartiennent à leur communion ;

Le chef d'une institution secondaire choisi par le Ministre de l'Instruction publique dans la circonscription de l'Académie ;

Quatre membres choisis par le même Ministre parmi les professeurs titulaires de l'Académie, les magistrats du ressort et les citoyens notables.

Art. 6. — Pour être admis à se présenter devant le jury, à l'effet d'être reconnu apte à diriger un établissement d'instruction secondaire, tout candidat devra :

1° Être Français et âgé de 21 ans au moins ;

2° Produire un certificat du maire de la commune ou de chacune des communes où il aura résidé depuis trois ans, ledit certificat constatant que l'impétrant est digne, par ses mœurs et sa conduite, de se livrer à l'enseignement ;

3° Produire soit le diplôme de bachelier ès lettres, s'il prétend au

3º Le pouvoir se réserve le droit de surveillance;

4º L'ouverture de tout établissement d'instruction est subordonnée à certaines garanties :

titre de maître de pension, soit les deux diplômes de bachelier ès lettres et de bachelier ès sciences, ou seulement le diplôme de licencié ès lettres, s'il prétend au titre de chef d'institution.

ART. 7. — Les examens auront lieu publiquement. La matière et les formes desdits examens seront déterminées par un règlement arrêté en Conseil royal de l'Instruction publique.

Les brevets seront délivrés par le jury, sous l'autorité du Ministre, en la forme de déclaration générale de capacité pour l'un ou pour l'autre ordre d'établissement d'instruction secondaire, sans désignation spéciale de lieu.

ART. 8. — Dans tout établissement particulier d'instruction secondaire, nul ne pourra être préposé à la surveillance des élèves s'il n'est à l'abri des incapacités relatées par l'art. 3 de la présente loi, et s'il ne produit : 1º un certificat de moralité délivré dans la forme prescrite en l'art. 6 ; 2º un diplôme de bachelier ès lettres. Ledit grade ne sera obligatoire pour ladite fonction qu'après le délai de trois ans à partir de la promulgation de la présente loi.

ART. 9. — Dans les villes qui possèdent un collège royal ou communal, sera libre de n'envoyer aucun élève au cours dudit collège tout chef d'institution ou maître de pension qui, indépendamment de l'obligation prescrite par l'art. 8 relativement aux maîtres préposés à la surveillance, aura, dans son établissement pour professer les diverses parties de l'enseignement secondaire, des maîtres munis du certificat mentionné par l'art. 6, et pourvus au moins du grade de bachelier ès lettres.

Dans les villes où il n'existe pas de collège royal ou communal, les chefs d'institution ou maîtres de pension, établis à l'époque de la promulgation de la présente loi, auront, à partir de cette époque, un délai de trois ans pour satisfaire à l'obligation de n'employer à l'enseignement des diverses classes de leurs établissements que des maîtres pourvus au moins du grade précité.

Ne seront reconnus dans tous les cas comme ayant le plein exercice, et comme donnant l'enseignement secondaire complet, que les chefs d'institution qui auront dans leurs établissements, pour professer les classes de rhétorique, philosophie et mathématiques, deux maîtres au moins pourvus du diplôme de licencié ès lettres et un maître pourvu du diplôme de bachelier ès sciences.

ART. 10. — Sont admissibles aux épreuves du baccalauréat ès lettres tous les élèves qui justifieront par certificats réguliers, avoir

A — Garanties réelles : dépôt du règlement intérieur, du programme, du plan du local;

B — Garanties personnelles : 1° garantie de moralité; 2° garanties de capacité.

fait les deux années d'études précitées, soit dans leur famille, soit dans les collèges royaux ou collèges communaux de l'ordre, soit dans les institutions de plein exercice.

Art. 11. — Le Ministre de l'Instruction publique peut, toutes les fois qu'il le jugera convenable, faire visiter et inspecter tout établissement particulier d'instruction secondaire.

Art. 12. — Quiconque, sans avoir satisfait à toutes les conditions prescrites par les art. 3 et 4 de la présente loi, ou après avoir été interdit dans les cas prévus dans les art. 13 et 15 de la même loi, aura ouvert un établissement particulier d'instruction secondaire, sera poursuivi devant le Tribunal correctionnel du lieu du délit et condamné à une amende de 100 à 1,000 fr. L'établissement sera fermé.

En cas de récidive, le délinquant sera passible d'une amende de 1,000 à 3,000 fr. et d'un emprisonnement de 15 à 30 jours.

Art. 13. — Tout chef d'établissement particulier d'instruction secondaire qui refuserait de se soumettre à l'inspection autorisée par l'art. 11 de la présente loi pourra, sur procès-verbal dressé par l'inspecteur, être traduit devant le Tribunal correctionnel de l'arrondissement, et condamné à l'amende de 100 à 1,000 fr. En cas de récidive, l'amende sera de 500 à 2,000 fr., et l'établissement pourra être fermé.

Une amende de 100 à 200 fr. devra être appliquée, par le même Tribunal, à tout chef d'établissement particulier d'instruction secondaire qui aurait employé dans ce même établissement des maîtres non pourvus du certificat de moralité et du diplôme de grades prescrits par les art. 8 et 9 de la présente loi. En cas de récidive, le maximum de l'amende pourra être doublé.

Art. 14. — En cas de négligence permanente dans les études et de désordre grave dans le régime et la discipline de l'établissement particulier d'instruction secondaire, le chef dudit établissement pourra, sur le rapport des inspecteurs, être appelé à comparaître devant le Conseil académique de la circonscription, et condamné, s'il y a lieu, à la réprimande, sauf recours devant le Conseil Royal de l'Instruction publique, lequel recours devra être exercé dans le délai d'un mois à partir de la notification de la décision du Conseil académique.

En cas de récidive constatée par une nouvelle information devant le Conseil académique, le Conseil Royal de l'Instruction publique devra connaître des faits dans le délai d'un mois, et pourra, par jugement disciplinaire, ordonner que le chef dudit établissement demeure

a — Garanties de moralité assurées par un certificat du maire de la commune ou de chacune des communes où le

suspendu de l'exercice de sa profession pour un intervalle de un an à cinq ans, sauf le recours devant le Conseil d'État, prévu par l'art. 149 du décret du 15 novembre 1811.

Ledit jugement disciplinaire sera exécuté à la diligence du Procureur général du ressort où est situé l'établissement.

Art. 15. — Tout chef d'institution ou maître de pension, tout maître employé, soit à l'enseignement, soit à la surveillance dans un établissement particulier d'instruction secondaire pourra, sur la poursuite d'office du Ministère public ou sur la plainte du Recteur d'académie, être traduit pour cause d'inconduite ou d'immoralité devant le Tribunal civil de l'arrondissement, et être interdit de sa profession à temps ou à toujours.

Le jugement et la procédure sur appel, si le cas y échet, auront lieu dans les formes prescrites par l'art. 7 de la loi du 28 juin 1833 sur l'Instruction primaire, le tout sans préjudice des poursuites qui pourraient être encourues pour crimes, délits ou contraventions prévues par les lois.

Art. 16. — Seront considérés comme ayant satisfait à l'art. 3 les chefs d'institution et maîtres de pension qui, à l'époque de la promulgation de la présente loi, dirigeraient des établissements en vertu de diplômes précédemment conférés par le Grand Maître de l'Université.

Les droits résultant pour eux des diplômes précités ne pourront leur être retirés que dans les cas prévus et selon les formes prescrites par les art. 13 et 15 de la présente loi.

Les chefs d'institution qui auraient précédemment obtenu l'autorisation du plein exercice continueront à en jouir, sauf à justifier, dans le délai de trois ans, de l'accomplissement des conditions prescrites par le troisième paragraphe de l'art. 9 de la présente loi.

Art. 17. — Les écoles secondaires ecclésiastiques établies conformément à l'ordonnance du 16 juin 1828, où les maîtres chargés des classes de rhétorique, philosophie ou mathématiques seraient pourvus des grades mentionnés au § 3 de l'art. 9 de la présente loi, pourront user du même droit que les institutions de plein exercice en ce qui concerne, dans les limites du nombre d'élèves qui leur est attribué, l'admissibilité desdits élèves aux épreuves pour l'obtention du diplôme ordinaire de bachelier ès lettres.

Dans celles desdites écoles secondaires ecclésiastiques où ne serait pas remplie la condition des grades précitée, les élèves qui, cessant de se destiner au sacerdoce, voudraient obtenir le diplôme ordinaire de bachelier ès lettres pourront se présenter à cet effet aux épreuves, dans

postulant aura résidé depuis trois ans, constatant qu'il est digne, par ses mœurs et sa conduite, de diriger un établissement d'instruction secondaire. En cas de refus du maire, l'impétrant peut saisir le Tribunal civil qui statue en chambre du Conseil et, en cas de nouveau refus, la Cour royale. Le certificat délivré par une de ces deux juridictions tiendra lieu de certificat de moralité ;

b — Garanties de capacité : Un jury composé de magistrats, de ministres des cultes, de membres de l'administration, de membres de l'Université et de notables est constitué auprès de chaque académie.

Devant ce jury, pourront soutenir l'examen, à fin d'obtention du brevet de capacité :

Les candidats au titre de maître de pension, déjà pourvus du diplôme de bachelier ès lettres ;

Les candidats au titre de chef d'institution déjà pourvus des diplômes de bachelier ès lettres et de bachelier ès sciences, ou seulement du diplôme de licencié ès lettres ;

5° Ne seront reconnus comme établissements de plein exercice que ceux qui auront, comme professeurs de rhétorique, de philosophie et de mathématiques, deux maîtres pourvus des diplômes de licencié ès lettres et un titulaire du baccalauréat ès sciences.

Les surveillants devront tous être pourvus du certificat de moralité et du diplôme de bachelier ès lettres ;

une proportion qui n'excède pas la moitié des élèves sortants chaque année de ces écoles après y avoir achevé leurs études. Ladite proportion sera constatée d'après une liste nominative annuellement transmise au Garde des Sceaux, Ministre des Cultes, et par lui communiquée au Ministre de l'Instruction publique.

ART. 18. — Sont maintenues et demeurent obligatoires, sauf la dérogation précitée, toutes les dispositions ou ordonnances du 16 juin 1828 concernant les écoles secondaires ecclésiastiques.

TITRE III. — Dispositions spéciales aux établissements publics d'instruction secondaire.

....

Moniteur, 1844, t. Ier, p. 218.

6° Ne seront exemptés d'envoyer leurs élèves aux collèges royaux ou communaux que les établissements qui, situés dans la même ville, auront leurs maîtres pourvus du diplôme de bachelier ès lettres ;

7° Les écoles secondaires ecclésiastiques restent sous le régime du privilège sous lequel elles existent ;

8° Elles pourront présenter leurs élèves au baccalauréat ès lettres, aux conditions suivantes :

a — Si les maîtres chargés des classes de rhétorique, de philosophie et de mathématiques, sont pourvus des grades exigés dans les établissements de plein exercice ;

b — Si cette condition n'est pas remplie, la moitié seulement des élèves abandonnant la vocation religieuse pourront, à la fin de leurs études, se présenter au baccalauréat ès lettres ;

9° Enfin, le projet institue des pénalités réprimant les infractions aux dispositions précédentes.

On voit combien était compliqué le projet décoré du nom de projet instituant la liberté de l'enseignement. Les petits séminaires seuls étaient épargnés. Villemain n'avait point eu l'imprudence de rééditer, en ce qui les concernait, son essai de 1841. Les protestations des évêques avaient porté leurs fruits.

Mais la liberté pour les établissements de droit commun était entourée de bien des entraves et ne pouvait contenter le parti catholique. Celui-ci, en effet, se souleva tout entier contre le projet du Ministre de l'Instruction publique[1].

SECTION I. — LA PRESSE. — LES PÉTITIONS.

La presse catholique repoussa dès le début le projet Villemain. *L'Univers*[2] déclarait ne pouvoir le soutenir. Ce n'était

---

[1] Voy. les *pamphlets* que le parti catholique fit paraître en 1844, pp. 296 et sq, notes.
[2] N°s des 6 et 9 février.

pas, disait-il, un projet établissant la liberté, mais bien un projet affermissant le monopole. Le *Correspondant* publiait, sous la signature de M. de Carné, un long article sur les principes de la Charte et les intérêts de l'Église en matière d'enseignement.

La presse catholique n'était pas seule à trouver que le projet ne réalisait pas les promesses de liberté. D'autres feuilles disaient : « Ce n'est ni une loi d'éducation publique, ni une loi de liberté, mais une loi de déception et de duperie[1]. C'est un acte de parti et non un acte de Gouvernement », disait le *Courrier Français*[2].

La *Presse* avait trouvé le mot juste. En face des *Débats* et du *Constitutionnel* qui traitaient le projet de projet de réactionnaire, et de l'*Univers* qui n'avait point pour lui de critiques assez amères, la *Presse* blâmait le projet en ce qu'il exigeait, comme preuves de capacité, d'abord un ou plusieurs baccalauréats et un brevet de capacité : alors surtout que tous ces grades devaient être délivrés par des jurys dont faisaient partie des membres de l'Université, c'est-à-dire des rivaux des candidats. « Si l'État exige du chef d'institution ou des instituteurs des gages de moralité et d'aptitude, il faut que les épreuves qui leur sont imposées à cet égard s'accomplissent devant des examinateurs impartiaux, et non point devant leurs rivaux de science ou d'industrie. De même, si l'État soumet l'enseignement privé à une surveillance active, il faut que les instituteurs n'aient pas à craindre, dans les inspecteurs qui les surveilleront, la malveillance et la partialité d'agents d'une corporation rivale. »

Tout cela était sagement pensé, et frappé au coin de la plus élémentaire justice. Le projet n'avait pas suffisamment tenu compte de ces notions.

Si l'on parcourt les journaux religieux de l'époque, on remarque avec quelle acrimonie on y parle de la disposition

---

[1] *Le Siècle* des 7 et 8 février.
[2] *Le Courrier Français*, 12 février 1844.

qui oblige chaque candidat au brevet de capacité à déclarer qu'il n'appartient point à une association non autorisée. « Rien n'était plus contraire aux principes, disaient les feuilles catholiques, que cette interrogation inquisitoriale obligeant un citoyen à se frapper par sa propre déclaration ; c'était comme la violation du plus sacré des domiciles, celui de la conscience. » Le journal *La Presse* n'était pas éloigné de penser comme eux. « Pourquoi ne demanderait-on pas, disait-elle, aux instituteurs de déclarer qu'ils n'appartiennent pas à telle ou telle secte politique ou sociale, proscrite aussi par les lois du royaume : qu'ils ne sont pas légitimistes, républicains, communistes, athées surtout. Ne voit-on pas jusqu'où l'on pourrait se trouver entraîné dans ce système ? Nous disons donc sans détour : nous ne concevons point une telle disposition, elle est indigne de nos mœurs et de notre temps [1]. »

En face de la presse religieuse et des feuilles libérales qui, on le voit, n'étaient point du tout favorables au projet, la presse ministérielle, à laquelle se joignaient les journaux hostiles au sentiment religieux, critiquait le mince avantage accordé aux petits séminaires relativement à l'admission de leurs élèves à l'examen du baccalauréat. Le *Siècle* et le *Constitutionnel* accusaient M. Villemain de trahir l'Université, de livrer la cause qu'il est chargé de défendre.

Le projet n'était donc pas soutenu par la presse. L'opinion publique, on peut le dire, ne lui était guère favorable non plus.

Grâce aux journaux religieux qui excitèrent le zèle des catholiques, une foule de pétitions parvinrent aux Chambres. Quel fut exactement le chiffre des signatures qui fut porté au Parlement ? Je ne sais, mais on peut s'en rendre compte, approximativement du moins.

Trois mois après le dépôt du projet, le 1er mai, la Chambre des pairs avait reçu un nombre respectable de pétitions,

---

[1] *Presse*, février 1844.

portant 22.282 signatures [1]. La Chambre des députés dut en recevoir à peu près autant.

C'est quelquefois par les faits insignifiants que l'on peut juger de l'existence d'un mouvement d'opinion considérable. La police de Louis-Philippe fut, pendant quelques semaines, tout à fait sur les dents à l'effet de rechercher l'auteur ou les imprimeurs d'une caricature qui circulait dans plusieurs départements au moment où les protestations contre le projet étaient les plus vives. Cette caricature, œuvre, à n'en pas douter, du parti légitimiste, réprésentait d'un côté Louis-Philippe précipité du trône par Saint-Michel et entraînant dans sa chute l'Université et le Monopole ; de l'autre, on voyait le jeune Henri V couronné à Reims par l'archevêque, assisté d'une multitude d'évêques [2]. Cette farce et surtout les nombreuses pétitions adressées au Parlement nous mettent donc en présence d'un mouvement vraiment considérable qui désapprouvait le projet.

Ce n'est pas tout ; nous n'avons point parlé du Clergé. On dit souvent que le prêtre ne doit point s'occuper des affaires publiques. Cette règle, le clergé n'a jamais voulu l'admettre et cela se comprend. Il veut se réserver le droit d'intervenir quand les intérêts de l'église sont en jeu et quand son action peut avoir pour effet de les servir.

Section III. — L'Épiscopat.

Nous avons dit déjà plusieurs fois que l'épiscopat ne pouvait point approuver l'enseignement de l'Université, ne serait-ce qu'à cause de l'esprit qui y régnait et de l'enseignement philosophique qui y était donné. Il voulait la liberté, non pas seulement parce que la liberté était promise par la Charte, mais parce qu'avec la liberté il pouvait se créer des

---

[1] *Univers*, n° du 2 mai.
[2] Id., du 18 avril.

établissements où l'enseignement serait affranchi de l'esprit et de la philosophie universitaires. Et c'est alors que, se fondant sur la Charte, le clergé demandait la liberté de l'enseignement.

C'est un beau mouvement que celui qui agita le clergé en février et en mars 1844. L'on vit tous les évêques[1], à une ou deux exceptions près, protester dans un langage respectueux, mais ferme, contre le projet de loi. « Jamais on n'avait vu une manifestation aussi générale et aussi prompte de l'épiscopat[2]. »

Ce sont les évêques de Luçon et de la Rochelle qui ouvrent le feu[3]. Nous dirons une fois pour toutes, les dispositions qui, d'après eux, froissent la liberté. Ce sont les dispositions visant les membres des congrégations religieuses, l'obligation pour les instituteurs libres de passer des examens devant l'Université, leur rivale, d'être contrôlés par elle. Ces examens, les évêques voudraient qu'on les passât devant les délégués de l'État et non pas devant l'Université. Ce droit de surveillance et de contrôle, ils le reconnaissent à l'État et non point à l'Université. « Laissez-nous donner sans contrainte et sans limites à la patrie les preuves de notre sincère affection. Vous n'aurez point de sollicitudes inquiètes à concevoir sur la marche et l'esprit de nos établissements, vous verrez la jeunesse, qui nous aura été confiée, suivre avec gloire la carrière de la science et de la vertu. »

Puis c'est le cardinal de Bonald, archevêque de Lyon, qui adresse un mémoire à la Chambre des pairs[4], et qui déclare que tous les articles de ce projet sont marqués au sceau du monopole. « Nous y trouvons, dit-il, la conservation d'un odieux asservissement, l'appât trompeur de quelques conces-

---

[1] Montalembert disait, dans son discours du 26 avril, que sur soixante-seize évêques, il y en avait un, peut-être deux qui n'avaient point réclamé la liberté de l'enseignement.

[2] Thureau-Dangin, *Histoire de la Monarchie de juillet*, t. V, p. 534.

[3] *Univers* du 28 février 1844.

[4] *Univers* du 2 mars 1844.

sions dérisoires, la dénégation des droits les plus précieux et la violation flagrante de la loi fondamentale. »

A quelques jours de là, c'est le *Mémoire* des archevêques et des évêques des provinces de Reims et de Cambrai qui parvient au ministre des cultes [1], puis celui des archevêques et évêques de la province de Tours [2], celui des archevêques et évêques de la province de Lyon [3], la lettre de l'évêque de Perpignan [4], la réclamation de l'évêque de Marseille [5], celle de l'archevêque d'Albi, des évêques de Strasbourg et de Metz [6], le mémoire des prélats de la province de Bordeaux et de l'évêque de Nancy [7], de l'évêque de Bayonne [8], des évêques de la province de Bourges [9], etc., etc.

Section IV. — Le Rapport et le Projet de la Commission.

Le projet avait été déposé à la Chambre des pairs, et la Commission chargée de son examen avait remis au duc de Broglie le soin de faire le rapport. Celui-ci fut déposé le 12 avril 1844 [10] et la discussion fut renvoyée au 22 du même mois.

L'exposé des motifs de Villemain était, nous l'avons dit, absolument muet sur la partie philosophique de la question. Il ne reconnaissait pas les droits des pères de famille et l'on sentait très bien que, si le projet était déposé, le Ministre

[1] *Univers* du 14 mars 1844.
[2] Id., 16 mars 1844.
[3] Id., 19 mars 1844.
[4] Id., 27 mars 1844.
[5] Id., 28 mars 1844.
[6] Id., 30 mars 1844.
[7] Id., 31 mars 1844.
[8] Id., 7 avril 1844.
[9] Id., 16 avril 1844.
[10] Voir le rapport du duc de Broglie, *Moniteur* 1844, t. I, pp. 924 et suiv.

cédait plutôt aux sollicitations nombreuses dont il avait été assailli qu'au désir d'exécuter enfin les promesses de la Charte attendues depuis quatorze ans.

Tout autre était le langage du duc de Broglie.

Il s'expliquait d'abord sur le sens de l'article 69 de la Charte.

« L'instruction publique, disait-il, c'est l'instruction donnée par l'État ; l'instruction libre, c'est l'instruction donnée par les personnes privées ; c'est, pour les simples citoyens, le droit d'entrer en partage avec l'État, de fonder et de diriger des établissements de même nature que les siens, en se conformant aux lois, en restant soumis à la surveillance des autorités. L'art. 69 de la Charte a toujours été compris dans ce sens. »

Puis, répudiant les sophismes de l'État enseignant : « Le droit d'enseigner, disait-il, n'est point entre les mains de l'État un de ses droits éminents, l'un de ces attributs du pouvoir suprême qui ne souffrent aucun partage. Tout au contraire, en matière d'enseignement, si l'État intervient, c'est à titre de protecteur et de guide ; il n'intervient qu'à défaut des familles, hors d'état pour la plupart de donner aux enfants, dans leur propre sein, une éducation purement domestique.... Il est bon que les établissements particuliers se fondent et se multiplient ; leur existence, leur nombre, leurs efforts, importent au progrès de l'instruction générale ; l'émulation qui s'élève entre eux et les établissements publics tourne à l'avantage de la science... Il faut d'ailleurs, en matière d'enseignement, des établissements particuliers là où la liberté de conscience a pris rang au nombre des principes constitutionnels. Il faut donc des établissements particuliers, et, dans un pays libre, il faut que ces établissements soient libres ; plus de tutelle obligée, plus d'autorisation discrétionnaire et révocable, plus de nécessité pour les enfants élevés dans les institutions privées de fréquenter les cours professés dans les institutions de l'État. »

Ces principes nettement établis ne satisfaisaient point

« les purs universitaires » ; Cousin est furieux, écrivait le duc de Broglie à son fils, le 9 avril 1844 ; il dit que l'Université est trahie, vendue, livrée à ses ennemis [1]. « Les purs universitaires sont sérieusement blessés, disait Sainte-Beuve [2] ; ils voulaient et ils veulent la domination pure et simple. Le beau rapport de M. de Broglie a excité des mécontentements, en sens inverse, malgré ou à cause, et c'est bon signe que cette plainte à la fois des purs universitaires et des ultra-cléricaux. »

Pourquoi des ultra-cléricaux ? Tout simplement parce que les conclusions du rapport ne répondaient pas aux prémisses. Sur quoi portaient les modifications au projet introduites par la Commission ? Sur bien peu de chose.

Le certificat de moralité n'était plus délivré par le maire, mais par un Comité spécial composé du président du Tribunal civil, du procureur du roi, du plus ancien curé du chef-lieu d'arrondissement, d'un membre du Conseil général et d'un membre du Conseil d'arrondissement.

Le Comité de capacité était peut-être un peu moins universitaire, mais les mêmes exigences de grades étaient requises pour être admis à subir l'examen de capacité [3].

Enfin, les élèves des petits séminaires pouvaient se présenter au baccalauréat :

1º Dans une limite fixée chaque année par une ordonnance ;

2º Après avoir suivi pendant deux ans les cours de rhétorique et de philosophie de ces établissements ;

---

[1] Documents inédits rapportés par Thureau-Dangin, *op. cit.*, t. V, p. 537.

[2] Sainte-Beuve, *Chroniques parisiennes*, p. 203.

[3] La division des établissements privés en institutions et pensions était maintenue. Les pensions étant, nous l'avons déjà dit, des établissements dans lesquels les cours d'études ne s'élèvent pas au-dessus des classes de grammaire ; les institutions, ceux dont les cours d'études comprenaient les classes de grammaire et les classes d'humanités.

3° A la condition que ces cours seraient professés par des maîtres pourvus des diplômes de licencié ès lettres.

Section V. — Nouvelles réclamations.

Les catholiques n'étaient point satisfaits ; ils auraient voulu des modifications plus profondes. Deux fois [1] Mgr Parisis, évêque de Langres, écrivit au duc de Broglie des lettres publiques dans lesquelles il relevait les contradictions que présentaient les différentes parties du rapport; mais il le faisait avec cette modération et cette dignité, dont l'épiscopat, on peut le dire, ne s'est jamais départi dans cette polémique. « Vous dites qu'en matière d'enseignement l'État ne peut pas intervenir à titre de souverain — et c'est parmi nous l'incontestable vérité sociale — mais alors comment se fait-il que vous présentiez un projet qui repose tout entier sur la souveraineté de l'État en matière d'enseignement. »

C'est à l'occasion de la publication du rapport du duc de Broglie, que nous voyons descendre pour la première fois dans l'arène de la polémique un nom qui devait illustrer l'épiscopat français : j'ai nommé l'abbé Dupanloup [2].

Le duc de Broglie avait dédaigneusement parlé de l'enseignement des petits séminaires ; l'abbé Dupanloup, supérieur du petit séminaire de Saint-Nicolas, lui répondit par deux lettres. L'une traitait de la situation intellectuelle et religieuse du clergé, l'autre des petits séminaires. C'était écrit avec une urbanité, une délicatesse, une courtoisie qui, sans nuire à la vivacité du trait, contrastaient avec la violence parfois grossière des polémistes subalternes. « C'est, avec la brochure de M. de Ravignan, ce que le clergé a produit de plus recommandable et de plus honorable dans cette controverse [3]. »

---

[1] *Univers*, 24 et 30 avril 1844.
[2] Lagrange, *Vie de Monseigneur Dupanloup*, t. I, p. 317.
[3] Sainte-Beuve, *Chroniques Parisiennes*, p. 205.

Enfin, l'évêque de Chartres écrivit au duc de Broglie pour s'associer aux protestations qui lui étaient déjà parvenues.

C'est dans cette situation que se trouvaient les différents partis à la veille de l'ouverture de la discussion sur le projet.

Mais les Chambres elles-mêmes ne voulurent pas rester étrangères à cette discussion préliminaire et l'on entendit, à la Chambre des députés et à la Chambre des Pairs, les chefs des partis faire des déclarations intéressantes.

D'après les usages introduits dans le système parlementaire depuis la Révolution de Juillet, le vote annuel des fonds secrets donnait lieu à une discussion générale sur la politique du Gouvernement. A la Chambre des députés, ce fut M. Isambert qui, ému des lettres, des mémoires et des observations des évêques sur le projet de loi, demanda au Ministre pourquoi l'on n'avait pas poursuivi, devant la Cour d'assises ou le Conseil d'État, les auteurs de ces publications. « Il s'agit de savoir, s'écria-t-il, quelle est la valeur de ce parti qui se prétend fort de l'adhésion de la chrétienté toute entière. Y a-t-il un parti pris de fermer les yeux sur des manœuvres qui finissent par porter atteinte aux prérogatives du Gouvernement et des Chambres ? »

Le ministre Martin, du Nord, désapprouva l'Épiscopat, mais comme il s'agissait de religion, Dupin se précipita à la tribune, défendit les droits imprescriptibles de l'État, dénonça les partisans de la liberté d'enseignement comme étant des jésuites ou des légitimistes ; enfin, termina sur cette parole : « Le Clergé depuis 1830, nous l'avons encouragé, protégé, honoré. Nous continuerons pour le Clergé hiérarchique, mais, pour les excentricités, je vous exhorte, vous Gouvernement, soyez implacable. »

Devant cette apostrophe, M. de Carné prit la parole et démontra, dans un fort beau discours, la solidarité qui unit le catholicisme à la liberté.

Les journaux ne laissèrent pas passer sans la souligner cette importante discussion,

« Le Pouvoir, dit le *Journal des Débats*, est-il suffisamment armé contre les écarts et les empiètements du clergé? Les armes que lui donne la législation actuelle sont-elles assez puissantes pour qu'il ne sente pas le besoin d'en avoir de plus efficaces?... Oui, la question qui concerne l'Université est grave, et chaque jour elle devient plus grave, on ne peut se le dissimuler[1]. »

Le *Courrier Français* menaçait le clergé au sujet du projet. « Toute prétention à des privilèges en dehors du droit commun serait repoussée ; toute tentative de domination soulèverait contre lui d'invincibles antipathies[2]. »

L'*Univers* faisait contre mauvaise fortune bon cœur. « Les catholiques liront avec attention la séance d'aujourd'hui, et ils reconnaîtront avec nous, que les résultats en sont on ne peut plus heureux..... Encore quelques séances de ce genre et la cause de la liberté aura fait d'incalculables progrès[3]. »

Lorsque devant la Chambre des Pairs les fonds secrets vinrent en discussion, le parti catholique pensait bien que Montalembert répondrait au discours qu'un mois auparavant Dupin avait prononcé à la Chambre basse.

On s'en inquiétait un peu, car l'orateur était jeune, animé de cette conviction intime qui entraîne quelquefois à des écarts de langage quand on n'est pas bien habitué au maniement de la parole. Aussi, l'abbé Dupanloup qui commençait à tenir, dans le parti, la place que son talent lui méritait, l'abbé Dupanloup, dis-je, lui écrivit la lettre suivante : « Monsieur le Comte, me permettrez-vous de vous dire ma pensée sur votre situation aujourd'hui à la Chambre? Nos adversaires s'attendent à de l'irritation et veulent en profiter ; vous aurez une grande force si vous étonnez par une gravité, une modération, des avertissements sérieux, des

---

[1] *Journal des Débats*, n° du 20 mars 1844.
[2] *Courrier Français*, id.
[3] *Univers*, n° du 20 mars 1844.

menaces contenues... Un homme fort sage et fort avancé dans mes vues me faisait remarquer, hier, de quelle importance il est pour notre cause, que vous vous observiez en ce moment. On fera aujourd'hui ce qu'on pourra pour vous engager plus qu'il ne faut. »

Montalembert tint compte de ces bons conseils ; son discours fut magnifique.

« Si les évêques ont parlé, nous apprend le très éloquent Montalembert, c'est à la suite de trois circonstances : d'abord à la suite du discours du Ministre de l'Instruction publique où il dit que c'était une infamie que d'attaquer, sur le point de vue religieux et moral, l'enseignement universitaire ; en deuxième lieu, à l'occasion des leçons de MM. Quinet et Michelet, enfin au sujet du projet de loi. S'ils ont parlé, c'est qu'ils en avaient le droit, car l'évêque et le prêtre ne sont pas des fonctionnaires. Ce n'est pas du Roi qu'ils tiennent leur pouvoir, la loi reconnaît leur autorité et c'est tout. »

Puis Montalembert répudiait au nom de l'Église les libertés gallicanes, les articles organiques, et protestait contre l'odieuse juridiction du Conseil d'État en matière religieuse.

Enfin il terminait sa superbe défense de la liberté de l'Eglise par ces paroles :

« Au milieu d'un peuple libre, nous ne voulons pas être des ilotes ; nous sommes les successeurs des martyrs et nous ne tremblons pas devant les successeurs de Julien l'Apostat : nous sommes les fils des Croisés et nous ne reculerons pas devant les fils de Voltaire[1]. »

Villemain répondit à Montalembert et assura la Chambre de la sollicitude du Gouvernement pour assurer les droits de l'État. Mais le jeune pair avait remporté une magnifique victoire. « M. de Montalembert, qui avait incidemment soulevé la question de la liberté de l'enseignement, l'avait fait

[1] Séance du 16 avril 1844, *Moniteur* du 17.

avec tout le talent qu'on ne peut s'empêcher de reconnaitre à cette parole arrogante et élégante [1]. »

Les journaux catholiques enregistrèrent cette journée comme une véritable victoire. C'était assurément le plus beau triomphe du chef du parti. « Jamais le jeune pair et courageux orateur n'a mieux répondu à nos espérances et n'a montré un talent plus digne de la noblesse de son caractère et de la majesté de ses convictions », disait l'*Univers* [2]. Pour le *Constitutionnel* [3], Montalembert avait porté à la tribune le manifeste du parti ultra-catholique, il avait dit des « énormités », avait « foulé aux pieds les lois du pays », et poursuivi de ses « persiflages » les plus honorés personnages.

Plus juste, le *National* louait sans détour « la fermeté noble, franche, ardente même, avec laquelle M. de Montalembert avait défendu ses croyances. Une conviction sincère et résolue, ajoutait-il, ne se ménage point et ne ménage pas davantage ses adversaires; aussi exerce-t-elle toujours une action sérieuse, et M. de Montalembert a pu s'en apercevoir à la manière dont il était écouté. »

Le *Journal des Débats*, au contraire, n'était rien moins que satisfait. « La liberté de M. de Montalembert, disait-il, aboutit forcément à la théocratie. Donnez donc la jeunesse à élever à des gens qui professeraient de pareils principes. La Chambre des Pairs va bientôt discuter la loi sur l'enseignement, nous espérons qu'elle se souviendra du discours de M. de Montalembert [4]. »

Le *Globe* enfin, applaudissait le jeune pair et donnait son sentiment sur la loi sur l'enseignement qui, disait-il, « n'est pas tout ce qu'on pourrait souhaiter au point de vue de la religion [5] ».

---

[1] Sainte-Beuve, *Chroniques Parisiennes*, p. 204.
[2] *Univers*, n° du 17 avril 1844.
[3] *Constitutionnel*, id.
[4] *Journal des Débats*, n° du 17 avril 1844.
[5] *Globe*, id.

Section VI. — La Discussion.

Les partis respectifs avaient donc pris leurs positions quand le jour de la grande bataille arriva. Je veux parler de l'ouverture de la discussion du projet de loi Villemain.

Je n'ai point l'intention d'insister trop longuement sur les longs débats qui tinrent vingt-neuf séances de la Chambre des Pairs. Je dirai quelques mots seulement de la discussion générale des amendements proposés et du résultat de ces longues délibérations.

§ 1. — *Discours de Cousin.*

La discussion générale s'ouvrit le 22 avril par un long discours de Cousin. Le champion de l'Université se prononça hautement contre toute liberté d'enseignement. Il chercha, dans l'histoire, la justification du droit de l'État sur l'enseignement, s'attacha à démontrer que l'Université n'était autre chose que « l'État lui-même appliqué à l'éducation de la jeunesse ». Il la montra irréprochable dans toutes les parties de son enseignement, et fidèle à la mission que lui avait confiée l'Empereur lorsqu'il l'avait créée pour être la « conservatrice de l'unité française et de toutes les idées libérales proclamées par la Constitution ». Enfin, en terminant, il se prononça contre l'article 17 qui, nous l'avons vu, accordait aux élèves des petits séminaires le droit, sous certaines conditions, de se présenter aux examens du baccalauréat. « Si l'article 17 disparaît entièrement de la loi, dit-il, pour faire place soit au droit commun établi par l'Empire, soit au régime spécial établi par la Restauration, malgré plus d'un scrupule, je voterai pour la loi ainsi corrigée. Mais s'il subsiste la moindre trace du privilège et du monopole, je voterai contre toute la loi. »

D'ordinaire, le savant professeur ne plaisait pas comme

orateur. « Dans les très rares occasions où il était monté à la tribune, soit qu'il fût intimidé par l'auditoire, ou que les sujets dont il parlait fussent nouveaux pour lui, il n'avait fait que des discours sans éclat et sans portée ; on n'y retrouvait ni le grand philosophe, ni le grand orateur de la Sorbonne[1]. »

Il se surpassa ce jour-là. La passion qu'il avait pour l'Université lui inspira des mouvements de grande éloquence. Ce furent ses grands jours de tribune. Tantôt il était ironique ou véhément, entraînant son auditoire dans de hautes envolées ; tantôt il faisait paraître l'Université « en rôle presque de suppliante et d'accusée », débitant son discours avec un tel air macabre qu'on le croyait « condamné à la ciguë[2] ». Jamais il n'eut plus d'élévation, ni plus de verve, ni plus de courage, ni une dialectique plus pressante, ni plus d'ironie, ni plus de passion[3].

Le *Journal des Débats* était triomphant après ce discours : « Nous attendons maintenant les ennemis de l'Université, disait-il[4]. Nous sommes curieux de les entendre à la tribune. Après l'exposé des motifs de M. Villemain, le rapport de M. le duc de Broglie et le discours de M. Cousin, il est temps, en vérité, qu'ils aient la parole ».

Le *Courrier Français* était sévère : « M. Cousin, disait-il, est toujours digne du prix d'honneur, tant pis pour lui. Nous eussions préféré un travail moins prétentieux, plus sobre et surtout plus sensé..... Jamais la glorification du régime universitaire ne s'est produite avec pareille naïveté de fanatisme[5]. »

La France déclarait que, par ses énormités, ce discours ferait plus de bruit au dehors qu'il n'en avait fait à la Chambre ;

---

[1] J. Simon, *Victor Cousin*, p. 146.
[2] Sainte-Beuve, *Chroniques Parisiennes*, pp. 204 et 214.
[3] J. Simon, *Victor Cousin*, p. 146.
[4] *Journal des Débats*, 23 avril 1844.
[5] *Courrier Français*, id.

La *Démocratie pacifique* « était étonnée de trouver dans cette dissertation pénible et embarrassée l'absence complète de vues nettes et précises, non seulement sur le but social de l'instruction et de l'éducation, mais encore sur la liberté de l'enseignement [1]. »

Enfin, l'*Univers* persiflait agréablement son grand ennemi philosophique. « Il y a eu des moments où, pour vanter l'Université, M. Cousin avait des larmes dans la voix ; il y en a eu d'autres, lorsqu'il parlait des Jésuites, où il s'éloignait avec horreur du verre d'eau sucrée, comme s'il avait craint que quelque main pieuse y eût versé du poison [2] ».

§ 2. — *Guizot. — Montalembert.*

L'Université fut encore défendue, dans cette discussion mémorable qui fut l'un des épisodes parlementaires les plus remarquables de la monarchie de Juillet, par M. A. de Saint-Priest, par M. Rossi et par M. Mérilhou qui, intéressants sans doute, sont éclipsés par leur chef de file, M. Cousin, sur le discours duquel nous nous sommes longuement étendu.

Les partisans de la liberté de l'enseignement eurent à la Chambre de chauds interprètes : le baron de Fréville d'abord, le comte Beugnot, dont « la critique vive et piquante appuyée sur les faits, la logique et l'amour vrai de la liberté [3] », produisit sur les Chambres une vive impression.

Se plaçant sur le terrain constitutionnel, le baron de Brigode « prouva jusqu'à l'évidence et par des arguments nouveaux ou merveilleusement rajeunis, que le monopole universitaire était en contradiction flagrante avec les plus importantes dispositions de la Charte [4] ».

Puis, Guizot, chef du ministère, intervint dans le débat

---

[1] *La Démocratie pacifique*, 23 avril 1844.
[2] *Univers*, 23 avril 1844.
[3] Id., 25 avril 1844.
[4] *Univers* du 26 avril 1844.

pour faire connaître la pensée du Gouvernement : son discours avait une prétention plus haute que de s'arrêter à l'appui d'un projet que son esprit libéral désapprouvait sans aucun doute. Il traita de la situation politique au milieu de laquelle se produisait la discussion. Il s'étonna de l'agitation du clergé dans la question de la liberté de l'enseignement ; il y voyait, à côté d'une opposition purement religieuse, une opposition inspirée par des pensées d'envahissement. Le Gouvernement, disait-il, maintiendrait toutes les libertés « même celle dont on abusait ». Il serait modéré et tolérant envers les écarts de la pensée religieuse, sans cependant lui permettre de franchir les limites auxquelles elle devait s'arrêter. « Nous continuerons, disait-il, à aimer la religion, à protéger le clergé, à soutenir ses libertés comme les nôtres, et j'ai confiance que dans un temps qu'à Dieu seul il appartient de savoir, la lutte cessera et la réconciliation sera sincère et profonde [1]. »

Ce discours attira un discours de Montalembert qui est, avec celui prononcé le 16 avril, un des plus beaux chefs-d'œuvre de l'éloquence parlementaire sous le Gouvernement de Juillet. Après avoir répliqué en quelques mots à M. Guizot, à la modération et à l'élévation de langage duquel il rendait pleinement hommage, Montalembert combattait nettement le projet de loi. « Au lieu de consacrer la liberté, il la confisque », non seulement ce n'est pas une loi de liberté, ce n'est même pas une loi d'organisation, « ce n'est qu'une loi de prévention, de restriction et de police ». Puis il démontrait qu'au point de vue historique, il était inexact de prétendre que l'État avait eu tout pouvoir sur l'enseignement, qu'il était aussi faux de croire, comme on l'avait dit, que l'affaiblissement de l'enseignement avait été la cause de la reconnaissance de la liberté en Belgique. Enfin, il soutint que le monopole de l'Université était incompatible avec la liberté politique, et qu'il blessait les droits de la conscience reli-

[1] *Moniteur* du 26 avril, séance du 25 avril 1844.

gieuse. « En résumé, disait-il en terminant, nous voulons la liberté et vous nous donnez l'arbitraire ; nous voulons arriver par la liberté à la religion, et vous nous conduisez par l'arbitraire au septicisme. Votre loi est une loi de réaction contre le progrès religieux de la France, une loi de suspects contre le clergé, une loi infidèle à tout ce qu'il y a eu de généreux dans les instincts de 1789 et dans les promesses de 1830. Je la repousse de la triple énergie de ma conscience, de ma foi et de mon patriotisme[1]. »

De tels accents soulevaient l'enthousiasme de l'*Univers*. « Encore une séance glorieuse pour l'Église et bonne pour la liberté[2], s'écriait cette feuille. Après son éclatant discours du 16 avril, M. de Montalembert avait beaucoup à faire pour être égal à lui-même. Il s'est surpassé..... Une cause ainsi défendue ne saurait périr. Pendant quelque temps encore, il sera facile peut-être de l'écraser avec des boules, mais elle est éternelle comme le bon sens et la vérité. Encore quelques combats et l'Université verra ce que peut le nombre de voix contre l'élite des esprits et des consciences. »

Le *Commerce*[3], qui n'avait point pris parti pour ou contre le projet, le combat dès l'apparition du discours de Montalembert. « M. de Villemain, dit-il, a mal réfuté M. de Montalembert. Il n'a rien su répondre de logique au pair qui demandait la liberté de l'enseignement promise par la Charte, et il n'a même pas eu raison de l'ultramontain. »

« M. de Montalembert, dit la *Patrie*, a ouvert la séance par un discours fort remarquable sur le projet de loi. Il a développé avec habileté, et quelquefois avec éloquence, les principes de la liberté absolue de l'enseignement[4]. »

Le *National* loue aussi le champion de la liberté. « Avec un orateur qui prend ainsi corps à corps les hommes et les

---

[1] *Moniteur*, séance du 26 avril 1844.
[2] *Univers*, 27 avril 1844.
[3] *Le Commerce*, n° du 27 avril 1844.
[4] *La Patrie*, 27 avril 1844.

choses, la pensée est toujours si nette, l'expression si hardie et quelquefois si heureuse, qu'on a plaisir à écouter même les plus étranges ignorances et les plus grosses erreurs [1]. »

Enfin, le *Courrier français* rendait justice à Montalembert qui a gagné, disait-il, « éloquence, talent, esprit et même l'enchaînement des idées ».

§ 3. — *Les amendements.* — *Le projet après la discussion.*

C'est à la suite de ces mémorables discours que l'on entama la discussion des articles.

Les nombreux amendements [2] proposés par le baron Séguier, le marquis de Barthélemy, le comte Beugnot, le marquis de Gabriac, peuvent se résumer assez exactement dans les quatre dispositions suivantes. Le parti catholique dont ils étaient les interprètes demandait :

1º Le droit pour tout bachelier de fonder une école secondaire, sans autre condition qu'un certificat de moralité ;

2º L'abolition du certificat d'études ;

3º L'institution d'un Conseil supérieur de l'enseignement libre auquel appartiendraient la surveillance et l'inspection de ces établissements ; enfin, le partage entre ce conseil et le conseil royal du droit de présenter des candidats aux chaires de Facultés.

Le deuxième amendement du baron Séguier et de ses amis consistait à demander :

4º Des jurys d'examen composés mi-partie de professeurs de facultés, mi-partie de notables.

Aucun de ces amendements ne devait passer dans la loi, mais le projet sortait de la discussion légèrement modifié.

Un amendement tendant à restreindre l'enseignement de la philosophie avait été proposé par M. de Ségur. Il pres-

---

[1] *National*, id.
[2] Voy. le texte de tous ces amendements. *Univers* du 26 avril 1844.

crivait la modification du programme du baccalauréat et substituait le Conseil d'État au Conseil royal de l'instruction publique.

Malgré l'énergique intervention de Cousin, qui défendit du mieux qu'il put l'enseignement qui lui était cher, on vota l'amendement, moins peut-être pour lui-même que pour blâmer le célèbre philosophe[1].

Mais ce fut là à peu près la seule concession faite aux catholiques. Il en est cependant une autre qui avait son importance. Le pouvoir conservait bien le droit de surveillance, mais il le partageait avec les autorités administratives et judiciaires dans les limites de leurs attributions respectives, et avec l'évêque diocésain et les autorités consistoriales en ce qui concernait l'instruction religieuse.

Ce point est important à noter.

Ce fut par 85 voix contre 51 que le projet fut voté par la Chambre des Pairs. C'était peu, très peu, et il sentait bien l'échec futur de cette loi le rapporteur qui écrivait à son fils : « C'est une loi qui ne se fera pas ». Du côté des catholiques, les cœurs étaient dans l'espérance. On y avait conscience que la petite armée de formation si récente venait de déployer et de planter son drapeau. La direction était prise, l'élan donné, et chacun sentait que la victoire définitive n'était plus qu'une question de temps[2].

Section VII. — Le projet a la Chambre des députés.

Ce fut le 10 juin 1844 que le projet voté par la Chambre des Pairs fut porté à la Chambre des députés. Les universitaires voulaient obtenir la suppression de quelques concessions qu'on avait faites au Clergé. « Ils ont réussi,

---

[1] Voir sur ce point les très intéressants détails donnés par Thureau-Dangin, t. V, p. 541.
[2] Thureau-Dangin, *op. cit.*, t. V, p. 543.

écrivait alors le duc de Broglie, à ameuter contre nous la Chambre des députés presque tout entière[1] ».

Le rapporteur de la commission était M. Thiers. « On devine assez en quel sens sera le rapport, voilà le conflit entre les deux Chambres qui va s'engager. La Chambre des députés sera aussi universitaire que la Chambres des pairs l'a été peu[2] ».

§ 1er. — *Le rapport de Thiers.*

Le rapport fut déposé le 13 juillet 1844. Il avait certes des tendances très universitaires, mais on ne peut nier cependant qu'il ne reconnût le droit des pères de famille. Je dis le droit des pères de famille, car Thiers ne reconnaît pas à un citoyen le droit d'enseigner. Il n'admet la liberté de l'enseignement qu'à un seul point de vue.

« La liberté d'enseignement ne saurait être considérée comme un droit des enseignants de se saisir à volonté de la jeunesse pour en faire la matière de leurs spéculations. La vraie liberté d'enseignement repose sur une autre base que celle du droit des enseignants; elle repose sur le droit des pères de famille. L'enfant qui naît appartient à deux autorités à la fois, au père qui lui a donné le jour et qui voit en lui sa propre prospérité, le continuateur de sa famille, et à l'État qui voit en lui le citoyen futur, le continuateur de la Nation[3]. »

On se méprendrait singulièrement si on croyait que Thiers ne reconnaissait aucun droit à l'État.

« L'État a bien le droit de vouloir quelque chose au sujet de l'enfant qui vient de naître..... et, il faut se figurer l'État, non pas comme un pouvoir dont on combat dans le

---

[1] *Documents inédits* rapportés par Thureau-Dangin, *op. cit.*, t. V, p. 543.

[2] Sainte-Beuve, *Chronique Parisienne*, p. 228.

[3] *Discours parlementaires de Thiers*, publiés par Calman, t. VI, p. 455.

moment les tendances politiques, ou comme une dynastie à laquelle on refuse ses affections ; il faut voir dans l'État, l'État lui-même, c'est-à-dire l'ensemble de tous les citoyens, non seulement ceux qui sont, mais ceux qui seront et qui ont été ; la nation, en un mot, avec son passé et son avenir, avec son génie, sa gloire, ses destinées..... L'État a le droit de vouloir qu'on fasse de cet enfant un citoyen plein de l'esprit de cette constitution, aimant les lois, aimant le pays, ayant les penchants qui peuvent contribuer à la grandeur, à la prospérité nationale [1]. »

D'autre part, le rapport Thiers était beaucoup plus défavorable à la liberté que celui du duc de Broglie. S'il ne frappait pas à l'effigie de l'État « toute la jeunesse, c'était pour se tenir dans la vérité de son temps et de son pays ». Si les pairs avaient condamné l'enseignement philosophique, le rapporteur en faisait le plus grand éloge. Il reconnaissait à l'Université « le droit de surveiller, de contenir, de ramener à l'unité nationale » les établissements libres. Enfin, il consentait bien à accorder au clergé la jouissance du droit commun, mais il lui refusait tout privilège.

L'*Univers* apprécie fort mal le rapport de Thiers : « c'est, dit-il, un manifeste universitaire fort long, souvent diffus, mais qui tient d'ailleurs tout ce qu'annonçaient l'esprit, le caractère, les croyances de l'auteur et les passions qui l'ont élu pour chef..... On peut prévoir que l'œuvre de la haute Chambre sera entièrement annulée. Nous n'en regretterons rien. Nous aimons mieux une franche tyrannie qu'une tyrannie déguisée. »

Le projet fut amendé, modifié. Les partisans de l'Université n'avaient pas lieu de s'en plaindre. Je relève dans les plus grandes différences les points suivants :

Sans doute la liberté était reconnue en principe, on exi-

---

[1] *Discours parlementaires de Thiers*, publiés par Calman, t. VI, p. 456.

geait des certificats de moralité et de capacité, mais ici une modification notable avait été apportée. L'examen de capacité avait été supprimé, et on se contentait de grades universitaires joints à un stage de trois ans dans un établissement de plein exercice ou dans un collège royal ou communal. Il y avait amélioration en ce sens que l'Université était écartée dans une certaine mesure de la collation du certificat ; il y avait aggravation d'autre part en ce sens qu'on imposait à un candidat trois ans de service souvent non rétribués, ce qui devait fatalement en éloigner un certain nombre.

Le projet Thiers accordait au Conseil royal des prérogatives relativement à la rédaction des programmes du baccalauréat. Enfin il remettait les petits séminaires sous le régime de l'ordonnance de 1828 et leur refusait, par conséquent, le droit de se présenter au baccalauréat.

J'estime inutile d'analyser de plus près le projet de la Commission ; il n'a jamais été discuté par suite de plusieurs circonstances.

§ 2. — *Le retrait du projet.*

A la fin de 1844 en effet, M. Villemain tomba gravement malade et fut remplacé par M. de Salvandy qui faisait partie de la minorité de la Commission de la Chambre et qui était par conséquent, sur quelques points du moins, hostile aux rapport et conclusions de Thiers.

D'autre part, Louis-Philippe n'était point satisfait du projet de loi, « il était contre la loi », écrivait le duc de Broglie, « il la trouve trop libérale et trop défavorable au Clergé [1] ».

De sorte que personne, en 1845, ne demanda la mise à l'ordre du jour du projet sur la liberté de l'enseignement. Je me trompe. Le 21 février 1846, Odilon Barrot demanda qu'on mît à l'ordre du jour la discussion du projet de 1844

---

[1] Rapporté par Thureau-Dangin, *op. cit.*, t. V, p. 547.

et du rapport de M. Thiers. Celui-ci appuyait la motion. Berryer indiqua nettement que le refus de la mise à l'ordre du jour était une forme de retrait d'une loi mauvaise, et une promesse d'apporter un projet « plus généreux, plus conforme à la liberté de conscience et à la liberté de l'enseignement ». Guizot ne contredit point l'interprétation donnée par Berryer, et la Chambre, par 211 voix contre 144, vota contre la mise à l'ordre du jour ; c'était un retrait pur et simple.

Les amis de l'Université étaient battus. Thiers le proclamait à la fin de la session[1], et Guizot, lui répondant, renouvelait sa promesse d'assurer la liberté religieuse des familles dans l'enseignement et l'influence des croyances religieuses sur l'éducation.

[1] 27 mars 1846.

CHAPITRE VI.

Le projet Salvandy.

Section I. — Continuation de la Lutte. Situation du Parti catholique.

L'abandon d'un projet hostile à tous les vrais libéraux encourageait les catholiques à continuer la lutte.

Un certain nombre de prélats (les évêques de Tulle, de Chartres, de Langres), l'*Univers* et les partis catholiques ne s'arrêtaient point dans leurs attaques. « Nous attaquerons tant qu'il sera debout, disait Louis Veuillot, le monopole universitaire destructeur de la religion et des lois, funeste à la famille, dangereux pour la France. La polémique sera vive, passionnée, crue, mais quelque orage qu'elle prépare, nous l'affronterons. Les yeux et l'esprit sans cesse attachés sur les déclarations solennelles de l'épiscopat, nous ne connaîtrons d'autre devoir, d'autre repos et d'autre joie que d'épuiser jusqu'au dernier reste tout ce que nous avons de force, tout ce que nous avons de liberté, tout ce que nous avons de biens et de courage, contre le système d'éducation publique qu'il a condamné ; système cruel qui arrache l'enfant à la famille et la foi à l'enfant[1] ».

Le parti catholique était uni ; les laïques et le Clergé marchaient la main dans la main et cela enthousiasmait Lacordaire qui, de loin et adonné à la chaire, suivait, avec un intérêt sans cesse croissant, cette lutte qu'il avait commencée.

---

[1] *Univers* du 22 novembre 1844.
Le parti catholique devait continuer la lutte. Je joins ici les pamphlets qui parurent en 1845 :

— 359 —

« Avez-vous remarqué, écrivait-il à M{ᵐᵉ} Swetchine, que c'est la première fois, depuis la Ligue, que l'Église de France n'est pas divisée par des querelles et des schismes. Il n'y a pas quinze années encore, il y avait des ultramontains et des gallicans, des cartaisiens et des menaisiens, des coteries, des nuances, des rivalités, des misères sans fond ni rive ; aujourd'hui tout le monde s'embrasse ; les

Pamphlets parus en 1845.

Comte de Mérode. Liberté d'enseignement. Réponses au rapport de M. Thiers sur le projet de loi relatif à l'instruction secondaire.

Chrestien de Poly. Liberté d'enseignement. Essai sur la discussion relative au projet de loi concernant l'instruction secondaire.

Ferdinand Béchard. Lettre à MM. les Électeurs du département du Gard sur le projet de loi de l'enseignement.

Abbé Peyrot. Lettre aux catholiques du Périgord sur la liberté de l'enseignement.

Anonyme. La liberté d'enseignement demandée par tous les partis, avant et après 1830. Mémoire dédié à tous les amis de l'ordre, de la religion et des libertés.

D{ʳ} L. V. H. Résumé de l'opinion des plus grands publicistes sur cette question. A qui appartient le droit d'instruire ? et par qui doit-il être exercé ? Compilation présentée à M. Thiers, rapporteur, sur le projet de loi sur l'instruction secondaire.

Anonyme. Choisissez !. Ou la foi et la Charte, ou le Monopole universitaire, par un père de famille.

Anonyme. Quelques réflexions à l'appui des pétitions en faveur de la liberté de l'enseignement. Réponse à diverses objections.

— Lettre d'un paysan Bas-Breton à un paysan Bas-Breton, au sujet d'une brochure de ce dernier sur la liberté d'enseignement.

André Jacoby. De la liberté de l'Église à propos de la liberté d'enseignement. Lettre à MM. les Députés.

— Dialogues familiers sur le Monopole universitaire, recueillis dans le café d'une petite ville de Provence où la pétition avait été déposée. Par un Marseillais.

Gasc fils. Le bilan de l'Université ou liquidation du Monopole de l'enseignement.

Abbé Mayet. Encore un mot sur les libertés d'enseignement et de conscience.

— La chasse aux écoliers ou le Clergé et l'Université. Petite guerre en temps de paix, par l'auteur des Anti-Guizotines.

évêques parlent de liberté et de droit commun, on accepte la presse, la Charte, le temps présent[1] ».

Non seulement le parti catholique était uni, mais il était encore organisé et, dès le mois d'août, il était créé un comité pour la défense de la liberté religieuse, qui avait pour président M. de Montalembert, et vice-présidents, MM. de Vatisménil et Lenormand ; l'abbé Dupanloup avait adhéré à ce comité et avait même contribué à sa constitution.

J'ai dit que le parti catholique était uni. Néanmoins il importe de noter un incident sur les conséquences duquel nous aurons à revenir plus tard.

L'archevêque de Paris, Mgr Affre, on l'a dit maintes fois, était d'une modération extrême. Ferme dans ses vues, énergique dans ses réclamations, il réprouvait la violence, et l'abbé Dupanloup pensait comme lui. Le ton des lettres qu'il avait écrites au duc de Broglie en était une preuve non équivoque.

Or, la direction donnée à la polémique catholique par Louis Veuillot et l'*Univers* désolait le prélat et son vicaire général. « Le ton irrité de l'*Univers*, écrivait-il à Mgr Affre, décourage et semble persuader que notre cause est désespérée, que les bonnes raisons sont inutiles et qu'il n'y a plus qu'à dire des duretés et des injures..... Je demeure au contraire plus que jamais persuadé qu'avec de l'habileté, de la tactique, de la modération et une convenance constante, en même temps qu'une constante fermeté, on peut beaucoup, beaucoup plus qu'on n'a encore fait [2] ». Mgr Affre ne menaçait pas moins que de désavouer cette feuille. Aussi on pensa tout sauver, et l'assemblée des actionnaires de ce journal, à la fin de 1844, songea à placer l'*Univers* sous la direction d'un comité où prendraient place : le P. Lacordaire, le P. de Ravignan, Montalembert, de Coux et Dupanloup. Mais comme ce dernier était vicaire général, on craignit d'im-

---

[1] *Correspondance de Lacordaire et de Mme Swetchine*, p. 393.
[2] Lettre du 27 mai 1844. Lagrange, *op. cit.*, t. I, p. 329.

pliquer l'administration diocésaine dans les responsabilités du journal et le comité ne fut pas constitué.

Louis Veuillot, resté seul, continua d'être prépondérant. Cet incident n'eut pas de suites immédiates, nous verrons plus tard quelles en furent les conséquences [1].

Néanmoins, en 1844 et 1845, le parti catholique restait uni et bien organisé.

La cause de la liberté de l'enseignement ne fut pas en jeu dans les démêlés que l'Église eut avec le pouvoir civil en 1845, soit relativement à la condamnation du manuel de droit public ecclésiastique de Dupin, par le Cardinal de Bonald, soit relativement au nouveau tolle contre les Jésuites qui fut poussé par les adversaires des catholiques. Ces démêlés, qui furent vifs, ne durèrent pas longtemps et il semble y avoir, à la fin de 1845, une sorte de détente dans les luttes religieuses. C'est à peine si le Cardinal de Bonald publie de temps à autre des mandements sur la liberté de l'Église, et c'est le temps où l'abbé Dupanloup publie son beau livre : « La pacification religieuse ».

SECTION II. — ORDONNANCES DE M. DE SALVANDY. DÉBATS QU'ELLES FONT NAITRE. — GUIZOT.

M. de Salvandy, le nouveau ministre de l'Instruction publique, qui était assez bien disposé vis-à-vis des catholiques, supprimait le cours de M. Quinet au collège de France, ce qui amenait une protestation de la part de quelques étudiants [2], et portait quelques jours plus tard une ordonnance qui avait un très grand retentissement.

---

[1] M. de Falloux écrivait, le 16 août 1845, à L. Veuillot : « Je vous félicite, cher Monsieur, et me félicite de votre présence probablement consolidée à l'*Univers* ». Eug. Veuillot, *Le comte de Falloux et ses Mémoires*, p. 297. Les amis de 1845 allaient bientôt devenir les ennemis de 1850.

[2] Voy. *Univers* du 9 décembre 1845.

A l'ancien conseil royal de l'Université, composé seulement de huit membres et qui ne pouvait pas délibérer, la plupart du temps, faute d'assistants aux séances, l'ordonnance du 7 décembre substitua un corps de trente membres, dont vingt étaient nommés chaque année.

Par cet acte, le Ministre « démantelait la forteresse du monopole où commandait M. Cousin, et dégageait le pouvoir ministériel d'une subordination qui ne lui eût jamais permis le moindre pas vers la liberté [1] ». Le *Constitutionnel* [2] appelait cette mesure « le coup d'État de M. de Salvandy », et trouvait que le Ministre « décapitait l'Université et préparait, en réorganisant le conseil à sa manière, les concessions qu'il voulait faire au Clergé [2] ».

Le *Courrier Français* trouvait « ce coup d'état défectueux et tyrannique ». *Le Siècle* dénonçait cette ordonnance qui « livre désormais, disait-il, l'Université sans défense aux attaques de ses dangereux ennemis [3] ».

Cette mesure suscita toutes les colères de ceux que Sainte-Beuve appelait les purs universitaires, et dès l'ouverture de la session, les amis de l'Université prirent prétexte de la discussion de l'adresse pour protester contre l'ordonnance du 7 décembre.

Au Luxembourg, ce fut M. Cousin qui commença l'attaque ; M. de Salvandy lui répondit ; Montalembert intervint et ce sont seulement quelques paroles de ce dernier que nous voulons citer, cette discussion intéressant moins l'histoire de la liberté de l'enseignement que l'histoire de l'Université.

« Non, nous ne trouvons dans l'ordonnance de M. de Salvandy, dit le chef du parti catholique, pas la moindre satisfaction donnée à nos demandes sur la liberté de l'enseigne-

---

[1] Thureau-Dangin, *op. cit.*, t. VII, p. 577.

[2] *Constitutionnel*, 11 décembre 1845.

[3] Voir les opinions de la presse dans l'*Univers* des 12, 13, 14, 15 décembre 1845.

ment ; non, nous n'abjurons ni nos plaintes, ni nos principes, ni nos droits[1]. »

Au Palais-Bourbon, M. Isambert amena la discussion sur la malheureuse ordonnance, mais tout le monde resta sourd à son appel et, ce ne fut que plusieurs jours plus tard, lors de la discussion du § 4 de l'adresse, qu'un débat de plusieurs jours s'ouvrit sur l'Université.

MM. de Saint-Marc-Girardin, de Tocqueville, Béchard, Thiers et nombre d'autres reprochèrent au ministre l'illégalité de cette ordonnance, son manque d'opportunité ; que sais-je? Le ministre répondit ; il fut assez faible. Il n'était plus seulement question, dans cette mémorable discussion, de l'ordonnance de Salvandy. C'était l'Université, la question du monopole qui étaient en jeu. M. de Gasparin traita nettement de la seconde. « Il demanda la liberté vraie, condition essentielle d'un gouvernement libre, et dénonça la diversion que l'Université avait habilement su susciter en criant « au Jésuite ». Le président du Conseil répondit à ce discours d'une loyauté et d'une franchise dignes d'éloges, et eut à cette occasion un de ses plus beaux et plus retentissants triomphes parlementaires[2]. Grâce à lui, la cause de la liberté fit un grand pas. Il ne craignit pas de dire que « de la manière dont l'Université était conçue et établie, il y avait excès, car tous les droits en matière d'instruction publique n'appartiennent pas à l'État ; il y en a qui sont, je ne veux pas dire supérieurs aux siens, mais qui sont antérieurs et qui coexistent avec les siens. Les premiers sont les droits des familles, les enfants appartiennent aux familles avant d'appartenir à l'État. L'État, poursuivait-il, a le droit de distribuer l'enseignement, de le surveiller, de le diriger dans ses propres établissements ; il n'a pas, au fond, le droit de l'imposer arbitrairement et exclusivement à toutes les familles sans leur consentement et contre leurs vœux. Le régime de l'Université

---

[1] Séance du 9 janvier 1846. *Moniteur* du 10 janvier 1846.
[2] Séance du 30 janvier 1846. *Moniteur* du 31 janvier 1846.

n'admettait pas ces droits primitifs et inviolables des familles. Il n'admettait pas non plus, du moins à un degré suffisant un autre ordre de droits « les droits des croyances religieuses ». Ces paroles prononcées avec une remarquable énergie répandirent dans tout l'auditoire une émotion générale. C'était l'explication de toute la campagne de l'épiscopat ; c'était sa justification.

La liberté d'enseignement, Guizot ne la craignait pas. « Je suis convaincu, disait-il, qu'il y a non seulement devoir, engagement, mais qu'il y a intérêt pour notre gouvernement, pour notre monarchie, à tenir cette promesse (de l'art. 69), et à accomplir cette œuvre comme toutes les autres. »

Enfin, il engageait les gouvernementaux à s'unir aux catholiques, et il s'écriait :

« Gardez-vous donc bien dans l'intérêt de l'Université, dans l'intérêt du Gouvernement, dans l'intérêt de l'État qui donne et dirige ce gouvernement, gardez-vous bien de repousser l'accomplissement de la promesse de la Charte ; gardez-vous bien de repousser la liberté de l'enseignement, l'État sera le premier à en profiter. »

L'*Univers* ne cachait point la sympathie que le discours du ministre lui inspirait : « Nous avons toujours reconnu à M. Guizot, disait L. Veuillot, des instincts de liberté, de sagesse, de grandeur, qui se développent magnifiquement lorsqu'il parle d'un grand intérêt.... Depuis longtemps, aucune parole, aucun acte de gouvernement n'a été si généralement, si honorablement approuvé [1]. »

Le *Journal des Débats* donne pour raison, au discours du ministre, le besoin de la paix ; il ne le suit pas dans la discussion générale, mais seulement sur le terrain de l'ordonnance du 7 décembre dont il blâme la confection.

« La Chambre, dit le *Constitutionnel*, a entendu avec stupeur les déclarations de M. Guizot..... Nous voilà franchement et clairement dans la voie de la réaction. »

[1] *Univers* du 3 février 1846.

Le *Siècle* déclare que le ministre a fait un acte tellement significatif que la situation du gouvernement est changée et que la politique du règne ne repose plus sur les bases qui jusqu'alors avaient été regardées comme les plus stables.

Enfin, la *France*, accueillait avec joie les déclarations de Guizot. « M. Guizot, disait-elle, a victorieusement combattu la faction du monopole. Il a traité la question en vieille connaissance et jeté de vives clartés sur tous les points essentiels que l'éloquence brumeuse de M. de Salvandy avait laissés dans l'ombre. »

Section III. — Les élections de 1846.
Montalembert. — Dupanloup.

A la suite de la dissolution de la Chambre, qui eut lieu le 6 juillet 1846, les catholiques se mirent en mesure de préparer les élections afin d'amener le succès de candidats partisans de la liberté de l'enseignement

Dès le 30 mars, alors que l'on prévoyait les élections générales, le Comité électoral pour la défense de la liberté religieuse lançait une circulaire où l'on recommandait l'union sur les candidats dont la moralité, l'indépendance et le patriotisme pouvaient garantir le respect de leurs engagements. « La liberté religieuse étant l'intérêt supérieur à tout autre, nous ne devons exclure aucun candidat qui s'engagera à défendre et à fortifier cette liberté consacrée par la Charte. Nous ne demanderons à personne l'abandon de ses opinions politiques. Conservateurs ou opposants, votons pour le candidat de la liberté de conscience, qu'il soit pour ou contre le ministère. »

Et les candidats du comité devaient signer une formule ainsi conçue :

« Je m'engage à réclamer la liberté d'enseignement, laquelle comprend :

1° Le droit égal pour tout citoyen, qui ne serait pas frappé d'indignité par la loi, de fonder des écoles, d'enseigner sans examen préalable ni autorisation spéciale, comme aussi sans l'affirmation prescrite par l'ordonnance du 16 juin 1828 ;

2° Le droit égal, pour tous les établissements d'éducation, d'exister sous la surveillance de l'État, sans que les membres de l'Université aient aucun droit d'inspection ou d'examen à l'égard des écoles libres, de leurs professeurs ou de leurs élèves ;

3° Le droit égal pour tous les élèves à être admis aux examens, sans certificats ni autre mesure destinée à exclure ou à traiter moins favorablement les élèves de tels ou tels établissements. »

Le comité publiait, en juillet 1846, une nouvelle circulaire en vue des élections, et il y exhortait les catholiques à s'entendre, « à sacrifier » toutes prétentions personnelles ou particulières, et à voter pour les amis de la liberté religieuse [1].

En même temps, Montalembert publiait son écrit « du devoir des catholiques dans les prochaines élections », et, comme le titre l'indique, donnait rendez-vous à tous les catholiques sur la question de la liberté de l'enseignement. Partout la lutte fut chaude. Dans les circonscriptions où les catholiques avaient la majorité, ils refusèrent leur confiance aux députés sortants qui ne s'étaient point montrés favorables à la liberté d'éducation [2]. Le Comité Montalembert fit élire ainsi 146 de ses candidats et parmi eux le comte de Falloux, qui donnera son nom à la loi de 1850.

Les catholiques ne s'en tinrent pas là ; ils suscitèrent un mouvement d'opinion qui aboutit à l'envoi au Parlement de nombreuses pétitions qui réunissaient, dès les premiers mois

---

[1] *Univers* du 8 juillet 1846.

[2] C'est ce qui se passa notamment à Grenoble où M. Alphonse Périer, candidat ministériel, fut battu par M. Casimir Royer, conseiller à la Cour Royale, qui s'était engagé d'une manière formelle, vis-à-vis des catholiques, à réclamer la liberté de l'enseignement (*Univers* du 7 août 1846).

de 1847, plus de cent mille signatures. Le ministère était, d'autre part, vivement sollicité de déposer son projet de loi par l'abbé Dupanloup, qui, en 1847, publiait une brochure sous le titre « État actuel de la question. »

Le très savant écrivain réclamait la liberté de l'enseignement au nom du droit naturel, du droit politique, du droit religieux et du droit littéraire ; « ce n'est pas, disait-il, une loi de circonstance, c'est une loi d'avenir ; ce n'est pas une loi politique vulgaire, c'est une loi religieuse et sociale qu'il s'agit de faire. » L'*Univers*, qui déjà à cette époque n'était pas sympathique au futur évêque d'Orléans (nous avons dit plus haut pour quelle raison), l'*Univers* traitait la « candeur » de l'abbé Dupanloup, par trop naïve, et trouvait « heureux les hommes qui ont l'âme assez bonne pour que la rectitude de leur jugement en soit un peu altérée[1] ».

Section IV. — Les Projets de M. de Salvandy.

§ 1er. — *Projet sur l'instruction primaire.*

Le projet sur la liberté de l'enseignement secondaire, si impatiemment attendu, fut déposé le 12 avril 1847 sur le bureau de la Chambre des députés. Un projet sur l'instruction primaire l'y avait précédé. Nous n'avons pas à entrer dans l'analyse détaillée de ce projet, dont le but était d'établir différentes classes d'instituteurs avec un traitement particulier afférent à chacune d'elles.

Mais le titre II relatif aux conditions d'exercice des instituteurs communaux et des instituteurs privés contenait quelques prescriptions nouvelles.

La loi de 1833 permettait à tout Français de dix-huit ans d'exercer la profession d'instituteur, sans autre condition que de présenter préalablement au maire de la commune où il

---

[1] *Univers* du 14 mars 1847.

voulait tenir école, un brevet de capacité obtenu après examen, et un certificat de moralité délivré sur la déclaration de trois conseillers municipaux et attestant que le candidat était digne de se livrer à l'enseignement.

Cette disposition de la loi avait un double inconvénient pour la société : « en ce que le certificat de moralité est rarement refusé à des sollicitations pressantes et personnelles, et que des instituteurs qui ne présentent pas assez de garanties peuvent ainsi parvenir à exercer des fonctions qui ne peuvent être remplies que par des hommes d'une moralité éprouvée ; pour les instituteurs, parce qu'il dépend d'un maire de refuser, par des motifs peu plausibles, le certificat de moralité qui leur est demandé [1]. »

Le projet remédiait à cet état de choses (art. 10). Le Recteur de l'Académie avait le droit de s'opposer dans l'intérêt des mœurs publiques seulement, et dans un délai d'un mois, à l'ouverture d'une école privée. Si le Recteur formait opposition à l'ouverture de l'école privée, le Comité d'arrondissement donnait son avis et l'affaire était portée devant le Conseil académique qui jugeait dans le délai d'un mois.

L'exposé des motifs reconnaissait le droit des pères de famille. « La société chrétienne, dit-il, ne vit jamais contester le droit de la puissance paternelle en fait d'éducation... Le droit paternel est écrit dans une loi qu'aucun gouvernement pacifique et régulier ne déclinera désormais » ; et, le Ministre déclarait vouloir donner satisfaction à « des sollicitudes de la tendresse paternelle, à des scrupules de la foi religieuse dont la pleine et entière satisfaction est une liberté digne de notre pays et de notre temps ».

D'autre part, l'exposé des motifs condamnait le monopole, proclamait la nécessité d'un enseignement religieux et rendait, avec loyauté, une complète justice à l'Église qui avait autrefois multiplié en France des foyers de lumière.

---

[1] Exposé des motifs. Gréard, *op. cit.*, t. II, p. 554.

§ 2. — *Le projet sur l'instruction secondaire.*

Nous avons dit que, le 12 avril, la Chambre avait été saisie d'un projet de loi sur l'instruction secondaire.

Ce projet peut être analysé dans les sept propositions suivantes :

1º Le droit d'enseigner est reconnu en principe à tous les citoyens ;

2º Les Membres des congrégations non autorisées sont incapables et relèvent des tribunaux de première instance s'ils fondent une école (art. 8) ;

3º La surveillance est attribuée au Ministre de l'Instruction publique et au recteur de l'Académie ; au préfet, au maire ; à l'évêque et au curé de la paroisse, et aux autorités consistoriales en ce qui concerne l'enseignement religieux ;

4º L'ouverture des établissements particuliers d'instruction est subordonnée à certaines garanties ;

a — Garanties réelles : faire une déclaration, déposer des diplômes au chef-lieu d'Académie, prospectus, annonces, plan du local, avoir l'autorisation du Ministre pour employer les livres nécessaires. Le maire peut s'opposer à l'ouverture dans l'intérêt des mœurs.

b — Garanties personnelles : Les établissements d'instruction sont divisés en quatre classes, les institutions, les pensions, les institutions de plein exercice (ou institutions préparant au baccalauréat), et les institutions spéciales ne donnant que l'enseignement mathématique. Pour être chef d'institution de plein exercice, les candidats devront justifier de la licence ès lettres et du baccalauréat ès sciences mathématiques ou physiques.

Les candidats au grade de chefs d'institution devront être bacheliers ès lettres et bacheliers ès sciences. Les citoyens qui voudront fonder une institution spéciale devront être bacheliers ès lettres et licenciés ès sciences. Les maîtres de pension devront justifier du grade de bachelier ès lettres.

Enfin, tout Français âgé de dix-huit ans, bachelier, pouvait être surveillant ou répétiteur. Il fallait être licencié ès lettres pour enseigner la rhétorique et la philosophie, bachelier ès sciences pour enseigner les mathématiques, etc.

5° Le projet règle les pénalités auxquelles s'exposent les contrevenants ;

6° Les élèves des écoles secondaires ecclésiastiques peuvent se présenter au baccalauréat en produisant un certificat d'études délivré par le Ministre des cultes, constatant :

1° Que le nombre des élèves de ladite école n'a point excédé les limites du nombre déterminé par les ordonnances ; 2° que le candidat était compris dans les listes nominatives d'élèves qui devront à l'avenir être transmises annuellement au Ministre des cultes ; 3° qu'il a fait ses classes de rhétorique et de philosophie ; 4° dans le délai de cinq ans, le certificat constatera, en outre, que les maîtres des candidats étaient pourvus des grades de licenciés ès lettres.

7° Enfin, auprès du Ministre de l'Instruction publique, était constitué un grand Conseil de l'instruction publique, composé du Conseil royal et de douze conseillers libres nommés par le roi.

Ce Conseil avait compétence pour traiter : 1° des questions générales de l'enseignement ; 2° des matières communes aux établissements publics et particuliers ; 3° des matières spéciales aux établissements et maîtres particuliers.

§ 3. — *Protestations des catholiques.*

Ce projet ne réalisait pas les espérances des catholiques, et le Comité électoral, pour la défense de la liberté religieuse lui reprochait dans une circulaire [1], du 14 avril 1847, les entraves qu'il apportait au libre exercice de l'enseignement.

---

[1] *Univers* du 15 avril 1847.

1° L'intervention constante de l'Université en la personne du Recteur et du grand-maître dans toutes les mesures de police et de surveillance à l'égard des établissements libres.

2° La proscription obstinée des congrégations religieuses ;

3° L'exigence des grades universitaires pour les chefs, maîtres et surveillants des maisons libres, exigence incompatible en principe avec la liberté et portée à l'excès dans le projet nouveau, puisqu'elle s'étend même aux répétiteurs et aux professeurs de cours libres ;

4° La collation des grades réservés exclusivement à l'Université ;

5° Le maintien des certificats d'études ;

6° Le choix et l'autorisation des livres d'études à l'usage des maîtres particuliers exclusivement attribués à l'Université en la personne de son grand-maître, qui se constitue ainsi le souverain arbitre de la science et de la vérité, juge suprême et unique des intelligences et des méthodes ;

7° L'inscription des maîtres, des surveillants et répétiteurs sur un registre de police tenu par l'Université, formalité injurieuse et inouïe à laquelle aucune profession libérale n'a encore été soumise en France ;

8° Des pénalités exorbitantes (pouvant s'élever jusqu'à cinq ans de prison et à la fermeture de l'établissement libre, c'est-à-dire la confiscation) infligées pour le simple fait d'avoir donné le bienfait de l'instruction en dehors des exigences arbitraires du projet ;

9° Le maintien de la juridiction disciplinaire de l'Université sur les maisons libres ;

10° La sanction de la loi imprimée aux odieuses ordonnances de 1828 en les aggravant ;

11° L'exigence des grades pour les professeurs des classes supérieures des petits séminaires ;

12° La création d'un soi-disant Grand Conseil où les droits des familles et les intérêts de la liberté seront débattus par douze personnages choisis à temps par le Pouvoir et trente membres de l'Université ;

13° L'Université investie d'une censure souveraine et sans appel sur le programme des exercices publics des établissements.

Quelques jours à peine après la publication de cette circulaire, l'abbé Dupanloup, sous le titre : « Du nouveau projet de loi sur la liberté de l'enseignement », publiait une critique complète du projet. Il établissait que :

1° Le nouveau projet de loi était incomparablement moins libéral que le projet Guizot, voté par la Chambre des Députés en 1837 ;

2° Le nouveau projet de loi anéantit toutes les libertés d'enseignement dont on jouissait sous le régime du monopole ;

3° Il conserve les restrictions et les entraves les plus exorbitantes de l'ancien monopole ;

4° Il prépare l'entier anéantissement des institutions de plein exercice actuellement existantes, et rend, pour l'avenir, l'existence des établissements libres absolument impossible ;

5° Le nouveau projet de loi blesse au cœur le principe même de la liberté d'enseignement en instituant l'Université juge et arbitre de ses concurrents.

Les journaux catholiques, l'*Ami de la Religion* et l'*Univers*, joignaient leurs voix à toutes ces protestations. « Il ne peut avoir d'autre résultat, d'autre but que de fortifier le monopole sur tous les points où il a été attaqué depuis quarante ans, et de le consolider dans l'esprit même où l'a établi son fondateur [1]. »

Les évêques descendirent, eux aussi, dans l'arène où ils avaient vaillamment combattu en 1844, et, dès le 27 avril 1847, le cardinal de Bonald écrivait au Ministre une longue lettre sur le projet.

Après avoir montré combien la conclusion répondait peu aux prémisses, l'archevêque disait : « Nous voulons que tout

---

[1] *Univers* du 25 avril 1847.

homme honorable puisse enseigner sans entraves, et que la liberté des pères de famille sur l'éducation de leurs enfants ne soit pas étouffée sous cet amas d'exigences, de conditions, de pénalités, de restrictions, dont surabonde votre projet de loi[1]. » Enfin, il exposait le programme catholique que nous connaissons depuis longtemps.

Puis, l'évêque de Chartres, l'évêque de Langres, l'évêque de Châlons, publiaient des brochures contre le projet[2]. Il y avait en 1847 un mouvement à peu près semblable à celui qui avait agité la France en 1844.

§ 4. — *Mécontentement des universitaires.*

Le projet mécontentait les catholiques. Il ne satisfaisait pas leurs adversaires.

« Rien n'est plus diffus, plus confus, plus obscur que ce projet, dit le *Constitutionnel*[3]. Les articles y sont développés comme des chapitres et rédigés comme des discours... Le tout paraît dicté par un esprit de ruse et de confusion qui cache ce qu'il dit, quand il sait ce qu'il veut dire. » Ce journal dénonce le péril clérical. L'Université, d'après lui, disparaît complètement. « Ainsi, voilà l'Université réduite à peu près à l'état d'une corporation enseignante et, à côté d'elle, une Université cléricale organisée sous la seule condition sérieuse de prendre des grades devant les Facultés. Une plus grande liberté était compatible avec plus de garanties. Ce n'est pas là une loi franche, simple et bien faite. »

« Prenons cette loi sur son titre, disait le *National,* on la donnait comme une loi de liberté. C'est l'organisation de la plus dure tyrannie à laquelle on ait jamais soumis une profession quelconque..... le projet au lieu de donner la liberté la rend impossible. Il n'y a pas de chef d'institution ou de

---

[1] *Univers* du 6 mai 1847.
[2] Id., 12, 13, 14 et 18 mai 1847.
[3] *Constitutionnel* du 13 avril 1847.

pension privée qui fût certain d'une existence pacifique de six mois, à moins de se soumettre au plus dur esclavage. Le but évident de cette loi, c'est d'empêcher les écoles libres tenues par des citoyens indépendants..... Nous sommes assurés que tout le monde s'indignera contre cet incroyable projet, insolent comme le despotisme et audacieux comme l'absurde. »

Le *Journal des Débats* n'était point satisfait du tout[1]. « Nos opinions, disait-il, sont ce qu'elles étaient il y a deux ans. Nous avons défendu alors les droits de l'État en matière d'Instruction publique, nous les défendrons aujourd'hui avec la même persévérance et le même courage..... Nous devons commencer par déclarer que le projet est loin, selon nous, d'avoir résolu le problème. »

§ 5. — *Rapport de la Commission.* — *Abandon du projet.*

Telle était la situation lorsque la Commission déposa, le 24 juillet, son rapport dû à M. Liardière[2]. Ce travail louait la modération que les évêques mettaient dans leurs réclamations, il ne contestait en rien les droits de l'épiscopat. Il reconnaissait, d'autre part, la constitutionnalité du droit d'enseigner, mais, par suite d'un préjugé que nous avons vu dominer depuis longtemps, le rapport niait le droit pour tout citoyen de fonder une école, et n'admettait que le droit des pères de famille. « L'État, avant de se dessaisir du dépôt que la société a mis sous sa garde, doit connaître les mœurs du candidat, approuver ses principes[3]. »

Après avoir établi ces bases, le rapport développait le projet que nous connaissons.

De ce nouvel essai, rien ne subsista. La session s'acheva

---

[1] *Journal des Débats,* 19 avril 1847.
[2] *Moniteur,* 1847, t. II, p. 2413 et suiv.
[3] Ce qui est formellement contraire au droit qu'a tout citoyen d'exprimer les convictions qu'il peut avoir par suite de la liberté de penser.

sans que personne ne demandât la mise à l'ordre du jour. Le projet était abandonné et allait rejoindre ses aînés dans les cartons de la Chambre des députés. « L'effort tenté pour résoudre le problème de la liberté d'enseignement aboutissait à un avortement. » Et lorsque Montalembert, examinant, le 2 août 1847, la situation générale du pays à l'occasion de la discussion du budget de 1848, demandait au Ministre ce qu'il avait fait pour assurer les promesses de la Charte, il pouvait s'écrier : « Vous n'avez rien fait depuis que vous êtes au pouvoir, ni pour l'augmenter, ni même pour la garantir, comme vous le deviez. Vous en êtes encore, après sept ans de gouvernement, à maintenir l'Université dans son monopole primitif, monopole tel que la loi l'autorisait l'autre jour à faire condamner à 50 fr. d'amende une pauvre vieille fille de Bretagne qui enseignait le catéchisme aux petits enfants de son voisinage. »

Que répondait le Ministre ? qu'il fallait prendre patience, que si l'on n'était pas allé plus vite, ç'avait été pour ne pas froisser certains sentiments encore mal compris du pays. « Ayez confiance dans nos institutions, et dans la liberté, et dans le Gouvernement, et dans le temps. Oui, il y a encore à faire pour ramener le pays à des idées plus justes, à des influences plus salutaires, à des influences qui pénètrent dans les âmes. Cela se fera avec la prudence que nous y apportons, avec le temps que nous y mettons[1]. »

Quoi qu'il en soit, « le Gouvernement de juillet tombera sans avoir réalisé l'intention sincère qu'il avait de résoudre le problème de la liberté de l'enseignement secondaire. Ce sera son malheur et peut-être le châtiment de ses timidités et de ses préventions, que les nobles idées qui avaient été semées et avaient germé sous son règne, ne mûriront et ne seront moissonnées qu'après sa chute[2]. »

---

[1] Séance du 3 août 1847. *Moniteur* du 4 août 1847, p.
[2] Thureau-Dangin, *op. cit.*, t. V, p. 579.

TROISIEME PARTIE.

La Révolution de 1848.

La Révolution de 1830 avait été suivie d'une vive réaction anti-religieuse. Celle de 1848 fut accueillie par le clergé, non pas avec enthousiasme, mais sans défiance. Il ne perdait certes pas au change, se disait-il. Sans être nettement opposé à Louis-Philippe, il n'avait jamais témoigné au « roi des barricades » beaucoup de sympathie, et le Gouvernement de juillet n'avait pas non plus montré beaucoup de zèle pour lui. Les promesses qu'il lui avait faites, il ne les avait pas tenues, et si la religion avait conquis sa place sous le règne du dernier roi, c'était plutôt par politique que par amour. La liberté d'enseignement, le seul desiderata que le clergé avait sollicité avec une énergie remarquable, n'avait pas été obtenue.

Rien, à vrai dire, n'avait été gagné par le clergé pendant ces dix-sept ans de monarchie constitutionnelle.

CHAPITRE I.

Le Parti Catholique et la nouvelle Constitution.

Aussi, la République qui s'annonçait au lendemain des journées de février ne déplaisait-elle pas aux catholiques qui lui accordaient franchement leur concours.

Section I. — Disposition du Parti Catholique vis-a-vis du nouveau Gouvernement.

L'*Univers* déclarait que la révolution était une « notification de la Providence » et qu' « il n'y aurait pas de plus sincères républicains que les catholiques français [1] ».

Ceux-ci n'abdiquaient pas non plus, annonçaient leur volonté de descendre dans l'arène pour y revendiquer toutes les libertés politiques et sociales [2], et étaient disposés à s'associer loyalement aux espérances et aux expériences de la Nation.

Le suffrage universel était proclamé, et Montalembert, qui, cela se comprend, regrettait sa situation de Pair de France, ne désertait pas son drapeau et se disposait à faire comme soldat ce qu'il avait fait comme capitaine [3]. Lacordaire, le dominicain conférencier de Notre-Dame qui, le lendemain de l'émeute, lançait du haut de la chaire des paroles consacrant pour ainsi dire la Révolution au nom de

---

[1] *Univers* du 28 février 1848.
[2] Id., 27 février 1848.
[3] Lettre au Comte Félix de Mérode, citée par le Vicomte de Meaux. *Montalembert*, p. 157.

l'Église[1], Lacordaire sollicitait le mandat de représentant du peuple, et, quelques semaines plus tard, fondait un journal républicain, l'*Ère Nouvelle*.

Mais, tout en acceptant sans arrière-pensée le nouveau Gouvernement, les catholiques songeaient à la liberté qu'ils revendiquaient depuis dix-huit ans, et le 18 mars 1848, le Comité électoral de la liberté religieuse, s'adressant au suffrage universel, publiait une circulaire pour réclamer la liberté. « La révolution qui vient de s'effectuer, lisait-on dans ce manifeste, serait la plus honteuse et la plus criminelle des déceptions, si elle ne donnait à la France toutes les libertés que nous avons si longtemps et si vainement réclamées. Jurons donc de n'accorder nos suffrages qu'aux hommes qui nous garantiront toutes les libertés du chrétien et du citoyen : Liberté des consciences et des cultes ; liberté d'éducation et d'enseignement ; liberté de l'individu et de la propriété ; liberté d'association et de réunion ; liberté du travail et de l'industrie ; liberté en tout et pour tous[2]. »

Le chef du parti, Montalembert, quelques semaines plus tard, adressait sa profession de foi aux électeurs du Doubs : « Je n'ai eu qu'un seul drapeau, la liberté en tout et pour tous. J'ai pu le dire, déclarait-il en toute sincérité, le jour où pour la première fois je suis monté à la tribune de la Chambre des Pairs, et je le répète après qu'une révolution inouïe a passé sur mes paroles : la liberté a été l'idole de mon âme... J'ai réclamé la liberté de l'enseignement, j'ai attaqué le

---

[1] Le lendemain de la Révolution de 1848, Lacordaire prêchait à N.-D. sur l'existence de Dieu : « Grâce à Dieu, nous croyons en Dieu, disait-il, et si je doutais de votre foi, vous vous lèveriez pour me repousser du milieu de vous, et le peuple n'aurait besoin que d'un regard pour me confondre, lui qui, tout à l'heure, au milieu de l'enivrement de sa force, après avoir renversé plusieurs générations de rois, portait dans ses mains soumise et comme associée à son triomphe l'image du Dieu fait homme. » Ces paroles provoquèrent des applaudissements et eurent dans toute la France un immense retentissement.

[2] Œuvres de Montalembert, t. III, p. 3, édition Lecoffre, 1860.

monopole de l'Université que M. Ledru-Rollin appelait, en 1844, « la conscription de l'enfance, traînée violemment dans un camp ennemi pour servir l'ennemi ». Mais, en même temps, j'ai déclaré et prouvé que, ni mes amis, ni moi, nous ne voulions y substituer le Monopole du clergé, et j'ai repoussé énergiquement toute concession qui ne dût pas être l'apanage de toutes les écoles et de tous les partis[1]. »

Section II. — La Constitution de 1848 proclame libre l'Enseignement.

Au début du nouveau régime, les partisans de l'Université crurent consolidée la grande institution de l'Empire, et anéanties pour jamais les prétentions des catholiques à la liberté de l'enseignement.

« Une des conséquences les plus immédiates de la Révolution, écrivait Carnot, ministre de l'Instruction publique, aux recteurs, est de faire cesser désormais toutes les craintes qui avaient inquiété l'Université pendant ces dernières années[2] ».

Et cependant, lorsque l'Assemblée nationale entreprit la discussion de la Constitution, le projet portait (article 9) : « L'enseignement est libre : la liberté d'enseignement s'exerce sous la garantie des lois et sous la surveillance de l'État. Cette surveillance s'étend à tous les établissements d'éducation et d'enseignement sans aucune exception. »

C'est à propos du texte constitutionnel que Montalembert monta à la tribune de l'Assemblée républicaine. Il voulait faire reconnaître, par la Constitution elle-même, que le droit d'enseigner était un droit naturel.

L'article 8 du projet de la Constitution garantissait aux

---

[1] Profession de foi de Montalembert, parue dans la *Presse* du 5 mai.
[2] Circulaire du 25 février 1848. Circulaires et instructions officielles, t. III, p. 385.

citoyens le droit de s'associer, de s'assembler paisiblement et sans armes, de pétitionner, de manifester leurs pensées par la voie de la presse ou autrement. Montalembert présenta un amendement tendant à faire ajouter à ces droits, celui d'enseigner.

L'orateur définit dans son discours les droits de l'État, il montra le monopole de l'Université absolument stérile dans ses œuvres, compara l'enseignement en 1848 et en 1789, et chercha à établir la supériorité du second vis-à-vis du premier. Enfin, il demanda qu'on rendît la foi au peuple et partant à l'enseignement [1]. A ce discours, Jules Simon répondit, et l'on entendit un ami de l'Université demander, lui aussi, la liberté de l'enseignement, tout en contestant la doctrine de Montalembert qui en faisait un droit naturel. « Le droit naturel d'enseigner, disait-il, doit exister pour celui qui veut enseigner sa doctrine ; mais ce que vous appelez le droit naturel d'enseigner, c'est le droit naturel d'être professeur ; ce droit là, je vous le nie. »

Puis intervint M. Dupin, au nom de la commission de Constitution, qui promit de consacrer le principe de la liberté sous la réserve de la surveillance de l'État. Montalembert retira son amendement.

La discussion sur l'article 9 commença le lendemain, 21 septembre. La commission avait modifié sa rédaction :

« L'enseignement est libre ; la liberté d'enseignement s'exerce sous les conditions de capacité et de moralité déterminées par les lois et sous la surveillance de l'État. Cette surveillance s'étend à tous les établissements d'éducation et d'enseignement sans aucune exception. »

Un grand nombre d'amendements furent présentés [2]. Ils furent rejetés ou retirés par suite des promesses libérales de la commission.

Celui de M. de Tracy mérite d'être signalé :

---

[1] Séances des 18 et 20 septembre 1848. *Moniteur* des 19 et 21 septembre 1848.

[2] Voy. *Moniteur*, 1848, t. II, p. 2537 et suiv.

« L'enseignement est libre. Il ne pourra être soumis à la surveillance de l'autorité publique que dans l'intérêt de la morale et du respect des lois ». C'était affranchir la liberté de toute ingérence de l'Etat. Mais, à l'Assemblée Constituante, « la liberté de l'enseignement largement comprise, résolument voulue comme le premier mode de salut de notre pays, ne réunissait pas deux cents votes [1] » et l'amendement fut rejeté.

Néanmoins, la liberté de l'enseignement était écrite dans la nouvelle Constitution. Avec la Charte de 1830, on en avait promis la reconnaissance ; avec la Constitution républicaine, on en proclamait l'existence.

Section III. — Le projet Carnot sur l'Enseignement Primaire.

Le premier ministre de l'instruction publique, H. Carnot, s'occupa, dès les premiers mois de son ministère, de l'instruction publique. C'est par l'enseignement primaire qu'il commença, le temps ne lui permit point de réaliser ses désirs relativement aux autres parties de l'enseignement.

§ 1er. — *Le Projet du Ministre.*

Dès le 30 juin 1848, Carnot déposait, sur le bureau de l'assemblée nationale, un projet de décret relatif à l'enseignement primaire. Il était conforme aux principes républicains : la gratuité, l'obligation et la liberté étaient nettement consacrées.

« Nous vous demandons, lisait-on dans l'exposé des motifs, de proclamer la liberté d'enseignement, c'est-à-dire le droit de tout citoyen de communiquer aux autres ce qu'il sait, et le droit du père de famille de faire élever ses enfants par

---

[1] De Falloux. *Le Parti catholique*, p. 35.

l'instituteur qui lui convient. Nous considérons les déclarations de ce droit comme une des applications légitimes et sincères de la parole de liberté que notre République a jetée au monde avec enthousiasme.

« Nous avons laissé de côté la condition du certificat de moralité, ne reconnaissant d'autres arbitres compétents, sur un point si délicat, que les pères eux-mêmes, et n'admettant d'autre cause d'indignité qu'une condamnation judiciaire ; de sorte qu'en définitive nous avons restreint les obligations de l'instituteur à la seule justification, devant un jury équitable, de son aptitude à enseigner ce qui est nécessaire au développement de la jeunesse [1]. »

L'article 22 du projet autorisait en conséquence toute personne pourvue du certificat d'aptitude à ouvrir une école, un mois après la déclaration qui en était faite à la mairie. Cette école était surveillée par le Comité communal placé à côté de la municipalité ; par le Comité central placé auprès du Conseil général, et par les inspecteurs de l'instruction primaire qui avaient entrée dans les écoles privées. Les instituteurs primaires libres sont traduits, à la demande du Recteur ou du Comité central, pour cause d'inconduite ou d'immoralité, devant le tribunal de l'arrondissement et interdits de l'exercice de l'enseignement à temps ou à toujours (Article 25.) Enfin, le certificat d'aptitude nécessaire pour l'ouverture des écoles était délivré par une Commission présidée par le Recteur ou un Inspecteur supérieur de l'instruction primaire et de huit membres nommés pour trois ans, moitié par le Ministre de l'Instruction publique, moitié par le Conseil général de département.

Ces dispositions, on le voit, étaient singulièrement plus libérales que celles édictées par la loi du 28 juin 1833.

§ 2. — *Le projet de la Commission.*

Le jour même de la chute de Carnot, le 5 juillet 1848, les

---

[1] *Moniteur* du 1er juillet 1848.

bureaux de l'Assemblée nationale nommaient une Commission chargée de l'examen du projet et, le 10 avril suivant, Barthélemy Saint-Hilaire déposait le rapport.

Mais un incident s'était produit, le 4 janvier 1849, à la tribune de l'Assemblée. Le nouveau Ministre de l'Instruction publique, M. de Falloux, avait retiré le projet Carnot que la Commission, il le savait paraît-il, avait dénaturé ; il avait fait insérer au *Moniteur* la nomination de deux Commissions chargées de préparer deux projets : l'un sur l'enseignement primaire, l'autre sur l'enseignement secondaire. Nous reviendrons du reste sur ces faits. Si je les mentionne ici, c'est que, quoique le rapport ne fût pas prêt encore, l'Assemblée en avait ordonné le dépôt, dépôt qui fut effectué le 10 avril suivant [1].

Nous avons dit que la Commission avait dénaturé le projet de Carnot. En ce qui concerne le principe de la liberté, cette observation est inexacte. Elle n'est juste que pour les autres parties du projet.

Les articles 48 et suivants, du projet de la Commission, traitaient de l'enseignement libre. Les mêmes formalités étaient exigées de l'aspirant instituteur. Celui-ci devait avoir un certificat de capacité et faire, à la mairie, au secrétariat du Comité d'arrondissement et au Parquet du Procureur de la République, la déclaration d'ouverture de son établissement. Si opposition était formée, elle était jugée par le tribunal civil, en chambre du Conseil, après l'audition du déclarant et sauf recours à la Cour d'appel. Le projet de la Commission défendait, à juste titre, l'usage dans les écoles primaires d'ouvrages contraires à l'ordre public et aux bonnes mœurs ; elle autorisait l'ouverture de pensionnats primaires par tout citoyen de vingt cinq ans. Enfin, la surveillance des écoles était exercée par un Comité communal, par un Comité d'arrondissement et par des inspecteurs

---

[1] Séance de l'Assemblée nationale, 10 avril 1848. *Moniteur*, t. I, p. 502 et suiv.

et sous-inspecteurs. La Commission chargée de délivrer les certificats de capacité, se réunissait au chef-lieu du département, et était composée des mêmes éléments qui composaient celle du projet Carnot. Fort peu de modifications étaient donc apportées par la Commission, à ce point de vue, au projet primitif. Ces dispositions étaient libérales et le rapporteur pouvait dire : « La liberté a reçu de nous toutes les immunités qu'elle peut revendiquer aux termes mêmes du pacte constitutionnel. Les garanties que nous avons cru devoir prendre pour constater la moralité et la capacité des aspirants n'ont rien de gênant par elles-mêmes. Elles sont puissantes sans être excessives. Ceux qui se croient dignes du sacerdoce de l'enseignement primaire n'ont point à les craindre, et ceux qui ne pourraient les supporter ne méritent pas la protection de la loi. »

CHAPITRE II.

La loi de 1850.

Section I. — M. de Falloux.

Nous avons parlé de M. de Falloux. Celui-ci était en effet ministre de l'Instruction publique depuis le 20 décembre 1848.

Ancien candidat du Comité électoral de la liberté religieuse, M. de Falloux était un partisan ardent de la liberté de l'enseignement, et il n'était entré dans le ministère que parce que le Prince-Président avait voulu, dès le début, « prendre son point d'appui au sein du parti conservateur ». Ce n'avait pas été de son plein gré que M. de Falloux avait été ministre. Nature modeste, royaliste convaincu, M. de Falloux redoutait que l'ambition du Prince ne le portât à proclamer l'Empire, et il ne voulait pas être complice de cet escamotage politique. Ses mémoires nous disent longuement les hésitations qui précédèrent son adhésion, le refus catégorique même qu'il fit à un certain moment à Odilon Barrot, chargé de constituer un ministère, et les supplications de Montalembert, de Berryer, du comte de Molé, du P. de Ravignan et surtout de Mgr Dupanloup[1].

Toutes les prières de ses amis avaient ébranlé M. de Falloux. Ce fut M. Thiers qui arracha son acceptation.

C'est chez lui, en effet, qu'eut lieu la dernière conférence, et comme M. de Falloux faiblissait, Thiers s'élança vers lui

---

[1] Voy. le chap. de ses Mémoires intitulé : l'évêque d'Orléans. *Correspondant,* 25 décembre 1878, p. 945 et suiv.

les deux mains tendues : « Ne me remerciez pas, lui dis-je, raconte le futur Ministre de l'Instruction publique, je viens à vous parce que les prêtres m'envoient, (et je me rappelle parfaitement que je me servis à dessein de cette expression pour bien mettre tout de suite mon interlocuteur en face de la difficulté). J'accepte le ministère si vous me promettez de préparer, de soutenir et de voter avec moi une loi sur la liberté de l'enseignement ; sinon, non. — Je vous le promets, répondit M. Thiers avec effusion, et croyez-le bien ce n'est pas un engagement qui me coûte. Comptez sur moi, car ma conviction est pleinement d'accord avec la vôtre. Nous avons fait fausse route sur le terrain religieux, mes amis les libéraux et moi, nous devons le reconnaître franchement [1]. »

Ces paroles de Thiers, que nous avons vu si peu disposé, en 1845, à accorder aux catholiques la liberté d'enseignement semblent contraires à son ancienne conviction. Et cependant il explique lui-même l'évolution qui s'était produite dans son esprit. « Quant à la liberté d'enseignement, écrivait-il dans une lettre adressée, le 2 mai 1848, à M. de Madier de Montjau[2], quant à la liberté de l'enseignement, je suis changé ! Je le suis, non par une révolution dans mes convictions, mais par une révolution dans l'état social. Quand l'Université représentait la bonne et sage bourgeoisie française, enseignait nos enfants selon les méthodes de Rollin, donnait la préférence aux saines et vieilles études classiques sur les études physiques et toutes matérielles des prôneurs de l'enseignement professionnel, oh ! alors je voulais lui sacrifier les libertés de l'enseignement. Aujourd'hui, je n'en suis plus là, et pourquoi ?..... L'Université tombant aux mains des phalanstériens prétend enseigner à nos enfants un peu de mathématiques, de physique, de sciences naturelles et beaucoup de démagogie ; je

---

[1] De Falloux. L'évêque d'Orléans, *loc. op. cit.*, p. 950.
[2] Lettre publiée, le 18 juin 1848, par l'*Ami de la Religion*.

ne vois de salut, s'il y en a, que dans la liberté de l'enseignement. Je ne dis pas qu'elle doive être absolue et sans aucune garantie pour l'autorité publique, car enfin, s'il y avait un enseignement Carnot, et au delà un enseignement Blanqui, je voudrais bien pouvoir empêcher au moins le dernier. Mais en tous cas, je répète que l'enseignement du clergé que je n'aimais point, pour beaucoup de raisons, me semble meilleur que celui qui nous est préparé... Je porte ma haine et ma chaleur de résistance là où est aujourd'hui l'ennemi. Cet ennemi, c'est la démagogie, et je ne lui livrerai pas le dernier débris de l'ordre social, c'est-à-dire l'établissement catholique. »

Section II. — Les Commissions de 1849.

Avec l'appui du clergé et de Thiers, le nouveau ministre se mit à l'œuvre et, le 4 janvier, le *Moniteur* publiait comme nous l'avons dit, la nomination de deux Commissions chargées de préparer deux projets de loi, un sur l'enseignement primaire, un autre sur l'enseignement secondaire ; et, quelques mois plus tard le 13 juillet, c'était la nomination d'une Commission chargée d'élaborer un projet de loi sur la liberté de l'enseignement supérieur, qui était insérée au *Journal officiel*.

L'Assemblée nationale avait été sinon blessée, du moins vivement étonnée, et du retrait du projet Carnot, et de la nomination des commissions extra-parlementaires — « des commissions anti-républicaines », avait dit un adversaire de M. de Falloux — et pour manifester son pouvoir suprême, elle avait décidé, ce à quoi le ministre ne s'était point opposé, la nomination par ses bureaux d'une commission parlementaire chargée, elle aussi, de dresser un projet sur l'enseignement.

Nous étions donc, au commencement de 1849, en présence

de deux commissions[1]; d'un côté, la Commission parlementaire et de l'autre, la Commission extra-parlementaire.

§ 1. — *La Commission parlementaire.* — *Son projet.*

Toutes deux se mirent à l'œuvre. La Commission nommée par l'Assemblée[2] déposa, le 5 février 1849, son rapport, œuvre de J. Simon, qu'il faut examiner avant d'étudier les travaux de la Commission dite de 1849, qui devaient aboutir à la loi de 1850.

On ne saurait nier les vues libérales du nouveau projet, dont les cinq propositions suivantes rendent, je crois, une idée exacte :

1º La liberté de l'enseignement primaire reste régie par la loi de 1833 ;

2º Tout citoyen muni du diplôme de bachelier ès lettres ou ès sciences, ou d'un brevet de capacité, peut ouvrir un établissement d'instruction secondaire en faisant une triple déclaration :

a — Au maire de la commune dans laquelle il veut s'établir;
b — Au procureur de la République;
c — Au recteur de l'Académie.

En cas d'opposition dans l'intérêt de la morale, le tribunal statue en chambre du Conseil ; l'appel est porté devant la Cour ;

3º La surveillance des écoles privées est remise aux soins des Inspecteurs et elle ne portera (art. 12) que sur la constitutionnalité et la moralité de l'enseignement, et sur l'hygiène;

4º Le pouvoir disciplinaire est attribué aux tribunaux, sauf

---

[1] Je dis deux commissions. Les deux commissions nommées par M. de Falloux s'étaient réunies et n'en formaient plus qu'une.
[2] Cette Commission était composée de MM. Vaulabelle, président ; Barthélemy Saint-Hilaire, Bourbeau, Carnot, Dufour, Germain Sarrut, Guichard, Lagarde, Lasteyrie, Liouville, Payer, le Général Poncelet, Quinet, Salmon, J. Simon, rapporteur.

en ce qui concerne les livres dénoncés par les inspecteurs au ministre, qui, après rapport du Conseil supérieur de l'Instruction publique, peut interdire l'emploi de l'ouvrage ;

5° Le Conseil se divise en trois sections : La section de l'enseignement public ; la section de perfectionnement ; la section de l'enseignement privé ; cette dernière section se compose de trente membres : 1° les douze membres de la première section qui sont pris dans l'Université ; 2° douze membres choisis par le Ministre dans l'enseignement privé ; 3° l'archevêque de Paris, le président du consistoire protestant, le premier Président de la Cour de cassation, le premier Président de la Cour d'appel, le préfet de la Seine et l'un des vice-présidents du Conseil d'État, désigné par ce Conseil. Cette section se réunit deux fois par an, elle délibère sur toutes affaires relatives à l'enseignement privé.

Parmi ses attributions, il en est une qu'elle exerce concurremment avec la première section. Toutes deux réunies nomment chaque année, pour chaque académie, un jury d'examen pour les lettres et un jury d'examen pour les sciences, chargés d'examiner les candidats au professorat libre, et qui ne justifieraient pas du diplôme de bachelier ès-lettres ou du diplôme de bachelier ès sciences.

Toutes ces dispositions étaient libérales. Le rapporteur avait voulu faire œuvre utile. « Il était juste et nécessaire d'écrire la liberté de l'enseignement à côté de toutes les libertés que la Constitution garantit. C'est le plus sacré de tous les droits. Nous croyons, disait-il encore, qu'on ne saurait contester l'évidente libéralité des dispositions du projet. Aller plus loin, ce serait violer la Constitution, désarmer complètement l'État et demander, sous le nom de liberté, une véritable anarchie. »

Ce rapport déposé, quand devait-il être discuté ?

Pour ne pas renvoyer la solution de la question à une époque trop éloignée, le représentant Boubée proposa, le 8 février 1849[1], d'ajouter au nombre des lois organiques que

[1] Séance du 8 février 1849. *Moniteur* du 9, t. I, p. 423.

devait faire l'Assemblée nationale, avant de se séparer, la loi sur l'enseignement.

Malgré l'intervention de J. Simon, qui vint appuyer la motion Boubée et qui fit voir tout le bien que la nation ressentirait de la consécration des deux ou trois principes que la loi proclamait, l'Assemblée, par 458 voix contre 307, repoussa l'amendement. Ce que craignait Boubée se réalisa : le rapport de J. Simon ne devait jamais être discuté.

§ 2. — *La Commission extra-parlementaire. — Son œuvre.*

Pendant que la Commission parlementaire élaborait un projet, les deux Commissions nommées par M. de Falloux [1] se réunissaient.

Dès la première séance, elles se fondaient en une seule, et Thiers fut nommé Président [2].

On ne peut se figurer la peur que Thiers avait du socialisme. Aussi, par suite d'une réaction extrêmement énergique contre ce nouveau système social, l'auteur de la *Propriété* en était-il venu, non seulement à vouloir la liberté de l'enseignement, mais encore à vouloir confier au clergé l'instruction primaire. Les instituteurs laïques étaient des « anti-curés », des socialistes et des communistes [3]. « Si l'école, disait-il, devait toujours être tenue par le curé ou par son sacristain, je serais loin de m'opposer au développement des écoles pour les enfants du peuple [3] . »

---

[1] La Commission de l'enseignement primaire était composée de MM. Buchez, Auguste Cochin, Cuvier (pasteur), Armand de Melun, Michel, de Montreuil, Peupin, Poulain de Bossay, H. de Riancey, Roux-Lavergne, l'abbé Sibour, A. Chevalier, secrétaire.
Dans la commission de l'enseignement secondaire étaient appelés : MM. Bellagnet, Corne, de Corcelles, Cousin, Dubois, l'abbé Dupanloup, Freslon, Janvier, Laurentie, de Montalembert, Saint-Marc-Girardin, Thiers, Housset, secrétaire.

[2] Les procès-verbaux ont été publiés par M. H. de la Combe, ami de Mgr Dupanloup. Ils ont paru d'abord dans le *Correspondant*, 1879, 1re partie, pp. 814 et 984, et 2e partie, pp. 32, 193 et 385.

[3] Hil. de La Combe. *Correspondant*, 1879, 1re partie, p. 830.

..... « Je demande formellement autre chose que ces détestables petits instituteurs laïques; je veux des Frères[1]. »

Et l'on vit, chose curieuse, Roux-Lavergne, de Riancey et Laurentie, rédacteurs de journaux religieux, s'opposer à la prédominance du clergé dans l'enseignement primaire. La Restauration n'avait pas réussi dans cette voie[2].

La Commission ouvrit une enquête auprès de certaines personnalités et, dans cette circonstance, Thiers manifesta encore le désir qu'il avait de voir le clergé se charger de l'enseignement primaire. L'abbé Daniel essaya de l'en dissuader. Puis, après une discussion dans laquelle nous ne pouvons entrer, des vues générales furent échangées et une sous-commission nommée pour préparer un projet de loi sur l'instruction primaire[3].

Le projet proposé par cette sous-commission reconnaissait la liberté la plus complète de l'enseignement primaire. Tout majeur de 21 ans pouvait exercer la profession d'instituteur libre en présentant un brevet de capacité ou, pour l'enseignement primaire élémentaire, un stage de trois ans dans une école publique ou libre. « Suivant moi, avait dit l'abbé Dupanloup, le stage est la meilleure garantie d'aptitude pour les petites écoles ; celui qui a pratiqué est éprouvé, et il peut parfaitement faire un magister de village ; un homme qui a un brevet peut être parfaitement incapable pour l'enseignement. »

De plus, par suite de l'intervention de l'abbé Dupanloup, le projet dispensa les bacheliers ès lettres et les ministres des cultes du stage et du brevet de capacité. Ces privilégiés devaient avoir, et cela pour prévenir les abus, l'autorisation du Conseil académique.

C'était dans le système de surveillance de l'instruction

---

[1] Hil. de La Combe, *op. cit.*, p. 831.
[2] Id., p. 833.
[3] Cette commission était composée de MM. Cochin, de Corcelles, pasteur Cuvier, l'abbé Dupanloup, de Melun, Michel et Poulain de Bossay.

primaire que consista principalement l'originalité du travail de la Commission de 1849. Aux comités locaux de la loi de 1833, elle substitua l'action du maire et du curé agissant séparément. Elle remplaça les comités d'arrondissement par la création d'un grand Conseil départemental, dont un tiers serait emprunté à l'administration et aux Conseils généraux, un autre tiers à l'élément religieux, un dernier tiers à l'autorité académique et à l'autorité judiciaire. Après une très longue et très vive discussion, ce Conseil fut voté et reçut le nom de Conseil académique.

Le projet devait, après quelques modifications, devenir une partie de la loi de 1850, que nous étudierons plus loin.

La Commission nommée par M. de Falloux ne devait point borner ses travaux à préparer une loi sur l'instruction primaire; elle avait encore à s'occuper d'une question bien plus grave : de la liberté de l'enseignement secondaire.

Thiers qui, nous l'avons vu, voulait accorder à la religion et à la liberté une grande place dans l'enseignement primaire, parut d'abord hésitant, puis ébranlé, et bientôt convaincu ; il fut le plus sûr et le plus puissant allié de Montalembert et de l'abbé Dupanloup. « Cousin, disait-il, quelle leçon nous avons reçue?.... Il a raison l'abbé, oui, nous avons combattu contre la justice, contre la vertu, et nous leur devons réparation [1]. »

Il n'entre point dans mes intentions d'analyser ici les procès-verbaux de la Commission de 1849 ; je veux seulement énoncer les concessions que l'abbé Dupanloup demandait à l'Université de consentir pour faire régner la paix entre elle et l'Église.

Il demandait : 1° La suppression des certificats d'études pour se présenter aux grades qui, dit-il, n'ont jamais été une garantie scientifique et qui violent la conscience indivi-

---

[1] Procès-verbaux de la commission de 1849. *Correspondant*, 10 mai 1879, p. 405.

duelle, uniquement pour se mettre en garde contre l'influence de deux collèges situés à l'Étranger [1] ;

2° Plus d'exclusion des congrégations dûment autorisées par l'Église, disait Dupanloup, car cette exclusion blesse la liberté de l'homme, les droits du citoyen, la conscience du chrétien. On admet et j'admets, disait-il, toutes les sectes protestantes avec leurs subdivisions ; vous laissez pleine liberté aux quakers ; pourquoi donc, à l'égard de l'Église, cette effroyable injure de lui refuser certaines congrégations qu'elle approuve, et cela pour le motif que, peut-être, certaines d'entre elles, les Jésuites (pour les appeler par leur nom) n'aiment peut-être pas assez les institutions de l'État actuel ? Comme si cet amour devait être de commande ;

3° Pas de sécularisation des petits séminaires. Que l'État surveille les petits séminaires, même par des laïques, tant qu'il le voudra ; mais qu'il n'entreprenne point de les diriger ; qu'il laisse ce soin et celui de l'inspection journalière aux évêques et aux grands vicaires, qui ne peuvent lui être suspects puisque c'est lui qui les nomme ;

4° Enfin, qu'on n'exige pas, pour enseigner, des grades trop élevés.

Si l'abbé Dupanloup demandait des concessions, il reconnaissait parfaitement qu'on dût en faire à l'État.

Il admettait un grand système d'instruction publique embrassant tout à la fois les établissements libres, pour les surveiller et réprimer les abus s'il en existait, et les établissements officiels, pour les diriger et les gouverner. Comme conséquence de cette première concession, il admettait l'institution d'un grand conseil centralisateur.

Il admettait, en second lieu, le droit pour l'État d'entretenir de grands établissements officiels et, par conséquent, l'Uni-

---

[1] A la suite des ordonnances de 1828, les Jésuites avaient fondé, à proximité des frontières, deux collèges qui recevaient un grand nombre de jeunes gens français. Les certificats d'études empêchaient ces jeunes gens de se présenter à un grade universitaire quelconque.

versité, et la possibilité pour l'État de soutenir, par des privilèges et des dotations, ces établissements officiels, quoique ce soit fort grave que de placer ces établissements dans une position supérieure au droit commun.

Enfin « pour arriver à la paix », il accordait la collation des grades aux Facultés de l'État.

Le discours que l'abbé Dupanloup prononça, en énonçant les concessions qu'il réclamait et celles que faisait l'Église, produisit une très vive impression. Thiers prit la parole, déclara adhérer à trois propositions de l'abbé Dupanloup, et ne faisait ses réserves que sur la suppression de l'exclusion des congrégations.

Après bien des discussions, des concessions réciproques, une sous-commission fut nommée pour préparer un projet de loi qui ne fît qu'appliquer les principes admis dans la discussion générale. L'autorisation préalable était supprimée : tout citoyen français, sans distinction de classe, de culte ou de profession, fut déclaré libre de former un établissement d'instruction secondaire, sous certaines conditions de capacité et de moralité. L'abolition du certificat d'études était prononcée. La surveillance de l'État fut limitée pour les institutions libres à une surveillance d'ordre public. Il était créé un conseil supérieur chargé de déterminer et les conditions d'examen et les livres qu'il conviendrait d'étudier. Enfin, les établissements libres pouvaient recevoir des communes, des départements et de l'État, un local et des subventions sous forme de bourses ou autres encouragements.

Section III. — Projet du Gouvernement.

Ce travail préparatoire terminé, M. de Falloux en fut saisi et en fit la base du projet qu'il soumit aux Chambres, le 18 juin 1849.

Ce fut un véritable tour de force que celui que réalisa M. de Falloux en faisant adopter par ses collègues, comme base du projet à élaborer, le travail de la Commission. Ce ministère était composé d'éléments si divers, depuis Odilon Barrot jusqu'à M. de Tracy, que « l'habileté » du Ministre de l'Instruction publique dut faire des prodiges pour rester ce qu'elle fut toujours, loyale et franche. On raconte que l'un des collègues de M. de Falloux avait une antipathie si machinale pour les Jésuites, qu'à chaque instant il disait dans les délibérations du Conseil : « Je ne suis pas assez jésuite pour cela », ou bien : « Il faut être jésuite pour faire telle chose ». M. de Falloux dut le prier un jour, en souriant, de choisir un autre mot qui n'eut pas un double sens et qui ne put choquer aucun sentiment respectable.

Le Ministre réussit enfin à élaborer un projet qu'il déposa, le 18 juin, sur le bureau de l'Assemblée nationale, et qui, à la suite de certains remaniements, devait devenir la loi de 1850.

§ 1er. — *Analyse du projet.*

Ce projet se référait à quatre ordres de matière : l'instruction primaire, l'instruction secondaire, l'organisation de l'Université, la création des conseils chargés du Gouvernement de l'Instruction publique.

L'instruction primaire. — La loi reconnaissait deux sortes d'écoles : les écoles publiques fondées et entretenues par l'État, les départements ou les communes, et les écoles fondées et entretenues par des particuliers ou des associations, ou écoles libres (art. 22). Deux questions doivent être examinées : A. — Quelles sont les conditions requises pour ouvrir une école libre ? B. — Quelles sont les autorités préposées à la surveillance des écoles libres ?

A. — Pour ouvrir une école libre, il faut remplir les conditions suivantes : 1° avoir vingt-un ans, jouir de ses droits civils et politiques, et ne point avoir subi de condamnations touchant à l'honorabilité du candidat (vol, escroquerie, adultère, etc.) ; 2° être muni : (*a*), ou d'un certificat de stage délivré par le Conseil académique aux personnes qui justifieront avoir été employées pendant trois ans au moins dans des écoles privées ou publiques autorisées à recevoir des stagiaires (art. 47) ; (*b*), ou d'un certificat de capacité délivré par une commission de sept membres, nommée par le Ministre, sur la proposition du Conseil académique (art. 46) ;

3° Faire au maire, au recteur de l'Académie et au Procureur de la République, une déclaration contenant : (*a*), l'intention dans laquelle se trouve le postulant d'ouvrir une école ; (*b*), l'indication du local ; (*c*), l'indication des lieux où il a résidé et des professions qu'il a exercées pendant les dix années précédentes.

Pendant le mois qui suit la déclaration, le Procureur de la République ou les autorités scolaires peuvent former opposition à l'ouverture de l'école dans l'intérêt des mœurs publiques, devant le Conseil académique qui juge sans appel. Le maire peut refuser d'approuver le local. Il est statué à cet égard par le préfet, en conseil de préfecture.

L'ouverture de pensionnats primaires est autorisée sous les mêmes conditions qui sont prescrites pour l'ouverture d'une école libre. Le maître de pension devra justifier en outre de ving-cinq ans d'âge et d'au moins cinq années d'exercice comme instituteur, ou deux années comme maître dans un pensionnat primaire.

B. — La surveillance des écoles libres est confiée aux autorités suivantes :

1° Les écoles publiques et libres du canton sont mises sous la surveillance de délégués désignés par le Conseil académique. Ces délégués se réunissent au moins une fois tous les trois mois au chef-lieu de canton, sous la présidence du Juge de paix, pour convenir des avis à transmettre aux conseils académiques (art. 42) ;

2° Les établissements libres peuvent être visités par le service de l'inspection dont nous parlerons plus loin, mais ses fonctionnaires ne peuvent faire porter leurs investigations que sur la moralité, le respect de la Constitution et des lois, et sur l'hygiène (art. 19).

Tout instituteur libre, sur la plainte d'une des autorités scolaires, ou du ministère public, pourra être traduit, pour cause de faute grave dans l'exercice de ses fonctions, d'inconduite ou d'immoralité, devant le Conseil académique du département, et être interdit de l'exercice de sa profession dans la commune où il exerce. Il peut même être frappé d'une interdiction absolue, sauf appel devant le Conseil supérieur de l'Instruction publique.

— Les questions relatives à *l'enseignement secondaire* étaient réglées par le titre III.

Ici encore nous examinerons : A. les conditions exigées pour l'ouverture des établissements libres, et B. les autorités préposées à leur surveillance.

A. — *1°* Tout français âgé de 25 ans, et n'ayant subi aucune condamnation entâchant son honorabilité, peut ouvrir un établissement particulier d'instruction secondaire.

— *2°* Il devra déposer dans les mains du recteur de l'Académie :

a — Le plan du local, le programme des études et le règlement intérieur de l'établissement ;

b — Une preuve de sa capacité consistant dans la possession de l'une des trois pièces suivantes :

1° Un certificat de stage constatant qu'il a rempli pendant cinq ans les fonctions de professeur ou de surveillant dans un établissement d'instruction secondaire public ou privé ;

2° Le diplôme de bachelier ès lettres ;

3° Un brevet de capacité délivré par une commission de sept membres, nommée par le Ministre sur la proposition du Conseil académique (art. 57-58) ;

3° Le dépôt des pièces précitées fera courir le délai d'un mois pendant lequel le Recteur, le Préfet ou le Procureur de la République pourront s'opposer, devant le Conseil académique (avec appel devant le Conseil supérieur), à l'ouverture de l'établissement dans l'intérêt des mœurs publiques ou de la santé des élèves.

B. — La surveillance des établissements particuliers

d'instruction secondaire est confiée aux Inspecteurs, qui doivent se borner à constater si les règles de la moralité et de l'hygiène, ainsi que le respect de la Constitution et des lois, sont observés. En cas de désordre grave dans un établissement libre, le chef de l'institution peut être cité devant le Conseil académique et réprimandé. Toute personne attachée à une maison d'éducation peut être traduite, pour cause d'inconduite ou d'immoralité, devant le Conseil supérieur de l'Instruction publique et être interdite de sa profession à temps ou à toujours, sauf appel devant le Conseil d'État.

Une dernière observation doit être faite relativement aux établissements libres d'instruction secondaire. L'État, les départements, les communes peuvent, sur avis favorable du Conseil académique, et à défaut du Conseil supérieur, leur allouer une subvention inférieure au dixième des dépenses annuelles de l'établissement. Dans ce cas, on exigera, de la part du directeur ou de deux professeurs, des diplômes de licencié, et si l'établissement subventionné ne comprend que des classes de grammaire, trois professeurs et le directeur devront être pourvus du diplôme de bachelier.

Il n'entre point dans notre sujet d'examiner les dispositions que le projet édicte en ce qui concerne l'Université, seuls *Les Conseils chargés de l'Instruction publique* doivent être définis brièvement, à cause des attributions que le projet leur donne sur les établissements libres.

1º Il était créé, auprès du Ministre de l'Instruction publique, un Conseil supérieur de l'Instruction publique composé de deux éléments :

a — Une section permanente dont les membres, tous pris dans l'Université, étaient nommés à vie par le Président de la République, et révocables par lui, en Conseil des Ministres ;

b — Une section non permanente composée de :

Trois archevêques ou évêques, nommés par leurs collègues;

un ministre du Culte évangélique, nommé par les présidents des Consistoires ; trois magistrats de la Cour de Cassation, nommés par leurs collègues ; trois conseillers d'État, nommés par le Ministre ; trois membres de l'Institut, nommés par les cinq classes réunies ; trois membres choisis par le Ministre, parmi les membres de l'enseignement libre.

Ces conseillers étaient nommés pour six ans et rééligibles. Ce corps, se réunissant au moins quatre fois par an, donnait son avis au Ministre, statuant en Conseil supérieur, sur les règlements relatifs aux programmes d'études et d'examens..... et à la surveillance des écoles libres....., sur les affaires contentieuses relatives..... à l'ouverture des établissements libres, et sur toutes les questions qui concernaient les droits des maîtres particuliers et l'exercice de la liberté d'enseigner ;

2° Il était créé auprès de chaque Académie existant dans chaque département, un Conseil académique et un service d'inspection, dont nous avons, en parlant de l'instruction secondaire et de l'instruction primaire, déterminé les attributions en matière d'établissements libres. Notons seulement qu'un tiers des Inspecteurs généraux devait être nécessairement pris parmi les membres appartenant ou ayant appartenu à l'enseignement libre (art. 17).

Tel était le projet Falloux. Il semble que le Ministre prévoyait les tempêtes que son œuvre allait soulever, car il s'exprimait ainsi dans son exposé des motifs :

« Vous avez beaucoup à réparer, disait-il, aux membres de l'Assemblée, beaucoup à fonder, mais sans secousse, sans ruine, sans violence, par l'accomplissement d'une grande promesse, par l'application d'un grand principe ; les sophismes ne redoutent que cette épreuve, la vérité n'attend que ce signal ; la pacification des intelligences, la sécurité de l'avenir n'existent plus qu'à ce prix. Les vieilles animosités essaieront de ranimer les vieilles querelles : elles seront déjouées. Soyez sincères, soyez hardis dans cette voie, et vous assurerez à l'ordre social la plus féconde, en même temps que la plus pacifique de ses victoires. »

Le Ministre ne se trompait point. Les vieilles animosités devaient ranimer les vieilles querelles.

§ 2. — Scission du parti catholique. — La Presse.

On se rappelle que, vers la fin de la monarchie de Juillet, Mgr Affre et l'abbé Dupanloup s'étaient vivement élevés contre le ton de la polémique de l'*Univers*. Déjà à cette époque, quoique uni, le parti catholique était virtuellement divisé : d'un côté les modérés, de l'autre les violents, « les ingrats », suivant l'expression de Thiers [1].

Ce fut à l'occasion du dépôt du projet de Falloux, que la scission s'opéra, et que le parti Veuillot se déclara nettement l'ennemi du parti Dupanloup, Montalembert, Falloux. En vain, le Ministre fit-il auprès de Louis Veuillot une démarche personnelle afin d'obtenir, sinon l'appui, du moins la neutralité de son journal, le rédacteur de l'*Univers* resta sourd à toute tentative de conciliation [2], et dès la nomination de la Commission législative, l'*Univers* attaquait l'œuvre de M. de Falloux.

Pour lui, le projet n'était « que l'abandon au clergé d'une faible part du monopole [3] ». Son but était non pas d'instituer la liberté, mais d'organiser et de fortifier le monopole [3]. La transaction que l'on se proposait de signer était « intempestive, dangereuse, quant au but religieux, inefficace quant au but politique, qui est de terminer une longue querelle et de rétablir la paix [4] ». En un mot « c'était une

---

[1] Anatole Leroy-Beaulieu, *op. cit.*, p. 152.

[2] V. sur cette anecdote : Eug Veuillot, *Le Comte de Falloux et ses Mémoires* (Palmé, 1888), p. 131. Consulter cet ouvrage à propos de la scission des catholiques sur la loi de 1850. C'est la contre-partie des *Mémoires* de M. de Falloux.

[3] *Univers*, 29 juin 1849.

[4] *Univers* du 2 juillet 1849.

— 401 —

déception, une défaillance de la raison et de la conscience ; un pacte, une monstrueuse alliance des Ministres de Satan avec ceux de Jésus-Christ [1]. »

A soutenir cette thèse, l'*Univers* n'était pas seul. Le *Moniteur catholique*, rédigé par MM. Darboy et Bautain, vicaires généraux de Paris, et un certain nombre de journaux de province [2], trouvaient que le projet consacrait trois énormités :

1° La nécessité des grades universitaires imposés à ceux qui ne veulent pas être de l'Université ;

2° Le droit assuré à l'Université d'être juge et partie en sa propre cause, en examinant ceux qu'elle n'a pas élevés ;

3° Le privilège exorbitant d'interdire et, par conséquent de prescrire les livres dont l'enseignement libre voudra faire usage.

Enfin, à côté de la presse religieuse, nous trouvons, la soutenant, Mgr de Chartres qui, dans de « courtes observations », et dans plusieurs lettres écrites à « l'*Univers* », critiquait le projet de loi [3].

Ces ennemis du projet de loi mettaient dans leurs critiques une violence regrettable et poussaient leurs raisonnements jusqu'à des conséquences frappées au coin de l'exagération la plus évidente. Il serait absolument fastidieux d'analyser ici les longs articles de Veuillot [4]. Chaque jour l'*Univers* publiait de violentes diatribes contre les partisans du projet et contre le projet lui-même. C'était la guerre civile dans le parti catholique.

Sans doute, les polémiques de la presse donnent une idée de la divergence de vues qui séparaient les catholiques,

[1] Voy. Lagrange. *Vie de Mgr Dupanloup*, t. I, p. 501.
[2] Citons notamment : *Le Messager du Midi, La Gazette de Lyon, L'Union dauphinoise, L'Abeille de la Vienne, L'Hermine de Nantes, La Liberté d'Arras, L'Espérance de Nancy, La Paix de Troyes.*
[3] Voy. l'*Univers* des 26 juillet, 6 août, 13 et 17 octobre 1849.
[4] Voy. notamment l'*Univers* des 29 juin, 1er juillet, 29 juillet, 1er août, 3 août, etc., etc.

mais la correspondance privée est peut-être encore plus instructive.

« L'*Univers*, écrivait l'abbé Dupanloup, en 1849[1], l'*Univers* est une plaie vive au sein de l'Église de France. Il y a déjà fait de grands maux, il en prépare de plus grands encore : vous le verrez, si on ne l'arrête pas ». Et quelques mois plus tard : « Je le répète, c'est une plaie qui sera bientôt inguérissable. Il y faudrait immédiatement un coup décisif, mais qui ose quelque chose. »

Veuillot, en effet, avait voulu la division entre les catholiques, et il s'en faisait une véritable gloire.

« Il fallait diviser au plus vite le parti catholique pour en sauver quelque chose et éviter qu'il ne tombât tout entier, sur la question religieuse, dans les bras de l'Université ; sur la question politique, dans le sein du conservatorisme bourgeois, représenté par M. Thiers[2]. »

---

[1] Lettre à la princesse B., 15 septembre 1849. A. Leroy-Beaulieu, *op. cit.*, p. 152.

[2] Lettre de Veuillot à Mgr Rendu, évêque d'Annecy, et publiée pour la 1re fois par A. Leroy-Beaulieu, *op. cit.*, p. 289. J'en cite ici les passages principaux :

« 2 août 1849..... Je puis vous dire que mes chagrins domestiques m'ont été à peine plus sensibles que ceux que j'ai ressentis en voyant la fausse voie où nos amis s'engagent. Je suis désolé surtout de l'attitude de M. de Montalembert. M. de Falloux m'a moins surpris. Je n'ai jamais compté sur lui. Quoique chrétien, plein de ferveur, il n'a jamais été précisément un des nôtres, ce que nous appelons un catholique avant tout. Il l'a cru, et beaucoup d'autres comme lui ; il le croit encore, peut-être. Moi, je ne m'y suis point trompé, et, j'étais si fixé sur ce point, avant le 10 décembre 1848, que j'ai souvent insisté, dans un Conseil qu'il a tenu entre nous, pour qu'il n'entrât point au Ministère. Ma vraie raison, que je n'ai point osé dire, était qu'il laisserait nos idées à la porte. Il n'y a point manqué. C'est essentiellement un homme d'accommodements, de transaction et d'affaire, avec beaucoup plus d'ambition qu'il ne suppose en avoir. M. Dupanloup, de même..... Je ne comptais donc pas sur M. de Falloux, mais je comptais sur Montalembert. Il a cédé à deux influences anciennes et qui lui ont toujours été fatales : celle de M. Dupanloup et surtout celle de Thiers..... Le grand mal de la loi Falloux, c'est qu'elle est un

Désormais, les catholiques divisés en deux camps allaient se trouver en conflit sous le même drapeau.

A côté des catholiques dissidents, les économistes désapprouvaient fort le projet Falloux, qui conservait à l'État la direction de l'enseignement. Un rédacteur du *Journal des Économistes*, qui était l'organe officiel de cette école, disait : « Pour supposer qu'un pareil régime remplît la promesse de la Constitution, c'est-à-dire établît la liberté de l'enseignement, il faut admettre que les mots : liberté et asservissement, sont synonymes, il faut faire violence au sens commun..... La liberté de l'enseignement, disait-il plus loin, consiste essentiellement à laisser toute personne qui se destine à l'exercice de cet art, la faculté de choisir le genre de connaissance qu'elle juge convenable d'étudier et d'enseigner..... Or, l'obligation de suivre, soit pour obtenir le brevet de capacité, soit pour être autorisé à fonder un établissement d'instruction, les programmes d'examens ou d'études imposés par l'autorité, annule la faculté du choix. »

Bien plus, le *Journal des Économistes* niait que la liberté d'enseigner fût compatible avec la concurrence faite aux particuliers par l'État. Car il est évident que dans toute commune ayant une école de l'État, l'instituteur libre sera dans une situation défavorable et inégale vis-à-vis de lui. On ne peut avoir la liberté de l'enseignement qu'en établissant les bases suivantes :

Faire une loi déterminant les délits contre la morale, contre l'ordre public, que l'on peut commettre en enseignant ; organiser un système de surveillance pour prévenir les délits, en assurer la répression ; exiger de tout institu-

---

manque de foi. Elle proclame que nous-mêmes ne croyons plus ce que nous avons tant demandé. Or, comme j'y crois encore pour ma part, comme je crois que le salut est dans la liberté de l'Église, et n'est que là, je m'en tiens à nos vieilles doctrines, et je n'entre point dans un accommodement qui les outrage. J'aime mieux un argument qu'une position..
....

teur des garanties de moralité, rendre les établissements universitaires à l'indépendance et au droit commun, et s'en remettre à la liberté des instituteurs et des familles du soin de donner l'enseignement. « Tout cela accompli, nous aurions la liberté de l'enseignement, qui ne sera jamais qu'un leurre, tant que l'on fera réglementer et diriger les études par l'autorité centrale, et que l'on maintiendra la concurrence faite par l'État aux établissements privés [1]. »

Si les catholiques n'étaient pas unis dans leurs revendications touchant la liberté de l'enseignement, les Universitaires, eux, se coalisaient contre elle, et le *Constitutionnel*, le *Siècle*, le *National*, entamaient une longue polémique contre le projet qui, disaient-ils, humiliait l'Université devant l'Église et livrait la France aux Jésuites.

« Pauvre Université, disait J. Simon, la voilà donc aussi emportée dans la bagarre. La voilà, par ce projet de M. de Falloux, morte et enterrée..... si le clergé le veut bien, et sans doute il le voudra ; il lui est loisible d'élever à côté de ce semblant d'éducation nationale, ou plutôt de cette éducation départementale, toute une Université libre, florissante, pleine d'unité et de force, qui couvrira la France en moins d'une année et changera les écoles laïques en déserts [2]. »

Le *National* voyait dans le projet un empiètement inouï du clergé sur l'État. L'Université était gouvernée par ses rivaux, inspectée par les ennemis de l'Université [3]. La loi était faite contre le peuple. Le curé était, en réalité, le seul surveillant de l'école primaire. « L'école devient une annexe du presbytère, comme l'Université entière est mise à la discrétion de trois évêques [4]. »

En un mot, M. de Falloux a détruit l'Université et a livré au clergé le monopole de l'enseignement [5].

[1] *Journal des Economistes*, 15 juillet 1849, pp. 341 et suiv.
[2] *La liberté de penser*, numéro du 25 août 1849.
[3] *National* du 25 juin 1849.
[4] Id., du 28 juin 1849.
[5] Id., du 3 juillet 1849.

Le *Journal des Débats* restait muet sur le projet. Point d'analyse, point de critique, point d'éloges ; c'est à peine si le numéro du 13 octobre, annonçant le dépôt du rapport de la Commission, blâmait les dispositions visant les instituteurs communaux.

Le *Siècle* prétendait que la présence de trois prélats au sein du Conseil supérieur de l'Instruction publique montrait l'abdication des droits de l'État. « L'Université, disait-il, était livrée au clergé. »

Cette double guerre affligeait profondément les catholiques ; l'abbé Dupanloup, seul, était ferme dans son espérance, inébranlable dans ses convictions. Sans lui, on peut le dire hautement, la loi eût été abandonnée. Montalembert était plus que tout autre assailli par les réclamations du parti ultra-catholique ; il en fut même ébranlé, et, un jour, réunissant ses amis, il leur demanda s'il n'était pas convenable d'abandonner la tâche commune. On délibéra longuement, tous étaient navrés de l'entêtement incompréhensible de leurs partisans. Montalembert même pleurait. Ce découragement du chef de l'ancien parti catholique se comprenait bien, hélas. Après avoir, depuis vingt ans, lutté sans répit pour obtenir ce qui était le but de sa vie, Montalembert sentait que, grâce à quelques intransigeants, il allait échouer au port. Cette pensée l'avait remué jusqu'au plus profond de son être, l'avait attristé. Il allait céder, lorsque plusieurs de ses amis lui tinrent ce langage : « Que la loi soit imparfaite, nous le savons mieux que personne, mais si imparfaite qu'elle soit, elle donne la somme de liberté qu'on peut attendre de l'Assemblée. Plus tard, les évêques vous remercieront de ne pas les avoir écoutés [1]. » Ils ne se trompaient pas. Et, on recommença la lutte sans plus jamais se décourager.

L'abbé Dupanloup avait pris en main, au lendemain de la

---

[1] Mémoires de M. Armand, de Melun; cité par de la Gorce. *Histoire de la 2e République*, t. II, p. 289.

Révolution, la direction de l'*Ami de la Religion* qui avait conquis dans le journalisme religieux une place fort honorable, et c'est par l'organe de cette feuille que les auteurs du projet défendaient leur œuvre. Je n'ai point l'intention de suivre dans ce journal, ni dans les autres feuilles qui la soutenaient [1], les réponses que l'on faisait aux violentes attaques de l'*Univers*.

Dupanloup et ses amis expliquaient à ceux qui ne voulaient point le faire de bonne foi, le projet de Falloux, et sans nier que la liberté absolue de l'enseignement ne fût pas préférable, en thèse, « à la transaction » que l'on voulait conclure, ils démontraient qu'ils s'étaient efforcés de réaliser « le possible [2] ». C'est un « Concordat », disaient-ils, qui ne sacrifie ni les intérêts universitaires, en ce qu'ils peuvent avoir de respectable, ni les droits d'une liberté sagement comprise [3]. « Une concession de moins et une exigence de plus, avait dit M. de Melun, entraînaient la chute de la loi [4]. »

Mgr Dupanloup tenait d'autant plus au projet que Rome, comprenant la situation, en approuvait les auteurs. « Mgr le Nonce, écrivait-il à la princesse Borghèse le 25 août, défend hautement, publiquement le projet de loi, avec une raison, une énergie, une puissance, dont j'ai souvent été le témoin. »

---

[1] Citons : l'*Union de l'Ouest*, l'*Opinion publique*, la *Gazette du Midi*, l'*Union Franc-Comtoise*, le *Journal de Rennes*.

[2] Voy. les articles suivants, dans l'*Ami de la Religion*, de 1849, p. 143 : *Exposé du projet de loi sur l'enseignement*, par H. de Riancey, pp. 75, 84, 89. *Quelle était la situation, quelle devait être la conduite*, par l'abbé Dupanloup, p. 244. *Le possible*, par Ch. de Riancey, p. 287. *Nos sentiments, notre conduite*, par Dupanloup, p. 383. *Du rôle de l'opposition à propos de l'enseignement, avant et après la Révolution de février*, par Albert de Boys. *De la liberté de l'enseignement*, par G. de Claubry. *Le projet de loi sur l'enseignement et les universitaires. D'une nouvelle phase de la polémique, sur la liberté de l'enseignement*, etc.....

[3] *Journal de Rennes*, numéro du 26 juillet 1849.

[4] Abbé Baunard, *Vie de M. de Melun*.

Section IV. — Modifications apportées au Projet.

Pendant cette lutte fratricide, la Commission nommée par l'Assemblée législative [1] poursuivait ses travaux [2] et, le 6 octobre 1849, M. Beugnot déposait son rapport ainsi que les amendements que la Commission avait cru devoir apporter au projet du Gouvernement [3].

§ 1er. — *Le Projet de la Commission.*

Les modifications proposées ne changeaient point le caractère du projet. Le but du ministre, qui avait été d'accorder aux familles une liberté sincère et forte, limitée seulement par ce que réclame l'intérêt public, était approuvé par la Commission dont le désir était de clore enfin, et au profit de tous, un débat qui n'avait déjà que trop duré. Quelles étaient donc les modifications apportées par la Commission ?
On peut les classer sous trois chefs :
A. Modifications apportées aux dispositions concernant l'instruction primaire ; B. Concernant l'instruction secondaire ; C. Concernant les Conseils.
A. — Modifications apportées aux dispositions concernant l'instruction primaire. Ici, la Commission a introduit quatre dispositions très favorables à la liberté :
1° D'après le projet, l'instituteur libre devait avoir vingt et un ans, être muni d'un brevet de capacité ou d'un certificat

---

[1] L'Assemblée législative avait remplacé l'Assemblée constituante, le 28 mai 1849.
[2] Cette Commission se composait de MM. Salmon, Coqueret, Bazé, de Melun, de l'Espinay, Sauvaire, Barthélemy, Dufougerais, Barthélemy Saint-Hilaire, de Montalembert, Rouher, Thiers, Beugnot, Fresneau, Janvier, Parisis.
[3] Voy., sur le projet Falloux, les appréciations faites par un certain nombre de députés, lors de la nomination de la Commission. *Journal des Débats* du 27 juin 1849.

de stage. Ces pièces étaient exigées, parce qu'elles étaient la preuve du savoir du candidat. Mais si un candidat offre par son ancienne profession, par sa situation acquise, la preuve qu'il est capable de tenir une école primaire, pourquoi exiger de lui un stage ou un examen ? De là cette addition à l'article 24 du projet du Gouvernement..... « Le brevet de capacité pourra être suppléé par le certificat de stage.... par le diplôme de bachelier, ou par tout autre titre jugé équivalent par le Conseil académique » ;

2º Si le projet exige 25 ans et un brevet quelconque pour être instituteur, la Commission se rend très bien compte que ceux-ci peuvent désirer être aidés par des adjoints et elle dispense ces derniers du brevet de capacité, en même temps qu'elle leur permet d'entrer en exercice à dix-huit ans ;

3º Inspirée par le désir de répandre les bienfaits de la liberté, la Commission veut que la loi soit exécutée, « mais avec discernement et en respectant le bien partout où il se fait ». Ainsi, dit l'exposé des motifs, liberté aux personnes charitables d'enseigner gratuitement à lire et à écrire et de faire le catéchisme aux enfants ; liberté pour les curés et les vicaires de remplir ce pieux devoir, liberté aussi et encouragements, s'il se peut, à ces pauvres sous-maîtres, dont parlait naguère avec un si touchant intérêt le Conseil général du Jura, qui « fixés pendant les mois d'hiver à la glèbe ingrate de l'instruction dans l'intérêt des plus misérables habitants des montagnes, vont offrir leurs bras pendant l'été aux travaux de la terre et paient eux-mêmes et entretiennent par leurs faibles économies, comme laboureurs et faucheurs, leur dévouement pendant la mauvaise saison ». On voit bien, par cette citation, les dispositions libérales du projet ;

4º Enfin, la Commission avait tenu à honneur de remplir une lacune du projet du Gouvernement, en ce qui concernait les écoles de filles.

Les institutrices libres devaient pour enseigner se soumettre aux conditions imposées aux instituteurs : stage, brevet de capacité ; mais les membres des congrégations religieuses vouées à l'enseignement et reconnues par l'État étaient dispensées du brevet, par la lettre d'obédience [1] (art. 55 du nouveau projet).

B. — Modifications apportées aux dispositions concernant l'enseignement secondaire :

La Commission fut ici plus exigeante que le Gouvernement : Pour fonder un établissement d'instruction secondaire, elle exigea : *a)* un stage de cinq ans comme professeur ou surveillant dans un établissement secondaire public ou privé ; *b)* et le diplôme de bachelier ou un brevet de capacité. Mais comme l'obligation du stage paraissait devoir être un obstacle au développement de la liberté, l'article 66 du projet nouveau autorisait le Conseil supérieur, sur la proposition des Conseils académiques, à accorder des dispenses de stage.

Le projet stipulait que le ministre nommerait, sur la proposition des Conseils académiques, le jury chargé de décerner le brevet de capacité. La Commission chargea le Conseil académique lui-même de cette mission.

Répondant à la polémique engagée par l'*Univers*, la Commission proclamait bien haut le droit d'enseigner des membres des congrégations religieuses. « D'après le projet de loi, les membres des associations religieuses non reconnues dans lesquelles nous ne voyons aussi que des citoyens...... jouiront de la faculté d'enseigner, parce que cette faculté est un droit civil et qu'ils possèdent tous les droits de ce genre ».

Pour répondre au même besoin, l'apaisement dans les luttes, la Commission déclara supprimé le certificat d'études que L. Veuillot prétendait toujours exigé.

Enfin, envisageant la question des petits séminaires, le rapport y voyait pour eux la continuation de leur caractère

---

[1] La Commission s'était occupée du point de savoir s'il ne convenait pas de remplacer le brevet de capacité ou de stage imposé aux instituteurs par les lettres d'obédience, à l'égard des membres des congrégations religieuses. A la suite d'une longue discussion, la négative fut adoptée à une voix de majorité.

spécial, soumis à l'évêque diocésain, pouvant être dirigé par qui que ce soit, approuvé par l'évêque, mais aux termes de la Constitution, obligés de subir la surveillance de l'État.

Ces modifications avaient une certaine importance qu'il fallait signaler.

C. — Modifications aux dispositions concernant les Conseils. Sur ce point trois observations à faire : 1° le Conseil académique adressera au Ministre, et chaque année, un rapport sur la situation de l'enseignement libre ;

2° Le service de l'inspection des établissements libres ne porte que sur la moralité, le respect de la Constitution et de l'hygiène. Comment se fait-il que les désordres qui peuvent survenir entraînent les maîtres devant des juridictions répressives, puisque les inspecteurs ne peuvent pas sur eux faire porter leurs investigations ? Le rapport nous répond : « Ces désordres seront des actes exceptionnels, bruyants, scandaleux, que la voix publique signalera promptement à la vigilance du recteur, ou les effets peu apparents d'un régime vicieux, relâché et de nature à inculper la moralité du chef de l'établissement. Dans ces deux cas, l'inspecteur pourra, en vertu de la loi, constater ces désordres et en préparer la répression. »

3° Enfin, délimitant exactement les droits du Conseil supérieur sur les livres employés dans les établissements libres, le rapport déclarait que les seuls livres qu'il pourrait défendre dans les établissements particuliers étaient les ouvrages contraires à la morale, à la Constitution et aux lois.

C'est dans ces dispositions que résidaient les modifications apportées au projet de Falloux. Ce projet n'était pas encore au bout des formalités de procédure. Le 31 octobre, une crise ministérielle éclatait, et M. de Parieu remplaçait M. de Falloux au ministère de l'Instruction publique. Quelles seraient ses dispositions vis-à-vis du projet ? On ne le savait guère. Les amis de la liberté étaient donc dans une attente craintive, lorsque le 7 novembre, l'ordre du jour appela la discussion du projet.

§ 2. — *Renvoi du projet au Conseil d'État.* — *La presse.*

Un incident s'était déjà élevé à son sujet, le 3 juillet, au sein de l'Assemblée. La Constitution de 1848, complétée sur ce point par la loi du 3 mars 1849[1], prescrivait que le Conseil d'État devait être consulté sur tous les projets de loi du Gouvernement, sauf certaines exceptions limitativement déterminées, telles que les lois du budget, les lois de recrutement, les lois déclarées urgentes. Il devait rédiger les projets de loi qui lui étaient demandés par le Gouvernement ; il donnait son avis sur les projets émanés de l'initiative parlementaire qui lui étaient renvoyés par l'Assemblée nationale. Le 3 juillet donc, M. Lherbette demanda au Ministre pourquoi on n'avait pas renvoyé au Conseil d'État le projet de loi sur l'instruction publique. M. de Falloux répondit que par suite d'un décret de l'Assemblée du 11 décembre 1848, la loi sur l'instruction publique était une loi organique, soustraite par conséquent à l'examen du Conseil d'État ; que d'autre part, si l'urgence n'avait pas encore été déclarée, elle le serait bientôt, par suite du désir du Ministre et de la Commission.

La discussion se termina par un renvoi à la Commission. Celle-ci, le 7 novembre, déposa son rapport sur cette question préalable, ses conclusions furent les suivantes :

1° La communication au Conseil d'État des projets de lois organiques n'est pas obligatoire pour le Gouvernement ;

2° Le renvoi du projet de loi primitif, à l'examen du Conseil d'État serait sans objet, puisque la discussion s'établira sur le projet de loi amendé dans le fond et dans la forme par la Commission ;

3° L'Assemblée ne doit point regretter que le projet de loi primitif n'ait pas été soumis à l'examen du Conseil d'État, car ce projet est le fruit des délibérations d'une Commission

---

[1] Constitution de 1848, art. 75 ; D., 1848, 4, p. 240. — Loi du 3 mars 1849, art. 1ᵉʳ ; D., 1849, 4, p. 73.

composée des hommes les plus éclairés et les plus compétents en cette matière. Par ces considérations, la Commission proposait à l'Assemblée de passer à la discussion.

C'est sur ces conclusions que le débat s'ouvrit. Une longue discussion amena à la tribune M. Beugnot, rapporteur de la Commission, qui combattit les arguments de M. Pascal Duprat, partisan du renvoi au Conseil d'État. Il montra qu'au point de vue constitutionnel le Conseil d'État ne devait point être fatalement saisi, et il dénonça tous les inconvénients qu'aurait un renvoi au Conseil d'État, procédure que les adversaires ont trouvée, dit-il, « pour étouffer une loi contraire à leurs vues ». A la suite de nombreuses interventions, le scrutin fut ouvert, et, à la majorité de 307 voix contre 303, l'Assemblée renvoya le projet au Conseil d'État.

Les partis accueillirent ce vote avec des sentiments divers. L'*Univers* ne cachait point sa satisfaction. « Le projet, disait-il, ne reviendra pas du Conseil d'État. En tous cas, il y est pour longtemps. Dieu sait ce qu'il va devenir... Selon toute apparence donc, c'est un projet annulé, comme tous ceux que le monopole a présentés ou acceptés jusqu'à ce jour... Ce résultat ne nous afflige pas, nous l'avons désiré... La cause, par le fait, est vidée... Nous ne nous occuperons plus du projet et puisque les transactions ont tant de peine à réussir, abandonnant cet esprit de transaction, nous reprendrons tous ensemble, comme par le passé, la grande et large route de la liberté[1]... Le projet de Falloux nous offrait des avantages, mais pour les obtenir, il fallait vendre et livrer la liberté, il fallait s'associer à l'État enseignant, c'est-à-dire l'oppression des consciences, la ruine de l'Église, la perte des âmes. Nous avons repoussé ce marché[2]. »

L'*Ami de la Religion* qui avait, toujours et quand même, soutenu le projet, ne célait point le découragement que le

[1] *Univers*, numéro du 9 novembre 1849.
[2] *Univers*, numéro du 10 novembre 1849.

vote de l'Assemblée avait provoqué parmi ses amis. « C'est une déclaration de guerre, disait-il, contre la liberté de l'enseignement, contre la liberté des familles, contre la liberté des congrégations, contre la liberté de conscience[1] »... Le vote de l'Assemblée « maintenait indéfiniment, disait cette feuille : 1° le monopole de l'Université ; 2° la proscription des ordres religieux ; 3° les conditions humiliantes imposées aux petits séminaires par les ordonnances de 1828 ; 4° l'impossibilité pour les communes d'accorder une subvention aux établissements particuliers [1] » ; ce qui affectait surtout l'organe de Mgr Dupanloup, c'était l'attitude de quelques catholiques qui « bien aveuglés, ou bien coupables, avaient manqué, en votant le renvoi au Conseil d'État, à la fois à leur mandat, à la liberté, à leur pays [2] ».

« L'*Union*, qui avait apprécié en partie seulement le projet Falloux, ne se dissimulait pas que le résultat du vote était l'ajournement indéfini du projet, et peut-être, à brève échéance, la présentation d'un autre projet moins favorable à la liberté de l'enseignement [3]. »

La *Presse*, organe révolutionnaire, jugeait le vote « comme l'enterrement de la loi de M. de Falloux », et célébrait avec joie la division de la majorité sur la question « la plus vitale, sur la question que M. de Montalembert considérait comme la pierre angulaire de la politique de la droite [4] ».

Une société d'instituteurs primaires avait fondé un journal l'*Émancipation de l'Enseignement*. Ce journal manifestait, à l'occasion du vote du 7 novembre, une joie exubérante :

« Sauvés nos amis, nous voilà sauvés ! Plus de Falloux au ministère, plus de Falloux à l'Assemblée Nationale. L'homme frappé par la main de Dieu, brisé dans son

---

[1] *Ami de la Religion*, numéro du 8 novembre 1849.
[2] *Id.*, du 9 novembre 1849.
[3] *Union*, numéro du 8 novembre 1849.
[4] Voir l'opinion de *La Réforme*, du *National*, de l'*Ordre*, dans l'*Ami de la Religion* du 10 novembre 1849.

orgueil, dans sa santé même, erre on ne sait où, comme un autre Caïn. Et son œuvre, « cette exécrable loi », va être au dehors passée au crible, jusqu'à ce qu'il n'en reste plus trace. Le serpent mort, son venin a péri. Joie, allégresse parmi vous, nos amis, sur toute la ligne [1] !!! »

Pendant que la *Presse* gémissait sur le vote du 7 novembre, ou s'en réjouissait, le nouveau ministre de l'Instruction publique faisait acte de partisan de la liberté d'enseignement en abolissant les certificats d'études qui avaient été établis « comme sanction d'un droit d'enseignement dont la Constitution de 1848 avait profondément modifié le caractère [2] », et en même temps, par suite d'une trop scrupuleuse observation de la loi, les fonctionnaires de la deuxième République poursuivaient, devant les tribunaux, des fondateurs d'école d'asile et d'écoles gratuites [3].

La presse avait accueilli avec une faveur marquée la suppression des certificats d'études. « Cette mesure, disait le *Constitutionnel*, est la mise immédiate en pratique d'une des dispositions les plus importantes qui vient d'être renvoyée au Conseil d'État... On n'est pas bien loin de la liberté d'enseignement. » L'*Univers* « applaudissait au fait » ; le *Journal des Débats* était toujours muet. Le *Pays* reconnaissait dans cet arrêté « un pas vers la liberté d'enseignement ».

Les prévisions de la *Presse* touchant aux conséquences du vote du 7 novembre furent trompées ; le Conseil d'État s'occupa du projet qui lui avait été renvoyé, et, dès le commencement de décembre, les journaux annonçaient que la Haute Assemblée terminait ses délibérations.

Le 17 décembre l'Assemblée était saisie du travail du Conseil d'État qui était, le même jour, renvoyé à la Commission de l'Instruction publique et dont le rapport était

---

[1] Rapporté par l'*Ami de la Religion,* du 12 novembre 1849.
[2] Expression du rapport au Président de la République.
[3] Voy. l'*Ami de la Religion* du 18 novembre 1849.

déposé le 31 décembre 1849, sur le bureau de l'Assemblée législative.

Le Conseil d'État, entre autres modifications, proposait la création de vingt-sept académies, au lieu d'une par département, invoquant la dépense excessive qu'entraînerait cette multiplicité de centres, et l'abaissement de la dignité du rectorat.

Ces objections ne satisfirent point la Commission qui, ne voulant pas abandonner la réalisation de la décentralisation de l'instruction nationale, maintint son idée première.

Dans le projet du Conseil d'État, c'était à un Comité cantonal que revenait le soin de surveiller l'instruction primaire; sur ce point encore, la Commission n'adopta pas les vues du grand corps de l'État, et maintint le droit de surveillance à quelques citoyens d'élite, choisis par les Conseils académiques.

Enfin, en matière d'instruction primaire, le Conseil d'État avait proposé diverses combinaisons pour la nomination, la révocation des instituteurs que nous ne mentionnerons pas, leur étude ne rentrant pas dans le cadre que nous nous sommes tracé.

La partie la plus intéressante de l'avis du Conseil d'État est celle qui est relative à la juridiction disciplinaire sur les membres de l'enseignement libre.

Se rappelant les attaques dirigées contre la juridiction disciplinaire attribuée à l'Université sur ses propres membres, par les décrets impériaux, le Conseil d'État estima qu'il y avait lieu d'attribuer à l'autorité judiciaire l'exercice du pouvoir disciplinaire à l'égard des instituteurs privés. Ce pouvoir s'exercerait administrativement pour les seuls instituteurs publics. En vertu des articles 46, 47, 48, 82 du projet du Conseil d'État, le tribunal de l'arrondissement prononçait les peines de l'avertissement, de la réprimande, de l'interdiction, à l'égard des instituteurs libres, coupables de fautes graves dans l'exercice de leurs fonctions, d'inconduite, d'immoralité, de sévices, d'enseignement contraire à la morale, aux lois. La fermeture de l'école pouvait être encourue en cas de désordres graves, d'insalubrité du local, ou d'abus de nature à compromettre les mœurs ou la santé des élèves. L'appel était porté devant la Cour d'appel qui, comme le tribunal civil, jugeait en chambre du Conseil.

La Commission rejeta encore cette disposition, que, pour notre part, nous jugeons préférable au système qui consiste à donner la juridiction au Conseil académique. Cette fois la procédure était terminée. L'Assemblée allait avoir se prononcer. C'est le 14 janvier que commença la discussion de la grande loi.

La Grande Loi ! pourquoi ce terme ? parce que par suite d'une idée assez bizarre, le ministre de l'Instruction publique venait de faire voter, le 11 janvier, une Petite loi (c'est ainsi qu'on l'appelait) sur les instituteurs communaux.

Pourquoi, le projet Falloux étant revenu du Conseil d'État, le rapport supplémentaire étant déposé, pourquoi le ministre fit-il voter cette loi alors que la loi organique ne pouvait tarder de venir en discussion ? On ne sait : toujours est-il que cette petite loi devait s'absorber dans la grande, dont quatre jours plus tard, commençait la discussion à l'Assemblée législative.

Section V. — La discussion. — Première délibération.

La discussion générale de la loi qui seule nous intéresse (ne pouvant pas nous arrêter sur tous les débats auxquels donnera lieu chacun des articles du projet), la discussion générale s'ouvrit donc le 14 janvier 1850. Les partis avaient pris position bien avant la séance.

D'un côté les Universitaires, les Montagnards et les Catholiques intransigeants guidés par l'*Univers*; de l'autre, la plupart des Catholiques, ceux qui avaient suivi Montalembert, les Modérés groupés autour de Thiers.

La lutte fut chaude.

§ 1. — *Les Universitaires et les Montagnards.*

Ce fut Barthélemy Saint-Hilaire qui se fit, dès la première séance, l'organe des universitaires. Sans nier le droit des familles, l'orateur le déclarait « inférieur, subordonné aux droits de l'État » et n'en accordait l'exercice que « sous l'action de l'État et aux conditions ainsi que dans les limites que l'État veut y mettre ». Or, l'Université est la représentation de l'État dans l'enseignement, et le projet, proclamant le droit des familles supérieur aux droits de l'État, entraîne la destruction de l'Université, la déchéance de l'État. D'autre part, le projet crée pour l'instruction primaire un privilège au profit des congrégations enseignantes, et introduit dans l'instruction secondaire un privilège au profit des Jésuites. Pour toutes ces raisons, les Universitaires, par l'organe de Barthélemy-Saint-Hilaire, déclaraient ne pas pouvoir accepter le projet[1].

Victor Hugo se fit, le 15, le champion des républicains avancés appelés, déjà à cette époque, anti-cléricaux. Son discours était moins dirigé contre le projet que contre les périls du cléricalisme : « La loi sur l'enseignement est l'œuvre du parti clérical. Or, je dis à ce parti : Je me méfie de vous ; instruire c'est construire : je me méfie de ce que vous construisez..... Je ne veux, hommes du parti clérical, ni de votre main, ni de votre souffle sur les générations nouvelles... Votre loi est une loi qui a une marque. Elle dit une chose et elle en fait une autre. C'est une pensée d'asservissement qui prend les allures de la liberté : c'est une confiscation qui s'intitule donation ; c'est un monopole aux mains de ceux qui tendent à faire sortir l'enseignement de la sacristie et le Gouvernement du confessionnal[2]. » Et, passant tour à tour en revue le clergé, les Jésuites, le Gouvernement « qui se

---

[1] Séance du 14 janvier 1850, *Moniteur* du 15, pp. 153 et suiv.
[2] Séance du 15 janvier, *Moniteur* du 16, p. 173.

réfugie à l'ombre des soutanes », Victor Hugo se faisait rappeler à l'ordre par le président Dupin. Dans cet étalage de métaphores, de cliquetis de mots, de toute cette « vieille friperie romantique[1] », l'orateur déclarait « couvrir l'Église de vénération », tout en dénonçant le péril clérical, et se faisait applaudir par l'Extrême-Gauche que son chef avait abandonné[2].

§ 2. — *Les partisans du projet.*

Le premier orateur partisan du projet monta à la tribune le 15 janvier. C'était Mgr Parisis. Avec l'autorité de son caractère, l'élévation de sa raison et la modération dont il avait toujours fait preuve, l'évêque de Langres apporta son adhésion au projet, tout en faisant sur certains points les réserves que lui dictait sa prudence. La loi, sans aucun doute, ne lui paraissait pas entièrement favorable à l'Église, c'était une transaction, et c'était comme telle qu'il l'acceptait. « Si ce projet nous est présenté comme une faveur, dit-il, je le repousse ; s'il nous est proposé comme une occasion de dévouement, je l'accepte. » Cette parole était l'expression assez exacte du clergé, favorable en somme à la loi, parce que c'était une transaction, mais qui aurait voulu obtenir davantage.

On attendait avec une grande impatience le discours de Montalembert, le chef du parti, le grand orateur sur lequel Sainte-Beuve venait de faire paraître, dans ses « Causeries du lundi », un éloge d'autant plus sincère qu'il était l'adversaire politique du grand champion de la liberté religieuse[3]. C'est le 17 janvier qu'il monta à la tribune. Dès le début de son discours, il dépeignit la situation : « J'ai fait pendant vingt

---

[1] Interruption du représentant Denjoy.

[2] Ledru-Rollin, ayant participé pendant les journées de juin au mouvement révolutionnaire, s'enfuit en Belgique d'abord, puis en Angleterre et fut condamné par contumace à la déportation.

[3] Sainte-Beuve, *Causeries du Lundi*, t. I, p. 79.

ans, dit-il, la guerre à l'enseignement officiel, et depuis un an, je négocie avec les anciens défenseurs de cet enseignement un traité de paix qui est en ce moment soumis à votre ratification » ; et justifiant cette guerre et cette paix, Montalembert expliquait la nature du mal et la nature du remède.

Le mal, l'orateur le montra partout où il se trouvait : dans la famille qui n'hésitait pas à lancer son fils dans les établissements universitaires, pour ensuite le lancer « sur le budget comme une proie » ; dans l'Université, dont le monopole a fait sous la Restauration ce qu'on appelait, dans ce temps-là, des libéraux et des révolutionnaires, sous le régime de Juillet, des républicains, et sous la République, des socialistes.

Le remède consiste à améliorer l'enseignement officiel et à permettre à l'enseignement libre de se créer et de se développer. « Ce remède, dit Montalembert, on l'a attaqué : à gauche, on nous a traités de Jésuites, à droite, on nous a dénoncés à Rome[1], pour avoir trahi les intérêts de la Religion. En réalité qu'avons nous fait ? Nous avons substitué l'alliance à la lutte. L'œuvre que nous vous apportons, malgré des imperfections, est dès à présent une œuvre sacrée ; sacrée par l'esprit qui l'a dictée, par l'esprit d'union, de paix et de conciliation, en même temps que de patriotisme qui l'a inspirée. Je ne crains pas, continuait-il, de maintenir à cette tribune et d'appliquer à cette loi l'expression de concordat que j'ai risquée dans la discussion des bureaux..... Il y a deux mots que l'Église ne dit jamais : *C'est tout ou rien* et *il est trop tard*. Elle ne dit jamais : Tout ou rien, car c'est le mot de l'orgueil, de la passion humaine qui veut jouir ou vaincre parce qu'elle doit passer demain.... Elle ne dit pas non plus : il est trop tard, ce mot coupable et impi-

---

[1] Le P. de Ravignan, ami intime de Montalembert et de Dupanloup, et partisan du projet, avait été dénoncé à Rome au Général de son Ordre et il fallut que l'éminent religieux défendît, contre cette attaque, la droiture de sa conduite et la pureté de ses croyances. *Vie du Père de Ravignan*, par le Père Pontlevoy, t. II, p. 164.

— 420 —

toyable, parce que, s'il n'est jamais trop tard pour sauver une âme, il n'est jamais trop tard non plus pour sauver une société qui consent à être sauvée [1]. »

Le discours de Montalembert ne fut pas apprécié à sa juste valeur. « Soit qu'un tel débat fût épuisé pour lui, soit que sa parole accoutumée à braver les contradictions se prêtât mal à préconiser les accommodements, son discours trompa l'attente de ses amis [2] ». Lui-même le constatait dans son journal « .... 17 janvier 1850. Tout le monde me presse de parler. Je le fais, mais sans succès..... Je suis souvent applaudi par la droite, mais la gauche organise un système de conversations qui étouffent ma voix. Puis on trouve que je suis trop long.... Bref, je ne réussis pas et je crains, d'après ce que me disent plusieurs amis sincères, d'avoir nui à la loi ».

La postérité a rendu justice à Montalembert, son discours du 17 janvier est un des plus beaux morceaux de l'éloquence parlementaire.

Enfin, dans cette première délibération, les conservateurs furent représentés par Thiers. Dans un exposé d'une clarté lumineuse, l'orateur décrivit l'organisation de l'Université, loua ses professeurs, critiqua habilement son éducation, puis, caractérisa la légitimité des plaintes et des réclamations de l'Église. Il demanda pour elle la liberté. Pouvait-on l'exclure du droit commun? En terminant, Thiers montrait la religion et la philosophie, l'Église et l'Université, tour à tour dans l'histoire, ennemies ou en paix. « La religion et la philosophie, dit-il, sont nées le même jour, le jour où Dieu a mis la religion dans le cœur de l'homme et la philosophie dans son esprit; il faut qu'elles vivent ensemble, immortelles à côté l'une de l'autre, qu'elles ne se séparent pas, et que, dans les temps d'épreuve, elles cher-

---

[1] Séance du 17 janvier, *Moniteur* du 18, p. 200.
[2] Voy. de Meaux, *Montalembert*, p. 136.

chent à se rapprocher plutôt qu'à se détruire. C'est mon vœu, je crois qu'il est réalisé dans la loi [1] ».

Je n'ai point à parler ici des orateurs de second ordre qui se divisèrent la tâche. Il en est un cependant qui mérite d'être signalé, c'est M. de Parieu, ministre de l'Instruction publique, non pas à cause du discours qu'il prononça, mais bien à cause de l'influence qu'il exerça sur les modérés, en les ralliant tous en faveur du projet. « Ce qui était essentiel, c'était de prévenir toute défection dans la majorité; c'était de rallier dans une pensée commune les amis de l'Élysée peu empressés pour le projet, les conservateurs encore imbus de préjugés antireligieux, les indifférents qui s'intéressaient peu à cette querelle. L'union seule pouvait assurer le succès.... A cette cause de l'union, le Ministre rendit un mémorable service, en apportant à la tribune une déclaration très nette et très loyale en faveur de la loi [2]. »

A la suite de cette intervention, l'assemblée, par 455 voix contre 187, décida de passer à une seconde délibération du projet.

§ 3. — *La presse et la première délibération.*

Comment la presse appréciait-elle ce premier et intéressant débat ?

Le *Journal des Débats*, rompant enfin le silence obstiné qu'il avait gardé sur cette question, déclarait adhérer au projet, afin de voir unies les deux grandes fractions qui composaient le parti de l'ordre contre l'anarchie et le socialisme. « Le Gouvernement et la Commission se réunissent pour faire un appel à notre esprit de conciliation et pour nous présenter le projet de loi préparé par M. de Falloux comme une transaction équitable entre les droits de l'État et les droits de la liberté. A Dieu ne plaise que nous chicanions sur

---

[1] Séance du 18 janvier, *Moniteur* du 19, p. 211.
[2] De la Gorce, *Histoire de la Deuxième République*, t. II, p. 295.

l'étendue des concessions que l'on nous demande au nom de la société menacée, au nom du salut public ! Tout plutôt que le triomphe de l'anarchie et du socialisme [1]. »

La même feuille appréciait durement le discours de Victor Hugo, véritable déclaration de guerre à « l'esprit de paix et de concorde », et se félicitait du magnifique discours de Thiers. « La discussion peut continuer, mais nous ne voyons pas ce qu'elle peut ajouter aux considérations que l'orateur a développées avec tant de force et d'éclat sur cette grande réforme, sur son principe et ses conséquences [2] ».

Le *Journal des Débats* louait le discours de Montalembert [3] et l'alliance de l'ancien champion du parti catholique avec Thiers : « C'est un noble et beau spectacle de voir aujourd'hui ces deux glorieux athlètes oublier leurs dissentiments politiques, ajourner leurs anciennes querelles, pour se tendre une main amie, pour venir sceller l'un après l'autre, du haut de la tribune, ce pacte d'alliance qu'ils ont conclu pour défendre la société contre le danger qui la menace [4] ».

Le *Constitutionnel*, qui, nous l'avons vu, trouvait que le projet livrait l'État à l'Église, avait été pleinement convaincu par Thiers. « C'est une transaction que cette loi, disait-il, ou, si l'on veut, une œuvre de conciliation. Telle qu'elle a été expliquée, interprétée par M. Thiers, les consciences les plus scrupuleuses la peuvent accepter. Si nous avons pu hésiter, nous l'acceptons, quant à nous, dans ses grands principes, dans son organisation générale [5] ».

La *Presse*, organe avancé, prétendait que le vote de l'assemblée était tout à fait incohérent. « A qui, disait-elle, pourrait profiter cette loi ? Est-ce à l'Université ? — Non, car en lui conservant sa prépondérance, elle la dégrade de son autorité morale et de sa dignité. Est-ce au clergé ? — Non,

---

[1] *Journal des Débats*, 15 janvier 1850.
[2] Id., numéro du 19 janvier 1850.
[3] Id., numéro du 18 janvier 1850.
[4] Id., numéro du 19 janvier 1850.
[5] *Constitutionnel*, numéro du 19 janvier 1850.

car en lui ouvrant les portes de l'Université, elle l'admet au partage du monopole et l'oblige à bénir ce qu'elle a flétri. Est-ce à l'État ? — Non, car elle le place entre deux influences contraires, qu'il ne pourra ni concilier, ni dominer. Est-ce à l'enseignement ? — Non, car elle diminue les garanties de capacité sans les remplacer par l'émulation de la liberté [1]. »

L'*Univers*, quoique, d'après lui, le vote du 19 janvier ne signifiât rien et qu'il fallût attendre la deuxième lecture pour juger des dispositions de l'Assemblée, l'*Univers* attaquait le projet au lendemain de son adoption. « Reste à savoir si les catholiques jugeront, dans leur âme et conscience, qu'il faut passer outre et accepter le pacte léonin que l'Université veut bien leur consentir pour se débarrasser d'eux et leur permettre de se consacrer entièrement à la défense du grand parti de l'ordre ; reste à savoir s'ils accepteront ce triste gain d'une bataille de vingt ans ; s'ils ne croiront pas qu'il vaut mieux combattre vingt ans encore et toujours, plutôt que de transiger à ce prix. »

La *Liberté de penser* [2], par la plume de J. Simon, tentait un dernier assaut contre le projet de loi qui ne donnait pas la liberté, détruisait l'Université, compromettait le clergé. Le projet ne donne pas la liberté, disait J. Simon, parce que la juridiction exceptionnelle subsiste, que sa composition ne légitime pas son existence, et que c'est l'Université qui surveille encore les établissements libres. Il supprime les certificats d'études, mais ils l'étaient déjà par l'ordonnance de M. de Parieu. Il supprime l'autorisation préalable, mais elle l'était par la Constitution. Il ne donne pas la liberté. L'Université est atteinte par l'introduction d'éléments étrangers dans son Conseil, par la diminution de l'éclat de ses recteurs, par l'obligation dans laquelle se trouve le Ministre de prendre un tiers des rec-

---

[1] Journal la *Presse*, numéro du 20 janvier 1850.
[2] *Liberté de penser*, du 15 février 1850.

teurs et des inspecteurs généraux dans l'enseignement libre. Enfin, le projet de la loi compromet l'Église, qui n'obtient qu'un seul avantage, l'émancipation des petits séminaires.

En face de toutes ces réclamations, l'*Ami de la Religion* enregistrait le premier vote de la loi et se réjouissait « de cette manifestation si éclatante ». Les 455 voix que le projet a ralliées montrent bien, continuait le journal de Mgr Dupanloup, la fausseté des allégations des adversaires qui s'écriaient que « cette conciliation ne serait acceptée par personne ; qu'à l'assemblée même elle n'aboutirait, dès l'abord, qu'à ressusciter les divisions des anciens partis entre eux, et la ligue de tous les partis jadis hostiles à nos droits, contre la liberté, les droits et l'indépendance de l'Église. Eh bien, quoi de plus remarquable que la réunion plus compacte que jamais de tous les hommes, qui se sont dévoués presque exclusivement jusqu'ici au maintien de l'ordre matériel, ralliés aujourd'hui sur une question du plus éminent intérêt pour l'ordre moral[1] ! »

De cette rapide revue de la presse, il résulte que presque tous les journaux, sauf les organes révolutionnaires, comme « la *Presse* », ou purement universitaires, comme « la *Liberté de penser* », ou encore l'organe ultra-catholique « l'*Univers* », se réjouissaient du vote du projet de loi et acceptaient la liberté de l'enseignement sous la surveillance de l'État.

§ 4. — *Les Évêques et le projet.*

Que pensaient les Évêques du projet de loi ? On savait, avant le premier débat qui s'était déroulé devant l'Assemblée, que quelques évêques lui étaient hostiles. Les évêques de Chartres et de Nancy, de Séez, de Montauban, de Rouen, avaient, dans des lettres écrites à l'*Univers*, mani-

---

[1] *Ami de la Religion*, numéro du 20 janvier 1850.

festé le peu de confiance qu'ils avaient dans les réformes proposées ; mais, entre la première et la deuxième lecture, un document fut publié qui nous montre quels étaient les sentiments du Haut-Clergé sur l'œuvre de M. de Falloux. Plusieurs laïques, peinés de la division du parti catholique, avaient demandé au Pape la conduite à tenir et lui avaient adressé un mémoire. Cette démarche parvenue à la connaissance de quelques évêques, ceux-ci envoyèrent, à leur tour, au Saint-Père un mémoire accompagné d'une lettre où on lisait : « Cette loi, sans être parfaite, nous paraît préférable de beaucoup au déplorable *statu quo* sous lequel nous gémissons depuis si longtemps et où le rejet de la loi projetée nous laisserait peut-être indéfiniment. — Nous espérons, d'ailleurs, trouver dans notre zèle et le dévouement du clergé des moyens efficaces pour profiter des avantages considérables et certains qu'offre cette loi, pour arriver, avec le temps, aux améliorations désirables dont elle renferme le germe, et enfin pour prévenir et neutraliser les inconvénients qu'elle peut encore présenter [1]. »

Comptant comme opposants les prélats qui n'avaient pas, dès l'envoi du mémoire, adhéré à ses conclusions, l'*Univers* disait : « Sur 82 prélats qui composent l'épiscopat français, 35 acceptent plus ou moins le projet, tandis que 47 le repoussent ; ainsi, sur cette question dans laquelle sont engagés les droits et les intérêts les plus sacrés de l'Église, l'Épiscopat français est partagé à peu près par moitié. Nous soutenons que cela seul devrait suffire, sinon pour faire rejeter la loi, du moins pour la faire modifier profondément, pour ôter notamment les inconvénients que tous les évêques reconnaissent et que les plus favorables au projet n'acceptent que parce qu'ils croient pouvoir les neutraliser [2]. Cette lettre, disait-il ailleurs, est la condamnation du projet de loi, car la première condition d'une loi de cette nature

---

[1] Voy. cette lettre dans l'*Ami de la Religion*, du 6 février 1850.
[2] *Univers* du 6 février 1850.

était, pour les catholiques, d'être acceptée sans hésitation par tout l'épiscopat [1]. »

Plus tard, la grande majorité des évêques ayant adhéré au projet de loi, les critiques de Veuillot n'eurent plus aucune portée.

Section VI. — Les seconde et troisième délibérations. Vote de la loi.

C'est dans ces conditions particulièrement favorables que s'ouvrit, le 4 février 1850, la deuxième délibération sur le projet de loi Falloux. De nombreux discours furent prononcés à l'occasion du projet; deux seulement nous retiendront: celui de l'abbé Cazalès et celui de Bourzat développant son amendement ayant pour objet le refus aux congrégations non autorisées du droit d'ouvrir des écoles.

§ 1er. — *L'abbé Cazalès.*

L'Assemblée n'avait point encore entendu un membre dissident du parti catholique. L'abbé Cazalès monta à la tribune, le 7 février, et refusa nettement son concours au projet. La présence des prélats dans le Conseil supérieur lui paraissait absolument inacceptable et de nature à compromettre l'Église. Il craignait que la loi ne fût regardée comme une loi cléricale, et qu'elle n'excitât contre le clergé une réaction fâcheuse. N'était-ce pas, au surplus, un empiètement sur les droits de l'Épiscopat que cette disposition qui engageait l'Église elle-même, sans que ses pasteurs et ses chefs fussent consultés ?

Enfin, il demandait la pleine liberté de l'enseignement, seule capable de donner à l'Église, sur l'éducation, l'influence à laquelle elle avait droit. L'amendement Cazalès, qui

[1] *Univers* du 7 février 1850.

excluait du Conseil supérieur les archevêques et évêques, fut rejeté par 396 voix contre 230.

Les socialistes, montagnards et universitaires s'étaient comptés en votant l'amendement proposé.

La seconde discussion, que nous ne voudrions pas passer sous silence, eut pour objet les Jésuites.

§ 2. — *Thiers et la question des Jésuites.*

Thiers avait été convaincu par l'abbé Dupanloup dans la commission extra-parlementaire ; mais se souvenant de ses anciennes diatribes contre la compagnie de Jésus, il avait dit : « Le jour de la discussion, je me cacherai sous mon banc[1]. »

Il ne se cacha pas, il se montra. A la séance du 23 février, les représentants Bourzat, Savatier, Laroche, Sage et Cyras avaient proposé l'amendement suivant : « Nul ne pourra tenir une école publique ou libre, primaire ou secondaire, laïque ou ecclésiastique, ni même y être employé, s'il fait partie d'une congrégation religieuse non reconnue par l'État. Aucune congrégation ne pourra d'ailleurs s'établir que dans les formes et sous les conditions déterminées par une loi spéciale. La discussion de cette loi devra être précédée de la publication des statuts de la Congrégation et de leur vérification par le Conseil d'État, qui donnera son avis. »

A l'appui de son amendement, Bourzat prononça une violente diatribe contre les Jésuites. A l'entendre, les disciples de Saint-Ignace prêchaient le parricide, la haine de la famille, le communisme, etc. ; ils abdiquaient leur patrie ; c'étaient des étrangers ; enfin, rien n'y manquait, pas même le mot fameux de Dupin, comparant l'Institut à une épée dont la poignée est à Rome et la pointe partout. « Que ce doit être un grand châtiment pour M. Dupin, disait l'*Ami de*

---

[1] De la Gorce. *Histoire de la Deuxième République,* t. II, p. 299.

la Religion, de voir ses anciennes boutades au service de M. Bourzat et son esprit usurpé par la Montagne[1] ».

A ce discours violent et haineux, Mgr Parisis répondit. Évêque, l'orateur exprima les sentiments de l'Église et de tous les catholiques à l'égard des Jésuites ; il montra les services rendus par la Congrégation, son héroïsme durant le choléra, son apostolat dans les bagnes. « L'Église, s'écria-t-il, l'Église, en voyant ses enfants ainsi persécutés, réclame la solidarité de leur cause ! Et, quels que soient les avantages que lui offre la loi nouvelle, elle y renoncerait plutôt que de les acheter au prix de la proscription ».

L'évêque de Langres avait parlé au nom de l'Église. Thiers voulut défendre les Jésuites au nom de la Commission. Son discours, d'une clarté et d'une limpidité parfaites, produisit sur l'auditoire une profonde impression. J'en cite le passage suivant : « La Constitution dit : L'enseignement est libre, tout le monde pourra exercer l'enseignement sous conditions de moralité et de capacité. Eh bien, faites-vous membres de la Commission, et figurez-vous quelle réponse elle pouvait faire aux anciens partisans de la liberté d'enseignement, qui disaient : Tout le monde peut enseigner. Or, voici un ecclésiastique contre la moralité duquel aucune objection ne s'élève, dont la capacité a été prouvée devant les autorités compétentes, peut-on lui dire, avec la Constitution existante, avec les ordonnances de 1828, que j'ai fort approuvées en leur temps, dont j'ai demandé l'application, peut-on lui dire : appartenez-vous à telle ou telle congrégation ?..... Eh bien, pour nous, lorsque la loi n'avait prononcé aucune exclusion, par un motif quelconque, pouvions-nous en ajouter une à la loi ? Oh ! alors, nous aurions mérité le reproche que vous nous adressez d'avoir fait une loi menteuse, une loi qui, en stipulant la liberté, en mettait le titre dans la loi, et ne la donnait pas en réalité. Non, lorsque nous avons, avec la Constitution, exigé des preuves

---

[1] *Ami de la Religion,* numéro du 24 février.

de moralité et de capacité, nous ne pouvions pas en exiger d'autres, sous peine d'inconséquence. Il en est résulté que nous ne pouvions pas, dans la loi, déclarer en vigueur les ordonnances de 1828 ; nous ne le pouvions pas, et c'est pour cela que nous nous taisons. Messieurs, il faut qu'il n'y ait ici aucun doute, aucune obscurité. Un individu laïque ou ecclésiastique se présente. Ces deux preuves exigées, par lui faites, il n'y a plus rien à lui demander. S'il porte la robe de prêtre, on ne peut pas lui demander s'il appartient à telle ou telle congrégation. Cela ne se peut pas. Je sais que toute la question n'est pas là. Aussi veut-on nous faire résoudre une question que nous n'avons pas entendu résoudre, celle de l'existence des associations religieuses en France. Eh bien ! de ce qu'un chef d'établissement pourra avoir chez lui un professeur qui sera peut-être affilié à une association religieuse non reconnue par l'État, disons le mot, qui sera Jésuite, de ce qu'on ne pourra pas, à titre de Jésuite, lui interdire l'enseignement, avons-nous résolu la question des congrégations religieuses en France ? Non, nous ne le pouvions pas ; ce n'était pas notre rôle. Ce n'est pas que nous ayons craint les difficultés. Il me semble qu'à la manière dont nous les avons observées toutes, nous ne nous sommes pas conduits en hommes timides qui craignaient les difficultés. Non, j'ai la prétention, avec la vérité et la sincérité, de n'en craindre aucune. Eh bien, non ; nous n'en avons évité aucune ; mais nous serions sortis de notre rôle, nous en aurions usurpé un autre, si nous avions voulu, comme on vous le propose dans l'amendement de M. Bourzat, faire deux lois en une, faire avec une loi d'enseignement une loi des associations [1]. »

L'amendement Bourzat fut rejeté par 450 voix contre 148.

Ce vote avait une haute portée. Non seulement il assurait à tous les citoyens, même aux Jésuites, la possibilité de créer des écoles libres, mais encore, par l'abolition tacite

[1] Séance du 23 février 1850, *Moniteur* du 24.

des ordonnances de 1828, c'était l'affranchissement des petits séminaires : plus de limitation au nombre des élèves, plus d'obligation de costume, plus de prohibition de recevoir des externes, plus d'agrément du Gouvernement pour les directeurs, et exemption de tout grade et brevet pour les directeurs et professeurs ; enfin, faculté pour eux de recevoir des dons et legs.

La solution de cette question était la clef de voûte de la loi. L'amendement rejeté, l'Assemblée adopta à la hâte les autres articles, et le 26 février, l'Assemblée, par 436 voix contre 205, décidait de passer à une troisième délibération.

§ 3. — *Vote de la loi.* — *La presse.*

En trois ou quatre séances, l'Assemblée acheva l'élaboration définitive de la loi, et, le 15 mars, 399 voix contre 237 l'adoptaient.

Pour arriver à ce résultat, que de temps, que de peines il avait fallu [1] ! Le parti catholique était divisé. Montalembert n'en était plus le chef ; telles étaient les pertes de la bataille ; mais la liberté avait vaincu !

La presse, au lendemain du vote de la loi, restait toujours divisée. « La voilà donc enfin résolue cette question si difficile et si délicate, disait le *Journal des Débats*. La voilà votée cette loi qui a tant divisé les esprits et soulevé des passions si vives !..... Nous l'avons dit au début et nous le répétons au terme de cette discussion, la loi qui vient d'être votée n'est pas telle que nous l'aurions voulue, si nous n'avions écouté que nos convictions et nos sympathies anciennes..... La loi a été présentée comme un traité de paix, comme une

---

[1] « L'appui donné par Montalembert à la transaction de 1850, lui coûta sa position à la tête de l'armée qu'il avait formée, qu'il vit se rompre et se tourner en partie contre lui, mais assura le succès de sa cause. S'il avait eu moins de perspicacité ou moins d'abnégation, si après avoir lutté il avait refusé de traiter, la lutte serait demeurée sans résultat. » (Voy. de Meaux, *Montalembert*, p. 142.

transaction, un concordat..... Son adoption sera considérée comme un gage de réconciliation entre les deux grandes fractions de la majorité, entre celle qui a voté la loi par conviction et par principe et celle qui l'a votée par esprit de transaction, de paix et de concorde. C'est à ce point de vue surtout que le vote d'aujourd'hui nous paraît heureux et qu'il peut exercer une grande et salutaire influence [1]. »

Le journal l'*Opinion publique* tenait à peu près le même langage : « Nous n'avons pas choisi la loi comme excellente, nous l'avons acceptée comme meilleure que ce qui existait, et comme l'expression assez fidèle de ce qu'on pouvait obtenir dans les circonstances difficiles où nous nous trouvions. »

L'*Univers* persévérait dans sa manière de voir : « Nous avons combattu la loi sans relâche, avec toute la vigueur que nous pouvions y mettre et avec une persévérance égale à notre conviction. Nous aurions voulu la faire rejeter, parce que nous la croyons mauvaise; nous n'avons même pas pu l'améliorer. Elle sort du scrutin pleine de toutes les obscurités, de tous les inconvénients, de tous les périls que nous y avions signalés. Elle fait à l'Église une situation difficile et dangereuse; elle consolide l'Université; elle recule, pour bien longtemps peut-être, ce jour de la liberté dont nous avions cru un moment saluer l'aurore..... Plaise à Dieu que nous n'en soyons pas bientôt à regretter le *statu quo*..... Notre responsabilité est dégagée, nous le proclamons une dernière fois[2]. » « Vous avez sacrifié les principes, disait quelques jours plus tard cette feuille..... Vous avez livré au jugement de l'État l'enseignement ecclésiastique..... Vous avez immolé les libertés municipales sur l'autel de l'État..... Vous avez créé une armée d'instituteurs, de professeurs, d'inspecteurs, de recteurs, tous fonctionnaires pour propager, jusque dans le dernier village, les enseignements em-

---

[1] *Journal des Débats*, numéro du 16 mars 1850.
[2] *Journal de l'Univers*, numéro du 17 mars 1850.

poisonnés de l'État, pour empêcher que, dans les établissements particuliers, on puisse donner des enseignements contraires[1]. »

Le *National* continuait ses déclamations contre le clergé : « Que nous ont-ils donné, M. Thiers et M. de Montalembert, nos deux maîtres, sous ce nom de liberté d'enseignement? D'abord, ils ne nous ont pas donné un atome de liberté. Qu'est-ce que la liberté d'enseignement, sinon la destruction du monopole? Or, de ce qui avait autrefois constitué le monopole universitaire, il ne restait debout, quand la loi est venue en discussion, que deux choses : la surveillance et la juridiction de l'Université sur les écoles libres. Cette surveillance et cette juridiction, la loi les conserve et les aggrave..... Au lieu d'obéir à la Constitution qui décrétait la liberté d'enseignement, M. Thiers et M. de Montalembert n'ont fait qu'une chose, ils ont ôté le gouvernement de l'éducation à l'État, pour le donner, agrandi et fortifié, aux Congrégations. A l'heure qu'il est, les Congrégations sont deux fois maîtresses de l'enseignement en France, car la loi vient de leur livrer tout ensemble l'enseignement libre et l'enseignement public. »

Seul, l'*Ami de la Religion* entonnait le chant de la victoire. Il avait toujours défendu la loi, tout en déclarant qu'elle n'était point l'idéal. C'était une loi imparfaite qui triomphait, mais qui, en tous cas, valait mieux que le *statu quo*. « Ainsi, la voilà achevée cette œuvre qui a rencontré tant de contradictions et d'obstacles. La voilà rendue la première loi d'instruction qui soit sortie de l'Assemblée législative. Elle a sans doute, comme toute création humaine, de nombreuses imperfections; elle n'a pas la prétention de réaliser l'idéal; elle est ce qu'elle pouvait être en ce temps, en ce pays, sous la Constitution de 1848. Le régime qu'elle inaugure, c'est, pour les établissements privés, pour les familles, pour les congrégations religieuses, c'est la liberté. Pour

---

[1] *Univers*, numéro du 20 mars 1850.

les établissements publics, c'est l'amélioration et la réforme[1]. »

§ 4. — *La loi de 1850.*

Quelles étaient donc les principales dispositions de la loi? Je n'ai pas l'intention d'insister longuement sur ce point; j'ai étudié le projet d'une façon assez complète, il est donc inutile de tout examiner. Il faut seulement noter les compléments et les rectifications apportées par l'Assemblée.

La loi, comme le projet, s'occupait : 1° de l'instruction primaire; 2° de l'instruction secondaire; 3° de l'Université; 4° des Conseils préposés au gouvernement de l'instruction.

A. *Instruction primaire*

Le projet de loi accordait le droit d'ouvrir une école libre à tout Français de vingt-un ans, muni d'un brevet de capacité ou d'un certificat de stage. Par suite d'un amendement de la Commission, remanié par le représentant d'Ollivier, ce droit fut étendu :

1° A tout Français muni d'un certificat constatant qu'il avait été admis dans une des écoles spéciales de l'État;

2° A tout ministre non interdit, ni révoqué, de l'un des cultes reconnus par l'État.

Ces divers candidats doivent se soumettre aux formalités à remplir avant de pouvoir exercer le droit que la loi leur reconnaît (déclarations, dépôt de pièces, etc.). L'ouverture des pensionnats primaires reste subordonnée aux conditions exigées par le projet.

La Commission chargée de délivrer les brevets de capacité était nommée par le Conseil académique lui-même (et non plus comme le prescrivait le projet, par le ministre, sur la proposition du Conseil). Un inspecteur d'arrondissement et un ministre du culte auquel appartenait le candidat, en faisaient nécessairement partie.

[1] *Ami de la Religion*, 16 mars 1850.

Les mêmes autorités, que le projet instituait pour surveiller l'enseignement primaire, étaient établies par la loi (délégués du Conseil académique, Inspecteurs).

Enfin, la loi édictait des peines contre les individus ouvrant des écoles en contravention aux règles qu'elle posait. Les tribunaux correctionnels connaissaient de ces délits. En cas de faute grave dans l'exercice de ses fonctions, d'inconduite ou d'immoralité, l'instituteur libre pouvait être traduit devant le Conseil académique et frappé, sans appel, d'une interdiction à temps, ou avec appel au Conseil supérieur, d'une interdiction absolue.

B. *Instruction secondaire.*

Les dispositions du projet de loi relatives à l'ouverture des établissements libres d'instruction secondaire passèrent sans modification dans la loi. Un seul texte demande une explication : c'est l'article 70, qui stipule que les écoles secondaires ecclésiastiques n'étaient soumises qu'à la surveillance de l'État.

Nous avons dit plus haut en quoi consistait l'affranchissement des petits séminaires, dû à l'abrogation tacite des ordonnances de 1828. C'était pour le clergé un immense avantage, que ne détruisait pas la surveillance sous laquelle tombaient les petits séminaires, surveillance que la Constitution ordonnait d'exercer, et pour l'exercice de laquelle le Gouvernement devait, suivant le rapporteur de la loi, « se concerter avec les évêques ».

C. *Des Conseils et autorités préposés à l'enseignement.*

Rien n'était changé à la composition du Conseil supérieur de l'Instruction publique, si ce n'est que quatre évêques, au lieu de trois, prenaient place dans la section non permanente, ainsi qu'un Membre du Consistoire central israélite.

Le Conseil académique établi auprès de chaque Académie avait pour fonctions : de donner son avis sur l'état des différentes écoles établies dans le département ; de prononcer, sauf recours au Conseil supérieur, sur les affaires contentieuses relatives..... à l'ouverture des écoles libres, aux droits des maitres particuliers, et à l'exercice du droit d'enseigner et... sur les affaires disciplinaires relatives aux instituteurs primaires, publics ou libres.

Telle était la loi de 1850 qui « devait rester la loi la plus favorable à l'Église que les catholiques aient connue dans ce siècle [1] ».

§ V. — *Fin apparente de la scission du parti catholique. Résultats de la loi.*

Après s'être prolongée quelques semaines après le vote de la loi, la division des catholiques cessa au moins en apparence. Le 15 mai, le Nonce apostolique envoya aux évêques une circulaire où on lisait les appréciations suivantes sur la loi : .....

« Le Très-Saint-Père a vu avec une bien vive satisfaction les améliorations et les modifications qui ont été apportées dans cette loi..... Les circonstances dans lesquelles se trouve actuellement placée la société, sont d'une nature si grave, qu'elles demandent que, de toutes ses forces, on cherche à la sauver. Pour atteindre ce but salutaire, le moyen le plus sûr et le plus efficace, est d'abord l'union d'action dans le clergé..... Le Saint-Père ne cesse pas de conjurer tous les bons, non seulement de faire preuve de patience, mais aussi de rester unis, afin que les vénérables évêques avec leur clergé *unum sint;* ..... C'est seulement en vertu de cette union que l'on pourra obtenir les avantages qu'il est donné d'espérer de la nouvelle loi, et écarter au moins, en grande partie, les obstacles pour de nouvelles améliorations [2]. »

---

[1] A. Leroy-Beaulieu, *op. cit.*, p. 149.
[2] Voy. cette lettre. *Ami de la Religion* et *Univers*, 18 mai 1850.

L'union, voilà ce que le Saint-Père demandait. Elle allait s'accomplir ; malheureusement elle n'était pas sincère, car, rompue quelque temps après, elle ne devait plus jamais se renouer.

L'*Ami de la Religion* voyait dans cette lettre la consécration de sa conduite passée : « Rome a parlé, la cause est finie ! C'est le premier sentiment qui doit aujourd'hui s'échapper de notre cœur, sentiment de joie profonde, de vénération et de reconnaissance sans bornes..... La décision suprême du Père commun des fidèles est pour nous la règle irréformable de notre conscience, et la plus précieuse et la plus intime consolation de notre âme[1]. »

L'*Univers* désarmait devant les paroles du chef de l'Église. « Plus notre opposition a été vive, dit-il, plus il importe qu'aucun nuage ne puisse s'élever sur la sincérité et l'intégrité de notre soumission aux directions du vicaire de Jésus-Christ[2]. »

Le pape ne se contenta pas d'approuver la loi. Il fit exprimer à MM. de Montalembert, de Falloux et le comte Molé, toute sa satisfaction pour la part qu'ils avaient prise à la confection de la loi, et par cet acte ratifiait la conduite de la fraction du parti catholique qui avait suivi l'*Ami de la Religion*.

Le résultat de la loi dépassa, au point de vue pratique, toutes les espérances.

Le ministre, M. de Parieu, voulait l'exécution franche et complète de la loi :

« Je mettrai au premier rang de vos obligations, écrivait-il aux recteurs, le sincère respect de cette liberté, qui est, pour ainsi dire, le principe de la loi nouvelle. Conçue et adoptée dans l'intention avouée d'affranchir l'enseignement privé de la tutelle de l'État, cette loi ne conserve aucune des barrières que l'ancienne législation avait établies. Elle

---

[1] *Ami de la Religion,* 18 mai 1850.
[2] *Univers,* 24 mai 1850.

consacre tout à la fois la liberté des pères de famille et celle du citoyen, qui peut désormais, sans autorisation préalable, se livrer à l'éducation de la jeunesse..... En appliquant une législation aussi libérale d'une manière conforme à l'esprit qui l'a dictée, votre administration ne sera pas seulement tolérante, elle saura se montrer au besoin bienveillante et protectrice. Partout où vous verrez la jeunesse élevée selon les principes de l'ordre, de la morale et de la vertu, vous saurez que là existe une institution utile au pays et dont la prospérité doit vous être chère[1]. »

Un Comité de l'enseignement libre se forma en août 1850, dans le but d'obtenir de la loi tout ce qu'elle pouvait donner au point de vue de la liberté, de secourir les établissements pauvres, de seconder ceux qui prospéraient, enfin de guider les fondateurs.

Les établissements universitaires s'améliorèrent sous l'aiguillon de la concurrence. Les établissements libres se multiplièrent ; en deux ans, il s'en créa 257 !

Dans les Conseils, les représentants de l'enseignement libre furent accueillis avec une grande déférence. Et cependant la loi de 1850 avait divisé les catholiques. Montalembert avait dit du haut de la tribune : « J'offre à l'Église mon impopularité comme un dernier hommage[2] ». Les chefs du parti catholique sortaient de la lutte diminués, et voyaient, sous leurs yeux, l'armée qu'ils avaient réunie se dissoudre et se disperser.

---

[1] Circulaire du 27 août 1850.
[2] Séance du 17 janvier 1850. *Moniteur*, p. 200.

RÉSUMÉ.

La liberté d'enseignement, réclamée pour la première fois par l'opinion sous la Restauration, fut promise par la Charte de 1830, œuvre des libéraux.

Après une première campagne menée contre le Monopole Universitaire, et dont l'épisode le plus saillant fut la tentative de *l'École libre,* la loi du 28 juin 1833 organisa la liberté de l'enseignement primaire, et on put espérer que la liberté de l'enseignement secondaire serait bientôt consacrée. Peu d'esprits songeaient alors à la liberté de l'enseignement supérieur.

De nombreux projets organisant la liberté de l'enseignement secondaire furent présentés aux Chambres, mais ils amenèrent de la part du parti catholique organisé, uni et dirigé par Montalembert, des protestations et des critiques qui les firent échouer.

La presse, les pamphlets et les remontrances des évêques contribuèrent à ce résultat, en même temps que les nombreuses pétitions qui furent adressées aux Chambres et les superbes discours des chefs du parti comme Montalembert, de Carné et de Tracy.

Si le parti catholique fut hostile à tous les projets présentés, c'est que tous tranchaient dans un sens jugé défavorable aux intérêts religieux deux questions intimement liées à l'organisation de la liberté d'enseignement, la question des petits séminaires et la question des congrégations non autorisées.

Ce ne fut qu'avec la seconde République accueillie avec joie par le Clergé, et grâce aux alliances qu'une fraction importante du parti catholique contracta avec le parti libéral effrayé par le développement du socialisme, que la liberté de l'enseignement secondaire put enfin être proclamée et organisée par la loi du 18 mars 1850, qui trancha au mieux des intérêts catholiques les questions des petits séminaires et des congrégations religieuses.

Si le parti catholique obtint la liberté de l'enseignement secondaire, il sortit de la lutte divisé et amoindri par suite de la défection de Louis Veuillot et des catholiques intransigeants, qui, partisans de la liberté absolue, ne voulaient point admettre les droits de l'État. La reconnaissance de ces droits était exigée des libéraux et leur concours n'était promis que si le projet permettait à l'Etat de surveiller les écoles libres et de se rendre compte du niveau de l'instruction par la collation des grades.

La défection des amis de Veuillot n'entraîna pas heureusement l'échec du projet, et la liberté de l'enseignement secondaire fut consacrée définitivement par la loi de 1850.

CINQUIÈME PÉRIODE

Le Second Empire et l'Assemblée Nationale

Conquête de la liberté de l'Enseignement supérieur.

Le Coup d'État du 2 décembre n'avait pas créé l'Empire, mais il le faisait pressentir. C'était bien encore un président de la République qui était chef du pouvoir exécutif, mais un président dictateur. Que devait faire le prince pour l'Université ? L'oncle en avait fait un instrument de règne ; le neveu la trouvait démantelée, gouvernée par un Conseil électif, partageant son droit d'enseignement avec l'Église. Il était naturel qu'il en ressaisît la direction. Le décret-loi du 9 mars 1852 la remit entre les mains du président.

CHAPITRE I.

La liberté de l'Enseignement sous le Second Empire.

Section I. — Reprise par l'État de la Direction de l'Enseignement.

§ 1ᵉʳ. — *Décret du 9 mars 1852.*

Les législateurs de 1850 avaient couronné leur œuvre en donnant le gouvernement de l'instruction publique et privée à un Conseil composé des éléments représentant les diverses forces sociales : Episcopat, Magistrature, Conseil d'Etat, Institut et Corps enseignant.

Pour que ce Conseil eût autorité et indépendance, tous ses membres, sauf les universitaires, étaient élus et avaient un mandat de six années consécutives. Pour qu'il pût exercer une action continue, le Conseil renfermait une section permanente que le ministre devait consulter dans des cas déterminés.

Le décret de 1852 supprime l'élection comme mode de recrutement des membres du Conseil supérieur. C'est le Président de la République qui dorénavant les nomme et les révoque. Plus de section permanente et, d'autre part, le Président s'arroge le pouvoir disciplinaire sur les membres de l'enseignement public.

Par ces deux dispositions, le décret retire ses plus solides garanties à la liberté d'enseignement et enlève à l'Université, avec l'inamovibilité des professeurs, la règle tutélaire qui préservait son indépendance. « Une décision ministérielle, renouvelée chaque année, et toujours révocable, désigne tous les conseillers ; dès lors, plus de véritable indépendance dans le Conseil, plus de contrôle appliqué ou de résistance opposée par lui aux résolutions ministérielles. Le Conseil ne représente plus l'esprit général de la société, mais la volonté particulière d'un ministre qui l'a choisi pour être l'écho de sa voix et l'exécuteur de ses ordres [1]. »

La presse, sans oser dire toute sa pensée, laissait percer le blâme dans ses appréciations sur le décret de 1852.

« Ce décret, disait le *Journal des Débats*, contient des dispositions d'une extrême gravité. Le principe de l'inamovibilité qui était pour le corps enseignant ce qu'il est pour la magistrature et pour l'armée, une garantie que rien à nos yeux ne saurait remplacer, est supprimé d'une manière absolue [2] », et, la feuille quasi-officielle, déplorait la suppression de la section permanente du Conseil supérieur et le pouvoir disciplinaire que s'arrogeait le Président.

L'*Union* et l'*Univers* critiquaient plus vivement encore le décret du 9 mars :

« Voyez, disaient ces journaux, si nous étions, nous, des ennemis de l'Université, lorsque nous disions que l'Université n'avait de vie propre que dans un système de liberté où chaque corps exerçant sa juridiction sur lui-même, répondait, devant l'Etat et devant la Société, de sa conduite, de sa doctrine. C'est là tout ce que nous voulions ; nous le voulions pour l'Université, nous le voulions pour l'Eglise, mais en cela nous choquions l'esprit du monopole qui trouvait plus digne et plus fière l'existence d'un corps enseignant consentant à être sans liberté, pourvu qu'il fût pour autrui un instrument de servitude. L'Université est hors de cause, c'est l'Etat qui est maître [3]. »

---

[1] De Broglie. Rapport présenté le 27 juin 1871, à l'Assemblée nationale. De Beauchamp, *op. cit.*, t. II, p. 85.
[2] *Journal des Débats*, 11 mars 1852.
[3] *Univers* du 11 mars 1852.

§ 2. — *Projet sur l'Instruction publique.*

Le décret de 1852 n'est point la seule preuve de la volonté du Président de ressaisir les droits de l'Etat. Le ministre, M. de Fortoul, avait, dans le courant de cette même année, soumis au Conseil d'Etat un projet de loi sur l'instruction publique qui, nous allons le voir, affaiblissait singulièrement l'œuvre entreprise en 1850. De ce projet, une partie seule fut plus tard convertie en loi. Les partisans de la liberté peuvent se féliciter d'avoir échappé, par suite de circonstances inconnues, à la ruine de la loi de 1850.

Ce projet du Gouvernement remis au Conseil d'Etat en avril 1852 [1], non seulement abolissait les circonscriptions académiques établies par la loi de 1850 et qui, en amoindrissant le pouvoir des recteurs, avaient accru l'autorité des évêques, mais abolissait complètement la liberté de l'enseignement.

Pour ouvrir une école primaire, le citoyen de vingt et un ans devait être muni d'une autorisation préalable (art. 10) et toujours révocable.

Cette autorisation était accordée :

1º Par le préfet, l'inspecteur d'académie entendu, à des instituteurs laïques dont la moralité aurait été reconnue et qui seraient pourvus, soit d'un certificat de stage, soit d'un brevet de capacité, soit d'un diplôme de bachelier :

2º Par les évêques dans l'étendue de leur diocèse, à des ecclésiastiques ou à des membres des congrégations religieuses vouées à l'enseignement et autorisées par la loi, ou reconnues comme établissements d'utilité publique. A défaut de cette autorisation, l'instituteur particulier était poursuivi devant les tribunaux, en vertu de la loi du 15 mars 1850.

L'Etat conservait, bien entendu, son droit de surveillance

---

[1] Voir le texte de ce projet dans Liard. *L'enseignement supérieur en France,* t. II, pp. 418 et suivantes.

qu'il faisait exercer par le service de l'inspection confié dans chaque département à l'inspecteur d'académie. Ce fonctionnaire était secondé dans cette mission par le juge de paix du canton et un certain nombre de délégués nommés par le préfet en conseil départemental.

Le maire et le curé dans chaque commune étaient préposés à la surveillance directe des écoles primaires publiques et privées, et le pasteur ou rabbin jouissaient des mêmes droits que les curés. Les écoles libres de filles pouvaient se constituer en observant les mêmes formalités que pour les écoles primaires de garçons.

Pour ouvrir et diriger un établissement secondaire, le Français de vingt-cinq ans devait encore justifier d'une autorisation préalable accordée : 1° Par les recteurs, après enquête sur la convenance du local, à des candidats pourvus du diplôme de bachelier et dont la moralité aurait été constatée ; 2° par les évêques, dans l'étendue de leur diocèse, pour les établissements tenus par les ecclésiastiques. L'inspection des écoles secondaires ecclésiastiques était confiée aux inspecteurs généraux seuls.

La liberté d'enseignement était, on le voit, absolument détruite par ce projet. Pour quelles raisons ne fut-il pas discuté ?

Nous croyons pouvoir dire que ce fut par suite du rejet qu'il subit de la part du Conseil d'État. Nous fondons cette assertion sur un discours que M. de Mortemart prononça au Corps législatif le 26 mai 1854, dans lequel il attaquait un projet sur l'Instruction publique, dont nous allons nous occuper.

« Il y a deux ans, disait l'orateur, un projet de loi, analogue à celui que la Chambre discute aujourd'hui, fut présenté au Conseil d'État qui le repoussa », et il exprimait le regret que ce Corps ait cru devoir revenir sur ses dispositions à cet égard [1].

[1] Séance du Corps Législatif du 26 mai 1854, *Moniteur* du 28, p. 582.

§ 3. — *Loi de 1854.*

Quelle était donc cette loi que le Corps législatif discutait en 1854? C'était la consolidation du décret du 9 mars 1852, par conséquent l'achèvement de l'œuvre ayant pour but de « fortifier l'enseignement de l'État[1] ».

Ce projet de loi se composait de deux titres. Par le premier, la France était divisée en seize circonscriptions académiques administrées par un recteur, assisté d'autant d'inspecteurs qu'il y avait de départements dans l'Académie.

Auprès de chaque recteur se trouvait un Conseil académique, dont les membres appartenaient en majorité à l'Université, un évêque et quelquefois deux membres du clergé catholique.

Au chef-lieu de chaque département, un Conseil départemental de l'instruction publique, qui exerçait, en ce qui concernait les affaires de l'instruction primaire et les affaires contentieuses et disciplinaires relatives aux établissements particuliers d'instruction secondaire, les attributions déférées aux Conseils académiques par la loi de 1850.

Enfin le Préfet exerçait les fonctions des anciens recteurs en ce qui concernait l'enseignement secondaire libre, ainsi que la surveillance disciplinaire en matière d'instruction primaire, publique ou libre.

Le titre II séparait les établissements d'enseignement supérieur de l'instruction publique et en faisait un service spécial ayant un budget particulier.

C'était, on s'en rend compte, le titre Ier qui était le plus important en ce qui touche la liberté de l'enseignement.

La loi de 1850, un orateur le rappela[2], avait eu un double but : supprimer certains obstacles vieillis, comme l'autorisation préalable et les certificats d'études, et substituer au

---

[1] Rapport de G. Langlois au Corps Législatif.
[2] Le baron A. Lemercier. Séance du 26 mai 1854, *Moniteur* du 28 mai, p. 583.

monopole universitaire l'action de la Société tout entière. Pour réaliser ce but on avait fait appel « à toutes les forces vives de la Nation » centralisées dans un Conseil au chef-lieu du département. Que faisait le projet ? A ne considérer que la logique, la liberté n'avait pas à en souffrir ; mais si on pénètre dans les vues du ministre, on s'aperçoit que, substituer au recteur de 1850, qui était un recteur amoindri et « impuissant à exercer la direction et la surveillance de l'instruction supérieure et de l'instruction secondaire[1] », un recteur dont l'autorité sera, dans l'administration de l'instruction publique, égale à celle que les Premiers Présidents et Procureurs généraux possèdent dans l'administration judiciaire, c'était altérer, dans une de ses pensées principales, la loi de 1850. Que deviendraient les Conseils départementaux en présence de ce puissant recteur et en présence du Conseil académique, où le Corps enseignant avait la majorité ?

En vain, plusieurs membres du Corps législatif demandèrent la présence, dans le Conseil académique, de tous les évêques de la circonscription : ils ne purent même pas obtenir que l'unique prélat qui devait en faire partie ne fût pas nommé par le ministre. Les débats d'une loi si importante durèrent deux séances[2]. Certains députés dénoncèrent le péril et montrèrent l'atteinte grave portée à la loi de 1850 par le projet ; il n'en fut pas moins adopté par 200 voix contre 39.

Le Gouvernement avait pressenti une opposition plus sérieuse et, dès le lendemain de la publication de l'exposé des motifs, le *Moniteur* publiait un long article dans lequel on s'efforçait de démontrer que « sans affaiblir en rien les garanties que la loi du 15 mars 1850 avait accordées à la liberté, la loi nouvelle se proposait d'introduire dans le Gou-

---

[1] Exposé des motifs. *Moniteur*, t. 1, p. 466.
[2] Voy. Débats de la loi de 1854, séances des 26 et 27 mai, *Moniteur* des 28 et 29, pp. 582 et suiv.

vernement des écoles de l'État, des changements qui n'étaient ni une mesure politique, ni un expédient de circonstance [1] ».

Dans la presse catholique, les réclamations furent vives. Le *Correspondant*, bien plus tard il est vrai, en 1862, à la suite d'un conflit survenu entre un Préfet et un Conseil municipal, regrettait la suppression des recteurs départementaux et la substitution de l'autorité préfectorale aux Conseils académiques. « La loi de 1850 était une loi de liberté parce qu'elle était une loi de décentralisation [2] », et en 1867, lors d'une étude sur la liberté de l'enseignement, cette revue critiquait les dispositions du décret de 1852 et la loi de 1854 [3].

Telles furent, pendant la première période de l'Empire, les dispositions qui touchèrent à la liberté de l'enseignement. La loi de 1850, dans son ensemble, restait debout et répondait aux espérances qu'on avait conçues. De 1850 à 1854, le nombre des établissements libres s'était élevé de 914 à 1.081, avec 63,657 élèves au lieu de 53,000. Les Maristes, les Jésuites, avaient fondé un assez grand nombre de maisons. Le P. Lacordaire avait reconstitué le célèbre collège de Sorèze, qui devait en quelques années s'élever à un haut degré de prospérité, et fondé, à côté des Dominicains prêcheurs, un tiers ordre enseignant dont les progrès devaient être fort rapides. Enfin les abbés Petitot et Gratry avaient renouvelé l'ancienne congrégation de l'Oratoire, dont le but était la prédication et l'éducation de la jeunesse.

Section II. — La liberté de l'Enseignement supérieur sous le Second Empire.

§ 1. — *État de la question en 1868.*

On avait conquis la liberté de l'enseignement primaire et la liberté de l'enseignement secondaire. N'avait-on pas songé

---

[1] Voy. *Moniteur*, 29 avril 1854, p. 469.
[2] *Correspondant*, 25 mai 1862, p. 183.
[3] *Correspondant*, 25 mai 1867, pp. 141 et suiv.

à la liberté de l'enseignement supérieur? On se tromperait beaucoup si l'on croyait que l'ancien parti catholique n'avait point porté son attention sur cet enseignement qui couronne une éducation et dispose le jeune homme aux luttes de la vie. Mais on avait divisé la question. On avait senti que si l'on demandait tout à la fois, on risquait de compromettre le succès en s'attardant à « l'épineux problème de la collation des grades, que les uns réclamaient comme un corollaire inévitable de la liberté, et que les autres voulaient retenir comme un droit imprescriptible de l'État[1] ».

Le premier, à notre connaissance, l'*Univers*, avait réclamé la liberté de l'enseignement supérieur en 1844[2], au milieu des luttes ardentes engagées autour de la liberté de l'enseignement secondaire. « Qu'a-t-on répondu depuis quatorze ans aux réclamations des citoyens pour l'exécution des promesses de la Charte et la liberté d'enseignement? On prépare une loi sur cettte matière. On a dit cela en 1835, en 1841, on le disait encore en 1843, et après quatorze ans de travail, d'études, de méditations, de revisions, de corrections et de recorrections, on apporte, quoi? Une loi sur l'enseignement secondaire, où il n'est même pas question de liberté. Quant à la liberté de l'enseignement supérieur, on l'a oubliée tout à fait. C'était naturel ; on était tellement préoccupé des Jésuites, des petits séminaires, qu'on a laissé de côté tout le reste. Ne désespérons pas, toutefois; encore quatorze ou quinze ans de réflexions et la liberté de l'enseignement supérieur aura son tour, pourvu qu'on songe à la demander en ce temps-là. La solution de cette partie de la question n'est pourtant pas moins nécessaire que la solution de l'autre. Tandis que le Gouvernement paie des professeurs au Collège de France et dans les Facultés universitaires pour insulter toutes les religions, d'un autre côté, il empêche les cours de philosophie et d'économie politique que des philo-

---

[1] Liard, *op. cit.*, p. 300.
[2] Voy. *Univers*, numéro du 24 février 1844.

sophes et des publicistes religieux voudraient établir en faveur de la jeunesse catholique. Lors donc que M. Villemain ou quelqu'un de ses successeurs mieux disposé, voudra bien s'occuper sérieusement de réaliser les promesses de la Charte, nous l'engageons à ne pas s'occuper autant des Jésuites et des séminaires, de peur qu'il ne lui arrive encore d'oublier la Charte et de laisser en route la moitié de sa loi[1]. »

M. de Falloux avait, en juillet 1849, nommé une commission[2] chargée d'élaborer un projet de loi sur la liberté de l'enseignement supérieur, des travaux de laquelle nous ne trouvons aucune trace. Ce qui est certain, c'est que les législateurs de la loi de 1850 s'attendaient à établir, à une époque rapprochée, la liberté de l'enseignement supérieur ; l'art. 85 était ainsi conçu : « Jusqu'à la promulgation de la loi sur l'enseignement supérieur..... ». On en parlait donc comme d'un futur très prochain.

Le Coup d'État, l'Empire, occupèrent les esprits. On ne manifesta plus aucun désir relativement à la dernière liberté à conquérir et qui aurait couronné si bien l'œuvre de la seconde République.

Le pouvoir conservait donc le monopole de l'enseignement supérieur ; mais s'il ne s'était pas dessaisi de sa prérogative, il avait toléré, encouragé même la création de cours publics. Les plus anciens, les mieux organisés, furent les cours qui se faisaient à Paris pour les étudiants en médecine ; puis, à partir de 1863, le Gouvernement ne se contenta pas de les autoriser, il sollicita la création de nouveaux cours publics. Des soirées scientifiques et littéraires furent organisées à la Sorbonne par les professeurs, des savants, et,

---

[1] *Univers* du 24 février 1844.

[2] *Moniteur* du 13 juillet 1849. — Cette Commission était composée de MM. Thénard, Parisis, Thiers, Vatisménil, Cousin, général Trezel, de Broglie, Dumas, Pellat, Leclère, Bérard, de Rémusat, Flourens, Le Verrier, Fortoul, de Kerdrel, Gaslonde, Gerbet, Sibour, Lenormand, Andral, Blanqui.

deux fois par semaine, on vit une foule énorme se presser dans l'enceinte.

M. Duruy, voulant étendre à tous les départements l'institution qui avait si bien réussi à Paris, invita par une circulaire[1] les membres de l'Université à imiter leurs collègues de Paris. L'appel du Ministre fut entendu. De tous côtés s'élevèrent des chaires improvisées, au pied desquelles vint s'asseoir une foule avide de s'instruire.

En 1866, on comptait 1003 cours, dont 304 à Paris et 699 en province. Cette institution des cours libres n'était pas la liberté, mais elle était bien faite pour stimuler le désir de l'obtenir.

§ 2. — *La pétition de Léopold Giraud*

La question de la liberté de l'enseignement supérieur couva sous la cendre pendant les ministères de MM. de Fortoul et Rouland ; elle se ralluma vivement sous le ministère de M. Duruy.

En 1868, comme en 1831 et en 1849, nous n'assistons pas à une revendication des partis de l'opposition au nom des libertés publiques, mais à une revendication de l'Église. Il serait peut-être plus exact de dire qu'une observation émanée de Rome fut le signal de revendications très vives qui furent portées à la tribune du Sénat et eurent un très grand retentissement.

Toujours est-il que le 6 juin 1867, le Cardinal Caterini adressait à tous les évêques de la catholicité une lettre dans laquelle il les priait de répondre à dix-sept questions qui leur étaient posées.

L'article 6 était ainsi conçu : « Il est souverainement regrettable que les écoles populaires ouvertes à tous les enfants de toutes les classes du peuple, ainsi que les institutions publiques destinées à l'enseignement plus élevé des

---

[1] Circulaire du 1ᵉʳ octobre 1864.

— 452 —

lettres et des sciences et à l'éducation de la jeunesse, soient généralement soumises, en beaucoup de lieux, à l'arbitraire de l'autorité civile et politique, au bon plaisir de ceux qui gouvernent, et que tout s'y règle d'après les opinions communément reçues de nos jours. Que pourrait-on faire pour apporter un remède convenable à un si grand mal et assurer aux fidèles du Christ les secours d'une instruction et d'une éducation catholiques [1]. »

Cette lettre était datée de Rome, le 6 juin 1867. Le 17, le rédacteur d'une feuille appelée : *Le Journal des villes et des campagnes*, Léopold Giraud, faisait circuler une pétition qui se couvrit bientôt de 2143 signatures. Sous la Constitution de 1852, la Chambre Haute seule avait la compétence de statuer sur des pétitions. Le Sénat fut donc saisi de la pétition de Léopold Giraud, nomma une commission qui, par l'organe de Chaix d'Est-Ange fit son rapport dans la séance du 27 mars 1868 [2].

§ 3. — *Discussion au Sénat et dans la Presse.*

Cette pétition dénonçait l'enseignement irréligieux de plusieurs professeurs des Facultés de médecine, signalait certains propos qu'on aurait prononcés dans une chaire, tels que ceux-ci : « La substance nerveuse a pour propriété la pensée, et quand elle meurt, celle-ci ne va pas retrouver une seconde vie dans un monde meilleur. »

Le remède, les pétitionnaires l'indiquaient : C'était la liberté de l'enseignement supérieur.

Que décida la commission ? Accepter le renvoi au Ministre, c'était reconnaître l'exactitude des faits et s'associer à la pétition pour demander la liberté de l'enseignement supérieur. La Commission proposa au Sénat l'ordre du jour pur et simple.

---

[1] Discours de Duruy, Ministre de l'Instruction publique, séance du 23 mai 1868. — *Annales du Sénat et du Corps Législatif*, t. X, p. 79.

[2] Séance du 27 mars 1868. — *Annales du Sénat et du Corps législatif*, 1868, t. VII, pp. 78 et suiv.

Elle déclarait par conséquent ne point admettre comme vrais les faits qui lui avaient été dénoncés. En ce qui concernait la demande subsidiaire de la liberté de l'enseignement supérieur, la Commission manifestait son désir de voir un projet être soumis aux Chambres. « Le Gouvernement, disait le rapporteur, a donné à votre commission l'assurance que la question était, en ce moment même, étudiée par lui avec le plus grand soin ; il nous a dit qu'il se livrait en France, aussi bien qu'à l'Étranger, à des enquêtes qui seraient de nature à éclairer ce grand débat, à faciliter sa solution. En prenant acte de cette promesse, votre commission a pensé que sur la question de principe maintenant à l'étude, elle devait, sans prendre parti, attendre le résultat de ces travaux et vous proposer de passer à l'ordre du jour. »

Si donc le Sénat votait l'ordre du jour, ce n'était pas parce qu'il pensait que la question n'était point mûre, mais parce que le Gouvernement étudiant la question, il était juste d'attendre le résultat de ses travaux.

Cette pétition de Léopold Giraud fut le signal d'une levée de boucliers contre l'enseignement de l'Université. Une ligue de l'enseignement, venant de Belgique et passant, à tort ou à raison, pour être imbue de doctrines maçonniques, avait attiré l'attention de l'évêque de Metz qui avait mis en garde ses ouailles contre sa propagande [1].

Mgr Dupanloup, à la même époque, frappé de l'irréligion de certains enseignements, publiait deux brochures. La première intitulée : « Alarmes de l'épiscopat fortifié par les faits », était une longue diatribe contre l'absence de religion dans certains établissements de l'Université. « Nous avons été obligé, dit-il, d'agir et de lutter en 1844 et 1845 ; il y a plus de raisons, mille fois, de le faire aujourd'hui... je suis fermement résolu à ne pas déserter la cause de la foi et la défense de l'enseignement religieux, car c'est là, sur ce ter-

---

[1] Voy. des fragments de la lettre pastorale de Mgr de Metz, dans l'*Univers* du 16 avril 1868.

rain de l'enseignement, que selon moi est aujourd'hui le péril principal, je ne dis pas seulement de l'Église, mais de la société tout entière. »

Puis quelque temps plus tard, l'évêque d'Orléans publiait une lettre[1] dont le but était de demander la liberté de l'enseignement supérieur. Sa conclusion était très nette : « Premièrement, je réclame la liberté de l'enseignement supérieur dans le droit commun, dans la soumission aux mêmes lois. Je n'ai pas peur de la concurrence, même avec les grands établissements publics. En second lieu, je ne suis pas de ceux qui prétendent que le Gouvernement, lorsqu'il aura accordé aux catholiques des écoles, sera déchargé de toute responsabilité dans les sciences et pourra laisser enseigner des doctrines perverses. Le Gouvernement n'a pas des écoles pour le service des partis, mais pour le service des familles ; les professeurs sont faits pour les élèves, non les élèves pour les professeurs. Enfin et en dernier lieu, je réclame et j'exerce le premier devoir de tout citoyen dans un pays libre, le devoir qui consiste à attaquer, la voix haute, à visage découvert, et par leur nom, les ennemis de ma foi et de toute foi, à les attaquer sans violence, sans injure, mais sans tolérer jamais aucun déguisement, aucun sommeil coupable. Quand on souffre, on a le droit de crier. »

Ces deux écrits, publiés quelques jours avant la discussion de la pétition Giraud, avaient excité la colère de la presse avancée : « Le Gouvernement, disait le *Constitutionnel*, puisera dans cette agression, s'il en est besoin, un nouveau motif pour combattre le renvoi, au ministère de l'instruction publique, des pétitions dont le Sénat est saisi. »

« Tactique habile, procédé jésuitique, écrivait le *Siècle*. L'opinion publique appréciera ; au dernier moment, quand tout contrôle, quand toute vérification deviennent impossibles, M. l'évêque d'Orléans apporte dans le débat, des accusations vagues, plus violentes encore que les précé-

---

[1] Adressée, je crois, à Louis Veuillot.

dentes !..... » Le 19 mai, il reproche à l'évêque de vouloir raviver les guerres religieuses : « A bas les masques, vous ne représentez pas plus le bon Dieu, ici-bas, que nous ne le représentons nous-mêmes. »

Le *Journal des Débats* lui-même, plus modéré cependant, n'approuvait pas Mgr Dupanloup.

« La liberté de l'enseignement supérieur, lorsqu'on songe aux principes qu'elle met en présence et aux problèmes d'organisation qu'elle soulève, est une très grave question. Il convient peu de l'aborder et de la résoudre sous la pression d'un certain nombre de pétitionnaires et sous le coup des réquisitions de l'Évêque éloquent et respectable, mais..... »

Enfin, la *Revue de philosophie positive*[1], sans s'occuper de l'évêque d'Orléans, combattait la liberté de l'enseignement. « Si c'est pour redevenir catholique..... qu'on demande..... la création des écoles libres, nous qui voulons nous éloigner autant que possible du passé, nous n'avons rien à voir à cette liberté. Nous devons même lui préférer un état de choses, qui n'est certes pas bon, mais enfin où la puissance théologique est singulièrement humiliée. »

On était dans cet état d'esprit d'hostilité très vive de part et d'autre, quand s'ouvrit la discussion sur le rapport Chaix d'Est-Ange. Elle commença dans la séance du 19 mai et dura quatre jours. Ce fut un des plus importants épisodes de la lutte parlementaire du Sénat impérial.

Deux questions furent envisagées : la question de fait et la question de principe ; la seconde seule nous intéresse.

Après le baron Dupin qui « philosopha des heures durant[2] », Sainte-Beuve qui lut son discours « son long nez collé sur le papier, gras et gêné dans l'habit brodé d'or[3] », le cardinal Bonnechose demanda que la loi de 1850 fût

---

[1] Numéro de mai-juin 1868.
[2] Lavisse. Voir *Duruy, Revue de Paris*, 1er mars 1895, p. 63.
[3] Id., p. 66.

complétée par des dispositions affranchissant l'enseignement supérieur. « Cette loi complémentaire demandée par les familles et promise par les pouvoirs publics n'a pas été faite. Voilà dix-huit ans qu'elle est attendue..... Ce que nous demandons, ce n'est pas une chimère, c'est une chose qui fonctionne à nos portes. En Belgique, il y a quatre Universités, deux officielles et deux libres..... Ces Universités libres sont autorisées même à conférer des grades ; mais ces grades n'ont qu'une valeur purement scientifique [1]. »

« Oui, disait-il dans un second discours, nous demandons des chaires libres dans lesquelles nous puissions faire monter des hommes qui enseignent la médecine et les sciences ; qui enseignent, comme Cuvier la géologie, sans qu'on contredise les récits de la Genèse..... On dit que si la liberté que nous demandons est accordée, la société court le danger que le clergé s'empare de cette liberté et l'exploite comme un monopole..... Si la liberté est pour nous, elle sera pour les autres ; si nous enseignons, nous, la science en la subordonnant à certaines règles, nous ne forcerons personne à venir à nos chaires ; il y en aura à côté où l'on pourra enseigner tout le contraire [2]. »

Cet argument était bien fait pour répondre à Sainte-Beuve qui avait dit [3] : « Si vous concédiez au clergé catholique l'enseignement supérieur et les Facultés, laisseriez-vous se former des Facultés libres laïques..... Évidemment non. Vous continueriez de réprimer, de prévenir l'expression ouverte, la profession déclarée et la prédication des doctrines philosophiques que vous considérez comme dangereusement anti-sociales..... Accorder cette liberté nouvelle au clergé serait lui accorder un privilège de plus. Je l'estimerais dangereuse et funeste. »

Michel Chevalier, l'économiste bien connu, s'associait à la

---

[1] Séance du 20 mai 1868, *op. cit.*, p. 45.
[2] Séance du 23 mai, *op. cit.*, p. 85.
[3] Séance du 19 mai, *op. cit.*, p. 23.

demande du clergé ; « mais, disait-il, si l'on adopte le principe de la liberté d'enseignement pour l'enseignement supérieur, il faut qu'il soit adopté d'une manière générale, il faut qu'il soit reconnu au profit de toutes les opinions, au profit des écoles philosophiques comme des écoles religieuses, au profit des protestants comme des catholiques, et au profit des israélites comme des protestants. Dans ces termes, si vous voulez la liberté, j'en suis [1] ».

Le ministre de l'Instruction publique ne combattait pas les demandes de liberté : « L'Université est prête pour la concurrence, disait-il, elle l'accepterait très volontiers..... L'administration continue de s'occuper de la préparation d'un projet de loi, et elle croit pouvoir chercher la solution du problème [2]. »

Ces revendications de la liberté furent soulignées par l'approbation de beaucoup de sénateurs ; aussi on crut que, en admettant le scrutin de division, l'assemblée voterait l'ordre du jour sur la question de fait, et le renvoi au ministre sur la question de principe. « Nous crûmes jusqu'à la fin que la partie était perdue pour nous [3] », raconte M. Lavisse ; « mais au vote, il se trouva 84 voix pour le ministre et seulement 31 contre. Le Sénat de l'Empire n'avait pas voulu mettre en minorité un ministre de l'Empereur, et l'intolérance sacerdotale, l'intervention de l'Épiscopat et l'intrusion du Saint-Père dans la querelle avaient réveillé, même dans cette somnolente assemblée, la résistance du vieil esprit national aux ambitions ultramontaines. »

Le vote du Sénat eut des suites assez fâcheuses. Dès le lendemain du scrutin, de bruyantes manifestations eurent lieu à la Faculté de médecine de Paris. Au cours de M. Sée, qui avait été dénoncé comme matérialiste dans les débats du Sénat, un grand nombre d'étudiants vinrent acclamer « la

---

[1] Séance du 22 mai 1868, *op. cit.*, p. 72.
[2] Séance du 23 mai 1868, *op. cit.*, p. 93.
[3] Lavisse, *op. cit.*, p. 66.

victime de Giraud ». Des cris : « A bas Dupanloup, à bas le Cercle catholique. à bas les cléricaux, Giraud à la lanterne », furent poussés par les jeunes gens pendant plus d'une heure. Le cours du professeur commença par ces mots que je ne veux qualifier que de déplacés : « Messieurs, dit Sée, le parti de la délation vient d'être confondu une fois de plus. Déjà jugé par l'opinion publique, vos applaudissements le condamnent en dernier ressort. Les dénonciateurs sont confondus et se sont jugés eux-mêmes ; vous achevez de les flétrir ! »

Le lendemain, la même manifestation se produisait au cours de M. Vulpian. Le professeur affirmait une fois de plus ses attaches matérialistes : « en ce qui concerne le vitalisme et l'animisme, nous croirons toujours que les théories de la religion sont des chimères ».

Cette fois, la police dut intervenir et user de la force pour mettre fin à des démonstrations ainsi encouragées par des maîtres éminents. La Presse fit grand bruit autour de ces nouveaux scandales. Le Doyen, les évêques, les journaux, échangèrent des explications, des critiques sans fin, sur lesquelles je n'ai pas à insister.

§ 4. — *Le projet Duruy en 1867.*

Le Gouvernement, à maintes reprises, avait déclaré qu'il étudiait un projet sur la liberté de l'enseignement supérieur.

Dès le mois de décembre 1867, le ministre avait saisi le Conseil impérial de l'Instruction publique d'un projet de loi[1]. Quelles en étaient les dispositions essentielles :

« Tout Français n'ayant encouru aucune condamnation entachant son honorabilité pourra diriger un établissement où seront enseignées des matières de l'ordre de l'enseignement supérieur.

---

[1] Voy. Liard, *op. cit.*, t. II, p. 463.

« Tout professeur libre devra avoir vingt-cinq ans et être muni du diplôme de licencié de l'ordre d'enseignement qu'il veut enseigner.

« Pour pouvoir ouvrir une école libre d'enseignement supérieur, le candidat devra :

1° Avoir trente ans ; 2° déposer entre les mains de l'inspecteur d'académie du département : a — son diplôme de docteur ; b — les diplômes de licencié des personnes qu'il veut s'adjoindre ; c — le plan du local et l'indication de l'objet de l'enseignement.

« Le Recteur, le Préfet, le Procureur impérial, ont un mois pour former opposition dans l'intérêt de la moralité publique ou de l'hygiène, devant le Conseil académique, sauf recours au Conseil impérial. »

Telles sont les formalités exigées pour l'ouverture de l'école supérieure libre.

L'État intervient dans l'établissement dans deux cas :

1° En cas de désordre grave. Le directeur de l'École est alors appelé devant le Conseil académique qui peut le condamner à la réprimande. En cas de récidive, les Cours peuvent être suspendus ou supprimés ;

2° Tout professeur qui, dans ses leçons, ses discours ou ses actes, s'écartera du respect dû aux lois, se rendrait coupable d'inconduite ou d'immoralité, pourra être traduit devant le Conseil académique, et être interdit à temps ou à toujours du droit d'enseigner.

Ce projet Duruy était assez libéral.

Une seule remarque doit être faite à son sujet : Il ne parlait pas de la collation des grades que le Gouvernement continuait à regarder comme un droit régalien et surtout comme une garantie d'ordre public, dont l'État ne pouvait pas se dessaisir.

Ce projet fut ajourné à la suite d'un vote hostile du Conseil. Il ne fut par conséquent jamais discuté.

Le 17 juillet 1869, Duruy tombait ; il était remplacé au ministère par M. Bourbeau d'abord, puis, le 2 janvier 1870, par M. Segris.

§ 5. — *Nouvelles pétitions.*

Si le ministère Duruy avait eu à défendre l'Université lors de la pétition Léopold Giraud, en 1868, le ministère Segris fut, encore à la suite d'une pétition, vivement sollicité de s'occuper de la liberté de l'enseignement supérieur, et, tenant compte des besoins du pays, il nomma une commission sur le travail de laquelle nous reviendrons plus loin.

La pétition, qui avait enfin tiré le Ministre d'une apathie au moins égale à celle de ses prédécesseurs, était une pétition imposante. Ce n'était point une pétition unique ; c'était au contraire un faisceau de pétitions demandant, en termes différents, la même liberté, et cela au nom de 41,434 adhérents.

En 1868, nous l'avons vu, la pétition de Léopold Giraud avait été écartée par le vote de l'ordre du jour ; d'abord parce que la démonstration des faits qu'elle reprochait à certains membres de l'Université n'avait pas été faite, et ensuite parce que le Ministre de l'Instruction publique, ayant déclaré qu'il s'occupait de concrétiser le principe dans un projet de loi, le Sénat n'avait pas voulu presser le Ministre dans une question aussi délicate et qui nécessitait tant d'études.

Le 15 février 1870, le rapporteur des pétitions, M. Quentin-Beauchard, notait les différences qu'il y avait entre les pétitions de 1868 et celles dont il rendait compte : après avoir rappelé le vote du Sénat de 1868, « faut-il en conclure, disait-il, que le Sénat soit enchaîné par le vote qu'il a émis, et que ces pétitions doivent être écartées par une fin de non recevoir ? Nous ne l'avons pas pensé..... le grand nombre des pétitionnaires, celui des départements qui se sont associés à ce mouvement d'opinion, donnent au grave problème posé devant le Sénat des aspects nouveaux et nous imposent le devoir de rappeler l'attention sur la solution qu'il comporte [1]. »

---

[1] Sénat, séance du 15 février 1870. *Annales du Sénat et du Corps législatif.* Session 1870, t. II, p. 97.

Le rapporteur examinait donc la question de principe. « Le droit d'enseigner, disait-il, ne saurait donc être confondu avec le droit d'avoir une opinion quelle qu'elle soit et de la manifester. »

« Mais, si l'intérêt de la société l'exige, on conçoit que la puissance publique, c'est-à-dire la loi, puisse décréter la liberté de l'enseignement et conférer aux citoyens le pouvoir d'instruire les jeunes générations aux conditions qu'elle détermine[1]. » Cette appréciation sur la liberté de l'enseignement n'est point la nôtre. Le rapporteur fait de la liberté d'enseignement un droit délégué, un droit qui appartient à l'État comme le droit de rendre la justice, ou de défendre le pays, et nous considérons le droit d'enseignement comme un droit naturel, appartenant aux individus. J'ai le droit de penser, de répandre mes opinions par la voie de la presse ou du haut de la tribune politique ; pourquoi me refuserait-on le droit de les enseigner dans ce qu'elles n'ont rien de contraire à l'ordre public ou aux bonnes mœurs ?

Que l'on ne nous objecte pas que, ce droit, nous pourrions l'exercer vis-à-vis des adultes, capables de discerner le vrai du faux, le juste de l'injuste, mais que nous ne devons pas en user à l'égard de jeunes intelligences absolument inhabiles à distinguer le bien du mal ? car, nous répondrons que du moment que le père de famille nous a confié ses enfants, il nous a investi du droit qu'il possède lui-même et que personne ne peut lui ravir.

Que si le représentant de la collectivité, c'est-à-dire l'État, craint que l'instituteur libre ne soit pas à la hauteur de sa mission, il exige des preuves de capacité, de moralité, cela se conçoit ; mais considérer, comme Quentin-Beauchard, le droit d'enseignement comme un droit de l'État, c'est, à notre avis, sacrifier l'individu, attribuer à l'État un droit que le droit naturel reconnaît appartenir au père de famille et à tout citoyen.

Cette diversion que j'ai cru devoir présenter pour réfuter le point de départ du raisonnement de M. Quentin-Beauchard ne doit point nous faire perdre de vue la pétition soumise au Sénat en 1870. La liberté de l'enseignement supérieur, le rapporteur l'admettait, mais c'était une liberté qui n'excluait ni le droit pour l'État de créer des écoles, ni celui de surveiller les établissements particuliers. Quelques pétitions allaient encore plus loin et demandaient, pour les Universités libres, la collation des grades, d'autres, la création de jurys mixtes. Ces demandes, le Rapporteur les écartait, en vertu du droit, donné aux possesseurs des diplômes de l'Université d'entrer dans un grand nombre de carrières. Au surplus, disait-il, le régime des jurys mixtes qui fonctionne en Belgique est, depuis sa création, violemment attaqué, et les plaintes auxquelles il donne lieu augmentent chaque jour d'intensité.

En un mot, le Rapporteur voulait faire consacrer un système donnant une liberté sagement pondérée, qui assurât aux familles le choix entre des maîtres capables et dignes, et à l'État, par l'inspection et la collation des grades, l'élévation et le caractère national des études[1].

La séance du 25 février suivant fut consacrée à la discussion du rapport. Aucun discours saillant ne fut prononcé. Seules les observations présentées par le Ministre de l'Instruction publique doivent être rappelées.

« Le Gouvernement, dit-il, a pris la résolution, en exécution des promesses qui vous ont été rappelées, de faire pénétrer la liberté dans l'enseignement supérieur. Il lui a semblé que cela était commandé par les principes libéraux qui dominent aujourd'hui. Il y a, en effet, une tendance très vive à tenir compte de la liberté de chacun, à donner satisfaction, dans toutes les questions qui peuvent émouvoir les opinions et les consciences, à toutes les susceptibilités légitimes et respectables. Or, nous rencontrons ici les susceptibilités des pères de famille ; nous avons voulu en tenir

---

[1] Séance du 15 février 1870. *Annales du Sénat et du Corps législatif*, t. II, p. 104.

compte, non pas en abdiquant les devoirs de l'État, non pas en nous exposant imprudemment à abaisser le niveau de l'enseignement supérieur, mais en acceptant le principe de la liberté et de la concurrence, comme un élément de force et comme une incitation nouvelle, et sans jamais abandonner la ferme volonté que les établissements de l'État restent le type modèle et régulateur de l'enseignement supérieur dans notre pays [1]. »

Puis, le Ministre annonçait l'intention du Gouvernement de faire appel, pour élaborer un projet de loi, aux hommes les plus compétents.

§ 6. — *La Commission Guizot. — Son projet.*

Le 1er mars 1870, une commission extra-parlementaire était chargée de préparer une loi sur le sujet qui nous occupe [2]. A sa tête, le Ministre plaça Guizot, donnant ainsi à l'auteur de la loi de 1833 l'honneur de couronner son œuvre par l'établissement de l'enseignement supérieur.

La question de principe était tranchée ; c'était seulement une des questions d'application et d'organisation que la Commission devait régler.

La question de principe fut admise. Il n'en pouvait être autrement ; mais d'autres questions surgissaient, très délicates, et qu'il fallait trancher absolument. Comment organiser la liberté ? A quelles conditions donner l'exercice ? Que décider relativement aux associations de l'enseignement supérieur, et surtout comment vider la question de la collation des grades.

---

[1] Séance du 25 février 1870. *Annales du Sénat et du Corps législatif*, Session 1870, t. II, p. 185.

[2] La Commission était ainsi composée : MM. Guizot, Andral, Bersot, Bertrand, Bois, Boissier, duc de Broglie, R.-P. Captier, général de Chabaud-Latour, Darcy, Denouvilliers, Dubois, Dumas, général Favé, Franck, L. de Gaillard, Laboulaye, R. P. Perraud, Prévost-Paradol, Ravaisson, de Rémusat, Saint-Marc-Girardin, Sainte-Beuve, Taillandier, Serret, Thureau-Dangin, Valette.

La Commission se mit à l'œuvre et, le 1ᵉʳ juin, elle avait élaboré son projet. Quelles en étaient les dispositions essentielles ?

A. Organisation de la liberté de l'enseignement. L'enseignement supérieur était libre et pouvait être exercé par tout Français jouissant de ses droits civils.

Il y avait à distinguer, à ce point de vue, les établissements donnant un enseignement continu et les cours qui, à intervalles réguliers ou non, réunissaient autour d'une chaire éphémère un certain nombre d'auditeurs. Les cours pouvaient avoir lieu après l'accomplissement des formalités suivantes :

L'auteur des cours devait faire une déclaration, indiquant son nom, son domicile, le local où seraient faits les cours et l'objet de l'enseignement qui y serait donné, remise au recteur ou à l'inspecteur d'académie dans les villes où ce fonctionnaire ne réside pas, au moins dix jours avant l'ouverture des cours ; cette déclaration était la seule pièce exigée par le projet.

Les établissements d'enseignement supérieur devaient être administrés et dirigés par trois personnes au moins. La même déclaration exigée pour l'ouverture d'un cours était requise des trois directeurs qui, en outre, devaient chaque année transmettre aux autorités la liste des professeurs et le programme des cours.

Les cours et les établissements étaient toujours ouverts et accessibles aux délégués du Ministre de l'Instruction publique. Ces formalités observées, les établissements libres prenaient le titre de Facultés libres ou de Facultés départementales ou communales, si le département ou la commune les avait fondées.

Les établissements fondés pour l'enseignement libre de la médecine étaient soumis, de plus, à quelques exigences pour prendre ce titre.

Leurs professeurs devaient être docteurs en médecine. Ils devaient fonder un hôpital, des salles d'expérience, des laboratoires, etc., bref, pouvoir donner une instruction complète.

Mais fonder un établissement d'enseignement supérieur entraîne des dépenses. La fortune d'un homme est insuffisante pour parer aux premiers besoins. La Commission le comprit, et elle s'occupa des associations formées dans un dessein d'enseignement supérieur.

B. Des associations formées dans un dessein d'enseignement supérieur.

Toute association nommait trois de ses membres qui, appelés membres fondateurs, remettaient au recteur et au préfet une déclaration contenant leurs noms, leur domicile, les statuts de l'association, son siège, sa durée, le lieu et l'époque des réunions.

Au moyen de ces formalités faciles à remplir, il pouvait se former des associations puissantes, capables d'entretenir des établissements d'enseignement supérieur. Le projet édictait enfin des pénalités contre les personnes ayant enfreint les prescriptions ci-dessus résumées.

Enfin, le projet s'occupait de la question de la collation des grades qui, au sein de la Commission, avait donné lieu à de très vifs débats.

On se rappelle que Mgr Dupanloup, lors de la discussion dans la Commission de 1849, avait abandonné ce point à l'Université, « à titre de concession seulement, disait-il : car je ne suis pas moins pénétré de l'injustice flagrante qui consiste à faire donner les grades par l'État, notre rival, notre concurrent ».

Cette fois, il fallait trancher la question ; un ajournement n'était plus possible. Avant la Révolution, les grades n'étaient que des titres académiques. Depuis le Consulat, l'État moderne les avait transformés en titres professionnels. « Conférés par l'État, après des examens subis devant les professeurs de l'État, ils étaient l'estampille de l'État apposée, après vérification, sur une valeur intellectuelle, la certifiant loyale et de bon aloi [1]. »

Deux opinions se trouvaient en présence : l'une soutenue par les universitaires, l'autre par les partisans de la liberté des grades.

Les uns voulaient que l'État gardât ses grades, les autres que toute Faculté pût donner les siens. Toute la question était de savoir si le droit de conférer des grades, ouvrant l'accès de certaines carrières, fait ou non partie de la liberté de l'enseignement.

Les universitaires invoquaient les arguments suivants : L'État a des fonctionnaires de différents ordres ; les carrières qu'il permet à certains citoyens de parcourir, il ne les ouvre qu'après s'être assuré que le candidat possède une instruction suffisante. L'État, étant la plus haute des administrations, a le droit d'exiger de ses employés, non seulement une aptitude spéciale et technique, mais une culture élevée qui est le signe des hommes les plus distingués ; d'autre part, l'État est arrivé à n'user du droit de révocation que dans des hypothèses très rares, ce qui fait que les fonctions publiques assurent d'ordinaire une grande sécurité. Il faut donc que ceux qui les exercent soient capables. Dès que l'on accorde que l'accès des carrières doit être soumis à certaines conditions ou garanties, on accorde que « ces garanties doivent avoir elles-mêmes leur garanties ». Il faut que l'État soit certain de la valeur des candidats qui veulent entrer dans les fonctions publiques, comme il faut qu'il s'assure de la capacité juridique de l'avocat chargé d'expliquer les lois, ou de la capacité médicale du praticien chargé de distribuer des substances dangereuses.

Oui, nous dit-on, mais ce sont là des professions libérales. Qu'importe à l'État qu'un avocat plaide mal ou qu'un médecin ne guérisse pas ses malades? Il lui importe beaucoup au contraire. L'État a institué un corps dans lequel est

---

[1] Liard, *op., cit,,* t. II, p. 307.

recrutée la magistrature : c'est le barreau. N'y entrera que celui qui en est digne; d'autre part, tout le monde pouvant plaider [1], l'État dit aux plaideurs : « Les membres du barreau ont ma confiance, vous pouvez leur confier vos intérêts. » Un avocat est censé posséder la condition *sine quâ non* de sa profession. Pour le médecin, il en est exactement de même : le diplôme signifie qu'aux yeux de l'État, le médecin qui le possède a la moyenne de capacité à laquelle on peut se fier sans danger. Par conséquent, il est juste que l'État exige des grades pour l'exercice de toute carrière; il est juste aussi que ce soit lui qui les confère, seulement dans ce cas, il pourra se fier au diplôme qui lui sera présenté [2].

Voilà les arguments que faisaient valoir les Universitaires dans le sein de la Commission de 1870.

Les partisans de la liberté des grades leur répondaient : La liberté de l'enseignement consiste dans la liberté d'ouvrir une école. Si j'ai la liberté d'ouvrir une école, j'ai aussi la liberté d'enseigner les sciences que bon me semble, par les méthodes qu'il me plaît. Comment aurais-je ces libertés si je n'ai pas la liberté des grades ? Qui est maître des grades est maître des examens; qui est maître des examens est maître des programmes; qui est maître des programmes est maître de l'enseignement. Les Facultés libres doivent pouvoir préparer les jeunes gens aux fonctions publiques, tout comme les Facultés de l'État. Or, si l'État impose un programme pour les examens qu'il fait passer lui-même, les Facultés libres n'auront pas la faculté des méthodes, ni la faculté des programmes. Ce n'est pas la liberté de l'enseignement que l'on nous accorde.

Entre la thèse et l'antithèse, le duc de Broglie proposa un système nouveau.

« Abolissons les grades, disait-il, donnons à tous les éta-

---

[1] Il suffit d'obtenir une autorisation du Président de la Chambre.

[2] Voy. Sur la collation des grades. Janet, La liberté d'enseignement et la collation des grades. *Revue des Deux-Mondes,* 15 juillet 1876.

blissements le droit de conférer des certificats d'études. En cela nous satisferons les divers partis en présence. Mais, comme d'autre part, on ne saurait nier à l'État un droit de contrôle, à l'entrée des professions libérales ou des fonctions publiques, établissons un examen où l'on s'assurera de la capacité du candidat. Cette synthèse, toute séduisante qu'elle parût, ne faisait que déplacer la difficulté. Pourquoi étudie-t-on ? Est-ce pour l'amour de l'art ? Sans doute, on rencontre des hommes qui se livrent à l'étude par le seul désir d'acquérir la science ; mais, en règle générale, on étudie pour briguer un emploi, remplir une fonction. Cela étant, les établissements libres seront obligés d'enseigner les programmes exigés à l'entrée des carrières. Ils n'auront pas plus de liberté dans ce système que dans l'autre.

On se rallia alors à la motion de Guizot qui consistait en ceci : Les étudiants des Facultés de l'État continueraient d'être jugés par leurs maîtres ; ceux des Facultés libres pourraient se présenter soit devant les Facultés de l'État, soit devant un jury spécial nommé pour neuf ans, renouvelable par tiers tous les trois ans, où ne siègeraient ni professeurs de l'Université en exercice ni professeurs des établissements libres d'enseignement supérieur.

Dans les deux cas, mêmes épreuves, mêmes programmes pour les élèves des Facultés libres et pour ceux des Facultés de l'État.

La chute de l'Empire ne permit pas à la Commission de déposer son projet. Le comte Jaubert, nous le verrons, devait le reprendre devant l'Assemblée nationale.

§ 7. — *Proposition Duruy, 1870.*

Pendant que la Commission travaillait, l'ancien ministre de l'Instruction publique, M. Duruy déposait, le 28 juin 1870, une proposition de loi sur la liberté de l'enseignement supérieur[1].

---

[1] Voy. Exposé des motifs et projets. *Annales du Sénat et du Corps législatif*. Session 1870, t. V, pp. 70 et suiv.

« Conséquence légitime et nécessaire de la liberté mise par la loi du 15 mars 1850 dans les écoles du premier et du second degré, la liberté de l'enseignement supérieur, disait Duruy dans son exposé des motifs, est aujourd'hui véritablement demandée par l'opinion publique, acceptée par le Gouvernement, promise par la majorité des membres du Corps législatif. »

La grave question n'était pas la question de principe. Aucune difficulté de ce côté ; mais le seul point délicat et essentiel, c'était la collation des grades.

Quatre systèmes sont proposés, dit Duruy :

1º Nos Facultés d'État garderont le privilège dont elles sont actuellement investies en ce qui concerne la collation des grades ;

2º Pour offrir des garanties égales d'impartialité aux étudiants des écoles libres et à ceux des Facultés de l'État, on constituera, comme en Belgique, des jurys mixtes ;

3º On laissera les Facultés délivrer des diplômes à leurs élèves ; mais pour les élèves des écoles libres, l'État formera un jury dont les membres seront pris en dehors des deux autres enseignements ;

4º Les Facultés, comme les écoles libres réduites à l'enseignement, ne feront plus les examens ; un jury central composé d'hommes n'appartenant ni à l'enseignement public, ni à l'enseignement privé, délivrera les grades.

De ces quatre régimes, le premier n'offrirait pas assez de garanties à la liberté ; il est prouvé que le second n'en donnerait pas à la science. On ne voit pas comment pourrait être appliqué le troisième, puisque les juges seraient sans expérience des études ; quant au quatrième, il constituerait un corps d'examinateurs qui deviendraient bien vite les maîtres de l'enseignement en se subordonnant les professeurs, seuls représentants, dans les écoles, de la vie et du progrès scientifique.

Le projet Duruy propose un autre système que nous étudierons bientôt.

Sur quelles bases l'ancien ministre fonde-t-il son projet ?

1° Le principe de la liberté de l'enseignement supérieur est consacré :

Tout Français n'ayant subi aucune condamnation entachant son honorabilité (art. 26, 65, loi du 15 mars 1850), peut ouvrir un cours ou une école libre d'enseignement supérieur, un mois après avoir déposé entre les mains du recteur de l'Académie : *a* — une déclaration indiquant à ce fonctionnaire les lieux où le postulant a résidé et les professions qu'il a exercées pendant les dix années précédentes ; *b* — le programme sommaire du cours ou de l'ensemble du cours avec l'indication du local de l'école et une copie des statuts de la société s'il en existe une, société autorisée spécialement pour la fondation desdits établissements (art. 3).

Dans le délai d'un mois, à partir du jour de la déclaration, le recteur peut former opposition devant le Conseil départemental et à charge d'appel devant le Conseil impérial de l'Instruction publique ;

2° Le Gouvernement se réserve le droit d'inspection et par conséquent le droit de poursuite du professeur en cas de désordres graves ou en cas d'enseignement contraire à la Constitution et aux lois, devant le Conseil départemental ;

3° La question de la collation des grades est résolue comme suit par le projet (art. 7).

Les écoles libres de l'enseignement supérieur délivrent des certificats, diplômes ou brevets, dans les conditions qu'elles déterminent elles-mêmes, à charge de ne pas employer les titres universitaires, sous peine d'une amende de mille à trois mille francs.

Les élèves des écoles libres pourront, en acquittant des droits égaux à ceux que paient les élèves des Facultés, se présenter aux examens des Facultés de l'État pour y prendre les grades que celles-ci délivrent.

4° Enfin, le projet réorganise le Conseil impérial de l'instruction publique et le Conseil départemental, et confie à l'élection le recrutement de leurs membres, que la loi de 1854 avait donné à l'empereur.

Ce projet, sans aucun doute libéral, ne réalisait pas d'une façon heureuse la question de la collation des grades. Ce pouvoir donné aux Facultés de donner des diplômes était bien illusoire, car « le projet de loi, disait l'exposé des motifs, est tout entier dans cette pensée, de maintenir à l'Université la délivrance des grades pour les fonctions que l'autorité publique confère. »

CHAPITRE II.

La liberté d'Enseignement et l'Assemblée Nationale.

Les douloureux événements de 1870, présents encore à tous les cœurs, ne permirent pas à la proposition Duruy de venir en discussion. L'Empire tombe. La République est proclamée. Une Assemblée Nationale est élue dont la mission sera de donner à la France une Constitution, de faire la paix et de libérer le territoire.

L'Assemblée nationale ne se cantonna pas dans la préparation des lois constitutionnelles ; elle fit en matière législative une œuvre féconde, et, en matière d'enseignement notamment, elle a le mérite d'avoir donné la liberté de l'enseignement supérieur.

On peut classer sous quatre chefs l'œuvre de l'Assemblée nationale en matière d'enseignement :

1º Elle rétablit le Conseil supérieur de l'Instruction publique sur les bases de la loi de 1850 ;

2º Elle tente d'assurer le recrutement des membres des Conseils académiques et départementaux par la voie de l'élection ;

3º Elle émet des vœux au sujet de la gratuité et de l'obligation de l'enseignement primaire ;

4º Elle règle les conditions de la liberté de l'enseignement supérieur.

Section I. — Rétablissememt du Conseil de l'Instruction publique sur les bases de la loi de 1850.

Nous avons dit quel esprit avait dicté le décret du 9 mars 1852. Le chef de l'État avait voulu reprendre la direction de l'instruction publique. Un des plus graves inconvénients de cette mesure avait été de priver les établissements libres et l'Église des garanties qu'ils trouvaient dans la délégation qu'ils exerçaient en envoyant siéger au Conseil supérieur ceux de leurs collègues jugés les plus capables de plaider leur cause.

§ 1er. — *Proposition de Broglie, Vicomte de Meaux, Dupanloup.*

Le 20 avril 1871[1], un certain nombre de représentants, parmi lesquels on remarquait l'évêque d'Orléans, le duc de Broglie, Saint-Marc-Girardin, général Trochu, le vicomte de Meaux, déposaient une proposition de loi ayant pour objet une nouvelle organisation du Conseil supérieur de l'Instruction publique, sur les bases posées par la loi de 1850 et l'abrogation du décret du 9 mars 1852, en ce qu'il confiait au chef de l'État la nomination et la révocation des membres du Conseil supérieur et en ce qu'il lui donnait le pouvoir disciplinaire sur les membres de l'enseignement public.

Le 16 mai 1871, M. Léonce de Guiraud, au nom de la deuxième commission d'initiative parlementaire, déposait un rapport[2] concluant à la prise en considération, et celle-ci était votée le 22, malgré l'opposition de M. Brisson, qui ne voyait dans le projet. « que la revanche d'une majorité parlementaire contre l'Empire[3] ». La proposition fut ensuite renvoyée à une commission spéciale, dont le duc de Broglie déposa le rapport le 27 juin 1871[4].

La Commission modifiait la proposition originale, en augmentant le nombre des Conseillers, en créant une section permanente de l'enseignement public et en délimitant la

---

[1] *Annales de l'Assemblée nationale*, t. II, p. 652
[2] Id., t. III, p. 43.
[3] Id.. t. III, p. 111.
[4] Id,, t. III, p. 637.

compétence du nouveau Conseil. Nous n'analysons pas le projet de la Commission qui, sauf quelques modifications que nous indiquerons, devint la loi du 19 mars 1873.

La discussion générale s'ouvrit le 8 janvier 1873. Elle donna lieu à des débats très importants. La gauche de l'Assemblée protesta par l'organe de M. Brisson, contre la présence dans le Conseil supérieur, des représentants de l'Église. « L'Église, dit-il, veut avoir la haute main sur la direction de l'enseignement. Nous demandons, nous, au contraire, que la direction et la surveillance de l'enseignement public soient uniquement confiées à des laïques, à des personnes devenues compétentes par des habitudes de toute leur vie[1], au nom du principe qui s'impose à la France, et qui est le caractère exclusivement laïque de l'enseignement public, dernier préservateur de la personnalité et de l'unité françaises. »

Le projet fut défendu par deux orateurs, qui se surpassèrent dans cette journée. Le duc de Broglie répondit aux adversaires pour expliquer la composition du Conseil supérieur. Il justifia la nécessité dans laquelle on se trouvait de faire appel aux divers éléments de la société, et « s'éleva à une très haute éloquence en montrant les droits que l'Église avait d'être représentée, ainsi que tous les intérêts et toutes les forces vives de la Nation[2] ». Mgr Dupanloup développa les raisons spéciales pour lesquelles il convenait que l'Épiscopat français eût sa place dans ce Conseil. « C'est bien une force morale que l'Église, dit-il, et cette force, la société ébranlée en a besoin; car pour la raffermir, et pour la sauver, sur quoi doit-on compter, si ce n'est sur la morale du Décalogue ? »

La discussion générale close après plusieurs autres discours, trois contre-projets furent soumis à l'Assemblée.

[1] Séance du 8 janvier 1873. *Annales de l'Assemblée nationale,* t. XV, p. 27.
[2] Séance du 9 janvier 1873. *Annales de l'Assemblée nationale,* t. XV, pp. 45 et suiv.

Le premier, de M. Pascal Duprat, se bornait à l'abrogation du décret du 9 mars 1852 qui, dans la composition du Conseil supérieur, avait substitué l'arbitraire, la faveur et le caprice du pouvoir, à la libre élection. Il proposait de revenir à la loi de 1850, qu'il n'avait point appuyée au début, mais qui avait eu le mérite d'établir la liberté de l'enseignement et de faire sortir de l'élection libre et indépendante le Conseil supérieur de l'Instruction publique.

Le contre-projet Duprat « proposait donc le retour pur et simple à la loi de 1850, et repoussait par conséquent les innovations de la Commission qui faisaient entrer dans le Conseil des influences politiques, et qui permettaient de créer dans son sein des Commissions spéciales qui, bien que constituées pour des questions exceptionnelles et de peu d'importance, étaient destinées à devenir envahissantes au détriment de l'autorité et de la responsabilité du ministre [1] ».

Après une courte discusssion et sur les observations du Vicomte de Meaux et du Ministre, l'assemblée rejeta le contre-projet Duprat.

Le second contre-projet émanait de M. Beaussire. Nous n'en dirons rien, car, après l'avoir développé, son auteur le retira et se rallia au troisième amendement présenté par M. Delorme.

Ce dernier contre-projet avait pour objet de consacrer l'indépendance absolue de l'enseignement libre et de restituer à l'Université ses anciennes prérogatives. Le Conseil supérieur n'était plus qu'un instrument de contrôle et de surveillance chargé, dans certains cas déterminés, d'éclairer le Gouvernement de ses avis. L'Université se gouvernait elle-même. L'enseignement libre, de son côté, était pleinement indépendant.

Après une longue discussion, le contre-projet fut retiré

---

[1] Séance du 10 janvier 1873. *Annales de l'Assemblée nationale*, t. XV, pp. 69 et suiv.

par suite du refus de l'Assemblée de le renvoyer à la Commission.

Le rapporteur avait montré le vice de l'amendement : « Ce n'est pas l'intérêt de l'Université de vivre chez elle, de vivre à part à l'état de caste, ne communiquant pas avec la société. Qu'est-ce que c'est que l'enseignement ? C'est la préparation des générations qui doivent vivre dans la société ; ce n'est pas quelque chose de technique, de professionnel. On ne prépare pas les jeunes gens à vivre dans une caste, on les prépare à vivre dans la société tout entière. Eh bien, comment voulez-vous qu'un corps enseignant connaisse à quoi il prépare la génération, s'il ne communique pas chaque jour avec la société, s'il ferme la porte, s'il ne laisse pas entrer l'air du dehors, s'il ne sait pas comment la société vit, s'avance, se développe autour de lui ? Il faut donc à la tête du corps enseignant un élément étranger à ce corps, et cela, dans son intérêt, pour y faire pénétrer l'atmosphère extérieure et l'initier au mouvement général de la société. Voulez-vous, Messieurs, une comparaison familière ? Est-ce qu'il suffit d'un précepteur pour élever un enfant ? Est-ce qu'il ne faut pas un père avec le précepteur pour élever l'enfant ? Il faut les deux. Eh bien, l'Université est le précepteur, la Commission supérieure que nous y mettons, c'est le père[1] ».

Le contre-projet Delorme fut retiré.

J'ai signalé ces contre-projets, parce que autour des idées qu'ils consacrent toute la discussion va graviter. Je n'ai point l'intention, du reste, de m'appesantir davantage sur elle. J'aborde de suite le résultat du vote de l'Assemblée, l'analyse de la loi du 19 mars 1873 intitulée : loi relative au Conseil supérieur de l'Instruction publique.

§ 2. — *La loi du 19 mars 1873.*

Composée de cinq articles, la loi s'occupe :

[1] Séance du 11 janvier.

A. De l'organisation du Conseil ; B. De la compétence du Conseil ;

A. — *Organisation du Conseil.* — Le Conseil supérieur de l'Instruction publique ne se compose plus de vingt-huit membres comme le Conseil de 1850, mais de trente-huit membres.

Les éléments nouveaux introduits dans le Conseil de 1873 étaient les suivants :

1º Un membre de l'armée et un membre de la marine, nommés par le Ministre compétent, le Conseil supérieur de la Guerre ou d'Amirauté entendu. « Nos malheurs récents, disait le rapporteur, ne nous ont que trop appris combien l'instruction donnée dans nos écoles spéciales à ceux qui se destinent à commander nos armées, a besoin d'être fortifiée, et deux conseillers, particulièrement chargés de veiller à ces intérêts, ne paraîtront pas avoir à remplir une tâche inutile »;

2º Des délégués de l'enseignement supérieur.

Un membre du collège de France, un membre d'une faculté de droit, un membre d'une faculté de médecine, un membre d'une faculté des lettres, un membre d'une faculté des sciences, élus par leurs collègues respectifs.

On a voulu, en envoyant au Conseil ces délégués de l'enseignement supérieur, que tous les ordres de l'enseignement fussent représentés ;

3º Un membre de chacun des Conseils suivants nommés par leurs collègues : Conseil supérieur des arts et manufactures, Conseil supérieur du commerce, représentant au sein du Conseil supérieur de l'Instruction publique, les branches de certains enseignements qui, depuis 1850, ont acquis une importance toute nouvelle.

Telle est la composition du Conseil supérieur d'après la loi de 1873, Conseil qui, on l'a vu, était la réunion des forces vives de la Nation, représentées par les hommes les plus capables et les plus éclairés.

La Commission avait rétabli la section permanente instituée par la loi de 1850 et supprimée par le décret de 1852.

De très vifs débats eurent lieu à son sujet. D'abord votée en deuxième délibération [1], la section permanente, composée de sept membres de l'enseignement public nommés par le Gouvernement, et de trois membres de l'Institut élus par leurs collègues, avaient un mandat de deux ans; mais à la troisième délibération, elle fut définitivement supprimée.

« Nous avons voulu, dit le rapporteur [2], avoir une section qui exerçât, en tout temps, l'action continue du Conseil supérieur. Mais, pour que cette section exerçât l'action continue du Conseil, il fallait qu'elle eût le bras et l'œil du Conseil et non pas le bras et l'œil d'un autre. Dès que la section devait être nommée par le Ministre, elle cessait d'exercer l'action au nom du Conseil; je dirai même qu'elle pouvait l'entraver, car, si elle était nommée dans un sens opposé à l'esprit, au sentiment de la majorité du Conseil, elle aurait eu pour résultat de gêner l'indépendance et l'action de ce Conseil. Ainsi d'une part, la section nouvelle ne servait en rien l'indépendance de l'Université, elle ne donnait aucune garantie sous ce rapport; et, d'autre part, elle pouvait entraver la liberté du Conseil, suspendre son action au lieu de la servir. Tels sont les deux motifs qui nous font demander la suppression de la section permanente. »

B. — *Compétence du Conseil*. — La loi de 1873 organisait donc sur des bases nouvelles le Conseil supérieur de l'instruction publique. Elle lui attribuait exactement la même compétence que possédait le Conseil de 1850; sur un point cependant elle apportait une modification.

La loi de 1850 donnait au Conseil le droit de prononcer en dernier ressort sur les jugements rendus par les Conseils académiques, en ce qui concernait le pouvoir disciplinaire sur les membres de l'enseignement libre. La loi de 1873 maintient au Conseil cette compétence, mais elle exige pour que celui-ci puisse prononcer définitivent l'interdiction de

---

[1] Séances des 16 et 17 janvier 1873.
[2] Séance du 18 mars 1873.

l'enseignement libre, que sa décision soit prise aux deux tiers des suffrages.

Cette disposition fut le résultat d'un amendement de M. Beaussire, qui allait même primitivement jusqu'à réclamer qu'il n'y eût de décision possible, en pareil cas, qu'à l'unanimité des suffrages.

La Commission appuya cet amendement, qui fut finalement voté par l'Assemblée.

En rétablissant une des dispositions essentielles de la loi de 1850, l'Assemblée nationale avait fortifié la liberté de l'enseignement. Le Conseil issu de l'élection était redevenu indépendant, et l'enseignement libre recouvrait des garanties dont il n'avait pû profiter que deux ans à peine.

En même temps qu'elle travaillait à remettre en vigueur la loi de 1850, en ce qui touchait au Conseil supérieur, l'Assemblée Nationale était saisie d'un projet tendant à donner le recrutement des Conseils académiques et départementaux à l'élection.

Section II. — Projets concernant les Conseils académiques.

La loi du 14 juin 1854, en établissant les grands rectorats, avait aboli l'élection comme mode de recrutement du conseil départemental. Elle avait établi auprès de chaque recteur un Conseil académique composé de membres sortants presque tous de l'administration.

Il était logique que, modifiant le décret de 1852, on modifiât aussi la loi de 1854. Aussi, le 6 mai 1871, une proposition émanée de MM. de Corcelles, Saint-Marc-Girardin, vicomte de Meaux, etc., était déposée sur le bureau de l'Assemblée Nationale[1]. Prise en considération le 1er juin 1871[2], cette

[1] *Annales de l'Assemblée nationale*, t. II. p. 849.
[2] Id., t. III, p. 203.

proposition était, le 4 août, renvoyée à la Commission chargée du projet qui devait devenir la loi de 1873. En effet, les deux propositions se complétaient l'une l'autre. Découlant des mêmes principes, les mêmes motifs les justifiaient.

Ce fut à la séance du 7 février 1873 que, pour aller plus rapidement, on demanda la disjonction des deux propositions. La première seule fut votée ; par suite des événements, il ne fut plus jamais question de la seconde.

Il est intéressant cependant de dire, en quelques mots, ce que se proposaient de faire les promoteurs de cette seconde proposition, conséquence logique de la première.

Sans modifier les dispositions de la loi de 1854 en ce qui concernait les grands rectorats, le projet laissait subsister les Conseils académiques et les Conseils départementaux.

Les éléments composant les premiers étaient les mêmes que ceux qui concouraient à former le Conseil supérieur. Purement consultatifs, les conseils académiques renfermaient un plus grand nombre de représentants de la société, que des représentants du corps enseignant, et les inspecteurs d'académie n'y avaient point voix délibérative, parce que c'était principalement la gestion de ces fonctionnaires qu'ils avaient mission de contrôler.

Comment était donc composé le Conseil académique? L'administration était représentée par le préfet du chef-lieu de l'académie, le clergé, par l'évêque du diocèse et deux ecclésiastiques choisis par les évêques de la circonscription. De plus, les Consistoires de l'Église réformée, de l'Église d'Augsbourg, et le Consistoire israélite y envoyaient chacun un délégué. Le Procureur général, trois Conseillers de la Cour d'appel élus par leurs collègues, représentaient la magistrature, et le corps enseignant était représenté par le Recteur, les Doyens des facultés, le directeur de l'école de médecine de l'Académie et un proviseur d'un lycée désigné par le ministre. L'armée y envoyait le général de division et le préfet maritime de la circonscription quand celle-ci en possédait un.

Le Ministre nommait six Membres de l'enseignement public et de l'enseignement libre qui représentaient au Conseil l'enseignement primaire et secondaire. Le Conseil général de chaque département de l'Académie nommait un délégué représentant les pères de familles. Enfin, le Président de la chambre de Commerce de la ville la plus peuplée de la circonscription y était l'organe de la classe industrielle.

Par ces choix habilement réunis, le Conseil académique était la représentation de toutes les forces vives de la Nation.

Le Conseil départemental était composé sur les mêmes bases[1], et formait avec le Conseil académique deux corps indépendants et possédant une autorité incontestable.

Si le projet avait été voté, on aurait possédé des cadres solides qui auraient donné à l'enseignement une direction efficace et populaire.

Nous avons dit que l'Assemblée, par suite des préoccupations constitutionnelles qui l'agitèrent bientôt, ne put pas reprendre la tâche qu'elle avait désiré s'imposer et que de tous ces projets, seul celui qui modifiait l'organisation du Conseil supérieur de l'Instruction publique avait été voté.

Section III. — Projets sur l'instruction primaire gratuite et obligatoire.

L'Assemblée fut saisie, en matière d'enseignement, d'autres projets dont il nous faut dire un mot, quoiqu'ils se

---

[1] Le Conseil départemental se composait : du Président du Conseil général, de l'Inspecteur de l'Académie, du Préfet, de l'Évêque, du Général Commandant le département, du Procureur général, ou, à son défaut, du Procureur de la République, d'un Ecclésiastique désignée par l'Évêque, d'un Délégué de l'Église réformée, d'un Délégué de l'Église d'Augsbourg, d'un Délégué du Consistoire israélite, de quatre Membres du Conseil général nommés par leurs collègues, de deux

rapportent plus à l'Instruction publique qu'à la liberté de l'enseignement. Je veux parler des projets sur l'enseignement primaire gratuit et obligatoire. Ces projets, qu'un historien de l'Instruction publique étudierait avec détails comme précédent des lois qui nous régissent actuellement, pourquoi les étudions-nous? Nous les étudions, parce que l'organisation de l'instruction a toujours sur la liberté de l'enseignement une influence directe.

En l'espèce, il s'agit de l'organisation de l'enseignement gratuit et obligatoire. Comment ne pas s'apercevoir du contre-coup que cette organisation va exercer sur la liberté de l'enseignement? Dans quelles conditions celle-ci peut-elle exister dans l'acceptation large du mot, si la concurrence entre les établissements publics et les établissements privés existe d'une façon complète et si aucun privilège ne favorise les uns ou les autres?

Mais si un établissement, quel qu'il soit, donne gratuitement l'enseignement, pendant que l'autre exigera un prix de pension, que va-t-il se passer? L'établissement gratuit va se remplir, et l'autre se vider presque complètement. La liberté n'en subsistera pas moins, mais ses conditions d'existence seront modifiées, et pour qu'elle puisse répandre ses bienfaits, il faudra que les maîtres de l'enseignement libre enseignent gratuitement. En conséquence, les personnes qui donnaient l'enseignement par lucre et pour tirer de leur science un revenu quelconque, seront obligées de renoncer à leur industrie. Il ne subsistera plus que les écoles gratuites. Or, comme celles-ci sont celles de l'État seul capable de subvenir à leurs besoins, nous arriverons à avoir d'un côté : les écoles de l'État avec des élèves, de l'autre les écoles libres sans élèves. On voit donc quelle influence la

Membres de la Cour d'appel, de deux délégués cantonaux désignés par le Conseil général, d'un Membre de l'enseignement public désigné par le Recteur, d'un Membre de l'enseignement libre désigné par le Conseil général.

gratuité de l'enseignement a sur la liberté. Elle ne la détruit pas, mais elle change ses conditions d'existence et elle rend illusoire le droit que possède tout citoyen d'enseigner ce qu'il sait, moyennant une rétribution convenable.

Néanmoins, on ne saurait contester que dans une démocratie l'instruction gratuite et obligatoire ne soit absolument de rigueur. Il importe, en effet, que tous les enfants reçoivent une instruction primaire complète, et que les pauvres puissent fréquenter l'école au même titre que les enfants des familles aisées.

Ces opinions, un certain nombre de députés voulaient les faire prévaloir à l'Assemblée nationale. Faisant généralement partie de l'extrême gauche, ils trouvaient chez les universitaires des alliés naturels.

La loi du 28 juin 1833 est la première qui ait fait mention de la gratuité : « Sont admis gratuitement, disait l'article 14, dans l'école communale élémentaire, ceux des élèves de la commune ou des communes réunies que les Conseils municipaux auront désignés comme ne pouvant payer aucune rétribution. » La loi de 1850 parle de la gratuité en termes plus précis encore : « L'enseignement primaire est donné gratuitement à tous les enfants dont les familles sont hors d'état de le payer » (art. 24), et comme l'article 36 permettait la création, par les communes, d'écoles gratuites, un grand nombre de municipalités avaient fait cette généreuse dépense. Survint le projet Duruy[1], qui permettait aux communes de voter la gratuité absolue en s'imposant trois centimes extraordinaires additionnels au principal des quatre contributions directes. En cas d'insuffisance de ressources, les communes pouvaient bénéficier d'une subvention accordée sur les fonds départementaux et, à leur défaut, sur les fonds de l'État.

Le principe de la gratuité absolue n'était donc point encore

[1] Le projet Duruy aboutit à la loi du 10 avril 1867, mais le principe de la gratuité absolue ne fut pas voté.

voté. Une première proposition, déposée le 5 août 1871[1], par M. Henri de Lacretelle était ainsi conçue : « A partir du 1er novembre 1871, l'instruction primaire sera gratuite et obligatoire dans toutes les écoles de la République. »

C'était court et laconique. Le *Journal des Débats* était enthousiasmé de cette proposition : « Sauf les projets de loi imposés d'urgence par les circonstances, cette proposition, disait-il, est la plus utile dont la Chambre ait été saisie depuis sa réunion. »

La Commission chargée de son examen développa le principe indiqué par l'auteur de la proposition. Déposé le 6 septembre 1871[2], ce projet, amendé par la Commission, posait le principe et les sanctions :

« Tout enfant de sept ans révolus était tenu de fréquenter l'école jusqu'à 15 ans. Le père de famille avait la liberté de l'école libre ou de l'école communale; il pouvait même garder son enfant chez lui, à condition de prouver qu'il lui faisait donner l'instruction à domicile. »

Dans certains cas, l'enfant était dispensé d'une assiduité régulière (fenaison, vendanges, grands froids).

La peine infligée aux parents ou tuteurs qui ne se conformeraient pas à la loi était la réprimande publique, et en cas de récidive, l'affichage.

Enfin les élèves passaient, à la fin de leurs études, un examen dans le but d'obtenir un certificat de capacité.

Une autre proposition émanée de MM. Vacherot, Ferry et autres, fut déposée le 29 août 1871[3]. Elle consacrait les mêmes principes ; nous ne l'étudierons pas davantage.

L'Assemblée nationale remuait beaucoup d'idées en ce qui concerne l'enseignement. Elle fit bientôt une œuvre définitive en organisant la liberté de l'enseignement supérieur.

---

[1] *Annales de l'Assemblée Nationale*, t. IV, annexes, p. 201.
[2] Id., t. V, annexes, p. 202.
[3] Id., t. V, p. 88.

Section IV. — La liberté de l'enseignement supérieur.

Nous avons dit qu'un des derniers ministres de l'Instruction publique, M. Segris, avait formé, en mars 1870, une commission chargée d'élaborer un projet sur la liberté de l'enseignement supérieur, sous la présidence de Guizot ; cette commission rédigea, en effet, un projet que les événements de 1870-1871 ne permirent point de déposer.

§ 1er. — *Reprise par le comte Jaubert, du projet de la Commission Guizot.*

Le 31 juillet 1871 [1] un membre de l'Institut, le comte Jaubert, reprit le projet Guizot qui renvoyé à la Commission d'initiative, était l'objet d'un rapport favorable [2], et qui était pris en considération par l'Assemblée, le 26 août 1871 [3]. C'est ce projet qui, modifié d'abord par la Commission et par la discussion à laquelle il fut soumis, devint la loi du 12 juillet 1875. Le rapport de la Commission, dû à M. Laboulaye, fut déposé dans la séance du 25 juillet 1873 [4].

Le principe était posé, dès le début, par le libéral rapporteur : « Sans doute, il importe à l'État que les citoyens soient instruits ; en ce sens, il est vrai de dire que l'État a le droit et le devoir de s'intéresser à l'enseignement, mais il n'en résulte pas que lui seul ait le droit d'enseigner..... Il n'y a aucune raison pour conserver à l'État un monopole qui inquiète les consciences, qui amoindrit la vie locale et qui, en supprimant la concurrence, affaiblit les études. Un ensei-

---

[1] *Annales de l'Assemblée Nationale*, t. IV, p. 310.
[2] Id., t. IV, annexes, p. 290.
[3] Id., t. V, pp. 161-162.
[4] Voy. ce rapport. De Beauchamp, *op. cit.*, t. III, p. 18. *Annales de l'Assemblée Nationale*, t. XIX. Annexes. Siray, 1876, 4, p. 63.

gnement officiel sera toujours un enseignement incomplet... Nous voulons donner la pleine liberté de l'enseignement supérieur, sans autres restrictions que celles que réclament la morale et l'ordre public. Nous entendons qu'on punisse les abus, mais nous désirons qu'aucune mesure préventive ou restrictive ne gêne l'exercice de la liberté. »

Puis le rapport, après avoir dégagé les principes, expliquait les divers articles du projet, qui avait emprunté à la Commission Guizot ses dispositions essentielles[1].

§ 2. — *Dispositions des catholiques sur le projet.*

En 1841, 1844, 1847, toutes les fois qu'un projet sur la liberté de l'enseignement avait été porté aux Chambres, la Presse en avait rendu compte. Les journaux analysaient le texte des reformes présentées, et faisaient suivre leur commentaire d'éloges ou de critiques. En 1873, la Presse catholique est muette. Les questions constitutionnelles, ou les travaux parlementaires sur des sujets plus chers aux catholiques[2], occupaient seuls la Presse religieuse. Nous ne pouvons connaître, dès lors, les dispositions des catholiques en 1873. Mais, dès l'année suivante, avant même la discussion du projet, nous pouvons constater une nouvelle scission du parti catholique, scission moins grave assurément que celle qui s'était produite en 1850, mais qui aurait pu néanmoins amener l'échec du projet, si elle avait eu son écho au sein de l'Assemblée.

Il avait été créé, après la guerre, une œuvre des comités catholiques qui, chaque année, tenait un congrès aussi intéressant par les orateurs qui y prenaient part que par les questions que l'on y traitait.

---

[1] Nous avons analysé plus haut le projet de la Commission Guizot. Nous n'analyserons donc pas le projet de la Commission, nous réservant d'étudier la loi de 1875 et de mentionner les modifications que la discussion y aura apportées.

[2] Comme la discussion sur l'église de Montmartre.

« Préparer, par une étude consciencieuse et faite au point de vue chrétien, les diverses améliorations dont notre législation est susceptible, dans l'ordre de la famille et des rapports sociaux publics et privés ; et faire disparaître les traces de la séparation qu'on a voulu consommer entre Dieu et le Gouvernement du monde social ; aider dans ce but, à la fondation et au maintien de toutes les bonnes œuvres qui y coopèrent ; combattre les préjugés anti-chrétiens qui ont affecté notre société de tous les côtés, afin de réagir sur l'opinion par l'exposition loyale et par la défense de la vérité catholique, afin de la faire connaître comme l'unique source de notre salut et comme notre inépuisable bienfaitrice [1], » tel était le programme de l'œuvre des comités catholiques.

La question de l'enseignement supérieur occupa longuement le congrès de 1874. Une commission avait été formée au sein du congrès, et le P. Marquiny fut chargé de présenter un travail sur le rapport du projet Laboulaye [2]. Ce travail se composait de deux parties : d'abord, d'une pétition que l'on adressait à l'Assemblée nationale et ensuite d'observation « servant de pièces justificatives » à la pétition.

Les vues de cette fraction du parti catholique nous sont connues par les conclusions très nettes du rapport du P. Marquigny qui, mises aux voix, furent adoptées par des applaudissements prolongés, dit le compte-rendu.

I. — « Nous regrettons que la future loi relative à la liberté de l'enseignement supérieur rejetant en cela même les traditions de la législation française, soit fondée sur le principe de la liberté pour tous de tout enseigner.

II. — « Nous faisons observer que nul contrôle ne doit être exercé au nom de l'État sur l'enseignement lui-même, que

---

[1] Voy. G. Bressoles. *Revue catholique des Institutions et du Droit*, t. I, p. 269.
[2] Voy. le rapport du P. Marquigny, *Revue catholique des Institutions et du Droit*, 1874, t. II, pp. 72 et suiv.

la surveillance ne saurait avoir pour objet que le maintien de l'ordre public et l'observation des lois, et qu'elle rentre par conséquent dans les attributions de la magistrature, chargée d'assurer la répression des crimes et des délits de droit commun. En conséquence, nous demandons que la surveillance des établissements libres n'appartienne pas aux délégués du Ministre de l'Instruction publique.

III. — « Nous demandons que, conformément à la jurisprudence récemment adoptée par le Conseil d'État, en ce qui concerne les écoles primaires, la loi déclare que les évêchés et fabriques peuvent posséder des établissements d'enseignement supérieur, et ont le droit d'acquérir et d'aliéner dans ce but, soit à titre gratuit, soit à titre onéreux.

IV. — « Nous demandons, au nom de la liberté, de la justice et des intérêts de l'enseignement supérieur, que la loi abroge formellement les lois, décrets, édits, anciens arrêts du Conseil et du Parlement, et ordonnances.

V. — « Nous demandons que les Facultés libres puissent jouir du droit d'acquérir et de posséder sans que le Conseil supérieur de l'Instruction publique doive être consulté.

VI. — « Nous demandons, avec les plus vives instances, que les Facultés libres confèrent les grades de bachelier, de licencié, de docteur, et en général délivrent des certificats donnant les mêmes droits que les grades conférés et les certificats délivrés par l'Université de l'État.

VII. — « Nous ne pouvons accepter que les examens subis, devant des Facultés libres, soient de tous points aux mêmes règles et dispositions que les examens subis devant les Facultés de l'État » (suivant certaines conditions que le congrès acceptait, pour que les Facultés libres pussent délivrer des grades).

Il nous paraît certain que si un tel projet avait été présenté à l'Assemblée nationale, il n'aurait pas même obtenu le simple succès d'une prise en considération. Pour faire une loi sur la liberté de l'enseignement supérieur, il fallait que les conservateurs catholiques trouvassent un appui auprès des libéraux. Ceux-ci ne pouvaient évidemment s'arrêter un instant au projet du P. Marquigny.

Heureusement pour la liberté, le projet de la commission Laboulaye était plus acceptable pour cette fraction importante de l'Assemblée nationale.

Le jour de la première délibération approchait. La discussion commença le 3 décembre 1874.

§ 3. — *Discussion générale du projet.*

Deux séries d'arguments furent présentés contre le projet. L'une par Paul Bert, l'autre par Challemel-Lacour. Le premier monta à la tribune le 3 décembre. Il ne s'opposa pas à l'admission du principe de la liberté de l'enseignement, tel que le concevaient les partisans du projet, c'est-à-dire le droit pour tout homme capable d'enseigner, et le droit pour tout élève de choisir son professeur et sa doctrine; mais il demanda la constitution d'Universités d'État où toutes les doctrines, quelles qu'elles fussent, pussent être enseignées.

Il craignait que la proclamation du principe, en multipliant les établissements, n'en affaiblît les forces et ne créât des antagonismes sans profit pour la science et les études. Il voulait la constitution de « centres d'éclectisme », comme il disait, dans lesquels tous les enseignements seraient admis et suivis par les élèves, qui y trouveraient plaisir et profit.

Paul Bert proposait un contre-projet sanctionnant ce système qui fonctionnait en Allemagne et qui avait le mérite d'être tout à fait nouveau en France[1].

Plus radical que Paul Bert, Challemel-Lacour déclara nettement qu'il n'admettait pas le principe de la liberté de l'enseignement : « Cette liberté serait une liberté réelle, ce droit serait encore un droit positif, que je concluerais encore,

---

[1] Voir ce projet intéressant l'histoire de l'enseignement, dans Liard, *op. cit.* C'est une des premières tentatives de la constitution des Universités régionales (t. II, pp. 481 et suiv.).

de l'état actuel de la France, que cette liberté doit être ajournée. » Une deuxième considération amène l'orateur à ne pas voter la loi, c'est l'absence d'utilité qu'il lui reconnaît : « Ce serait un vain enfantillage, dit-il, que de feindre ignorer que le seul intérêt qui soit à cette heure en question, c'est l'intérêt de l'Église catholique..... La seule association qui puisse en profiter, c'est aussi la seule association qui existe, libre, riche, autorisée, puissante, toujours conquérante, jamais rassasiée, c'est l'Église catholique........ Où donc est, selon moi, le péril ; je dois vous le dire avec une sincérité égale à mes craintes. En accueillant dans des établissements spéciaux des esprits tout préparés, en les soumettant à une discipline spéciale, à un régime savamment combiné, en les protégeant contre toutes les influences sociales, contre la plus légère atteinte de ces doctrines qu'on qualifie de malsaines, on veut dans ces Universités, dans ces futurs médecins, dans ces futurs avocats, dans ces futurs magistrats, préparer des auxiliaires de l'esprit catholique..... Ces effets m'épouvantent[1] ! »

A ces deux principaux adversaires du projet, répondirent : le rapporteur, M. Laboulaye, et surtout Mgr Dupanloup. Dans la séance du 3 décembre, l'évêque d'Orléans avait défini la liberté, en avait montré la nécessité, et dans l'intérêt de la science et dans celui des pères de famille ; mais, le 5, un sujet plus élevé encore devait être traité par lui. Il avait à répondre au discours de M. Challemel-Lacour. Il le fit, « fier et confiant comme un homme qui a confiance dans sa cause et dans son droit, tour à tour indigné et ironique, net, précis, vigoureux, décisif[2] ».

« M. Challemel-Lacour, dit-il, s'est trompé de sujet, de temps et de lieu. La question à l'ordre du jour était la grande question de l'enseignement supérieur..... Son dis-

---

[1] Séance du 4 décembre 1874. *Annales de l'Assemblée Nationale*, pp. 43 et suiv.
[2] Lagrange, *op. cit.*, t III, p. 310,

cours, délaissant le sujet, est devenu un réquisitoire passionné, un procès de l'Église catholique, du clergé catholique, de tous les catholiques. Il les a représentés comme les ennemis de la société, les ennemis de l'État, les ennemis de leur pays et de ses institutions, les ennemis des lois, les ennemis de la paix publique...., et après de telles paroles, il fait plus, il refuse d'accorder la liberté d'enseignement à tous les citoyens français, sans autre raison, sinon que nous devons en profiter.....

« Il s'est trompé de temps, car il a parlé de l'Église et du clergé catholiques, comme on en parlait en 1793.....

« Il s'est trompé de lieu..... j'ai cru entendre un orateur, dont je ne veux pas redire le nom, et qui, dans le Comité de salut public, préludait aux proscriptions du clergé [1]. »

Et, continuant son discours, l'évêque d'Orléans vengea l'Église et les partisans de la liberté de l'enseignement.

Puis, par 531 voix contre 124, l'Assemblée décida de passer à une seconde délibération. Ce résultat satisfit l'*Univers* qui félicita Mgr Dupanloup de sa réponse à Challemel-Lacour. « Prenant à partie son adversaire, disait-il, il a promptement et vertement fait justice des cyniques imputations, des menaces et des prétentions odieuses du jacobinisme aux abois [2] » ; et le surlendemain du vote, cette même feuille se réjouissait de la première victoire et critiquait fort les députés qui n'avaient point voulu voter la loi. « Les radicaux nous refusent la liberté. C'est le plus grand hommage qu'ils puissent rendre à la force et à la vérité de l'Église catholique. Ils ont peur, ces libéraux, d'une liberté soumise aux lois, qui demande à s'exercer dans le droit commun ; ils redoutent, avec un monopole absolu, une concurrence qui aurait tant à faire pour leur prendre quelque chose [3]. »

[1] Séance du 5 décembre 1874. *Annales de l'Assemblée Nationale*, t. XXXV, pp. 56 et suiv.

[2] *Univers*, numéro du 7 décembre 1874.

[3] *Univers* du 8 décembre 1874. Voy. encore sur la question un article du 12 décembre 1874.

Toujours d'après le même journal, la presse avancée était absolument hors d'elle. La question de l'enseignement supérieur était devenue le prétexte d'une recrudescence dans la lutte contre l'Église. Le *Siècle* publiait le *Syllabus* et faisait accompagner le texte de notes et de commentaires ; mais on sentait que la bataille qui venait de se livrer au Parlement n'était qu'un engagement d'avant-garde, et on prévoyait que le grand combat aurait lieu sur la question de la collation des grades.

Le 22 décembre, le jour même où le projet devait être repris à l'Assemblée, les journaux consacraient divers articles à l'examen de cette délicate question. Presque tous concluaient à refuser aux Universités libres ce droit de collation. Les uns déclaraient ne point pouvoir posséder une confiance absolue dans la manière dont seraient délivrés les grades dans une Faculté libre quelconque. Les autres se prononçaient contre la collation des grades, par peur d'assurer ainsi la domination de l'Église [1].

Quoi qu'il en soit, le 22 décembre, l'Assemblée reprenait la discussion du projet de loi, mais, à la majorité de 25 voix, votait un renvoi à la Commission pour obtenir d'elle des garanties sévères de la part des individus désirant ouvrir des cours individuels.

§ 4. — *Question de la collation des grades.*

Ce ne fut donc qu'en juin que la discussion fut reprise. Nous ne pouvons nous arrêter sur tous les débats qui eurent lieu dans la deuxième et troisième délibération. Une seule question doit retenir notre attention. C'est la question de la collation des grades. Comment la Commission l'avait-elle tranchée ?

Le projet du comte Jaubert instituait des jurys d'examen dans lesquels n'entreraient pas les professeurs en exercice,

[1] L'*Opinion publique*, notamment.

et les élèves des Facultés libres avaient le droit de passer leur examen, soit devant les Facultés de l'État, soit devant ce jury spécial. La Commission écarta ce système. Il fallait créer un nouveau corps de fonctionnaires et ajouter un nouveau chapitre au budget de l'État. L'organisation de ce jury soulevait d'autres problèmes : serait-il fixe ou serait-il établi dans toutes les villes? Ses membres seraient-ils inamovibles ou devraient-ils se renouveler? Quelles personnes y appeler? Quelles personnes en exclure? Etc.....

Ainsi la Commission laissait le pouvoir de conférer les grades aux Facultés de l'État ; mais ceci fait, elle se demanda s'il fallait en rester là et si on ne pouvait pas admettre que les Facultés libres, une fois constituées, pourraient recevoir de l'État le droit d'examiner.

Elle le pensa. « Si l'État délègue à ses Facultés le droit de délivrer des certificats sur le vu desquels il accorde le diplôme, pourquoi ne pas admettre qu'il peut faire cette délégation à des Facultés libres, quand, par le choix des maitres, la force des études, les ressources scientifiques, ces Facultés rivalisent avec les établissements de l'État. Si, par exemple, la ville de Bordeaux établissait demain, à ses frais, une école de médecine, si elle y appelait des professeurs ou des agrégés de l'État, si elle construisait des laboratoires aussi vastes et aussi bien agencés qu'en Allemagne, pourquoi donc, après l'épreuve faite, l'État n'aurait-il pas autant de confiance dans les professeurs de Bordeaux que dans ceux de Nancy ou de Montpellier? Pourquoi ne pourrait-il pas leur déléguer le droit de délivrer des certificats qui auraient la même autorité et la même valeur que ceux des Facultés de l'État? C'est à ce système que la Commission s'est rangée, en décidant, par l'article 13, que les Universités et les Facultés libres pourraient recevoir d'une loi le droit de conférer des grades, après avis du Conseil supérieur de l'Instruction publique [1]. »

[1] Rapport Laboulaye.

« Imaginé pour tout concilier, cet ingénieux système fit l'effet de tout sacrifier. D'un côté, les partisans du droit de l'État n'admettaient pas que l'État pût déléguer son droit. Conférer des grades n'est pas la même chose que battre monnaie par la délégation de la puissance publique.

D'un autre côté, ce bloc enfariné ne disait rien de bon aux partisans de l'enseignement libre ; « consulter le Conseil supérieur de l'Instruction publique sur la valeur des institutions libres, n'était-ce pas les replacer d'une manière indirecte sous le contrôle de l'État ? les soumettre à son bon plaisir et, partant, retirer la liberté concédée ? Remettre à une loi le soin de prononcer la délégation, n'était-ce pas laisser ouverte une des questions essentielles que le projet avait précisément pour objet de résoudre, l'exposer aux retours offensifs de la politique et paraître différer, pour se donner des raisons ou attendre des occasions de retenir[1] ? »

Quoi qu'il en soit, le système de la Commission était proposé, il devait être discuté. D'autre part, les partisans de l'État qui, à propos de l'article 1er de la loi, avaient déjà soumis un amendement réservant à l'État la collation des grades, les partisans de l'État reprirent leur proposition.

Puis, les partisans du système de la commission Guizot ne se tinrent pas pour battus, par le choix qu'avait fait d'une autre solution la Commission Laboulaye.

Enfin, d'autres députés, touchant de près au parti catholique, proposèrent d'implanter en France le système des jurys mixtes qui existait en Belgique.

C'est sur ces quatre systèmes que se livra la grande bataille.

Le système de la collation des grades par l'État fut énergiquement soutenu dans la deuxième et troisième délibération.

Le 11 juin, MM. Barni, Bardoux et J. Ferry présentèrent un amendement ainsi conçu :

[1] Liard, *op. cit.*, t. II, p. 317.

« Les Facultés de l'État auront seules le droit de conférer les grades. Les candidats aux grades des Facultés de l'État seront dispensés de l'inscription et de l'assiduité aux cours, s'ils justifient de conditions équivalentes dans les Facultés libres. » Rejeté après une longue discussion, cet amendement fut reproduit par M Lepetit, lors de la 3me délibération, dans les termes suivants : « Les élèves des Facultés libres devront se présenter, pour l'obtention des grades, devant les Facultés de l'État, en justifiant qu'ils ont pris dans les Facultés dont ils ont suivi les cours, le nombre d'inscriptions voulues par les règlements. »

Voici, en substance, ce que disait M. J. Ferry et les défenseurs des droits de l'État :...... « La prétention d'enlever à l'État le privilège de la collation des grades est une prétention toute nouvelle. C'est seulement au milieu de nous, sous nos yeux et dans ces dernières années que le débat, sur la liberté de l'enseignement, a pris la physionomie que nous lui voyons et adopté ce nouveau drapeau..... Cette proposition que quiconque a le droit d'enseigner doit avoir le droit de conférer les grades, cette proposition est en elle-même contradictoire, car elle aboutit purement et simplement à la négation absolue du grade lui-même..... Il est certain que si ces deux idées : liberté d'enseignement et collation des grades, sont deux idées inséparables, il n'y a plus de grades, puisque tout le monde peut en donner ; et ceux qui acceptent des restrictions quelconques à ce droit de collation des grades, manquent de logique, car si l'État peut mettre des restrictions au droit, c'est lui qui en est le maître et la prétendue liberté de collation des grades n'existe plus [1]. »

« Lorsque l'État donne un grade, a dit M. J. Simon, l'État atteste, l'État certifie, l'État garantit. Les grades ont deux effets. Le premier est d'ouvrir les carrières publiques. Vous ne contestez pas à l'Etat le droit de faire lui-même les condi-

---

[1] Voy. les discours de J. Ferry. Séances des 11 et 12 juin 1875. *Annales de l'Asssmblée Nationale*, t. XXXVIII, p.

tions des carrières publiques, puisque c'est lui qui emploie les fonctionnaires, qui en use, qui est reponsable de leurs fautes et de leur incapacité. Sur ce point, il n'y a pas de difficulté possible. Le second, c'est d'ouvrir la carrière judiciaire et la carrière médicale. Pour l'une, comme pour l'autre, vous demandez à l'Etat qui confère les grades de garantir la capacité de ceux qui obtiennent ces grades. C'est un service public qu'il rend. Sans doute, il peut déléguer, mais il répond de ses délégués. Il faut donc que, en fait, il soit sûr que la délégation sera bien conduite, honorablement tenue. Eh bien, qu'est-ce qu'une délégation éventuelle et perpétuelle? Qu'est-ce que cela? Pouvez-vous l'inscrire dans une loi avec sécurité? Non [1]. »

Trois objections furent faites à ce système : La première fut celle-ci : Les Universités ont besoin de la collation des grades pour vivre et subsister. M. J. Ferry répondit : « l'Etat ne doit qu'une chose aux Facultés libres, la liberté, et non la subvention ». On invoqua en second lieu la partialité des professeurs de l'État ; mais l'expérience, depuis la loi de 1850, a montré la scrupuleuse impartialité qui avait présidé aux examens du baccalauréat. Enfin, on dit : Il y a liberté des méthodes. Si les élèves n'ont pas étudié sur les bancs de l'Université d'Etat, ne se sont pas conformés aux méthodes de l'enseignement officiel, ils seront au point de vue de l'examen, dans une situation inférieure : sans la liberté des méthodes, il n'y a pas de liberté d'enseignement.

Ces divers arguments furent présentés par Mgr Dupanloup, M. de Belcastel et le rapporteur, et, le 15 juin, l'amendement était rejeté par 359 voix contre 306. Repris par M. Lepetit, lors de la troisième lecture, il fut de nouveau rejeté par 345 voix contre 325.

Le deuxième amendement présenté lors de la discussion sur la collation des grades, fut celui de M. Raoul Duval, qui

---

[1] Séance du 15 juin 1875. *Annales de l'Assemblée Nationale*, t. XXXVIII, pp. 577 et suiv.

demandait la création d'un jury spécial d'après les bases indiquées par le projet du comte Jaubert[1].

« C'est un jury, disait son promoteur, semblable à ceux qui examinent les candidats aux écoles polytechniques, civiles et militaires..... Ces jurys n'ont jamais donné lieu à aucune espèce de réclamation. Je ne crois pas que vous ayez jamais entendu contester leur indépendance et leur impartialité. »

M. Laboulaye répondit en développant les arguments qu'il avait déjà présentés dans son rapport : C'était un nouveau corps de fonctionnaires à créer, des dépenses nouvelles à prévoir au budget, et puis, comment composer ce corps ? Qui y appeler ? Qui en exclure ?.... L'amendement fut repoussé.

Restait alors le projet de la Commission admettant la délégation, par une loi, du droit pour les facultés libres, le Conseil supérieur de l'Instruction publique entendu, de conférer les grades.

Ce fut alors que M. Paris proposa les systèmes des jurys mixtes : « Les élèves des facultés libres pourront se présenter, pour l'obtention des grades, devant les facultés de l'Etat en justifiant, qu'ils ont pris dans les facultés dont ils ont suivi les cours, le nombre d'inscriptions voulu par les règlements. Ils pourront se présenter devant un jury spécial. Le jury spécial sera formé de professeurs ou agrégés des facultés de l'Etat et de professeurs de facultés libres, pourvus du diplôme de docteur. Ils seront pris en nombre égal dans les facultés de l'Etat et dans la faculté libre à laquelle appartiennent tous les candidats à examiner ; ils seront nommés, pour chaque session, par le Ministre de l'Instruction publique qui désignera le membre chargé de la présidence. »

Repoussé par le rapporteur, cet amendement ne fut pas combattu par le Ministre dans son principe et fut chaudement défendu par Mgr Dupanloup. « Je vous demande de voter l'amendement de M. Paris. Je vous le demande parce

---

[1] Voy. séance du 16 juin.

que cet amendement est équitable, parce qu'il fait la part de chacun et de chaque chose, la part de la liberté et celle de l'État ; parce qu'il est favorable à l'enseignement et à l'émulation des lettres. »

..... Adopté par 358 voix contre 321, cet amendement fut, entre la deuxième et troisième délibération, adopté par la Commission, mais légèrement modifié. « L'Assemblée, disait le rapporteur[1], a décidé l'établissement d'un jury mixte. La Commission n'entend en rien contester cette décision ; mais il avait été fait une objection très sérieuse, et cette objection, vous vous le rappelez, était celle qui consistait à dire : Vous donnez une telle liberté qu'il se formera bientôt des Facultés qui n'auront pas pour objet principal la science ; vous verrez des répétiteurs de droit s'associer, et vous assurerez le triomphe, non pas de l'enseignement, non pas de la science, mais de la préparation aux examens. M. le Ministre nous a proposé de décider que tout le monde, sans doute, pourrait, à certaines conditions, fonder des Facultés libres, mais, pour être admis à prendre part aux examens, et faire partie d'un jury mixte, il faudrait un établissement plus considérable, et il nous a proposé que la réunion de trois Facultés fût nécessaire pour cet établissement. Il est évident, en effet, que là où vous aurez trois Facultés réunies il y aura des garanties qui assureront le bon recrutement, le bon fonctionnement des jurys mixtes. »

De plus, la Commission proposait que les baccalauréats ès lettres et ès sciences seraient délivrés exclusivement par les Facultés de l'État. A la séance du 12 juillet, les articles proposés par la Commission étaient votés à une assez forte majorité.

Les amendements que nous avons indiqués ne furent pas les seuls proposés à l'Assemblée ; M. de Rambure en avait

---

[1] Voy. l'exposé des modifications apportées au projet de la Commission. Séance du 8 juillet 1875. *Annales de l'Assemblée Nationale*, t. XXXIX, p. 492.

présenté un qu'il avait ensuite retiré, et qui consistait en ceci : Les Universités et les Facultés libres avaient le droit de conférer des grades honorifiques. L'admissibilité aux places de l'État dépendait de concours spéciaux, dont les programmes étaient déterminés par le Conseil d'État, pour les services publics de l'ordre civil, administratif et judiciaire ; par le Conseil des ponts et chaussées pour le service des grands travaux publics; par les Conseils spéciaux des armées de terre ou de mer pour le service public de la sécurité.

La grande question de la collation des grades tranchée, les autres articles du projet furent rapidement adoptés et, le le 12 juillet 1875, il était transformé en loi.

§ 5. — *Loi du 12 juillet 1875.*

Quels étaient les principaux principes qu'elle consacrait.

1. Le principe de la liberté était proclamé. L'enseignement supérieur est libre. A quelles conditions? Sur ce point, la loi reproduisait à peu près le projet.

Tout citoyen de 25 ans, et toute association formée dans un dessein d'enseignement supérieur, pourront ouvrir des cours ou des établissements aux conditions suivantes :

S'il s'agit de cours isolés ; une déclaration sera faite par l'auteur du cours, déclaration qui indiquera : les noms, qualités et domicile du déclarant, le local où il sera fait et l'objet de l'enseignement qui y sera traité ; cette déclaration devra être remise au chef-lieu de l'Académie dix jours avant l'ouverture du cours.

Si le cours devait être fait devant des auditeurs non inscrits, c'est-à-dire, si le cours était public, on devait se soumettre aux formalités exigées pour la tenue des réunions publiques.

La même déclaration est exigée pour la constitution d'un établissement d'enseignement supérieur, établissement qui devra être administré par trois personnes au moins, dont la déclaration indique les noms, le domicile, ainsi que ceux des professeurs de l'établissement. La déclaration doit indiquer aussi que les établissements libres sont pourvus des laboratoires, salles d'expériences, bibliothèque, prévus par l'article 6.

2. Pourront prendre le titre de Facultés libres, tous établissements ouverts légalement et comprenant au moins le même nombre de professeurs pourvus du grade de docteurs que les Facultés de l'État qui comptent le moins de chaires.

Trois Facultés pourront prendre le nom d'Université libre.

3. Les cours et établissements libres seront toujours ouverts aux délégués du Ministre de l'Instruction publique.

4. Il est permis de constituer des associations pour entretenir des cours ou des établissements libres. On devra faire à ce sujet une déclaration au Recteur, au Préfet et au Procureur général, contenant les indications suivantes : les noms, professions et domiciles des fondateurs et administrateurs desdites associations, le lieu de leurs réunions et les statuts qui doivent les régir. D'autre part, le parquet a le droit de connaître les noms de tous les associés.

5. Les établissements ou les associations pourraient sur leur demande et par une loi, être déclarés établissements d'utilité publique, et alors, avoir la capacité d'acquérir et de contracter à titre onéreux, et recevoir des dons et legs dans les conditions prévues par la loi.

6. La collation des grades était réglée comme nous l'avons indiqué. A côté du jury mixte, l'État, conservait le droit de conférer les grades aux élèves de ses Facultés, à ceux des Facultés libres qui se présenteraient devant elles. Il conférerait à tous et ce, obligatoirement, les diplômes du baccalauréat ès lettres et du baccalauréat ès sciences.

7. Enfin, un système de pénalités était organisé pour réprimer toutes les infractions aux dispositions de la loi, et, les tribunnaux de droit commun en connaissaient. Le Conseil départemental de l'instruction publique était en outre

compétent pour juger un professeur public ou libre, traduit devant lui pour cause d'inconduite notoire, ou lorsque son enseignement serait contraire aux lois ou à la morale. Appel était porté devant le Conseil supérieur ; les peines applicables pour cette juridiction d'exception étaient la réprimande et l'interdiction à temps ou à toujours.

Telles étaient les principales dispositions de la loi de 1875. « Avant de se dissoudre, l'Assemblée nationale faisait ce legs à la France: c'est sa plus grande loi, son plus grand titre à la reconnaissance de l'avenir [1] ».

A cette œuvre avaient coopéré, de la façon la plus utile, l'évêque d'Orléans, MM. Chesnelong et Lucien Brun. Le premier reçut de Pie IX un bref de félicitations, et tous les journaux catholiques rendirent hommage à un témoignage aussi mérité.

§ 6. — *Appréciations de la presse.*

La presse était divisée comme l'avait été l'Assemblée. « La loi de la liberté de l'enseignement a été votée, disait l'*Univers* [2]; cinquante voix de majorité se sont prononcées en faveur du droit de l'Église. Il faut féliciter l'Assemblée. Elle a fait un acte généreux, vraiment politique et réparateur. » Le *Journal des Débats* appréciait lui aussi la loi et trouvait fort heureux le système du jury mixte. « C'est une grande et noble liberté que la nouvelle loi inaugure, disait le *Correspondant* [3] ; une liberté qui manquait au peuple de l'Europe le plus avide et le plus jaloux de tous les droits. En la donnant à notre société comme un secours qui assure la liberté de conscience, en l'offrant au génie de notre pays comme un principe d'émulation, l'Assemblée fait un acte mémorable que le temps, nous l'espérons, n'effacera pas. »

La *Revue catholique des Institutions et du Droit* puisait,

---

[1] Lagrange, *op. cit.*, t. III, p. 344.
[2] *Univers* du 14 juillet 1875.
[3] *Correspondant* du 25 juillet 1875, p. 440.

disait-elle, « un nouvel encouragement dans cette conquête péniblement arrachée à l'esprit de parti. Pas plus que la loi de 1850, ajoutait cette feuille, celle du 12 juillet 1875 n'est parfaite, et cependant les révolutionnaires menacent déjà de l'abolir avant qu'elle ait fonctionné ; c'est une preuve que l'on peut obtenir de bons résultats de sa mise à exécution[1]. »

Tout autre était le langage de la presse avancée. Le *Siècle*, quelques jours avant le vote définitif, disait : De deux choses l'une : ou il faut renoncer à l'État, ou il faut le défendre, ou il faut déclarer qu'on ne veut plus de la société civile, de pouvoir civil, de législation laïque, ou il faut protéger cette société, faire respecter ce pouvoir et cette législation. La *République française* demandait le rejet de la loi. « Elle écume et enrage » disait l'*Univers*[2], tout comme font ses patrons aux séances. Le *Moniteur Universel* ne voyait point la nécessité des jurys mixtes. « Les jeunes chrétiens qui sortent de la rue des Postes et de toute autre maison, disait-il, peuvent parfaitement venir passer leur baccalauréat à la Sorbonne, sans que la pureté de leur âme en soit ternie, ou la solidité de leur foi ébranlée. » Le *National* ne cachait point son dépit : « Il s'agissait, pour le Gargantua clérical, de pouvoir avaler d'un coup la société laïque tout entière, de la diviser par bouchées. Cette entreprise fut commencée avec succès par la loi de 1850 sur l'enseignement secondaire ; elle s'achève en ce moment par la loi dite de la liberté de l'enseignement supérieur, au moyen de laquelle tous les beaux fils des classes soi-disant dirigeantes, que corrompait apparamment l'éducation démocratique commune à tous, vont désormais être élevés à part dans des Universités ultramontaines, c'est-à-dire jésuitiquement, contrairement aux idées du siècle, contrairement à l'esprit de nos institutions et de nos lois, et devenir des avocats jésuites, des médecins jésuites, des notaires jésuites, des avoués jésuites.

---

[1] *Revue Catholique des Institutions et du Droit*, 1875, t. V, p. 236.
[2] *Univers* du 12 juillet 1875.

Et, par ces milles bras, la pieuvre qui est à Rome, la société de Jésus, saisira et étouffera, autant qu'elle pourra, la société laïque, la société moderne. » Enfin, la *Revue des Deux-Mondes*[1] critiquait amèrement la nouvelle loi. « La loi sur l'enseignement supérieur qui vient d'être votée aurait dû être renvoyée à un Parlement nouveau, au lieu d'être une sorte d'acte testamentaire d'une Chambre arrivée au terme de son existence, épuisée de divisions. Puisqu'on y tenait, il fallait du moins imprimer à cette grande réforme, le large et libéral caractère d'une transaction faite pour rallier tous les esprits sincères. L'œuvre de la commission Laboulaye a fini par être un succès de parti. Le système des jurys mixtes est peut-être une satisfaction d'amour-propre pour les facultés officielles qui peuvent se dire qu'elles gardent, au moins ainsi, une portion, une apparence de leur ancienne juridiction ; en réalité, on ne peut s'y tromper, c'est la diminution, l'effacement de la puissance publique. »

Tel était l'état de la presse. D'un mot, on peut le caractériser : D'un côté, la presse conservatrice, de l'autre, la presse républicaine.

La loi de 1875 avait été un des derniers actes de l'Assemblée nationale. Après le vote des lois constitutionnelles, elle se sépara. Le pouvoir législatif appartenait à deux Chambres : la Chambre des Députés et le Sénat.

La troisième République était définitivement établie.

Revue des Deux-Mondes, 31 juillet 1875, pp. 470 et suiv.

RÉSUMÉ.

Avec la conquête de la liberté de l'enseignement supérieur, les Français avaient, en 1875, la complète liberté d'enseignement.

Le système des jurys mixtes qui avait été adopté était, pour le parti catholique, appelé plus que tous les autres à bénéficier des dispositions de la loi, un avantage considérable.

Sans doute l'État ne perdait pas ses droits de collation des grades, puisqu'il avait dans le jury mixte une majorité de délégués, mais il avait partagé ses attributions, et l'on pouvait prévoir qu'il chercherait à une époque plus ou moins lointaine à en reconquérir l'intégrité.

L'Eglise se trouvait en 1875, relativement à la liberté de l'enseignement, dans une situation qu'elle n'a pu conserver. Les lettres d'obédiences, les équivalences, établies par la loi de 1850, la place que ses membres tenaient dans les conseils de l'Instruction publique, étaient autant d'avantages précieux pour elle, dont les législateurs de la troisième République ne lui permirent pas de jouir bien longtemps.

Si, depuis 1830, on avait conquis, après nombre de luttes, une liberté de l'enseignement large et surtout avantageuse pour l'Église, depuis 1875, au contraire, l'effort des ministres de l'Instruction publique tendra, tout en laissant subsister la liberté, à enlever à l'Église les privilèges qu'elle possédait.

SIXIÈME PÉRIODE

Les Lois scolaires de la Troisième République et la Liberté d'Enseignement

---

CHAPITRE I.

Le projet Waddington relatif à la collation des grades.

Section I. — Dispositions du Gouvernement en 1876.

La *Revue des Deux-Mondes* avait dit que la loi de 1875 était un succès de parti. Elle ne se trompait point. A la suite de la dissolution de l'Assemblée nationale et des élections de 1876, un plus grand nombre de républicains entrèrent à la Chambre des Députés et la politique du pays eut un mouvement vers la gauche. Aussi le premier Ministère, dans sa déclaration, s'exprimait-il ainsi au sujet de la question qui nous occupe : « Deux questions ont pris dans ces derniers temps, vous le savez, un caractère politique : l'une concerne la collation des grades dans l'enseignement supérieur, l'autre tient à la composition des municipalités ; nous vous en proposerons la solution en cherchant à concilier d'importantes libertés justement réclamées, avec les droits de l'État etles prérogatives nécessaires du pouvoir exécutif[1]. »

Ce langage était absolument clair pour qui voulait lire entre les lignes. « Avec des atténuations de formes inutiles, disait l'*Univers,* le Gouvernement annonce clairement, dans sa déclaration aux Chambres, qu'il revendiquera la collation des grades, de moitié attribuée aux Universités catholiques par la loi sur la liberté de l'enseignement supérieur. L'euphémisme ministériel ne dissimule rien »..... Si les catholiques étaient déjà douloureusement impressionnés par les paroles menaçantes de la déclaration ministérielle, ils le furent bien plus quelques jours après !

Le *XIXe Siècle* publiait, le 19 mars, une allocution du Ministre de l'Instruction publique, M. Waddington, aux proviseurs et professeurs des lycées de Paris, qui étaient venus le saluer : « Messieurs les professeurs, je dois vous dire mon programme, celui de mon ministère, en ce qui concerne l'instruction publique. Je veux la liberté de l'enseignement; elle me semble, elle m'a toujours semblé nécessaire. Mais, quant à la collation des grades, je veux fermement, irrévocablement, la rendre à l'État. L'État seul doit avoir le droit de conférer les grades. Sur ce point là, je n'ai jamais varié. Je vous prie, Messieurs les professeurs, de donner à la déclaration que je fais en ce moment la plus grande publicité. »

L'*Univers*, à la suite de cette publication, déclarait ne plus pouvoir compter sur aucun ménagement. La *République française* « regrettait que le Ministre eût laissé aux catholiques, le temps de se plaindre et de pousser des cris d'orfraie. » Le *National* entamait, avec le journal de Veuillot, une courte polémique sur les droits de l'État en matière de collation des grades.

---

[1] Séance du 14 mars 1876. *Annales du Sénat et de la Chambre des Députés,* t. I, p. 53.

Section II. — Le Projet Waddington a la Chambre des Députés.

Le *Constitutionnel*, du 21 mars, démentait l'authenticité du discours du Ministre. Avant qu'on se fût assuré qui, du *XIXe Siècle* ou du *Constitutionnel*, était le mieux informé, le 23 mars, le Ministre de l'Instruction publique présentait à la Chambre des Députés un projet de loi ainsi conçu :

Art. 1er. — Sont abrogées les dispositions des art. 13 et 14 de la loi du 12 juillet 1875.

Art. 2. — Les élèves des Facultés libres peuvent se présenter, pour l'obtention des grades, devant les Facultés de l'État, en justifiant qu'ils ont pris dans la Faculté, dont ils ont suivi les cours, le nombre d'inscriptions voulues par les règlements.

§ 1er. — *Motifs du projet.*

L'exposé des motifs du projet mettait en relief cette idée que la liberté de l'enseignement était hors du débat. « Bien loin de vouloir la contester ou de chercher à en gêner l'exercice, nous la défendrons énergiquement. Fidèles aux principes que nous avons soutenus, nous revendiquons pour la conscience d'autrui la même indépendance, la même liberté dont nous voulons jouir pour nous-mêmes. Mais la liberté d'enseigner n'implique en aucune manière le droit, pour les Facultés libres, à la collation des grades ; il y a là deux termes, deux ordres d'idées absolument distinctes, et ce serait nuire à la liberté que de vouloir plus longtemps les confondre. Plus la liberté est grande, plus le contrôle doit être sévère et efficace ; aussi, loin de devenir la conséquence et le couronnement de la liberté d'enseignement, la collation des grades doit en rester le correctif nécessaire. Le Ministre, mandataire de l'État, qui a reçu mission de signer les diplômes, se porte garant par ce fait même, de la valeur de ces titres et des connaissances spéciales du licencié ou du docteur. Le Ministre signe, donc il est responsable : par conséquent, il a le droit et le devoir de désigner les hommes qui doivent lui servir de témoins devant les familles et devant l'opinion ; et, non seulement de les désigner, mais de les choisir de telle sorte qu'ils lui soient personnellement connus, qu'il lui soit possible de les suivre dans leur vie, de répondre de leur savoir et de leur probité. Les professeurs des établissements libres ne peuvent offrir à l'État cet ensemble de moyens de contrôle et de renseignement [1]. »

§ 2. — *Opposition du parti catholique.*

Le dépôt de ce projet souleva, dans le parti catholique, une très vive émotion. « La guerre est déclarée, disait l'*Univers*[2], M. Waddington a déposé le projet qui vise à la suppression des articles 13 et 14 de la loi sur l'enseignement supérieur..... De motif, de prétexte, il ne saurait y en avoir, puisque l'expérience de la loi n'a pas été faite. La seule considération qui, sur ce point, ait guidé le Ministre, on n'en peut plus douter, c'est le gage qu'il veut donner aux passions qui s'agitent contre l'Église. La révolution, dès le vote de la loi, s'est acharnée contre elle ; par tous ses organes, elle a dénoncé, comme un attentat aux idées modernes, le peu de liberté que cette loi reconnaissait aux catholiques ; le Ministère a voulu faire sa partie dans cette campagne furieuse ; bien plus, il aspirait à en prendre la direction, et tel est le caractère de son premier acte qui est, il faut le répéter, une déclaration de guerre. »

Le *Constitutionnel*, qui n'était certes pas entre les mains de catholiques militants, le *Constitutionnel* était loin d'approuver le projet.

---

[1] *Annales du Sénat et de la Chambre des Députés.* Annexes, t. I, p. 185.
[2] *Univers* du 25 mars 1876.

« La loi sur l'enseignement supérieur, disait cette feuille, n'a que quelques mois d'existence ; elle est l'œuvre d'esprits libéraux, éclairés, familiers avec tous les problèmes de l'instruction publique, et voilà qu'avant toute épreuve, tout essai, on s'apprête à la modifier; nous le regrettons, et nous trouvons que c'est d'un fâcheux exemple. »

Le *Journal des Débats* lui-même n'était pas partisan du projet. « Nous avons adopté la loi, disait-il, telle que l'Assemblée nationale l'avait votée, et ce n'est pas nous qui aurions demandé qu'elle fût remaniée avant même d'avoir été essayée. »

En face de cette presse hostile, le Ministère avait la presse favorable au projet. Le *Temps* l'approuvait, la *République française,* organe de Gambetta, trouvait qu'admettre les Universités libres à conférer les grades, « c'était absolument comme si on chargeait les particuliers de délivrer les passeports que l'État aurait exigés pour la circulation ».

La presse catholique [1] n'était pas seule à protester contre le projet Waddington. Les évêques, réunis pour la fondation des Universités libres, émirent l'intention de délibérer sur le projet, et les prélats fondateurs de l'Université catholique de Paris, à l'occasion de l'assemblée générale annuelle prévue par leurs statuts, firent connaître le douloureux étonnement dont ils avaient été saisis à l'annonce du projet du Gouvernement. Les cardinaux-archevêques de Rouen et de Paris furent chargés d'être, auprès du Pouvoir, les interprètes du sentiment unanime de tous leurs collègues. Ils s'en acquittèrent et transmirent au Président du Conseil « des observations sur le nouveau projet de loi relatif à la collation des grades », que nous ne pouvons citer ici à cause de leur étendue [2]. Disons seulement que les cardinaux

---

[1] Voy. encore la *Revue Catholique des Institutions et du Droit,* 1876, t. I, pp. 310 et 374, où la question de la collation est longuement étudiée.

[2] Voy. ces observations dans l'*Univers* du 29 mai 1876.

Bonnechose et Guibert demandaient le maintien des jurys mixtes jusqu'au jour où on leur aurait reconnu des inconvénients graves ; que, à leurs yeux, ces jurys étaient nécessaires pour permettre à la liberté de l'enseignement de produire tous ses bienfaits, et que, loin d'entraver les droits de l'État, ce système leur rendait hommage, puisqu'il tenait du Pouvoir le droit de remplir leur fonction.

Il faut parcourir les journaux de l'époque pour se rendre compte des colères que la réunion des évêques souleva dans la presse ministérielle.

La *République française* criait à la violation de l'article 4 des Articles Organiques, et de l'article 6 du Concordat : « Il serait grand temps, disait-elle, d'en finir avec de pareilles pratiques ; il serait temps de rappeler au haut clergé qu'au-dessus de la conscience personnelle il y a la loi..... Il faut que le parti ultramontain apprenne qu'il n'a plus à compter sur la tolérance du Gouvernement, sur la complicité de l'administration à sa dévotion. L'heure des mandements enflammés, des allocutions anti-constitutionnelles, des lettres pastorales, empreintes de l'esprit de rébellion, est passée. » La *Presse* y voyait un véritable attentat aux lois françaises. Le *Siècle* s'unissait à toutes ces récriminations. L'*Univers* entamait avec toutes ces feuilles des polémiques sans fin.....

Les évêques se réunissaient pour protester contre le projet ; ils encourageaient, d'autre part, le mouvement de résistance. Quels moyens les citoyens possèdent-ils pour essayer d'arrêter un projet de loi ? Un seul : la pétition. Aussi, un nombre très considérable de pétitions fut envoyé soit à la Chambre, soit au Sénat, par des citoyens agissant de leur seule autorité, soit par la Société nationale d'éducation de Lyon, qui recueillait les signatures de nombreux pères de famille. Le 2 juin, d'après l'*Univers*, la Chambre avait reçu de 35,000 à 40,000 signatures. Ces pétitions étaient toutes conçues dans le sens suivant : « MM. les Sénateurs, MM. les Députés, comme catholiques et comme Français, nous soussignés, au nom du droit, de la religion et de la famille, nous demandons le maintien des libertés que la loi du 12 juillet 1875 garantit à l'enseignement supérieur catholique. »

§ 3. — *Le rapport de la Commission et la discussion du projet.*

Pendant que ce mouvement s'opérait, M. Spuller déposait, le 26 mai, le rapport au nom de la Commission[1] chargée de l'examen du projet, et concluait à son adoption. Comme le Ministre, le rapporteur déclarait que le principe de la liberté n'était pas en jeu, mais que, seule, la question de la collation des grades devait être examinée. L'État ayant sa responsabilité engagée relativement à la capacité de ses fonctionnaires et à celles des citoyens appelés à remplir les carrières libérales, il doit lui-même « délivrer la marque de garantie et frapper du poinçon le sujet qui demande à être diplômé ». Dès lors, il doit désigner lui-même les examinateurs et en être absolument sûr.

Le rapport Spuller fut vivement attaqué par la presse catholique. « Quand on examine de près le rapport, dit l'*Univers*, on reste stupéfait, aussi bien de l'impudence des affirmations qui y sont prodiguées, que de l'absence complète d'arguments au moyen desquels on entend justifier le nouveau projet[2] ».

La discussion sur le rapport s'ouvrit le 1ᵉʳ juin. Les deux partis en présence furent représentés : le parti catholique par P. de Cassagnac et le comte de Mun, le parti républicain par Pascal Duprat et surtout J. Ferry.

Une remarque doit être faite. Si on avait à discuter sur la collation des grades, il fallait le rappeler maintes fois, car

[1] La Commission se composait de MM. Barni, Drumel, Bastid, de Rémusat, Chevandier, Roger Marvaise, Beaussire, de Sonnier, Houyvet, Paul Bert et Spuller.

[2] *Univers* du 29 mai 1876. Voy. aussi, même journal, numéros du 30 mai, du 31 mai, etc.

le débat avait une tendance très marquée à dégénérer. On parlait des systèmes d'enseignement de l'Université, de manifestations d'étudiants, que sais-je !

Les deux plus beaux discours furent incontestablement ceux de MM. de Mun et de J. Ferry..... « La loi du 12 juillet 1875 ne porte, dit le grand orateur catholique, aucune atteinte au principe du droit de l'État..... Ce que je veux, c'est vous rappeler un autre droit que quelques-uns de vous peuvent bien méconnaître, mais qui n'en existe pas moins, un droit auquel la plupart rendent hommage et qu'il est de mon devoir de rappeler ici, je veux dire le droit de Dieu !.... Le domaine le plus évidemment soumis à ce droit divin, c'est celui de l'âme, qui est dans l'homme le reflet même de la divinité ; c'est pourquoi il convient de l'invoquer avant tous les autres, quand on traite de l'éducation..... Et c'est ce droit, dis-je, que l'Église, établie par Dieu pour être l'interprète de la vérité, tient sa mission d'enseignement...., et ce droit laisse dans les consciences qu'il pénètre une profonde et ineffaçable empreinte, et la loi devra toujours leur donner une part de satisfaction.... Cette part, c'est la liberté qui permet à chacun de donner à ses enfants l'enseignement qui répond le mieux aux besoins de sa conscience. ..... Ce droit, une loi est venue le garantir, et la confiance, qui est l'effet naturel de la loi, s'est aussitôt établie dans les cœurs. Aujourd'hui, par l'initiative de M. le Ministre de l'Instruction publique, cette loi reçoit une mortelle atteinte ; notre droit en est offensé et vous ne vous étonnerez pas que notre confiance s'évanouisse du même coup[1]. » Puis, M. de Mun cherchait à démontrer que la liberté de l'enseignement et la collation des grades étaient comme le principe et la conséquence, comme le droit et la garantie, comme la loi et sa sanction. Il s'étonnait ensuite que l'on condamnât un système avant de l'avoir vu à l'œuvre, alors que le droit de l'État n'était point sacrifié, la loi ayant pris soin d'assurer à ses professeurs une prépondérance incontestée.

[1] Chambre des Députés, séance du 3 juin 1876.

A ce discours, répondit J. Ferry. Traitant le sujet de plus haut, le défenseur des droits de l'État développa ce thème qui consistait à affirmer que le parti catholique ne voulait la liberté que pour constituer à son profit un véritable monopole et que pour rendre au clergé, non seulement sa prépondérance, mais encore sa place comme corps de l'État et comme corps insatiable. « La Révolution française, dit-il, a constitué l'État laïque, il faut maintenir cette conquête dans le projet actuel. Que consacre-t-il ? le maintien du contrôle de l'État sur l'enseignement supérieur, dans sa forme la plus efficace, la plus pratique. On ne saurait y voir la négation de la liberté de l'enseignement supérieur. »

Avec ce discours fut close la discussion générale. Deux amendements furent alors présentés, que, dans le sein de la Commission, leurs auteurs avaient déjà proposés.

Le premier, de M. Boyer, accordait aux Facultés de l'Etat et aux Facultés libres le droit d'accorder des titres honorifiques. Puis, tout diplômé désirant entrer dans une carrière libérale ou dans les emplois publics, passait un examen de capacité devant un jury désigné par le Conseil supérieur de l'Instruction publique et composé par tiers de professeurs de l'État, de professeurs de l'enseignement libre et de membres des corps savants et judiciaires.

Un autre amendement de Raoul Duval confiait le soin d'examiner les candidats aux grades académiques à un jury d'État.

Ces amendements furent tous deux rejetés. C'étaient du reste les mêmes qui avaient été soutenus et repoussés en 1875.

Puis la Chambre, à la majorité de 357 voix contre 123, adoptait le projet de loi, au grand désespoir du parti catholique. Mais celui-ci ne se découragea pas de ce premier échec. Depuis longtemps il le prévoyait, et depuis longtemps aussi il mettait toute sa confiance dans le Sénat, auquel il envoyait chaque jour un nombre considérable de pétitions : le Clergé lui-même prenait part à ce mouvement et M⁣ᵍʳ de Cambrai et Mᵍʳ d'Arras envoyèrent à la Chambre Haute de longues observations [1].

Section III. — Le projet au Sénat.

Le projet adopté par la Chambre fut transmis au Sénat. La Commission [2] nommée par la Haute Assemblée déposa dans la séance du 13 juillet, son rapport [3], œuvre de M. Paris. Elle concluait au rejet du projet de loi présenté par le ministre.

§ 1ᵉʳ. — *Rapport de la Commission.*

Après avoir examiné les arguments que l'on pouvait faire valoir en faveur du projet, le Rapporteur déclarait : 1° que la délégation du droit de l'État adoptée par la loi de 1875 n'entraînait, par elle-même, aucune abdication des droits de celui-ci, le ministre étant toujours libre de refuser le diplôme, et lorsqu'il le juge utile, dans l'intérêt de la discipline, de faire recommencer les épreuves ;

2° L'examen du baccalauréat est obligatoirement passé devant les Facultés de l'État ;

3° Les élèves des Facultés de l'État passent leurs examens devant ces mêmes Facultés; les élèves des Facultés libres ne peuvent passer devant un jury mixte que lorsqu'il y a dans une même ville trois Facultés libres, ce qui se produira rarement. Ces différentes mesures sont de précieuses garanties du droit de l'État. Enfin, la composition du jury mixte assurant la prépondérance aux représentants de l'État

---

[1] Voy. *Univers,* du 23 juin 1876.

[2] Cette Commission était composée de MM. Kolb, Bernard, H. Fournier, comte Roger du Nord, Depeyre, vicomte de Meaux, Dufournel, E. Charton, Paris, J. Simon.

[3] *Annales du Sénat et de la Chambre des Députés,* 1886, t. III, pp. 494 et suiv.

est encore une preuve certaine, pour le rapporteur, de l'exagération des partisans du projet qui déclarent que la loi de 1875 dépouille l'État de ses prérogatives.

Ces arguments exposés, le rapporteur démontrait que la collation des grades était intimement liée à la liberté de l'enseignement supérieur et qu'accorder celle-ci sans celle-là, était retirer d'une main ce que l'on accordait de l'autre.

Ce rapport est incontestablement le travail le plus intéressant et le plus soigneusement étudié que les partisans de la liberté de la collation des grades puissent invoquer.

§ 2. — *Discussion au Sénat.*

Le 18 juillet, une célèbre discussion s'ouvrait au Sénat[1]. D'un côté, Mgr Dupanloup, le duc de Broglie, M. Laboulaye, M. Vallon; de l'autre, M. Challemel-Lacour, J. Simon, M. Waddington, M. Bertauld. On peut dire qu'il y avait dans ce débat trois questions engagées : une question d'enseignement philosophique, une question religieuse, une question politique.

La question d'enseignement philosophique était de savoir si oui ou non le droit de conférer les grades était indissolublement liée à la liberté de l'enseignement, et si l'État se dessaisissait de son droit en le déléguant aux jurys mixtes. Tous les orateurs protestèrent de leur respect pour les droits de l'État. « L'État est à mes yeux une grande chose, disait Mgr Dupanloup; l'État c'est le droit, c'est la justice, c'est la souveraineté, la puissance, c'est la sûreté publique[1]. » Mais, ils soutinrent que les examinateurs des jurys mixtes, désignés par le Ministre, représentaient l'État tout aussi bien que les professeurs des Facultés officielles.

Les orateurs partisans du projet, MM. Challemel-Lacour, J. Simon, soutinrent le contraire ; le contrôle de l'État ne pouvait être qu'illusoire s'il était remis à des maîtres qu'il

[1] Sénat, séance du 19 juillet 1876. *Annales*.... 1876, t. IV, p. 45.

n'avait pas nommés, dont il ne pouvait ni juger les méthodes, ni surveiller l'enseignement.

On ne put s'entendre sur la question de savoir si la liberté de l'enseignement était inséparable de la collation des grades. Mgr Dupanloup voyait dans la conséquence, la clé de voûte du principe. J. Simon et Challemel-Lacour, s'étendirent sur les bienfaits de la liberté privée du droit de conférer les grades.

La question religieuse était engagée dans le débat. Dès le premier jour, elle prend rang avec M. Challemel-Lacour. « C'est le parti clérical qui revendique la participation à la collation des grades ; c'est lui qui a fait faire la loi de 1875, c'est lui seul qui en a profité. Or, ce parti se propose-t-il uniquement de répandre une doctrine morale uniquement destinée à assurer dans l'autre vie le salut des âmes ? Non, cette doctrine veut dominer sur la terre, elle combat ce que l'humanité moderne considère comme la vérité, elle répudie les principes dont la société française a fait la base même de ses institutions ; « le catholicisme libéral est une peste, pire même que la Commune ! »

Voilà le discours de Challemel-Lacour. L'évêque d'Orléans lui répondit, mais ce n'est point cette réplique vigoureuse que l'année précédente il avait faite au même orateur. En 1876, il s'attacha davantage à montrer la nécessité du droit de collation.

Le duc de Broglie se chargea de traiter la question politique. « Sans doute, l'opinion publique a témoigné par les élections dernières de son désir de voir revenir entre les mains de l'État la collation des grades, mais, convient-il au caractère du Sénat, à sa mission, d'effacer de la législation une loi à peine faite et non éprouvée, parce qu'une majorité politique a changé dans la Chambre des députés ? Ou je ne comprends absolument pas le rôle du Sénat dans les institutions nouvelles, ou je crois qu'il a été institué précisément pour empêcher qu'à propos d'un revirement électoral, qui peut être passager, on bouleverse les lois existantes, et on balaye d'un seul coup les intérêts, les droits, les espérances qui s'abritaient à l'ombre de ces lois[1]. »

§ 3. — Rejet du projet.

Enfin, après cette mémorable discussion, le 21 juillet, à la majorité de 144 voix contre 139, le Sénat rejetait le projet de loi Waddington.

C'était un grand succès pour le parti catholique, une défaite sérieuse pour le parti avancé.

« Le Sénat, disait la *Revue des Deux-Mondes*[2], s'est laissé aller à un vote d'entraînement ou de mauvaise humeur qui, en compromettant un droit de l'État, aurait pu créer une crise politique des plus sérieuses, s'il avait eu des conséquences. »

« Le projet Waddington a vécu, écrivait l'*Univers*; trompant les calculs de la gauche, le Sénat, hier, s'est prononcé contre le ministère à la majorité de cinq voix, ce qui marque une fois de plus sa résolution de ne pas céder aux entreprises révolutionnaires. C'est un grand acte et dont la portée grandit en raison du caractère que donne au vote l'intervention de M. le Garde des sceaux [3].

La presse républicaine voyait dans le vote du Sénat un conflit grave entre les deux Chambres.

« Le Sénat, disait la *République française*, a rejeté la loi sur la collation des grades ! La guerre est déclarée et la Chambre a fait tout ce qui était humainement possible pour l'éviter; mais il paraît bien qu'elle était inévitable [4]. »

« Il serait puéril de se dissimuler que la guerre est déclarée, disait le *Rappel*; la Chambre du suffrage réduit veut la

---

[1] Sénat, séance du 20 juillet 1876. *Annales*..... 1876, t. IV, p. 77.
[2] *Revue des Deux-Mondes*, 31 juillet 1876, p. 715.
[3] *Univers* du 23 juillet 1876.
[4] *République Française* du 22 juillet 1876.

bataille. Nous avons eu un Gouvernement de combat, nous avons maintenant un Sénat de combat[1]. »

Après le rejet de la loi sur la collation des grades, les jurys mixtes fonctionnèrent; mais on n'était pas loin des élections de 1877 qui devaient faire entrer la politique dans une voie nouvelle et avoir sur la liberté de l'enseignement de si graves conséquences.

---

[1] *Rappel* du 22 juillet 1876.

CHAPITRE II.

Loi du 18 mars 1880 sur la liberté de l'Enseignement supérieur.

Les élections du 14 octobre 1877 avaient envoyé à la Chambre une majorité républicaine : 330 républicains, 210 conservateurs. Le ministère s'était retiré ; d'autre part le parti républicain conquit une forte majorité au Sénat, lors de l'élection partielle de décembre 1877. Le maréchal de Mac-Mahon donna sa démission et fut remplacé par M. J. Grévy. Les républicains étaient maîtres du pouvoir.

Mettant au premier rang de leurs devoirs la reprise des droits de l'État, — ce qu'ils appelaient les empiètements qu'avaient consacrés les lois de 1850 et 1875 — les républicains s'occupèrent, dès qu'ils furent en majorité dans les Chambres, de commencer l'œuvre de reconstruction de la Société laïque. Sous la direction de M. J. Ferry qui, en 1870, avait fait le serment de se consacrer à l'éducation du peuple[1], le Gouvernement allait commencer à proposer ces nombreux projets qui, aujourd'hui transformés en lois, forment ce que l'on appelle, dans les professions de foi électorales, les « lois intangibles ».

Ce mouvement, ce n'est pas J. Ferry qui le commença, il n'était pas encore ministre : ce fut Paul Bert.

SECTION I. — PROPOSITION PAUL BERT.

Dès le 23 janvier 1879, M. Paul Bert présentait à la Chambre un projet abolissant la loi du 12 juillet 1875 et y

---

[1] *Discours de J. Ferry* publiés par Robiquet, t. III, p. 1.

substituant un régime nouveau. « La loi de 1875, disait l'exposé des motifs[1], se soucie peu d'une concurrence féconde. Il semble que ses auteurs aient voulu, en frappant d'impuissance toute initiative privée, ne rien permettre qu'à l'Église catholique qui, seule, au reste, s'est hâtée de profiter des avantages inespérés qui lui étaient offerts... Le moment nous a semblé venu de demander à cette Chambre, qui a eu tant à souffrir de l'esprit clérical et qui paraît si courageusement décidée à le combattre, non pas d'essayer timidement une réforme sans importance qui consacre presque tout le mal si savamment préparé, mais d'attaquer celui-ci dans sa racine, et d'accueillir une proposition qui, tout en facilitant l'exercice de la liberté de l'enseignement supérieur, s'oppose à la création d'un monopole aussi redoutable pour l'enseignement que pour la liberté. »

Le nouveau régime proposé était le suivant : l'enseignement supérieur était proclamé libre. Pour ouvrir un cours, une simple déclaration suffisait, déclaration envoyée au recteur chargé d'examiner si les matières enseignées étaient ou non du domaine de l'enseignement supérieur. Dans ce dernier cas, le Conseil académique entendu, le recteur, sauf appel au Conseil supérieur de l'Instruction publique, prononçait la fermeture du cours.

Les établissements privés d'enseignement supérieur ne pouvaient s'appeler ni Facultés ni Universités, et les associations fondées en vue d'organiser ces établissements ne pouvaient être reconnues d'utilité publique que par une loi.

Cette proposition fut retirée par son auteur lorsque celui-ci connut le projet du Gouvernement, dont nous allons longuement parler.

---

[1] Séance du 23 janvier 1879. *Annales du Sénat et de la Chambre des Députés*, 1879, t. I, p. 167 (Annexes).

Section II. — Le projet Ferry sur la liberté de l'Enseignement supérieur.

L'Assemblée Nationale avait, en matière de liberté d'enseignement, par la loi de 1875, établi le jury mixte, et par la loi de 1873, donné aux « forces sociales » du pays une représentation au sein du Conseil supérieur de l'Instruction publique.

Le 15 mars 1879, M. J. Ferry, ministre de l'Instruction publique, déposait sur le bureau de la Chambre deux projets[1]. L'un avait pour objet la réorganisation du Conseil supérieur de l'Instruction publique et des Conseils académiques, l'autre était, d'après le titre tout au moins, relatif à la liberté de l'enseignement supérieur. Ces projets devaient aboutir, après certaines modifications, le premier, à la loi du 27 février 1880, le second, à la loi du 18 mars 1880. Nous commencerons par étudier ce dernier qui a quelques analogies avec la proposition Paul Bert et dont les dispositions principales sont de revenir sur certains principes de la loi de 1875, et notamment sur le système du jury mixte qui avait soulevé bien des colères.

§ 1. — *Le projet.*

Les premières dispositions du projet relatif à la liberté de l'enseignement supérieur rendaient à l'État le droit de conférer les grades. « La liberté d'enseignement et le contrôle de l'enseignement sont deux choses fort différentes ; en fait d'enseignement surtout, le contrôle de l'État est le contrepoids et la justification de la liberté, et c'est pur sophisme de conclure de la concurrence dans les études à la concur-

---

[1] Séance du 15 mars 1879. *Annales du Sénat et de la Chambre des Députés*, t. III, p. 162 (Annexes).

rence dans les commissions d'examen..... La loi de 1875 a été le dernier terme de la campagne ouverte, dans notre pays, depuis bientôt trente ans, contre les droits du pouvoir civil dans les choses de l'enseignement. Il est temps de remonter résolument une pente funeste. »

Comme conséquence de ce principe, et puisque c'est devant les Facultés de l'État que les élèves des établissements libres doivent passer leurs examens, c'est dans ces Facultés aussi qu'ils doivent prendre leurs inscriptions, inscriptions gratuites dont le seul avantage est d'attester la durée et la persistance des études.

Le nouveau projet modifiait une autre série d'articles de la loi de 1875. Ce dernier texte disposait que des cours isolés, dont la publicité n'était pas restreinte aux auditeurs régulièrement inscrits, resteraient soumis aux prescriptions des lois sur les réunions publiques. Supprimant cette restriction, la loi nouvelle ne demandait aux auteurs des cours isolés que l'accomplissement des formalités prescrites par l'article 3 de la loi de 1875 pour l'ouverture d'un cours fait devant des auditeurs régulièrement inscrits.

La disposition la plus importante du projet visait les congrégations non autorisées. « La liberté d'enseignement, disait le rapport, n'existe pas pour les étrangers ; pourquoi serait-elle reconnue aux affiliés d'un ordre essentiellement étranger par le caractère de ses doctrines, la nature et le but de ses statuts, la résidence et l'autorité de ses chefs ? »

En somme, ce projet avait deux objectifs essentiels :

1° Rendre à l'État le droit exclusif de conférer les grades universitaires ;

2° Interdire l'enseignement public aux congrégations non autorisées.

Ce n'est pas seulement dans l'exposé des motifs d'un projet de loi que l'on peut juger des mobiles d'un gouvernement. Il faut étudier les discours de ses membres et ses actes.

Le 19 avril 1879, M. J. Ferry présidait la réunion des

Sociétés savantes de France. Un mois auparavant, il avait déposé son projet ; il était tout naturel qu'il en parlât ; il le fit.

« Nous revendiquons, et nous revendiquerons jusqu'au bout, dit-il, les droits méconnus de l'État en matière d'enseignement. Ce droit de prééminence et de suprématie que nos pères — je ne dis pas nos pères d'il y a cent ans, mais seulement de nos pères de la génération de 1830 — que nos pères appelaient excellemment le pouvoir de l'État dans l'éducation, ce droit, nous voulons le maintenir ; nous ne voulons pas le monopole, ainsi qu'on le dit faussement, mais le contrôle. Nous ne voulons pas l'asservissement, ainsi qu'on l'a dit calomnieusement, mais des garanties. Et nous sommes sûrs du succès final, car on réussit toujours en France quand on s'appuie, d'une part, sur la tradition nationale la plus constante, de l'autre, sur les vœux et les aspirations les plus authentiques de l'esprit moderne[1]. »

Dans ce discours, le ministre justifiait le premier objectif du projet, la collation des grades.

Quelques jours après, le Conseil général des Vosges offrait à M. J. Ferry un banquet et, à cette occasion, le ministre prononçait un discours[2] qui eut un grand retentissement, et dans lequel l'orateur développait les raisons qui l'avaient conduit à proposer l'article 7, visant les congrégations religieuses non autorisées.

« J'affirme hautement, disait-il, que la liberté des pères de famille est intacte. Le père de famille reste le maître de choisir pour élever ses enfants un précepteur, quel qu'il soit, où qu'il veuille, même dans les congrégations prohibées. Cette liberté là est sacrée, primordiale, absolue. Mais si la liberté du père de famille est entière dans la famille, ce n'est point une liberté transmissible, et dès que le père la délègue, l'État a le droit et le devoir d'intervenir..... On dit que nos

---

[1] *Journal Officiel* du 20 avril 1879.
[2] *Journal Officiel* du 27 avril 1879.

projets sont une atteinte à la liberté de conscience et une menace contre la religion catholique, je déclare que jamais calomnie plus grossière n'a été inventée pour égarer les âmes simples et pieuses. Mais est-ce que ces lois ne respectent pas l'enseignement des congrégations autorisées ? Est-ce qu'elles mettent en question le droit d'enseigner pour les Frères de la Doctrine chrétienne, par exemple, et pour ces innombrables congrégations de femmes autorisées qui se livrent à l'enseignement ? Est-ce que le clergé séculier, le vrai clergé français ne demeure pas libre d'enseigner ? Est-ce que l'enseignement de l'État enfin est irréligieux ? Non. Tout cela est respecté. Ce que nous visons, ce sont uniquement les congrégations non autorisées, et parmi elles, je le déclare bien haut, une congrégation qui non seulement n'est pas autorisée, mais qui est prohibée par toute notre histoire, la Compagnie de Jésus. Oui ! c'est à elle que nous voulons arracher l'âme de la jeunesse française. »

Ces deux discours développaient bien les deux pensées principales du projet : reprendre la collation des grades et proscrire les Jésuites.

§ 2. — *Protestations soulevées par le projet.*

Le projet de loi Ferry souleva dans la France entière une émotion considérable. Le pays se divisait en deux camps : d'un côté, les partisans du projet, de l'autre, ses adversaires. Cette époque est encore trop rapprochée de la nôtre pour que nous rappelions les polémiques passionnées qu'il fit naître. Nous devons cependant étudier en quelques mots le mouvement catholique qui agita la France à cette époque.

A. — *La presse.* — La presse française était divisée comme le pays. La presse ministérielle, représentée par : *La République française, le Rappel, le XIXe Siècle, le Temps,* appuyait le projet. « En résumé, la loi est bonne dans son ensemble, disait cette dernière feuille, elle est acceptable dès maintenant sans graves modifications ». *La Révolution française* était plus radicale encore ; sans doute, elle approuvait le projet, mais elle le trouvait incomplet. Elle aurait voulu qu'il prescrivît, non pas seulement l'incapacité d'enseigner par les congrégations, mais aussi l'impossibilité pour elles de vivre en France.

La presse hostile au projet comprenait des journaux de tous les partis. L'*Univers* d'abord, le vieil *Univers* qui, en 1844, avait lutté pour la liberté de l'enseignement, affrontait bravement la lutte en 1879. « Ce projet, disait cette feuille, est une déclaration de guerre à tous les catholiques et il porte avec plus de violence encore, dans le domaine de l'enseignement supérieur, la persécution dont sont l'objet les instituteurs congréganistes, sur le terrain de l'enseignement primaire... Tous les catholiques comprendront la nécessité de lutter par toutes les voies légales dont on les menace [1]. »

Nous ne pouvons citer ici tous les articles de cette feuille. Tous les jours l'*Univers* attaque ou se défend. Ses nombreux articles rendent bien compte de l'état de la Presse, mais on ne saurait les analyser. Le *Constitutionnel* qui n'était pas, lui, l'organe des catholiques, désapprouvait complètement le projet : « La loi projetée, disait-il, est un ukase. Jamais aucun projet de loi ne fut plus durement limitatif des droits de l'individu, notamment des droits du père de famille, que le projet Ferry. Nous ne savons pas pourquoi, par une sorte de timide euphémisme, il s'intitule projet sur l'enseignement supérieur : il atteint tous les ordres d'enseignement. Il ne faut point s'y tromper : le projet en apparence technique de M. J. Ferry, est le plus gros et le plus grave événement qui se soit produit depuis la Commune. » Et quelques jours plus tard, sous la signature d'un de ses rédacteurs qui se qualifiait d'universitaire, le *Constitutionnel* disait : « Le projet de loi présenté par M. J. Ferry va donner naissance à de longues et ardentes polémiques. Peut-il en être autrement ? Notre liberté est mise en péril ; notre liberté dans ce qu'elle

---

[1] *Univers,* numéro du 17 mars 1879.

a de plus délicat, de plus intime, de plus sacré, dans ses plus secrètes et plus augustes relations avec la conscience, la foi, le droit et la responsabilité du père de famille..... On peut de toute son âme et de toutes ses forces combattre le projet Ferry sans être un clérical, sans être un ennemi de l'Université, sans conspirer contre les droits de l'État[1]. »

Enfin, la *Presse*, qui d'après l'*Univers*, était hostile aux congrégations, appréciait comme suit l'article 7 : « Pourvus qu'ils sont pour la plupart de leurs grades et titres universitaires, ils attendront en continuant d'enseigner. Que fera-t-on ? Procédera-t-on contre eux par voie inquisitoriale ? Les dispersera-t-on *manu militari* ? On violerait, en ce cas, les droits d'une catégorie de citoyens français. Comme il n'est pas probable, comme il n'est pas possible que la République actuelle en vienne là, nous concluons que l'État se trouverait désarmé après avoir fait mine de prendre les armes..... La République cesserait d'être libérale si la disposition de l'article 7 du projet Ferry était adoptée, sanctionnée, promulguée. »

Nous ne pousserons pas plus loin cette revue de la Presse. Il faudrait citer contre le projet : le *Gaulois*, le *Soleil*, le *Francais*, la *Vraie France*; en un mot tous les journaux de l'opposition.

Le *Journal des Débats* demande une mention particulière ; après avoir été hostile au projet, il en était devenu partisan, et s'étonnait que tout le monde ne pensât pas comme lui.

B. — *Les évêques*. — Le projet de loi du ministre de l'Instruction publique, en excluant les membres des congrégations non autorisées de l'enseignement public et privé, avait ému, on le conçoit, les évêques et l'Église.

Dès le lendemain, pour ainsi dire, du dépôt du projet, tous les prélats, imitant la conduite de leurs prédécesseurs de 1843 et 1844, protestèrent contre ces dispositions[2].

[1] *Constitutionnel*, numéro du 17 mars 1879.
[2] Je donne ici la liste des principales pétitions ou lettres des archevêques et évêques :
Pétition des archevêques et évêques, fondateurs de l'Université

— 527 —

Nous ne pouvons faire ici des citations de ces pétitions au Parlement ou de ces lettres au Chef de l'État, mais, les prenant dans leur ensemble, nous dirons quels étaient les principaux arguments des prélats [1].

libre d'Angers, à la Chambre des Députés. Voy. *Univers*, 27 mars 1879.

Circulaire de l'évêque de Grenoble à ses fidèles sur l'enseignement chrétien, *Univers*, 26 mars 1879.

Adresse aux membres de la Chambre et du Sénat par le Cardinal de Bonnechose, archevêque de Rouen et ses suffragants, *Univers*, 28 mars.

Lettre des évêques de la province ecclésiastique de Reims au Président de la République, *Univers*, 1er avril.

Adresse aux membres de la Chambre et du Sénat par les Évêques de la province de Toulouse, *Univers*, 2 avril.

Lettre aux membres de la Chambre et du Sénat par les évêques fondateurs de l'Université de Lille, *Univers*, 3 avril.

Pétition aux membres de la Chambre et du Sénat par les évêques de la province ecclésiastique de Lyon, *Univers*, 4 avril.

Adresse des archevêques et évêques de la province de Sens aux membres du Parlement, *Univers*, 4 avril.

Pétition, au Parlement, de l'archevêque d'Alger et de ses suffragants, *Univers*, 6 avril.

Protestation de l'archevêque de Besançon et de ses suffragants, *Univers*, 7 avril.

Pétition de l'archevêque de Bourges et de ses suffragants, *Univers*, 8 avril.

Pétition de l'archevêque de Bourges et de ses suffragants, *Univers*, 8 avril.

Pétition de l'archevêque d'Avignon et de ses suffragants, *Univers*, 8 avril.

Pétition de l'archevêque d'Aix et de ses suffragants, *Univers*, 9 avril.

Protestation des évêques de la Savoie, *Univers*, 12 avril.

Lettre, aux Sénateurs et aux Députés, de l'archevêque d'Albi et de ses suffragants, *Univers*, 13 avril

Lettre, au Président de la République, de l'archevêque d'Albi et de ses suffragants, *Univers*, 13 avril.

Pétition de l'archevêque de Rennes et de ses suffragants, *Univers*, 21 avril.

Pétition de l'évêque de Périgueux, *Univers*, 22 avril.

Pétition de l'évêque d'Agen, *Univers*, 30 avril.

[1] Quelques évêques écrivirent au Président de la République;

Ils s'étonnaient d'abord de voir abroger une loi toute récente et qui n'avait pas encore, dans le domaine de l'application, décelé les inconvénients qu'on se plaisait à lui reprocher. Ils demandaient le maintien de la législation sur la liberté de l'enseignement au nom des droits acquis, de la liberté de conscience et de la liberté des pères de famille.

Des droits acquis, les Universités libres nouvelles, disaient les évêques, s'étaient fondées à l'abri de la sécurité que leur donnait une loi votée après des débats longs et solennels. Elles avaient nécessité pour leur création des dépenses considérables, et promettaient de donner à la France une génération instruite et digne d'elle. Ces espérances, elles les auraient réalisées si on lui avait permis de compter sur les ressources que la loi lui assurait : droits d'inscription et d'examen, et sur les avantages qu'elle pouvait acquérir : reconnaissance d'utilité publique et du titre d'Université. La loi nouvelle, en leur retirant ces ressources et ces avantages, les empêchaient de subsister ; il était injuste de les leur retirer avant qu'elles eussent pu démériter.

La liberté de conscience était violée d'autre part par la nouvelle loi qui excluait les congrégations de l'enseignement ; le religieux n'était-il pas un citoyen ? et sa piété, sa charité étaient-elles des entraves à l'éducation de la jeunesse ? Enfin, priver les pères de famille de cette ressource pour l'éducation de leurs enfants et vouloir les contraindre ainsi indirectement à subir l'enseignement de l'État, n'était-ce pas opprimer leur conscience et attenter à leurs droits les plus sacrés ?

Telles étaient les doléances que les prélats soumettaient

---

l'archevêque de Paris alla le voir, et lui remontra l'émotion qu'avait soulevée le dépôt du projet Ferry. Un journal, *Les Tablettes d'un spectateur*, fit répondre ce qui suit à M. Grévy : « Monseigneur, je suis un président constitutionnel, et il ne m'est pas toujours possible de faire accepter mon opinion par le Conseil des Ministres et à plus forte raison par la majorité parlementaire ». La presse fit grand bruit autour de cette nouvelle. — Voy. *Univers*, 20 mars et jours suivants.

aux Chambres dans les nombreuses lettres qu'ils leur adressèrent.

C — *Mouvement dans le parti catholique.* — Les prélats n'étaient pas seuls à protester contre le projet. Dès le 19 mars, les catholiques du Nord et du Pas-de-Calais faisaient paraître une déclaration [1] très ferme. « Nous sommes résolus à défendre, disaient-ils, sans jamais défaillir, les droits de l'enseignement catholique. Nous déclarons que toute atteinte portée à cette liberté est contraire au droit national, au droit naturel, l'éducation et l'instruction de l'enfant appartenant au père de famille, que la liberté de nos consciences catholiques doit être à tout le moins respectée par l'État et par ses agents..... C'est pourquoi nous gardons la ferme confiance qu'aucune assemblée française ne consentira jamais à porter atteinte aux droits que nous venons de rappeler, et nous comptons pour les défendre sur le concours loyal de tous les amis de France et des libertés publiques.

Un comité général de pétitionnement s'était constitué à Paris et, de tous côtés, se signaient des pétitions [2]. Le nom-

---

[1] Voy. *Univers*, numéro du 21 mars.
[2] Pétition contre le projet de loi sur l'enseignement présenté à la Chambre des Députés, dans la séance du 15 mars 1879.

Messieurs les Députés,

Le projet de loi présenté, le 15 mars, par M. le Ministre de l'Instruction publique, à la Chambre des Députés, fait naître de vives alarmes dans toute la France catholique.

Il dépouille les Universités libres d'un nom qui est leur propriété légitime et que les écoles catholiques ont seules et glorieusement porté pendant des siècles; il tarit leurs sources de revenus; il enlève à leurs étudiants toute garantie de bonne et impartiale justice. Il viole ainsi le principe de l'égalité devant la loi et s'efforce de rétablir, en fait, un monopole qu'on n'ose pas encore réclamer en principe, mais qu'on revendiquera bientôt, si vous sanctionnez ce premier attentat contre la liberté et la justice.

Il menace particulièrement la région du Nord où la foi catholique

bre des adhérents arrivait, le 10 juin, d'après l'*Univers*, au chiffre de 1.468.713 [1].

Ce mouvement de pétitionnement avait pour effet de surexciter la presse avancée. Le *Siècle* y voyait une déclaration

a fondé, au prix des plus généreux sacrifices, une Université qui est devenue la propriété et l'honneur de toute notre contrée.

Le même projet, par son article, nous atteint dans nos convictions les plus chères, en déniant à l'Église catholique la liberté de ses ordres enseignants qui sont pour elle un organe vital. Il viole les engagements du Concordat et blesse cruellement une classe respectable de citoyens, en décidant que la pratique des conseils évangéliques et des hautes vertus chrétiennes sera, de même que les condamnations infamantes, une cause d'incapacité en matière d'enseignement.

Il enchaîne arbitrairement notre droit sur l'éducation de nos enfants, en nous interdisant de les confier à des maîtres que nous aimons et qui ont fait leurs preuves de patriotisme. Il porte un trouble profond dans le pays en dispersant les vingt-cinq mille jeunes gens que le libre choix des familles a placés sous la direction de ces maîtres vénérés.

Associé à d'autres mesures déjà officiellement annoncées, ce projet dépouille d'un droit sacré les familles qui demandent aux établissements primaires l'éducation de leurs fils et de leurs filles. Il enlève les enfants du peuple à des écoles religieuses qui les forment, sous l'inspiration de la foi chrétienne, à toutes les vertus privées et publiques. Il donne les plus sérieuses raisons de craindre que l'on arrive, dans un prochain avenir, à l'école sans Dieu.

Un tel projet prépare et commence l'établissement d'une véritable tyrannie sur l'intelligence et sur l'âme de la jeunesse française. Il est applaudi par ceux qui rêvent non seulement la ruine de l'Église catholique mais la destruction de tout principe chrétien et de toute idée religieuse.

Nous nous refusons à croire que le Gouvernement de la République veuille s'engager dans cette voie funeste, s'aliéner irrévocablement l'immense population catholique de notre pays, et entrer en lutte contre la volonté nationale clairement manifestée par la faveur qui accompagne partout l'éducation catholique, depuis l'école primaire jusqu'à l'Université.

Nous avons donc la ferme espérance, Messieurs les Députés, que vous repousserez dans sa totalité le projet de loi présenté par M. le Ministre de l'Instruction publique.

[1] *L'Univers*, du 16 juin, publie le dénombrement des signatures par département.

de guerre et un véritable défi au Gouvernement, et annonçait que le Gouvernement était disposé à révoquer les fonctionnaires qui y prendraient part [1]. Le *Rappel* réclamait la poursuite devant les tribunaux des prêtres qui, en chaire, avaient critiqué le projet Ferry. Bref on assistait, en 1879, à un mouvement semblable à celui qui avait agité la France en 1843.

D'autre part, les catholiques faisaient appel contre les projets de l'opinion publique représentée par les Conseils généraux et à la loi par l'organe des barreaux français.

Un comité se constitua à Paris sous la présidence du baron de Mackau qui sollicita tous les Conseillers généraux considérés comme hostiles au projet, de présenter dans la session d'avril un vœu en faveur de la liberté d'enseignement [2].

---

[1] *Univers*, du 11 avril.

[2] La lettre suivante a été envoyée très confidentiellement à tous les conseillers généraux de France considérés comme hostiles aux projets de loi du gouvernement :

Chambre des Députés (confidentielle).

Paris, 16 avril, 22, avenue d'Antin.

Monsieur le Conseiller général,

Une réunion importante de députés qu'anime le respect de la liberté de conscience et de la liberté du père de famille a pensé qu'il pouvait être utile de s'adresser à quelques-uns des membres des Conseils généraux, qui partagent leur opinion, et de leur demander leur concours afin d'obtenir des Assemblées départementales des vœux dans ce sens.

Dans le but de rendre leur pensée mieux que ne pourraient le faire de longues explications, mes collègues m'ont chargé de vous transmettre les projets de vœux ci-joints, non pas qu'ils considèrent la forme adoptée comme la meilleure et la seule dont ces vœux soient susceptibles, mais parce qu'ils croient que cette communication, à titre de simples documents, peut avoir son intérêt. L'esprit qui régit chaque Conseil général, la nature de sa composition, ses tendances, des circonstances administratives spéciales, sont autant d'éléments dont il est impossible de tenir compte à distance, dont chacun doit rester le juge exclusif, et qu'il doit apprécier librement. Ce qui serait

— 532 —

Cette démarche, si elle ne réussit pas complètement, montra du moins les divisions que le projet avait créées dans le pays[1]. D'après une statistique dressée par le baron de Mackau, 33 Conseils généraux avaient émis des vœux nettement hostiles au projet, 3 sans voter de vœu avaient

à désirer, ce serait d'obtenir partout des vœux favorables ; la meilleure rédaction sera donc celle qui devrait réussir.

Dans le cas où la composition de votre Conseil général vous ferait éprouver quelque doute sur le succès possible de vos propositions, vous voudriez bien examiner et juger quel parti il convient le mieux de prendre dans l'intérêt de la cause que nous soutenons : s'abstenir en bornant ses efforts à résister à des vœux opposés, ou au contraire chercher dans une manifestation publique à impressionner favorablement l'opinion extérieure.

Nous croyons enfin devoir appeler votre attention sur l'utilité qu'il y aurait, à moins de circonstances particulières, afin de fixer les votes et d'éclairer le public, à ce qu'il soit statué, surtout sur le vœu relatif à la liberté d'enseignement par un scrutin public.

Nous vous serions bien reconnaissants, Monsieur le Conseiller général, de vouloir bien nous aviser directement, et dès que cela vous sera possible, des décisions prises par votre Conseil général, et de nous transmettre une copie des vœux qu'il aurait émis sur ces sujets.

Recevez, Monsieur le Conseiller général, l'assurance de ma considération la plus distinguée.

Pour le comité :
Baron DE MACKAU, *député*,
22, avenue d'Antin, Paris.

A cette lettre était joint le projet de vœu suivant :

Le Conseil général,

Vu l'article 51 de la loi du 10 août 1871, ainsi conçu :

... « Il (le Conseil général) peut émettre des vœux sur toutes les questions économiques et d'administration générale. »

Vu les projets de loi proposés par le Gouvernement relativement aux Conseils académiques et à l'enseignement supérieur,

Émet le vœu :

Qu'aucune atteinte ne soit portée aux droits des pères de famille et de la liberté d'enseignement.

[1] Voy., sur les discussions élevées au sein des Conseils généraux relativement aux vœux proposés contre les projets, l'*Univers* des 25, 26, 27, 28, 29, 30 avril, et 1er, 2, 4, 5 mai.

adopté un ordre du jour hostile au projet, 1 s'était référé, par un vote, à un ordre du jour antérieur, favorable à la liberté de l'enseignement, 2 ne s'étaient pas prononcés sur la question de fond mais semblaient mal disposés vis-à-vis du projet, 13 avaient voté des vœux favorables au projet, 26 ne s'étaient pas occupés de la question.

Un grand nombre d'avocats s'étaient, d'autre part, entendus sur des points de droit et avaient signé plusieurs consultations hostiles au projet Ferry[1]. Je ne veux citer que le dispositif de la consultation suivante : « Les soussignés..... estiment que le projet de loi présenté par M. J. Ferry ne peut soutenir la discussion devant le droit des gens, parce qu'il est contraire au Concordat et qu'une loi ainsi votée devrait être consentie par le chef de l'Église, partie contractante ; devant le droit naturel, parce qu'il est contraire aux droits du père de famille sur l'éducation de ses enfants ; devant la Constitution, parce qu'il place arbitrairement en dehors du droit commun une classe de citoyens jouissant des droits civiques. »

Enfin les comités catholiques, dans des réunions de protestations, essayaient de créer un courant suffisamment puissant pour faire retirer le projet[2].

Mais tout fut inutile. M. J. Ferry avait dit à Épinal : « Soyez-en sûr, Messieurs, le Gouvernement tiendra ferme et tiendra bon.... il ne faiblira pas[3] ! » Le Ministre tint sa promesse.

§ 3. — *Le rapport Spuller.*

Le projet avait été renvoyé à une commission chargée de

---

[1] Voy. *Revue catholique des institutions et du droit*, 1879, t. I, p. 277 et suiv., et t. II, p. 57 et suiv.

[2] 16 avril 1879. Assemblée des catholiques. Discours de M. Chesnelong. *Univers*, 18 avril, 10 juillet 1879. Réunion du Cirque d'hiver. Discours de M. de Mun. Voy. discours de M. de Mun, t. II, p. 319.

[3] Discours d'Épinal. Voy. discours de Ferry, t. III, p. 58.

son examen et dont M. Spuller déposa le rapport, le 29 mai, sur le bureau de la Chambre des Députés [1].

Ce rapport considérable était divisé en trois parties. Dans la première, l'auteur étudiait l'histoire et concluait au droit absolu de l'Etat sur l'enseignement. « Les lois de 1850 et de 1875 ont sacrifié les droits de l'Etat, disait-il, aux prétentions des adversaires déclarés de la société politique, laïque et civile, que l'État personnifie. Ces lois, qui ont dépouillé l'État, ont été faites par les adversaires de la démocratie pour empêcher son développement, pour la contenir et la refouler. Tout a été inutile : la démocratie a triomphé. Pouvons-nous laisser notre société sous l'empire des lois qui avaient pour objet de s'opposer à la libre expansion de la démocratie ? Qui oserait le prétendre ? »

La deuxième partie du rapport examinait sommairement les nombreuses pétitions envoyées aux Chambres, et concluait à leur rejet par le vote de l'ordre du jour. Elles invoquaient les droits acquis, la liberté de conscience, au sujet des religieux à qui la loi refusait l'exercice de l'enseignement, la crainte que ces lois ne déchristianisent la France, enfin les pétitions demandaient que la guerre entre l'État et l'Église, qui avait cessé par suite des Concordats de 1850 et de 1875, ne soit pas de nouveau déclarée.

Au sujet de la première réclamation, M. Spuller s'écriait: « De droits acquis, est-ce que par hasard il peut y avoir des droits acquis au détriment et au préjudice de la puissance publique ? La loi de 1875 est une loi qui a été faite par une majorité résolue à user et à abuser de sa supériorité numérique. Il y a eu bien de la surprise dans cette révolution introduite dans notre législation par un coup de majorité. » Au sujet des Congrégations, le rapporteur déclarait que les

---

[1] Séance 29 mai 1879. *Annales du Sénat et de la Chambre des Députés,* 1879, t. VI, p. 4.
Cette commission était composée de : MM. Paul Bert, Labuze, Lockroy, de Launay, Madier de Montjau, Mir, Godin, Morgue, Spuller, Brunel, Gaslonde.

dispositions du projet n'étaient pas nouvelles. Ce n'est pas elles qu'il faut attaquer, mais la législation existante. Au surplus « pourquoi les congrégations non reconnues ne veulent-elles pas se faire connaître ? parce qu'elles ne veulent pas montrer leurs statuts. Le Gouvernement serait insensé de témoigner de la complaisance à qui se prétend au-dessus de lui. Les Jésuites sont la milice de la contre-révolution. »

Enfin, comme les pétitions déclaraient que le vote du projet était une déclaration de guerre, « qu'est-ce à dire, s'écriait le rapporteur, est-ce que les lois doivent tenir compte, maintenant, des prétentions de ceux qui s'intitulent le parti catholique ? Est-ce que le législateur ne statue pas pour tous les citoyens sans acception de culte ou de croyances ? La guerre ? En vérité de quelle guerre s'agit-il et comment pourra-t-on la faire sans se révolter contre la volonté du pays exprimée par les pouvoirs publics et sans encourir la juste rigueur des lois ? La guerre ? Quel est ce cri dans la bouche des ministres d'une religion de paix et de charité et faut-il ne plus voir en eux que les chefs d'un parti turbulent et dangereux ? »

Enfin, dans sa troisième partie, le rapporteur examinait le projet qu'il déclarait adopter dans son entier, sauf dans quelques détails. « La loi actuelle, disait-il en finissant, n'est pas une loi de réaction : elle trouve la liberté accordée, elle ne la retire pas, elle se contente d'en organiser l'exercice et, dans cette organisation même, tout en assurant de plus sérieuses garanties au droit individuel qui appartient à chaque citoyen, elle restaure et sauvegarde les droits de la puissance publique qui ont été imprudemment sacrifiés [1]. »

---

[1] Dès qu'il parut, le rapport Spuller fut vivement attaqué par les feuilles catholiques, v. *Univers,* 15, 16, 17 juin. *Les erreurs de M. Spuller* et *Revue catholique des institutions et du droit,* 1879, t. II, pp. 22 et suiv. *La Revue des Deux-Mondes,* elle-même hostile au projet, reprochait au rapport Spuller d'aller chercher des appuis dans

— 536 —

Le rapport rejetait enfin deux contre-projets qui avaient été renvoyés à son examen et dont, pour être complet, je dois dire quelques mots.

Quelques jours après le dépôt du projet par le ministre, le 27 mars, le duc de Feltre déposait une proposition sur le bureau de la Chambre des Députés [1], dont un des plus grands mérites était la simplicité. Cette disposition appliquait la liberté absolue de l'enseignement, accordait aux Facultés libres, concurremment avec celles de l'État, le droit de conférer les grades, mais l'État n'admettait comme fonctionnaires que les citoyens diplômés dans ses Facultés. Cette proposition avait été inspirée à son auteur « par l'étude des sources de notre droit national et celle des principes de 1789 ». La commission rejeta cette proposition. Deux mois plus tard, le 15 mai 1879 [3], M. de Gasté déposait aussi un contre-projet qui avait le même sort. Reprenant une idée que nous avons vue plusieurs fois soumise aux Assemblées, M. de Gasté proposait de confier la collation des grades à un jury spécial nommé par l'État en dehors des professeurs de Facultés. Il abandonnait à l'État le droit de n'admettre dans ses établissements aucun membre des Congrégations non reconnues, et établissait un système de vote à appliquer dans les communes où l'on voudrait changer le caractère de l'école qui existait. Les pères et mères de famille étaient appelés à voter sur le maintien de l'école laïque ou de l'école congréganiste. Un règlement de l'administration publique devait entrer dans les détails de la nouvelle législation. Cette dernière disposition était très originale ; c'était un essai de l'application du referendum communal.

la législation de l'ancien régime. « Le Gouvernement du Monopole, disait-elle, ne rappelle pas la République. » Voy. *Revue des Deux-Mondes*, 15 juin 1879, p. 966.

[1] Voir le projet. *Annales du Sénat et de la Chambre des Députés*, 1879, t. IV, p. 86 (annexes).

Section III. — Discussion du projet devant la Chambre.

§ 1er. — *Les adversaires du projet.*

La discussion du projet commença le 16 juin 1879[1] et dura de longues séances. MM. Paul de Cassagnac, Ferdinand Boyer, Gaslonde, baron de Mackau, Lamy intervinrent contre le projet, et en sa faveur, MM. P. Bert, Deschanel, Spuller et J. Ferry.

Les adversaires du projet appartenaient à deux groupes de l'Assemblée. Si le baron de Mackau et ses amis faisaient partie de la droite, MM. Bardou et Ribot qui prirent part à la discussion des articles, et M. Lamy, faisaient partie de la gauche.

Le parti catholique, par l'organe de ses orateurs, rééditia à la tribune toutes les critiques que les pétitions, les lettres des évêques avaient déjà longuement développées, et ce serait se répéter sans aucun profit que de reprendre l'énoncé de ces critiques.

Il est plus intéressant de s'arrêter sur le discours de M. Lamy[2]. Membre de la gauche, il n'était pas suspect de cléricalisme trop accentué. Ce n'était pas comme catholique qu'il critiquait le projet, c'était comme libéral. Abordant dès le début de son discours le résultat auquel était arrivé le projet, l'orateur indiquait « la substitution dans le pays au parti politique des partis religieux », et l'appréciant, il le trouvait « injuste, ne servant aucun intérêt et contraire à la notion même de République ». Puis il s'éleva contre la proscription dont étaient victimes les Congrégations religieuses, au nom de la justice, au nom des libertés que la

---

[1] Séances du 16 juin et jours suivants. *Annales du Sénat et de la Chambre des Députés,* session de 1879, t. VII, pp. 8 et suiv.

[2] Séance du 26 juin. *Annales,* t. VII, p. 149.

République avait toujours proclamées, au nom de la liberté d'association que les vrais et sincères républicains avaient toujours appelée de leurs vœux et au nom de laquelle ils avaient voté contre la loi prohibant en France l'Association Internationale des Travailleurs. Enfin, au nom du droit de l'individu, il demanda la liberté des Congrégations. « Vous parlerez au nom de l'État ; nous parlerons au nom des Droits de l'homme et nous laissons au pays le soin de décider entre nous. »

§ 2. — *Les partisans du projet.*

Le ministre de l'Instruction publique, qui était le mieux placé pour défendre le projet de loi puisqu'il en était l'auteur, examina deux questions et divisa par là-même son discours en deux grandes parties.

Il examina : 1° si la liberté de la collation des grades était inhérente au principe de la liberté d'enseignement, et 2° si la liberté des Congrégations était une condition *sine qua non* de la liberté d'enseignement.

La liberté d'enseigner n'est point, dit le ministre, un droit naturel, il n'y a pas un droit naturel d'enseigner le latin, le grec, et cette liberté n'est pas un droit essentiel de l'individu comme le droit de penser et le droit d'écrire. La liberté d'enseignement « n'est pas une liberté maîtresse, mais bien une liberté subordonnée, subordonnée à quoi ? au droit et à l'intérêt public ». Le droit de l'État c'est de maintenir une « unité nationale », l'unité de « ces idées arrosées du sang le plus pur et le plus généreux, pour lesquelles pendant vingt-cinq ans, soldats, littérateurs, philosophes, orateurs, hommes politiques ont accumulé leurs efforts, ont versé leur sang, cet héritage que nous devons transmettre à nos enfants comme nos pères nous l'ont légué. »

Ayant défini les droits de l'État, une question se posait au défenseur du projet, c'était de savoir si la collation des grades, rendue à l'État, et le rétablissement des lois sur les

Congrégations excédaient ces droits. La question de la collation des grades, M. Ferry la renvoie à la discussion des articles. Il ne veut examiner que l'état légal des Congrégations.

Passant en revue alors les unes après les autres les lois révolutionnaires, l'orateur concluait qu'elles avaient encore force de loi, ce qu'une jurisprudence unanime, disait-il, admettait avec lui. Par suite, l'art. 7 n'était pas une disposition nouvelle, et si on la rééditait, c'est que plus que jamais les Congrégations non autorisées, les Jésuites surtout, étaient dangereux pour l'État. Et alors, M. J. Ferry apportait à la tribune divers écrits dont il citait des passages, et dénonçait l'esprit et les tendances, que les Jésuites inculquaient à la jeunesse, comme nettement hostiles aux institutions républicaines.

Je crois que la physionomie de cette discussion générale peut se résumer en peu de mots.

La collation des grades passe au second plan. L'art. 7 seul a les honneurs de la bataille. Le parti libéral et le parti catholique l'attaquent : le premier, parce qu'il enlève sans raison une liberté à une certaine catégorie d'individus ; le second, parce qu'il porte atteinte à l'Église et à la volonté des pères de famille. Le parti républicain défend l'art. 7 parce que son introduction dans nos lois est une nécessité devant les empiètements du parti clérical.

La discussion générale close le 28 juin, la Chambre passa à la discussion des articles, mais elle eut à se prononcer sur trois contre-projets qui lui furent soumis.

§ 3. — *Les contre-projets et amendements. — Vote du projet.*

M. de Gasté reprit, dans la séance du 1er juillet[1], le contre-projet qu'il avait soumis à la Commission et que celle-ci

---

[1] Séance du 1er juillet 1879. *Annales*, t. VII, p. 297.

avait rejeté, contre-projet que nous connaissons et sur lequel nous ne nous arrêterons pas davantage.

MM. Robert Mitchell et Lenglé déposèrent aussi un contre-projet[1], qui eut le même sort que celui de M. de Gasté. Il tendait du reste au même but : instituer un jury d'État dont les membres étaient nommés par le ministre et organiser une inspection très sévère s'étendant sur tout l'enseignement lui-même.

Le plus sérieux des contre-projets était celui que présentait un ancien ministre de l'Instruction publique, M. Bardoux[2].

Trois propositions en résument les 5 premiers articles :

a — Il rendait à l'État la collation des grades : l'État donne les fonctions, il doit donner les grades.

b — Tout individu pouvait ouvrir des conférences et des cours en faisant une simple déclaration.

c — Enfin pour permettre au pays d'apprécier la création d'établissements d'instruction supérieure, il fallait une loi pour déclarer ces établissements d'utilité publique.

La deuxième partie du contre-projet organisait un système d'inspection sévère permettant de contrôler les ouvrages dont se serviraient les écoles libres, et dont la sanction serait dans le dépôt d'un rapport annuel distribué aux membres des Chambres, et qui ferait connaître le système d'éducation des écoles congréganistes.

Le contre-projet Bardoux fut, lui aussi, rejeté.

L'art. 1er du projet Ferry, rendant à l'État la collation des grades, fut voté sans coup férir. L'art. 7 au contraire ne fut adopté que lorsque la Chambre eut rejeté un certain nombre d'amendements qui avaient été présentés en son lieu et place. M. de Gasté voulait substituer à l'art. 7 une disposition écartant de l'enseignement public tout membre d'une Congrégation non autorisée[3]. Cet adoucissement à l'art. 7

---

[1] Séance du 30 juin 1879. *Annales*, t. VII, p. 246.
[2] Id., p. 255.
[3] Séance du 4 juillet 1879. *Annales*, t. VIII, p. 30.

— 541 —

fut rejeté. Le même sort était réservé à l'amendement de M. Keller[1], ainsi conçu : « Le droit d'enseigner appartenant à tout Français qui a justifié des conditions d'âge, de capacité, de moralité exigées par la loi, ne peut être supprimé préventivement et ne peut être perdu qu'en vertu d'une décision des tribunaux ou des autorités préposées à l'enseignement, dans les cas prévus par l'art. 26 de la loi de 1850 et par l'art. 8 de la loi du 12 juillet 1875 (condamnation entachant la moralité ou l'honorabilité). M. Baudry d'Asson intervint aussi dans la discussion autrement que par des interruptions. Il proposa l'amendement suivant[2] : Sont exclus à tous les degrés de l'administration et de l'enseignement au département de l'Instruction publique :

1º Les membres de l'Internationale ;

2º Les francs-maçons de tout rite ;

3º Les membres de toute association, secte ou société secrète. L'amendement fut rejeté.

Après les amendements catholiques, citons un amendement de M. Madier de Montjau[3]. C'était la proposition à la Chambre d'une disposition que la « Révolution française » avait faite dans la presse : « Nul n'est admis à diriger un établissement d'instruction publique ou privée de quelque ordre qu'il soit, ni à y donner l'enseignement, s'il appartient au clergé séculier ou à une congrégation religieuse, ou s'il n'a pas cessé d'en faire partie depuis deux ans au moins. La présente disposition n'est pas applicable aux directeurs et professeurs des Facultés de théologie et des grands séminaires établis ou reconnus par les lois antérieures. » Cet amendement était la conséquence logique des discours de M. J. Ferry qui avait terminé l'un d'eux par ces paroles : « J'affirme que le projet de loi que nous vous présentons n'est peut-être encore qu'un palliatif insuffisant contre les

---

[1] Séance du 8 juillet 1879. *Annales*, t. VIII, p. 50.
[2] Séance du 8 juillet 1879. *Annales*, t. VIII, p. 137.
[3] Séance du 7 juillet 1879. *Annales*, t. VIII, p. 103.

funestes entreprises dont j'ai parlé. » Il fut cependant rejeté.

L'article 7 en lui-même ne fut pas discuté, si ce n'est par M. Gaslonde dans quelques observations très courtes ; et, à la majorité de 333 votants contre 164, était voté par la Chambre. Ce même jour, le projet Ferry était adopté à la majorité de 347 contre 143.

« Une majorité qui se prétend amie des lumières, disait l'*Univers* [1], dévouée à l'instruction, passionnée pour la liberté, l'égalité et la fraternité, a voté une loi qui ferme la moitié des écoles, refuse aux catholiques le droit commun et supprime toutes les libertés qui garantissent la dignité et la foi du citoyen. Cette loi, c'est la négation des droits du père de famille, la négation de la liberté de conscience, la négation de la liberté religieuse. Les catholiques ne peuvent pas poser les armes, ils ne les poseront pas. »

Section IV. — Le projet Ferry au Sénat.

Transmis au Sénat le 10 juillet, le projet fut renvoyé à une commission [2], dont le rapport fut déposé le 8 décembre sur le bureau de la Chambre Haute par M. Jules Simon. Ce rapport concluait, par 6 voix contre 2 et une abstention, au rejet complet de la loi. La commission comprenait-elle donc une majorité catholique ? Non. Elle était divisée en trois fractions.

La première, de quatre membres, était disposée à voter toute la loi telle qu'elle était sortie des délibérations de la Chambre ; mais une majorité s'étant formée contre l'article 7, les membres de cette première fraction ne voulurent

---

[1] L'*Univers*, 11 juillet 1879.
[2] Cette commission était composée de MM. J. Simon, Fouché de Careil, Schœlcher, Daguenet, de Voisins-Lavernière, de Parieu, Buffet, Pelletan et Bertauld.

pas accepter le projet ainsi modifié et, pour ce motif, rejetèrent l'ensemble de la loi.

La seconde fraction, composée de trois membres, restait fidèle aux lois de 1850 et de 1875, rejetait tous les articles du projet et l'ensemble de la loi au scrutin final.

Enfin la troisième fraction, qui ne comptait que deux membres, acceptait, sauf de légères modifications, tous les articles du projet, sauf l'article 3 et l'article 7, et l'ensemble de la loi. Le rapport énonçait les divers arguments de ces trois fractions. Nous connaissons les théories des deux partis extrêmes. L'État ne peut pas abandonner ses droits et il les abandonne en instituant le jury mixte ; il a le droit de se défendre et pour cela il enlève le droit d'enseigner aux membres des congrégations, droit dont ceux-ci abusent en inculquant à leurs élèves la haine des institutions républicaines. Voilà ce que disaient les partisans de la loi.

La collation des grades est absolument nécessaire pour que la liberté de l'enseignement puisse produire tous ses bienfaits, répliquaient les adversaires. La liberté des doctrines existe seulement avec elle, et la liberté de l'enseignement n'est complète que lorsque la liberté des doctrines est proclamée. Ensuite, et surtout, enlever à une catégorie de citoyens honnêtes un droit que l'on reconnaît à tous les hommes qui n'ont pas démérité est une injustice et c'est la négation même de la liberté d'enseignement. A un autre point de vue, c'est violer le droit du père de famille qui peut vouloir que ses enfants reçoivent, de ces maîtres que l'on proscrit, une éducation dont les principes lui sont chers.

Une opinion de la troisième fraction que le rapport exposait était une opinion mixte. « Oui, disait-elle, l'État a seul le droit de conférer les grades, mais l'article 7 a le tort d'être contraire à la liberté et le malheur d'être à la fois inefficace et impolitique. » Contraire à la liberté : car l'article 7 ne s'attaque pas à la congrégation, mais au citoyen qui a simplement accepté les statuts d'un ordre religieux et qui est exclu de la profession d'instituteur tout comme les individus que leurs mauvaises actions ont mis à l'arrière-ban de la société. Et qu'on ne dise pas que les congrégations forment un État dans l'État et que, pour ce motif, ses membres perdent la qualité de citoyens. « On connaît la loi qui défend à leurs associations d'exister, on ne connaît pas celle qui fait un crime à un citoyen d'être affilié à une association non autorisée mais non condamnée. »

L'article 7 est inefficace. « Une portion des maîtres proscrits ira s'établir sur nos frontières et y appellera nos enfants, loin d'une surveillance importune et de votre milieu républicain libéral ; on ne défendra pas d'émigrer. Ou bien comme on peut être affilié aux Jésuites sans être Jésuite, les profès s'en iront, les novices resteront. On aura de jeunes prêtres qui diront avec vérité qu'ils ne sont pas Jésuites, mais ils auront été choisis par leurs prédécesseurs, ils seront dirigés par eux, ils accepteront leurs méthodes et propageront leur esprit. A quoi aura servi l'article 7 ? »

L'article 7 est impolitique : « Ce qui plus que toute autre considération décide les deux membres de la minorité à repousser l'article 7, disait M. J. Simon, ce sont les conséquences politiques qu'il entraîne. Jamais agitation ne vint moins à propos. Tout le monde se rangeait sous le drapeau de la République, les uns par raison, les autres par nécessité. C'était le moment d'apaiser, de se rassurer, d'attirer. Cet article a ravivé toutes les querelles. C'est un grand malheur de mêler la religion à la politique... Les catholiques feront sur le mot catholicisme les élections prochaines. Ils diront aux masses : choisissez entre la Religion et la République. »

On voit que d'après la Commission, on ne pouvait rien préjuger du sort du projet de loi. Tout dépendait des débats.

Le parti catholique avait, depuis le vote de la Chambre, tenté un dernier effort auprès du Sénat pour amener le rejet du projet. Près de deux millions de signatures[1] avaient été réunies et envoyées au Sénat. Les évêques avaient, de leur côté, protesté contre le projet.

Section V. — La discussion du projet devant le Sénat.

§ 1er. — *La collation des grades.*

La discussion s'ouvrit au Sénat le 23 février 1880 ; elle devait durer jusqu'au 9 mars. Nous n'insisterons pas sur les débats qui se déroulèrent entre ces deux dates, parce qu'ils recommencèrent au sujet de l'article 7 et que nous les étudierons à cette occasion. Disons seulement que M. Chesnelong présenta l'apologie des Jésuites, que M. Pelletan les accusa de tous les crimes. La question de la collation des grades passa encore ici au second plan ; on ne s'en préoccupa qu'en abordant l'article 1er. Sur ce texte plusieurs amendements furent présentés.

M. Eymard-Duvernay[2] demandait au ministre un projet établissant, dans chaque Université d'État, des *privat-docenten* ou cours libres et volontaires. C'était ce que son auteur appelait la liberté de l'enseignement au sein de l'Université. En dehors de cet enseignement, M. Eymard-Duvernay ne laissait subsister que des cours libres et des internats destinés à la préparation aux épreuves qui ont lieu dans les diverses Facultés de l'État. Ce système, qui se rapprochait beaucoup du système adopté dans les Universités allemandes, fut combattu par le ministre de l'Instruction publique, qui s'engagea néanmoins à faire étudier par le Conseil supérieur

---

[1] Ce chiffre a été contesté. Sans doute, il n'y avait pas deux millions de signatures légalisées, mais à coup sûr un mouvement hostile au projet était produit, dont le nombre des protestataires affirme l'existence.

[2] Séance du 28 février 1880. *Annales,* 1880, t. III, p. 68.

l'installation de cours libres au sein des Écoles et des Universités de l'État. M. Eymard-Duvernay retira sa proposition sur cette promesse du ministre.

Après cette discussion, MM. Lucien Brun et Chesnelong présentèrent un amendement tendant au maintien de la loi de 1875[1]. C'est à l'occasion de cette proposition que fut discutée la question de la collation des grades. Je ne crois pas devoir revenir sur cette question. M. Lucien Brun invoqua les arguments que nous connaissons déjà pour les avoir entendu développer à la Chambre des Députés : le Jury mixte est le délégué de l'État et celui-ci a, en matière d'examen, toute garantie par le choix qu'exerce le ministre des membres du Jury, et par le droit (exorbitant, c'est possible, mais le droit) pour le ministre de refuser un diplôme si les épreuves n'avaient pas été impartialement appréciées.

M. J. Ferry soutint au contraire que la collation des grades par l'État était le seul moyen qui lui restât en un temps de liberté d'enseignement, « pour maintenir, à travers les diversités qui sont le fruit même de la liberté, l'unité des études et, par conséquent, quelque chose de cette unité nationale qui fait la force et la grandeur de la France ».

L'amendement Lucien Brun fut rejeté par 172 votants contre 103, et le Sénat adopta sans discussion les 6 premiers articles du projet de loi.

§ 2. — *L'article 7.*

Le 4 mars commençait la discussion du fameux article 7 : « Nul n'est admis à diriger un établissement d'enseignement public ou privé de quelque ordre qu'il soit, ni à y donner l'enseignement, s'il appartient à une Congrégation religieuse non autorisée. »

Six orateurs parlèrent contre l'article 7 : MM. Bérenger, Buffet, Clément, J. Simon, Dufaure.

---

[1] Séance du 28 février 1880. *Annales* 1880, t. III, p. 83.

MM. Bertauld, J. Ferry, Ronjat, de Freycinet, le soutinrent.

Se plaçant uniquement au point de vue juridique, M. Béranger[1] sollicita le rejet de l'article 7. Etudiant le décret du 3 messidor an XII, la loi de 1817 et celle de 1825, il prétendit que tous ces textes n'étaient plus en vigueur depuis la Constitution de 1848, dont l'article 9 accordait la liberté de l'enseignement. La loi de 1850, organisatrice de cette liberté, permettait à tout citoyen de 21 ans ou de 25 ans d'ouvrir une école primaire ou secondaire, sous des conditions déterminées. Or, les Congrégations étant composées de citoyens, chacun d'eux a le droit de fonder un établissement d'instruction. Cette liberté, ils la doivent conserver. La République ne peut pas exister sans la liberté. « La République, c'est la liberté même, c'est la chose de tous comme le dit le mot lui-même. Eh bien, s'il pouvait arriver que la chose de tous devint la chose de quelques-uns, nous pourrions conserver encore une enseigne républicaine; ce qui fait l'essence des institutions républicaines ne serait plus avec nous. »

Après quelques mots de M. Fouché de Careil, M. Buffet[2] développa les motifs qui avaient porté la majorité de la commission à repousser l'article 7. Le projet était dirigé, d'après l'orateur, non pas contre l'enseignement clérical, mais contre l'enseignement catholique, et il portait un coup grave à la liberté d'enseignement, à la liberté de conscience et à la liberté des pères de famille. Le projet du gouvernement s'appuyait sur une légalité contestable et frappée de désuétude. Enfin les Congrégations non reconnues ne méritaient pas l'expulsion. Elles travaillent, soit en France par l'enseignement de la jeunesse, soit dans leurs missions lointaines, pour la Patrie ! ! !

Dans la séance du 5 mars, M. Bertauld répondit au dis-

---

[1] Séance du 4 mars 1880. *Annales,* 1880, t. III, pp. 158 et suiv.
[2] Id., p. 176.

cours de M. Bérenger. Si les congrégations pouvaient fonder des écoles, ce n'était point par suite de l'abrogation des lois de la Révolution, mais simplement par tolérance, tolérance qui s'exerçait quand elles ne faisaient pas acte de vie extérieure. Aujourd'hui, on ne veut plus de congrégations avant de vérifier leurs statuts, d'examiner leurs programmes d'enseignement, car elles ont abdiqué leur liberté entre les mains d'un chef étranger. Le plus beau réquisitoire contre les Jésuites fut celui que prononça M. J. Ferry, ministre de l'Instruction publique. L'orateur du Gouvernement protestait contre cette accusation, qui présentait le projet comme devant porter atteinte à l'enseignement chrétien. Non, le projet n'est pas « inspiré par des vues sectaires, il est uniquement inspiré par des vues politiques. Que les congrégations non autorisées, disait-il, se fassent reconnaître, elles pourront enseigner. » Le projet lavé de ce reproche, M. J. Ferry examinait la question de légalité des associations non reconnues. Après avoir résumé la législation révolutionnaire et examiné la jurisprudence, depuis la Restauration jusqu'à la fin du second Empire, il critiquait la théorie adverse qui consistait à dire qu'il n'y avait point de congrégations, mais des citoyens isolés. « La doctrine qui a été apportée ici constituerait pour les congrégations non reconnues un état d'indépendance absolue, qui les placerait dans une situation privilégiée par rapport aux congrégations reconnues, car les congrégations reconnues ne peuvent acquérir que dans certaines formes et dans certaines limites, et les congrégations non reconnues auraient toujours le droit de s'effacer et de dire : ce n'est pas la Congrégation, c'est l'individu...... Toute cette revue historique se résume dans cette proposition : les congrégations non reconnues sont, dans le système de nos lois et au milieu de notre société, en état de perpétuelle et imprescriptible contravention » et on peut en déduire cette conséquence : qu'on peut être des libéraux, des amis de la liberté de l'enseignement quand on donne la liberté à tout le monde et quand on la refuse aux Jésuites. Ce refus est-il mérité ? C'était la dernière question que se posait le ministre. Il répondait : Oui, et il critiquait l'enseignement et les livres des Jésuites, passait en revue un grand nombre de leurs ouvrages mis entre les mains de la jeunesse. Il montrait leurs doctrines sur l'éducation, et dénonçait en terminant le péril qu'il y avait à les laisser plus longtemps continuer leur œuvre qui n'aboutissait qu'à former des adeptes de la contre-révolution !

Après ce discours qui avait duré deux séances, le rapporteur monta à la tribune [1], mais ce jour-là (6 mars), M. Simon ne put qu'en très peu de mots montrer les périls que l'article 7 faisait courir à la liberté de penser et à la liberté de l'enseignement, et l'inefficacité de la mesure proposée puisque l'enseignement donné chez les Jésuites, que l'on qualifiait de criminel, n'était pas seulement donné dans leurs collèges, mais dans toutes les écoles soumises à l'influence du Clergé. Ces doctrines, disait-il, ne doivent pas être combattues par la proscription, mais seulement par la discussion et les démonstrations.

La discussion, renvoyée à la prochaine séance, fut reprise le 8 mars [2]. Le rapporteur développa successivement deux idées. Il traça le tableau de la situation légale des congrégations non autorisées, exprima le regret que ce soit à l'occasion d'un projet sur la liberté de l'enseignement supérieur qu'on mettait en discussion une disposition intéressant la conscience de millions de français et la sécurité des citoyens, et aborda en second lieu l'article 7 en lui-même.

L'article 7 était, pour J. Simon « une négation de la liberté de penser et de la liberté d'enseigner », et l'on ne peut, dit-il, sans se mettre en contradiction avec l'esprit des institutions républicaines, sans faire des membres des congrégations une catégorie de suspects, lui enlever le droit d'enseigner qui n'est que le corollaire de la liberté de penser. Cet

[1] Séance du 6 mars. *Annales*, 1880, t. III, p. 246.
[2] Séance du 8 mars. *Annales*, 1880, t. III, p. 251.

article 7 était inapplicable, et M. J. Simon reprenait les arguments qu'il avait développés dans son rapport. Cet article était injuste, car si l'enseignement des Jésuites fait courir quelque péril à la Constitution et aux lois, on avait contre lui l'enseignement de l'État et aussi la surveillance de l'État. Enfin, on avait un Conseil supérieur composé en grande majorité d'universitaires qui pouvaient prohiber l'usage des livres dangereux et interdire l'enseignement aux maîtres ; et alors qu'on avait toutes ces armes, on venait demander de procéder à des exclusions en masse ! En vérité « vous êtes armés, vous avez tous les moyens de lutter. En vérité l'âme de la France n'a rien à redouter du progrès des écoles libres ». Le Gouvernement, disait en terminant le rapporteur, doit donner le premier l'exemple de la liberté. Il doit lui rester fidèle !

Le magnifique discours de M. J. Simon devait diviser les républicains. Un membre du groupe dissident, M. Ronjat[1], monta à la tribune pour soutenir l'article 7, et reprit tous les arguments que l'on avait produits en sa faveur. Les congrégations enseignantes non autorisées n'existaient pas légalement, on ne pouvait les surveiller, contrôler leur enseignement. Dans ces conditions, dans un but de sécurité publique, on devait leur interdire le droit d'enseigner.

L'article 7 n'avait fait que perdre du terrain à la Chambre Haute. Le président du Conseil, M. de Freycinet, jeta dans le débat le poids de sa parole et de sa haute autorité.

L'article 7, dit-il, ne viole pas la liberté, parce que les associations non autorisées n'ont pas plus le droit d'enseigner en commun qu'elles n'ont le droit de posséder et d'administrer en commun. En second lieu, l'article 7 ne porte aucune atteinte à la religion dont la cause n'a rien de commun avec les Congrégations. Après avoir épuisé les arguments nécessaires pour convaincre des adversaires, le président du Conseil envisageait une hypothèse, celle où l'article 7 ne

[1] Séance du 8 mars. *Annales*, 1880, t. III, p. 269.

serait pas voté par le Sénat, et il disait : « Qu'est-ce qui empêcherait donc ce cabinet, si vous refusiez l'article 7, d'appliquer les mesures d'expulsion qui sont encore en vigueur ? » C'était très net. « Et, continuait le ministre, si le cabinet recourait à un acte de cette nature, ce serait guidé par la Chambre, dont la volonté expresse, formelle, était l'application de l'article 7. »

Enfin, après un dernier discours de M. Dufaure, qui invita le cabinet à trouver entre les deux lectures une transaction sur laquelle l'accord pourrait s'établir, le Sénat passa au scrutin et rejeta l'article proposé, par 148 votants contre 129.

Lors de la seconde délibération, le Sénat manifesta de nouveau sa résolution relativement à l'article 7, par 187 voix contre 103, et alors, le président du Conseil monta à la tribune et prononça la déclaration suivante : « A la fin de la première délibération, l'honorable M. Dufaure a adressé au Gouvernement un appel qu'il ne nous était pas permis de laisser sans réponse. L'honorable M. Dufaure a exprimé l'espoir que, entre les deux délibérations, le Gouvernement saurait trouver une transaction sur laquelle l'accord pourrait s'établir. Malgré cet appel, et quelle que soit notre déférence pour l'homme illustre qui nous l'a adressé, nous n'avons pas apporté une formule nouvelle parce que, dans notre pensée, l'article 7 était lui-même la transaction. Cette transaction écartée, nous n'avons aperçu d'autre solution que l'application des lois, et le Gouvernement a dû accepter la situation qui résulte pour lui du vote du Sénat. »

Le lendemain, le ministère était interpellé, à la Chambre des députés, sur les résolutions qu'il comptait prendre à l'égard des Congrégations non autorisées. Il faisait à la tribune la déclaration qu'il avait faite la veille au Sénat, et, à la majorité de 324 voix contre 135, la Chambre vota l'ordre du jour suivant, proposé par M. Devès : « La Chambre, confiante dans le Gouvernement et comptant sur sa fermeté pour appliquer les lois relatives aux Congrégations non autorisées, passe à l'ordre du jour. »

Saisie du projet adopté au Sénat, la Commission de la Chambre accepta la suppression de l'article 7 ; mais le rapport de M. Spuller constate que « l'exposé des motifs du Gouvernement, renouvelant des déclarations déjà faites par le président du Conseil, rappelle que les pouvoirs publics ne sont pas désarmés et que les lois qui visent les Congrégations non reconnues n'ont pas cessé d'être en vigueur. Le caractère net et précis d'une telle déclaration, dans un document législatif qui vient s'ajouter à tant d'autres, a frappé vivement votre commission qui, à l'unanimité moins une voix, s'y est associée, y voyant le gage d'une reprise complète et prochaine de tous les droits de la société civile et politique sur les empiètements qui ont été tant de fois signalés, et notamment par le Gouvernement lui-même dans l'exposé des motifs de la loi. »

§ 3. — *La loi du 18 mars 1880.*

La Chambre vota le projet tel qu'il était revenu du Sénat ; le président de la République le promulgua et ce projet devint la loi du 18 mars 1880.

Quelle est l'économie de cette loi ?

Elle pose trois principes essentiels :

1º Elle rend à l'État la collation exclusive des grades et, comme conséquence, elle oblige tous les candidats aux mêmes règles en ce qui concerne les programmes, les conditions d'âge, de grades, d'inscriptions, de travaux pratiques, etc., etc. ;

2º Les établissements libres d'enseignement supérieur ne peuvent, en aucun cas, prendre le titre d'Université et ne peuvent être reconnus d'utilité publique que par une loi ;

3º Des cours isolés peuvent être ouverts après la remise au Recteur ou, à son défaut, à l'Inspecteur d'Académie, d'une déclaration indiquant les noms et le domicile de l'auteur du cours, le local où il doit avoir lieu et le sujet qui y sera traité.

Cette déclaration devra être faite dix jours avant l'ouverture du cours.

Cette loi, par ces dispositions, modifiait la loi de 1875. Elle supprimait le jury mixte, donnait de plus grandes facilités pour l'ouverture des cours isolés ; enfin réservait à l'enseignement public le nom d'Université[1].

Section VI. — Les Décrets du 29 mars 1880.

Nous avons mentionné, au cours des débats sur l'article 7, les déclarations que le Gouvernement avait faites à la Chambre et au Sénat ; conformément aux promesses non déguisées qu'elles contenaient, le Président de la République portait, le 22 mars, deux décrets.

Le premier dissolvait la Compagnie de Jésus et accordait à ses membres un délai pour évacuer les établissements qu'elle possédait sur le territoire français.

Le second accordait un délai de trois mois à toute communauté ou congrégation non autorisée pour obtenir la vérification et l'approbation de ses statuts, et la reconnaissance légale de chacun de ces établissements existait en fait.

Nous pourrions nous borner à cette simple mention des décrets de 1880 ; mais il est utile de résumer les controverses que soulevèrent, dans la Jurisprudence, les exécutions de ces textes.

Le 30 juin, le Gouvernement, sans avoir recours à aucune procédure judiciaire, fit procéder par les préfets et les commissaires de police, et *manu militari*, à l'exécution des

---

[1] On comprend le motif de cette mesure. L'État avait voulu conserver pour son enseignement le nom d'Université qui était une garantie de science bien connue. Il ne voulait pas qu'une association quelconque, en prenant ce nom, lui enlevât l'éclat et la renommée qu'il avait eus. De nos jours, de par la loi de 1896 sur les Universités provinciales, on pourrait sans inconvénient permettre aux Facultés libres de prendre ce titre.

décrets. Après leur expulsion et l'apposition des scellés sur les portes de leur domicile, un grand nombre de religieux introduisirent devant la justice des instances soit civiles et tendant à la levée des scellés, à la réintégration du domicile, à la remise en possession des immeubles, soit correctionnelles ou criminelles et tendant à obtenir des dommages-intérêts des préfets et commissaires de police. Des déclinatoires d'incompétence furent présentés dans les deux cas et les tribunaux eurent à se prononcer sur plusieurs questions.

Lorsqu'ils avaient à juger des instances civiles, les questions suivantes se posaient aux juges : Contre les exécutions des décrets, y avait-il un recours possible ? En admettant qu'il y en eût un, l'autorité judiciaire était-elle compétente pour en connaître ?

1° Y avait-il un recours possible ?

Une première opinion, développée devant le tribunal des Conflits, par M. Ronjat[1], commissaire du Gouvernement, considère que tout recours est impossible, les décrets constituant des actes de Gouvernement. Après avoir cité M. Batbie qui admettait l'existence de ces actes, M. Ronjat disait : « Si le tribunal des Conflits pense que certains actes de la puissance publique sont des actes de Gouvernement échappant à tout contrôle judiciaire, les décrets du 29 mars sont des actes de cette nature. Ils ont été rendus sur l'invitation de la Chambre des députés, pour l'exécution des lois qui ont pour but le maintien de l'ordre et de la paix publique ; ils ne peuvent être contrôlés, censurés, que par le Gouvernement. » M. Ronjat admettait bien néanmoins un recours ; ce recours devait être porté devant les Chambres et, ajoutait-il, faisant allusion aux débats qui avaient eu lieu

---

[1] Affaire Marquigny, S. 81-3-81, D. 80-3-121. Voy. dans le même sens : Jeanvrot. *De l'application du décret du 29 mars 1880 sur les congrégations religieuses,* et Graux. *Les Congrégations religieuses devant la loi,* et Tribunal Toulouse, *Jésuites de Toulouse,* S. 81-2-206, et D. 80-3-73,

au sein du Parlement, « tous les recours utiles ont été exercés ; les décrets ont été approuvés par ceux qui ont mission de contrôler les actes du Gouvernement ; il ne peut appartenir au juge des référés d'annuler de pareils actes. »

Cette théorie, qui permettait au pouvoir d'attenter, sans recours possible, aux droits les plus sacrés de l'individu sans qu'il pût jamais avoir un recours possible, souleva bien des critiques et ne fut pas admise en 1880 [1]. M. Gomel, commissaire du Gouvernement devant le tribunal des Conflits, s'éleva contre la doctrine qu'avait exposée son collègue : « Les décrets de 1880, dit-il, ne présentent pas le caractère d'un acte du Gouvernement. Ceux-ci sont des actes qui rentrent dans la mission du pouvoir exécutif en tant qu'il est chargé de diriger les affaires extérieures du pays et d'exercer, à l'intérieur, la part de souveraineté que lui donnent les lois. Or, les décrets n'ont qu'un but : rappeler les congrégations religieuses à ce que le Gouvernement estime être la stricte application des lois existantes [2]. Serait-il possible d'admettre que les mesures prises, en vue de la dissolution des congrégations, soient gouvernementales par le motif qu'elles sont proclamées actes de haute police et qu'elles ont été adoptées dans un but essentiellement politique ? Nous nous refusons à admettre que la nature d'un acte dépende de l'intention dans laquelle on l'a fait. Eh quoi ! il suffirait à l'administration de proclamer qu'une atteinte qu'elle porte à la liberté ou à la propriété de telle ou telle classe de citoyens est une mesure de haute police, pour que les citoyens, ainsi lésés dans les droits que leur assurent les

---

[1] Elle le serait encore moins aujourd'hui. On a surabondamment démontré que l'acte de Gouvernement n'existait pas, et que, si certains actes administratifs échappaient au recours judiciaire, c'est qu'ils pouvaient être soumis à d'autres juridictions.

Voy. sur ce point l'intéressante étude de M. L. Michoud. Les actes de Gouvernement. *Annales de l'enseignement supérieur de Grenoble*, 1889, p. 263.

[2] S, 81-3-93 et D. 80-3-121.

lois, fussent dépouillés de toute voie de recours ? Quelles seraient nos garanties à tous avec une pareille théorie ? »

M. Gomel aurait pu relever aussi la partie des conclusions de M. Ronjat, dans laquelle celui-ci déclarait que les ordres du jour des Chambres avaient approuvé les actes du Gouvernement, et que, par conséquent, munis de cet appui, les décrets étaient des lois ne différant des textes ordinaires que par la procédure. Cette théorie est absolument inexacte. La loi n'est loi qu'après l'accomplissement de la procédure parlementaire et « cette souveraineté est par elle-même quelque chose d'assez dangereux pour qu'on ne l'étende pas hors de sa sphère ».

Le tribunal des Conflits approuva la thèse de M. Gomel à ce point de vue et admit la possibilité d'un recours.

2º Devant quelle autorité devait être porté le recours ?

Plusieurs systèmes furent présentés.

A. — *L'autorité judiciaire est compétente.* — « Certains droits privés sont tellement respectables, dit M. Labbé, qu'ils ont été placés, même au regard de l'administration, sous la protection spéciale de l'autorité judiciaire, moins portée que tout autre à sacrifier l'intérêt privé à l'intérêt public, et que, parmi ces droits, on range au premier chef la liberté individuelle. Nous soumettons à l'autorité judiciaire, tous actes arbitraires, tous actes attentatoires aux droits des particuliers, tous actes contenant un excès de pouvoir[1]. »

Mais que décider si l'acte, qui atteint un citoyen dans ses droits de propriété ou de liberté individuelle, est un acte administratif ? Qu'entendre par ces mots ? Est-ce l'acte que « la loi autorise le fonctionnaire à faire ? » Dans ce cas, l'autorité judiciaire doit rechercher si la loi autorise le fonctionnaire à faire cet acte, à prendre un arrêté. Si la loi ne l'autorise pas, cet arrêté est illégal, et les mesures qui ont

---

[1] Note Labbé sous Paris, 29 janvier 1876. S. 1876-2-297. Voy. dans le même sens Rousse : *Consultation sur les décrets du 29 mars 1880*. Glasson, *Revue critique*, 1881, p. 511. Aucoc, t. I, pp. 373 et 482.

suivi sont des voies de fait contre lesquelles l'autorité judiciaire a le droit de protéger les citoyens. Mais, disait-on, le titre en vertu duquel les expulsions ont eu lieu n'existe pas. Les lois que l'on invoque sont abrogées. Il résulte en tout cas de l'opposition que l'on fait à l'existence de ces lois un doute, et l'autorité judiciaire est seule compétente pour vérifier l'existence des droits individuels.

La compétence judiciaire fut, en 1880, affirmée par la presque unanimité des tribunaux. Sur 134 décisions rendues, 123 se prononcèrent pour la compétence[1], et alors que le tribunal des Conflits avait adopté une opinion différente.

B. — Un autre système fut proposé par M. Gomel, commissaire du Gouvernement près le tribunal des Conflits : les décrets de 1880 ne sont pas des actes de Gouvernement. Sont-ce des actes administratifs ? Ce n'était même pas cette question que le juge du référé avait à trancher. L'administration est venue dire en proposant le déclinatoire :

« Dessaisissez-vous, car les mesures dont on conteste les conséquences naturelles, je les ai prises en vertu de lois qui prohibent l'existence, en France, des congrégations non autorisées. D'un autre côté, les congréganistes ont répondu : les textes sur lesquels on s'appuie n'existent plus, la dissolution par voie administrative n'est plus permise et, par conséquent, notre dispersion par la force est un attentat à notre droit de propriété.

La question de compétence était subordonnée à la solution que l'on donnait à l'existence des lois de 1790, 1791 et au décret de l'an XII. Que devait faire le juge du référé ? Il

---

[1] Lille, 16 juillet 1880. S. 81-2-193. D. 80-3-57. Quimper, 27 juillet 1880. S. 81-2-193. Troyes, 11 août 1880. D. 80-3-73, *ad notam*. Limoges, 19 août 1880. D. 80-3-73, *ad notam*. Grenoble, 10 juillet 1880. D. 80-2-177, *ad notam*. Marseille, 4 novembre 1880. *Gazette des Tribunaux* des 8 et 9 novembre. Lille, 13 novembre 1880. *Gazette des Tribunaux* du 18 novembre.

devait attendre que la question préjudicielle fût tranchée. Si les lois invoquées dans les arrêtés étaient inexistantes, les arrêtés étaient non seulement entachés d'excès de pouvoir, mais encore radicalement nuls. Le juge des référés devait attendre que le Conseil d'État, juge des excès de pouvoirs, eût statué sur la question.

Une fois cette question vidée, les tribunaux judiciaires redevenaient compétents et, si les arrêtés avaient été annulés, pouvaient statuer sur les demandes en réintégration de leurs immeubles et en mainlevées des scellés [1]. »

C. — Le tribunal des Conflits n'a sanctionné aucun des deux systèmes proposés. Il a condamné la théorie de l'acte de Gouvernement, et admis la possibilité d'un recours à l'autorité administrative pour faire prononcer l'annulation des actes qui auraient violé le droit des expulsés ; mais, en même temps, il proclamait l'incompétence absolue des juridictions judiciaires. D'après lui, les décrets du 29 mars ayant été rendus pour l'application des lois des 13-19 février 1790, du 18 août 1792, du 18 germinal an X et du décret du 3 messidor an XII, constituent des mesures de police dont le ministre est chargé d'assurer l'exécution. Et le préfet et le commissaire de police ont agi dans le cercle de leurs attributions en exécutant les ordres à eux donnés par le ministre. L'autorité judiciaire ne peut empêcher l'exécution des actes dont il s'agit. Ces actes étaient légaux ou illégaux. Dans le premier cas, les agents de l'administration avaient eu plein droit pour les mettre à exécution ; dans le second cas, les arrêtés étaient nuls, mais les agents n'avaient point commis de faute, les actes ayant été commis dans l'exercice de leurs fonctions. Le tribunal des Conflits ne se déjugea pas ; tous ses arrêtés sanctionnèrent cette doctrine [2].

---

[1] Voy. les *Conclusions de M. Gomel*, dans D. 80-3-128.
[2] Voy. *Tribunal des Conflits*, 4-5-13-17-20 novembre 1880. D. 80-3-121. 20-27 novembre. D. 81-3-21. — 15 janvier 1881. S. 82-3-37. — 5 février 1881. D. 82-5-108. — 19 février 1881. — 5 mars 1881. — 2 avril 1881, D. 81-3-90.

Mais les expulsés de 1880 ne s'étaient pas contentés d'introduire des instances civiles. Un grand nombre intentèrent des poursuites criminelles contre les fonctionnaires qui avaient pris part à l'exécution des décrets.

Les congréganistes s'adressèrent aux Premiers Présidents et aux juges d'instruction ; ils saisirent la Chambre civile d'une Cour d'appel, statuant correctionnellement, et les Tribunaux correctionnels, par voie de citation directe ; ils portèrent même leurs griefs à la connaissance d'une Cour d'appel par voie de dénonciation à tous les membres de la Cour. (Art. 235 Code d'inst. crim. et 11 décret du 20 avril 1810.)

La compétence des Premiers Présidents résultait de l'article 484 du Code d'Instruction criminelle, et les plaintes déposées contre les préfets et les commissaires de police relevaient à leur charge le crime d'attentat à la liberté et le délit de violation de domicile.

Les préfets proposèrent, comme ils l'avaient fait devant la juridiction civile, un déclinatoire tiré du caractère administratif de l'acte qui leur était reproché, puis prirent un arrêté de conflit après le rejet du déclinatoire.

Une fin de non recevoir fut opposée à l'admission des arrêtés de conflit. Elle était tirée de l'article 1er de l'Ordonnance du 1er juin 1828. « A l'avenir, dit ce texte, le conflit d'attribution entre les tribunaux et l'autorité administrative ne sera jamais élevé en matière criminelle. »

Se fondant sur les termes mêmes de cet article, on soutenait que toutes les fois que la juridiction criminelle était saisie, le conflit ne pouvait pas être soulevé.

Cette théorie fut vivement attaquée et on eut recours, pour la combattre, aux travaux préparatoires.

Sous le Directoire, sous le Consulat, sous le premier Empire même, on avait vu l'Administration se prétendre juge de certains faits délictueux, et pour faire respecter sa prétendue compétence, user de l'arme du conflit. Le Directoire, par exemple, annulait sur conflit des jugements des commissions militaires qui, fréquemment, renvoyaient absous les prévenus d'émigration traduits devant elle.

C'est pour prévenir le retour de ces abus que l'article 1er de l'Ordonnance de 1828 déclara que, dorénavant, le conflit était impossible en matière criminelle. Mais, en portant cette défense, l'Ordonnance de 1828 a eu uniquement pour but d'assurer le libre exercice de l'action publique.

Or en 1880, si les congrégations avaient, en qualité de partie civile, assigné les préfets et les commissaires de police devant des juridictions criminelles ou correctionnelles, ce n'était que pour obtenir des défendeurs une réparation civile. C'était, en d'autres termes, une action civile portée devant un tribunal répressible.

L'ordonnance de 1828 n'a pas voulu empêcher le conflit dans une pareille hypothèse, mais seulement quand l'action publique était en jeu. Le tribunal des conflits confirma donc les arrêtés de conflit pris dans ces espèces.

Les congrégations, qui avaient espéré un instant gagner leur procès devant la Justice, durent se soumettre devant les arrêtés du tribunal des Conflits, et leurs établissements d'enseignement durent être fermés, au moins en droit.

Il ne faut point perdre de vue notre point de départ. Nous avons étudié, avec la loi du 18 mars 1880, les modifications apportées à la loi de 1875 par la reprise par l'État de la collation des grades, et avec les décrets du 27 mars, rendus par la volonté de la Chambre des députés, la mise en vigueur des lois contre les congrégations non autorisées. Ces lois, en dispersant les congrégations et en prohibant le droit d'association, avaient une influence sur l'exercice du droit d'enseigner. C'est à ce titre que nous avons signalé les efforts que firent les congrégations pour résister aux décrets d'expulsion [2].

---

[1] *Tribunal des Conflits*, 22 décembre 1881, pp. 17 et 19.

[2] Nous devrions étudier ici le mouvement que ces décrets soulevèrent ; la campagne qui fut menée contre eux. Nous sommes trop rapprochés de cette époque pour traiter ce point.

CHAPITRE III.

Loi du 27 février 1880 sur le Conseil supérieur et les Conseils académiques.

En même temps que M. Jules Ferry, Ministre de l'Instruction publique, déposait un projet de loi pour réaliser les mesures que nous venons d'étudier, il en déposait un autre ayant pour objet la réorganisation du Conseil supérieur et des Conseils académiques. Le premier avait abouti à la loi du 18 mars 1880, le deuxième devint la loi du 27 février 1880.

Section I. — Le projet a la Chambre des Députés.

§ 1er. — *Caractères du projet.*

La loi de 1873 avait voulu que le Conseil supérieur représentât les droits et les intérêts de la société tout entière ; le projet de loi de 1879 donne une toute autre idée du rôle du Conseil supérieur.

« Le Conseil supérieur, disait le Ministre dans son exposé des motifs, le Conseil supérieur ne doit être, selon nous, qu'un Conseil d'études ; sa mission est par-dessus tout pédagogique. C'est le grand Comité de perfectionnement de l'enseignement national. La première condition pour y prendre place est d'avoir une compétence, d'appartenir à l'enseignement. Nous excluons par là tous les éléments incompétents systématiquement accumulés par le législateur de 1850 et par celui de 1873. »

Le projet de loi instituait deux groupes distincts dans le

Conseil supérieur. L'un était nommé par le Président de la République et formait la section permanente, dont l'Université fournit seule tous les éléments. Le second groupe était composé des représentants des différentes écoles de l'État, élus par leurs collègues, et de membres empruntés aux écoles libres nommés par le Gouvernement.

La section permanente était, en fait, le Conseil de l'Université. Les assemblées générales du Conseil supérieur « les grandes assises périodiques de l'enseignement national ». Les Conseils académiques étaient composés à peu près des mêmes éléments qui composaient le Conseil supérieur. La plus grande partie de ses membres sortaient de l'enseignement public ; quatre seulement étaient nommés par le Ministre, parmi les Conseillers généraux ou municipaux.

Nous n'étudierons la compétence de ces Conseils qu'en analysant la loi du 27 février 1880, les discussions n'ayant pas modifié sensiblement le projet lui-même.

Le rapport, fait au nom de la Commission[1] chargée de l'examen du projet de loi, fut déposé par M. Chalamet, le 24 juin 1879[2]. Il se composait de deux parties distinctes. La première était consacrée à l'étude historique des Conseils depuis 1808 jusqu'en 1873 ; la seconde, à l'examen du projet de loi.

Ce projet se recommandait à la Commission par trois caractères principaux :

1° Exclusion des ministres des cultes et de ceux qui représentaient les intérêts sociaux ;

2° Représentation de tous les grands établissements d'instruction publique et, en particulier, des trois degrés de l'enseignement universitaire ;

3° Prédominance de l'élément électif.

[1] Cette Commission était composée de MM. Paul Bert, Hérault, Chalamet, Cornil, Duvaux, Beaussire, Delhou, Marmottan, Bousquet, Deschanel, Granier de Cassagnac père.
[2] Séance du 24 juin 1879. *Annales du Sénat et de la Chambre des Députés*, 1879.

Le rapport insistait sur le premier de ces caractères, et déclarait que les ministres des cultes devaient d'autant moins siéger au Conseil supérieur qu'ils faisaient concurrence à l'État. « En vain, dira-t-on qu'ils représentent la société. La société au nom de laquelle ils parlent, et dont ils se disent les défenseurs, se compose justement des familles qui n'ont pas confiance dans les Écoles de l'État. Tout ce que l'État peut leur accorder, c'est la faculté d'avoir d'autres écoles, à des conditions fixées par la loi. Leur donner aussi le pouvoir de diriger les siennes, ce serait abdiquer. »

Et, après avoir mis en relief les trois caractères du projet, le rapport examinait chacun des articles et apportait peu de modifications au projet primitif.

§ 2. — *Discussion du projet à la Chambre.*

La discussion s'ouvrit le 17 juillet devant la Chambre des Députés[1]. Deux députés, MM. Daguilhou-Pujol et Blachère, parlèrent contre le projet.

Le premier développa cette idée que l'État doit se désintéresser de plus en plus de la direction de l'enseignement. L'État généreux, l'État producteur, l'État enseignant, ce sont là de purs sophismes. Quant aux plaintes de l'exposé des motifs, disant : « L'Université était mise en surveillance sous la haute police de ses rivaux, de ses détracteurs et de ses ennemis », elles ne sont pas fondées ; il faut affirmer, au contraire, que « la surveillance de l'enseignement n'est pas une question d'ordre purement pédagogique, d'ordre seulement universitaire, que c'est une question d'ordre social et, qu'à ce point de vue, elle doit être placée sous la sauvegarde de tous les intéressés ». L'orateur demandait le rejet de la loi, « parce qu'elle ne tient compte ni des droits de la famille, ni des droits de la société ; parce qu'elle se

---

[1] Séance du 17 juillet 1879. *Annales du Sénat et de la Chambre des Députés,* 1879, t. VIII, pp. 360 et suiv.

préoccupe beaucoup plus d'un intérêt particulier que de l'intérêt général ; parce qu'elle méconnaît les règles de tout combat loyal, en cherchant à désarmer ses adversaires avant la bataille. »

Se plaçant à un point de vue plus spécial, M. Blachère critiqua l'exclusion, dans le Conseil, des évêques qui y étaient admis par la loi de 1873, et en affirma la nécessité en face des théories libres-penseuses qui, disait-il, envahissaient l'école.

A ces discours répondit le rapporteur, M. Chalamet. Il maintint que les évêques jouaient au Conseil supérieur le rôle des généraux ennemis que l'on introduirait dans l'armée nationale ; que ces évêques, membres du Conseil supérieur, avaient notamment approuvé la bifurcation pour les établissements de l'État, sachant très bien qu'elle affaiblirait les études, et sanctionné le plan d'études qui mutilait l'enseignement de la philosophie, alors que les écoles congréganistes n'avaient point adopté cette double et fatale innovation.

La discussion générale close, on passa à la discussion des articles. Plusieurs contre-projets furent proposés. Celui que présentèrent MM. Bardoux et Ribot créait deux conseils supérieurs : un Conseil de l'Université et un Conseil de l'enseignement libre. Les concurrents et les émules de l'Université, les ministres des cultes, ne devaient figurer que dans le second ; l'autre ne comprendrait que les directeurs et les doyens des grands établissements universitaires, auxquels le Ministre adjoindrait, de sa propre autorité, huit professeurs de l'enseignement supérieur et quatre de l'enseignement secondaire. Combattu par le rapporteur, l'amendement Bardoux fut rejeté par 298 voix contre 169. Après une courte discussion sur quelques articles du projet de loi, celui-ci fut adopté, le 19 juillet 1879, par 352 voix contre 128, et le 22, il était présenté au Sénat,

SECTION II. — LE PROJET AU SÉNAT.

La Commission[1] déposa son rapport[2], dû à M. Barthélemy Saint-Hilaire, le 24 janvier 1880, et conclut à l'adoption du projet. Après un long développement sur le principe de la loi, le rapport examinait les articles et les adoptait après des modifications de détail. La discussion commença le 23 janvier. La droite de l'Assemblée, par l'organe de MM. de Broglie, Bocher, Chesnelong, Delsol, Fresneau, de Parisis, critiqua le projet. Le Gouvernement avait tort, disaient-ils, de substituer un Conseil pédagogique à l'ancien Conseil où se trouvaient juxtaposés tous les éléments de la société. Au surplus, ajoutaient-ils, on ne voulait atteindre que la religion et réaliser bientôt le divorce de l'État d'avec l'Église.

Le duc de Broglie, notamment, développa cette thèse.

« C'était une idée à la fois noble et sage que celle qu'a conçue le législateur de 1850, de réunir pour l'éducation de la jeunesse la calme méditation du savant et l'expérience chèrement acquise de ceux qui ont combattu le bon combat de la vie. C'était une idée à la fois noble et sage que d'appeler toutes les têtes des fonctions publiques, tous les serviteurs éminents du pays, tous ceux que j'ai appelés les chefs de la famille française, et de leur demander une heure de leur temps et un peu de leur expérience pour se préparer des successeurs dignes d'eux, dignes de la société qu'ils représentent et de l'État qu'ils ont servi. »

A ces discours répondirent le rapporteur et M. Roger-Marvaise, en affirmant la nécessité de maintenir le droit

---

[1] Cette Commission était composée de MM. Carnot, Roger-Marvaise, Barthélemy Saint-Hilaire, Henri Martin, Lenœl-Demôle, de Rosière, Delsol, Laboulaye.

[2] Voy. *Annales du Sénat et de la Chambre des Députés*, 1880, t. I, pp. 13 et suiv. (Annexes.)

supérieur de contrôle qui appartenait à l'État et la nécessité de dégager l'Université des anciennes tutelles, en confiant la garde des programmes et des études aux délégués librement élus par les professeurs eux-mêmes.

Lors de la première délibération du projet au Sénat, M. Delsol[1] présenta un amendement qui maintenait dans le Conseil supérieur : 1° des membres du Conseil d'État; 2° des représentants des différents cultes ; 3° des membres de la cour de Cassation; 4° des membres de l'Institut ; mais, à la faible majorité de 147 voix contre 139, cet amendement ne fut pas adopté.

Enfin, à la suite de longs débats, le Sénat vota l'ensemble de la loi, en première délibération le 2 février, en seconde délibération le 16, sans qu'aucune modification sérieuse eût été apportée au projet adopté par la Chambre. Celle-ci, le 23 février, vota définitivement le projet de loi.

Quelles sont donc les dispositions essentielles de la loi du 27 février 1880 ?

Section III. — La loi du 27 février 1880.

La loi s'occupe : 1° du Conseil supérieur de l'instruction publique ; 2° des Conseils académiques.

A. — *Du Conseil supérieur.* — Le caractère de la loi, il faut le rappeler, est de substituer à un Conseil composé des représentants des « forces sociales », un Conseil composé d'hommes spécialement compétents en matière d'enseignement, un conseil pédagogique.

En vertu de cette idée, sont exclus du Conseil de 1850, les Membres du Conseil d'État, les représentants des différents cultes, les membres de la Cour de cassation, de l'armée et de la marine, de l'académie de médecine et du conseil

---

[1] Séance du 27 janvier 1880. *Annales du Sénat et de la Chambre des Députés*, t. I, p. 176.

supérieur du commerce, de l'agriculture et de l'industrie.

Ces retranchements opérés, des membres nouveaux sont introduits, et le Conseil supérieur de 1880 comprend :

1º Une section permanente composée de neuf membres nommés par le Président de la République, parmi les fonctionnaires ou anciens fonctionnaires de l'enseignement public ;

2º Une section non permanente dans laquelle entrent des délégués de tous les enseignements élus par leurs collègues [1], et quatre membres de l'enseignement libre nommés par le Président de la République.

La section permanente du Conseil supérieur n'a aucune juridiction sur les écoles libres. Elle ne s'occupe que de l'enseignement public.

Le Conseil, au contraire, donne son avis..... sur les règlements relatifs à la surveillance des écoles libres, sur les livres d'enseignement, de lecture et de prix, qui doivent être interdits dans les écoles libres, comme contraires à la morale, à la Constitution et aux lois, sur les règlements relatifs aux demandes formées par les étrangers pour être autorisés à enseigner, à ouvrir ou à diriger une école.

Comme juridiction, le Conseil statue en dernier ressort sur les jugements rendus par les Conseils départementaux,

---

[1] Cinq membres de l'Institut, deux professeurs du collège de France, un professeur du Muséum, un professeur de Facultés catholiques et un des Facultés protestantes, deux professeurs des Facultés de droit, deux des Facultés de médecine, un des Écoles supérieures de pharmacie, deux des Facultés des lettres, deux délégués de l'École normale supérieure, un délégué de l'École normale spéciale, un délégué de l'École nationale des Chartes, un professeur de l'École des langues orientales, un délégué de l'École polytechnique, un délégué de l'École des Beaux-Arts, un délégué du Conservatoire des Arts et Métiers, un délégué de l'École centrale des Arts et Manufactures, un délégué de l'Institut agronomique, huit agrégés en exercice de chacun des Ordres d'agrégation, deux délégués des Conseils communaux, six membres de l'Enseignement primaire.

lorsque ces jugements prononcent l'interdiction absolue d'enseigner contre un instituteur primaire, public ou libre.

Telles sont l'organisation et la compétence du Conseil supérieur, d'après la loi du 27 février 1880.

B. — *Des Conseils académiques.* — Les Conseils académiques, dont la législation n'avait pas été modifiée depuis 1854, comprenaient, sous la présidence du Recteur, des membres de l'enseignement et deux membres des Conseils généraux, deux des Conseils municipaux qui concourent aux dépenses de l'enseignement supérieur ou secondaire du ressort, nommés par le Ministre.

De plus, lorsque le Conseil a à juger des affaires contentieuses ou disciplinaires intéressant les membres de l'enseignement libre, deux membres de l'enseignement, nommés par le Ministre, sont adjoints au Conseil.

Ainsi composé, le Conseil académique est saisi des affaires contentieuses et disciplinaires qui sont relatives à l'enseignement secondaire ou supérieur libre ; il les instruit, et il prononce, sauf recours au Conseil supérieur, les décisions ou les peines à appliquer. Les membres de l'enseignement public ou libre, traduits devant le Conseil académique, ont le droit de se faire assister d'un défenseur.

CHAPITRE IV.

Lois du 16 juin 1881 et du 30 octobre 1886.

La législation scolaire de la troisième république, après s'être occupée de l'enseignement supérieur et de l'enseignement secondaire, ne devait pas négliger l'enseignement primaire.

Un grand nombre de lois furent votées à ce sujet ; nous ne nous occuperons que de celles ayant eu une influence quelconque sur la liberté de l'enseignement.

Une loi du 16 juin 1881 a établi la gratuité de l'enseignement primaire ; nous nous sommes expliqué plus haut sur l'influence que l'admission de ce principe a sur la liberté de l'enseignement, et nous n'hésitons pas à dire cependant que, quelle que soit l'inégalité dans laquelle se trouvent les écoles libres par suite de la gratuité des écoles rivales, une démocratie doit proclamer la gratuité.

SECTION I. — LOI DU 16 JUIN 1881 SUR LES TITRES DE CAPACITÉ DE L'ENSEIGNEMENT PRIMAIRE.

Une loi des 15-16 juin 1881 nous retiendra un peu plus longtemps. Ce texte est relatif aux titres de capacité de l'enseignement primaire.

On vivait encore, en 1880, sous l'empire de la loi de 1850, en ce qui concernait les titres de capacité que devaient posséder les individus voulant enseigner dans une école libre.

Cette loi, rappelons-le, exigeait de tout candidat un brevet de capacité délivré par une commission d'examen nommée chaque année par le Conseil académique.

Ce brevet de capacité pouvait être remplacé par des équivalences : 1° un certificat de stage délivré par le conseil départemental (loi de 1854) aux personnes qui justifiaient avoir enseigné pendant trois ans au moins dans les écoles autorisées à recevoir des stagiaires ; 2° le diplôme de bachelier ; 3° un certificat d'admission dans une des écoles spéciales de l'État ; 4° le titre de ministre d'un des cultes reconnus par l'État ; 5° pour les institutrices appartenant à des congrégations religieuses vouées à l'enseignement et reconnues par l'État, les lettres d'obédience délivrées par leurs supérieures.

Le 20 mai 1879, M. J. Ferry déposait un projet de loi supprimant toutes ces équivalences et exigeant, de tout instituteur public ou privé, le brevet élémentaire [1].

L'exposé des motifs tendait à prouver que ces équivalences n'étaient point aussi probantes que le brevet lui-même qui, exigeant moins de science sans doute, exigeait plus de choses utiles à un instituteur.

Ce projet de loi fut renvoyé à une commission [2], et le rapport de celle-ci fut déposé le 13 décembre 1879 [3].

« Les connaissances, dont font preuve les diplômes et les titres que possèdent les individus qui peuvent invoquer les équivalences, sont à coup sûr supérieures, comme valeur d'ensemble, à celles qui sont nécessaires pour l'obtention des brevets d'instituteurs, mais elles sont inférieures sous certains rapports, et d'ailleurs elles ne donnent aucune preuve des aptitudes pédagogiques de celui qui les possède... Le privilège de la lettre d'obédience ne peut être appuyé d'aucune raison sérieuse. De deux choses l'une, ou bien les

---

[1] Voy. *Annales du Sénat et de la Chambre des Députés*, 1879, t. V, p. 199 (Annexes).

[2] Cette Commission était composée de MM. Paul Bert, Lockroy, Noirot, Louis Blanc, René Brice, de Lacretelle, Chalamet, Barodet, Bousquet, Constant, Allemand, Spuller, Dethou, Allègre, Parey, Cantagrelle, Floquet, Drumel, Armez, Deschanel, Duvaux, Boysset.

[3] *Annales du Sénat et de la Chambre des Députés*, 1879 (Session extraordinaire, t. II, p. 276 (Annexes).

congréganistes qui en sont munies sont capables de subir l'examen du brevet, ou elles ne le sont pas. Dans la dernière hypothèse, elles doivent être éliminées sans discussion. Dans la première, on ne voit pas pourquoi elles ne se présenteraient pas comme le font les jeunes filles laïques. »

La discussion du projet s'ouvrit, à la Chambre, le 24 mai 1880 [1].

M. Ferdinand Boyer combattit le projet à trois points de vue : dans l'intérêt de l'enseignement primaire en général, de la diffusion, du nombre plus considérable des écoles à créer, du recrutement de son personnel et de son caractère religieux et moral. Il prit en main la défense de la loi de 1850, et soutint que les équivalences qu'on voulait supprimer ne présentaient aucun des inconvénients signalés.

Ce seul discours fut prononcé dans la discussion générale.

Sur l'article 1er, M. Keller proposa un amendement qui était un véritable contre-projet[2], ainsi conçu : « Tout français peut ouvrir une école ou une salle d'asile libre, à moins qu'il n'ait encouru une des incapacité prévues par l'article 26 de la loi du 15 mars 1850. Nul ne peut exercer les fonctions d'instituteur ou d'institutrice titulaire, dans une école publique, s'il n'est pourvu du brevet de capacité. »

« Puisque le Gouvernement, dit M. Keller, dans son enseignement public, veut imposer à tous des conditions nouvelles et un régime nouveau, je demande, du moins, qu'on nous laisse ce qu'on laisse aux pères de familles, dans tous les pays libres, le droit de fonder et d'ouvrir, comme nous l'entendrons, des écoles libres pour nos enfants.

Le ministre de l'Instruction publique répondit à ce discours. Il s'éleva contre le contre-projet qui créait la liberté illimitée de l'enseignement.

---

[1] *Annales du Sénat et de la Chambre des Députés*, 1880, t. VI, p. 383.

[2] *Annales du Sénat et de la Chambre des Députés*, 25 mai 1880, t. VI, p. 417.

« Cette thèse, dit-il, consiste à dire que l'enseignement est une industrie comme une autre, que c'est une industrie libre et que le consommateur est seul juge de la qualité des produits. Jamais nous ne reconnaîtrons que l'enseignement du peuple soit une industrie privée, jamais nous n'admettrons que ceux qui enseignent puissent avoir ni la liberté de l'ignorance, ni la liberté de l'empoisonnement. Et nous croyons ne manquer à quoi que ce soit, à ce qu'exige le principe de la liberté d'enseignement, en disant que cette liberté, quand il s'agit de l'enfance, doit être soumise à des garanties de capacité et à la surveillance de l'État, qui ne permettent pas d'empoisonner la jeunesse par des doctrines contraires à celles qui doivent lui être enseignées. »

L'amendement Keller fut rejeté par 345 voix contre 113, et, après quelques heures de discussion peu importante, la loi fut votée, par la Chambre, par 355 voix contre 120.

Le rapport de la commission[1] du Sénat, concluait à l'adoption du projet : « La loi proposée, disait le rapporteur, M. Ferrouillat, est la consécration des principes d'égalité et de justice en matière d'enseignement. »

Les débats commencèrent au Sénat le 29 mars 1880. Après une longue discussion générale, à laquelle prirent part MM. Chesnelong, Ballue et H. Fournier contre le projet, et le rapporteur et le ministre en sa faveur, un amendement fut présenté par M. Chesnelong, qui maintenait purement et simplement la loi de 1850. Deux séances furent employées, par l'honorable sénateur, à développer son contre-projet qui, du reste, fut repoussé.

Il en fut de même d'un amendement de M. Delsol, aux termes duquel l'obligation du brevet n'aurait été imposée aux instituteurs adjoints ou aux institutrices adjointes, ni même aux instituteurs ou institutrices titulaires exerçant dans les écoles ne comptant pas plus de cinquante élèves.

---

[1] Cette Commission se composait de MM. Pelletan, Ribière, Mathey, Chesnelong, Bérenger, de Rozière, Faye, Ferrouillat, H. Martin.

Enfin, la loi était votée par le Sénat, le 17 mai, et la Chambre approuvait les quelques modifications apportées par la Chambre Haute au projet du Gouvernement, le 11 juin.

Promulguée le 16 juin, cette loi obligeait tous les instituteurs publics ou libres à être pourvus du brevet de capacité. Toutes les équivalences admises par la loi de 1850 étaient abolies.

Les directrices et sous-directrices de salles d'asile publiques ou libres devaient être pourvues du certificat d'aptitude à la direction des salles d'asile, institué par l'art. 20, § 1er, du décret du 21 mars 1855.

La deuxième partie de la loi édictait des mesures transitoires.

La loi du 16 juin 1881 contribuait encore à l'abrogation de quelques articles de la loi de 1850; ce dernier texte, en effet, n'a pas disparu tout à la fois, il subsiste encore dans quelques-unes de ses dispositions essentielles, mais celles-ci sont aujourd'hui bien peu nombreuses.

Section II. — Projet sur l'enseignement secondaire privé.

M. Jules Ferry avait compris, dans son programme de réformes, un projet qui réglait à nouveau les conditions de l'enseignement secondaire privé et tendait à élever le niveau de cet enseignement, en exigeant, des maîtres et des directeurs des établissements libres, des diplômes universitaires et un certificat d'aptitude pédagogique délivré par un jury spécial.

Présenté le 11 décembre 1880 [1], ce projet ne fut pas discuté avant la fin de la législature, mais il fut repris, légère-

---

[1] *Annales du Sénat et de la Chambre des Députés,* 1880 (Session extraordinaire), t. II, p. 117. (Annexes.)

ment modifié cependant, le 9 décembre 1881, par M. Paul Bert, ministre de l'Instruction publique[1].

Entre temps, M. Marcou proposait d'exiger, des professeurs de l'enseignement secondaire libre, des garanties de capacité, d'après le même principe qui avait présidé à la loi du 16 juin 1881[2].

Les directeurs et les professeurs des établissements libres de l'enseignement secondaire devaient être munis des grades académiques correspondant à ceux des collèges communaux et des lycées, d'après la classification suivante : « Les établissements libres d'enseignement secondaire se divisent en deux classes :

1° Ceux qui sont assimilés aux collèges communaux sont ceux qui n'ont que deux cents élèves internes ou externes ;

2° Ceux qui sont assimilés aux lycées sont ceux qui en ont un plus grand nombre. »

Cette proposition, prise en communication, fut renvoyée à la commission chargée d'examiner le projet de M. Paul Bert.

La commission de la Chambre, chargée d'étudier ces deux projets, remit à M. Compayré le soin de faire son rapport[3].

Les deux projets furent fondus en un seul, et c'est de ce dernier dont il nous faut dire les caractères principaux.

Le projet avait pour but de régler l'exercice de la liberté d'enseignement, et de placer l'enseignement secondaire privé dans des conditions analogues à celles qui avaient déjà été établies pour l'enseignement primaire et l'enseignement supérieur.

A. — Conditions exigées pour enseigner :

1° Outre les conditions générales d'âge, de nationalité,

---

[1] *Documents parlementaires.* Session extraordinaire de 1881, t. III, p. 465.

[2] *Documents parlementaires.* Session extraordinaire de 1881, t. III, p. 306.

[3] *Documents parlementaires.* Session ordinaire de 1882, t. I, p. 769.

établies par l'article 60 de la loi de 1850, tout directeur d'enseignement secondaire privé devra produire, avec le diplôme de bachelier ès lettres ou ès sciences, un certificat d'aptitude pédagogique aux fonctions de l'enseignement. « Le baccalauréat n'est pas une preuve de l'aptitude d'un individu à diriger un établissement ; de là la nécessité d'un examen nouveau, qui portera sur les méthodes d'enseignement, sur les lois et les principes de l'éducation..... sur toutes les connaissances spéciales que requiert l'administration scolaire, en même temps qu'il mettra en lumière les qualités personnelles du futur chef d'institution. »

Cet examen pédagogique se passera devant une commission composée de sept membres : Le recteur, président ; deux professeurs de faculté, un inspecteur d'académie, un inspecteur primaire, un chef d'enseignement secondaire libre, nommés tous les ans par le ministre de l'Instruction publique, sur la présentation du Conseil académique, et un Conseiller général élu tous les ans par ses collègues ;

2° Tout professeur secondaire libre devra justifier du diplôme de bachelier ès lettres ou ès sciences, pour les cours de l'enseignement classique ; pour les cours de l'enseignement spécial, du brevet de capacité de l'enseignement secondaire spécial ; pour les classes élémentaires, d'un des titres énoncés ou du brevet supérieur de l'enseignement primaire ;

3° Tout surveillant devra produire au moins le brevet simple de capacité, pour l'enseignement primaire.

Les institutions, dont les professeurs se seront conformés aux règles que nous avons énoncées, pourront donner l'enseignement secondaire, mais elles ne pourront pas préparer aux baccalauréats, ni aux écoles du Gouvernement.

Pour enseigner les matières exigées des candidats au baccalauréat, les institutions devront avoir, dans leur personnel enseignant, au moins deux licenciés ès lettres ou ès sciences. Ces professeurs licenciés devront être chargés, pour les lettres, de l'enseignement de la philosophie, de la rhétorique et de l'histoire ; pour les sciences, de l'enseignement des mathématiques élémentaires et spéciales, des cours de physique et des sciences naturelles correspondant aux classes de rhétorique et de philosophie.

Toutes ces dispositions étaient applicables aux écoles secondaires ecclésiastiques.

Enfin le projet, s'occupant de l'enseignement secondaire libre des jeunes filles, prescrivait la nécessité pour les directrices de ces établissements d'être pourvues du brevet complet de capacité pour l'enseignement primaire et pour les professeurs du brevet simple.

Ce projet avait beaucoup d'analogie avec les projets de 1841 et 1844. Ses nombreuses dispositions, ses exigences, en même temps qu'elles élevaient le niveau des études, entravaient incontestablement le développement de la liberté.

La discussion du projet commença, à la Chambre des députés, le 22 mai 1882[1].

La droite, unie pour ce jour-là à l'extrême gauche, le combattit ; M. de Mun, Mgr Freppel, M. de Lanessan, invoquèrent la liberté de l'enseignement pour tout et pour tous. Les partisans de la loi alléguaient la nécessité de réformer la loi de 1850 qui était hostile à la liberté moderne.

Nous ne pouvons entrer dans les détails de cette discussion ; nous serions entraînés trop loin. Le projet voté le 9 juillet, à la Chambre des députés, fut transmis au Sénat et, le 4 novembre 1884, M. Ferrouillat déposait le rapport de la commission[2], concluant à l'adoption du projet, voté par la Chambre, légèrement modifié. Le rapport ne vint jamais en discussion.

[1] Séance du 22 mai 1882 et jours suivants.
[2] *Documents parlementaires.* Sénat, 1884.

Section III. — Loi du 30 octobre 1886 sur l'organisation de l'enseignement primaire

Parmi les lois scolaires de la troisième république, une des plus importantes est la loi du 30 octobre 1886 sur l'organisation de l'enseignement primaire. Elle intéresse notre sujet par plusieurs de ses dispositions : par le titre III sur l'enseignement privé ; par le titre IV sur les Conseils de l'enseignement primaire, et par le chapitre II du titre Ier sur l'inspection.

Cette loi a son origine dans une proposition déposée, le 19 mars 1877, sur le bureau de la Chambre des députés[1], et dont la commission chargée de son examen avait déposé le rapport, œuvre de Paul Bert[2], le 6 décembre 1879.

Le titre IV de cette proposition énumérait les conditions exigées pour l'ouverture d'une école et les pénalités applicables aux instituteurs privés ; il différait peu des dispositions légales alors en vigueur. Nous ne nous y arrêterons pas.

Le 7 février 1882, M. Paul Bert présenta une proposition de loi sur l'organisation primaire[3] qui, fondue avec un projet de loi relatif à la nomination et aux traitements d'instituteurs et institutrices, présenté par le ministre de l'Instruction publique[4], devient la loi du 30 octobre 1886.

Le rapport fut déposé le 20 juin 1882, et fut complété par deux suppléments publiés les 9 et 18 février 1884, suivis eux-mêmes d'un avis de la commission du budget.

L'urgence ayant été déclarée, il n'y eut qu'une seule délibération qui remplit quinze séances. Le Sénat consacra ensuite, dans ses deux délibérations, seize séances à l'examen

---

[1] *Annales du Sénat et de la Chambre des Députés*, 1887, t. II, p. 511.
[2] Id., 1879 (Session extraordinaire), t. I, p. 610
[3] *Annales de la Chambre*. Documents, 1882, t. I, p. 253.
[4] Id., t. I, p. 306.

de la loi, et quand le projet, modifié par lui, revenait devant la Chambre, la discussion dura encore six jours. Au cours de ces longs travaux, cent cinquante amendements furent présentés, dont un tiers à la Chambre et deux tiers au Sénat.

On comprend qu'il nous soit impossible d'étudier tous ces documents. Nous voulons seulement résumer ici les principales dispositions de la loi. Elles peuvent se classer sous deux chefs :

A. Conditions d'ouverture des écoles privées ;

B. Autorités préposées à la surveillance de l'enseignement libre ;

A. — Pour être directeur ou professeur dans une école primaire privée, il faut remplir plusieurs conditions : 1. Ne pas avoir été condamné pour un fait contraire à la probité ou aux mœurs ; 2. Avoir au moins dix-huit ans pour enseigner dans une école primaire, vingt et un ans pour la diriger, ou vingt-cinq pour diriger une école primaire supérieure ou un internat ; 3. Etre muni du certificat créé par la loi du 16 juin 1881, pour diriger une école primaire élémentaire ou y enseigner, ou des brevets exigés des directeurs ou directrices publics pour diriger une école primaire supérieure privée.

Remplissant ces conditions, l'instituteur qui veut ouvrir une école privée a plusieurs formalités à remplir :

1° Manifester son intention au maire et lui désigner le local où il veut s'établir ;

2° Adresser les mêmes déclarations au préfet, à l'inspecteur d'académie et au procureur de la République.

Il envoie également à l'inspecteur d'académie son acte de naissance, ses diplômes, l'indication des lieux où il a résidé et des professions qu'il a exercées pendant les dix années précédentes, le plan des locaux affectés à l'établissement.

Du jour où la déclaration a été faite au maire court un délai d'un mois. Si ce délai s'achève sans réclamations de personne, l'instituteur peut ouvrir l'école ; mais il peut se se produire des oppositions.

Le maire, pour raisons tirées des bonnes mœurs ou de l'hygiène, peut former des oppositions à l'ouverture de l'école.

Pour les mêmes motifs, ce droit appartient à l'inspecteur d'académie.

Les oppositions sont jugées par le Conseil départemental, et en appel, par le Conseil supérieur de l'Instruction publique.

Enfin, la loi règle les pénalités auxquelles s'exposent les contrevenants ;

B. — Les autorités préposées à la surveillance de l'enseignement sont de deux sortes : un conseil et des fonctionnaires.

1° Dans chaque département, il est institué un conseil de l'enseignement primaire, composé du préfet, de l'inspecteur d'académie, de quatre conseillers généraux élus par leurs collègues, du directeur de l'école normale d'instituteurs et de la directrice de l'école normale d'institutrices, de deux instituteurs et de deux institutrices élus par leurs collègues du département, et de deux inspecteurs primaires désignés par le ministre.

Pour les affaires contentieuses et disciplinaires intéressant les membres de l'enseignement privé, deux membres de l'enseignement privé, l'un laïque, l'autre congréganiste, élus par leurs collègues respectifs, sont adjoints au Conseil départemental.

Le Conseil départemental a, sur les instituteurs privés, un pouvoir disciplinaire.

Il juge tout instituteur privé qui, sur la plainte de l'inspecteur d'académie, est traduit devant lui pour cause de faute grave dans l'exercice de ses fonctions, d'inconduite ou d'immoralité, et il peut lui appliquer l'interdiction à temps ou l'interdiction absolue, sauf appel, dans ce dernier cas, devant le Conseil supérieur de l'Instruction publique.

Le Conseil départemental a encore compétence pour juger des oppositions formées contre l'ouverture des écoles privées ;

2° L'État s'est réservé, sur les écoles libres, un droit d'inspection et de surveillance qui est exercé par le corps de l'inspection.

Ce corps est composé de plusieurs agents : d'inspecteurs généraux, de recteurs et des inspecteurs d'académie, des inspecteurs de l'enseignement primaire, des membres du Conseil départemental délégués par le Conseil pour entrer dans les établissements privés du département.

L'inspection des écoles privées ne peut porter que sur la moralité, l'hygiène, la salubrité, l'observation des formalités prescrites par la loi du 28 mars 1882 (tenue d'un registre d'appel dans lequel seront consignés l'assiduité des élèves et leurs motifs d'absence), et en ce qui touche l'enseignement sur le point de savoir s'il n'est pas contraire à la morale, à la Constitution et aux lois.

Les directeurs et les directrices d'écoles privées sont en effet entièrement libres dans le choix des méthodes, des programmes et des livres, réserve faite pour les livres interdits par le Conseil supérieur de l'Instruction publique.

Telles sont les principales règles, intéressant les établissements libres, qu'édicte la loi du 30 octobre 1886.

Section IV. — Derniers Projets.

Nous ne pousserons pas plus avant ce long historique.

Nous voulons seulement signaler deux projets de réforme.

L'un est relatif à la réforme du baccalauréat, l'autre à celle du Conseil supérieur de l'Instruction publique.

Lors de son passage au Ministère de l'Instruction publique, M. Combes voulut apporter, dans le régime du baccalauréat, des améliorations que réclamait depuis longtemps l'opinion publique.

Il proposa, en conséquence, un projet remplaçant le baccalauréat par une épreuve, dont le diplôme prendrait le nom de : Certificat d'études secondaires. « La partie la plus originale du nouveau projet avait trait au jury appelé à décerner le nouveau diplôme. »

Deux catégories de candidats étaient établies. L'une était formée des élèves des établissements publics ayant une certaine importance; dans l'autre étaient rangés les élèves des établissements libres et ceux des établissements publics de peu d'importance.

Les élèves candidats de la première catégorie passaient l'examen devant un jury propre à chaque établissement. Pour eux, ce n'était là qu'un examen de passage, un examen intérieur. Le jury chargé de décerner le diplôme aux élèves de cette première catégorie était présidé par un délégué de l'État nommé pour cinq ans, par le ministre, sur une liste de trois candidats dressée par le Conseil de l'Université. Les membres du jury, au nombre de trois, étaient désignés chaque année par le Recteur, parmi les professeurs de l'établissement.

Les candidats de la seconde catégorie passaient leurs épreuves devant un « jury d'État » dont le ressort s'étendra à une Académie. Ce jury d'État chargé, dans chaque Académie, de faire subir l'examen aux élèves de l'enseignement libre et à ceux des collèges non pourvus de jury propre, serait pris « parmi les professeurs en exercice de l'enseignement supérieur, ou parmi les professeurs émérites de l'enseignement secondaire ».

Cette double catégorie de candidats ne fut pas accueillie favorablement par les partisans de l'enseignement libre. « On avait trop l'air d'obéir à une arrière-pensée contre l'enseignement libre », et cependant il n'est pas dit que l'enseignement libre dût y perdre beaucoup. N'était-il pas probable, au contraire, que les élèves médiocres des établissements de l'État, où ils sont connus, déserteraient dans les collèges libres afin de tenter les chances du jury d'État?

Ce projet original, et qui ressemblait beaucoup aux amendements Duval et de Gasté que nous avons signalés dans le cours des lois que nous avons étudiées, ce projet semble définitivement abandonné depuis la chute du cabinet Bourgeois (avril 1897).

La réforme du Conseil supérieur de l'Instruction publique n'a été tentée qu'à une époque récente.

Le 22 février 1896, M. Combes déposait un projet qui y était relatif. Dans le nouveau projet, une large part était faite à la société. Le Parlement, la Magistrature, l'Armée, l'Agriculture et l'Industrie y étaient représentés. Sauf les représentants de l'Église, c'était presque le Conseil de 1873.

L'Université était représentée par des délégués des trois ordres d'enseignements, non plus élus par leurs pairs, mais par les Conseils de chacun de ces enseignements. Le nouveau Conseil était divisé en deux sections, la section permanente ou section administrative, et la section de discipline et du contentieux.

La chute du cabinet Bourgeois entraîna le retrait du projet.

Son successeur, M. Rambaud, déposa un projet de loi modifiant la composition du Conseil supérieur de l'Instruction publique, qui faisait entrer, dans le Conseil, des mandataires de différentes catégories sans représentations légales jusqu'alors ; des agrégés en exercice dans l'enseignement secondaire de jeunes filles et des répétiteurs.

La Commission parlementaire compléta le projet du ministre par l'introduction, au Conseil supérieur, de quatre sénateurs et quatre députés élus par leurs collègues, et d'un délégué des classes élémentaires des lycées.

La plus complète des réformes projetées est proposée par M. Maurice Faure[1]. D'après l'article 2 de sa proposition, le Conseil se compose du ministre et d'autres membres qui sont élus par leurs pairs, à raison de quatre sénateurs, quatre députés, deux conseillers d'État, deux membres de la Cour de cassation, cinq membres de l'Institut, un

---

[1] Déposée le 19 juin 1897.

membre de l'Académie de médecine, un délégué du Muséum d'histoire naturelle, un délégué de l'École normale supérieure, un délégué de l'École des Chartes, un membre des différents conseils supérieurs, neuf délégués de l'enseignement supérieur, dix-sept de l'enseignement secondaire, seize de l'enseignement primaire et quatre de l'enseignement privé ou libre.

La préoccupation de l'auteur de cette proposition a été de faire figurer dans ce conseil l'Université et les grands intérêts sociaux. Le Conseil est divisé en plusieurs sections : section de discipline, section administrative et section du contentieux.

La section de discipline devait instruire les affaires disciplinaires qui seraient ensuite jugées par le Conseil tout entier.

La section du contentieux prononcerait en dernier ressort sur les jugements des Conseils académiques et départementaux.

La section administrative remplacera la section permanente actuelle. Les membres seraient nommés par le Conseil tout entier.

Que fera la Chambre nouvelle qui sera appelée à statuer sur ces projets ?

CONCLUSION

Nous pouvons, du long historique qui précède, tirer une double conclusion.

La liberté d'enseignement existe en France. Elle est peut-être moins large que celle qu'avaient consacrée les lois de 1850 et de 1875 ; mais à coup sûr plus durable, elle semble définitivement écrite dans nos lois.

I. — La liberté d'enseignement existe en France.

Si nous nous reportons aux principes que nous avons établis dans notre avant-propos, la liberté d'enseignement comprend : le droit d'enseigner et le droit d'être enseigné ; le premier, soumis à la surveillance de l'État chargé de veiller au maintien des bonnes mœurs et de l'ordre public, le second, ayant pour conséquence le droit que nous reconnaissons à l'État de conférer les grades.

La législation actuelle donne-t-elle le droit d'enseigner ? Sans aucun doute. Tout citoyen peut enseigner en accomplissant certaines formalités, et cette restriction n'est point un obstacle à l'exercice de la liberté, parce que ces formalités rentrent dans le droit, dans le devoir même de surveillance attribué à l'Etat.

Les déclarations exigées des professeurs libres d'enseignement supérieur n'ont pour but que de permettre à l'autorité académique de s'assurer si l'objet du cours relève du domaine de l'enseignement supérieur.

Les déclarations que les professeurs libres, primaires et

secondaires, doivent faire à l'autorité municipale, ne sont exigées que dans l'intérêt de l'hygiène et de la santé publiques; les directeurs des écoles privées, jouissant de la liberté des méthodes la plus complète, peuvent mettre entre les mains de leurs élèves les livres de leur choix, sauf, et cela se conçoit, les livres contraires à la morale, à la Constitution et aux lois[1].

L'inspection, seule manière d'exercer la surveillance, ne porte que sur la moralité, l'hygiène, la salubrité et sur l'exécution de la loi organisant le principe de l'obligation. Sans doute, les conditions de capacité exigées des maîtres particuliers sont sévères, mais il est juste, quand il s'agit d'instruire la jeunesse, de demander de sérieuses garanties.

Le droit d'enseigner, ai-je dit, existe pour tous les citoyens. N'est-ce point me mettre en contradiction avec les principes consacrés par les décrets de 1880 ? En aucune façon.

Si un religieux enseigne dans un établissement libre, on ne peut lui interdire de continuer ses leçons. C'est un citoyen, et aucune loi ne prohibe l'affiliation à une congrégation quelconque.

Cette règle, vraie pour un religieux isolé, ne peut pas s'appliquer à une réunion de membres des congrégations non autorisées. C'est qu'en effet ce n'est pas le droit d'enseigner qui leur est refusé, mais seulement le droit d'association. Est-ce un bien ? Est-ce un mal ? Nous n'avons pas à étudier cette question qui relève uniquement du domaine de la liberté d'association.

Nous pouvons donc dire que, en France, sous la législation actuelle, nous jouissons du droit d'enseigner.

La liberté d'enseignement, envisagée à un second point de vue, est le droit pour tout père de famille d'envoyer ses enfants recevoir l'instruction à l'école libre ou à l'école de l'État.

---

[1] Loi du 27 février 1880, art. 5.

En droit, nous jouissons à cet égard d'une liberté absolue.

En fait, les nombreux établissements privés qui se sont élevés en France font, à l'Université, une concurrence qui, à en croire les pièces officielles, est très redoutable, surtout en ce qui concerne l'instruction secondaire.

Jusqu'à présent, aucun acte du pouvoir législatif n'a entravé la liberté d'être enseigné. Certains Conseils généraux ont bien émis le vœu, il y a quelques années, que seuls les élèves des établissements de l'État pussent entrer dans les carrières publiques; aucune suite n'a été donnée à cette tentative de la remise en vigueur des arrêtés du Directoire. Le droit d'être enseigné subsiste dans son intégrité.

Nous jouissons donc, à l'heure actuelle, des bienfaits de la liberté d'enseignement.

C'est notre première conclusion.

II. — Les lois de 1850 et de 1875 avaient établi une liberté d'enseignement plus large que celle qui est consacrée de nos jours. Les formalités exigées pour fonder une école étaient moins rigoureuses; plus tard, l'établissement des jurys mixtes et enfin la présence de l'élément ecclésiastique au sein des Conseils étaient les principaux avantages que l'enseignement libre a perdus depuis 1880.

Les « équivalences » ont été supprimées par la loi de 1881. C'était justice. Sans doute, le baccalauréat, les brevets de sortie des grandes écoles, des grands séminaires, ou les lettres d'obédience témoignent d'une instruction au-dessus de la moyenne et supérieure à celle dont fait preuve le simple possesseur du brevet de pédagogie; mais, pour être instituteur et professeur, il ne suffit pas de savoir beaucoup, il faut, avant tout, savoir apprendre, savoir enseigner, et les certificats d'aptitude sont incontestablement une preuve de capacité pédagogique plus certaine que ne le sont les diplômes du baccalauréat ou les lettres d'obédience.

Les équivalences constituaient un privilège en droit pour tous les citoyens qui avaient reçu une bonne instruction; ce privilège en fait ne profitait qu'à l'Église. Il serait injuste cependant d'en faire un grief aux législateurs de 1850. Supposons, en effet, qu'ils n'aient point admis les lettres d'obédience et qu'ils aient institué un examen qu'auraient dû subir tous les maîtres ou maîtresses de l'enseignement public ou privé. Où aurait-on trouvé les professeurs nécessaires pour l'éducation des enfants du peuple ? Un grand nombre d'écoles étaient dirigées par des sœurs, par des congréganistes, et si la loi avait établi, à cette époque, un certificat d'aptitude, on aurait provoqué une crise dont les élèves des écoles primaires auraient souffert plus que tous autres. C'eût été un mauvais calcul. Depuis, grâce au développement de l'instruction, beaucoup de jeunes gens des deux sexes se sont voués à l'enseignement et, en 1881, on a pu supprimer tout privilège sans redouter une crise quelconque.

Le pouvoir de conférer les grades a été repris par l'État. Cette mesure me paraît bonne. L'État qui a des fonctionnaires doit s'assurer de la capacité des candidats, et ne doit laisser prendre place dans les carrières libérales qu'aux jeunes hommes qui ont reçu une éducation suffisante.

La loi de 1880 a fait rentrer dans le domaine de l'État une prérogative qu'il est juste de lui voir exercer.

Les deux avantages que les lois de la troisième République ont enlevés à l'enseignement libre n'avaient point été concédés, par l'État, dans un moment d'affolement. Ils n'avaient point été arrachés par surprise, mais seulement accordés par l'effet des circonstances.

En 1850 et en 1875, l'Église qui, il faut le reconnaître, était la principale intéressée à voir l'État faire des concessions à l'enseignement libre, l'Eglise jouissait d'une très grande influence.

Nous avons vu comment elle avait accueilli la Révolution de 1848, et nous avons dit que la composition de l'Assemblée nationale de 1875 était faite pour donner une majorité à tout projet accordant un avantage quelconque à l'Eglise. Le parti anti-clérical en minorité, à cette époque, pouvait seul protester contre les faveurs qu'obtenait l'enseignement libre, se rendant compte d'ailleurs que celles-ci ne profitaient qu'au Clergé.

Un rapprochement s'était fait entre l'Etat et l'Eglise à ces deux époques, à la suite de l'écroulement d'une dynastie et à la suite de nos désastres, et, de ce rapprochement, était née une confiance naturelle qui avait déterminé l'Etat à concéder à l'Eglise deux faveurs, dont la dernière surtout pouvait être considérée comme un abandon de ses droits.

Aujourd'hui, l'Eglise n'a plus de privilèges en matière d'enseignement. Bien plus, elle est moralement obligée, si elle veut que ses écoles soient fréquentées, d'établir la gratuité comme l'Etat l'a organisée dans les siennes, et elle doit s'imposer de ce chef des dépenses considérables.

Elle jouit de la liberté d'enseignement comme en jouissent diverses sociétés qui se sont fondées pour répandre l'instruction. Elle n'a aucun avantage, aucun privilège. C'est dans ces conditions que la liberté peut s'exercer d'une façon durable et régulière.

Ce n'était point un privilège, à mon avis, que la présence de l'élément ecclésiastique au sein des Conseils préposés à la direction générale de l'enseignement.

On a cru bon, en 1879, de transformer ces Conseils qui, jusqu'alors, représentaient les divers éléments de la Société, en un Conseil purement pédagogique. On peut soutenir cette manière de voir; mais, si on adopte l'opinion contraire, comme les nouveaux projets semblent le promettre, j'estime qu'il serait injuste de refuser à l'autorité religieuse d'y avoir la place qui lui est due.

Pourquoi voir entre l'Université et l'enseignement libre des ennemis irréconciliables? Le but que l'un et l'autre se sont proposés d'atteindre n'est-il pas le même?

L'éducation de la jeunesse n'est-elle pas un véritable sacerdoce, et si, pour l'exercer, on emploie des moyens divers, n'est-ce pas après tout pour former le cœur de l'enfant à la vertu et au bien en même temps que pour développer son intelligence par l'instruction et par la science ? Et les représentants des diverses confessions religieuses ne pourraient-ils pas, au sein des différents conseils, être d'un grand secours et donner de précieux avis ? Pour ma part, je le crois sincèrement, et je considérerais comme incomplètes les réformes que l'on se propose d'introduire dans les conseils de l'enseignement, si on excluait l'élément ecclésiastique, alors qu'on appellerait toutes les forces sociales du pays à concourir à la direction générale de l'enseignement.

La liberté d'enseignement que nos lois modernes ont organisée paraît définitivement consacrée. Nous jouissons de la liberté.

L'État s'est assuré toutes les garanties que sa conservation nécessite.

Une surveillance plus étroite, des conditions plus sévères mises à l'exercice du droit d'enseigner, violeraient incontestablement les droits de l'individu.

Ces droits, que la liberté a mis près d'un siècle à conquérir, l'État moderne doit les respecter, afin de pouvoir, grâce à leur concours, réaliser sa mission, qui est d'avancer sans cesse dans la voie du progrès et de travailler à l'amélioration de l'homme par la liberté.

TABLE DES MATIÈRES

	Pages.
AVANT-PROPOS	VII
INTRODUCTION	1
SECTION I. — *La liberté d'enseignement en 1789*	1
SECTION II. — *La liberté d'enseignement et les Cahiers*	6

PREMIÈRE PÉRIODE.

La Révolution.

CHAPITRE I. — **L'Assemblée Constituante et l'Assemblée Législative**	11
SECTION I. — *Les lois de la Constituante*	11
SECTION II. — *Les projets de la Constituante*	16
§ 1. — Travail de Mirabeau	16
§ 2. — Rapport et projet de Talleyrand	19
SECTION III. — *Les lois de l'Assemblée Législative*	22
SECTION IV. — *Projet de Condorcet*	23
CHAPITRE II. — **La Convention Nationale**	26
SECTION I. — *Les projets*	26
§ 1. — Rapport Lanthenas	27
§ 2. — Projet Romme	28
§ 3. — Plan de Siéyès-Lakanal	32
§ 4. — Projet de Lepelletier	38
§ 5. — Projet de la Commission des Neuf	41

	Pages.
Section II. — *Les Œuvres*	43
§ 1. — Plan de Bouquier. Décret du 29 frimaire an II (19 dédécembre 1793)	43
§ 2. — Deuxième partie du projet de Bouquier (écoles nationales)	50
§ 3. — Nouveau projet de Lakanal. Décret du 27 brumaire an III (17 novembre 1794)	51
§ 4. — Commission des Onze. Constitution de l'an III. Loi du 3 brumaire an IV (25 octobre 1795)	55

CHAPITRE III. — **Le Directoire** 57

Section I. — *Écoles publiques* 57
§ 1. — La pédagogie révolutionnaire 57
§ 2. — Résultats de la pédagogie révolutionnaire 60

Section II. — Les débats des Conseils et les arrêtés du Directoire 62

§ 1. — Les arrêtés du Directoire 62
§ 2. — Le Projet de Roger-Martin. Le message du Directoire 66
§ 3. — Le projet Dulaure sur la surveillance des écoles libres 69

CHAPITRE IV. — **Le Consulat** 74

Section I. — *Le projet Chaptal* 74
Section II. — *La loi du 11 floréal an X* 76
Résumé 82

DEUXIÈME PÉRIODE.

L'Université de France.

CHAPITRE I. — **Établissement du Monopole** 85

Section I. — *Projet de création d'un Corps enseignant* .. 85

Section II. — *Création et Organisation primitive de l'Université impériale* 87

§ 1. — Vues de l'Empereur. Objections de Portalis et de Champagny 87
§ 2. — Loi de 1806 89
§ 3. — Décrets de 1808 91

— 593 —

Pages.

CHAPITRE II. — **Résistance au Monopole. Organisation nouvelle de l'Université**............. 95

SECTION I. — *Prospérité des petits séminaires*........... 95

SECTION II. — *Décret du 15 novembre 1811*............. 98
§ 1. — Règles du décret de 1811...................... 98
§ 2. — Sanctions du décret de 1811................... 101

CHAPITRE III. — **Légalité des décrets universitaires**.... 104

TROISIÈME PÉRIODE.

La Restauration.

CHAPITRE I. — **Première restauration. Attaques dirigées contre l'Université. Premières réformes**................................. 109

SECTION I. — *Les Pamphlets*........................ 111
§ 1. — Pamphlets contre l'Université................ 112
§ 2. — Pamphlets en faveur de l'Université........... 117

SECTION II. — *Les premières réformes*............... 119
§ 1. — Ordonnance du 5 octobre 1814................. 120
§ 2. — Ordonnance du 15 février 1815................ 120

CHAPITRE II. — **Les Cent jours**...................... 122

CHAPITRE III. — **Deuxième Restauration. Prorogation de l'Université**............................ 123

SECTION I. — *Attaques dans les Chambres. Ripostes des universitaires*........................ 123
§ 1. — Proposition de Murard de Saint-Romain......... 124
§ 2. — Ouvrages de MM. Rendu et Taillefer............ 125
§ 3. — Essai sur l'Histoire de l'instruction publique de Guizot.................................... 126
§ 4. — Nouvelles attaques. Discours de Royer-Collard... 130

SECTION II. — *Nouvelle tactique dans la lutte contre l'Université. On demande la liberté de l'enseignement*................................ 132
§ 1. — Du droit du Gouvernement dans l'éducation de Lamennais................................ 132

38

Pages.

§ 2. — De la juridiction universitaire de Benjamin Constant... 135
§ 3. — Mémoires pour servir à l'Histoire de l'instruction publique de Fabry................................. 137
§ 4. — L'éducation doit-elle être confiée au Clergé........ 139

Section III. — *La presse en 1818*...................... 140

§ 1. — Le Censeur européen........................... 141
§ 2. — Les journaux du parti ultra-catholique............ 144
§ 3. — Le « Conservateur », organe du parti ultra-royaliste. 144

Section IV. — *Commencement de pénétration de l'Université par l'Église*.................... 149

§ 1. — L'Épiscopat. Chateaubriand. Rendu............... 149
§ 2. — M. de Corbière à la tête de l'Université. Ordonnance du 27 février 1821 152
§ 3. — Mgr Frayssinous, grand-maître de l'Université. Ordonnance du 8 avril 1824. Procès du Drapeau Blanc.. 154

CHAPITRE IV. — **Charles X. Les Jésuites**.............. 159

Section I. — *Invasion de l'instruction par les Jésuites et le Clergé*................................... 160

§ 1. — Déclaration de Mgr Frayssinous à la Chambre des Députés.. 160
§ 2. — Débats à la Chambre des Pairs sur la pétition de Montlosier contre les jésuites.................. 162
§ 3. — Chute du Ministère Villèle. Nomination d'une Commission d'enquête............................. 164

Section II. — *Le rapport de la Commission d'enquête*... 165

Section III. — *La presse de 1824 à 1828*.............. 168
§ 1. — Le « Catholique »............................... 168
§ 2. — Le « Globe »................................... 170

Section IV. — *Les Ordonnances du 16 juin 1828*........ 173
§ 1. — Analyse des ordonnances...................... 173
§ 2. — Progrès dans les esprits du principe de la liberté de l'enseignement............................... 174
§ 3. — Colère des journaux ultramontains. Triomphe des feuilles libérales.................................. 175
§ 4. — Le « Globe »................................... 177
§ 5. — Association pour la défense de la religion......... 178
§ 6. — Protestations dans les Chambres................ 179

	Pages.
§ 7. — Protestations de l'Épiscopat. Déclaration du Saint-Siège	184
§ 8. — Lamennais. Du Progrès de la Révolution et de la Guerre contre l'Église	185
§ 9. — Les pamphlets	188
§ 10. — Dernier débat devant les Chambres	189
§ 11. — La liberté de l'enseignement demandée par le « Moniteur »	191
Résumé	193

QUATRIÈME PÉRIODE.

La Monarchie de Juillet et la Seconde République.

Conquête de la liberté d'enseignement primaire et secondaire.

PREMIÈRE PARTIE.

Conquête de la liberté de l'enseignement primaire.

CHAPITRE I. — **Premières pétitions et premiers projets**	198
CHAPITRE II. — **L'école Menaisienne**	203
Section I. — *L'Avenir*	203
§ 1. — Les Hommes	203
§ 2. — Les idées	205
§ 3. — Le procès	209
Section II. — *L'Agence pour la défense de la liberté religieuse*	211
§ 1. — Premières pétitions	212
§ 2. — L'École libre	215
§ 3. — La Presse et l'École libre	217
§ 4. — Le procès de l'École libre	220
A. — Devant les tribunaux de droit commun	221
B. — Devant la Cour des Pairs	224
§ 5. — Action de l'Agence	228
CHAPITRE III. — **Les projets de 1831**	233

	Pages.
CHAPITRE IV. — **La loi de 1833**...........................	240
Section I. — *Capacité exigée de l'instituteur libre*......	241
Section II. — *Droits de l'État*............................	245

DEUXIÈME PARTIE.

Les Projets.

CHAPITRE I. — **Le projet Guizot (1836)**...............	248
Section I. — *Les partis*................................	248
Section II. — *Dépôt du projet Guizot*....................	250
§ 1. — Le projet du Ministère...........................	250
§ 2. — Le projet de la Commission	254
§ 3. — La discussion. Echec du projet..................	256
CHAPITRE II. — **Ministères de MM. Salvandy, Villemain, Cousin**................................	258
Section I. — *Consolidation du Monopole. Les pétitions*.	258
Section II. — *Le projet de Cousin*......................	260
CHAPITRE III. — **Le projet Villemain (1841)**..............	265
Section I. — *Premières réclamations*...................	265
§ 1. — Premiers pamphlets.............................	265
§ 2. — L'Épiscopat....................................	266
Section II. — *Dépôt du projet*..........................	269
§ 1. — Projet du Ministre.............................	270
§ 2. — Protestations de l'Épiscopat.....................	275
§ 3. — La presse et le projet Villemain................	277
§ 4. — Pétitions. Retrait du projet.....................	279
CHAPITRE IV. — **La Grande Campagne (1842-1844)**.....	281
Section I. — *Les luttes au sein du Parlement*..........	281
Section II. — *Veuillot. Les écrits des évêques*...........	286
§ 1. — « L'Univers »	286
§ 2. — La philosophie de Cousin et l'Épiscopat	287
Section III. — *La Bataille*	291
§ 1. — Aux Jésuites	292

	Pages.
§ 2. — Les pamphlets..	293
§ 3. — Les modérés du parti catholique	304
§ 4. — Louis Veuillot et Montalembert..................	306
§ 5. — Le mémoire de l'abbé Combalot et les écrits de Mgr Parisis..	313
§ 6. — Lamartine et Ledru-Rollin........................	315
§ 7. — La presse...	320
§ 8. — La campagne contre les Jésuites................	321

CHAPITRE V. — **Le deuxième projet Villemain, 1844** 326

SECTION I. — *Le projet à la Chambre des Pairs*......... 326

SECTION II. — *La presse, les pétitions*.................... 334

SECTION III. — *L'épiscopat*................................ 337

SECTION IV. — *Le rapport et le projet de la Commission*.. 339

SECTION V. — *Nouvelles réclamations*.................... 342

SECTION VI. — *La discussion* 347

§ 1. — Discours de Cousin............................... 347
§ 2. — Discours de Guizot, Montalembert................ 349
§ 3. — Les amendements. Le projet après la discussion .. 352

SECTION VII. — *Le projet à la Chambre des Députés* 353

§ 1. — Le rapport de Thiers............................. 354
§ 2. — Le retrait du projet............................... 356

CHAPITRE VI. — **Le projet Salvandy** 356

SECTION I. — *Continuation de la lutte. Situation du parti catholique*................................ 358

SECTION II. — *Ordonnances de M. de Salvandy. Débats qu'elles font naître. Guizot* 361

SECTION III. — *Les élections de 1846. Montalembert. Dupanloup*................................ 365

SECTION IV. — *Les projets de M. de Salvandy*............ 367

§ 1. — Le projet sur l'Instruction primaire.............. 367
§ 2. — Le projet sur l'Instruction secondaire............ 369
§ 3. — Protestations des catholiques.................... 370
§ 4. — Mécontentement des universitaires............... 373
§ 5. — Rapport de la Commission. Abandon du projet.... 374

TROISIÈME PARTIE

La Révolution de 1848.

CHAPITRE I. — **Le parti catholique et la Nouvelle Constitution**..................................... 377

    SECTION I. — *Dispositions du parti catholique vis-à-vis du nouveau Gouvernement*.............. 377

    SECTION II. — *La Constitution de 1848 proclame libre l'enseignement* 379

    SECTION III. — *Le projet Carnot sur l'enseignement primaire*.................................. 381
        § 1. — Le projet du Ministre............................. 381
        § 2. — Le projet de la Commission...................... 382

CHAPITRE II. — **La loi de 1850**............................ 385

    SECTION I. — *M. de Falloux*............................ 385

    SECTION II. — *Les Commissions de 1849*.................. 387
        § 1. — La Commission parlementaire. Son projet........ 388
        § 2. — La Commission extra-parlementaire. Son œuvre... 390

    SECTION III. — *Projet du Gouvernement*.................. 394
        § 1. — L'analyse du projet.............................. 395
        § 2. — Scission du parti catholique...................... 400

    SECTION IV. — *Modifications apportées au projet*......... 407
        § 1. — Le projet de la Commission...................... 407
        § 2. — Renvoi du projet au Conseil d'État 411

    SECTION V. — *La discussion. Première délibération*....... 416
        § 1. — Les universitaires et les montagnards............ 417
        § 2. — Les partisans du projet.......................... 418
        § 3. — La presse et la première délibération............ 421
        § 4. — Les évêques et le projet........................ 424

    SECTION VI. — *Les deuxième et troisième délibérations* ... 426
        § 1. — L'abbé Cazalès................................... 426
        § 2. — Thiers et la question des Jésuites 427
        § 3. — Vote de la loi. La presse 430
        § 4. — La loi de 1850.................................. 433
        § 5. — Fin apparente de la scission du parti catholique.. 435
    Résumé 438

Pages.

CINQUIÈME PÉRIODE.

Le Second Empire et l'Assemblée nationale.

CHAPITRE I. — **La liberté de l'enseignement sous le Second Empire** 442

    Section I. — *Reprise par l'État de la direction de l'enseignement* 442

        § 1. — Décret du 9 mars 1852 442
        § 2. — Projet sur l'instruction publique 444
        § 3. — Loi du 14 juin 1854 446

    Section II. — *La liberté de l'enseignement supérieur sous le Second Empire* 448

        § 1. — Etat de la question en 1868 448
        § 2. — La pétition de Léopold Giraud 451
        § 3. — Discussion au Sénat et dans la presse 452
        § 4. — Le projet Duruy en 1867 458
        § 5. — Nouvelles pétitions 460
        § 6. — La Commission Guizot. Son projet 463
        § 7. — Proposition Duruy, 1870 468

CHAPITRE II. — **La liberté d'enseignement et l'Assemblée Nationale** 472

    Section I. — *Rétablissement du Conseil de l'Instruction publique sur les bases de la loi de 1850* 472

        § 1. — Proposition de Broglie. Vicomte de Meaux. Dupanloup 473
        § 2. — La loi du 19 mars 1873 476

    Section II. — *Projets concernant les Conseils académiques* 479

    Section III. — *Projets sur l'instruction primaire gratuite et obligatoire* 481

    Section IV. — *La liberté de l'enseignement supérieur* 485

        § 1. — Reprise par le comte Jaubert du projet de la Commission Guizot 485
        § 2. — Dispositions des catholiques sur le projet 486
        § 3. — Discussion générale du projet 489
        4. — Question de la collation des grades 492

	Pages.
§ 5. — Loi du 12 juillet 1875	499
§ 6. — Appréciations de la presse	501
Résumé	504

SIXIÈME PÉRIODE.

Les lois scolaires de la Troisième République et la liberté d'enseignement.

CHAPITRE I. — **Le projet Waddington relatif à la collation des grades**	505
SECTION I. — *Dispositions du Gouvernement en 1876*	505
SECTION II. — *Le projet Waddington à la Chambre des Députés*	507
§ 1. — Motifs du projet	507
§ 2. — Opposition du parti catholique	508
§ 3. — Le rapport de la Commission et la discussion du projet	511
SECTION III. — *Le projet Waddington au Sénat*	514
§ 1. — Rapport de la Commission	514
§ 2. — Discussion au Sénat	515
§ 3. — Rejet du projet	517
CHAPITRE II. — **Loi du 18 mars 1880 sur la liberté de l'Enseignement supérieur**	519
SECTION I. — *Proposition Paul Bert*	519
SECTION II. — *Le projet Ferry sur la liberté de l'enseignement supérieur*	521
§ 1. — Le projet	521
§ 2. — Protestations soulevées par le projet	524
§ 3. — Le rapport Spuller	533
SECTION III. — *Discussion du projet devant la Chambre*	537
§ 1. — Les adversaires du projet	537
§ 2. — Les partisans du projet	538
§ 3. — Les contre-projets et amendements. Vote du projet	539
SECTION IV. — *Le projet Ferry au Sénat*	542

Pages.
SECTION V. — *La discussion du projet devant le Sénat* ... 545
  § 1. — La collation des grades........................... 545
  § 2. — L'article 7....................................... 546
  § 3. — La loi du 18 mars 1880........................... 552

SECTION VI. — *Les décrets du 29 mars 1880* 553

CHAPITRE III. — **Loi du 27 février 1880 sur le Conseil supérieur et les Conseils académiques.** 561

  SECTION I. — *Le projet à la Chambre des Députés* 561
    § 1. — Caractères du projet........................... 561
    § 2. — Discussion du projet à la Chambre.............. 563

  SECTION II. — *Le projet au Sénat*....................... 565

  SECTION III. — *La loi du 27 février 1880*............... 566

CHAPITRE IV. — **Lois du 16 juin 1881 et du 30 octobre 1886** 569

  SECTION I. — *Loi du 16 juin 1881 sur les titres de capacité de l'enseignement primaire*..................... 569

  SECTION II. — *Projet sur l'enseignement secondaire privé* 573

  SECTION III. — *Loi du 30 octobre 1886* 577

  SECTION IV. — *Derniers projets*......................... 580

CONCLUSION.. 585

www.ingramcontent.com/pod-product-compliance
Lightning Source LLC
Chambersburg PA
CBHW051325230426
43668CB00010B/1155